中华国学文库

通鉴纪事本末 四

〔宋〕袁　枢　撰

中　华　书　局

通鉴纪事本末卷第二十七

唐平东都 李密 王世充

隋炀帝大业九年。礼部尚书杨玄感，骁勇，便骑射，好读书，喜宾客，海内知名之士多与之游。与蒲山公李密善。密，弼之曾孙也，少有才略，志气雄远，轻财好士。为左亲侍，帝见之，谓宇文述曰："向者左仗下黑色小儿，瞻视异常，勿令宿卫。"述乃讽密，使称病自免，密遂屏人事，专务读书。尝乘黄牛读汉书，杨素遇而异之，因召至家，与语，大悦，谓其子玄感等曰："李密识度如此，汝等不及也。"由是玄感与为深交。时或侮之，密曰："人言当指实，宁可面谀。若决机两陈之间，喑呜咄嗟，使敌人震慑，密不如公。驱策天下贤俊，各申其用，公不如密。岂可以阶级稍崇，而轻天下士大夫邪？"玄感笑而服之。

素恃功骄倨，朝宴之际，或失臣礼，帝心衔而不言，素亦觉之。及素薨，帝谓近臣曰："使素不死，终当族灭。"玄感颇知之，且自以累世贵显，在朝文武多父之故吏，见朝政日紊，而帝多猜忌，内不自安，乃与诸弟潜谋作乱。帝方事征伐，玄感自言："世荷国恩，愿为将领。"帝喜曰："将门必有将，相门必有相，固不虚也。”由是宠遇日隆，颇预朝政。

帝伐高丽，命玄感于黎阳督运，遂与虎贲郎将王仲伯、汲郡赞治赵怀义等谋，故逗遛漕运，不时进发，欲令渡辽诸军乏食。帝遣使者促之，玄感扬言水路多盗，不可前后而发。玄感弟虎贲郎将玄纵、鹰扬郎将万石，并从幸辽东，玄感潜遣人召之，二人皆亡还。万石至高阳，为监事许华所执，斩于涿郡。

时右骁卫大将军来护儿以舟师自东莱将入海趣平壤，玄感遣家奴伪为使者从东方来，诈称护儿反。六月乙巳，玄感入黎阳县，闭城，大索男夫，取帆布为牟甲，署官属，皆准开皇之旧。移书傍郡，以讨护儿为名，各令发兵会于仓所。郡县官有干用者，玄感皆以运粮追集之，以赵怀义为卫州刺史，东光尉元务本为黎州刺史，河内郡主簿唐祎为怀州刺史。

治书侍御史游元督运在黎阳，玄感谓曰：“独夫肆虐，陷身绝域，此天亡之时也。我今亲帅义兵以诛无道，卿意如何？”元正色曰：“尊公荷国宠灵，近古无比，公之弟兄青紫交映，当谓竭诚尽节，上答鸿恩。岂意坟土未干，亲图反噬。仆有死而已，不敢闻命。”玄感怒而囚之，屡胁以兵，不能屈，乃杀之。元，明根之孙也。

玄感选运夫少壮者得五千余人，丹杨、宣城篙梢三千余人，刑三牲誓众，且谕之曰：“主上无道，不以百姓为念，天下骚扰，死辽东者以万计。今与君等起兵以救兆民之弊，何如？”众皆踊跃称万岁。乃勒兵部分。唐祎自玄感所逃归河内。

先是，玄感阴遣家僮至长安，召李密及弟玄挺赴黎阳。及举兵，密适至，玄感大喜，以为谋主。谓密曰：“子常以济物为己任，今其时矣。计将安出？”密曰：“天子出征，远在辽外，去幽州犹隔千里。南有巨海，北有强胡，中间一道，理极艰危。公拥兵出其不意，长驱入蓟，据临渝之险，扼其咽喉。归路既绝，高丽闻之，必蹑其后，不过旬月，资粮皆尽，其众不降则溃，可不战而擒，此上计也。"玄感曰："更言其次。"密曰："关中四塞，天府之国，虽有卫文昇，不足为意。今帅众鼓行而西，经城勿攻，直取长安，收其豪杰，抚其士民，据险而守之。天子虽还，失其根本，可徐图也。"玄感曰："更言其次。"密曰："简精锐，昼夜倍道，袭取东都，以号令四方。但恐唐祎告之，先已固守。若引兵攻之，百日不克，天下之兵四面而至，非仆所知也。"玄感曰："不然。今百官家口并在东都，若先取之，足以动其心。且经城不拔，何以示威？公之下计，乃上策也。"遂引兵向洛阳，遣杨玄挺将骁勇千人为前锋，先取河内。唐祎据城拒守，玄挺无所获。祎又使人告东都越王侗与樊子盖等勒兵为备。

修武民相帅守临清关，玄感不得渡，乃于汲郡南渡河，从之者如市。使弟积善将兵三千自偃师南缘洛水西入，玄挺自白司马坂逾邙山南入，玄感将三千余人随其后，相去十里许，自称大军。其兵皆执单刀柳楯，无弓矢甲胄。东都遣河南令达奚善意将精兵五千人拒积善，将作监河南赞治裴弘策将八千人拒玄挺。善意渡洛南，营于汉王寺。明日，积善兵至，不战自溃，铠仗皆为积善所取。弘策出，至白司马坂，一战败走，弃铠仗者太半，玄挺亦不追。弘策退三四里，收散兵，复结陈以待之。玄挺徐至，坐息良久，忽起击之，弘策又败。如是五战。丙辰，玄挺直抵太阳门，弘策将十余骑驰入宫城，自余无一人返者，皆归于玄感。

玄感屯上春门，每誓众曰："我身为上柱国，家累钜万金，至于富贵，无所求也。今不顾灭族者，但为天下解倒悬之急耳。"众皆悦。父老争献牛酒，子弟诣军门请自效者，日以千数。

内史舍人韦福嗣，洸之兄子也，从军出拒玄感，为玄感所获。玄感厚礼之，使与其党胡师耽共掌文翰。玄感令福嗣为书遗樊子盖，数帝罪恶，云："今欲废昏立明，愿勿拘小礼，自贻伊戚。"樊子盖新自外藩入为京官，东都旧官多慢之，至于部分军事，未甚承禀。裴弘策与子盖同班，前出讨贼失利，子盖更使出战，不肯行，子盖命引出斩之以徇。国子祭酒河东杨汪小有不恭，子盖又将斩之，汪顿首流血乃得免。于是将吏震肃，无敢仰视，令行禁止。玄感尽锐攻城，子盖随方拒守，玄感不能克。然达官子弟应募从军者，闻弘策死，皆不敢入城。韩擒虎子世谔、观王雄子恭道、虞世基子柔、来护儿子渊、裴蕴子爽、大理卿郑善果子俨、周罗睺子仲等四十余人皆降于玄感，玄感悉以亲要重任委之。善果，译之兄子也。

玄感收兵得五万余人，分五千人守慈涧道，五千守伊阙道，遣韩世谔将三千人围荥阳，顾觉将五千人取虎牢。虎牢降，以觉为郑州刺史，镇虎牢。

代王侑使刑部尚书卫文昇帅兵四万救东都。文昇至华阴，掘杨素冢，焚其骸骨，示士卒以必死，遂鼓行出淆、渑，直趋东都城北。玄感逆拒之，文昇且战且行，屯于金谷。

辽东城久不拔，帝遣造布囊百余万口，满贮土，欲积为鱼梁大道，阔三十步，高与城齐，使战士登而攻之。又作八轮楼车，高出于城，夹鱼梁道，欲俯射城内。指期将攻，城内危蹙。会杨玄感反书至，帝大惧，引纳言苏威入帐中，谓曰："此儿聪明，得无为患？"威曰："夫识是非，审成败，乃谓之聪明。玄感粗疏，必无所虑，但恐因此寖成乱阶耳。"帝又闻达官子弟皆在玄感所，益忧之。帝问太史令庾质曰:“玄感其有成乎?”质曰:“玄感地势虽隆,素非人望,因百姓之劳,冀幸成功。今天下一家,未易可动。”

帝遣虎贲郎将陈稜攻元务本于黎阳,又遣左翊卫大将军宇文述、左候卫将军屈突通乘传发兵以讨玄感。来护儿至东莱,闻玄感围东都,召诸将议旋军救之。诸将咸以无敕,不宜擅还,固执不从。护儿厉声曰:“洛阳被围,心腹之疾。高丽逆命,犹疥癣耳。公家之事,知无不为,专擅在吾,不关诸人。有沮议者,军法从事。”即日回军,令子弘整驰驿奏闻。帝时还至涿郡,已敕护儿救东都,见弘整,甚悦,赐护儿玺书曰:“公旋师之时,是朕敕公之日,君臣意合,远同符契。”

先是,右武候大将军李子雄坐事除名,令从军自效,从来护儿在东莱,帝疑之,诏锁子雄送行在所。子雄杀使者,逃奔玄感。卫文昇以步骑二万渡瀍水与玄感战,玄感屡破之。玄感每战,身先士卒,所向摧陷。又善抚悦其下,皆乐为致死。由是每战多捷,众益盛,至十万人。文昇众寡不敌,死伤太半且尽,乃更进屯邙山之阳,与玄感决战,一日十余合。会杨玄挺中流矢死,玄感军乃稍却。

秋七月癸未,余杭民刘元进起兵以应玄感,众至数万。始,杨玄感至东都,自谓天下响应,功在朝夕。得韦福嗣委以心膂,不复专任李密。福嗣每画策,皆持两端。密揣知其意,谓玄感曰:“福嗣元非同盟,实怀观望。明公初起大事,而奸人在侧,听其是非,必为所误,请斩之。”玄感曰:“何至于此?”密退谓所亲曰:“楚公好反而不欲胜,吾属今为虏矣。”

李子雄劝玄感速称尊号,玄感以问密。密曰:“昔陈胜自欲称王,张耳谏而被外;魏武将求九锡,荀彧止而见诛。今者密欲正言，还恐追踪二子，阿谀顺意，又非密之本图。何者？兵起以来，虽复频捷，至于郡县，未有从者。东都守御尚强，天下救兵益至，公当挺身力战，早定关中，乃亟欲自尊，何示人不广也！”玄感笑而止。

屈突通引军屯河阳，宇文述继之。玄感问计于李子雄，子雄曰：“通晓习兵事，若一得渡河，则胜负难决。不如分兵拒之，通不能济，则樊、卫失援。”玄感然之，将拒通。樊子盖知其谋，数击其营，玄感不得往。通济河，军于破陵。玄感分为两军，西抗文昇，东拒通。子盖复出兵大战，玄感军屡败。与其党谋之，李子雄曰：“东都援军益至，我军数败，不可久留。不如直入关中，开永丰仓以振贫乏，三辅可指麾而定，据有府库，东面而争天下，亦霸王之业也。”李密曰：“弘化留守元弘嗣握强兵在陇右，可声言其反，遣使迎公，因此入关，可以绐众。”

会华阴诸杨请为乡导，壬辰，玄感解东都围，引兵西趣潼关，宣言“我已破东都，取关西矣”。宇文述等诸军蹑之。至弘农宫，父老遮说玄感曰：“宫城空虚，又多积粟，攻之易下。”玄感以为然。弘农太守蔡王智积谓官属曰：“玄感闻大军将至，欲西图关中。若成其计，则难克也。当以计縻之，使不得进，不出一旬，可以成擒。”及玄感军至城下，智积登陴詈之，玄感怒，留攻之。李密谏曰：“公今诈众西入，军事贵速，况乃追兵将至，安可稽留。若前不得据关，退无所守，大众一散，何以自全？”玄感不从，遂攻之，烧其城门。智积于内益火，玄感兵不得入。三日不拔，乃引而西，至阌乡，宇文述、卫文昇、来护儿、屈突通等军追及之于皇天原。玄感上槃豆，布陈亘五十里，且战且行，玄感一日三败。八月壬寅，玄感陈于董杜原，诸军击之，玄感大败，独与十余骑奔上洛。追骑至，玄感叱之，皆反走。至葭芦戍，独与弟积善徒步走。自度不免，谓积善曰："我不能受人戮辱，汝可杀我。"积善抽刀斫杀之，因自刺，不死，为追兵所执，与玄感首俱送行在所。磔玄感尸于东都市，三日，复脔而焚之。玄感弟玄奖为义阳太守，将赴玄感，为郡丞周旋玉所杀；仁行为朝请大夫，伏诛于长安。

玄感之围东都也，梁郡民韩相国举兵应之，玄感以为河南道元帅，旬月间众十余万。攻剽郡县，至襄城，闻玄感败，众稍散，为吏所获，传首东都。

杨玄感之西也，韦福嗣亡诣东都归首，是时如其比者皆不问。樊子盖收玄感文簿，得其书草，封以呈帝，帝命执送行在。李密亡命，为人所获，亦送东都。樊子盖锁送福嗣、密及杨积善、王仲伯等十余人诣高阳，密与王仲伯等窃谋亡去，悉使出其所赍金以示使者曰："吾等死日，此金并留付公，幸用相瘗，其余即皆报德。"使者利其金，许诺，防禁渐弛。密请通市酒食，每宴饮，喧哗竟夕，使者不以为意。行至魏郡石梁驿，饮防守者皆醉，穿墙而逸。密呼韦福嗣同去，福嗣曰："我无罪，天子不过一面责我耳。"至高阳，帝以书草示福嗣，收付大理。诸应刑者支体糜碎，积善、福嗣仍加车裂。

十二年。李密之亡也，往依郝孝德，孝德不礼之。又入王薄，薄亦不之奇也。密困乏，至削树皮而食之，匿于淮阳村舍，变姓名，聚徒教授。郡县疑而捕之，密亡去，抵其妹夫雍丘令丘君明。君明不敢舍，匿转寄密于游侠王秀才家，秀才以女妻之。君明从侄怀义告其事，帝令怀义自赍敕书与梁郡通守杨汪相知收捕。汪遣兵围秀才宅，适值密出外，由是获免。君明、秀才皆死。

韦城翟让为东都法曹，坐事当斩。狱吏黄君汉奇其骁勇，夜中潜谓让曰："翟法司，天时人事，抑亦可知，岂能守死狱中乎！"让惊喜，叩头曰："让，圈牢之豕，死生唯黄曹主所命。"君汉即破械出之。让再拜曰："让蒙再生之恩则幸矣，奈黄曹主何！"因泣下。君汉怒曰："本以公为大丈夫，可救生民之命，故不顾其死以奉脱，奈何反效儿女子涕泣相谢乎！君但努力自免，勿忧吾也。"让遂亡命于瓦岗，为群盗。同郡单雄信，骁健，善用马槊，聚少年往从之。离狐徐世勣家于卫南，年十七，有勇略，说让曰："东郡于公与徐世勣皆为乡里，人多相识，不宜侵掠。荥阳、梁郡，汴水所经，剽行舟商旅，足以自资。"让然之，引众入二郡界，掠公私船，资用丰给，附者益众，聚徒至万余人。时又有外黄王当仁、济阳王伯当、韦城周文举、雍丘李公逸等，皆拥众为盗。李密自雍丘亡命，往来诸帅间，说以取天下之策。始皆不信，久之，稍以为然。相谓曰："斯人公卿子孙，志气若是。今人人皆云'杨氏将灭，李氏将兴'。吾闻王者不死，斯人再三获济，岂非其人乎？"由是渐敬密。

密察诸帅唯翟让最强，乃因王伯当以见让，为让画策，往说诸小盗，皆下之。让悦，稍亲近密，与之计事。密因说让曰："刘、项皆起布衣，为帝王。今主昏于上，民怨于下，锐兵尽于辽东，和亲绝于突厥，方乃巡游扬、越，委弃东都，此亦刘、项奋起之会也。以足下雄才大略，士马精锐，席卷二京，诛灭暴虐，隋氏不足亡也。"让谢曰："吾侪群盗，旦夕偷生草间，君之言者，非吾所及也。"

会有李玄英者，自东都逃来，经历诸贼，求访李密，云"斯人当代隋家"。人问其故，玄英言："比来民间谣歌，有桃李章，曰：

'桃李子,皇后绕扬州,宛转花园里。勿浪语,谁道许!'桃李子,谓逃亡者李氏之子也。皇与后,皆君也。宛转花园里,谓天子在扬州无还日,将转于沟壑也。莫浪语,谁道许者,密也。"既与密遇,遂委身事之。前宋城尉齐郡房彦藻自负其才,恨不为时用,预于杨玄感之谋,变姓名亡命,遇密于梁、宋之间,遂与之俱游汉、沔,遍入诸贼,说其豪杰。还日,从者数百人,仍为游客,处于让营。让见密为豪杰所归,欲从其计,犹豫未决。

有贾雄者,晓阴阳占候,为让军师,言无不用。密深结于雄,使之托术数以说让。雄许诺,怀之未发。会让召雄,告以密所言,问其可否。对曰:"吉不可言。"又曰:"公自立,恐未必成。若立斯人,事无不济。"让曰:"如卿言,蒲山公当自立,何来从我?"对曰:"事有相因。所以来者,将军姓翟,翟者,泽也,蒲非泽不生,故须将军也。"让然之,与密情好日笃。

密因说让曰:"今四海糜沸,不得耕耘。公士众虽多,食无仓禀,唯资野掠,常苦不给。若旷日持久,加以大敌临之,必涣然离散。未若先取荥阳,休兵馆谷,待士马肥充,然后与人争利。"让从之,于是破金堤关,攻荥阳诸县,多下之。

荥阳太守郇王庆,弘之子也,不能讨,帝徙张须陁为荥阳通守以讨之。庚戌,须陁引兵击让,让向数为须陁所败,闻其来,大惧,将避之。密曰:"须陁勇而无谋,兵又骤胜,既骄且很,可一战擒也。公但列陈以待,密保为公破之。"让不得已,勒兵将战,密分兵千余人伏于大海寺北林间。须陁素轻让,方陈而前,让与战,不利,须陁乘之,逐北十余里,密发伏掩之,须陁兵败。密与让及徐世勣、王伯当合军围之,须陁溃围出。左右不能尽出,须陁跃马复入救之,来往数四,遂战死。所部兵昼夜号哭,数日不止，河南郡县为之丧气。鹰扬郎将河东贾务本为须陁之副，亦被伤，帅余众五千余人奔梁郡。务本寻卒，诏以光禄大夫裴仁基为河南道讨捕大使，代领其众，徙镇虎牢。

让乃令密建牙，别统所部，号“蒲山公营”。密部分严整，凡号令士卒，虽盛夏，皆如背负霜雪。躬服俭素，所得金宝悉颁赐麾下，由是人为之用。麾下士卒多为让士卒所陵辱，以威约有素，不敢报也。让谓密曰：“今资粮粗足，意欲还向瓦岗。公若不往，唯公所适，让从此别矣。”让帅辎重东引，密亦西行至康城，说下数城，大获资储。让寻悔，复引兵从密。

恭帝义宁元年春二月，李密说翟让曰：“今东都空虚，兵不素练，越王冲幼，越王，太子昭之子侗，炀帝命留守东都。留守诸官政令不壹，士民离心。段达、元文都暗而无谋，以仆料之，彼非将军之敌。若将军能用仆计，天下可指麾而定也。”乃遣其党裴叔方觇东都虚实。留守官司觉之，始为守御之备，且驰表告江都。密谓让曰：“事势如此，不可不发。兵法曰‘先则制于己，后则制于人’。今百姓饥馑，洛口仓多积粟，去都百里有余，将军若亲帅大众，轻行掩袭，彼远未能救，又先无豫备，取之如拾遗耳。比其闻知，吾已获之。发粟以赈穷乏，远近孰不归附？百万之众，一朝可集，枕威养锐，以逸待劳，纵彼能来，吾有备矣。然后檄召四方，引贤豪而资计策，选骁悍而授兵柄，除亡隋之社稷，布将军之政令，岂不盛哉！”让曰：“此英雄之略，非仆所堪。惟君之命，尽力从事，请君先发，仆为后殿。”庚寅，密、让将精兵七千人出阳城北，逾方山，自罗口袭兴洛仓，破之。开仓恣民所取，老弱巨负，道路相属。

朝散大夫时德叡以尉氏应密，前宿城令祖君彦自昌平往归之。君彦,珽之子也,博学强记,文辞赡敏,著名海内。吏部侍郎薛道衡尝荐之于高祖,高祖曰:"是歌杀斛律明月人儿邪? 朕不须此辈。"炀帝即位,尤疾其名,依常调选东平郡书佐,检校宿城令。君彦自负其才,恒郁郁思乱。密素闻其名,得之,大喜,引为上客,军中书檄,悉以委之。

越王侗遣虎贲郎将刘长恭、光禄少卿房崱帅步骑三万五千讨密。时东都人皆以密为饥贼盗米,乌合易破,争来应募,国子三馆学士及贵胜亲戚皆来从军,器械修整,衣服鲜华,旌旗钲鼓甚盛。长恭等当其前,使河南讨捕使裴仁基等将所部兵自汜水西入以掩其后,约十一日会于仓城南。密、让具知其计。东都兵先至,士卒未朝食,长恭等驱之渡洛水,陈于石子河西,南北十余里。密、让选骁雄分为十队,令四队伏横岭下以待仁基,以六队陈于石子河东。长恭等见密兵少,轻之。让先接战,不利,密帅麾下横冲之。隋兵饥疲,遂大败,长恭等解衣潜窜得免,奔还东都,士卒死者什五六。越王侗释长恭等罪,慰抚之。密、让尽收其辎重、器甲,威声大振。

让于是推密为主,上密号为魏公。庚子,设坛场,即位,称元年,大赦。其文书行下称行军元帅府。其魏公府置三司、六卫,元帅府置长史以下官属。拜翟让为上柱国、司徒、东郡公,亦置长史以下官,减元帅府之半。以单雄信为左武候大将军,徐世勣为右武候大将军,各领所部。房彦藻为元帅左长史,东郡邴元真为右长史,杨德方为左司马,郑德韬为右司马,祖君彦为记室,其余封拜各有差。于是赵、魏以南,江、淮以北,群盗莫不响应,孟让、郝孝德、王德仁及济阴房献伯、上谷王君廓、长平李士才、淮阳魏六儿、李德谦、谯郡张迁、魏郡李文相、谯郡黑社、白社、济北张青特、上洛周比洮、胡驴贼等皆归密。密悉拜官爵，使各领其众，置百营簿以领之。道路降者，不绝如流，众至数十万。乃命其护军田茂广筑洛口城，周四十里而居之。密遣房彦藻将兵东略地，取安陆、汝南、淮安、济阳，河南郡县多陷于密。

夏四月，李密以孟让为总管、齐郡公。己丑夜，让帅步骑二千入东都外郭，烧掠丰都市，比晓而去。于是东都居民悉迁入宫城，台省府寺皆满。巩县长柴孝和、监察御史郑颋以城降密，密以孝和为护军，颋为右长史。

裴仁基每破贼得军资，悉以赏士卒，监军御史萧怀静不许，士卒怨之。怀静又屡求仁基长短劾奏之。仓城之战，仁基失期不至，闻刘长恭等败，惧不敢进，屯百花谷，固垒自守，又恐获罪于朝。李密知其狼狈，使人说之，啖以厚利。贾务本之子闰甫在军中，劝仁基降密。仁基曰："如萧御史何？"闰甫曰："萧君如栖上鸡，若不知机变，在明公一刀耳。"仁基从之，遣闰甫诣密请降。密大喜，以闰甫为元帅府司兵参军兼直记室事，使之复命，遗仁基书，慰纳之，仁基还屯虎牢。萧怀静密表其事，仁基知之，遂杀怀静，帅其众以虎牢降密。密以仁基为上柱国、河东公。仁基子行俨骁勇善战，密亦以为上柱国、绛郡公。

密得秦叔宝及东阿程咬金，皆用为骠骑。选军中尤骁勇者八千人，分隶四骠骑以自卫，号曰"内军"。常曰："此八千人足当百万。"咬金〔后〕更名知节。罗士信、赵仁基皆帅众归密，密署为总管，使各统所部。

癸巳，密遣裴仁基、孟让帅二万余人袭回洛东仓，破之，遂烧天津桥，纵兵大掠。东都出兵击之，仁基等败走，密自帅众屯回洛仓。东都兵尚二十余万人，乘城击柝，昼夜不解甲。密攻偃师、金墉，皆不克，乙未，还洛口。

东都城内乏粮，而布帛山积，至以绢为汲绠，然布以爨。越王侗使人运回洛仓米入城，遣兵五千屯丰都市，五千屯上春门，五千屯北邙山，为九营，首尾相应，以备密。

丁酉，房献伯陷汝阴，淮阳太守赵陁举郡降密。

己亥，密帅众三万复据回洛仓，大修营堑，以逼东都。段达等出兵七万拒之。辛丑，战于仓北，隋兵败走。丁未，密使其幕府移檄郡县，数炀帝十罪，且曰："罄南山之竹，书罪无穷；决东海之波，流恶难尽。"祖君彦之辞也。

五月，炀帝命监门将军泾阳庞玉、虎贲郎将霍世举将关内兵援东都。柴孝和说李密曰："秦地山川之固，秦、汉所凭以成王业者也。今不若使翟司徒守洛口，裴柱国守回洛，明公自简精锐西袭长安。既克京邑，业固兵强，然后东向，以平河、洛，传檄而天下定矣。方今隋失其鹿，豪杰竞逐，不早为之，必有先我者，悔无及矣。"密曰："此诚上策，吾亦思之久矣。但昏主尚存，从兵犹众，我所部皆山东人，见洛阳未下，谁肯从我西入？诸将出于群盗，留之各竞雌雄，如此则大业隳矣。"孝和曰："然则大军既未可西上，仆请间行观衅。"密许之。孝和与数十骑至陕县，山贼归之者万余人。时密兵锋甚锐，每入苑与隋兵连战。会密为流矢所中，卧营中，丁丑，越王侗使段达与庞玉等夜出兵，陈于回洛仓西北。密与裴仁基出战，达等大破之，杀伤太半，密乃弃回洛，奔洛口。庞玉、霍世举军于偃师，柴孝和之众闻密退，各散去，孝和轻骑归密。杨德方、郑德韬皆死。密以郑颋为左司马，荥阳郑乾象为右司马。

六月，李密复帅众向东都，丙申，大战于平乐园。密左骑右步，中列强弩，鸣千鼓以冲之，东都兵大败，密复取回洛仓。

秋七月，炀帝遣江都通守王世充将江、淮劲卒，将军王隆帅邛黄蛮，河北大使太常少卿韦霁、河南大使虎牙郎将王辩等各帅所领同赴东都，相知讨李密。霁，世康之子也。

炀帝诏左御卫大将军涿郡留守薛世雄将燕地精兵三万讨李密，命王世充等诸将皆受世雄节度。军所过，盗贼随便诛翦。

九月，武阳郡丞元宝藏以郡降李密，甲寅，密以宝藏为上柱国、武阳公。宝藏使其客钜鹿魏徵为启谢密，且请改武阳为魏州，又请帅所部西取魏郡，南会诸将取黎阳仓。密喜，即以宝藏为魏州总管，召魏徵为元帅府文学参军，掌记室。徵少孤贫，好读书，有大志，落拓不事生业。始为道士，宝藏召典书记。密爱其文辞，故召之。

初，贵乡长弘农魏德深，为政清静，不严而治。辽东之役，征税百端，使者旁午，责成郡县，民不堪命，唯贵乡闾里不扰，有无相通，不竭其力，所求皆给。元宝藏受诏捕贼，数调器械，动以军法从事。其邻城营造，皆聚于听事，官吏递相督责，昼夜喧嚣，犹不能济。德深听随便修营，官府寂然，恒若无事，唯戒吏以不须过胜余县，使百姓劳苦。然民各自竭心，常为诸县之最，县民爱之如父母。宝藏深(喜)〔害〕其能，遣将千兵赴东都。所领兵闻宝藏降密，思其亲戚，辄出都门东向恸哭而返。或劝之降密，皆泣曰："我与魏明府同来，何忍弃去！"

河南、山东大水，饿殍满野。炀帝诏开黎阳仓赈之，吏不时给，死者日数万人。徐世勣言于李密曰："天下大乱，本为饥馑。今更得黎阳仓，大事济矣。"密遣世勣帅麾下五千人自原武济河，会元宝藏、郝孝德、李文相及洹水贼帅张升、清河贼帅赵君德共袭破黎阳仓，据之，开仓恣民就食，浃旬间，得胜兵二十余万。武安、永安、义阳、弋阳、齐郡相继降密。窦建德、朱粲之徒亦遣使附密，密以粲为扬州总管、邓公。泰山道士徐洪客献书于密，以为："大众久聚，恐米尽人散，师老厌战，难可成功。"劝密"乘进取之机，因士马之锐，沿流东指，直向江都，执取独夫，号令天下"。密壮其言，以书招之，洪客竟不出，莫知所之。

王世充、韦霁、王辩及河内通守孟善谊、河阳郡尉独孤武都各帅所领会东都，唯王隆后期不至。己未，越王侗使虎贲郎将刘长恭等帅留守兵，庞玉等帅偃师兵，与世充等合十余万众，击李密于洛口，与密夹洛水相守。炀帝诏诸军皆受世充节度。

帝遣摄江都郡丞冯慈明向东都，为密所获，密素闻其名，延坐劳问，礼意甚厚。因谓曰："隋祚已尽，公能与孤共立大功乎？"慈明曰："公家历事先朝，荣禄兼备。不能善守门阀，乃与玄感举兵，偶脱罔罗，得有今日，唯图反噬，未谕高旨。莽、卓、敦、玄，非不强盛，一朝夷灭，罪及祖宗。仆死而后已，不敢闻命。"密怒，囚之。慈明说防人席务本，使亡走。奉表江都及致书东都，论贼形势，至雍丘，为密将李公逸所获，密又义而释之，出至营门，翟让杀之。慈明，子琮之子也。

密之克洛口也，箕山府郎将张季珣固守不下，密以其寡弱，遣人呼之。季珣骂密极口，密怒，遣兵攻之，不能克。时密众数十万在其城下，季珣四面阻绝，所领不过数百人，而执志弥固，誓以必死。久之，粮尽水竭，士卒羸病，季珣抚循之，一无离散，自三月至于是月，城遂陷。季珣见密不肯拜，曰："天子爪牙，何容拜贼！"密犹欲降之，诱谕终不屈，乃杀之。季珣，祥之子也。

冬十月壬寅，王世充夜渡洛水，营于黑石，明日，分兵守营，自将精兵陈于洛北。李密闻之，引兵渡洛逆战，密兵大败，柴孝和溺死。密帅麾下精骑渡洛南，余众东走月城，世充追围之。密自洛南策马直趣黑石，营中惧，连举六烽，世充释月城之围，狼狈自救。密还与战，大破之，斩首三千余级。

王世充自洛北之败，坚壁不出。越王侗遣使劳之，世充惭惧，请战于密。〔十一月〕丙辰，世充与密夹石子河而陈，密布陈南北十余里。翟让先与世充战，不利而退。世充逐之，王伯当、裴仁基从旁横断其后，密勒中军击之，世充大败，西走。

翟让司马王儒信劝让自为大冢宰，总统众(军)〔务〕，以夺密权，让不从。让兄柱国荥阳公弘，粗愚人也，谓让曰："天子汝当自为，奈何与人？汝不为者，我当为之。"让但大笑，不以为意，密闻而恶之。总管崔世枢自鄢陵初附于密，让囚之私府，责其货，世枢营(钱)〔求〕未办，遽欲加刑。让召元帅府记室邢义期博，逡巡未就，杖之八十。让谓左长史房彦藻曰："君前破汝南，大得宝货，独与魏公，全不与我。魏公我之所立，事未可知。"彦藻惧，以状告密，因与左司马郑颋共说密曰："让贪愎不仁，有无君之心，宜早图之。"密曰："今安危未定，遽相诛杀，何以示远！"颋曰："毒蛇螫手，壮夫解腕，所全者大故也。彼先得志，悔无所及。"密乃从之，置酒召让。戊午，让与兄弘及兄子司徒府长史摩侯同诣密，密与让、弘、裴仁基、郝孝德共坐，单雄信等皆立侍，房彦藻、郑颋往来检校。密曰："今日与达官饮，不须多人，左右止留数人给使而已。"密左右皆引去，让左右犹在。彦藻白密曰："今方为乐，天时甚寒，司徒左右请给酒食。"密曰："听司徒进止。"让应曰："甚佳。"乃引让左右尽出，独密下壮士蔡建德持刀立侍。食未进，密出良弓，与让习射，让方引满，建德自后斫之，踣于床前，声若牛吼，并弘、摩侯、儒信皆杀之。徐世勣走出，门者斫之，伤颈，王伯当遥诃止之。单雄信叩头请命，密释之。左右惊扰，莫知所为。密大言曰："与君等同起义兵，本除暴乱。司徒专行贪虐，陵辱群僚，无复上下。今所诛止其一家，诸君无预也。"命扶徐世勣置幕下，亲为傅创。让麾下欲散，密使单雄信前往宣慰，密寻独骑入其营，历加抚谕，令世勣、雄信、伯当分领其众，中外遂定。让残忍，摩侯猜忌，儒信贪纵，故死之日，所部无哀之者。然密之将佐，始有自疑之心矣。始，王世充知让与密必不久睦，冀其相图，得从而乘之。及闻让死，大失望，叹曰："李密天资明决，为龙为蛇，固不可测也！"

十二月庚子，王世充军士有亡降李密者，密问："世充军中何所为？"军士曰："比见益募兵，再飨将士，不知其故。"密谓裴仁基曰："吾几落奴度中，光禄知之乎？吾久不出兵，世充刍粮将竭，求战不得，故募兵、飨士，欲乘月晦以袭仓城耳，宜速备之。"乃命平原公郝孝德、琅邪公王伯当、齐郡公孟让勒兵分屯仓城之侧以待之。其夕三鼓，世充兵果至，伯当先遇之，与战不利。世充兵即陵城，总管鲁儒拒却之。伯当更收兵击之，世充大败，斩其骁将费青奴，士卒战、溺死者千余人。世充屡与密战不胜，越王侗遣使劳之。世充诉以兵少，数战疲弊，侗以兵七万益之。

唐高祖武德元年春正月，王世充既得东都兵，进击李密于洛北，败之，遂屯巩北。辛酉，世充命诸军各造浮桥渡洛击密，桥先成者先进，前后不一。虎贲郎将王辩破密外栅，密营中惊扰。将溃，世充不知，鸣角收众，密因帅敢死士乘之，世充大败，争桥溺死者万余人。王辩死，世充仅自免，洛北诸军皆溃。世充不敢入东都，北趣河阳。是夜，疾风寒雨，军士涉水沾湿，道路冻死者又以万数。世充独与数千人至河阳，自系狱请罪，越王侗遣使赦之，召还东都，赐金帛、美女以安其意。世充收合亡散，复得万余人，屯含嘉城，不敢复出。

密乘胜进据金墉城，修其门堞、庐舍而居之，钲鼓声闻于东都。未几，拥兵三十余万，陈于北邙，南逼上春门。乙丑，金紫光禄大夫段达、民部尚书韦津出兵拒之。达望见密兵盛，惧而先还，密纵兵乘之，军遂溃，韦津死。于是偃师、柏谷及河阳都尉独孤武都、检校河内郡丞柳燮、职方郎柳续等各举所部降于密。窦建德、朱粲、孟海公、徐圆朗等并遣使奉表劝进，密官属裴仁基等亦上表请正位号。密曰："东都未平，不可议此。"

戊辰，唐王以世子建成为左元帅，秦公世民为右元帅，督诸军十余万人救东都。东都乏食，太府卿元文都等募守城者不食公粮进散官二品，于是商贾执象而朝者不可胜数。

二月，李密遣房彦藻、郑颋等东出黎阳，分道招慰州县。以梁郡太守杨汪为上柱国、宋州总管，又以手书与之，曰："昔在雍丘，曾相追捕，射钩、斩袂，不敢庶几。"汪遣使往来通意，密亦羁縻待之。彦藻以书招窦建德，使来见密。建德复书，卑辞厚礼，托以罗艺南侵，请捍御北垂。彦藻还，至卫州，贼帅王德仁邀杀之。德仁有众数万，据林虑山，四出抄掠，为数州之患。

夏四月，世子建成等至东都，军于芳华苑。东都闭门不出，遣人招谕，不应。李密出军争之，小战，各引去。城中人多欲为内应者，赵公世民曰："吾新定关中，根本未固，悬军远来，虽得东都，不能守也。"遂不受。戊寅，引军还。

东都号令不出四门，人无固志，朝议郎段世弘等谋应西师，会西师已还，乃遣人招李密，期以己亥夜纳之。事觉，越王命王世充讨诛之。密闻城中已定，乃还。

五月，王德仁既杀房彦藻，李密遣徐世勣讨之。德仁兵败，甲寅，与武安通守袁子幹皆来降，诏以德仁为邺郡太守。

隋炀帝凶问至东都，戊辰，留守官奉越王即皇帝位，大赦，改元皇泰。以段达为纳言、陈国公，王世充为纳言、郑国公，元文都为内史令、鲁国公，皇甫无逸为兵部尚书、杞国公；又以卢楚为内史令，郭文懿为内史侍郎，赵长文为黄门侍郎，共掌朝政，时人号"七贵"。皇泰主眉目如画，温厚仁爱，风格俨然。

东都闻宇文化及西来，上下震惧。有盖琮者，上疏请说李密与之合势拒化及。〔元〕文都谓卢楚等曰："今仇耻未雪，而兵力不足，若赦密罪，使击化及，两贼自斗，吾徐承其弊。化及既破，密兵亦疲，又其将士利吾官赏，易可离间，并密亦可擒也。"楚等皆以为然，即以琮为通直散骑常侍，赍敕书赐密。

时密与东都相持日久，又东拒化及，常畏东都议其后。见盖琮至，大喜，遂上表乞降，请讨灭化及以赎罪，送所获凶党雄武郎将于洪建，遣元帅府记室参军李俭、上开府徐师誉等入见。皇泰主命戮洪建于左掖门外。元文都等以密降为诚实，盛饰宾馆于宣仁门东。皇泰主引见俭等，以俭为司农卿，师誉为尚书右丞，册拜密太尉、尚书令、东南道大行台行军元帅、魏国公，令先平化及，然后入朝辅政。以徐世勣为右武候大将军。仍下诏称密忠款，且曰："其用兵机略，一禀魏公节度。"

元文都等喜于和解，谓天下可定，置酒作乐。王世充作色曰："朝廷官爵，乃以与贼，志欲何为耶！"文都等亦疑世充，由是有隙。

秋七月，皇泰主遣大理卿张权、鸿胪卿崔善福赐李密书曰：

"今日以前,咸共刷荡,使至以后,彼此通怀。七政之重,伫公匡弼,九伐之利,委公指挥。"权等既至,密北面拜受诏书。既无西虑,悉以精兵东击化及。密知化及军粮且尽,因伪与和。化及大喜,恣其兵食,冀密馈之。会密下有人获罪,亡抵化及,具言其情,化及大怒,其食又尽,乃渡永济渠,与密战于童山之下。自辰达酉,密为流矢所中,堕马闷绝,左右奔散,追兵且至,唯秦叔宝独捍卫之,密由是获免。叔宝复收兵与之力战,化及乃退。化及入汲郡求军粮,又遣使拷掠东郡吏民以责米粟。王轨等不堪其弊,遣通事舍人许敬宗诣密请降。密以轨为滑州总管,以敬宗为元帅府记室,与魏徵共掌文翰。房公苏威在东都,随众降密。〔化及闻〕王轨叛,大惧,自汲郡引兵欲取以北诸郡。其将陈智略帅岭南骁果万余人,樊文超帅江、淮排攒,张童儿率江东骁果数千人,皆降于密。化及犹有众二万,北趣魏县。密知其无能为,西还巩、洛,留徐世勣以备之。

李密每战胜,辄遣使告捷于皇泰主,隋人皆喜。王世充独谓其麾下曰:"元文都辈,刀笔吏耳,吾观其势,必为李密所擒。且吾军士屡与密战,没其父兄子弟前后已多,一旦为之下,吾属无类矣。"欲以激怒其众。文都闻之,大惧,与卢楚等谋因世充入朝,伏甲诛之。段达性庸懦,恐事不就,遣其婿张志以楚等谋告世充。戊午夜三鼓,世充勒兵袭含嘉门。元文都闻变,入奉皇泰主御乾阳殿,陈兵自卫,命诸将闭门拒守。将军跋野纲将兵遇世充,下马降之。将军费曜、田阇战于门外,不利。文都自将宿卫兵欲出玄武门以袭其后,长秋监段瑜称求门钥不获,稽留遂久。天且曙,文都引兵复欲出太阳门逆战,还至乾阳殿,世充已攻太阳门得入。皇甫无逸弃母及妻子,斫右掖门,西奔长安。卢楚匿于太官署，世充之党擒之，至兴教门，见世充，世充令乱斩杀之。进攻紫微宫门，皇泰主使人登紫微观，问：“称兵欲何为？”世充下马谢曰：“元文都、卢楚等横见规图，请杀文都，甘从刑典。”段达乃令将军黄桃树执送文都。文都顾谓皇泰主曰：“臣今朝死，陛下夕及矣。”皇泰主恸哭遣之，出兴教门，乱斩如卢楚，并杀卢、元诸子。段达又以皇泰主命开门纳世充，世充悉遣人代宿卫者，然后入见皇泰主于干阳殿。皇泰主谓世充曰：“擅相诛杀，曾不闻奏，岂为臣之道乎？公欲肆其强力，敢及我邪！”世充拜伏流涕谢曰：“臣蒙先皇采拔，粉骨非报。文都等包藏祸心，欲召李密以危社稷，疾臣违异，深积猜嫌。臣迫于救死，不暇闻奏。若内怀不臧，违负陛下，天地日月，实所照临，使臣阖门殄灭，无复遗类。”词泪俱发。皇泰主以为诚，引令升殿与语，久之，因与俱入见皇太后，世充被发为誓，不敢有贰心。乃以世充为左仆射，总督内外诸军事。比及日中，捕获赵长文、郭文懿杀之。然后巡城，告谕以诛元、卢之意。世充自含嘉城移居尚书省，渐结党援，恣行威福。用兄世恽为内史令，入居禁中，子弟咸典兵马，分政事为十头，悉以其党主之，势震内外，莫不趋附，皇泰主拱手而已。

李密将入朝，至温，闻元文都等死，乃还金墉。东都大饥，私钱滥恶，太半杂以锡镮，其细如线，米斛直钱八九万。

初，李密尝受业于儒生徐文远，文远为皇泰主国子祭酒，自出樵采，为密军所执。密令文远南面坐，备弟子礼，北面拜之。文远曰：“老夫既荷厚礼，敢不尽言。未审将军之志欲为伊、霍以继绝扶倾乎？则老夫虽迟暮，犹愿尽力。若为莽、卓乘危邀利，则无所用老夫矣。”密顿首曰：“昨奉朝命，备位上公，冀竭庸虚，匡济国难，此密之本志也。”文远曰：“将军名臣之子，失涂至此，若能不远而复，犹不失为忠义之臣。”及王世充杀元文都等，密复问计于文远。文远曰：“世充亦门人也，其为人残忍褊隘，既乘此势，必有异图，将军前计为不谐矣。非破世充，不可入朝也。”密曰：“始谓先生儒者，不达时事，今乃坐决大计，何其明也！”文远，孝嗣之玄孙也。

初，李密既杀翟让，颇自骄矜，不恤士众。仓粟虽多，无府库钱帛，战士有功，无以为赏。又厚抚初附之人，众心颇怨。徐世勣尝因宴会刺讥其短，密不怿，使世勣出镇黎阳，虽名委任，实亦疏之。

密开洛口仓散米，无防守典当者，又无文券，取之者随意多少。或离仓之后，力不能致，委弃衢路，自仓城至郭门，米厚数寸，为车马所轥践。群盗来就食者并家属近百万口，无瓮盎，织荆筐淘米，洛水两岸十里之间，望之皆如白沙。密喜，谓贾闰甫曰：“此可谓足食矣。”闰甫对曰：“国以民为本，民以食为天。今民所以襁负如流而至者，以所天在此故也。而有司曾无爱吝，屑越如此，窃恐一旦米尽民散，明公孰与成大业哉？”密谢之，即以闰甫判司仓，参军事。

密以东都兵数败微弱，而将相自相屠灭，谓朝夕可平。王世充既专大权，厚赏将士，缮治器械，亦阴图取密。时隋军乏食，密军少衣，世充请交易，密难之。长史邴元真等各求私利，劝密许之。先是，东都人归密者日以百数，既得食，降者益少，密悔而止。

密破宇文化及还，其劲卒良马多死，士卒疲病。世充欲乘其弊击之，恐人心不壹，乃诈称左军卫士张永通三梦周公，令宣意于世充，当勒兵相助击贼。乃为周公立庙，每出兵辄先祈祷。世充令巫宣言："周公欲令仆射急讨李密，当有大功，不即兵皆疫死。"世充兵多楚人，信妖言，皆请战。世充简练精锐得二万余人，马二千余匹。〔九月〕壬子，出师击密，旗幡之上，皆书"永通"字，军容甚盛。癸丑，至偃师，营于通济渠南，作三桥于渠上。密留王伯当守金墉，自引精兵出偃师北，阻邙山以待之。

密召诸将会议，裴仁基曰："世充悉众而至，洛下必虚，可分兵守其要路，令不得东。简精兵三万，傍河西出以逼东都。世充还，我且按甲；世充再出，我又逼之。如此，则我有余力，彼劳奔命，破之必矣。"密曰："公言大善。今东都兵有三不可当，兵仗精锐，一也；决计深入，二也；食尽求战，三也。我但乘城固守，蓄力以待之，彼欲斗不得，求走无路，不过十日，世充之头可致麾下。"陈智略、樊文超、单雄信皆曰："计世充战卒甚少，屡经摧破，悉已丧胆。兵法曰'倍则战'，况不啻倍哉？且江、淮新附之士，望因此机展其勋效，及其锋而用之，可以得志。"于是诸将喧然，欲战者什七八，密惑于众议而从之。仁基苦争不得，击地叹曰："公后必悔之。"魏徵言于长史郑颋曰："魏公虽骤胜，而骁将锐卒多死，战士心怠，此二者难以应敌。且世充乏食，志在死战，难与争锋，未若深沟高垒以拒之，不过旬月，世充粮尽必自退，追而击之，蔑不胜矣。"颋曰："此老生之常谈耳。"征曰："此乃奇策，何谓常谈！"拂衣而起。

程知节将内马军与密同营在北邙山上，单雄信将外马军营于偃师城北。世充遣数百骑渡通济渠攻雄信营，密遣裴行俨与知节助之。行俨先驰赴敌，中流矢坠于地。知节救之，杀数人，世充军披靡，乃抱行俨重骑而还。为世充骑所逐，刺槊洞过，知节回身捩折其槊，兼斩追者，与行俨俱免。会日暮，各敛兵还营。密骁将孙长乐等十许人皆被重创。

密新破宇文化及，有轻世充之心，不设壁垒。世充夜遣二百余骑潜入北山，伏溪谷中，命军士皆秣马蓐食。甲寅旦，将战，世充誓众曰："今日之战，非直争胜负，死生之分，在此一举。若其捷也，富贵固所不论；若其不捷，必无一人获免。所争者死，非独为国，各宜勉之。"迟明，引兵薄密。密出兵应之，未及成列，世充纵兵击之。世充士卒皆江、淮剽勇，出入如飞。世充先索得一人，貌类密者，缚而匿之，战方酣，使牵以过陈前，噪曰："已获李密矣。"士卒皆呼万岁。其伏兵发，乘高而下，驰压密营，纵火焚其庐舍。密众大溃，其将张童仁、陈智略皆降，密与万余人驰向洛口。

世充夜围偃师，郑颋守偃师，其部下翻城纳世充。初，世充家属在江都，随宇文化及至滑台，又随王轨入李密，密留于偃师，欲以招世充。及偃师破，世充得其兄世伟、子玄应、(虔)〔玄〕恕、琼等，又获密将佐裴仁基、郑颋、祖君彦等数十人。世充于是整兵向洛口，得邴元真妻子、郑虔象母及密诸将子弟，皆抚慰之，令潜呼其父兄。

初，邴元真为县吏，坐赃亡命，从翟让于瓦冈。让以其尝为吏，使掌书记。及密开幕府，妙选时英，让荐元真为长史，密不得已用之，行军谋画，未尝参预。密西拒世充，留元真守洛口仓。元真性贪鄙，宇文温谓密曰："不杀元真，必为公患。"密不应。元真知之，阴谋叛密。杨庆闻之以告密，密固疑焉。至是，密将入洛口城，元真已遣人潜引世充矣。密知而不发，因与众谋，待世充兵半济洛水，然后击之。世充军至，密候骑不时觉，比将出战，世充军悉已济矣。单雄信等又勒兵自据，密自度不能支，帅麾下轻骑奔虎牢，元真遂以城降。

初，雄信骁捷，善用马槊，名冠诸军，军中号曰“飞将”。彦藻以雄信轻于去就，劝密除之，密爱其才，不忍也。及密失利，雄信遂以所部降世充。

密将如黎阳，或曰：“杀翟让之际，徐世勣几死。今失利而就之，安可保乎？”时王伯当弃金墉保河阳，密自虎牢归之。引诸将共议，密欲南阻河，北守太行，东连黎阳，以图进取。诸将皆曰：“今兵新失利，众心危惧，若更停留，恐叛亡不日而尽。又人情不愿，难以成功。”密曰：“孤所恃者众也，众既不愿，孤道穷矣。”欲自刎以谢众，伯当抱密号绝，众皆悲泣。密复曰：“诸君幸不相弃，当共归关中。密身虽无功，诸君必保富贵。”府掾柳燮曰：“明公与唐公同族，兼有畴昔之好。虽不陪起兵，然阻东都，断隋归路，使唐公不战而据长安，此亦公之功也。”众咸曰：“然。”密又谓王伯当曰：“将军室家重大，岂复与孤俱行哉？”伯当曰：“昔萧何尽帅子弟以从汉王，伯当恨不兄弟俱从，岂以公今日失利，遂轻去就乎！纵分身原野，亦所甘心。”左右莫不感激，从密入关者凡二万人。于是密之将帅、州县多降于隋。

冬十月，李密将至，上遣使迎劳，相望于道。密大喜，谓其徒曰：“我拥众百万，一朝解甲归唐，山东连城数百，知我在此，遣使招之，亦当尽至。比于窦融，功亦不细，岂不以一台司见处乎？”己卯，至长安，有司供待稍薄，所部兵累日不得食，众心颇怨。既而以密为光禄卿、上柱国，赐爵邢国公。密既不满望，朝臣又多轻之，执政者或来求贿，意甚不平。独上亲礼之，常呼为弟，以舅子独孤氏妻之。

癸未，王世充收李密美人、珍宝及将卒十余万人还东都，陈于阙下。乙酉，皇泰主大赦。丙戌，以世充为太尉、尚书令、〔总督〕内外诸军事，仍使之开太尉府，备置官属，妙选人物。

李密总管李育德以武陟来降，拜陟州刺史。其余将佐刘德威、贾闰甫、高季辅等相继来降。

上使李密迎秦王世民于豳州。密自恃智略功名，见上犹有傲色，及见世民，不觉惊服。私谓殷开山曰："真英主也，不如是，何以定祸乱乎！"

徐世勣据李密旧境，未有所属。魏征随密至长安，久不为朝廷所知，乃自请安集山东，上以为秘书丞，乘传至黎阳，遗徐世勣书，劝之早降。世勣遂决计西向，谓长史阳翟郭孝恪曰："此民众土地皆魏公有也，吾若上表献之，是利主之败，自为功以邀富贵也，吾实耻之。今宜籍郡县户口、士马之数以启魏公，使自献之。"乃遣孝恪诣长安，又运粮以饷淮安王神通。上闻世勣使者至，无表，止有启与密，甚怪之。孝恪具言世勣意，上乃叹曰："徐世勣不背德，不邀功，真纯臣也。"赐姓李氏。以孝恪为宋州刺史，使与世勣经营虎牢以东，所得州郡，委之选补。

李密骄贵日久，又自负归国之功，朝廷待之不副本望，郁郁不乐。尝遇大朝会，密为光禄卿，当进食，深以为耻，退以告左武卫大将军王伯当。伯当心亦怏怏，因谓密曰："天下事在公度内耳。今东海公在黎阳，襄阳公在罗口，河南兵马，屈指可计，岂得久如此也！"密大喜，乃献策于上曰："臣虚蒙荣宠，安坐京师，曾无报效。山东之众，皆臣故时麾下，请往收而抚之，凭借国威，取王世充如拾地芥耳。"上闻密故将士多不附世充，亦欲遣密往收之。群臣多谏曰："李密狡猾好反，今遣之，如投鱼于泉，放虎于山，必不反矣。”上曰：“帝王自有天命，非小子所能取。借使叛去，如以蒿箭射蒿中耳。今使二贼交斗，吾可以坐收其弊。”〔十一月〕辛未，遣密诣山东，收其余众之未下者。密请与贾闰甫偕行，上许之，命密及闰甫同升御榻，赐食，传饮卮酒，曰：“吾三人同饮是酒，以明同心，善建功名，以副朕意。丈夫一言许人，千金不易。有人确执不欲弟行，朕推赤心于弟，非他人所能间也。”密、闰甫再拜受命。上又以王伯当为密副而遣之。

十二月，上遣李密分其麾下之半留华州，将其半出关。长史张宝德预在行中，恐密亡去，罪相及，上封事，言其必叛。上意乃中变，又恐密惊骇，乃降敕书劳来，令密留所部徐行，单骑入朝，更受节度。

密至稠桑，得敕，谓贾闰甫曰：“敕遣我去，无故复召我还，天子向云‘有人确执不许’，此谮行矣。吾今若还，无复生理，不若破桃林县，收其兵粮，北走渡河。比信达熊州，吾已远矣。苟得至黎阳，大事必成。公意如何？”闰甫曰：“主上待明公甚厚，况国家姓名，著在图谶，天下终当一统。明公既已委质，复生异图。任瓌、史万宝据熊、谷二州，此事朝举，彼兵夕至，虽克桃林，兵岂暇集，一称叛逆，谁复容人？为明公计，不若且应朝命，以明元无异心，自然浸润不行。更欲出就山东，徐思其便可也。”密怒曰：“唐使吾与绛、灌同列，何以堪之！且谶文之应，彼我所共。今不杀我，听使东行，足明王者不死。纵使唐遂定关中，山东终为我有。天与不取，乃欲束手投人！公，吾之心腹，何意如是？若不同心，当斩而后行。”闰甫泣曰：“明公虽云应谶，近察天人，稍已相违。今海内分崩，人思自擅，强者为雄。明公奔亡甫尔，谁相听受？且自翟让受戮之后，人皆谓明公弃恩忘本，今日谁肯复以所有之兵束手委公乎？彼必虑公见夺，逆相拒抗，一朝失势，岂有容足之地哉！自非荷恩殊厚者，讵能深言不讳乎。愿明公熟思之，但恐大福不再。苟明公有所措身，闰甫亦何辞就戮。"密大怒，挥刃欲击之，王伯当等固请，乃释之。闰甫奔熊州。伯当亦止密，以为未可，密不从。伯当乃曰："义士之志，不以存亡易心。公必不听，伯当与公同死耳，然终恐无益也。"

密因执使者，斩之。庚子旦，密绐桃林县官曰："奉诏暂还京师，家人请寄县舍。"乃简骁勇数十人，着妇人衣，戴幂䍦，藏刀裙下，诈为妻妾，自帅之入县舍，须臾，变服突出，因据县城。驱掠徒众，直趣南山，乘险而东，遣人驰告故将伊州刺史襄城张善相，令以兵应接。

右翊卫将军史万宝镇熊州，谓行军总管盛彦师曰："李密骁贼也，又辅以王伯当，今决策而叛，殆不可当也。"彦师笑曰："请以数千之众邀之，必枭其首。"万宝曰："公以何策能尔？"彦师曰："兵法尚诈，不可为公言之。"即帅众逾熊耳山南，据要道，令弓弩夹路乘高，刀楯伏于溪谷，令之曰："俟贼半渡，一时俱发。"或问曰："闻李密欲向洛州，而公入山，何也？"彦师曰："密声言向洛，实欲出人不意，走襄城就张善相耳。若贼入谷口，我自后追之，山路险隘，无所施力，一夫殿后，必不能制。今吾先得入谷，擒之必矣。"

李密既渡陕，以为余不足虑，遂拥众徐行，果逾山南出。彦师击之，密众首尾断绝，不得相救，遂斩密及伯当，俱传首长安。盛彦师以功赐爵葛国公，拜武卫将军，仍领熊州。李世勣在黎阳，上遣使以密首示之，告以反状。世勣北面拜伏号恸，表请收葬，诏归其尸。世勣为之行服，备君臣之礼，大具仪卫，举军缟素，葬密于黎阳山。

二年春正月壬寅，王世充悉取隋朝显官名士为太尉府官属，杜淹，戴胄皆预焉。

王世充专总朝政，事无大小，悉关太尉府，台省监署，莫不阒然。世充立三牌于府门外，一求文学才识堪济时务者，一求武勇智略能推锋陷敌者，一求身有冤滞拥抑不申者。于是上书陈事者日有数百，世充悉引见，躬自省览，殷勤慰谕，人人自喜，以为言听计从，然终无所施行。下至士卒厮养，世充皆以甘言悦之，而实无恩施。隋马军总管独孤武都为世充所亲任。其从弟司隶大夫机与虞部郎杨恭慎、前勃海郡主簿孙师孝、步兵总管刘孝元、李俭、崔孝仁谋召唐兵。使孝仁说武都曰："王公徒为儿女之态以悦下愚，而鄙隘贪忍，不顾亲旧，岂能成大业哉！图谶之文，应归李氏，人皆知之。唐起晋阳，奄有关内，兵不留行，英雄景附。且坦怀待物，举善责功，不念旧恶，据胜势以争天下，谁能敌之！吾属托身非所，坐待夷灭。今任管公兵近在新安，又吾之故人也，若遣间使召之，使夜造城下，吾曹共为内应，开门纳之，事无不集矣。"武都从之。事泄，世充皆杀之。恭慎，达之子也。

初，王世充既杀元、卢，虑人情未服，犹媚事皇泰主，礼甚谦敬。又请为刘太后假子，尊号曰圣感皇太后。既而渐骄横，尝赐食于宫中，还家大吐，疑遇毒，自是不复朝谒。皇泰主知其终不为臣，而力不能制，唯取内库彩物大造幡花。又出诸服玩，令僧散施贫乏以求福。世充使其党张绩、董浚守章善、显福二门，宫内杂物，毫厘不得出。是月，世充使人献印及剑。又言河水清，欲以耀众，为己符瑞云。

闰二月丁巳，骠骑将军张孝珉以劲卒百人袭王世充汜水城，入其郛，沉米船百五十艘。

己未，世充寇谷州。世充以秦叔宝为龙骧大将军，程知节为将军，待之皆厚。然二人疾世充多诈，知节谓叔宝曰："王公器度浅狭而多妄语，好为咒誓，此乃老巫妪耳，岂拨乱之主乎！"世充与唐兵战于九曲，叔宝、知节皆将兵在陈，与其徒数十骑西驰百许步，下马拜世充曰："仆荷公殊礼，深思报效。公性猜忌，喜信谗言，非仆托身之所，今不能仰事，请从此辞。"遂跃马来降，世充不敢逼。上使事秦王世民，世民素闻其名，厚礼之，以叔宝为马军总管，知节为左三统军。时世充骁将又有骠骑武安李君羡、征南将军临邑田留安，亦恶世充之为人，帅众来降。世民引君羡置左右，以留安为右四统军。

王世充囚李育德之兄厚德于获嘉，厚德与其守将赵君颖逐殷州刺史段大师以城来降。以厚德为殷州刺史。

癸亥，陟州刺史李育德攻下王世充河内堡聚三十一所。乙丑，世充遣其兄子君廓侵陟州，李育德击走之，斩首千余级。李厚德归省亲疾，使李育德守获嘉，世充并兵攻之，丁卯，城陷，育德及弟三人皆战死。

三月壬申，王世充寇谷州，刺史史万宝战不利。

王世充之寇新安也，外示攻取，实召文武之附己者议受禅。李世英深以为不可，曰："四方所以奔驰归附东都者，以公能中兴隋室故也。今九州之地，未清其一，遽正位号，恐远人皆思叛去矣。"世充曰："公言是也。"长史韦节、杨续等曰："隋氏数穷，在理昭然。夫非常之事，固不可与常人议之。"太史令乐德融曰："昔岁长星出，乃除旧布新之征。今岁星在角、亢，亢，郑之分野，若不亟顺天道，恐王气衰息。"世充从之。外兵曹参军戴胄言于世充曰："君臣犹父子也，休戚同之。明公莫若竭忠徇国，则家国俱安矣。"世充诡辞称善而遣之。世充议受九锡，胄复固谏，世充怒，出为郑州长史，使与兄子行本镇虎牢。乃使段达等言于皇泰主，请加世充九锡。皇泰主曰："郑公近平李密，已拜太尉，自是以来，未有殊绩，俟天下稍平，议之未晚。"段达曰："太尉欲之。"皇泰主熟视达曰："任公。"辛巳，达等以皇泰主之诏命世充为相国，假黄钺，总百揆，进爵郑王，加九锡，郑国置丞相以下官。甲午，王世充遣其将高毗寇义州。

东都道士桓法嗣献孔子闭房记于王世充，言相国当代隋为天子。世充大悦，以法嗣为谏议大夫。世充又罗取杂鸟，书帛系颈，自言符命而纵之。有得鸟来献者，亦拜官爵。于是段达以皇泰主命，加世充殊礼。世充奉表三让，百官劝进，设位于都堂。纳言苏威年老，不任朝谒，世充以威隋氏重臣，欲以眩耀士民，每劝进必冠威名。及受殊礼之日，扶威置百官之上，然后南面正坐受之。

夏四月，王世充令长史韦节、杨续等及太常博士衡水孔颖达造禅代仪，遣段达、云定兴等十余人入奏皇泰主曰："天命不常，郑王功德甚盛，愿陛下遵唐、虞之迹。"皇泰主敛膝据案，怒曰："天下，高祖之天下，若隋祚未亡，此言不应辄发。必天命已改，何烦禅让？公等或祖祢旧臣，或台鼎高位，既有斯言，朕复何望。"颜色凛冽，在廷者皆流汗。退朝，泣对太后。世充更使人谓之曰："今海内未宁，须立长君，俟四方安集，当复子明辟，必如前誓。"癸卯，世充称皇泰主命，禅位于郑，遣其兄世恽幽皇泰主于含凉殿，虽有三表陈让及敕书敦劝，皇泰主皆不知也。遣诸将引兵入清宫城，又遣术人以桃汤苇火祓除禁省。乙巳，王世充备法驾入宫，即皇帝位。丙午，大赦，改元开明。

戊申，王世充立子玄应为太子，玄恕为汉王，余兄弟宗族十九人皆为王。奉皇泰主为潞国公。以苏威为太师，段达为司徒，云定兴为太尉，张仅为司空，杨续为纳言，韦节为内史，王隆为左仆射，韦霁为右仆射，齐王世恽为尚书令，杨汪为吏部尚书，杜淹为少吏部，郑颋为御史大夫。世恽，世充之兄也。又以国子助教吴人陆德明为汉王师，令玄恕就其家行束修礼，德明耻之，故服巴豆散，卧称病，玄恕入跪床下，对之遗利，竟不与语。德明名朗，以字行。

世充于阙下及玄武门等数处皆设榻，坐无常所，亲受章表。或轻骑游历衢市，亦不清道，民但避路而已。世充按辔徐行，语之曰："昔时天子深居九重，在下事情无由闻彻。今世充非贪天位，但欲救恤时危，正如一州刺史，亲览庶务，当与士庶共评朝政，尚恐门有禁限，今于门外设坐听朝，宜各尽情。"又令西朝堂纳冤抑，东朝堂纳直谏。于是献书上策者日有数百，条流既烦，省览难遍，数日后，不复更出。

王世充将军丘怀义居门下内省，召越王君度、汉王玄恕、将军郭士衡杂妓妾饮博，侍御史张蕴古弹之。世充大怒，令散手执君度、玄恕批其耳数十，又命引入东上阁，杖之各四十。怀义、士衡不问，赏蕴古帛百段，迁太子舍人。君度，世充之兄子也。

世充每听朝，殷勤诲谕，言词重复，千端万绪，侍卫之人不胜倦弊。百司奏事，疲于听受。御史大夫苏良谏曰："陛下语太多而无领要，计云尔即可，何烦许辞也。"世充默然良久，亦不罪良，然性如是，终不能改也。

王世充数攻伊州，总管张善相拒之。粮尽，援兵不至，癸亥，城陷，善相骂世充极口而死。帝闻，叹曰："吾负善相，善相不负吾也。"赐其子爵襄城郡公。

五月，王世充陷义州，复寇西济州。遣右骁卫大将军刘弘基将兵救之。

癸巳，梁州总管山东道安抚副使陈政为麾下所杀，携其首奔王世充。政，茂之子也。

王世充以礼部尚书裴仁基、左辅大将军裴行俨有威名，忌之。仁基父子知之，亦不自安，乃与尚书左丞宇文儒童、儒童弟尚食直长温、散骑常侍崔德本谋杀世充及其党，复尊立皇泰主。事泄，皆夷三族。齐王世恽言于世充曰："儒童等谋反，正为皇泰主尚在故也，不如早除之。"世充从之，遣兄子唐王仁则及家奴梁百年酖皇泰主。皇泰主曰："更为请太尉，以往者之言，未应至此。"百年欲为启陈，世恽不许。又请与太后辞诀，亦不许。乃布席焚香礼佛："愿自今已往，不复生帝王家。"饮药不能绝，以帛缢杀之，谥曰恭皇帝。世充以其兄楚王世伟为太保，齐王世恽为太傅、领尚书令。

秋七月，王世充遣其将罗士信寇谷州，士信帅其众千余人来降。先是，士信从李密击世充，兵败，为世充所得，世充厚礼之，与同寝食。既而得邴元真等，待之如士信，士信耻之。士信有骏马，世充兄子赵王道询欲之，不与，世充夺之以赐道询。士信怒，故来降。上闻其来，甚喜，遣使迎劳，赐帛五千段，廪食其所部，以士信为陕州道行军总管。世充左龙骧将军临泾席辩与同列杨虔安、李君义皆帅所部来降。丙子，王世充遣其将郭士衡寇谷州，刺史任瑰大破之，俘斩且尽。甲申，行军总管刘弘基遣其将种如愿袭王世充河阳城，毁其河桥而还。

八月丙午，将军秦武通军至洛阳，败世充将葛彦璋。冬十月，王世充自将兵徇地至滑台，临黎阳。尉氏城主时德睿、汴州刺史王要汉、亳州刺史丁叔则遣使降之，以德睿为尉州刺史。要汉，伯当之兄也。

王世充遣其从弟世辨以徐、亳之兵攻雍丘，李公逸遣使求救，上以隔贼境，不能救。公逸乃留其属李善行守雍丘，身帅轻骑入朝，至襄城，为世充伊州刺史张殷所获。世充谓曰："乡越郑臣唐，其说安在?"公逸曰："我于天下唯知有唐，不知有郑。"世充怒，斩之。善行亦没。上以公逸子为襄邑公。

三年。王世充将帅、州县来降者，时月相继。世充乃峻其法，一人亡叛，举家无少长就戮，父子、兄弟、夫妇许相告而免之。又使五家为保，有举家亡者，四邻不觉，皆坐诛。杀人益多而亡者益甚，至于樵采之人，出入皆有限数，公私愁窘，人不聊生矣。以宫城为大狱，意所忌者，并其家属收系宫中，诸将出讨，亦质其家属于宫中。禁止者常不减万口，馁死者日有数十。世充又以台省官为司、郑、管、原、伊、殷、梁、凑、嵩、谷、怀、德等十二州营田使，丞、郎得为此行者，喜若登仙。

夏四月，罗士信围慈涧，王世充使太子玄应拒之。士信刺玄应坠马，人救之得免。庚申，怀州总管黄君汉击王世充太子玄应于西济州，大破之。熊州行军总管史万宝邀之于九曲，又破之。辛酉，世充陷邓州。

五月，突厥遣阿史那揭多献马千匹于王世充，且求婚。世充以宗女妻之，并与之互市。显州行台尚书令楚王杨士林虽受唐官爵，而北结王世充，南通萧铣。诏庐江王瑗与安抚使李弘敏讨之。兵未行，长史田瓒为士林所忌，〔六月〕甲寅，瓒杀士林降于世充，世充以瓒为显州总管。

上议击世充，世充闻之，选诸州镇骁勇皆集洛阳，置四镇将军，募人分守四城。秋七月壬戌，诏秦王世民督诸军击世充。陕东道行台屈突通二子在洛阳，上谓通曰："今欲使卿东征，如卿二儿何？"通曰："臣昔为俘囚，分当就死，陛下释缚，加以恩礼。当是之时，臣心口相誓，期以更生余年，为陛下尽节，但恐不获死所耳。今得备先驱，二儿何足顾乎！"上叹曰："徇义之士，一至此乎！"

癸亥，突厥遣使潜诣王世充，潞州总管李袭誉邀击，败之，虏牛羊万计。

壬午，秦王世民至新安。王世充遣魏王弘烈镇襄阳，荆王行本镇虎牢，宋王泰镇怀州，齐王世恽检校南城，楚王世伟守宝城，太子玄应守东城，汉王玄恕守含嘉城，鲁王道徇守曜仪城，世充自将战兵，左辅大将军杨公卿帅左龙骧二十八府骑兵，右游击大将军郭善才帅内军二十八府步兵，左游击大将军跋野纲帅外军二十八府步兵，总三万人，以备唐。弘烈、行本，世伟之子；泰，世充之兄子也。

罗士信将前锋围慈涧，王世充自将兵三万救之。己丑，秦王世民将轻骑前觇世充，猝与之遇，众寡不敌，道路险厄，为世充所围。世民左右驰射，皆应弦而毙，获其左建威将军燕琪，世充乃退。世民还营，埃尘覆面，军不复识，欲拒之，世民免胄自言，乃得入。旦日，帅步骑五万进军慈涧，世充拔慈涧之戍，归于洛阳。世民遣行军总管史万宝自宜阳南据龙门，将军刘德威自太行东围河内，上谷公王君廓自洛口断其饷道，怀州总管黄君汉自河阴攻回洛城，大军屯于北邙，连营以逼之。世充洧州长史繁水张公谨与刺史崔枢以州城来降。

八月，邓州土豪执王世充所署刺史来降。甲辰，黄君汉遣校尉张夜叉以舟师袭回洛城，克之，获其将达奚善定，断河阳南桥而还，降其堡聚二十余。世充使太子玄应帅杨公卿等攻回洛，不克，乃筑月城于其西，留兵戍之。

世充陈于青城宫，秦王世民亦置陈当之。世充隔水谓世民曰："隋室倾覆，唐帝关中，郑帝河南，世充未尝西侵，王忽举兵东来，何也？"世民使宇文士及应之曰："四海咸仰皇风，唯公遏阻声教，为此而来。"世充曰："相与息兵讲好，不亦善乎？"又应之曰："奉诏取东都，不令讲好。"至暮，各引兵还。

九月癸酉，王世充显州总管田瓒以所部二十五州来降，自是襄阳声问与世充绝。

史万宝进军甘泉宫。丁丑，秦王世民遣右武卫将军王君廓攻轘辕，拔之。王世充遣其将魏隐等击君廓，君廓伪遁，设伏，大破之，遂东徇地，至管城而还。先是，王世充将郭士衡、许罗汉掠唐境，君廓以策击却之，诏劳之曰："卿以十三人破贼一万，自古以少制众，未之有也。"

世充尉州刺史时德睿帅所部杞、夏、陈、随、许、颍、尉七州来降。秦王世民以便宜命州县官并依世充所署，无所变易，改尉州为南汴州。于是河南州县相继来降。

辛巳，世民以五百骑行战地，登魏宣武陵。王世充帅步骑万余猝至，围之，单雄信引槊直趋世民，尉迟敬德跃马大呼，横刺雄信坠马，世充兵稍却，敬德翼世民出围。世民、敬德更帅骑兵还战，出入世充陈，往返无所碍。屈突通引大兵继至，世充兵大败，仅以身免。擒其冠军大将军陈智略，斩首千余级，获排槊兵六千。

冬十月甲午，王世充大将军张镇周来降。甲辰，行军总管罗士信袭王世充硖石堡，拔之。士信又围千金堡，堡中人骂之。士信夜遣百余人，抱婴儿数十至堡下，使儿啼呼，诈云"从东都来归罗总管。"既而相谓曰："此千金堡也，吾属误矣。"即去。堡中以为士信已去，来者洛阳亡人，出兵追之。士信伏兵于道，伺其门开，突入，屠之。

李密之败也，杨庆归洛阳，世充以为管州总管，妻以兄女。秦王世民逼洛阳，庆潜遣人请降。世民遣总管李世勣将兵往据其城，庆来降，拜上柱国、郇国公。

时世充太子玄应镇虎牢，军于荥、汴之间，闻之，引兵趣管城，李世勣击却之。使郭孝恪为书说荥州刺史魏陆，陆密请降。玄应遣大将军张志就陆征兵，丙辰，陆擒志等四将，举州来降。阳城令王雄帅诸堡来降，秦王世民使李世勣引兵应之，以雄为嵩州刺史，嵩南之路始通。魏陆使张志诈为玄应书，停其东道之兵，令其将张慈宝且还汴州，又密告汴州刺史王要汉使图慈宝，要汉斩慈宝以降。玄应闻诸州皆叛，大惧，奔还洛阳。诏以要汉为汴州总管，赐爵郳国公。

十一月戊子，安抚大使李大亮取王世充沮、华二州。

唐兵逼洛阳，王世充遣使求救于窦建德，建德遣使诣世充，许以赴援。事见唐平河朔。

十二月辛卯，王世充许、亳等十一州皆请降。辛丑，王世充随州总管徐毅举州降。王世充遣其兄子代王琬、长孙安世诣窦建德报聘，且乞师。

四年春正月，王世充梁州总管程嘉会以所部来降。杜伏威遣其将陈正通、徐绍宗帅精兵二千来，会秦王世民击王世充，甲申，攻梁，克之。秦王世民选精锐千余骑，皆皂衣玄甲，分为左右队，使秦叔宝、程知节、尉迟敬德、翟长孙分将之。每战，世民亲被玄甲帅之为前锋，乘机进击，所向无不摧破，敌人畏之。行台仆射屈突通、赞皇公窦轨将兵按行营屯，猝与王世充遇，战不利。秦王世民帅玄甲救之，世充大败，获其骑将葛彦璋，俘斩六千余人，世充遁归。王世充太子玄应将兵数千人自虎牢运粮入洛阳，秦王世民遣将军李君羡邀击，大破之，玄应仅以身免。

世民使宇文士及奏请进围东都，上谓士及曰："归语尔王，今取洛阳，止欲息兵，克城之日，乘舆、法物、图籍、器械非私家所须者，委汝收之，其余子女、玉帛并以分赐将士。"

〔二月〕辛丑，世民移军青城宫，壁垒未立，王世充帅众二万自方诸门出，凭故马坊垣堑，临谷水以拒唐兵，诸将皆惧。世民以精骑陈于北邙，〔登〕魏宣武陵以望之，谓左右曰："贼势窘矣。悉众而出，徼幸一战，今日破之，后不敢复出矣。"命屈突通帅步卒五千渡水击之，戒通曰："兵交则纵烟。"烟作，世民引骑南下，身先士卒，与通合势力战。世民欲知世充陈厚薄，与精骑数十冲之，直出其背，众皆披靡，杀伤甚众。既而限以长堤，与诸骑相失，将军丘行恭独从世民，世充数骑追及之，世民马中流矢而毙。行恭回骑射追者，发无不中，追者不敢前。乃下马以授世民，行恭于马前步执长刀，距跃大呼，斩数人，突陈而出，得入大军。世充亦帅众殊死战，散而复合者数四。自辰至午，世充兵始退。世民纵兵乘之，直抵城下，俘斩七千人，遂围之。骠骑将军段志玄与世充兵力战，深入，马倒，为世充兵所擒，两骑夹持其髻，将渡洛水，志玄踊身而奋，二人俱坠马，志玄驰归，追者数百骑，不敢逼。

初，骠骑将军王怀文为唐军斥候，为世充所获，世充欲慰悦之，引置左右。壬寅，世充出右掖门，临洛水为陈，怀文忽引槊刺世充，世充衷甲，槊折不能入，左右猝出不意，皆愕眙不知所为。怀文走趣唐军，至写口，追获，杀之。世充归，解去衷甲，袒示群臣曰："怀文以槊刺我，卒不能伤，岂非天所命乎？"

先是，御史大夫郑颋不乐仕世充，多称疾，不预事。至是谓世充曰："臣闻佛有金刚不坏身，陛下真是也。臣实多幸，得生佛世，愿弃官削发为沙门，服勤精进，以资陛下之神武。"世充曰："国之大臣，声望素重，一旦入道，将骇物听。俟兵革休息，当从心志。"颋固请，不许。退谓其妻曰："吾束发从官，志慕名节，不幸遭遇乱世，流离至此，侧身猜忌之朝，累足危亡之地，智力浅薄，无以自全。人生会当有死，早晚何殊，姑从吾所好，死亦无憾。"遂削发被僧服。世充闻之，大怒曰："尔以我为必败，欲苟免邪？不诛之，何以制众！"遂斩颋于市。颋言笑自若，观者壮之。诏赠王怀文上柱国、朔州刺史。庚戌，王泰弃河阳走，其将赵夐等以城来降。别将单雄信、裴孝达与总管王君廓相持于洛口，秦王世民帅步骑五千援之，至轘辕，雄信等遁去，君廓追败之。乙卯，王世充怀州刺史陆善宗以城降。

秦王世民围洛阳宫城，城中守御甚严，大炮飞石重五十斤，掷二百步，八弓弩箭如车辐，镞如巨斧，射五百步。世民四面攻之，昼夜不息，旬余不克。城中欲翻城者凡十三辈，皆不果发而死。唐将士皆疲弊思归，总管刘弘基等请班师。世民曰："今大举而来，当一劳永逸。东方诸州已望风款服，唯洛阳孤城，势不能久，功在垂成，奈何弃之而去！"乃下令军中曰："洛阳未破，师必不还，敢言班师者斩。"众乃不敢复言。上闻之，亦密敕世民使还。世民表称洛阳必可克，又遣参谋军事封德彝入朝面论形势。德彝言于上曰："世充得地虽多，率皆羁属，号令所行，唯洛阳一城而已。智尽力穷，克在朝夕。今若旋师，贼势复振，更相连结，后必难图。”上乃从之。世民遗世充书，谕以祸福，世充不报。戊午，王世充郑州司兵沈悦遣使诣左武候大将军李世勣请降。左卫将军王君廓夜引兵袭虎牢，悦为内应，遂拔之，获其荆王行本及长史戴胄。悦，君理之孙也。

唐兵围洛阳，掘堑筑垒而守之。城中乏食，绢一匹直粟三升，布十匹直盐一斤，服饰珍玩贱如土芥。民食草根木叶皆尽，相与澄取浮泥，投米屑作饼食之，皆病身肿、脚弱，死者相枕倚于道。皇泰主之迁民入宫城也，凡三万家，至是无三千家。虽贵为公卿，糠核不充，尚书郎以下，躬自负戴，往往馁死。窦建德使其将范愿守曹州，悉发孟海公、徐圆朗之众西救洛阳。至滑州，王世充行台仆射韩洪开门纳之。己卯，军于酸枣。

秦王世民中分麾下，使屈突通副齐王元吉围守东都，世民将骁勇三千五百人东趣武(平)〔牢〕。事见唐平河朔。

夏四月壬寅，王世充骑将杨公卿、单雄信引兵出战，齐王元吉击之，不利，行军总管卢君谔战死。王世充平州刺史周仲隐以城来降。

五月，擒窦建德。甲子，王世充偃师、巩县皆降。乙丑，以太子左庶子郑善果为山东道抚慰大使。世充将王德仁弃故洛阳城而遁，亚将赵季卿以城降。秦王世民囚窦建德、王琬、长孙安世、郭士衡等至洛阳城下，以示世充。世充与建德语而泣。仍遣安世等入城言败状。世充召诸将议突围，走襄阳，诸将皆曰：“吾所恃者夏王，夏王今已为擒，虽得出，终必无成。”丙寅，世充素服帅其太子、群臣二千余人诣军门降。世民礼接之，世充俯伏流汗。世民曰：“卿常以童子见处，今见童子，何恭之甚邪？”世充顿首谢罪。于是部分诸军，先入洛阳，分守市肆，禁止侵掠，无敢犯者。

丁卯，世民入宫城，命记室房玄龄先入中书、门下省，收隋图籍、制诏，已为世充所毁，无所获。命萧瑀、窦轨等封库，收其金帛，班赐将士。收世充之党罪尤大者段达、王隆、崔洪丹、薛德音、杨汪、孟孝义、单雄信、杨公卿、郭什柱、郭士衡、董睿、张童儿、王德仁、朱粲、郭善才等十余人，斩于洛水之上。士民疾朱粲残忍，竞投瓦砾击其尸，须臾如冢。囚韦节、杨续、长孙安世等十余人送长安。士民无罪为世充所囚者，皆释之，所杀者祭而诔之。

戊寅，王世充徐州行台杞王世辩以徐、宋等三十八州诣河南道安抚大使任瑰请降。世充故地悉平。秋七月庚申，王世充行台王弘烈、王泰、左仆射豆卢行褒、右仆射苏世长以襄州来降。上与行褒、世长皆有旧，先是，屡以书招之，行褒辄杀使者。既至长安，上诛行褒而责世长。世长曰："隋失其鹿，天下共逐之。陛下既得之矣，岂可复忿同猎之徒，问争肉之罪乎？"上笑而释之，以为谏议大夫。

甲子，俘王世充于太庙。上见王世充而数之，王世充曰："臣罪固当诛，然秦王许臣不死。"丙寅，诏赦世充为庶人，与兄弟子侄徙处蜀。王世充以防夫未备，置雍州廨舍。独孤机之子定州刺史修德帅兄弟至其所，矫称敕呼郑王，世充与兄世恽趋出，修德等杀之。诏免修德官。其余兄弟子侄等于道亦以谋反诛。

唐平河朔　窦建德

隋炀帝大业七年。漳南人窦建德少尚气侠，胆力过人，为乡党所归附。会募人征高丽,建德以勇敢选为二百人长。同县孙安祖亦以骁勇选为征士。安祖辞以家为水所漂,妻子馁死,县令怒,笞之。安祖刺杀令,亡抵建德,建德匿之。官司逐捕,踪迹至建德家,建德谓安祖曰:"文皇帝时天下殷盛,发百万之众以伐高丽,尚为所败。今水潦为灾,百姓困穷,加之往岁西征,行者不归,疮痍未复。主上不恤,乃更发兵亲击高丽,天下必大乱。丈夫不死,当立大功,岂可但为亡虏邪!"乃集无赖少年,得数百人,使安祖将之,入高鸡泊中为群盗,安祖自号将军。时鄃人张金称聚众河曲,蓨人高士达聚众于清河境内为盗,郡县疑建德与贼通,悉收其家属,杀之。建德帅麾下二百人亡归士达,士达自称东海公,以建德为司兵。顷之,孙安祖为张金称所杀,其众尽归建德,建德兵至万余人。建德能倾身接物,与士卒均劳逸,由是人争附之,为之致死。

十二年冬十二月,涿郡通守郭绚,将兵万余人讨高士达。士达自以才略不及窦建德,乃进建德为军司马,悉以兵授之。建德请士达守辎重,自简精兵七千人拒绚,诈为与士达有隙而叛,遣人请降于绚,愿为前驱击士达以自效。绚信之,引兵随建德至长河,不复设备。建德袭之,杀虏数千人,斩绚首,献士达,张金称余众皆归建德。杨义臣乘胜至平原,欲入高鸡泊讨之。建德谓士达曰:"历观隋将,善用兵者无如义臣,今灭张金称而来,其锋不可当。请引兵避之,使其欲战不得,坐费岁月,将士疲倦,然后乘间击之,乃可破也。不然,恐非公之敌。"士达不从,留建德守营,自帅精兵逆击义臣,战小胜,因纵酒高宴。建德闻之曰:"东海公未能破敌,遽自矜大,祸至不久矣。"后五日,义臣大破士达,于陈斩之。乘胜逐北趣其营,营中守兵皆溃。建德与百余骑亡去，至饶阳，乘其无备，攻陷之，收兵，得三千余人。义臣既杀士达，以为建德不足忧，引去。建德还平原，收士达散兵，收葬死者，为士达发丧，军复大振，自称将军。先是，群盗得隋官及士族子弟皆杀之，独建德善遇之。由是隋官稍以城降之，声势日盛，胜兵至十余万人。

恭帝义宁元年春正月丙辰，窦建德为坛于乐寿，自称长乐王，置百官，改元丁丑。

秋七月，炀帝诏左御卫大将军涿郡留守薛世雄将燕地精兵三万讨李密，命王世充等诸将皆受世雄节度，军所过，盗贼随便诛翦。世雄行至河间，军于七里井，窦建德士众惶惧，悉拔诸城南遁，声言还入豆子𣹳。世雄以为畏己，不复设备，建德谋还袭之。其处去世雄营百四十里，建德帅敢死士二百八十人先行，令余众续发。建德与其士众约曰："夜至则击其营，已明则降之。"未至二里所，天欲明，建德惶惑，议降。会天大雾，人咫尺不相辨，建德喜曰："天赞我也。"遂突入其营击之，世雄士卒大乱，皆腾栅走。世雄不能禁，与左右数十骑遁归涿郡，惭恚发病卒。建德遂围河间。

唐高祖武德元年。隋河间郡丞王琮守郡城以拒群盗，窦建德攻之，岁余不下。闻炀帝凶问，帅吏士发丧，乘城者皆哭。建德遣使吊之，琮因使者请降，建德退舍具馔以待之。琮言及隋亡，俯伏流涕，建德亦为之泣。诸将曰："琮久拒我军，杀伤甚众，力尽乃降，请烹之。"建德曰："琮忠臣也，吾方赏之以劝事君，奈何杀之？往在高鸡泊为盗，容可妄杀人。今欲安百姓，定天下，岂得害忠良乎！"乃徇军中曰："先与王琮有怨敢妄动者，夷三族。"以琮为瀛州刺史。于是河北郡县闻之，争附于建德。

先是，建德陷景城，执户曹河东张玄素，将杀之，县民千余人号泣，请代其死，曰："户曹清慎无比，大王杀之，何以劝善？"建德乃释之，以为治书侍御史，固辞。及江都败，复以为黄门侍郎，玄素乃起。饶阳令宋正本，博学有才气，说建德以定河北之策，建德引为谋主。建德定都乐寿，命所居曰金城宫，备置百官。

冬十一月，有大鸟五集于乐寿，群鸟数万从之，经日乃去。窦建德以为己瑞，改元五凤。宗城人有得玄圭献于建德者，宋正本及景城丞会稽孔德绍皆曰："此天所以赐大禹也，请改国号曰夏。"建德从之。以正本为纳言，德绍为内史侍郎。

初，王须拔掠幽州，中流矢死，其将魏刀儿代领其众，据深泽，掠冀、定之间，众至十万，自称魏帝。建德伪与连和，刀儿弛备，建德袭击，破之，遂围深泽。其徒执刀儿降，建德斩之，尽并其众。易、定等州皆降，唯冀州刺史麴稜不下。稜婿崔履行，暹之孙也，自言有奇术，可使攻者自败，稜信之。履行命守城者皆坐，毋得妄斗，曰："贼虽登城，汝曹勿怖，吾将使贼自缚。"于是为坛，夜设章醮，然后自衣衰绖，杖行登北楼恸哭，又令妇女升屋四向振裙。建德攻之急，稜将战，履行固止之。俄而城陷，履行哭犹未已。建德见稜曰："卿忠臣也。"厚礼之，以为内史令。

建德既克冀州，兵威益盛，帅众十万寇幽州。总管罗艺将逆战，薛万均曰："彼众我寡，出战必败。不若使羸兵背城阻水为陈，彼必渡水击我。万均请以精骑百人伏于城旁，俟其半渡击之，蔑不胜矣。"艺从之。建德果引兵渡水，万均邀击，大破之。建德竟不能至其城下，乃分兵掠霍堡及雍奴等县，艺复邀击，败之。凡相拒百余日，建德不能克，乃还乐寿。万均，世雄之子也。

二年春闰二月，宇文化及保聊城，窦建德纵兵攻之，生擒化及。建德每战胜克城,所得资财,悉以分将士,身无所取。又不啖肉,常食蔬,茹粟饭。妻曹氏不衣纨绮,所役婢妾才十许人。及破化及,得隋宫人千数,即时散遣之。以隋黄门侍郎裴矩为左仆射,掌选事,兵部侍郎崔君肃为侍中,少府令何稠为工部尚书,右司郎中柳调为左丞,虞世南为黄门侍郎,欧阳询为太常卿。询,纥之子也。自余随才授职,委以政事。其不愿留欲诣关中及东都者,亦听之,仍给资粮,以兵援之出境。隋骁果尚近万人,亦各纵遣,任其所之。又与王世充结好,遣使奉表于隋皇泰主,皇泰主封为夏王。建德起于群盗,虽建国,未有文物法度,裴矩为之定朝仪,制律令,建德甚悦,每从之咨访典礼。

窦建德陷邢州,执总管陈君宾。

初,宇文化及以隋大理卿郑善果为民部尚书,从至聊城,为化及督战,中流矢。窦建德克聊城,王琮获善果,责之曰:“公名臣之家,隋室大臣,奈何为弑君之贼效命,苦战伤痍至此乎!”善果大惭,欲自杀,宋正本驰往救止之。建德复不为礼,乃奔相州,淮安王神通送之长安。〔三月〕庚午,善果至,上优礼之,拜左庶子、检校内史侍郎。

夏四月,窦建德闻王世充废皇泰主自立,乃绝之,始建天子旌旗,出警入跸,下书称诏,追谥隋炀帝为闵帝。齐王暕之死也,有遗腹子政道,建德立以为郧公,然犹依倚突厥以壮其兵势。隋义成公主遣使迎萧皇后及南阳公主,建德遣千余骑送之,又传宇文化及首以献义成公主。

六月庚子,窦建德陷沧州。秋八月,窦建德将兵十余万趣洺州,淮安王神通帅诸军退保相州。己亥,建德兵至洺州城下。丁未,窦建德陷洺州,总管袁子干降之。乙卯,引兵趣相州,淮安王神通闻之，帅诸军就李世勣于黎阳。〔九月〕己巳，窦建德陷相州，杀刺史吕珉。

淮安王神通使慰抚使张道源镇赵州。庚寅，窦建德陷赵州，执总管张志昂及道源。建德以二人及邢州刺史陈君宾不早下，欲杀之，国子祭酒凌敬谏曰："人臣各为其主用，彼坚守不下，乃忠臣也。今大王杀之，何以励群下乎？"建德怒曰："吾至城下，彼犹不降，力屈就擒，何可舍也。"敬曰："今大王使大将高士兴拒罗艺于易水，艺才至，兴即降，大王之意以为如何？"建德乃悟，即命释之。

冬十月己亥，赐幽州总管燕公罗艺姓李氏，封燕郡王。辛丑，李艺破建德于衡水。窦建德引兵趣卫州。建德每行军，常为三道，辎重细弱居中央，步骑夹左右，相去三里许。建德以千骑前行，过黎阳三十里，李世勣遣骑将丘孝刚将二百骑侦之。孝刚骁勇，善马槊，与建德遇，遂击之，建德败走，右方兵救之，击斩孝刚。建德怒，还攻黎阳，克之，虏淮安王神通、李世勣父盖、魏徵及帝妹同安公主。唯李世勣以数百骑走渡河，数日，以其父故，还诣建德降。卫州闻黎阳陷，亦降。建德以李世勣为左骁卫将军，使守黎阳，常以其父盖自随为质。以魏徵为起居舍人。滑州刺史王轨奴杀轨，携其首诣建德降。建德曰："奴杀主，大逆，吾何为受之！"立命斩奴，返其首于滑州。吏民感悦，即日请降。于是其旁州县及徐圆朗等皆望风归附。己未，建德还洺州，筑万春宫徙都之。置淮安王神通于下博，待以客礼。

十一月，李世勣欲归唐，恐祸及其父，谋于郭孝恪。孝恪曰："吾新事窦氏，动则见疑，宜先立效以取信，然后可图也。"世勣从之。袭王世充获嘉，破之，多所俘获，以献建德，建德由是亲之。

十二月，李世勣复遣人说窦建德曰："曹、戴二州户口完实，孟海公窃有其地，与郑人外合内离。若以大军临之，指期可取。既得海公，〔以〕临徐、兖，河南可不战而定也。"建德以为然，欲自将徇河南，先遣其行台曹旦等将兵五万济河，世勣引兵三千会之。

三年春正月，李世勣谋俟窦建德至河南，掩袭其营，杀之，冀得其父并建德土地以归唐。会建德妻产，久之不至。

曹旦，建德之妻兄也，在河南，多所侵扰，诸贼羁属者皆怨之。贼帅魏郡李文相号李商胡，聚众五千余人据孟津中潬。母霍氏亦善骑射，自称霍总管。世勣结商胡为昆弟，入拜商胡之母。母泣谓世勣曰："窦氏无道，如何事之？"世勣曰："母无忧，不过一月，当杀之，相与归唐耳。"世勣辞去，母谓商胡曰："东海公许我共图此贼。事久变生，何必待其来？不如速决。"是夜，商胡召曹旦偏裨二十三人饮之酒，尽杀之。旦别将高雅贤、阮君明尚在河北未济，商胡以巨舟四艘济河北之兵三百人，至中流，悉杀之。有兽医游水得免，至南岸告曹旦，旦严警为备。商胡既举事，始遣人告李世勣。世勣与曹旦连营，郭孝恪劝世勣袭旦，世勣未决，闻旦已有备，遂与孝恪帅数十骑来奔。商胡复引精兵二千北袭阮君明，破之。高雅贤收众去，商胡追之，不及而还。建德群臣请诛李盖，建德曰："世勣唐臣，为我所虏，不忘本朝，乃忠臣也。其父何罪？"遂赦之。甲午，世勣、孝恪至长安。曹旦遂取济州，复还洺州。二月，窦建德攻李商胡，杀之。建德〔至〕洺州，劝课农桑，境内无盗，商旅野宿。

夏五月，窦建德遣高士兴击李艺于幽州，不克，退军笼火城。艺袭击，大破之，斩首五千级。建德大将军王伏宝勇略冠军中，诸将疾之，言其谋反，建德杀之，伏宝曰："大王奈何听谗言，自斩左右手乎！"

秋八月，窦建德共州县令唐纲杀刺史，以州来降。上遣使与窦建德连和，建德遣同安公主随使者俱还。

冬十月，窦建德帅众二十万复攻幽州。建德兵已攀堞，薛万均、薛万彻帅敢死士百人从地道出其背，掩击之，建德兵溃走，斩首千余级。李艺兵乘胜薄其营，建德陈于营中，填堑而出，奋击，大破之，建德逐北至其城下，攻之不克而还。

十一月，窦建德济河击孟海公。初，王世充侵建德黎阳，建德袭破殷州以报之。自是二国交恶，信使不通。及唐兵逼洛阳，世充遣使求救于建德。建德中书侍郎刘彬说建德曰："天下大乱，唐得关西，郑得河南，夏得河北，共成鼎足之势。今唐举兵临郑，自秋涉冬，唐兵日增，郑地日蹙，唐强郑弱，势必不支。郑亡，则夏不能独立矣，不如解仇除忿，发兵救之。夏击其外，郑攻其内，破唐必矣。唐师既退，徐观其变，若郑可取则取之，并二国之兵，乘唐师之老，天下可取也。"建德从之，遣使诣世充，许以赴援。又遣其礼部侍郎李大师等诣唐，请罢洛阳之兵，秦王世民留之，不答。

十二月壬辰，燕郡王李艺又击窦建德于笼火城，破之。

张道源从窦建德在河南，密遣人诣长安请出兵攻洺州以震山东。丙午，诏刘世让为行军总管，使将兵出土门趣洺州，〔是岁〕，窦建德行台尚书令恒山胡大恩请降。

四年春二月，窦建德克周桥，虏孟海公。三月，行军总管刘世让攻窦建德黄州，拔之。洺州严备，世让不得进。会突厥将入寇，上召世让还。窦建德所署普乐令平恩程名振来降。

窦建德陷管州，杀刺史郭士安。又陷荥阳、阳翟等县，水陆并进，泛舟运粮，溯河西上。王世充之弟徐州行台世辩遣其将郭士衡将兵数千会之，合十余万，号三十万，军于成皋之东原，筑宫板渚，遣使与王世充相闻。

先是，建德遗秦王世民书，请退军潼关，返郑侵地，复修前好。世民集将佐议之，皆请避其锋。郭孝恪曰："世充穷蹙，垂将面缚，建德远来助之，此天意欲两亡之也。宜据武牢之险以拒之，伺间而动，破之必矣。"记室薛收曰："世充保据东都，府库充实，所将之兵，皆江、淮精锐，即日之患，但乏粮食耳。以是之故，为我所持，求战不得，守则难久。建德亲帅大众，远来赴援，亦当极其精锐，致死于我。若纵之至此，两寇合从，转河北之粟以馈洛阳，则战争方始，偃兵无日，混一之期，殊未有涯也。今宜分兵守洛阳，深沟高垒，世充出兵，慎勿与战。大王亲帅骁锐，先据成皋，厉兵训士，以待其至，以逸待劳，决可克也。建德既破，世充自下，不过二旬，两主就缚矣。"世民善之。收，道衡之子也。

萧瑀、屈突通、封德彝皆曰："吾兵疲老，世充凭守坚城，未易猝拔。建德席胜而来，锋锐气盛，吾腹背受敌，非完策也。不若退保新安，以承其弊。"世民曰："世充兵摧食尽，上下离心，不烦力攻，可以坐克。建德新破海公，将骄卒惰。吾据武牢，扼其咽喉，彼若冒险争锋，吾取之甚易。若狐疑不战，旬月之间，世充自溃。城破兵强，气势自倍，一举两克，在此行矣。若不速进，贼入武牢，诸城新附，必不能守。两贼并力，其势必强，何弊之承？吾计决矣。"通等又请解围据险以观其变，世民不许。中分麾下，使通等副齐王元吉围守东都，世民将骁勇三千五百人东趣武牢。时正昼出兵，历北邙，抵河阳，趋巩而去。王世充登城望见，莫之测也，竟不敢出。

癸未，世民入武牢。甲申，将骁骑五百出武牢东二十余里，觇建德之营。缘道分留从骑，使李世勣、程知节、秦叔宝将之，伏于道旁，才余四骑，与之偕进。世民谓尉迟敬德曰："吾执弓矢，公执槊相随，虽百万众，若我何！"又曰："贼见我而还，上策也。"去建德营三里所，建德游兵遇之，以为斥候也。世民大呼曰："我秦王也。"引弓射之，毙其一将。建德军中大惊，出五六千骑逐之，从者咸失色。世民曰："汝第前行，吾自与敬德为殿。"于是按辔徐行，追骑将至，则引弓射之，辄毙一人。追者惧而止，止而复来，如是再三，每来必有毙者。世民前后射杀数人，敬德杀十许人，追者不敢复逼。世民逡巡稍却以诱之，入于伏内，世勣等奋击，大破之，斩首三百余级，获其骁将殷秋、石瓒以归。乃为书报建德，谕以"赵、魏之地，久为我有，为足下所侵夺。但以淮安见礼，公主得归，故相与坦怀释怨。世充顷与足下修好，已尝反覆，今亡在朝夕，更饰辞相诱，足下乃以三军之众仰哺他人，千金之资坐供外费，良非上策。今前茅相遇，彼遽崩摧，郊劳未通，能无怀愧。故抑止锋锐，冀闻择善，若不获命，恐虽悔难追。"窦建德迫于武牢不得进，留屯累月，战数不利，将士思归。

夏四月丁巳，秦王世民遣王君廓将轻骑千余抄其粮运，又破之，获其大将军张青特。凌敬言于建德曰："大王悉兵济河，攻取怀州、河阳，使重将守之，更鸣鼓建旗，逾太行，入上党，徇汾、晋，趣蒲津，如此有三利：一则蹈无人之境，取胜可以万全；二则拓地收众，形势益强；三则关中震骇，郑围自解。为今之策，无以易此。"建德将从之，而王世充遣使告急，相继于道，王琬、长孙安世朝夕涕泣，请救洛阳，又阴以金玉啖建德诸将，以挠其谋。诸将皆曰："凌敬书生，安知战事，其言岂可用也！"建德乃谢敬曰："今众心甚锐，天赞我也，因之决战，必将大捷，不得从公言。"敬固争之，建德怒，令扶出。其妻曹氏谓建德曰："祭酒之言，不可违也。今大王自滏口乘唐国之虚，连营渐进，以取山北，又因突厥西抄关中，唐必还师自救，郑围何忧不解？若顿兵于此，老师费财，欲求成功，在于何日？"建德曰："此非女子所知。吾来救郑，郑今倒悬，亡在朝夕，吾乃舍之而去，是畏敌而弃信也，不可。"

谍者告曰："建德伺唐军刍尽，牧马于河北，将袭武牢。"五月戊午，秦王世民北济河，南临广武，察敌形势，因留马千余匹，牧于河渚以诱之，夕还武牢。己未，建德果悉众而至，自板渚出牛口置陈，北距大河，西薄汜水，南属鹊山，亘二十里，鼓行而进。诸将皆惧，世民将数骑升高丘以望之，谓诸将曰："贼起山东，未尝见大敌。今度险而嚣，是无纪律；逼城而陈，有轻我心。我按兵不出，彼勇气自衰，陈久卒饥，势将自退，追而击之，无不克者。与公等约，甫过日中，必破之矣。"建德意轻唐军，遣三百骑涉汜水，距唐营一里所止。遣使与世民相闻，曰："请选锐士数百与之剧。"世民遣王君廓将长槊二百以应之，相与交战，乍进乍退，两无胜负，各引还。王琬乘隋炀帝骢马，铠仗甚鲜，迥出陈前以夸众。世民曰："彼所乘真良马也。"尉迟敬德请往取之，世民止之曰："岂可以一马丧猛士。"敬德不从，与高甑生、梁建方三骑直入其陈，擒琬，引其马以归，众无敢当者。世民使召河北马，待其至乃出战。

建德列陈，自辰至午，士卒饥倦，皆坐列，又争饮水，逡巡欲退。世民命宇文士及将三百骑经建德陈西，驰而南上，戒之曰："贼若不动，尔宜引归，动则引兵东出。"士及至陈前，陈果动，世民曰："可击矣。"时河渚马亦至，乃命出战。世民帅轻骑先进，大军继之，东涉汜水，直薄其陈。建德群臣方朝谒，唐骑猝来，朝臣趋就建德。建德召骑兵使拒唐兵，骑兵阻朝臣不得过，建德挥朝臣令却，进退之间，唐兵已至，建德窘迫，退依东陂。窦抗引兵击之，战小不利。世民帅骑赴之，所向皆靡。淮阳王道玄挺身陷陈，直出其后，复突陈而归，再入再出，飞矢集其身如猬毛，勇气不衰，射人，皆应弦而仆。世民给以副马，使从己。于是诸军大战，尘埃涨天。世民帅史大柰、程知节、秦叔宝、宇文歆等卷旆而入，出其陈后，张唐旗帜，建德将士顾见之，大溃，追奔三十里，斩首三千余级。建德中槊，窜匿于牛口渚。车骑将军白士让、杨武威逐之，建德坠马。士让援槊欲刺之，建德曰："勿杀我，我夏王也，能富贵汝。"武威下擒之，载以从马，来见世民。世民让之曰："我自讨王世充，何预汝事，而来越境，犯我兵锋？"建德曰："今不自来，恐烦远取。"建德将士皆溃去，所俘获五万人，世民即日散遣之，使还乡里。封德彝入贺，世民笑曰："不用公言，得有今日。智者千虑，不免一失乎？"德彝甚惭。建德妻曹氏与左仆射齐善行将数百骑遁归洺州。

壬申，齐善行以洺、相、魏等州来降。时建德余众走至洺州，欲立建德养子为主，征兵以拒唐。又欲剽掠〔居〕民，还向海隅为盗。善行独以为不可，曰："隋末丧乱，故吾属相聚草野，苟求生耳。以夏王之英武，平定河朔，士马精强，一朝为擒，易如反掌，岂非天命有所属，非人力所能争邪？今丧败如此，守亦无成，逃亦不免，等为亡国，岂可复遗毒于民！不若委心请命于唐，必欲得缯帛者，当尽散府库之物，勿复残民也。"于是运府库之帛数十万段，置万春宫东街，以散将卒，凡三昼夜乃毕。仍布兵守坊巷，得物者即出，无得更入人家。士卒散尽，然后与右仆射裴矩、行台曹旦帅其百官，奉建德妻曹氏及传国八玺并破宇文化及所得珍宝请降于唐。上以善行为秦王左二护军，仍厚赐之。窦建德博州刺史冯士羡复推淮安王神通为慰抚山东使，徇下三十余州，建德之地悉平。

秋七月甲子，秦王世民至长安。世民被黄金甲，齐王元吉、李世勣二十五将从其后，铁骑万匹，甲士三万人，前后部鼓吹，俘王世充、窦建德及隋乘舆、御物献于太庙，行饮至之礼以飨之。丙寅，斩建德于市。

唐平陇右　薛举

隋恭帝义宁元年。汾阴薛举侨居金城，骁勇绝伦，家赀钜万，交结豪杰，雄于西边，为金城府校尉。时陇右盗起，金城令郝瑗募兵得数千人，使举将而讨之。夏四月癸未，方授甲，置酒飨士，举与其子仁果及同党十三人于座劫瑗发兵，囚郡县官，开仓赈施。自称西秦霸王，改元秦兴。以仁果为齐公，少子仁越为晋公，招集群盗，掠官牧马。贼帅宗罗睺帅众归之，以为义兴公。将军皇甫绾将兵一万屯枹罕，举选精锐二千人袭之，遂克枹罕。珉山羌酋钟利俗拥众二万归之，举兵大振。更以仁果为齐王，领东道行军元帅，仁越为晋王，兼河州刺史，罗睺为兴王，以副仁果，分兵略地，取西平、浇河二郡。未几，尽有陇西之地，众至十三万。

秋七月，薛举自称秦帝，立其妻鞠氏为皇后，子仁果为皇太子。遣仁果将兵围天水，克之，举自金城徙都之。仁果多力，善骑射，军中号万人敌。然性贪而好杀，尝获庾信子立，怒其不降，礫于火上，稍割以啖军士。及克天水，悉召富人倒悬之，以醋灌鼻，责其金宝。举每戒之曰：“汝之才略足以办事，然苛虐无恩，终当覆我国家。”举遣晋王仁越将兵趋剑口，至河池郡，太守萧瑀拒却之。

冬十二月，薛举遣其子仁果寇扶风，唐弼据汧源拒之。举遣使招弼，弼乃杀李弘芝，请降于举。仁果乘其无备，袭破之，悉并其众。弼以数百骑走诣扶风请降，扶风太守窦琎杀之。举势益张，众号三十万，谋取长安。闻丞相渊已定长安，进围扶风。渊使李世民将兵击之，又使姜谟、窦轨俱出散关，安抚陇右。

癸巳，世民击薛仁果于扶风，大破之，追奔至陇坻而还。薛举大惧，问其群臣曰：“自古天子有降者乎？”黄门侍郎钱唐褚亮曰：“赵佗归汉，刘禅仕晋，近世萧琮，至今犹贵。转祸为福，自古有之。”卫尉卿郝瑗趋进曰：“陛下失问，褚亮之言又何悖也！昔汉高祖屡经奔败，蜀先主亟亡妻子，卒成大业。陛下奈何以一战不利，遽为亡国之计乎？”举亦悔之，曰：“聊以此试君等耳。”乃厚赏瑗，引为谋主。

姜谟、窦轨进至长道，为薛举所败，引还。渊使通议大夫醴泉刘世让安集唐弼余党，与举相遇，战败，为举所虏。

唐高祖武德元年。郝瑗说薛举与梁师都及突厥连兵以取长安，举从之。突厥拒举、师都等，不纳其使。夏六月癸未，薛举寇泾州。以秦王世民为元帅，将八总管兵以拒之。

秋七月，薛举进逼高墌，游兵至于豳、岐，秦王世民深沟高垒不与战。会世民得疟疾，委军事于长史纳言刘文静、司马殷开山，且戒之曰：“薛举悬军深入，食少兵疲，若来挑战，慎勿应也。俟吾疾愈，为君等破之。”开山退谓文静曰：“王虑公不能办，故有此言耳。且贼闻王有疾,必轻我,宜曜武以威之。”乃陈于高墌西南,恃众而不设备。举潜师掩其后,壬子,战于浅水原,八总管皆败,士卒死者什五六,大将军慕容罗睺、李安远、刘弘基皆没。世民引兵还长安,举遂拔高墌,收唐兵死者为京观。文静等皆坐除名。

八月,薛举遣其子仁果进围宁州,刺史胡演击却之。郝瑗言于举曰:“今唐兵新破,关中骚动,宜乘胜直取长安。”举然之,会有疾而止。辛巳,举卒。太子仁果立,居于折墌城,谥举曰武帝。

己丑,以秦王世民为元帅,击薛仁果。九月甲寅,秦州总管窦轨击薛仁果,不利。骠骑将军刘感镇泾州,仁果围之。城中粮尽,感杀所乘马以分将士,感一无所啖,唯煮马骨取汁和木屑食之。城垂陷者数矣,会长平王叔良将(士)〔兵〕至泾州,仁果乃扬言食尽,引兵南去。乙卯,又遣高墌人伪以城降,叔良遣感帅众赴之。己未,至城下,叩门,城中人曰:“贼已去,可逾城入。”感命烧其门,城上下水灌之。感知其诈,遣步兵先还,自帅精兵为殿。俄而城上举三烽,仁果兵自南原大下,战于百里细川,唐军大败,感为仁果所擒。仁果复围泾州,令感语城中,云“援军已败,不如早降”。感许之,至城下大呼曰:“逆贼饥馁,亡在朝夕。秦王帅数十万众,四面俱集,城中勿忧,勉之。”仁果怒,执感于城旁,埋之至膝,驰骑射之,至死,声色逾厉。叔良婴城固守,仅能自全。感,丰生之孙也。

庚申,陇州刺史陕人常达击薛仁果于宜禄川,斩首千余级。薛仁果屡攻常达,不能克,乃遣其将仵士政以数百人诈降,达厚抚之。乙丑,士政伺隙,以其徒劫达,拥城中二千人降于仁果。达见仁果,词色不屈,仁果壮而释之。奴贼帅张贵谓达曰:“汝识我乎？”达曰：“汝逃死奴贼耳。”贵怒，欲杀之，人救之获免。

薛仁果之为太子也，与诸将多有隙，及即位，众心猜惧。郝瑗哭举得疾，遂不起，由是国势寖弱。秦王世民至高墌，仁果使宗罗睺将兵拒之。罗睺数挑战，世民坚壁不出。诸将咸请战，世民曰：“我军新败，士气沮丧，贼恃胜而骄，有轻我心，宜闭垒以待之。彼骄我奋，可一战而克也。”乃令军中曰：“敢言战者斩。”相持六十余日，仁果粮尽，其将梁胡郎等帅所部来降。世民知仁果将士离心，命行军总管梁实营于浅水原以诱之。罗睺大喜，尽锐攻之，梁实守险不出，营中无水，人马不饮者数日，罗睺攻之甚急。世民度贼已疲，谓诸将曰：“可以战矣。”迟明，使右武候大将军庞玉陈于浅水原南。罗睺并兵击之，玉战，几不能支，世民引大军自原北出其不意，罗睺引兵还战。世民帅骁骑数十先陷陈，唐兵表里奋击，呼声动地，罗睺士卒大溃，斩首数千级。世民帅二千余骑追之，窦轨叩马苦谏曰：“仁果犹据坚城，虽破罗睺，未可轻进，请且按兵以观之。”世民曰：“吾虑之久矣，破竹之势，不可失也，舅勿复言。”遂进。仁果陈于城下，世民据泾水临之，仁果骁将浑干等数人临陈来降。仁果惧，引兵入城拒守。日向暮，大军继至，遂围之。夜半，守城者争自投下。仁果计穷，己酉，出降，得其精兵万余人，男女五万口。

诸将皆贺，因问曰：“大王一战而胜，遽舍步兵，又无攻具，轻骑直造城下，众皆以为不克，而卒取之，何也？”世民曰：“罗睺所将皆陇外之人，将骁卒悍，吾特出其不意而破之，斩获不多。若缓之则皆入城，仁果抚而用之，未易克也，急之，则散归陇外。折墌虚弱，仁果破胆，不暇为谋，此吾所以克也。”众皆悦服。世民所得降卒，悉使仁果兄弟及宗罗睺、翟长孙等将之，与之射猎，无所疑间。贼畏威衔恩，皆愿效死。世民闻褚亮名，求访获之，礼遇甚厚，引为王府文学。上遣使谓世民曰："薛举父子，多杀我士卒，必尽诛其党以谢冤魂。"李密谏曰："薛举虐杀不辜，此其所以亡也，陛下何怨焉？怀服之民，不可不抚。"乃命戮其谋首，余皆赦之。

癸亥，秦王世民至长安，斩薛仁果于市。上赐常达帛三百段。赠刘感平原郡公，谥忠壮。扑杀仵士政于殿庭。以张贵尤淫暴，腰斩之。上享劳将士，因谓群臣曰："诸公共相翊戴以成帝业，若天下承平，可共保富贵。使王世充得志，公辈岂有种乎？如薛仁果君臣，岂可不以为前鉴也！"

唐平河西　李轨

隋恭帝义宁元年。武威鹰扬府司马李轨，家富，好任侠。薛举作乱于金城，轨与同郡曹珍、关谨、梁硕、李赟、安修仁等谋曰："薛举必来侵暴，郡官庸怯，势不能御，吾辈岂可束手并妻孥为人所虏邪？不若相与并力拒之，保据河右，以待天下之变。"众皆以为然，欲推一人为主，各相让，莫肯当。曹珍曰："久闻图谶，李氏当王。今轨在谋中，乃天命也。"遂相与拜轨，奉以为主。秋七月丙辰，轨令修仁集诸胡，轨结民间豪桀共起兵，执虎贲郎将谢统师、郡丞韦士政。轨自称河西大凉王，置官属，并拟开皇故事。关谨等欲尽杀隋官，分其家赀。轨曰："诸人既逼以为主，当禀其号令。今兴义兵以救生民，乃杀人取货，此群盗耳，将何以济！"于是以统师为太仆卿，士政为太府卿。西突厥阙达度设据会宁川，自称阙可汗，请降于轨。

薛举选其将常仲兴济河击李轨，与轨将李赟战于昌松，仲兴举军败没。轨欲纵遣之，赟曰："力战获俘，复纵以资敌，将焉用之。不如尽坑之。"轨曰："天若祚我，当擒其主，此属终为我有。若其无成，留此何益？"乃纵之。未几，攻张掖、敦煌、西平、枹罕，皆克之，尽有河西五郡之地。

唐高祖武德元年秋八月，上欲与李轨共图秦、陇，遣使潜诣凉州招抚之，与之书，谓之从弟。轨大喜，遣其弟懋入贡，上以懋为大将军，命鸿胪少卿张俟德册拜轨为凉州总管，封凉王。冬十一月乙巳，凉王李轨即皇帝位，改元安乐。

李轨吏部尚书梁硕有智略，轨常倚之，以为谋主。硕见诸胡浸盛，阴劝轨宜加防察，由是与户部尚书安修仁有隙。轨子仲琰尝诣硕，硕不为礼，乃与修仁共谮硕于轨，诬以谋反，轨酖硕，杀之。有胡巫谓轨曰："上帝当遣玉女自天而降。"轨信之，发民筑台，以候玉女，劳费甚广。河右饥，人相食，轨倾家财以赈之。不足，欲发仓粟，召群臣议之。曹珍等皆曰："国以民为本，岂可爱仓粟而坐视其死乎？"谢统师等皆故隋官，心终不服，密与群胡为党，排轨故人，乃诟珍曰："百姓饿者，自是羸弱，勇壮之士，终不至此。国家仓粟，以备不虞，岂可散之以饲羸弱！仆射苟悦人情，不为国计，非忠臣也。"轨以为然，由是士民离怨。

二年春二月，张俟德至凉，李轨召其群臣廷议曰："唐天子吾之从兄，今已正位京邑。一姓不可自争天下，吾欲去帝号，受其官爵，可乎？"曹珍曰："隋失其鹿，天下共逐之，称王称帝者，奚啻一人！唐帝关中，凉帝河右，固不相妨。且已为天子，奈何复自贬黜？必欲以小事大，请依萧察事魏故事。"轨从之。戊戌，轨遣其尚书左丞邓晓入见，奉书称"皇从弟大凉皇帝臣轨"，而不受官爵。帝怒，拘晓不遣，始议兴师讨之。上遣使与吐谷浑可汗伏允连和，使击李轨。

李轨将安修仁兄兴贵仕长安，表请说轨，谕以祸福。上曰："轨阻兵恃险，连结吐谷浑、突厥，吾兴兵击之，尚恐不克，岂口舌所能下乎！"兴贵曰："臣家在凉州，奕世豪望，为民夷所附。弟修仁为轨所信任，子弟在机近者以十数。臣往说之，轨听臣固善，若其不听，图之肘腋易矣。"上乃遣之。

兴贵至武威，轨以为左右卫大将军。兴贵乘间说轨曰："凉地不过千里，土薄民贫。唐起太原，取函、秦，宰制中原，战必胜，攻必取，此殆天启，非人力也。不若举河西归之，则窦融之功复见于今日矣。"轨曰："吾据山河之固，彼虽强大，若我何？汝自唐来，为唐游说耳。"兴贵谢曰："臣闻富贵不归故乡，如衣绣夜行。臣阖门受陛下荣禄，安肯附唐，但欲效其愚虑，可否在陛下耳。"于是退与修仁阴结诸胡，起兵击轨。轨出战而败，婴城自守。兴贵徇曰："大唐遣我来诛李轨，敢助之者夷三族。"城中人争出就兴贵。轨计穷，与妻子登玉女台，置酒为别。夏五月庚辰，兴贵执之以闻，河西悉平。

邓晓在长安，舞蹈称庆。上曰："汝为人使臣，闻国亡不戚而喜，以求媚于朕，不忠于李轨，肯为朕用乎？"遂废之终身。

轨至长安，并其子弟皆伏诛。以安兴贵为右武候大将军、上柱国、凉国公，赐帛万段；安修仁为左武候大将军、申国公。

唐平河东　刘武周

隋恭帝义宁元年。马邑太守王仁恭，多受货赂，不能振施。

郡人刘武周，骁勇，喜任侠，为鹰扬府校尉。仁恭以其土豪，甚亲厚之，令帅亲兵屯合下。武周与仁恭侍儿私通，恐事泄，谋作乱。先宣言曰："今百姓饥馑，僵尸满道，王府君闭仓不赈恤，岂为民父母之意乎？"众皆愤怒。武周称疾卧家，豪杰来候问，武周椎牛纵酒，因大言曰："壮士岂能坐待沟壑！今仓粟烂积，谁能与我共取之？"豪杰皆许诺。春二月己丑，仁恭坐听事，武周上谒，其党张万岁等随入，升阶斩仁恭，持其首出徇，郡中无敢动者。于是开仓以赈饥民。驰檄境内属城，皆下之，收兵得万余人，武周自称太守，遣使附于突厥。

雁门郡丞河东陈孝意与虎贲郎将王智辩共讨刘武周，围其桑乾镇。壬寅，武周与突厥合兵击智辩，杀之，孝意奔还雁门。三月丁卯，武周袭破楼烦郡，进取汾阳宫，获隋宫人以赂突厥始毕可汗。始毕以马报之，兵势益振。又攻陷定襄。突厥立武周为定杨可汗，遗以狼头纛。武周即皇帝位，立妻沮氏为皇后，改元天兴。以卫士杨伏念为尚书左仆射，妹婿同县苑君璋为内史令。武周引兵围雁门，陈孝意悉力拒守，乘间出击武周，屡破之。既而外无救援，遣间使诣江都，皆不报。孝意誓以必死，旦暮向诏敕库俯伏流涕，悲动左右。围城百余日，食尽，校尉张伦杀孝意以降。

唐高祖武德二年春三月辛卯，刘武周寇并州。

夏四月，刘武周引突厥之众，军于黄蛇岭，兵锋甚盛。齐王元吉使车骑将军张达以步卒百人尝寇，达辞以兵少，不可往，元吉强遣之，至则俱没。达忿恨，庚子，引武周袭榆次，陷之。丙辰，刘武周围并州，齐王元吉拒却之。戊午，诏太常卿李仲文将兵救并州。五月丙戌，刘武周陷平遥。

初,易州贼帅宋金刚有众万余,与魏刀儿连结。刀儿为窦建德所灭,金刚救之,战败,帅众四千西奔刘武周。武周闻其善用兵,得之甚喜,号曰宋王,委以军事,中分家赀以遗之。金刚亦深自结,出其故妻,纳武周之妹。因说武周图晋阳,南向争天下。武周以金刚为西南道大行台,使将兵二万寇并州。丁未,武周进逼介州,沙门道澄以佛幡缒之入城,遂陷介州。诏左武卫大将军姜宝谊、行军总管李仲文击之。武周将黄子英往来雀鼠谷,数以轻兵挑战,兵才接,子英阳不胜而走,如是再三,宝谊、仲文悉众逐之,伏兵发,唐兵大败,宝谊、仲文皆为所虏。既而俱逃归,上复使二人将兵击武周。上以刘武周入寇为忧,右仆射裴寂请自行。癸亥,以寂为晋州道行军总管,讨刘武周,听以便宜从事。

秋七月辛卯,宋金刚寇浩州,浃旬而退。九月,裴寂至介休,宋金刚据城拒之。寂军于度索原,营中饮涧水,金刚绝之,士卒渴乏。寂欲移营就水,金刚纵兵击之,寂军遂溃,失亡略尽。寂一日一夜驰至晋州。先是,刘武周屡遣兵攻西河,浩州刺史刘赡拒之,李仲文引兵就之,与共守西河。及裴寂败,自晋州以北城镇俱没,唯西河独存。姜宝谊复为金刚所虏,谋逃归,金刚杀之。裴寂上表谢罪,上慰谕之,复使镇抚河东。

刘武周进逼并州。齐王元吉绐其司马刘德威曰:"卿以老弱守城,吾以强兵出战。"辛巳,元吉夜出兵,携其妻妾弃州奔还长安。元吉始去,武周兵已至城下,晋阳土豪薛深以城纳武周。上闻之大怒,谓礼部尚书李纲曰:"元吉幼弱,未习时事,故遣窦诞、宇文歆辅之。晋阳强兵数万,食支十年,兴王之基,一旦弃之!闻宇文歆首画此策,我当斩之。"纲曰:"王年少骄逸,窦诞曾无规谏,又掩覆之,使士民愤怨。今日之败,诞之罪也。歆谏,王不悛，寻皆闻奏，乃忠臣也，岂可杀哉。”明日，上召纲入，升御座，曰：“我得公，遂无滥刑。元吉自为不善，非二人所能禁也。”并诞赦之。卫尉少卿刘政会在太原，为武周所虏，政会密遣人奉表论武周形势。

武周据太原，遣宋金刚攻晋州，拔之，虏右骁卫大将军刘弘基。弘基逃归，金刚进逼绛州，陷龙门。

冬十月，刘武周将宋金刚进攻浍州，陷之，军势甚锐。裴寂性怯，无将帅之略，唯发使骆驿，趣虞、泰二州收民入城堡，焚其积聚。民惊扰愁怨，皆思为盗。夏县民吕崇茂聚众自称魏王，以应武周，寂讨之，为所败。诏永安王孝基、工部尚书独孤怀恩、陕州总管于筠、内史侍郎唐俭将兵讨之。

时王行本犹据蒲反未下，亦与武周相应，关中震骇。上出手敕曰：“贼势如此，难与争锋，宜弃大河以东，谨守关西而已。”秦王世民上表曰：“太原，王业所基，国之根本，河东殷实，京邑所资。若举而弃之，臣窃愤恨。愿假臣精兵三万，必冀平殄武周，克复汾、晋。”上于是悉发关中兵以益世民所统，使击武周。乙卯，幸华阴，至长春宫以送之。十一月己卯，武周寇浩州。

秦王世民引兵自龙门乘冰坚渡河，屯柏壁，与宋金刚相持。时河东州县俘掠之余，未有仓廪，人情恇扰，聚入城堡，征敛无所得，军中乏食。世民发教谕民，民闻世民为帅而来，莫不归附，自近及远，至者日多，然后渐收其粮，军食以充。乃休兵秣马，唯令偏裨乘间抄掠，大军坚壁不战，由是贼势日衰。

世民尝自帅轻骑觇敌，骑皆四散，世民独与一甲士登丘而寝。俄而贼兵四合，初不之觉，会有蛇逐鼠，触甲士之面，甲士惊寤，遽白世民，俱上马。驰百余步，为贼所及，世民以大羽箭射殪其骁将，贼骑乃退。

十二月，于筠说永安王孝基急攻吕崇茂，独孤怀恩请先成攻具，然后进，孝基从之。崇茂求救于宋金刚，金刚遣其将善阳尉迟敬德、寻相将兵奄至夏县，孝基表里受敌，军遂大败。孝基、怀恩、筠、唐俭及行军总管刘世让皆为所虏。敬德名恭，以字行。上征裴寂入朝，责其败军，下吏，既而释之，宠待弥厚。

尉迟敬德、寻相将还浍州，秦王世民遣兵部尚书殷开山、总管秦叔宝等邀之于美良川，大破之，斩首二千余级。顷之，敬德、相潜引精骑援王行本于蒲反，世民自将步骑三千从间道夜趋安邑，邀击，大破之，敬德、相仅以身免，悉俘其众，复归柏壁。诸将咸请与宋金刚战，世民曰："金刚悬军深入，精兵猛将咸聚于是。武周据太原，倚金刚为捍蔽。金刚军无蓄积，以虏掠为资，利在速战。我闭营养锐，以挫其锋，分兵汾、隰，冲其心腹，彼粮尽计穷，自当遁走，当待此机，未宜速战。"孝基谋逃归，武周杀之。

三年春正月，将军秦武通攻王行本于蒲反。行本出战而败，开门出降。辛巳，斩行本。宋金刚围绛州。二月，刘武周遣兵寇潞州，陷长子、壶关。潞州刺史郭子武不能御，上以将军河东王行敏助之。行敏与子武不叶，或言子武将叛，行敏斩子武以徇。乙巳，武周复遣兵寇潞州，行敏击破之。三月乙丑，刘武周遣其将张万岁寇浩州，李仲文击走之，俘斩数千人。甲申，行军副总管张纶败刘武周于浩州，俘斩千余人。刘武周数攻浩州，为李仲文所败。宋金刚军中食尽，夏四月丁未，金刚北走，秦王世民追之。

秦王世民追及寻相于吕州，大破之，乘胜逐北，一昼夜行二百余里，战数十合。至高壁岭，总管刘弘基执辔谏曰："大王破贼，逐北至此，功亦足矣。深入不已，不爱身乎？且士卒饥疲，宜留壁于此，俟兵粮毕集，然后复进，未晚也。”世民曰：“金刚计穷而走，众心离沮。功难成而易败，机难得而易失，必乘此势取之。若更淹留，使之计立备成，不可复攻矣。吾竭忠徇国，岂顾身乎！”遂策马而进，将士不敢复言饥。追及金刚于雀鼠谷，一日八战，皆破之，俘斩数万人。夜宿于雀鼠谷西原，世民不食二日，不解甲三日矣。军中止有一羊，世民与将士分而食之。丙辰，陕州总管于筠自金刚所逃来。世民引兵趣介休。金刚尚有众二万，戊午，出西门，背城布陈，南北七里。世民遣总管李世勣等与战，小却，为贼所乘，世民帅精骑击之，出其陈后，金刚大败，斩首三千级。金刚轻骑走，世民追之数十里，至张难堡。浩州行军总管樊伯通、张德政据堡自守，世民免胄示之，堡中喜噪且泣，左右告以王不食，献浊酒、脱粟饭。

尉迟敬德收余众守介休，世民遣任城王道宗、宇文士及往谕之，敬德与寻相举介休及永安降。世民得敬德甚喜，以为右一府统军，使将其旧众八千，与诸营相参。屈突通虑其变，骤以为言，世民不听。

刘武周闻金刚败，大惧，弃并州走突厥。金刚收其余众欲复战，众莫肯从，亦与百余骑走突厥。世民至晋阳，武周所署仆射杨伏念以城降。唐俭封府库以待世民，武周所得州县皆入于唐。

未几，金刚谋走上谷，突厥追获，腰斩之。岚州总管刘六儿从宋金刚在介休，秦王世民擒斩之。其兄季真弃石州奔刘武周将马邑高满政，满政杀之。

武周之南寇也，其内史令苑君璋谏曰：“唐主举一州之众，直取长安，所向无敌，此乃天授，非人力也。晋阳以南，道路险隘，悬军深入,无继于后,若进战不利,何以自还?不如北连突厥,南结唐朝,南面称孤,足为长策。”武周不听,留君璋守朔州,及败,泣谓君璋曰:“不用君言,以至于此。”久之,武周谋亡归马邑,事泄,突厥杀之。

上闻并州平,大悦,壬戌,宴群臣,赐缯帛,使自入御府尽力取之。复唐俭官爵,仍以为并州道安抚大使,所籍独孤怀恩田宅资财,悉以赐之。

世民留李仲文镇并州,刘武周数遣兵入寇,仲文辄击破之,下城堡百余所。诏仲文检校并州总管。

唐平江陵 萧铣

隋恭帝义宁元年。巴陵校尉鄱阳董景珍、雷世猛、旅帅郑文秀、许玄彻、万瓒、徐德基、郭华、沔阳张绣等谋据郡叛隋,推景珍为主。景珍曰:“吾素寒贱,不为众所服。罗川令萧铣,梁室之后,宽仁大度,请奉之以从众望。”乃遣使报铣,铣喜从之。声言讨贼,召募得数千人。铣,岩之孙也。

会颍川贼帅沈柳生寇罗川,铣与战,不利,因谓其众曰:“今天下皆叛,隋政不行,巴陵豪杰起兵,欲奉吾为主。若从其请,以号令江南,可以中兴梁祚,以此召柳生,亦当从我矣。”众皆悦,听命。乃自称梁公,改隋服色旗帜皆如梁旧。柳生即帅众归之,以柳生为车骑大将军。起兵五日,远近归附者至数万人,遂帅众向巴陵。景珍遣徐德基帅郡中豪杰数百人出迎,未及见铣,柳生与其党谋曰:“我先奉梁公,勋居第一。今巴陵诸将皆位高兵多,我若入城,返出其下。不如杀德基,质其首领,独挟梁公进取郡城,则无出我右者矣。"遂杀德基,入白铣。铣大惊曰:"今欲拨乱返正,忽自相杀,吾不能为若主矣。"因步出军门。柳生大惧,伏地请罪,铣责而赦之,陈兵入城。景珍言于铣曰:"徐德基建义功臣,而柳生无故擅杀之。此而不诛,何以为政?且柳生为盗日久,今虽从义,凶悖不移,共处一城,势必为变。失今不取,后悔无及。"铣又从之。景珍收柳生,斩之,其徒皆溃去。丙申,铣筑坛燔燎,自称梁王,改元鸣凤。

唐高祖武德元年夏四月,萧铣即皇帝位,置百官,准梁室故事,谥其从父琮为孝靖皇帝,祖岩为河间忠烈王,父璿为文宪王。封董景珍等功臣七人皆为王。遣宋王杨道生击南郡,下之。徙都江陵,修复园庙。引岑文本为中书侍郎,使典文翰,委以机密。又使鲁王张绣徇岭南,隋将张镇周、王仁寿等拒之。既而闻炀帝遇弑,皆降于铣。钦州刺史宁长真亦以鬱林、始安之地附于铣。汉阳太守冯盎以苍梧、高凉、珠崖、番禺之地附于林士弘。铣、士弘各遣人招交趾太守丘和,和不从,铣遣宁长真帅岭南兵自海道攻和。和欲出迎之,司法书佐高士廉说和曰:"长真兵数虽多,悬军远至,不能持久,城中胜兵足以当之,奈何望风受制于人。"和从之,以士廉为军司马,将水陆诸军逆击,破之,长真仅以身免,尽俘其众。既而有骁果自江都至,得炀帝凶问,亦以郡附于铣。士廉,劢之子也。

始安郡丞李袭志,迁哲之孙也,隋末,散家财募士,得三千人,以保郡城。萧铣、林士弘、曹武彻迭来攻之,皆不克。闻炀帝遇弑,帅吏民临三日。或说袭志曰:"公中州贵族,久临鄙郡,华夷悦服。今隋室无主,海内鼎沸,以公威惠,号令岭表,尉佗之业可坐致也。"袭志怒曰:"吾世继忠贞,今江都虽覆,宗社尚存,尉佗狂僭，何足慕也。”欲斩说者，众乃不敢言。坚守二年，外无声援，城陷，为铣所虏，铣以为工部尚书，检校桂州总管。于是东自九江，西抵三峡，南尽交趾，北距汉川，铣皆有之，胜兵四十余万。

二年秋八月，萧铣遣其将杨道生寇峡州，刺史许绍击破之。铣又遣其将陈普环帅舟师上峡规取巴、蜀，绍遣其子智仁及录事参军李弘节等追至西陵，大破之，擒普环。铣遣兵戍安蜀城及荆门城。

先是，上遣开府李靖诣夔州经略萧铣，靖至峡州，阻铣兵久不得进。上怒其迟留，阴敕许绍斩之。绍惜其才，为之奏请，获免。

三年。萧铣性褊狭，多猜忌。诸将恃功恣横，好专诛杀，铣患之，乃宣言罢兵营农，〔实〕欲夺诸将之权。大司马董景珍弟为将军，怨望，谋作乱，事泄，伏诛。景珍时镇长沙，铣下诏赦之，召还江陵。景珍惧，冬十一月甲子，以长沙来降，诏峡州刺史许绍出兵应之。十二月癸卯，峡州刺史许绍攻萧铣荆门镇，拔之。

萧铣遣其齐王张绣攻长沙，董景珍谓绣曰：“‘前年醢彭越，往年杀韩信’，卿不见之乎，何为相攻？”绣不应，进兵围之，景珍欲溃围走，为麾下所杀。铣以绣为尚书令，绣恃功骄横，铣又杀之。由是功臣诸将皆有离心，兵势益弱。

四年春正月丙戌，黔州刺史田世康攻萧铣五州、四镇，皆克之。李靖说赵郡王孝恭以取萧铣十策，孝恭上之。二月辛卯，改信州为夔州，以孝恭为总管，使大造舟舰，习水战。以孝恭未更军旅，以靖为行军总管，兼孝恭长史，委以军事。靖说孝恭悉召巴、蜀酋长子弟，量才授任，置之左右，外示引擢，实以为质。夏六月，黄州总管周法明攻萧铣安州，拔之，获其总管马贵迁。秋七月辛巳，(褒)〔襄〕州道安抚使郭行方攻萧铣鄀州，拔之。

九月，诏发巴、蜀兵，以赵郡王孝恭为荆湘道行军总管，李靖摄行军长史，统十二总管，自夔州顺流东下，以庐江王瑗为荆郢道行军元帅，出襄州道，黔州刺史田世康出辰州道，黄州总管周法明出夏口道，以击萧铣。是月，孝恭发夔州。时峡江方涨，诸将请俟水落进军。李靖曰："兵贵神速。今吾兵始集，铣尚未知，若乘江涨，倏忽抵其城下，掩其不备，此必成擒，不可失也。"孝恭从之。冬十月辛卯，萧铣鄂州刺史雷长颖以鲁山来降。赵郡王孝恭帅战舰二千余艘东下，萧铣以江水方涨，殊不为备。孝恭等拔其荆门、宜都二镇，进至夷陵。铣将文士弘将精兵数万屯清江，癸巳，孝恭击走之，获战舰三百余艘，杀溺死者万计，追奔至百里洲。士弘收兵复战，又败之，进入北江。铣江州总管盖彦举以五州来降。

萧铣之罢兵营农也，才留宿卫数千人，闻唐兵至，文士弘败，大惧，仓猝征兵，皆在江、岭之外，道涂阻远，不能遽集，乃悉见兵出拒战。孝恭将击之，李靖止之曰："彼救败之师，策非素立，势不能久。不若且(自)〔泊〕南岸，缓之一日，彼必分其兵，或留拒我，或归自守，兵分势弱，我乘其懈而击之，蔑不胜矣。今若急之，彼则并力死战，楚兵飘锐，未易当也。"孝恭不从，留靖守营，自帅锐师出战，果败走，趣南岸。铣众委舟收掠军资，人皆负重，靖见其众乱，纵兵奋击，大破之，乘胜直抵江陵，入其外郭。又攻水城，拔之，大获舟舰，李靖使孝恭尽散之江中。诸将皆曰："破敌所获，当藉其用，奈何弃以资敌？"靖曰："萧铣之地，南出岭表，东距洞庭。吾悬军深入，若攻城未拔，援兵四集，吾表里受敌，进退不获，虽有舟楫，将安用之？今弃舟舰，使塞江而下，援兵见之，必谓江陵已破，未敢轻进，往来觇伺，动淹旬月，吾取之必矣。”铣援兵见舟舰，果疑不进。其交州总管丘和、长史高士廉、司马杜之松等将朝江陵，闻铣败，悉诣孝恭降。

孝恭勒兵围江陵，铣内外阻绝，问策于中书侍郎岑文本。文本劝铣降，铣乃谓群下曰：“天不祚梁，不可复支矣。若必待力屈，则百姓蒙患，奈何以我一人之故，陷百姓于涂炭乎！”乙巳，铣以太牢告于太庙，下令开门出降，守城者皆哭。铣帅群臣缌缞布帻诣军门，曰：“当死者唯铣耳，百姓无罪，愿不杀掠。”孝恭入据其城，诸将欲大掠，岑文本说孝恭曰：“江南之民，自隋末以来，困于虐政。重以群雄虎争，今之存者，皆锋镝之余，跂踵延颈，以望真主。是以萧氏君臣、江陵父老决计归命，庶几有所息肩。今若纵兵俘掠，使士民失望，恐自此以南，无复向化之心矣。”孝恭称善，遽禁止之。诸将又言：“梁之将帅与官军拒斗死者，其罪既深，请籍没其家，以赏将士。”李靖曰：“王者之师，宜使义声先路。彼为其主斗死，乃忠臣也，岂可同叛逆之科籍其家乎！”于是城中安堵，秋毫无犯。南方州县闻之，皆望风款附。铣降数日，援兵至者十余万，闻江陵不守，皆释甲而降。孝恭送铣于长安，上数之，铣曰：“隋失其鹿，天下共逐之。铣无天命，故至此。若以为罪，无所逃死。”竟斩于都市。

唐平江淮　杜伏威　李子通　沈法兴　辅公祏

隋炀帝大业九年。章丘杜伏威与临济辅公祏为刎颈交，俱亡命为群盗。伏威年十六，每出则居前，入则殿后，由是其徒推以为帅。下邳苗海潮亦聚众为盗，伏威使公祏谓之曰：“今我与君，同苦隋政，各举大义，力分势弱，常恐被擒，若合而为一，则足以敌隋矣。君能为主，吾当敬从，自揆不堪，宜来听命，不则一战，以决雌雄。”海潮惧，即帅其众降之。伏威转掠淮南，自称将军。江都留守遣校尉宋颢讨之，伏威与战，阳为不胜，引颢众入葭苇中，因从上风纵火，颢众皆烧死。海陵贼帅赵破陈以伏威兵少，轻之，召与并力。伏威使公祏严兵居外，自与左右十人赍牛酒入谒，于座杀破陈，并其众。

十一年。东海李子通有勇力，先依长白山贼帅左才相。群盗皆残忍，而子通独宽仁，由是人多归之，未半岁，有众万人。才相忌之，子通引去，渡淮与杜伏威合。伏威选军中壮士养为假子，凡三十余人，济阴王雄诞、临济阚棱为之冠。既而李子通谋杀伏威，遣兵袭之。伏威被重创坠马，雄诞负之逃葭苇中，收散兵复振。将军来整击伏威，破之。其将西门君仪之妻王氏，勇而多力，负伏威以逃，雄诞帅壮士十余人卫之，与隋兵力战，由是得免。来整又击李子通，破之，子通帅其余众奔海陵，复收兵得二万人，自称将军。

恭帝义宁元年春正月，右御卫将军陈棱讨杜伏威，伏威帅众拒之。棱闭壁不战，伏威遗以妇人之服，谓之陈姥。棱怒，出战，伏威奋击，大破之，棱仅以身免。伏威乘胜破高邮，引兵据历阳，自称总管，以辅公祏为长史。分遣诸将徇属县，所至辄下，江、淮间小盗争附之。伏威常选敢死之士五千人，谓之“上募”，宠遇甚厚，有攻战，辄令上募先击之，战罢阅视，有伤在背者即杀之，以其退而被击故也。所获资财，皆以赏军士，有战死者以妻妾殉葬。故人自为战，所向无敌。

唐高祖武德元年。武康沈法兴，世为郡著姓，宗族数千家。

法兴为吴兴太守，闻宇文化及弑逆，举兵以讨化及为名。比至乌程，得精卒六万，遂攻余杭、毗陵、丹阳皆下之。据江表十余郡，自称江南道大总管，承制置百官。

宇文化及之发江都也，以杜伏威为历阳太守。伏威不受，仍上表于隋，皇泰主拜伏威为东道大总管，封楚王。沈法兴亦上表于皇泰主，自称大司马、录尚书事、天门公。

二年。沈法兴既克毗陵，谓江、淮之南指撝可定，自称梁王，都毗陵，改元延康，置百官。性残忍，专尚威刑，将士小有过，即斩之，由是其下离怨。时杜伏威据历阳，陈稜据江都，李子通据海陵，俱有窥江表之心。法兴军数败。会子通围稜于江都，稜送质求救于法兴及伏威，法兴使其子纶将兵数万与伏威共救之。伏威军清流，纶军杨子，相去数十里。子通纳言毛文深献策，募江南人诈为纶兵，夜袭伏威营，伏威怒，复遣兵袭纶。由是二人相疑，莫敢先进。子通得尽锐攻江都，克之，稜奔伏威。子通入江都，因纵击纶，大破之，伏威亦引去。子通即皇帝位，国号吴，改元明政。丹杨贼帅乐伯通帅众万余降之，子通以为左仆射。

杜伏威请降，〔秋九月〕丁丑，以伏威为淮南安抚大使、和州总管。

三年夏六月壬辰，诏以和州总管、东南道行台尚书令、楚王杜伏威为使持节、总管江淮以南诸军事、扬州刺史、东南道行台尚书令、淮南安抚使，封吴王，赐姓李氏。以辅公祏为行台左仆射，封舒国公。

李子通渡江攻沈法兴，取京口。法兴遣其仆射蒋元超拒之，战于庱亭，元超败死。法兴弃毗陵奔吴郡。于是丹杨、毗陵等郡皆降于子通。子通以法兴府掾李伯药为内史侍郎、国子祭酒。

杜伏威遣行台左仆射辅公祏将卒数千攻子通，以将军阚稜、王雄诞为之副。公祏渡江攻丹阳，克之，进屯溧水。子通帅众数万拒之。公祏简精甲千人，执长刀为前锋，(及)〔又〕使千人踵其后，曰："有退者即斩之。"自帅余众，复居其后。子通为方陈而前，公祏前锋千人殊死战。公祏复张左右翼以击之，子通败走，公祏逐之，反为所败，还，闭壁不出。王雄诞曰："子通无壁垒，又狃于初胜，乘其无备，击之可破也。"公祏不从。雄诞以其私属数百人夜出击之，因风纵火，子通大败，降其卒数千人。子通食尽，弃江都，保京口，江西之地尽入于伏威。伏威徙居丹杨。

子通复东走太湖，收合亡散，得二万人，袭沈法兴于吴郡，大破之。法兴帅左右数百人弃城走，吴郡贼帅闻人遂安遣其将叶孝辩迎之。法兴中涂而悔，欲杀孝辩，更向会稽。孝辩觉之，法兴窘迫，赴江溺死。子通军势复振，帅其群臣徙都余杭，尽收法兴之地，北自太湖，南至岭，东包会稽，西距宣城皆有之。

四年冬十一月，杜伏威遣其将王雄诞击李子通，子通以精兵守独松岭。雄诞遣其裨将陈当〔世〕将千余人，乘高据险以逼之，多张旗帜，夜则缚炬火于树，布满山泽。子通惧，烧营走保杭州。雄诞追击之，又败之于城下。庚寅，子通穷蹙请降。伏威执子通，并其左仆射乐伯通送长安，上释之。

先是，汪华据黟、歙，称王十余年，雄诞还军击之，华拒之于新安洞口，甲兵甚锐。雄诞伏精兵于山谷，帅羸弱数千犯其陈，战才合，阳不胜，走还营，华进攻之，不能克。会日暮，引还，伏兵已据其洞口，华不得入，窘迫请降。闻人遂安据昆山，无所属，伏威使雄诞击之。雄诞以昆山险隘，难以力胜，乃单骑造其城下，陈国威灵，示以祸福，遂安感悦，帅诸将出降。于是伏威尽有淮南、江东之地，南至岭，东距海。雄诞以功除歙州总管，赐爵宜春郡公。

五年秋七月，秦王世民击徐圆朗，下十余城，声震淮、泗。杜伏威惧，请入朝。丁亥，杜伏威入朝，延升御榻，拜太子太保，仍兼行台尚书令，留长安，位在齐王元吉上，以宠异之。以阚稜为左领军将军。李子通谓乐伯通曰："伏威既来，江东未定，我往收旧兵，可以立大功。"遂相与亡至蓝田关，为吏所获，俱伏诛。

六年春正月庚子，以吴王杜伏威为太保。

秋八月壬子，淮南道行台仆射辅公祏反。初，杜伏威与公祏相友善，公祏年长，伏威兄事之，军中谓之伯父，畏敬与伏威等。伏威浸忌之，乃署其养子阚稜为左将军，王雄诞为右将军，潜夺其兵权。公祏知之，怏怏不平，与其故人左游仙阳为学道、辟谷以自晦。及伏威入朝，留公祏守丹杨，令雄诞典兵为之副，阴谓雄诞曰："吾至长安，苟不失职，勿令公祏为变。"伏威既行，左游仙说公祏谋反。而雄诞握兵，公祏不得发。乃诈称得伏威书，疑雄诞有贰心。雄诞闻之不悦，称疾不视事。公祏因夺其兵，使其党西门君仪谕以反计。雄诞始寤而悔之，曰："今天下方平定，吴王又在京师，大唐兵威，所向无敌，奈何无故自求灭族乎！雄诞有死而已，不敢闻命。今从公为逆，不过延百日之命耳，大丈夫安能爱斯须之死而自陷于不义乎？"公祏知不可屈，缢杀之。雄诞善抚士卒，得其死力，又约束严整，每破城邑，秋毫无犯，死之日，江南军中及民间皆为之流涕。公祏又诈称伏威不得还江南，贻书令其起兵，大修铠仗，运粮储。寻称帝于丹杨，国号宋，修陈故宫室而居之。署置百官，以左游仙为兵部尚书、东南道大使、越州总管，与张善安连兵，以善安为西南道大行台。五年二月，豫章贼帅张善安以虔、吉等五州来降，拜洪州总管。　　是岁三月，善安反，遣舒州总管张镇周等击之。

乙丑，诏襄州道行台仆射赵郡王孝恭以舟师趣江州，岭南道大使李靖以交、广、泉、桂之众趣宣州，怀州总管黄君汉出谯、亳，齐州总管李世勣出淮、泗，以讨辅公祏。孝恭将发，与诸将宴集，命取水，忽变为血，在坐皆失色。孝恭举止自若，曰："此乃公祏授首之征也。"饮而尽之，众皆悦服。九月戊子，辅公祏遣其将徐绍宗寇海州，陈政通寇寿阳。

冬十一月，黄州总管周法明将兵击辅公祏，张善安据夏口拒之。法明屯荆口镇，壬午，法明登战舰饮酒，善安遣刺客数人诈乘渔艓而至，见者不以为虞，遂杀法明而去。甲申，舒州总管张镇周等击辅公祏将陈当世于猷州之黄沙，大破之。十二月癸卯，安抚使李大亮诱张善安执之。大亮击善安于洪州，与善安隔水而陈，遥相与语。大亮谕以祸福，善安曰："善安初无反心，正为将士所误，欲降又恐不免。"大亮曰："张总管有降心，则与我一家耳。"因单骑渡水入其陈，与善安执手共语，示无猜间。善安大悦，遂许之降。既而善安将数十骑诣大亮营，大亮止其骑于门外，引善安入，与语。久之，善安辞去，大亮命武士执之，从骑皆走。善安营中闻之，大怒，悉众而来，将攻大亮。大亮使人谕之曰："吾不留总管。总管赤心归国，谓我曰'若还营，恐将士或有异同，为其所制'，故自留不去耳。卿辈何怒于我？"其党复大骂曰"张总管卖我以自媚于人"，遂皆溃去。大亮追击，多所虏获。送善安于长安，善安自称不与辅公祏交通，上赦其罪，善遇之。及公祏败，得所与往还书，乃杀之。

七年春正月壬午，赵郡王孝恭击辅公祏别将于枞阳，破之。

二月辛丑，辅公祏遣兵围猷州，刺史左难当婴城自守。安抚使李大亮引兵击公祏，破之。赵郡王孝恭攻公祏鹊头镇，拔之。壬子，行军副总管权文诞破辅公祏之党于猷州，拔其枚洄等四镇。

太保吴王杜伏威薨。辅公祏之反也，诈称伏威之命以绐其众。及公祏平，赵郡王孝恭不知其诈，以状闻，诏追除伏威名，籍没其妻子。及太宗即位，知其冤，赦之，复其官爵。

三月丙戌，赵郡王孝恭破辅公祏于芜湖，拔梁山等三镇。辛卯，安抚使任瑰拔扬子城，广陵城主龙龛降。戊戌，赵郡王孝恭克丹杨。

先是，辅公祏遣其将冯慧亮、陈当世将舟师三万屯博望山，陈正通、徐绍宗将步骑二万屯青林山，仍于梁山连铁锁以断江路，筑却月城，延袤十余里，又结垒江西以拒官军。孝恭与李靖帅舟师次舒州，李世勣帅步卒一万渡淮，拔寿阳，次硖石。慧亮等坚壁不战，孝恭遣奇兵绝其粮道，慧亮等军乏食，夜，遣兵薄孝恭营，孝恭安卧不动。孝恭集诸将议军事，皆曰："慧亮等拥强兵，据水陆之险，攻之不可猝拔。不如直指丹杨，掩其巢穴，丹阳既溃，慧亮等自降矣。"孝恭将从其议，李靖曰："公祏精兵虽在此水陆二军，然所自将亦为不少，今博望诸栅尚不能拔，公祏保据石头，岂易取哉！进攻丹杨，旬月不下，慧亮等蹑吾后，腹背受敌，此危道也。慧亮、正通皆百战余贼，其心非不欲战，正以公祏立计使之持重，欲以老我师耳。我今攻其城以挑之，一举可破也。"孝恭然之，使羸兵先攻贼垒而勒精兵结陈以待之。攻垒者不胜而走，贼出兵追之，行数里，遇大军，与战，大破之。阚稜免胄谓贼众曰："汝曹不识我邪？何敢来与我战？"贼众多稜故部曲，皆无斗志，或有拜者，由是遂败。孝恭、靖乘胜逐北，转战百余里，博山、青林两戍皆溃，慧亮、正通等遁归，杀伤及溺死者万余人。李靖兵先至丹杨，公祏大惧，拥兵数万弃城东走，欲就左游仙于会稽，李世勣追之。公祏至句容，从兵能属者才五百人，夜宿常州，其将吴骚等谋执之。公祏觉之，弃妻子，独将腹心数十人斩关走。至武康，为野人所攻，西门君仪战死，执公祏，送丹杨，枭首，分捕余党，悉诛之，江南皆平。

己亥，以孝恭为东南道行台右仆射，李靖为兵部尚书。顷之，废行台，以孝恭为扬州大都督，靖为府长史。上深美靖功，曰："靖，萧、辅之膏肓也。"阚稜功多，颇自矜伐。公祏诬稜与己通谋。会赵郡王孝恭籍没贼党田宅，稜及杜伏威、王雄诞田宅在贼境者，孝恭并籍没之。稜自诉理，忤孝恭，孝恭怒，以谋反诛之。

唐平山东　刘黑闼

唐高祖武德二年。初，漳南人刘黑闼，少骁勇狡狯，与窦建德善，后为群盗，转事郝孝德、李密、王世充。世充以为骑将，每见世充所为，窃笑之。世充使黑闼守新乡，李世勣击虏之，献于建德，建德署为将军，赐爵汉东公。

四年。窦建德之败也，其诸将多盗匿库物，及居闾里，暴横为民患，唐官吏以法绳之，或加捶挞，建德故将皆惊惧不安。高雅贤、王小胡家在洺州，欲窃其家以逃，官吏捕之，雅贤等亡命至贝州。会上征建德故将范愿、董康买、曹湛及雅贤等，于是愿等相谓曰："王世充以洛阳降唐，其将相大臣段达、单雄信等皆夷灭，吾属至长安，必不免矣。吾属自十年以来，身经百战，当死久矣，今何惜余生，不以之立事。且夏王得淮安王，遇以客礼，唐得夏王即杀之。吾属皆为夏王所厚，今不为之报仇，将无以见天下之士。"乃谋作乱，卜之，以刘氏为主吉，因相与之漳南，见建德故将刘雅，以其谋告之。雅曰："天下适安定，吾将老于耕桑，不愿复起兵。"众怒，且恐泄其谋，遂杀之。故汉东公刘黑闼时屏居漳南，诸将往诣之，告以其谋，黑闼欣然从之。黑闼方种蔬，即杀耕牛与之共饮食定计，聚众得百人。秋七月甲戌，袭漳南县据之。是时，诸道有事则置行台尚书省，无事则罢之。朝廷闻黑闼作乱，乃置山东道行台于洺州，魏、冀、定、沧并置总管府。丁丑，以淮安王神通为山东道行台右仆射。

八月丁酉，刘黑闼陷鄃县，魏州刺史权威、贝州刺史戴元祥与战，皆败死，黑闼悉收其余众及器械。窦建德旧党稍稍出归之，众至二千人，为坛于漳南，祭建德，告以举兵之意，自称大将军。诏发关中步骑三千，使将军秦武通、定州总管蓝田李玄通击之。又诏幽州总管李艺引兵会击黑闼。

丁未，刘黑闼陷历亭，执屯卫将军王行敏，使之拜，不可，遂杀之。初，洛阳既平，徐圆朗请降，拜兖州总管，封鲁郡公。刘黑闼作乱，阴与圆朗通谋。上使葛公盛彦师安集河南，行至任城，辛亥，圆朗执彦师举兵反。黑闼以圆朗为大行台元帅，兖、郓、陈、杞、伊、洛、曹、戴等八州豪右皆应之。

〔九月〕辛酉，徐圆朗自称鲁王。

淮安王神通将关内兵至冀州，与李艺兵合。又发邢、洺、相、魏、恒、赵等州兵合五万余人，与刘黑闼战于饶阳城南，布陈十余里。黑闼众少，依堤单行而陈以当之。会风雪，神通乘风击之，既而风返，神通大败，士马、军资失亡三分之二。李艺居西偏，击高雅贤，破之，逐奔数里，闻大军不利，退保槁城。黑闼就击之，艺亦败，薛万均、万彻皆为所虏，截发驱之。万均兄弟亡归，艺引兵归幽州。黑闼兵势大振。

〔冬十月〕庚寅，刘黑闼陷瀛州，杀刺史卢士睿。观州人执刺史雷德备，以城降之。毛州刺史赵元恺，性严急，下不堪命，丁卯，州民董灯明等作乱，杀元恺以应刘黑闼。

冬十一月壬寅，刘黑闼陷定州，执总管李玄通。黑闼爱其才，欲以为大将，玄通不可。故吏有以酒肉馈之者，玄通曰："诸君哀吾幽辱，幸以酒肉来相开慰，当为诸君一醉。"酒酣，谓守者曰："吾能剑舞，愿假吾刀。"守者与之，玄通舞竟，太息曰："大丈夫受国厚恩，镇抚方面，不能保全所守，亦何面目视息世间哉！"即引刀自刺，溃腹而死，上闻之，为之流涕，拜其子伏护为大将。

十二月乙卯，刘黑闼陷冀州，杀刺史麹稜。黑闼既破淮安王神通，移书赵、魏，故窦建德将卒争杀唐官吏以应黑闼。庚申，遣右屯卫大将军义安王孝常将兵讨黑闼。黑闼将兵数万进逼宗城，黎州总管李世勣先屯宗城，弃城走保洺州。甲子，黑闼追击世稜等，破之，杀步卒五千人，世稜仅以身免。丙寅，洺州土豪翻城应黑闼。黑闼筑坛（城）于城东南，告天及祭窦建德而后入。后旬日，引兵攻拔相州，执刺史房晃，右武卫将军张士贵溃围走。黑闼南取黎、卫二州，半岁之间尽复建德旧境。又遣使北连突厥，颉利可汗遣俟斤宋邪那帅胡骑从之。左武卫将军秦武通、洺州刺史陈君宾、永宁令程名振，皆自河北遁归长安。丁卯，命秦王世民、齐王元吉讨黑闼。己巳，刘黑闼陷邢州、赵州。庚午，陷魏州，杀总管潘道毅。辛未，陷莘州。

五年春正月，刘黑闼自称汉东王，改元天造，定都洺州。以范愿为左仆射，董康买为兵部尚书，高雅贤为右领军。征王琮为中书令，刘斌为中书侍郎。窦建德时文武悉复本位。其设法行政，悉师建德，而攻战勇决过之。庚寅，东盐州治中王才艺杀刺史田华，以城应刘黑闼。

秦王世民军至获嘉，刘黑闼弃相州，退保洺州。丙申，世民复取相州，进军肥乡，列营洺水之上以逼之。

幽州总管李艺将所部兵数万会秦王世民讨刘黑闼。黑闼闻之，留兵万人，使范愿守洺州，自将兵拒艺。夜宿沙河，程名振载鼓六十具，于城西二里堤上急击之，城中地皆震动。范愿惊惧，驰告黑闼。黑闼遽还，遣其弟十善与行台张君立将兵一万击艺于鼓城。壬子，战于徐河，十善、君立大败，所〔失〕亡八千人。

洺水人李去惑据城来降，秦王世民遣彭公王君廓将千五百骑赴之，入城共守。二月，刘黑闼引兵还攻洺水，癸亥，行至列人，秦王世民使秦叔宝邀击，破之。己巳，秦王世民复取邢州。辛未，并州人冯伯让以城来降。丙子，李艺取刘黑闼定、栾、廉、赵四州，获黑闼尚书刘希道，引兵与秦王世民会洺州。

刘黑闼攻洺水甚急。城四旁皆有水，广五十余步，黑闼于城东北筑二甬道以攻之。世民三引兵救之，黑闼拒之，不得进。世民恐王君廓不能守，召诸将谋之。李世勣曰："若甬道达城下，城必不守。"行军总管郯勇公罗士信请代君廓守之。世民乃登城西南高冢，以旗招君廓，君廓帅其徒力战，溃围而出。士信帅左右二百人乘之入城，代君廓固守。黑闼昼夜急攻，会大雪，救兵不得往，凡八日，丁丑，城陷。黑闼素闻其勇，欲生之，士信词色不屈，乃杀之，时年二十。

辛巳，秦王世民拔洺水。三月，世民与李艺营于洺水之南，分兵屯水北。黑闼数挑战，世民坚壁不应，别遣奇兵绝其粮道。壬辰，黑闼以高雅贤为左仆射，军中高会。李世勣引兵逼其营，雅贤乘醉单骑逐之，世勣部将潘毛刺之坠马，左右继至扶归，未至营而卒。甲午，诸将复往逼其营，潘毛为王小胡所擒。黑闼运粮于冀、贝、沧、瀛诸州，水陆俱进，程名振以千余人邀之，沈其舟，焚其车。

秦王世民与刘黑闼相持六十余日。黑闼潜师袭李世勣营，世民引兵掩其后以救之，为黑闼所围。尉迟敬德帅壮士犯围而入，世民与略阳公道宗乘之得出。道宗，帝之从子也。世民度黑闼粮尽，必来决战，乃使人堰洺水上流，谓守吏曰："待我与贼战，乃决之。"丁未，黑闼帅步骑二万南渡洺水，压唐营而陈，世民自将精骑击其骑兵，破之，乘胜蹂其步兵。黑闼帅众殊死战，自午至昏，战数合，黑闼势不能支。王小胡谓黑闼曰："智力尽矣，宜早亡去。"遂与黑闼先遁，余众不知，犹格战。守吏决堰，洺水大至，深丈余，黑闼众大溃，斩首万余级，溺死数千人。黑闼与范愿等二百骑奔突厥，山东悉平。

徐圆朗闻刘黑闼败，大惧，不知所出。河间人刘复礼说圆朗曰："有刘世彻者，其人才略不世出，名高东夏，且有非常之相，真帝王之器。将军若自立，恐终无成，若迎世彻而奉之，天下指挥可定。"圆朗然之，使复礼迎世彻于浚仪。或说圆朗曰："将军为人所惑，欲迎刘世彻而奉之，世彻若得志，将军岂有全地乎？仆不敢远引前古，将军独不见翟让之于李密乎？"圆朗复以为然。世彻至，已有众数千人，顿于城外，以待圆朗出迎。圆朗不出，使人召之。世彻知事变，欲亡走，恐不免，乃入谒。圆朗悉夺其兵，以为司马，使徇谯、杞二州，东人素闻其名，所向皆下，圆朗遂杀之。

秦王世民自河北引兵将击圆朗,会上召之,使驰传入朝,乃以兵属齐王元吉。庚申,世民至长安,上迎之于长乐。世民具陈取圆朗形势,上复遣之诣黎阳,会大军趋济阴。丙子,行台民部尚书史万宝攻徐圆朗陈州,拔之。

夏六月辛亥,刘黑闼引突厥寇山东,诏燕郡王李艺击之。乙卯,遣淮安王神通击徐圆朗。丁卯,刘黑闼引突厥寇定州。

秋七月甲申,秦王世民以淮、济之间略定,使淮安王神通、行军总管任瑰、李世勣攻圆朗,乙酉,班师。刘黑闼至定州,其故将曹湛、董康买亡命在鲜虞,复聚兵应之。甲午,以淮阳王道玄为河北道行军总管以讨之。九月,刘黑闼陷瀛州,杀刺史马匡武。盐州人马君德以城叛附黑闼。

冬十月己酉,诏齐王元吉讨刘黑闼于山东。壬子,以元吉为领军大将军、并州大总管。癸丑,贝州刺史许善护与黑闼弟十善战于鄃县,善护全军皆没。甲寅,右武候将军桑显和击黑闼于晏城,破之。观州刺史刘会以城叛附黑闼。乙丑,行军总管淮阳壮王道玄与刘黑闼战于下博,军败,为黑闼所杀。时道玄将兵三万,与副将史万宝不协。道玄帅轻骑先出犯陈,使万宝将大军继之。万宝拥兵不进,谓所亲曰:"我奉手敕,云淮阳小儿,军事皆委老夫。今王轻锐妄进,若与之俱,必同败没。不如以王饵贼,王败贼必争进,我坚陈以待之,破之必矣。"由是道玄独进,败没。万宝勒兵将战,士卒皆无斗志,军遂大溃,万宝逃归。道玄数从秦王世民征伐,死时年十九,世民深惜之,谓人曰:"道玄常从吾征伐,见吾深入贼陈,心慕效之,以至于此。"为之流涕。世民自起兵以来,前后数十战。常身先士卒,轻骑深入,虽屡危殆,而未尝为矢刃所伤。

淮阳王道玄之败也，山东震骇，洺州总管庐江王瑗弃城西走，州县皆叛附于刘黑闼，旬日间，黑闼尽复故地。乙亥，进据洺州。十一月庚辰，沧州刺史程大买为黑闼所迫，弃城走。齐王元吉畏黑闼兵强，不敢进。甲申，诏太子建成将兵讨黑闼，其陕东道大行台及山东道行军元帅、河南河北诸州并受建成处分，得以便宜从事。己亥，齐王元吉遣兵击刘十善于魏州，破之。刘黑闼拥兵而南，自相州以北州县皆附之，唯魏州总管田留安勒兵拒守。黑闼攻之不下，引兵南拔元城，复还攻之。

十二月戊午，刘黑闼陷恒州，杀刺史王公政。癸亥，幽州大总管李艺复廉、定二州。

甲子，田留安击刘黑闼，破之，获其莘州刺史孟柱，降将卒六千人。是时，山东豪杰多杀长吏以应黑闼，上下相猜，人益离怨。留安待吏民独坦然无疑，白事者无问亲疏，皆听直入卧内。每谓吏民曰："吾与尔曹俱为国御贼，固宜同心协力，必欲弃顺从逆者，但自斩吾首去。"吏民皆相戒曰："田公推至诚以待人，当共竭死力报之，必不可负。"有苑竹林者，本黑闼之党，潜有异志。留安知之，不发其事，引置左右，委以管钥。竹林感激，遂更归心，卒收其用，以功进封赵国公。乙丑，并州刺史成仁重击范愿，破之。

刘黑闼攻魏州，未下。太子建成、齐王元吉大军至昌乐，黑闼引兵拒之，再陈，皆不战而罢。魏徵言于太子曰："前破黑闼，其将卒皆悬名处死，妻子系虏，故齐王之来，虽有诏书赦其党与之罪，皆未之信。今宜悉解其囚俘，慰谕遣之，则可坐视其离散矣。"太子从之。黑闼食尽，众多亡，或缚其渠帅以降。黑闼恐城中兵出，与大军表里击之，遂夜遁。至馆陶，永济桥未成，不得渡。壬申，太子、齐王以大军至，黑闼使王小胡背水而陈，自视作桥成，即过桥西，众遂大溃，弃仗来降。大军渡桥追黑闼，渡者才千余骑，桥坏，由是黑闼得与数百骑亡去。

六年春正月己卯，刘黑闼所署饶州刺史诸葛德威执黑闼举城降。时太子遣骑将刘弘基追黑闼，黑闼为官军所迫，奔走不得休息，至饶阳，从者才百余人，馁甚。德威出迎，延黑闼入城，黑闼不可，德威涕泣固请，黑闼乃从之。至城旁市中憩止，德威馈之食，食未毕，德威勒兵执之，送诣太子，并其弟十善斩于洺州。黑闼临刑叹曰："我幸在家锄菜，为高雅贤辈所误至此。"二月丙寅，徐圆朗穷蹙，与数骑弃城走，为野人所杀，其地悉平。

通鉴纪事本末卷第二十八

太宗平内难

唐高祖武德五年。上之起兵晋阳也，皆秦王世民之谋。上谓世民曰："若事成，则天下皆汝所致，当以汝为太子。"世民拜且辞。及为唐王，将佐亦请以世民为世子，上将立之，世民固辞而止。太子建成性宽简，喜酒色游畋，齐王元吉多过失，皆无宠于上。世民功名日盛，上常有意以代建成。建成内不自安，乃与元吉协谋，共倾世民，各引树党友。

上晚年多内宠，小王且二十人，其母竞交结诸长子以自固。建成与元吉曲意事诸妃嫔，谄谀赂遗，无所不至，以求媚于上。或言蒸于张婕妤、尹德妃，宫禁深秘，莫能明也。是时，东宫、诸王公、妃主之家及后宫亲戚横长安中，夺人田宅，恣为非法，有司不敢诘。世民居承乾殿，元吉居武德殿后院，与上台、东宫昼夜通行，无复禁限。太子、二王出入上台，皆乘马携弓刀杂物，相遇如家人礼。太子令、秦、齐王教与诏敕并行，有司莫知所从，唯据得之先后为定。世民独不奉事诸妃嫔，诸妃嫔争誉建成、元吉而短世民。

世民平洛阳，上使贵妃等数人诣洛阳选阅隋宫人及收府库珍物，贵妃等私从世民求宝货及为其亲属求官。世民曰："宝货皆已籍奏，官当授贤才有功者。"皆不许，由是益怨。世民以淮安王神通有功，给田数十顷。张婕妤之父因婕妤求之于上，上手敕赐之，神通以教给在先，不与。婕妤诉于上曰："敕赐妾父田，秦王夺之以与神通。"上遂发怒，责世民曰："我手敕不如汝教邪！"他日，谓左仆射裴寂曰："此儿久典兵在外，为书生所教，非昔日子也。"尹德妃父阿鼠骄横，秦王府属杜如晦过其门，阿鼠家僮数人曳如晦坠马驱之，折一指，曰："汝何人？敢过我门而不下马！"阿鼠恐世民诉于上，先使德妃奏，云："秦王左右陵暴妾家。"上复怒，责世民曰："我妃嫔家犹为汝左右所陵，况小民乎！"世民深自辩析，上终不信。

世民每侍宴宫中，对诸妃嫔，思太穆皇后早终，不得见上有天下，或歔欷流涕，上顾之不乐。诸妃嫔因密共谮世民曰："海内幸无事，陛下春秋高，唯宜相娱乐。而秦王每独涕泣，正是憎疾妾等。陛下万岁后，妾母子必不为秦王所容，无孑遗矣。"因相与泣，且曰："皇太子仁孝，陛下以妾母子属之，必能保全。"上为之怆然，由是无易太子意，待世民浸疏，而建成、元吉日亲矣。

太子中允王珪、洗马魏徵说太子曰："秦王功盖天下，中外归心。殿下但以年长位居东宫，无大功以镇服海内。今刘黑闼散亡之余，众不满万，资粮匮乏，以大军临之，势如拉朽。殿下宜自击之以取功名，因结纳山东豪杰，庶可自安。"太子乃请行于上，上许之。珪，頍之兄子也。

七年。初，齐王元吉劝太子建成除秦王世民，曰："当为兄手刃之。"世民从上幸元吉第，元吉伏护军宇文宝于寝内，欲刺世民。建成性颇仁厚,遽止之。元吉愠曰:“为兄计耳,于我何有?”

建成擅募长安及四方骁勇二千余人为东宫卫士,分屯左右长林,号“长林兵”。又密使右虞候率可达志从燕王李艺发幽州突骑三百置宫东诸坊,欲以补东宫长上。为人所告,上召建成责之,流可达志于巂州。

庆州都督杨文幹尝宿卫东宫,建成与之亲厚,私使募壮士送长安。上将幸仁智宫,命建成居守,世民、元吉皆从,建成使元吉就图世民,曰:“安危之计,决在今岁。”又使郎将尔朱焕、校尉桥公山以甲遗文幹。二人至豳州,上变,告太子使文幹举兵,欲表里相应。又有宁州人杜凤举亦诣宫言状。上怒,托他事手诏召建成,令诣行在。建成惧,不敢赴。太子舍人徐师谟劝之据城举兵。詹事主簿赵弘智劝之贬损车服,屏从者,诣上谢罪。建成乃诣仁智宫。未至六十里,悉留官属于毛鸿宾堡,以十余骑往见上,叩头谢罪,奋身自掷,几至于绝,上怒不解。是夜,置之幕下,饲以麦饭,使殿中监陈福防守,遣司农卿宇文颖驰召文幹。颖至庆州,以情告之,文干遂举兵反。上遣左武卫将军钱九陇与灵州都督杨师道击之。夏六月甲子,上召秦王世民谋之。世民曰:“文幹竖子,敢为狂逆,计府僚已应擒戮,若不尔,正应遣一将讨之耳。”上曰:“不然。文幹事连建成,恐应之者众。汝宜自行,还,立汝为太子。吾不能效隋文帝自诛其子,当封建成为蜀王。蜀兵脆弱,他日苟能事汝,汝宜全之,不能事汝,汝取之易耳。”

上以仁智宫在山中,恐盗兵猝发,夜帅宿卫南出山外,行数十里,东宫官属将卒继至者,皆令三十人为队,分兵围守之。明日,复还仁智宫。

世民既行,元吉与妃嫔更迭为建成请,封德彝复为之营解于外，上意遂变，复遣建成还京师居守。惟责以兄弟不睦，归罪于太子中允王珪、左卫率韦挺、天策兵曹参军杜淹，并流于巂州。挺，冲之子也。初，洛阳既平，杜淹久不得调，欲求事建成。房玄龄以淹多狡数，恐其教导建成，益为世民不利，乃言于世民，引入天策府。

秋七月，杨文幹袭陷宁州，驱掠吏民出据百家堡。秦王世民军至宁州，其党皆溃。癸酉，文干为其麾下所杀，传首京师。获宇文颖，诛之。

上欲徙都以避突厥，秦王世民谏止之。建成与妃嫔因共谮世民曰："突厥虽屡为边患，得赂则退。秦王外托御寇之名，内欲总兵权，成其篡夺之谋耳。"

上校猎城南，太子、秦、齐王皆从，上命三子驰射角胜。建成有胡马，肥壮而喜蹶，以授世民曰："此马甚骏，能超数丈涧，弟善骑，试乘之。"世民乘以逐鹿，马蹶，世民跃立于数步之外，马起，复乘之，如是者三。顾谓宇文士及曰："彼欲以此见杀，死生有命，庸何伤乎！"建成闻之，因令妃嫔谮之于上曰："秦王自言，我有天命，方为天下主，岂有浪死。"上大怒，先召建成、元吉，然后召世民入，责之曰："天子自有天命，非智力可求，汝求之何急邪？"世民免冠顿首，请下法司案验，上怒不解。会有司奏突厥入寇，上乃改容劳勉世民，命之冠带，与谋突厥。闰月己未，诏世民、元吉将兵出豳州以御突厥，上饯之于兰池上。每有寇盗，辄命世民讨之，事平之后，猜嫌益甚。

九年夏六月丁巳，太白经天。

秦王世民既与太子建成、齐王元吉有隙，以洛阳形胜之地，恐一朝有变，欲出保之，乃以行台工部尚书温大雅镇洛阳，遣秦府车骑将军荥阳张亮将左右王保等千余人之洛阳，阴结纳山东豪杰以俟变，多出金帛，恣其所用。元吉告亮谋不轨，下吏考验，亮终无言，乃释之，使还洛阳。

建成夜召世民，饮酒而酖之，世民暴心痛，吐血数升，淮安王神通扶之还西宫。上幸西宫问世民疾，敕建成曰："秦王素不能饮，自今无得复夜饮。"因谓世民曰："首建大谋，削平海内，皆汝之功。吾欲立汝为嗣，汝固辞。且建成年长，为嗣日久，吾不忍夺也。观汝兄弟，似不相容，同处京邑，必有纷竞。当遣汝还行台，居洛阳，自陕以东皆主之。仍命汝建天子旌旗，如汉梁孝王故事。"世民涕泣，辞以不欲远离膝下。上曰："天下一家，东西两都，道路甚迩，吾思汝即往，毋烦悲也。"将行，建成、元吉相与谋曰："秦王若至洛阳，有土地甲兵，不可复制。不如留之长安，则一匹夫耳，取之易矣。"乃密令数人上封事，言："秦王左右闻往洛阳，无不喜跃，观其志趣，恐不复来。"又遣近幸之臣以利害说上，上意遂移，事复中止。

建成、元吉与后宫日夜谮诉世民于上，上信之，将罪世民。陈叔达谏曰："秦王有大功于天下，不可黜也。且性刚烈，若加挫抑，恐不胜忧愤，或有不测之疾，陛下悔之何及。"上乃止。元吉密请杀秦王，上曰："彼有定天下之功，罪状未着，何以为辞？"元吉曰："秦王初平东都，顾望不还，散钱帛以树私恩，又违敕命，非反而何？但应速杀，何患无辞。"上不应。

秦府僚属皆忧惧，不知所出。行台考功郎中房玄龄谓比部郎中长孙无忌曰："今嫌隙已成，一旦祸机窃发，岂惟府朝涂地，乃实社稷之忧。莫若劝王行周公之事，以安家国。存亡之机，间不容发，正在今日。"无忌曰："吾怀此久矣，不敢发口。今吾子所言，正合吾心，谨当白之。”乃入言世民，世民召玄龄谋之。玄龄曰：“大王功盖天地，当承大业。今日忧危，乃天赞也，愿大王勿疑。”乃与府属杜如晦共劝世民诛建成、元吉。

建成、元吉以秦府多骁将，欲诱之使为己用，密以金银器一车，赠左二副护军尉迟敬德，并以书招之曰：“愿迂长者之眷，以敦布衣之交。”敬德辞曰：“敬德蓬户瓮牖之人，遭隋末乱离，久沦逆地，罪不容诛。秦王赐以更生之恩，今又策名藩邸，唯当杀身以为报。于殿下无功，不敢谬当重赐。若私交殿下，乃是贰心，徇利忘忠，殿下亦何所用？”建成怒，遂与之绝。敬德以告世民，世民曰：“公心如山岳，虽积金至斗，知公不移。相遗但受，何所嫌也。且得以知其阴计，岂非良策。不然，祸将及公。”既而元吉使壮士夜刺敬德，敬德知之，洞开重门，安卧不动，刺客屡至其庭，终不敢入。元吉乃谮敬德于上，下诏狱讯治，将杀之，世民固请得免。又谮左一马军总管程知节，出为康州刺史。知节谓世民曰：“大王股肱羽翼尽矣，身何能久！知节以死不去，愿早决计。”又以金帛诱右二护军段志玄，志玄不从。建成谓元吉曰：“秦府智略之士，可惮者独房玄龄、杜如晦耳。”皆谮之于上而逐之。

世民腹心唯长孙无忌尚在府中，与其舅雍州治中高士廉、左候车骑将军三水侯君集及尉迟敬德等，日夜劝世民诛建成、元吉。世民犹豫未决，问于灵州大都督李靖，靖辞。问于行军总管李世勣，世勣辞。世民由是重二人。

会突厥郁射设将数万骑屯河南，入塞围乌城，建成荐元吉代世民督诸军北征。上从之，命元吉督右武卫大将军李艺、天纪将军张瑾等救乌城。元吉请尉迟敬德、程知节、段志玄及秦府右三统军秦叔宝等与之偕行，简阅秦王帐下精锐之士以益元吉军。率更丞王晊密告世民曰："太子语齐王：'今汝得秦王骁将精兵，拥数万之众，吾与秦王饯汝于昆明池，使壮士拉杀之于幕下，奏云暴卒，主上宜无不信。吾当使人进说，令授吾国事。敬德等既入汝手，宜悉坑之，孰敢不服？'"世民以晊言告长孙无忌等，无忌等劝世民先事图之。世民叹曰："骨肉相残，古今大恶。吾诚知祸在朝夕，欲俟其发，然后以义讨之，不亦可乎？"敬德曰："人情谁不爱其死。今众人以死奉王，乃天授也。祸机垂发，而王犹晏然不以为忧，大王纵自轻，如社稷宗庙何！大王不用敬德之言，敬德将窜身草泽，不能留居大王左右，交手受戮也。"无忌曰："不从敬德之言，事今败矣。敬德等必不为王有，无忌亦当相随而去，不能复事大王矣。"世民曰："吾所言亦未可全弃，公更图之。"敬德曰："王今处事有疑，非智也。临难不决，非勇也。且大王素所畜养勇士八百余人，在外者今已入宫，擐甲执兵，事势已成，大王安得已乎？"

世民访之府僚，皆曰："齐王凶戾，终不肯事其兄。比闻护军薛实尝谓齐王曰：'大王之名，合之成"唐"字，大王终主唐祀。'齐王喜曰：'但除秦王，取东宫如反掌耳。'彼与太子谋乱未成，已有取太子之心，乱心无厌，何所不为。若使二人得志，恐天下非复唐有。以大王之贤，取二人如拾地芥耳，奈何徇匹夫之节，忘社稷之计乎！"世民犹未决，众曰："大王以舜为何如人？"曰："圣人也。"众曰："使舜浚井不出，则为井中之泥，涂廪不下，则为廪上之灰，安能泽被天下，法施后世乎？是以小杖则受，大杖则走，盖所存者大故也。"世民命卜之，幕僚张公谨自外来见之，取龟投地曰："卜以决疑，今事在不疑，尚何卜乎？卜而不吉，庸得已乎?"于是定计。

世民令无忌密召房玄龄等,曰:"敕旨不听复事王。今若私谒,必坐死,不敢奉教。"世民怒,谓敬德曰:"玄龄、如晦岂叛我邪!"取所佩刀授敬德曰:"公往观之,若无来心,可断其首以来。"敬德往,与无忌共谕之曰:"王已决计,公宜速入共谋之。吾属四人,不可群行道中。"乃令玄龄、如晦着道士服,与无忌俱入,敬德自他道亦至。

己未,太白复经天。傅奕密奏:"太白见秦分,秦王当有天下。"上以其状授世民,于是世民密奏建成、元吉淫乱后宫,且曰:"臣于兄弟无丝毫负,今欲杀臣,似为世充、建德报仇。臣今枉死,永违君亲,魂归地下,实耻见诸贼。"上省之,愕然,报曰:"明当鞫问,汝宜早参。"

庚申,世民帅长孙无忌等入,伏兵于玄武门。张婕妤窃知世民表意,驰语建成。建成召元吉谋之,元吉曰:"宜勒宫府兵,托疾不朝,以观形势。"建成曰:"兵备已严,当与弟入参,自问消息。"乃俱入,趣玄武门。上时已召裴寂、萧瑀、陈叔达等,欲按其事。

建成、元吉至临湖殿,觉变,即跋马东归宫府。世民从而呼之,元吉张弓射世民,再三不彀,世民射建成,杀之。尉迟敬德将七十骑继至,左右射元吉坠马。世民马逸入林下,为木枝所𦈡,坠不能起。元吉遽至,夺弓将扼之,敬德跃马叱之。元吉步欲趣武德殿,敬德追射,杀之。翊卫车骑将军冯翊冯立闻建成死,叹曰:"岂有生受其恩,而死逃其难乎!"乃与副护军薛万彻、屈咥直府左车骑万年谢叔方帅东宫、齐府精兵二千驰趣玄武门。张公谨多力,独闭关以拒之,不得入。云麾将军敬君弘掌宿卫兵,屯玄武门，挺身出战，所亲止之曰：“事未可知，且徐观变，俟兵集成列而战，未晚也。”君弘不从，与中郎将吕世衡大呼而进，皆死之。君弘，显隽之曾孙也。守门兵与万彻等力战良久，万彻鼓噪欲攻秦府，将士大惧。尉迟敬德持建成、元吉首示之，宫、府兵遂溃。万彻与数十骑亡入终南山。冯立既杀敬君弘，谓其徒曰：“亦足以少报太子矣。”遂解兵，逃于野。

上方泛舟海池，世民使尉迟敬德入宿卫，敬德擐甲持矛，直至上所。上大惊，问曰：“今日乱者谁邪？卿来此何为？”对曰：“秦王以太子、齐王作乱，举兵诛之，恐惊动陛下，遣臣宿卫。”上谓裴寂等曰：“不图今日乃见此事！当如之何？”萧瑀、陈叔达曰：“建成、元吉本不豫义谋，又无功于天下，疾秦王功高望重，共为奸谋，今秦王已讨而诛之。秦王功盖宇宙，率土归心，陛下若处以元良，委之国务，无复事矣。”上曰：“善，此吾之夙心也。”时宿卫及秦府兵与二宫左右战犹未已，敬德请降手敕，令诸军并受秦王处分，上从之。天策府司马宇文士及自东上合门出宣敕，众然后定。上又使黄门侍郎裴矩至东宫，晓谕诸将卒，皆罢散。上乃召世民，抚之曰：“近日以来，几有投杼之惑。”世民跪而吮上乳，号恸久之。

建成子安陆王承道、河东王承德、武安王承训、汝南王承明、钜鹿王承义，元吉子梁郡王承业、渔阳王承鸾、普安王承奖、江夏王承裕、义阳王承度皆坐诛，仍绝属籍。

初，建成许元吉以正位之后立为太弟，故元吉为之尽死。诸将欲尽诛建成、元吉左右百余人，籍没其家。尉迟敬德固争曰：“罪在二凶，既伏其诛，若及支党，非所以求安也。”乃止。是日，下诏：“赦天下。凶逆之罪，止于建成、元吉，自余党与，一无所问。其僧尼、道士、女冠并宜依旧。国家庶事，皆取秦王处分。”

辛酉，冯立、谢叔方皆自出。薛万彻亡匿，世民屡使谕之，乃出。世民曰：“此皆忠于所事，义士也。”释之。

癸亥，立世民为皇太子。又诏：“自今军国庶事，无大小悉委太子处决，然后闻奏。”

臣光曰：立嫡以长，礼之正也。然高祖所以有天下，皆太宗之功。隐太子以庸劣居其右，地嫌势逼，必不相容。向使高祖有文王之明，隐太子有泰伯之贤，太宗有子臧之节，则乱何自而生矣？既不能然，太宗始欲俟其先发，然后应之，如此则事非获已，犹为愈也。既而为群下所迫，遂至蹀血禁门，推刃同气，贻讥千古，惜哉！夫创业垂统之君，子孙之所仪刑也，彼中、明、肃、代之传继，得非有所指拟以为口实乎！

太宗易太子

唐高祖武德九年秋八月，太宗即皇帝位。冬十月癸亥，立皇子中山王承乾为太子，生八年矣。

太宗贞观七年。帝谓左庶子于志宁、右庶子杜正伦曰：“朕年十八犹在民间，民之疾苦情伪，无不知之。及居大位，区处世务，犹有差失。况太子生长深宫，百姓艰难，耳目所未涉，能无骄逸乎？卿等不可不极谏。”太子好嬉戏，颇亏礼法，志宁与右庶子孔颖达数直谏，上闻而嘉之，各赐金一斤，帛五百匹。

十三年。太子承乾颇以游畋废学，右庶子张玄素谏，不听。

十四年。上闻右庶子张玄素在东宫数谏争，擢为银青光禄大夫，行左庶子。太子尝于禁中击鼓，玄素叩合切谏，太子出其鼓，对玄素毁之。太子久不出见官属，玄素谏曰："朝廷选俊贤以辅至德，今动经时月，不见宫臣，将何以裨益万一。且宫中唯有妇人，不知有能如樊姬者乎？"太子不听。

十五年。太子詹事于志宁遭母丧，寻起复就职。太子治宫室，妨农功，又好郑、卫之乐，志宁谏，不听。又宠昵宦官，常在左右，志宁上书，以为："自易牙以来，宦官覆亡国家者非一。今殿下亲宠此属，使陵易衣冠，不可长也。"太子役使司驭等，半岁不许分番，又私引突厥达哥友入宫，志宁上书切谏，太子大怒，遣刺客张师政、纥干承基杀之。二人入其第，见志宁寝处苫块，竟不忍杀而止。

十六年春正月乙丑，魏王泰上括地志。泰好学，司马苏勖说泰，以古之贤王皆招士著书，故泰奏请修之。于是大开馆舍，广延时俊，人物辐凑，门庭如市。泰月给逾于太子，谏议大夫褚遂良上疏，以为："圣人制礼，尊嫡卑庶，世子用物不会，与王者共之。庶子虽爱，不得逾嫡，所以塞嫌疑之渐，除祸乱之源也。若当亲者疏，当尊者卑，则佞巧之奸，乘机而动矣。昔汉窦太后宠梁孝王，卒以忧死，宣帝宠淮阳宪王，亦几至于败。今魏王新出合，宜示以礼则，训以谦俭，乃为良器，此所谓'圣人之教不肃而成'者也。"上从之。

上又令泰徙居武德殿。魏徵上疏，以为："陛下爱魏王，常欲使之安全，宜每抑其骄奢，不处嫌疑之地。今移居此殿，乃在东宫之西，海陵昔尝居之，时人不以为可，虽时异事异，然亦恐魏王之心不敢安息也。"上曰："几致此误。"遽遣泰归第。

夏六月甲辰，诏："自今皇太子出用库物，所司勿为限制。"

于是太子发取无度，左庶子张玄素上书，以为："周武帝平定山东，隋文帝混一江南，勤俭爱民，皆为令主，有子不肖，卒亡宗祀。圣上以殿下亲则父子，事兼家国，所应用物，不为节限，恩旨未逾六旬，用物已过七万，骄奢之极，孰云过此。况宫臣正士，未尝在侧，群邪淫巧，昵近深宫，在外瞻仰，已有此失，居中隐密，宁可胜计。苦药利病，苦言利行，伏惟居安思危，日慎一日。"太子恶其书，令户奴伺玄素早朝，密以大马棰击之，几毙。

秋八月丁酉，上曰："当今国家何事为急？"谏议大夫褚遂良曰："今四方无虞，唯太子、诸王宜有定分最急。"上曰："此言是也。"时太子承乾失德，魏王泰有宠，群臣日有疑议，上闻而恶之，谓侍臣曰："方今群臣，忠直无逾魏徵，我遣傅太子，用绝天下之疑。"九月丁巳，以魏徵为太子太师。征疾小愈，诣朝堂表辞，上手诏谕以："周幽、晋献，废嫡立庶，危国亡家。汉高祖几废太子，赖四皓然后安。我今赖公，即其义也。知公疾病，可卧护之。"徵乃受诏。

十七年春正月丙寅，上谓群臣曰："闻外间士民以太子有足疾，魏王颖悟，多从游幸，遽生异议，徼幸之徒，已有附会者。太子虽病足，不废步履。且礼，嫡子死，立嫡孙。太子男已五岁，朕终不以孽代宗，启窥窬之源也。"

初，太子承乾喜声色、畋猎，所为奢靡，畏上知之。对宫臣常论忠孝，或至于涕泣；退归宫中，则与群小相亵狎。宫臣有欲谏者，太子先揣知其意，辄迎拜，敛容危坐，引咎自责，言辞辩给，宫臣拜答不暇。宫省秘密，外人莫知，故时论初皆称贤。

太子作八尺铜炉，六隔大鼎，募亡奴盗民间马牛，亲临烹煮，与所幸厮役共食之。又好效突厥语及其服饰，选左右貌类突厥者五人为一落，辫发羊裘而牧羊，作五狼头纛及幡旗，设穹庐，太子自处其中，敛羊而烹之，抽佩刀割肉相啖。又尝谓左右曰："我试作可汗死，汝曹效其丧仪。"因僵卧于地，众悉号哭，跨马环走，临其身，剺面。良久，太子欻起，曰："一朝有天下，当帅数万骑猎于金城西，然后解发为突厥，委身思摩，若当一设，不居人后矣。"

左庶子于志宁、右庶子孔颖达数谏太子，上嘉之，赐二人金帛以风励太子，仍迁志宁为詹事。志宁与左庶子张玄素数上书切谏，太子阴使人杀之，不果。

汉王元昌所为多不法，上数谴责之，由是怨望。太子与之亲善，朝夕同游戏，分左右为二队，太子与元昌各统其一，被毡甲，操竹槊，布陈大呼交战，击刺流血，以为娱乐。有不用命者，披树挝之，至有死者。且曰："使我今日作天子，明日于苑中置万人营，与汉王分将，观其战斗，岂不乐哉。"又曰："我为天子，极情纵欲，有谏者辄杀之，不过杀数百人，众自定矣。"

魏王泰多艺能，有宠于上。见太子有足疾，潜有夺嫡之志，折节下士以求声誉。上命黄门侍郎韦挺摄泰府事，后命工部尚书杜楚客代之，二人俱为泰要结朝士。楚客或怀金以赂权贵，因说以魏王聪明，宜为上嗣。文武之士，各有附托，潜为朋党。太子畏其逼，遣人诈为泰府典签上封事，其中皆言泰罪恶，敕捕之，不获。

太子私幸太常乐童称心，与同卧起。道士秦英、韦灵符挟左道，得幸太子。上闻之，大怒，悉收称心等杀之，连坐死者数人，诮让太子甚至。太子意泰告之，怨怒愈甚，思念称心不已，于宫中构室，立其像，朝夕奠祭，徘徊流涕。又于苑中作冢，私赠官，树碑。

上意浸不怿，太子亦知之，称疾不朝谒者动涉数月。阴养刺客纥干承基等及壮士百余人，谋杀魏王泰。

吏部尚书侯君集之婿贺兰楚石为东宫千牛，太子知君集怨望，数令楚石引君集入东宫，问以自安之术。君集以太子暗劣，欲乘衅图之，因劝之反。举手谓太子曰："此好手，当为殿下用之。"又曰："魏王为上所爱，恐殿下有庶人勇之祸。若有敕召，宜密为之备。"太子大然之，厚赂君集及左屯卫中郎将顿丘李安俨，使诇上意，动静相语。安俨先事隐太子，隐太子败，安俨为之力战，上以为忠，故亲任之，使典宿卫。安俨深自托于太子。

汉王元昌亦劝太子反，且曰："比见上侧有美人，善弹琵琶，事成，愿以垂赐。"太子许之。洋州刺史开化公赵节，慈景之子也，母曰长广公主，驸马都尉杜荷，如晦之子也，尚城阳公主，皆为太子所亲匿，预其反谋。凡同谋者，皆割臂以帛拭血，烧灰和酒饮之，誓同生死。潜谋引兵入西宫，杜荷谓太子曰："天文有变，当速发以应之。殿下但称暴疾危笃，主上必亲临视，因兹可以得志。"太子闻齐王祐反于齐州，谓纥干承基等曰："我宫西墙，去大内正可二十步耳，与卿为大事，岂比齐王乎？"会治祐反事，连承基，承基坐系大理狱，当死。

夏四月庚辰朔，承基上变，告太子谋反。敕长孙无忌、房玄龄、萧瑀、李世勣与大理、中书、门下参鞫之。反形已具，上谓侍臣："将何以处承乾？"群臣莫敢对。通事舍人来济进曰："陛下不失为慈父，太子得尽天年，则善矣。"上从之。济，护儿之子也。

乙酉，诏废太子承乾为庶人，幽于右领军府。上欲免汉王元昌死，群臣固争，乃赐自尽于家，而宥其母、妻、子。侯君集、李安俨、赵节、杜荷等皆伏诛。左庶子张玄素、右庶子赵弘智、令狐德茱等，以不能谏争，皆坐免为庶人。余当连坐者悉赦之。詹事于志宁，以数谏，独蒙劳勉。以纥干承基为祐川府折冲都尉，爵平棘县公。

侯君集被收，贺兰楚石复诣阙告其事。上引君集谓曰："朕不欲令刀笔吏辱公，故自鞫公耳。"君集初不承，引楚石具陈始末，又以所与承乾往来启示之，君集辞穷，乃服。上谓侍臣曰："君集有功，欲乞其生，可乎？"群臣以为不可。上乃谓君集曰："与公长诀矣。"因泣下。君集亦自投于地，遂斩之于市。君集临刑，谓监刑将军曰："君集蹉跌至此，然事陛下于藩邸，击取二国，乞全一子以奉祭祀。"上乃原其妻及子，徙岭南。籍没其家，得二美人，自幼饮人乳而不食。

初，上使李靖教君集兵法。君集言于上曰："李靖将反矣。"上问其故，对曰："靖独教臣以粗而匿其精，以是知之。"上以问靖，靖对曰："此乃君集欲反耳。今诸夏已定，臣之所教，足以制四夷，而君集固求尽臣之术，非反而何？"江夏王道宗尝从容言于上曰："君集志大而智小，自负微功，耻在房玄龄、李靖之下，虽为吏部尚书，未满其志。以臣观之，必将为乱。"上曰："君集材器，亦何施不可。朕岂惜重位，但次第未至耳，岂可亿度，妄生猜贰耶！"及君集反诛，上乃谢道宗曰："果如卿言。"李安俨父年九十余，上愍之，赐奴婢以养之。

太子承乾既获罪，魏王泰自入侍奉，上面许立为太子。岑文本、刘洎亦劝之。长孙无忌固请立晋王治。上谓侍臣曰："昨青雀投我怀，云：'臣今日始得为陛下子，乃更生之日也。臣有一子，臣死之日，当为陛下杀之，传位晋王。'人谁不爱其子，朕见如此，甚怜之。"谏议大夫褚遂良曰："陛下言大失，愿审思，勿误也。安有陛下万岁后，魏王据天下，肯杀其爱子，传位晋王者乎？陛下日者既立承干为太子，复宠魏王，礼秩过于承乾，以成今日之祸。前事不远，足以为鉴。陛下今立魏王，愿先措置晋王，始得安全耳。"上流涕曰："我不能尔。"因起入宫。魏王泰恐上立晋王治，谓之曰："汝与元昌善，元昌今败，得无忧乎？"治由是忧形于色。上怪，屡问其故，治乃以状告。上怃然，始悔立泰之言矣。上面责承乾，承乾曰："臣为太子，复何所求？但为泰所图，时与朝臣谋自安之术，不逞之人遂教臣为不轨耳。今若泰为太子，所谓落其度内。"

承乾既废，上御两仪殿，群臣俱出，独留长孙无忌、房玄龄、李世勣、褚遂良谓曰："我三子一弟，所为如是，我心诚无聊赖。"因自投于床，无忌等争前扶抱。上又抽佩刀欲自刺，遂良夺刀以授晋王治。无忌等请上所欲，上曰："我欲立晋王。"无忌曰："谨奉诏。有异议者，臣请斩之。"上谓治曰："汝舅许汝矣，宜拜谢。"治因拜之。上谓无忌等曰："公等已同我意，未知外议如何？"对曰："晋王仁孝，天下属心久矣，乞陛下试召问百官，有不同者，臣负陛下万死。"上乃御太极殿，召文武六品以上，谓曰："承乾悖逆，泰亦凶险，皆不可立。朕欲选诸子为嗣，谁可者？卿辈明言之。"众皆欢呼曰："晋王仁孝，当为嗣。"上悦。是日，泰从百余骑至永安门，敕门司尽辟其骑，引泰入肃章门，幽于北苑。

丙戌，诏立晋王治为皇太子，御承天门楼，赦天下，酺三日。上谓侍臣曰："我若立泰，则是太子之位可经营而得。自今太子失道，藩王窥伺者，两皆弃之，传诸子孙，永为后法。且泰立则承乾与治皆不全，治立则承乾与泰皆无恙矣。"

臣光曰：唐太宗不以天下大器私其所爱，以杜祸乱之原，可谓能远谋矣。

太宗平突厥

隋炀帝大业十一年秋八月，帝巡北塞。初，裴矩以突厥始毕可汗部众渐盛，献策分其势，欲以宗女嫁其弟叱吉设，拜为南面可汗，叱吉不敢受，始毕闻而渐怨。突厥之臣史蜀胡悉多谋略，为始毕所宠任，矩诈与为互市，诱至马邑下，杀之。遣使诏始毕曰："史蜀胡悉叛可汗来降，我已相为斩之。"始毕知其状，由是不朝。

戊辰，始毕帅骑数十万谋袭乘舆，义成公主先遣使者告变。壬申，车驾驰入雁门，齐王暕以后军保崞县。癸酉，突厥围雁门，上下惶怖，撤民屋以为守御之具。城中兵民十五万口，食仅可支二旬。雁门四十一城，突厥克其三十九，唯雁门、崞不下。突厥急攻雁门，矢及御前。上大惧，抱赵王杲而泣，目尽肿。

左卫大将军宇文述劝帝简精锐数千骑溃围而出，纳言苏威曰："城守则我有余力，轻骑乃彼之所长。陛下万乘之主，岂宜轻动。"民部尚书樊子盖曰："陛下乘危徼幸，一朝狼狈，悔之何及。不若据坚城以挫其锐，坐征四方兵使入援。陛下亲抚循士卒，谕以不复征辽，厚为勋格，必人人自奋，何忧不济？"内史侍郎萧瑀以为："突厥之俗，可贺敦预知军谋。且义成公主以帝女嫁外夷，必恃大国之援，若使一介告之，借使无益，庸有何损。又将士之意，恐陛下既免突厥之患，还事高丽，若发明诏，谕以赦高丽专讨突厥，则众心皆安，人自为战矣。"瑀，皇后之弟也。虞世基亦劝帝重为赏格，下诏停辽东之役，帝从之。

帝亲巡将士，谓之曰："努力击贼，苟能保全，凡在行陈，勿忧富贵，必不使有司弄刀笔破汝勋劳。"乃下令："守城有功者，无官直除六品，赐物百段，有(司)〔官〕以次增益。"使者慰劳，相望于道。于是众皆踊跃，昼夜拒战，死伤甚众。

甲申，诏天下募兵。守令竞来赴难，李渊之子世民，年十六，应募隶屯卫将军云定兴，说定兴多赍旗鼓为疑兵，曰："始毕敢举兵围天子，必谓我仓猝不能赴援故也。宜昼则引旌旗令数十里不绝，夜则钲鼓相应，虏必谓救兵大至，望风遁去。不然，彼众我寡，若悉军来战，必不能支。"定兴从之。帝遣间使求救于义成公主，公主遣使告始毕，云："北边有急。"东都及诸郡援兵亦至忻口，九月甲辰，始毕解围去。帝使人出侦，山谷皆空，无胡马，乃遣二千骑追蹑，至马邑，得突厥老弱二千余人而还。

十二年。突厥数寇北边，诏晋阳留守李渊帅太原道兵与马邑太守王仁恭击之。时突厥方强，两军众不满五千，仁恭患之。渊选善骑射者二千人，使之饮食舍止一如突厥，或与突厥遇则伺便击之，前后屡捷，突厥颇惮之。

恭帝义宁元年夏五月，突厥数万众寇晋阳。唐公李渊举兵，〔六月〕，刘文静说渊结突厥为援，告突厥以尊立代王之意。突厥使康鞘利送马千匹为互市。

刘文静使突厥请兵。秋八月，刘文静以突厥兵五百、马二千匹来至。事并见高祖兴唐。

唐高祖武德元年。初，五原通守栎阳张长逊以中原大乱，举郡附突厥，突厥以为割利特勒。郝瑗说薛举与梁师都及突厥连兵以取长安，举从之。时启民可汗之子咄苾号莫贺咄设，建牙直五原之北，举遣使与莫贺咄设谋入寇，莫贺咄设许之。唐王使都水监宇文歆赂莫贺咄设，且为陈利害，止其出兵。又说莫贺咄设遣张长逊入朝，以五原之地归之中国。莫贺咄设并从之。夏四月己卯，武都、宕渠、五原等郡皆降，王即以长逊为五原太守。长逊又诈为诏书与莫贺咄设，示知其谋。莫贺咄设乃拒举、师都等，不纳其使。

五月辛未，突厥始毕可汗遣骨咄禄特勒来，宴之于太极殿，奏九部乐。时中国人避乱者多入突厥，突厥强盛，东自契丹、室韦，西尽吐谷浑、高昌，诸国皆臣之，控弦百余万。帝以初起资其兵马，前后饷遗，不可胜纪。突厥恃功骄倨，每遣使者至长安，多暴横，帝优容之。

秋九月，上遣从子襄武公琛、太常卿郑元璹以女妓遗突厥始毕可汗。壬戌，始毕复遣骨咄禄特勒来。冬十月戊寅，宴突厥骨咄禄，引骨咄禄升御坐以宠之。

二年闰二月，突厥始毕可汗将其众渡河至夏州，梁师都发兵会之，以五百骑授刘武周，欲自句注入寇太原。会始毕卒，子什钵苾幼，未可立，立其弟俟利弗设为处罗可汗。处罗以什钵苾为泥步设，使居东偏，直幽州之北。先是，上遣右武候将军高静奉币使于始毕，至丰州，闻始毕卒，敕纳于所在之库。突厥闻之，怒，欲入寇。丰州总管张长逊遣高静以币出塞为朝廷致赙，突厥乃还。

夏六月己酉，突厥遣使来告始毕可汗之丧。上举哀于长乐门，废朝三日，诏百官就馆吊其使者。又遣内史舍人郑德挺吊处罗可汗，赙帛三万段。

秋八月，梁师都与突厥合数千骑寇延州，行军总管段德操兵少不敌，闭壁不战。伺师都稍怠，九月丙寅，遣副总管梁礼将兵击之。师都与礼战方酣，德操以轻骑多张旗帜，掩击其后，师都军溃，逐北二百余里，破其魏州，虏男女二千余口。德操，孝先之子也。

三年秋七月，梁师都引突厥、稽胡兵入寇，行军总管段德操击破之，斩首千余级。九月，突厥莫贺咄设寇凉州，总管杨恭仁击之，为所败，掠男女数千人而去。

冬十一月，梁师都遣其尚书陆季览说突厥处罗可汗曰："比者中原丧乱，分为数国，势均力弱，故皆北面归附突厥。今定杨可汗既亡，天下将悉为唐有。师都不辞灰灭，亦恐次及可汗，不若及其未定，南取中原，如魏道武所为，师都请为乡导。"处罗从之，谋使莫贺咄设入自原州，泥步设与师都入自延州，处罗入自并州，突利可汗与奚、霫、契丹、靺鞨入自幽州，会窦建德之师自滏口西入，会于晋、绛。莫贺咄者，处罗之弟咄苾也。突利者，始毕之子什钵苾也。

处罗又欲取并州以居杨政道，其群臣多谏，处罗曰："我父失国，赖隋得立，此恩不可忘。"将出师而卒。义成公主以其子奥射设丑弱，废之，更立莫贺咄设，号颉利可汗。乙酉，颉利遣使告处罗之丧，上礼之如始毕之丧。

十二月，突厥伦特勒在并州，大为民患，并州总管刘世让设策擒之。上闻之，甚喜。

四年春三月庚申，以靺鞨渠帅突地稽为燕州总管。突厥颉利可汗承父兄之资，士马雄盛，有凭陵中国之志。妻隋义成公主，公主从弟善经避乱在突厥，与王世充使者王文素共说颉利曰："昔启民为兄弟所逼，脱身奔隋，赖文皇帝之力，有此土宇，子孙享之。今唐天子非文皇帝子孙，可汗宜奉杨政道以伐之，以报文皇帝之德。”颉利然之。上以中国未宁，待突厥甚厚，而颉利求请无厌，言辞骄慢。甲戌，突厥寇汾阴。壬午，突厥寇石州，刺史王集击却之。

夏四月己亥，突厥颉利可汗寇雁门，李大恩击走之。戊申，突厥寇并州。初，处罗可汗与刘武周相表里寇并州。上遣太常卿郑元璹往谕以祸福，处罗不从。未几，处罗遇疾卒，国人疑元璹毒之，留不遣。上又遣汉阳公瓌赂颉利可汗以金帛，颉利欲令瓌拜，瓌不从，亦留之。又留左骁卫大将军长孙顺德。上怒，亦留其使者。瓌，孝恭之弟也。

五月，突厥寇边，长平靖王叔良督五将击之。叔良中流矢，师旋，六月戊子，卒于道。

秋八月癸卯，突厥寇代州，总管李大恩遣行军总管王孝基拒之，举军皆没。甲辰，进围崞县。乙巳，王孝基自突厥逃归。李大恩众少，据城自守，突厥不敢逼，月余引去。九月，突厥寇并州，遣左屯卫大将军窦琮等击之。戊午，突厥寇原州，遣行军总管尉迟敬德等击之。甲申，灵州总管杨师道击突厥，破之。师道，恭仁之弟也。〔冬十一月〕，高开道与突厥连兵，数入为寇，恒、定、幽、易咸被其患。

五年春(二)〔三〕月，上遣使赂突厥颉利可汗，且许结昏。颉利乃遣汉阳公瓌、郑元璹、长孙顺德等还。庚子，复遣使来修好，上亦遣其使者特勒热寒、阿史那德等还。并州总管刘世让屯雁门，颉利与高开道、苑君璋合众攻之，不克，月余乃还。

夏四月壬申，代州总管定襄王李大恩为突厥所杀。先是，大恩奏称“突厥饥馑，马邑可取”，诏殿内少监独孤晟将兵与大恩共击苑君璋，期以二月会马邑。失期不至，大恩不能独进，顿兵新城。颉利可汗遣数万骑与刘黑闼共围大恩，上遣右骁卫大将军李高迁救之。未至，大恩粮尽，夜遁，突厥邀之，众溃而死。上惜之。独孤晟坐减死徙边。五月，突厥寇忻州，李高迁击破之。

秋八月乙卯，突厥颉利可汗寇边，遣左武卫将军段德操、云州总管李子和将兵拒之。丙辰，颉利十五万骑入雁门，己未，寇并州，别遣兵寇原州。庚申，命太子出(幽)〔豳〕州道，秦王世民出(秦)〔泰〕州道以御之。李子和趋云中掩击可汗，段德操趋夏州邀其归路。

辛酉，上谓群臣曰："突厥入寇而复求和，和与战孰利?"太常卿郑元璹曰："战则怨深，不如和利。"中书令封德彝曰："突厥恃犬羊之众，有轻中国之意，若不战而和，示之以弱，明年将复来。臣愚以为不如击之，既胜而复与和，则恩威兼着矣。"上从之。己巳，并州大总管襄邑王神符破突厥于汾东。汾州刺史萧顗破突厥，斩首五千余级。

丙子，突厥寇廉州，戊寅，陷大震关。上遣郑元璹诣颉利。是时突(利)〔厥〕精骑数十万，自介休至晋州，数百里间，填溢山谷。元璹见颉利，责以负约，与相辩诘，颉利颇惭。元璹因说颉利曰："唐与突厥风俗不同，突厥虽得唐地，不能居也。今虏掠所得皆入国人，于可汗何有？不如旋师，复修和亲，可无跋涉之劳，坐受金币，又皆入可汗府库，孰与弃昆弟积年之欢，而结子孙无穷之怨乎?"颉利悦，引兵还。元璹自义宁以来，五使突厥，几死者数焉。

九月癸巳，交州刺史权士通、弘州总管宇文歆、灵州总管杨师道击突厥于三观山，破之。乙未，太子班师。丙申，宇文歆邀突厥于崇冈镇，大破之，斩首千余级。壬寅，定州总管双士洛等击突厥于恒山之南，丙午，领军将军安兴贵击突厥于甘州，皆破之。

冬十一月乙酉，封略阳公道宗为郡王。道宗为灵州总管，梁师都遣弟洛儿引突厥数万围之，道宗乘间出击，大破之。突厥与师都连结，遣其郁射设入居故五原，道宗逐出之，斥地千余里。

六年夏五月丙申，梁师都将辛獠儿引突厥寇林川。戊戌，苑君璋将高满政寇代州，骠骑将军李宝言击走之。癸卯，高开道引突厥寇幽州，突地稽将兵邀击，破之。

六月戊午，高满政以马邑来降。先是，前并州总管刘世让除广州总管，将之官，上问以备边之策，世让对曰："突厥比数为寇，良以马邑为之中顿故也。请以勇将戍崞城，多贮金帛，募有降者厚赏之，数出骑兵掠其城下，蹂其禾稼，败其生业，不出岁余，彼无所食，必降矣。"上然其计，曰："非公，谁为勇将?"即命世让戍崞城，马邑病之。是时马邑人多不愿属突厥，上复遣人招谕苑君璋。高满政说君璋尽杀突厥戍兵降唐，君璋不从。满政因众心所欲，夜袭君璋，君璋觉之，亡奔突厥，满政杀君璋之子及突厥戍兵二百人而降。壬戌，梁师都以突厥寇匡州。丁卯，苑君璋与突厥吐屯设寇马邑，高满政与战，破之。以满政为朔州总管，封荣国公。

秋七月丙子，苑君璋以突厥寇马邑，右武候大将军李高迁及高满政御之，战于腊河谷，破之。癸未，突厥寇原州，乙酉，寇朔州。李高迁为虏所败，行军总管尉迟敬德将兵救之。己亥，遣太子将兵屯北边，秦王世民屯并州以备突厥。八月甲辰，突厥寇真州，又寇马邑。己未，突厥寇原州。辛未，突厥陷原州之善和镇，癸酉，又寇渭州。九月庚寅，突厥寇幽州。壬寅，高开道引突厥二万骑寇幽州。

突厥恶弘农公刘世让为己患，遣其臣曹般陁来，言："世让与可汗通谋，欲为乱。"上信之，冬十月丙午，杀世让，籍没其家。秦王世民犹在并州，己未，诏世民引军还。

初，上遣右武候大将军李高迁助朔州总管高满政守马邑，苑君璋引突厥万余骑至城下，满政击破之。颉利可汗怒，大发兵攻马邑。高迁惧，帅所部二千人斩关宵遁，虏邀之，失亡者半。颉利自帅众攻城，满政出兵御之，或一日战十余合。上命行军总管刘世让救之，至松子岭，不敢进，还保崞城。会颉利遣使求婚，上曰："释马邑之围，乃可议婚。"颉利欲解兵，义成公主固请攻之。颉利以高开道善为攻具，召开道，与之攻马邑甚急。颉利诱满政使降，满政骂之。粮且尽，救兵未至，满政欲溃围走朔州。右虞候杜士远以虏兵盛，恐不免，壬戌，杀满政降于突厥。苑君璋复杀城中豪杰与满政同谋者三十余人。上以满政子玄积为上柱国，袭爵。丁卯，突厥复请和亲，以马邑归唐，上以将军秦武通为朔州总管。

突厥数为边患，并州大总管府长史窦静表请于太原置屯田以省馈运，议者以为烦扰，不许。静切论不已，敕征静入朝，使与裴寂、萧瑀、封德彝相论难于上前。寂等不能屈，乃从静议，岁收谷数千斛，上善之，命检校并州大总管。静，抗之子也。十一月辛巳，秦王世民复请增置屯田于并州之境，从之。十二月己巳，突厥寇定州，州兵击走之。

七年春三月丁酉，突厥寇原州。夏五月辛未，寇朔州。六月，突厥寇代州之武周城，州兵击破之。秋七月己巳，苑君璋以突厥寇朔州，总管秦武通击却之。戊寅，突厥寇原州，遣宁州刺史鹿大师救之，又遣杨师道趋大木根山邀其归路。庚辰，突厥寇陇州，遣护军尉迟敬德击之。癸未，突厥寇阴盘。己丑，突厥吐利设与苑君璋寇并州。

或说上曰："突厥所以屡寇关中者，以子女玉帛皆在长安故也。若焚长安而不都，则胡寇自息矣。"上以为然，遣中书侍郎宇文士及逾南山至樊、邓，行可居之地，将徙都之。太子建成、齐王元吉、裴寂皆赞成其策，萧瑀等虽知其不可而不敢谏。秦王世民谏曰："戎狄为患，自古有之。陛下以圣武龙兴，光宅中夏，精兵百万，所征无敌，奈何以胡寇扰边，遽迁都以避之，贻四海之羞，为百世之笑乎？彼霍去病汉廷一将，犹志灭匈奴，况臣忝备藩维，愿假数年之期，请系颉利之颈，致之阙下。若其不效，迁都未晚。"上曰："善。"建成曰："昔樊哙欲以十万众横行匈奴中，秦王之言，得无似之。"世民曰："形势各异，用兵不同。樊哙小竖，何足道乎！不出十年，必定漠北，非敢虚言也。"闰月己未，诏世民、元吉将兵出豳州以御突厥，上饯之于兰池。苑君璋引突厥寇朔州。八月戊辰，突厥寇原州。壬申，突厥寇忻州，丙子，寇并州，京师戒严。戊寅，寇绥州，刺史刘大俱击却之。

是时，颉利、突利二可汗举国入寇，连营南上，秦王世民引兵拒之。会关中久雨，粮运阻绝，士卒疲于征役，器械顿弊，朝廷及军中咸以为忧。世民与虏遇于豳州，勒兵将战。己卯，可汗帅万余骑奄至城西，陈于五陇阪，将士震恐。世民谓元吉曰："今虏骑凭陵，不可示之以怯，当与之一战，汝能与我俱乎？"元吉惧曰："虏形势如此，奈何轻出，万一失利，悔可及乎！"世民曰："汝不敢出，吾当独往，汝留此观之。"世民乃帅骑驰诣虏陈，告之曰："国家与可汗和亲，何为负约，深入我地？我秦王也，可汗能斗，独出与我斗，若以众来，我直以此百骑相当耳。”颉利不之测，笑而不应。世民又前，遣骑告突利曰：“尔往与我盟，有急相救，今乃引兵相攻，何无香火之情也！”突利亦不应。世民又前，将渡沟水，颉利见世民轻出，又闻香火之言，疑突利与世民有谋，乃遣止世民曰：“王不须渡，我无他意，更欲与王申固盟约耳。”乃引兵稍却。是后霖雨益甚，世民谓诸将曰：“虏所恃者弓矢耳，今积雨弥时，筋胶俱解，弓不可用，彼如飞鸟之折翼，吾屋居火食，刀槊犀利，以逸制劳，此而不乘，将何复待？”乃潜师夜出，冒雨而进，突厥大惊。世民又遣说突利以利害，突利悦，听命。颉利欲战，突利不可，乃遣突利与其夹毕特勒阿史那思摩来见世民，请和亲，世民许之。思摩，颉利之从叔也。突利因自托于世民，请结为兄弟，世民亦以恩意抚之，与盟而去。

庚寅，岐州刺史柴绍破突厥于杜阳〔谷〕。壬申，突厥阿史那思摩入见，上引升御榻，慰劳之。思摩貌类胡，不类突厥，故处罗疑其非阿史那种，历处罗、颉利世，常为夹毕特勒，终不得典兵为设。既入朝，赐爵和顺王。丁酉，遣左仆射裴寂使于突厥。九月癸卯，突厥寇绥州，都督刘大俱击破之，获特勒三人。冬十月己巳，突厥寇甘州。

八年。初，上以天下大定，罢十二军。既而突厥为寇不已，辛亥，复置十二军，以太常卿窦诞等为将军，简练士马，议大举击突厥。甲寅，凉州胡睦伽陀引突厥袭都督府，入子城，长史刘君杰击破之。

夏六月丙子，遣燕郡王李艺屯华亭县及弹筝峡，水部郎中姜行本断石岭道以备突厥。丙戌，颉利可汗寇灵州。丁亥，以右卫大将军张瑾为行军总管以御之，以中书侍郎温彦博为长史。先是，上与突厥书用敌国礼，秋七月甲辰，上谓侍臣曰："突厥贪婪无厌，朕将征之，自今勿复为书，皆用诏敕。"己酉，突厥颉利可汗寇相州。丙辰，代州都督蔺谟与突厥战于新城，不利，复命行军总管张瑾屯石岭，李高迁趋大谷以御之。丁巳，命秦王屯蒲州以备突厥。

八月壬戌，突厥逾石岭寇并州，癸亥，寇灵州，丁卯，寇潞、沁、韩三州。诏安州大都督李靖出潞州道，行军总管任瑰屯太行以御突厥。颉利可汗将兵十余万大掠朔州。壬申，并州道行军总管张瑾与突厥战于太谷，全军皆没，瑾脱身奔李靖。行军长史温彦博为虏所执，虏以彦博职在机近，问以国家兵粮虚实，彦博不对，虏迁之阴山。庚辰，突厥寇灵州，甲申，灵州都督任城王道宗击破之。丙戌，突厥寇绥州。丁亥，颉利可汗遣使请和而退。

九月癸巳，突厥没贺咄设陷并州一县，丙申，代州都督蔺谟击破之。丙午，右领军将军王君廓破突厥于幽州，俘斩二千余人。突厥寇蔺州。冬十月，突厥寇鄯州，遣霍公柴绍救之。十一月戊戌，突厥寇彭州。

九年春二月丁亥，突厥寇原州，遣折威将军杨毛击之。三月辛亥，突厥寇灵州。癸丑，南海公欧阳胤奉使在突厥，帅其徒五十人谋掩袭可汗牙帐，事泄，突厥囚之。丁巳，突厥寇凉州，都督长乐王幼良击走之。

夏四月丁卯，突厥寇朔州，庚午，寇原州，癸酉，寇泾州。戊寅，安州大都督李靖与突厥颉利可汗战于灵州之硖石，自旦至申，突厥乃退。癸未，突厥寇西会州。五月戊戌，突厥寇秦州。突厥寇兰州。六月，突厥寇陇州，辛未，寇渭州，遣右卫大将军柴绍击之。秋七月己丑，柴绍破突厥于秦州，斩特勒一人，士卒首千余级。八月丙辰，突厥遣使请和。

癸亥，诏传位于太子。甲子，太宗即皇帝位于东宫显德殿。

初，稽胡酋长刘仙成帅众降梁师都，师都信谗，杀之，由是所部猜惧，多来降者。师都浸衰弱，乃朝于突厥，为之画策，劝令入寇。于是颉利、突利二可汗合兵十余万骑寇泾州，进至武功，京师戒严。

己卯，突厥进寇高陵。辛巳，泾州道行军总管尉迟敬德与突厥战于泾阳，大破之，获其俟斤阿史德乌没啜，斩首千余级。癸未，颉利可汗进至渭水便桥之北，遣其腹心执失思力入见，以观虚实。思力盛称："颉利、突利二可汗将兵百万，今至矣。"上让之曰："吾与汝可汗面结和亲，赠遗金帛，前后无算。汝可汗自负盟约，引兵深入，于我无愧。汝虽戎狄，亦有人心，何得全忘大恩，自夸强盛，我今先斩汝矣。"思力惧而请命。萧瑀、封德彝请礼遣之，上曰："我今遣还，虏谓我畏之，愈肆凭陵。"乃囚思力于门下省。

上自出玄武门，与高士廉、房玄龄等六骑径诣渭水上，与颉利隔水而语，责以负约。突厥大惊，皆下马罗拜。俄而诸军继至，旌甲蔽野，颉利见执失思力不返，而上挺身轻出，军容甚盛，有惧色。上麾诸军使却而布陈，独留与颉利语。萧瑀以上轻敌，叩马固谏。上曰："吾筹之已孰，非卿所知。突厥所以敢倾国而来直抵郊甸者，以我国内有难，朕新即位，谓我不能抗御故也。我若示之以弱，闭门拒守，虏必放兵大掠，不可复制。故朕轻骑独出，示若轻之，又震曜军容，使知必战，出虏不意，使之失图。虏入我地既深，必有惧心，故与战则克，与和则固矣。制服突厥，在此一举，卿第观之。"是日，颉利来请和，诏许之。上即日还宫。

乙酉，又幸城西，斩白马，与颉利盟于便桥之上。突厥引兵退。

萧瑀请于上曰："突厥未和之时，诸军争〔请〕战，陛下不许，臣等亦以为疑。既而虏自退，其策安在？"上曰："吾观突厥之众虽多而不整，君臣之志唯贿是求。当其请和之时，可汗独在水西，达官皆来谒我，我若醉而缚之，因袭击其众，势如拉朽。又命长孙无忌、李靖伏兵于幽州以待之，虏若奔归，伏兵邀其前，大军蹑其后，覆之如反掌耳。所以不战者，吾即位日浅，国家未安，百姓未富，且当静以抚之。一与虏战，所损甚多，虏结怨既深，惧而修备，则吾未可以得志矣。故卷甲韬戈，啖以金帛，彼既得所欲，固当自退，志意骄堕，不复设备，然后养威俟衅，一举可灭也。'将欲取之，必固与之'，此之谓矣，卿知之乎？"瑀再拜曰："非所及也。"

九月，突厥颉利献马三千匹，羊万口。上不受，但诏归所掠中国户口，征温彦博还朝。丁未，上引诸卫将卒习射于显德殿庭，谕之曰："戎狄侵盗，自古有之，患在边境小安，则人主逸游忘战，是以寇来莫之能御。今朕不使汝曹穿池筑苑，专习弓矢，居闲无事，则为汝师，突厥入寇，则为汝将，庶几中国之民可以少安乎！"于是日引数百人教射于殿庭，上亲临试，中多者赏以弓、刀、帛，其将帅亦加上考。

太宗贞观元年夏五月，苑君璋帅众来降。初，君璋引突厥陷马邑，杀高满政，退保恒安。其众皆中国人，多弃君璋来降。君璋惧，亦降，请捍北边以赎罪，上皇许之。君璋请约契，上皇遣雁门人元普赐之金券。颉利可汗复遣人招之，君璋犹豫未决。恒安人郭子威说君璋，以："恒安地险城坚，突厥方强，且当倚之以观变，未可束手于人。"君璋乃执元普送突厥，复与之合，数与突厥入寇。至是，见颉利政乱，知其不足恃，遂帅众来降。上以君璋为隰州都督、芮国公。

初，突厥性淳厚，政令质略。颉利可汗得华人赵德言，委用之。德言专其威福，多变更旧俗，政令烦苛，国人始不悦。颉利又好信任诸胡而疏突厥，胡人贪冒，多反覆，兵革岁动。会大雪，深数尺，杂畜多死，连年饥馑，民皆冻馁。颉利用度不给，重敛诸部，由是内外离怨，诸部多叛，兵浸弱。言事者多请击之，上以问萧瑀、长孙无忌曰："颉利君臣昏虐，危亡可必。今击之则新与之盟，不击恐失机会，如何而可？"瑀请击之。无忌对曰："虏不犯塞，而弃信劳民，非王者之师也。"上乃止。

初，西突厥曷萨那可汗方强，敕勒诸部皆臣之，曷萨那征税无度，敕勒相帅叛之，附于颉利。颉利政乱，薛延陀与回纥拔野古等叛之，颉利不能制。事见唐平铁勒。

颉利益衰，国人离散。会大雪，平地数尺，羊马多死，民大饥。颉利恐唐乘其弊，引兵入朔州境上，扬言会猎，实设备焉。鸿胪卿郑元璹使突厥还，言于上曰："戎狄兴衰，专以羊马为候。今突厥民饥畜瘦，此将亡之兆也，不过三年。"上然之。群臣多劝上乘间击突厥，上曰："新与人盟而背之，不信；利人之灾，不仁；乘人之危以取胜，不武。纵使其种落尽叛，六畜无余，朕终不击，必待有罪，然后讨之。"

二年。初，突厥突利可汗建牙直幽州之北，主东偏，奚、霫等数十部多叛突厥来降，颉利可汗以其失众，责之。及薛延陀、回纥等败欲谷设，颉利遣突利讨之，突利兵又败，轻骑奔还。颉利怒，拘之十余日而挞之，突利由是怨，阴欲叛颉利。颉利数征兵于突利，突利不与，表请入朝。上谓侍臣曰："向者突厥之强，控弦百万，凭陵中夏，用是骄恣，以失其民。今自请入朝，非困穷肯如是乎？朕闻之，且喜且惧。何则？突厥衰则边境安矣，故喜。然朕或失道，他日亦将如突厥，能无惧乎！卿曹宜不惜苦谏，以辅朕之不逮也。”

颉利发兵攻突利，夏四月丁亥，突利遣使来求救。上谋于大臣曰：“朕与突利为兄弟，有急不可不救。然颉利亦与之有盟，奈何？”兵部尚书杜如晦曰：“戎狄无信，终当负约，今不因其乱而取之，后悔无及。夫取乱侮亡，古之道也。”

丙申，契丹酋长帅其部落来降。颉利遣使，请以梁师都易契丹。上谓使者曰：“契丹与突厥异类，今来归附，何故索之？师都中国之人，盗我土地，暴我百姓，突厥受而庇之。我兴兵致讨，转来救之，彼如鱼游釜中，何患不为我有。借使不得，亦终不以降附之民易之也。”先是，上知突厥政乱，不能庇梁师都，以书谕之，师都不从。上遣夏州都督长史刘旻、司马刘兰成图之。旻等数遣轻骑践其禾稼，多纵反间，离其君臣，其国渐虚，降者相属。其名将李正宝等谋执师都，事泄来奔，由是上下益相疑。旻等知可取，上表请兵。上遣右卫大将军柴绍、殿中少监薛万均击之，又遣旻等据朔方东城以逼之。师都引突厥兵至城下，刘兰成偃旗卧鼓不出。师都宵遁，兰成追击，破之。突厥大发兵救师都，柴绍等未至朔方数十里，与突厥遇，奋击，大破之，遂围朔方。突厥不敢救，城中食尽，壬寅，师都从父弟洛仁杀师都以城降，以其地为夏州。

秋九月己未，突厥寇边，朝臣或请修古长城，发民乘堡鄣。上曰：“突厥灾异相仍，颉利不惧而修德，暴虐滋甚，骨肉相攻，亡在朝夕。朕方为公扫清沙漠，安用劳民远修鄣塞乎！”

三年秋八月丙子，薛延陀毗伽可汗遣其弟统特勒入贡，上赐以宝刀及宝鞭，谓曰："卿所部有大罪者斩之，小罪者鞭之。"夷男甚喜。突厥颉利可汗大惧，始遣使称臣，请尚公主，修婿礼。

代州都督张公谨上言突厥可取之状，以为："颉利纵欲逞暴，诛忠良，暱奸佞，一也。薛延陀等诸部皆叛，二也。突利、拓设、欲谷设皆得罪，无所自容，三也。塞北霜旱，糇粮乏绝，四也。颉利疏其俗类，亲委诸胡，胡人反覆，大军一临，必生内乱，五也。华人入北，其众甚多，比闻所在啸聚，保据山险，大军出塞，自然响应，六也。"上以颉利可汗既请和亲，复援梁师都，丁亥，命兵部尚书李靖为行军总管讨之，以张公谨为副。九月丙午，突厥俟斤九人帅三千骑来降。戊午，拔野古、仆骨、同罗、奚酋长并帅众来降。

冬十一月辛丑，突厥寇河西，肃州刺史公孙武达、甘州刺史成仁重与战，破之，捕虏千余口。庚申，以行并州都督李世勣为通(汉)〔漠〕道行军总管，兵部尚书李靖为定襄道行军总管，华州刺史柴绍为金河道行军总管，灵州大都督薛万彻为畅武道行军总管，众合十余万，皆受李靖节度，分道出击突厥。乙丑，任城王道宗击突厥于灵州，破之。

十二月戊辰，突利可汗入朝。上谓侍臣曰："往者太上皇以百姓之故，称臣于突厥，朕常痛心。今单于稽颡，庶几可雪前耻。"壬午，靺鞨遣使入贡。上曰："靺鞨远来，盖突厥已服之故也。昔人谓御戎无上策，朕今治安中国，而四夷自服，岂非上策乎？"庚寅，突厥都射设帅所部来降。

四年春正月，李靖帅骁骑三千自马邑进屯恶阳岭，夜袭定襄，破之。突厥颉利可汗不意靖猝至，大惊曰："唐不倾国而来，靖何敢孤军至此!"其众一日数惊,乃徙牙于碛口。靖复遣谍离其心腹,颉利所亲康苏密以隋萧后及炀帝之孙政道来降。乙亥,至京师。先是,有降胡言中国人或潜通书启于萧后者,至是中书舍人杨文瓘请鞫之。上曰:"天下未定,突厥方强,愚民无知,或有斯事。今天下已安,既往之事,何须问也。"李世勣出云中,与突厥战于白道,大破之。

二月甲辰,李靖破突厥颉利可汗于阴山。先是,颉利既败,窜于铁山,余众尚数万,遣执失思力入见,谢罪,请举国内附,身自入朝。上遣鸿胪卿唐俭等慰抚之,又诏李靖将兵迎颉利。颉利外为卑辞,内实犹豫,欲俟草青马肥亡入漠北。靖引兵与李世勣会白道,相与谋曰:"颉利虽败,其众犹盛,若走度碛北,保依九姓,道阻且远,追之难及。今诏使至彼,虏必见宽,若选精骑一万,赍二十日粮往袭之,不战可擒矣。"以其谋告张公谨,公谨曰:"诏书已许其降,使者在彼,奈何击之。"靖曰:"此韩信所以破齐也。唐俭辈何足惜。"遂勒兵夜发,世勣继之,军至阴山,遇突厥千余帐,俘以随军。颉利见使者,大喜,意自安。靖使武邑苏定方帅二百骑为前锋,乘雾而行,去牙帐七里,虏乃觉之。颉利乘千里马先走,靖军至,虏众遂溃。唐俭脱身得归。靖斩首万余级,俘男女十余万,获杂畜数十万,杀隋义成公主,擒其子叠罗施。颉利帅万余人欲度碛,李世勣军于碛口,颉利至,不得度,其大酋长皆帅众降。世勣虏五万余口而还。斥地自阴山北至大漠,露布以闻。甲寅,以克突厥,赦天下。

三月戊辰,以突厥夹毕特勒阿史那思摩为右武候大将军。庚午,突厥思结俟斤帅众四万来降。丙子,以突利可汗为右卫大将军、北平郡王。

初，始毕可汗以启民母弟苏尼失为沙钵罗设，督部落五万家，牙直灵州西北。及颉利政乱，苏尼失所部独不携贰。突利之来奔也，颉利立之为小可汗。及颉利败走，往依之，将奔吐谷浑。大同道行军总管任城王道宗引兵逼之，使苏尼失执送颉利。颉利以数骑夜走，匿于荒谷。苏尼失惧，驰追获之。庚辰，行军副总管张宝相帅众奄至沙钵罗营，俘颉利送京师。苏尼失举众来降，漠南之地遂空。

突厥颉利可汗至长安。夏四月戊戌，上御顺天楼，盛陈文物，引见颉利，数之曰："汝藉父兄之业，纵淫虐以取亡，罪一也。数与我盟而背之，二也。恃强好战，暴骨如莽，三也。蹂我稼穑，掠我子女，四也。我宥汝罪，存汝社稷，而迁延不来，五也。然自便桥以来，不复大入为寇，以是得不死耳。"颉利哭谢而退，诏馆于太仆，厚廪食之。

上皇闻擒颉利，叹曰："汉高祖困白登不能报，今我子能灭突厥，吾托付得人，复何忧哉。"上皇召上与贵臣十余人及诸王、妃主置酒凌烟阁，酒酣，上皇自弹琵琶，上起舞，公卿迭起为寿，逮夜而罢。

突厥既亡，其部落或北附薛延陀，或西奔西域，其降唐者尚十万口，诏群臣议区处之宜。朝士多言："北狄自古为中国患，今幸而破亡，宜悉徙之河南兖、豫之间，分其种落，散居州县，教之耕织，可以化胡虏为农民，永空塞北之地。"中书侍郎颜师古以为："突厥、铁勒皆上古所不能臣，陛下既得而臣之，请皆置之河北，分立酋长，领其部落，则永永无患矣。"礼部侍郎李百药以为："突厥虽云一国，然其种类区分，各有酋帅。今宜因其离散，各即本部署为君长，不相臣属。纵欲存立阿史那氏，唯可使臣其本族而已。国分则弱而易制，势敌则难相吞灭，各自保全，必不能抗衡中国。仍请于定襄置都护府为其节度，此安边之长策也。”夏州都督窦静以为：“戎狄之性，有如禽兽，不可以刑法威，不可以仁义教。况彼首丘之情，未易忘也。置之中国，有损无益，恐一旦变生，犯我王略。莫若因其破亡之余，施以望外之恩，假之王侯之号，妻以宗室之女，分其土地，析其部落，使其权弱势分，易为羁制，可使常为藩臣，永保边塞。”温彦博以为：“徙于兖、豫之间则乖违物性，非所以存养之也。请准汉建武故事，置降匈奴于塞下，全其部落，顺其土俗，以实空虚之地，使为中国捍蔽，策之善者也。”魏徵以为：“突厥世为寇盗，百姓之仇也。今幸而破亡，陛下以其降附，不忍尽杀，宜纵之使还故土，不可留之中国。夫戎狄人面兽心，弱则请服，强则叛乱，固其常性。今降者众近十万，数年之后，蕃息倍多，必为腹心之疾，不可悔也。晋初诸胡与民杂居中国，郭钦、江统皆劝武帝驱出塞外，以绝乱阶。武帝不从，后二十余年，伊、洛之间遂为毡裘之域。此前事之明鉴也。”彦博曰：“王者之于万物，天覆地载，靡有所遗。今突厥穷来归我，奈何弃之而不受乎？孔子曰‘有教无类’，若救其死亡，授以生业，教之礼义，数年之后，悉为吾民。选其酋长，使入宿卫，畏威怀德，何后患之有？”上卒用彦博策，处突厥降众东自幽州，西至灵州，分突利故所统之地置顺、祐、(北)〔化〕、长四州都督府。又分颉利之地为六州，左置定襄都督府，右置云中都督府以统其众。

五月辛未，以突利为顺州都督，使帅其部落之官。上戒之曰：“尔祖启民挺身奔隋，隋立以为大可汗，奄有北荒，尔父始毕反为隋患。天道不容，故使尔今日乱亡如此。我所以不立尔为可汗者，惩启民前事故也。今命尔为都督，尔宜善守国法，勿相侵掠，非徒欲中国久安，亦使尔宗族永全也。”

壬申，以阿史那苏尼失为怀德郡王，阿史那思摩为怀化郡王。颉利之亡也，诸部落酋长皆弃颉利来降，独思摩随之，竟与颉利俱擒。上嘉其忠，拜右武候大将军，寻以为北开州都督，使统颉利旧众。

丁丑，以右武卫大将军史大柰为丰州都督，其余酋长至者皆拜将军、中郎将，布列朝廷，五品已上百余人，殆与朝士相半，因而入居长安者近万家。

六月丁酉，以阿史那苏尼失为北宁州都督，以中郎将史善应为北抚州都督。壬寅，以右骁卫将军康苏为北安州都督。

秋八月戊午，突厥欲谷设来降。欲谷设，突利之弟也。颉利败，欲谷设奔高昌，闻突利为唐所礼，遂来降。

九月戊辰，伊吾城主入朝。隋末伊吾内属，置伊吾郡，隋乱，臣于突厥。颉利既灭，举其属七城来降，因以其地置〔西〕伊(西)州。

五年。隋末，中国人多没于突厥，及突厥降，上遣使以金帛赎之。五月乙丑，有司奏凡得男女八万口。

六年。突厥颉利可汗郁郁不得意，数与家人相对悲泣，容貌羸惫。上见而怜之，以虢州地多麋鹿，可以游猎，乃以颉利为虢州刺史。颉利辞，不愿往。冬十月癸未，复以为右卫大将军。

七年冬十二月，帝从上皇置酒故汉未央宫，上皇命突厥颉利可汗起舞，又命南蛮酋长冯智戴咏诗。既而笑曰：“胡越一家，自古未有也。”帝奉觞上寿曰：“今四夷入臣，皆陛下教诲，非臣智力所及。昔汉高祖亦从大上皇置酒此宫，妄自矜大，臣所不取也。"上皇大悦,殿上皆呼万岁。

八年春正月癸未,突厥颉利可汗卒,命国人从其俗,焚尸葬之。

十年春正月辛丑,以突厥拓设阿史那社尔为左骁卫大将军。社尔,处罗可汗之子也,年十一,以智略闻。可汗以为拓设,建牙于碛北,与欲谷设分统敕勒诸部,居官十年,未尝有所赋敛。诸设或鄙其不能为富贵,社尔曰:"部落苟丰,于我足矣。"诸设惭服。及薛延陀叛,攻破欲谷设,社尔兵亦败,将其余众走保西陲。颉利可汗既亡,西突厥亦乱,咄陆可汗兄弟争国。社尔诈往降之,引兵袭破西突厥,取其地几半,有众十余万,自称答布可汗。社尔乃谓诸部曰:"首为乱破我国者,薛延陀也,我当为先可汗报仇,击灭之。"诸部皆谏曰:"新得西方,宜且留镇抚。今遽舍之远去,西突厥必来取其故地。"社尔不从,击薛延陀于碛北,连兵百余日。会咥利失可汗立,社尔之众苦于久役,多弃社尔逃归。薛延陁纵兵击之,社尔大败,走保高昌,其旧兵在者才万余家,又畏西突厥之逼,遂帅众来降。敕处其部落于灵州之北,留社尔于长安,尚皇妹南阳长公主,典屯兵于苑内。

十三年四月,上幸九成宫。初,突厥突利可汗之弟结社率从突利入朝,历位中郎将。居家无赖,怨突利斥之,乃诬告其谋反,上由是薄之,久不进秩。结社率阴结故部落,得四十余人,谋因晋王治四鼓出宫,开门辟仗,驰入宫门,直指御帐,可有大功。四月甲申,拥突利之子贺逻鹘夜伏于宫外。会大风,晋王未出,结社率恐晓,遂犯行宫,逾四重幕,弓矢乱发,卫士死者数十人。折冲孙武开等帅众奋击,久之乃退,驰入御厩,盗马二十余匹,北走渡渭,欲奔其部落。追获,斩之。原贺逻鹘,投于岭表。

自结社率之反，言事者多云突厥留河南不便。秋七月庚戌，诏右武候大将军化州都督怀化郡王李思摩为乙弥泥孰俟利苾可汗，赐之鼓纛。突厥及胡在诸州安置者，并令渡河，还其旧部，俾世作藩屏，长保边塞。突厥咸惮薛延陁，不肯出塞。上遣司农卿郭嗣本赐薛延陁玺书，薛延陁奉诏。于是遣思摩帅所部建牙于河北，上御齐政殿饯之。思摩涕泣，奉觞上寿曰："奴等破亡之余，分为灰壤，陛下存其骸骨，复立可汗，愿万世子孙恒事陛下。"又遣礼部尚书赵郡王孝恭等赍册书，就其种落，筑坛于河上而立之。上谓侍臣曰："中国，根干也，四夷，枝叶也，割根干以奉枝叶，木安得滋荣？朕不用魏徵言，几致狼狈。"又以左屯卫将军阿史那忠为左贤王，左武卫将军阿史那泥熟为右贤王。忠，苏尼失之子也，上遇之甚厚，妻以宗女。及出塞，怀慕中国，见使者必泣涕，请入侍，诏许之。

十四年春三月丙辰，置宁朔大使以护突厥。

十五年春正月乙亥，突厥俟利苾可汗始帅部落济河，建牙于故定襄城，有户三万，胜兵四万，马九万匹，仍奏言："臣非分蒙恩，为部落之长，愿子子孙孙为国家一犬，守吠北门。若薛延陁侵逼，请徙家属入长城。"诏许之。

冬十月，并州大都督长史李世勣，在州十六年，令行禁止，民夷怀服。上曰："隋炀帝劳百姓筑长城以备突厥，卒无所益。朕唯置李世勣于晋阳，而边尘不惊，其为长城，岂不壮哉！"十一月庚申，以世勣为兵部尚书。

薛延陁合兵二十万击突厥，俟利苾可汗不能御，帅部落入长城，保朔州，遣使告急。上命发兵与李思摩共为犄角，唐兵纵击薛延陁，追至漠北。事见唐平铁勒。

十八年。初，上遣突厥俟利苾北渡河，有众十万，胜兵四万人，俟利苾不能抚御，众不惬服。十（一）〔二〕月戊午，悉弃俟利苾南渡河，请处于胜、夏之间。上许之。群臣皆以为："陛下方远征辽左，而置突厥于河南，距京师不远，岂得不为后虑。愿留镇洛阳，遣诸将东征。"上曰："夷狄亦人耳，其情与中夏不殊。人主患德泽不加，不必猜忌异类。盖德泽洽则四夷可使如一家，猜忌多则骨肉不免为仇敌。炀帝无道，失人已久，辽东之役，人皆断手足以避征役，玄感以运卒反于黎阳，非戎狄为患也。朕今征高丽，皆取愿行者，募十得百，募百得千，其不得从军者皆愤叹郁邑，岂比隋之行怨民哉！突厥贫弱，吾收而养之，计其感恩入于骨髓，岂肯为患！且彼与薛延陁嗜欲略同，彼不北走薛延陁而南归我，其情可见矣。"顾谓褚遂良曰："尔知起居，为我志之，自今十五年，保无突厥之患。"俟利苾既失众，轻骑入朝，上以为右武卫将军。

二十一年冬十一月，突厥车鼻可汗遣使入贡。车鼻名斛勃，本突厥同族，世为小可汗。颉利之败，突厥余众欲奉以为大可汗，时薛延陁方强，车鼻不敢当，帅其众归之。或说薛延陁："车鼻贵种，有勇略，为众所附，恐为后患，不如杀之。"车鼻知之，逃去。薛延陁遣数千骑追之，车鼻勒兵与战，大破之，乃建牙于金山之北，自称乙注车鼻可汗。突厥余众稍稍归之，数年间，胜兵三万人，时出抄掠薛延陁。及薛延陁败，车鼻势益张，遣其子沙钵罗特勒入见，又请身自入朝。诏遣将军郭广敬征之，车鼻特为好言，初无来意，竟不至。

二十三年，上以突厥车鼻可汗不入朝，遣右骁卫郎将高侃发回纥、仆骨等兵袭击之。兵入其境，诸部落相继来降。拔悉密吐屯肥罗察降，以其地置新黎州。冬十月，以突厥诸部置舍利等五州隶云中都督府，苏农等六州隶定襄都督府。

高宗永徽元年夏六月，高侃击突厥，至阿息山。车鼻可汗召诸部兵，皆不赴，与数百骑遁去。侃帅精骑追至金山，擒之以归，其众皆降。

秋九月庚子，高侃执车鼻可汗至京师，释之，拜左武卫将军，处其余众于郁督军山，置狼山都督府以统之，以高侃为卫将军。于是突厥尽为封内之臣，分置单于、瀚海二都护府。单于领狼山、云中、桑乾三都督、苏农等一十四州，瀚海领瀚海、金徽、新梨等七都督、仙萼等八州，各以其酋长为都督、刺史。

唐平铁勒

唐太宗贞观元年。初，突厥既强，敕勒诸部分散，有薛延陁、回纥、都播、骨利干、多滥葛、同罗、仆固、拔野古、思结、浑、斛薛、〔奚〕结、阿跌、契苾、白霫等十五部，皆居碛北，风俗大抵与突厥同。薛延陁于诸部为最强。

西突厥曷萨那可汗方强，敕勒诸部皆臣之。曷萨那征税无度，诸部皆怨。曷萨那诛其渠帅百余人，敕勒相帅叛之，共推契苾哥楞为易勿真莫贺可汗，居贪于山北，又以薛延陁乙失钵为也咥小可汗，居燕末山北。及射匮可汗兵复振，薛延陁、契苾二部并去可汗之号以臣之。

回纥等六部在郁督军山者，东属始毕可汗。统叶护可汗势衰，乙失钵之孙夷男帅其部落七万余家，附于颉利可汗。颉利政乱，薛延陁与回纥、拔野古等相帅叛之。颉利遣其兄子欲谷设将十万骑讨之，回纥酋长菩萨将五千骑与战于马鬣山，大破之。欲谷设走，菩萨追至天山，部众多为所虏，回纥由是大振。薛延陁又破其四设，颉利不能制。

二年。突厥北边诸姓多叛颉利可汗归薛延陁，共推其俟斤夷男为可汗，夷男不敢当。上方图颉利，遣游击将军乔师望间道赍册书，拜夷男为真珠毗伽可汗，赐以鼓纛。夷男大喜，遣使入贡，建牙于大漠之郁督军山，东至靺鞨，西至西突厥，南接沙碛，北至俱伦水，回纥、拔野古、阿跌、同罗、仆骨、霫诸部落皆属焉。

三年秋八月丙子，薛延陁遣其弟〔统〕特勒入贡。事见唐平突厥。

十二年。初，突厥颉利既亡，北方空虚，薛延陁真珠可汗帅其部落建庭于都尉犍山北、独逻水南，胜兵二十万，立其二子拔酌、颉利苾主南、北部。上以其强盛，恐后难制，秋九月癸亥，拜其二子皆为小可汗，各赐鼓纛，外示优崇，实分其势。

十三年秋七月，诏李思摩为乙弥泥孰俟利苾可汗，赐之鼓纛，突厥及胡在诸州安置者，并令渡河，还其旧部。突厥惮薛延陁，不肯出塞。上遣大农卿郭嗣本赐薛延陁玺书，言"颉利既败，其部落咸来归化，我略其旧过，嘉其后善，待其达官皆如吾百寮，部落皆如吾百姓。中国贵尚礼义，不灭人国。前破突厥，止为颉利一人为百姓害，实不贪其土地，利其人畜，恒欲更立可汗，故置所降部落于河南，任其畜牧。今户口蕃滋，吾心甚喜。既许立之，不可失信。秋中将遣突厥渡河，复其故国。尔薛延陁受册在前，突厥受册在后，后者为小，前者为大。尔在碛北，突厥在碛南，各守土疆，镇抚部落。其逾分故相抄掠，我则发兵各问其罪"。薛延陁奉诏，于是遣思摩帅所部建牙于河北。

十五年。薛延陁真珠可汗闻上将东封，谓其下曰："天子封泰山，士马皆从，边境必虚，我以此时取思摩，如拉朽耳。"乃命其子大度设发同罗、仆骨、回纥、靺鞨、霫等兵，合三十万，度漠南，屯白道川，据善阳岭，以击突厥。俟利苾可汗不能御，帅部落入长城，保朔州，遣使告急。十一月癸酉，上命营州都督张俭帅所部精兵及奚、霫、契丹压其东境，以兵部尚书李世勣为朔州道行军总管，将兵六万骑千二百屯朔方；右卫大将军李大亮为灵州道行军总管，将兵四万骑五千屯灵武；右屯卫大将军张士贵将兵一万七千，为庆州道行军总管，出云中；凉州都督李袭誉为凉州道行军总管，出其西。诸将辞行，上戒之曰："薛延陁负其强盛，逾漠而南，行数千里，马已疲瘦。凡用兵之道，见利速进，不利速退。薛延陁不能掩思摩不备急击之，思摩入长城又不速退。吾已敕思摩烧剃秋草，彼粮糗日尽，野无所获。顷侦者来，云其马啮林木枝皮略尽。卿等当与思摩共为犄角，不须速战，俟其将退，一时奋击，破之必矣。"

十二月己亥，薛延陁遣使入见，请与突厥和亲。甲辰，李世勣败薛延陁于诺真水。初，薛延陁击西突厥沙钵罗及阿史那社尔，皆以步战取胜。及将入寇，乃大教步战，使五人为伍，一人执马，四人前战，战胜则授以马追奔。于是大度设将三万骑逼长城，欲击突厥，而思摩已走，知不可得，遣人登城骂之。会李世勣引唐兵至，尘埃涨天，大度设惧，将其众自赤柯泺北走，世勣选麾下及突厥精骑六千自直道邀之，逾白道川，追及于青山。大度设走累日，至诺真水，勒兵还战，陈亘十里。突厥先与之战，不胜，还走，大度设乘胜追之，遇唐兵，薛延陁万矢俱发，唐马多死。世勣命士卒皆下马，执长槊，直前冲之。薛延陁众溃，副总管薛万彻以数千骑收其执马者。薛延陁失马，不知所为，唐兵纵击，斩首二千余级，捕虏五万余人。大度设脱身走，万彻追之，不及。其众至漠北，值大雪，人畜冻死者什八九。

李世勣还军定襄。突厥思结部居五台者叛走，州兵追之。会世勣军还，夹击，悉诛之。

丙子，薛延陁使者辞还，上谓之曰："吾约汝与突厥以大漠为界，有相侵者，我则讨之。汝自恃其强，逾漠攻突厥。李世勣所将才数千骑耳，汝已狼狈如此，归语可汗，凡举措利害，可善择其宜。"

十六年秋九月癸亥，薛延陁真珠可汗遣其叔父沙钵罗泥熟俟斤来请昏，献马三千，貂皮三万八千，马脑镜一。

冬十月，上谓侍臣曰："薛延陁屈强漠北，今御之止有二策：苟非发兵殄灭之，则与之婚姻以抚之耳。二者何从？"房玄龄对曰："中国新定，兵凶战危，臣以为和亲便。"上曰："然。朕为民父母，苟可利之，何爱一女。"

先是，左领军将军契苾何力母姑臧夫人及弟贺兰州都督沙门皆在凉州，上遣何力归觐，且抚其部落。时薛延陁方强，契苾部落皆欲归之，何力大惊，曰："主上厚恩如是，奈何遽为叛逆！"其徒曰："夫人、都督先已诣彼，若之何不往？"何力曰："沙门孝于亲，我忠于君，必不汝从。"其徒执之诣薛延陁，置真珠牙帐前。何力箕踞，拔佩刀东向大呼曰："岂有唐烈士而受屈虏庭，天地日月，愿知我心。"因割左耳以誓。真珠欲杀之，其妻谏而止。上闻契苾叛，曰："必非何力之意。"左右曰："戎狄气类相亲，何力入薛延陁，犹鱼趋水耳。"上曰："不然。何力心如铁石，必不叛我。"会有使者自薛延陁来，具言其状，上为之下泣，谓左右曰：

"何力果如何?"即命兵部侍郎崔敦礼持节〔谕〕薛延陁,以新兴公主妻之,以求何力,何力由是得还,拜右骁卫大将军。

十七年闰六月,薛延陁真珠可汗使其侄突利设来纳币,献马五万匹,牛、橐驼万头,羊十万口。庚申,突利设献馔,上御相思殿,大飨群臣,设十部乐,突利设再拜上寿,赐赉甚厚。契苾何力上言:"薛延陁不可与昏。"上曰:"吾已许之矣,岂可为天子而食言乎?"何力对曰:"臣非欲陛下遽绝之也,愿且迁延其事。臣闻古有亲迎之礼,若敕夷男使亲迎,虽不至京师,亦应至灵州。彼必不敢来,则绝之有名矣。夷男性刚戾,既不成昏,其下复携贰,不过一二年,必病死,两子争立,则可以坐制之矣。"上从之,乃征真珠可汗使亲迎,仍发诏将幸灵州与之会。真珠大喜,欲诣灵州,其臣谏曰:"脱为所留,悔之无及。"真珠曰:"吾闻唐天子有圣德,我得身往见之,死无所恨。且漠北必当有主,我行决矣,勿复多言。"上发使三道,受其所献杂畜。薛延陁先无库厩,真珠调敛诸部,往返万里,道涉沙碛,无水草,耗死将半,失期不至。议者或以为:"聘财未备而与为昏,将使戎狄轻中国。"上乃下诏绝其昏,停幸灵州,追还三使。

褚遂良上疏,以为:"薛延陁本一俟斤,陛下荡平沙塞,万里萧条,余寇奔波,须有酋长,玺书鼓纛,立为可汗。比者复降鸿私,许其婚媾,西告吐蕃,北谕思摩,中国童幼,靡不知之。御幸北门,受其献食,群臣四夷,宴乐终日,咸言陛下欲安百姓,不爱一女,凡在含生,孰不怀德。今一朝生进退之意,有改悔之心,臣为国家惜兹声听,所顾甚少,所失殊多,嫌隙既生,必构边患。彼国蓄见欺之怒,此民怀负约之惭,恐非所以服远人、训戎士也。陛下君临天下十有七载,以仁恩结庶类,以信义抚戎夷,莫不欣然，负之无力，何惜不使有始有卒乎！夫龙沙以北，部落无算，中国诛之，终不能尽，当怀之以德，使为恶者在夷不在华，失信者在彼不在此，则尧、舜、禹、汤不及陛下远矣。”上不听。

是时群臣多言：“国家既许其昏，受其聘币，不可失信戎狄，更生边患。”上曰：“卿曹皆知古而不知今。昔汉初匈奴强，中国弱，故饰子女捐金絮以饵之，得事之宜。今中国强，戎狄弱，以我徒兵一千，可击胡骑数万，薛延陁所以匍匐稽颡，惟我所欲，不敢骄慢者，以新为君长，杂姓非其种族，欲假中国之势以威服之耳。彼同罗、仆骨、回纥等十余部，兵各数万，并力攻之，立可破灭，所以不敢发者，畏中国所立故也。今以女妻之，彼自恃大国之婿，杂姓谁敢不服？戎狄人面兽心，一旦微不得意，必反噬为害。今吾绝其昏，杀其礼，杂姓知我弃之，不日将瓜剖之矣。卿曹第志之。”

臣光曰：孔子称去食、去兵，不可去信。唐太宗审知薛延陁不可妻，则初勿许其昏可也。既许之矣，乃复恃强弃信而绝之，虽灭薛延陁，犹可羞也。王者发言出令，可不慎哉。

十八年。初，上遣突厥俟利苾可汗北渡河，薛延陁真珠可汗恐其部落翻动，意甚恶之，豫蓄轻骑于漠北，欲击之。上遣使戒敕，无得相攻。真珠可汗对曰：“至尊有命，安敢不从。然突厥翻覆难期，当其未破之时，岁犯中国，杀人以千万计。臣以为至尊克之，当翦为奴婢，以赐中国之人，乃反养之如子，其恩德至矣，而结社率竟反。此属兽心，安可以人理待也。臣荷恩深厚，请为至尊诛之。”自是数相攻。

十九年。上之将伐高丽也，薛延陁遣使入贡。上谓之曰：“语尔可汗，今我父子东征高丽，汝能为寇，宜亟来。”真珠可汗惶恐，遣使致谢，且请发兵助军，上不许。及高丽败于驻跸山，莫离支使靺鞨说真珠，啖以厚利，真珠慑服，不敢动。九月壬申，真珠卒，上为之发哀。

初，真珠请以其庶长子曳莽为突利失可汗，居东方，统杂种；嫡子拔灼为肆叶护可汗，居西方，统薛延陁。诏许之，皆以礼册命。曳莽性躁扰，轻用兵，与拔灼不协。真珠卒，来会丧。既葬，曳莽恐拔灼图己，先还所部，拔灼追袭杀之，自立为颉利俱利薛沙多弥可汗。

上之征高丽也，使右领军大将军执失思力将突厥屯夏州之北以备薛延陁。薛延陁多弥可汗既立，以上出征未还，引兵寇河南，上遣左武候中郎将长安田仁会与思力合兵击之。思力羸形伪退，诱之深入，及夏州之境，整陈以待之。薛延陁大败，追奔六百余里，耀威碛北而还。多弥复发兵寇夏州，十二月己未，敕礼部尚书江夏王道宗发朔、并、汾、箕、岚、代、忻、蔚、云九州兵镇朔州，右卫大将军代州都督薛万彻、左骁卫大将军阿史那社尔发胜、夏、银、绥、丹、延、鄜、坊、石、隰十州兵镇胜州，胜州都督宋君明、左武候将军薛孤吴发灵、原、宁、盐、庆五州兵镇灵州，又令执失思力发灵、胜二州突厥兵与道宗等相应。薛延陁至塞下，知有备，不敢进。

二十年春正月辛未，夏州都督乔师望、右领军大将军执失思力等击薛延陁，大破之，虏获二千余人。多弥可汗轻骑遁走，部(曲)〔内〕骚然矣。

薛延陁多弥可汗性褊急，猜忌无恩，废弃父时贵臣，专用己所亲昵，国人不附。多弥多所诛杀，人不自安。回纥酋长吐迷度与仆骨、同罗共击之，多弥大败。夏六月乙亥，诏以江夏王道宗、左卫大将军阿史那社尔为瀚海安抚大使，又遣右领卫大将军执失思力将突厥兵，右骁卫大将军契苾何力将凉州及胡兵，代州都督薛万彻、营州都督张俭各将所部兵，分道并进，以击薛延陁。

上遣校尉宇文法诣乌罗护、靺鞨，遇薛延陁阿波设之兵于东境，法帅靺鞨击破之。薛延陁国中惊扰，曰："唐兵至矣。"诸部大乱，多弥引数千骑奔阿史德时健部落，回纥攻而杀之，并其宗族殆尽，遂据其地。诸俟斤互相攻击，争遣使来归命。

薛延陁余众西走，犹七万余口，共立真珠可汗兄子咄摩支为伊特勿失可汗，归其故地，寻去可汗之号，遣使奉表，请居郁督军山之北。使兵部尚书崔敦礼就安集之。

敕勒九姓酋长，以其部落素服薛延陁种，闻咄摩支来，皆恐惧。朝议恐其为碛北之患，乃更遣李世勣与九姓敕勒共图之。上戒世勣曰："降则抚之，叛则讨之。"己丑，上手诏以："薛延陁破灭，其敕勒诸部或来降附，或未归服，今不乘机，恐贻后悔，朕当自诣灵州招抚。其去岁征辽东兵皆不调发。"

李世勣至郁督军山，其酋长梯真达官帅众来降。薛延陁咄摩支南奔荒谷，世勣遣通事舍人萧嗣业往招慰，咄摩支诣嗣业降。其部落犹持两端，世勣纵兵追击，前后斩五千余级，虏男女三万余人。秋七月，咄摩支至京师，拜右武卫大将军。

八月己巳，上行幸灵州。江夏王道宗兵既度碛，遇薛延陁阿波达官众数万拒战，道宗击破之，斩首千余级，追奔二百里。道宗与薛万彻各遣使招谕敕勒诸部，其酋长皆喜，顿首请入朝。庚午，车驾至浮阳，回纥、拔野古、同罗、仆骨、多滥葛、思结、阿跌、契苾、跌结、浑、斛薛等十一姓各遣使入贡，称："薛延陁不事大国，暴虐无道，不能与奴等为主，自取败死，部落鸟散，不知所之。

奴等各有分地，不从薛延陁去，归命天子。愿赐哀怜，乞置官司，养育奴等。”上大喜，辛未，诏回纥等使者宴乐，颁赉拜官，赐其酋长玺书，遣右领军中郎将安永寿报使。壬申，上幸汉故甘泉宫，诏以：“戎狄与天地俱生，上皇并列，流殃构祸，乃自运初。朕聊命偏师，遂擒颉利，始弘庙略，已灭延陁。铁勒百余万户，散处北溟，远遣使人，委身内属，请同编列，并同州郡。混元以降，殊未前闻，宜备礼告庙，仍颁示普天。”九月，上至灵州，敕勒诸俟斤遣使相继诣灵州者数千人，咸云：“愿得天至尊为奴等为可汗，子子孙孙常为天至尊奴，死无所恨。”甲辰，上为诗序其事曰：“雪耻酬百王，除凶报千古。”公卿请勒石于灵州，从之。

冬十二月戊寅，回纥俟利发吐迷度、仆骨俟利发歌滥拔延、多滥葛俟斤末、拔野古俟利发屈利失、同罗俟利发时健啜、思结酋长乌碎及浑、斛薛、奚结、阿跌、契苾、白霫酋长皆来朝。庚辰，上赐宴于芳兰殿，命有司厚加给待，每五日一会。

二十一年春正月丙申，诏以回纥部为瀚海府，仆骨为金微府，多滥葛为燕然府，拔野古为幽陵府，同罗为龟林府，思结为卢山府，浑为皋兰州，斛薛为高阙州，奚结为鸡鹿州，阿跌为鸡田州，契苾为榆溪州，思结别部为蹛林州，白霫为置颜州，各以其酋长为都督、刺史，各赐金银、缯帛及锦袍。敕勒大喜，捧戴欢呼拜舞，宛转尘中。及还，上御天成殿宴，设十部乐而遣之。诸酋长奏称：“臣等既为唐民，往来天至尊所，如诣父母，请于回纥以南、突厥以北开一道，谓之参天可汗道，置六十八驿，各有马及酒肉，以供过使，岁贡貂皮以充租赋，仍请能属文人，使为表疏。”上皆许之。于是北荒悉平，然回纥吐迷度已私自称可汗，官号皆如突厥故事。

夏四月丙寅，置燕然都护府，统瀚海等六都督、皋兰等七州，以扬州都督府司马李素立为之。素立抚以恩信，夷落怀之，共率马牛为献。素立唯受其酒一杯，余悉还之。

六月丁丑，诏以："隋末丧乱，边民为戎狄所掠，今铁勒归化，宜遣使诣燕然等州，与都督相知，访求没落之人，赎以货财，给粮递还本贯。其室韦、乌罗护、靺鞨三部人为薛延陀所掠者，亦令赎还。"

二十二年秋八月辛未，遣左领军大将军执失思力出金山道击薛延陀余寇。

回纥吐迷度兄子乌纥烝其叔母。乌纥与俱陆莫贺达官俱罗勃皆突厥车鼻可汗之婿也，相与谋杀吐迷度以归车鼻。〔冬十月〕乌纥夜引十余骑袭吐迷度，杀之。燕然副都护元礼臣使人诱乌纥，许奏以为瀚海都督，乌纥轻骑诣礼臣谢，礼臣执而斩之，以闻。上恐回纥部落离散，遣兵部尚书崔敦礼往安抚之。久之，俱罗勃入见，上留之不遣。

(冬十月)甲戌，以回纥吐迷度子前左屯卫大将军婆闰为左骁卫大将军、大俟利发、瀚海都督。

高宗龙朔元年冬十月，回纥酋长婆闰卒，侄比粟毒代领其众，与同罗、仆固犯边。诏左武卫大将军郑仁泰为铁勒道行军大总管，燕然都护刘审礼、左武卫将军薛仁贵为副，鸿胪卿萧嗣业为仙萼道行军总管，右屯卫将军孙仁师为副，将兵讨之。审礼，德威之子也。

二年春三月，郑仁泰等败铁勒于天山。铁勒九姓闻唐兵将至，合众十余万以拒之，选骁健者数十人挑战。薛仁贵发三矢杀三人，余皆下马请降。仁贵悉坑之，度碛北击其余众，获叶护兄弟三人而还。军中歌之曰："将军三箭定天山，战士长歌入汉关。"

思结、多滥葛等部落先保天山，闻仁泰等将至，皆迎降，仁泰等纵兵击之，掠其家以赏军士。虏相帅远遁，将军杨志追之，为虏所败。候骑告仁泰："虏辎重在近，往可取也。"仁泰将轻骑万四千，倍道赴之，遂逾大碛，至仙萼河，不见虏，粮尽而还。值大雪，士卒饥冻，弃捐甲兵，杀马食之，马尽，人自相食，比入塞，余兵才八百人。

军还，司宪大夫杨德裔劾奏："仁泰等诛杀已降，使虏逃散，不抚士卒，不计资粮，遂使骸骨蔽野，弃甲资寇。自圣朝开创以来，未有如今日之丧败者。仁贵于所监临，贪淫自恣，虽矜所得，不补所丧。并请付法司推科。"诏以功赎罪，皆释之。

以右骁卫大将军契苾何力为铁勒道安抚使，左卫将军姜恪副之，以安辑其余众。何力简精骑五百，驰入九姓中，虏大惊，何力乃谓曰："国家知汝皆胁从，赦汝之罪，罪在酋长，得之则已。"其部落大喜，共执其叶护及误特勒等二百余人以授何力，何力数其罪而斩之，九姓遂定。

三年春正月，左武卫将军郑仁泰讨铁勒叛者余种，悉平之。二月，徙燕然都护府于回纥，更名瀚海都护，徙故瀚海都护于云中古城，更名云中都护，以碛为境，碛北州府皆隶瀚海，碛南隶云中。

总章二年秋八月甲戌，改瀚海都护府为安北都护府。

唐平西突厥

隋炀帝大业元年。初，西突厥阿波可汗为叶护可汗所虏，国人立鞅素特勒之子，是为泥利可汗。泥利卒，子达漫立，号处罗可汗。其母向氏本中国人，更嫁泥利之弟婆实特勒。开皇末，婆实与向氏入朝，遇达头之乱，遂留长安，舍于鸿胪寺。处罗多居乌孙故地，抚御失道，国人多叛，复为铁勒所困。铁勒者，匈奴之遗种，族类最多，有仆骨、同罗、契苾、薛延陁等部，其酋长皆号俟斤。族姓虽殊，通谓之铁勒。大抵与突厥同俗，以寇抄为生，无大君长，分属东西两突厥。是岁，处罗引兵击铁勒诸部，厚税其物，又猜忌薛延陁，恐其为变，集其酋长数百人，尽杀之。于是铁勒皆叛，立俟利发俟斤契苾歌楞为莫何可汗，又立薛延陁俟斤字也咥为小可汗，与处罗战，屡破之。莫何勇毅绝伦，甚得众心，为邻国所惮，伊吾、高昌、焉耆皆附之。

三年冬十月，铁勒寇边，帝遣将军冯孝慈出敦煌击之，不利。铁勒寻遣使谢罪，请降，帝使裴矩慰抚之。

四年（春正月）。裴矩闻西突厥处罗可汗思其母，请遣使招怀之。〔春〕二月己卯，帝遣司朝谒者崔君肃赍诏书慰谕之。处罗见君肃甚踞，受诏不肯起，君肃谓之曰："突厥本一国，中分为二，每岁交兵，积数十岁而莫能相灭者，明知其势敌耳。然启民举其部落百万之众，卑躬折节入臣天子者，其故何也？正以切恨可汗，不能独制，欲借兵于大国，共灭可汗耳。群臣咸欲从启民之请，天子既许之，师出有日矣。顾可汗母向夫人惧西国之灭，旦夕守阙，哭泣哀祈，匍匐谢罪，请发使召可汗，令入内属。天子怜之，故复遣使至此。今可汗乃踞慢如是，则向夫人为诳天子，必伏尸都市，传首虏庭，发大隋之兵，资东国之众，左提右挈以击可汗，亡无日矣。奈何爱两拜之礼，绝慈母之命，惜一语称臣，使社稷为墟乎！"处罗矍然而起，流涕再拜，跪受诏书，因遣使者随君肃贡汗血马。

七年。初，帝西巡，遣侍御史韦节召西突厥处罗可汗，令与车驾会大斗拔谷。国人不从，处罗谢使者，辞以他故。帝大怒，无如之何。会其酋长射匮遣使来求婚，裴矩因奏曰："处罗不朝，恃强大耳。臣请以计弱之，分裂其国，即易制也。射匮者，都六之子，达头之孙，世为可汗，君临西面。今闻其失职，附属处罗，故遣使来以结援耳。愿厚礼其使，拜为大可汗，则突厥势分，两从我矣。"帝曰："公言是也。"因遣矩朝夕至馆，微讽谕之。帝于仁风殿召其使者，言处罗不顺之状，称射匮向善，吾将立为大可汗，令发兵诛处罗，然后为婚。帝取桃竹白羽箭一枚以赐射匮，因谓之曰："此事宜速，使疾如箭也。"使者返，路经处罗，处罗爱箭，将留之，使者谲而得免。射匮闻而大喜，兴兵袭处罗。处罗大败，弃妻子，将左右数千骑东走，缘道被劫，寓于高昌，东保时罗漫山。高昌王麴伯雅上状，帝遣裴矩与向氏亲要左右，驰至玉门关晋昌城，晓谕处罗，使入朝。十二月己未，处罗来朝于临朔宫，帝大悦，接以殊礼。帝与处罗宴，处罗稽首，谢入见之晚。帝以温言慰劳之，备设天下珍膳，盛陈女乐，罗绮丝竹，眩曜耳目，然处罗终有怏怏之色。

八年春正月，帝分西突厥处罗可汗之众为三，使其弟阙达度设将羸弱万余口居于会宁，又使特勒大柰别将余众居于楼烦，命处罗将五百骑常从车驾巡幸，赐号曷娑那可汗，赏赐甚厚。

唐高祖武德元年冬十二月癸酉，西突厥曷娑那可汗自宇文化及所来降。以西突厥曷娑那可汗为归义王，曷娑那献大珠，上曰："珠诚至宝，然朕宝王赤心，珠无所用。"竟还之。

二年秋七月乙酉，西突厥统叶护可汗遣使入贡。初，西突厥曷娑那可汗入朝于隋，隋人留之，国人立其叔父，号射匮可汗。射匮者，达头可汗之孙也，既立，拓地东至金山，西至海，遂与北突厥为敌，建庭于龟兹北三弥山。射匮卒，弟统叶护可汗立。统叶护勇而有谋，北并铁勒，控弦数十万，据乌孙故地，又移庭于石国北千泉，西域诸国皆臣之，叶护各遣吐屯监之，督其征赋。

九月，西突厥曷娑那可汗与北突厥有怨。曷娑那在长安，北突厥遣使请杀之，上不许。群臣皆曰："保一人而失一国，后必为患。"秦王世民曰："人穷来归我，杀之不义。"上迟回久之，不得已，丙戌，引曷娑那于内殿宴饮，既而送中书省，纵北突厥使者使杀之。

八年夏四月，西突厥统叶护可汗遣使请昏，上谓裴矩曰："西突厥道远，缓急不能相助，今求昏，何如？"对曰："今北寇方强，为国家今日计，且当远交而近攻，臣谓宜许其昏以威颉利。俟数年之后，中国完实，足抗北夷，然后徐思其宜。"上从之。遣高平王道立至其国，统叶护大喜。道立，上之从子也。

太宗贞观元年。西突厥统叶护可汗遣真珠统俟斤与高平王道立来，献万钉宝钿金带，马五千匹，以迎公主。颉利不欲中国与之和亲，数遣兵入寇，又遣人谓统叶护曰："汝迎唐公主，要须经我国中过。"统叶护患之，未成昏。

二年冬十二月，西突厥统叶护可汗为其伯父所杀，伯父自立，是为莫贺咄侯屈利俟毗可汗。国人不服，弩矢毕部推泥孰莫贺设为可汗，泥孰不可。统叶护之子咥力特勒避莫贺咄之祸，亡在康居，泥孰迎而立之，是为乙毗钵罗肆叶护可汗，与莫贺咄相攻，连兵不息，俱遣使来请昏。上不许，曰："汝国方乱，君臣未定，何得言昏。"且谕以各守部分，勿复相攻。于是西域诸国及敕勒先没属西突厥者皆叛之。

四年。西突厥种落散在伊吾，诏以凉州都督李大亮为西北道安抚大使，于碛口贮粮，来者赈给，使者招慰，相望于道。〔秋七月〕，大亮上言："欲怀远者必先安近。中国如本根，四夷如枝叶，疲中国以奉四夷，犹拔本根以益枝叶也。臣远考秦、汉，近观隋室，外事戎狄，皆致疲弊。今招致西突厥，但见劳费，未见其益。况河西州县萧条，突厥微弱以来，始得耕获，今又供亿此役，民将不堪，不若且罢招慰为便。伊吾之地，率皆沙碛，其人或自立君长，求称臣内属者，羁縻受之，使居塞外，为中国藩蔽，此乃施虚惠而收实利也。"上从之。

西突厥肆叶护可汗既先可汗之子，为众所附，莫贺咄可汗所部酋长多归之。肆叶护引兵击莫贺咄，莫贺咄兵败，逃于金山，为泥孰设所杀，诸部兵推肆叶护为大可汗。

六年秋七月，西突厥肆叶护可汗发兵击薛延陁，为薛延陁所败。肆叶护性猜很信谗。有乙利可汗功最多，肆叶护以非其族类，诛灭之，由是诸部皆不自保。肆叶护又忌莫贺设之子泥孰，阴欲图之，泥孰奔焉耆。设卑达官与弩失毕二部攻之，肆叶护轻骑奔康居，寻卒。国人迎泥孰于焉耆而立之，是为咄陆可汗，遣使内附。丁酉，遣鸿胪少卿刘善因立咄陆为奚利邲咄陆可汗。

八年。西突厥咄陆可汗卒，其弟同娥设立，是为沙钵罗咥利失可汗。

九年冬十月乙亥，处月初遣使入贡。处月、处密，皆西突厥之别部也。

十二年。初，西突厥咥利失可汗分其国为十部，每部有酋长一人，仍各赐一箭，谓之十箭。又分左右厢，左厢号五咄陆，置五大啜，居碎叶以东；右厢号五弩失毕，置五大俟斤，居碎叶以西：通谓之十姓。咥利失失众心，为其臣统吐屯所袭。咥利失兵败，与其弟步利设走保焉耆。统吐屯等将立欲谷设为大可汗，会统吐屯为人所杀，欲谷设兵亦败，咥利失复得故地。至是，西部竟立欲谷设为乙毗咄陆可汗。乙毗咄陆既立，与咥利失大战，杀伤甚众。因中分其地，自伊列水以西属乙毗咄陆，以东属咥利失。

十三年。西突厥咥利失可汗之臣俟利发与乙毗咄陆可汗通谋作乱，咥利失穷蹙，逃奔䥥汗而死。弩失毕部落迎其弟子薄布特勒立之，是为乙毗沙钵罗叶护可汗。沙钵罗叶护既立，建庭于虽合水北，谓之南庭，自龟兹、鄯善、且末、吐火罗、焉耆、石、史、何、穆、康等国皆附之。咄陆建庭于镞曷山西，谓之北庭，自厥越失、拔悉弥、驳马、结骨、火燖、触水昆等国皆附之，以伊列水为境。

十四年。侯君集之讨高昌也，西突厥可汗遣其叶护屯可汗浮图城，为高昌王文泰声援。及君集至，可汗惧而西走千余里，叶护以城降。

十五年。西突厥沙钵罗叶护可汗数遣使入贡，秋七月甲戌，命左领军将军张大师持节，即其所号立为可汗，赐以鼓纛。上又命使者多赍金帛，历诸国市良马。魏徵谏曰："可汗位未定而先市马，彼必以为陛下志在市马，以立可汗为名耳。使可汗得立，荷德必浅；若不得立，为怨实深。诸国闻之，亦轻中国。市或不得，得亦非美。苟能使彼安宁，则诸国之马不求自至矣。"上欣然止之。

乙毗咄陆可汗与沙钵罗叶护互相攻，乙毗咄陆浸强大，西域诸国多附之。未几，乙毗咄陆使石国吐屯击沙钵罗叶护，擒之以归，杀之。

十六年。西突厥乙毗咄陆可汗既杀沙钵罗叶护，并其众，又击吐火罗，灭之。自恃强大，遂骄倨，拘留唐使者，侵暴西域，遣兵寇伊州，郭孝恪将轻骑二千自乌骨邀击，败之。乙毗咄陆又遣处月、处密二部围天山，孝恪击走之，乘胜进拔处月俟斤所居城，追奔至遏索山，降处密之众而归。

初，高昌既平，岁发兵千余人戍守其地，褚遂良上疏，以为："圣王为治，先华夏而后夷狄。陛下兴兵取高昌，数郡萧然，累年不复。岁调千余人屯戍，远去乡里，破产办装。又谪徙罪人，皆无赖子弟，适足骚扰边鄙，岂能有益行陈。所遣多复逃亡，徒烦追捕。加以道涂所经，沙碛千里，冬风如割，夏风如焚，行人往来，遇之多死。设使张掖、酒泉有烽燧之警，陛下岂得高昌一夫斗粟之用，终当发陇右诸州兵食以赴之耳。然则河西者，中国之心腹，高昌者，他人之手足，奈何糜弊本根以事无用之土乎！且陛下得突厥、吐谷浑，皆不有其地，为之立君长以抚之，高昌独不得与为此乎？叛而执之，服而封之，刑莫威焉，德莫厚焉。愿更择高昌子弟可立者，使君其国，子子孙孙，负荷大恩，永为唐室藩辅，内安外宁，不亦善乎？"上不听。及西突厥入寇，上悔之曰："魏徵、褚遂良劝我复立高昌，吾不用其言，今方自咎耳。"

乙毗咄陆西击康居，道过米国，破之。虏获甚多，不分与其下，其将泥孰啜辄夺取之，乙毗咄陆怒，斩泥孰啜以徇，众皆愤怨。泥孰啜部将胡禄屋袭击之，乙毗咄陆众散走，保白水胡城。于是弩失毕诸部及乙毗咄陆所部屋利啜等遣使诣阙，请废乙毗咄陆，更立可汗。上遣使赍玺书，立莫贺咄之子为乙毗射匮可汗。乙毗射匮既立，悉礼遣乙毗咄陆所留唐使者，帅诸部击乙毗咄陆于白水胡城。乙毗咄陆出兵击之,乙毗射匮大败。乙毗咄陆遣使招其故部落,故部落皆曰:“使我千人战死,一人独存,亦不汝从。”乙毗咄陆自知不为众所附,乃西奔吐火罗。

二十年夏六月丁卯,西突厥乙毗射匮可汗遣使入贡,且请昏。上许之,且使割龟兹、于阗、疏勒、朱俱波、葱岭五国以为聘礼。

二十二年。初,西突厥乙毗咄陆可汗以阿史那贺鲁为叶护,居多逻斯水,在西州北千五百里,统处月、处密、始苏、歌逻禄、失毕五姓之众。乙毗咄陆奔吐火罗,乙毗射匮可汗遣兵迫逐之,部落亡散。夏四月乙亥,贺鲁帅其余众数千帐内属,诏处之于庭州莫贺城,拜左骁卫将军。贺鲁闻唐兵讨龟兹,请为乡导,仍从数十骑入朝。上以为昆丘道行军总管,厚宴赐而遣之。

冬十二月戊寅,以昆丘道行军总管、左骁卫将军阿史那贺鲁为泥伏沙钵罗叶护,赐以鼓纛,使招讨西突厥之未服者。

二十三年春二月丙戌,置瑶池都督府,隶安西都护,戊子,以左卫将军阿史那贺鲁为瑶池都督。

高宗永徽二年。左骁卫将军、瑶池都督阿史那贺鲁招集离散,庐帐渐盛,闻太宗崩,谋袭取西、庭二州。庭州刺史骆弘义知其谋,表言之,上遣通事舍人桥宝明驰往慰抚。宝明说贺鲁,令长子咥运入宿卫,授右骁卫中郎将,寻复遣归。咥运乃说其父拥众西走,击破乙毗射匮可汗,并其众,建牙于双河及千泉,自号沙钵罗可汗,咄陆五啜,弩失毕五俟斤皆归之,胜兵数十万,与乙毗咄陆可汗连兵,处月、处密及西域诸国多附之。以咥运为莫贺咄叶护。

焉耆王婆伽利卒,国人表请复立故王突骑支。夏四月,诏加突骑支右武卫将军,遣还国。

秋七月，西突厥沙钵罗可汗寇庭州，攻陷金岭城及蒲类县，杀略数千人。诏左武候大将军梁建方、右骁卫大将军契苾何力为弓月道行军总管，右骁卫将军高德逸、右武候将军薛孤、吴仁为副，发秦、成、岐、雍府兵三万人及回纥五万骑以讨之。

冬十二月壬子，处月朱邪孤注杀招抚使单道惠，与突厥贺鲁相结。

三年春正月癸亥，梁建方、契苾何力等大破处月朱邪孤注于牢山。孤注夜遁，建方使副总管高德逸轻骑追之，行五百余里，生擒孤注，斩首九千级。

四年。西突厥乙毗咄陆可汗卒，其子颉苾达度设号真珠叶护，始与沙钵罗可汗有隙，与五弩失毕共击沙钵罗，破之，斩首千余级。

五年闰四月丙子，以处月部置金满州。

六年夏(六)〔五〕月癸未，以左屯卫大将军程知节为葱山道行军大总管，以讨西突厥沙钵罗可汗。

西突厥颉苾达度设数遣使请兵讨沙钵罗可汗。冬十一月甲戌，遣丰州都督元礼臣册拜颉苾达度设为可汗。礼臣至碎叶城，沙钵罗发兵拒之，不得前。颉苾达度设部落多为沙钵罗所并，余众寡弱，不为诸姓所附，礼臣竟不册拜而归。

显庆元年秋八月辛丑，葱山道行军总管程知节击西突厥，与歌逻禄、处月二部战于榆慕谷，大破之，斩首千余级。副总管周智度攻突骑施、处木昆等部于咽城，拔之，斩首三万级。

冬十二月，程知节引军至鹰娑川，遇西突厥二万骑，别部鼠尼施等二万余骑继至，前军总管苏定方帅五百骑驰往击之，西突厥大败，追奔二十里，杀获千五百余人，获马及器械绵亘山野，不可胜计。副大总管王文度害其功，言于知节曰："今兹虽云破贼，官军亦有死伤，乘危轻脱，乃成败之法耳，何急而为此。自今常结方陈，置辎重在内，遇贼则战，此万全策也。"又矫称别得旨，以知节恃勇轻敌，委文度为之节制，遂收军不许深入。士卒终日跨马，被甲结阵，不胜疲顿，马多瘦死。定方言于知节曰："出师欲以讨贼，今乃自守，坐自困敝，若遇贼必败。懦怯如此，何以立功！且主上以公为大将，岂可更遣军副专其号令，事必不然。请囚文度，飞表以闻。"知节不从。至恒笃城，有群胡归附，文度曰："此属伺我旋师，还复为贼，不如尽杀之，取其资财。"定方曰："如此乃自为贼耳，何名伐叛！"文度竟杀之，分其财，独定方不受。师旋，文度坐矫诏当死，特除名。知节亦坐逗遛追贼不及，减死免官。

二年春闰正月庚戌，以右屯卫将军苏定方为伊丽道行军总管，帅燕然都护渭南任雅相、副都护萧嗣业发回纥等兵，自北道讨西突厥沙钵罗可汗。嗣业，钜之子也。初，右卫大将军阿史那弥射及族兄左屯卫大将军步真，皆西突厥酋长，太宗之世，帅众来降，至是诏以弥射、步真为流沙安抚大使，自南道招集旧众。

冬十二月，苏定方击西突厥沙钵罗可汗，至金山北，先击处木昆部，大破之，其俟斤懒独禄等帅万余帐来降，定方抚之，发其千骑与俱。右领军郎将薛仁贵上言："泥孰部素不伏贺鲁，为贺鲁所破，虏其妻子。今唐兵有破贺鲁诸部得泥孰妻子者，宜归之，仍加赐赉，使彼明知贺鲁为贼而大唐为之父母，则人致其死，不遗力矣。"上从之。泥孰喜，请从军共击贺鲁。

定方至曳咥河西，沙钵罗帅十姓兵且十万，来拒战。定方将唐兵及回纥万余人击之。沙钵罗轻定方兵少，直进围之。定方令步兵据南原，攒槊外向，自将骑兵陈于北原。沙钵罗先攻步军，三冲不动，定方引骑兵击之，沙钵罗大败，追奔三十里，斩获数万人。明日，勒兵复进。于是胡禄屋等五弩失毕悉众来降，沙钵罗独与处木昆屈律啜数百骑西走。时阿史那步真出南道，五咄陆部落闻沙钵罗败，皆诣步真降。定方乃命萧嗣业、回纥婆闰将胡兵趋邪罗斯川，追沙钵罗，定方与任雅相将新附之众继之。会大雪，平地二尺，军中咸请俟晴而行。定方曰："虏恃雪深，谓我不能进，必休息士马。亟追之可及，若缓之，彼遁逃浸远，不可复追。省日兼功，在此时矣。"乃蹋雪昼夜兼行。所过收其部众，至双河与弥射、步真兵合，去沙钵罗所居二百里，布陈长驱，径至其牙帐。沙钵罗与其徒将猎，定方掩其不备，纵兵击之，斩获数万人，得其鼓纛。沙钵罗与其子咥运、婿阎啜等脱走，趣石国。定方于是息兵，诸部各归所居，通道路，置邮驿，掩骸骨，问疾苦，画疆埸，复生业，凡为沙钵罗所掠者，悉括还之，十姓安堵如故。乃命萧嗣业将兵追沙钵罗，定方引军还。

沙钵罗至石国西北苏咄城，人马饥乏，遣人赍珍宝入城市马。城主伊沮达官诈以酒食出迎，诱之入，闭门执之，送于石国。萧嗣业至石国，石国人以沙钵罗授之。

乙丑，分西突厥地置蒙池、昆陵二都护府。以阿史那弥射为左卫大将军、昆陵都护、兴昔亡可汗，押五咄陆部落；阿史那步真为右卫大将军、蒙池都护，继往绝可汗，押五弩失毕部落。遣光禄卿卢承庆持节册命，仍命弥射、步真与承庆据诸姓降者，准其部落大小，位望高下，授刺史以下官。

三年。阿史那贺鲁既被擒，谓萧嗣业曰："我本亡虏，为先帝所存，先帝遇我厚而我负之，今日之败，天所怒也。吾闻中国刑人必于市，愿刑我于昭陵之前，以谢先帝。”上闻而怜之。贺鲁至京师，冬十一月甲午，献于昭陵。敕免其死，分其种落为六都督府，其所役属诸国皆置州府，西尽波斯，并隶安西都护府。贺鲁寻死，葬于颉利墓侧。

四年春三月壬午，西突厥兴昔亡可汗与真珠〔叶〕护（叶）战于双河，斩真珠〔叶〕护（叶）。

龙朔二年冬十二月，?海道总管苏海政受诏讨龟兹，敕兴昔亡、继往绝二可汗发兵与之俱。至兴昔亡之境，继往绝素与兴昔亡有怨，密谓海政曰：“弥射谋反，请诛之。”时海政兵才数千，集军吏谋曰：“弥射若反，我辈无噍类，不如先事诛之。”乃矫称敕令大总管赍帛数万段赐可汗及诸酋长，兴昔亡帅其徒受赐，海政悉收斩之。其鼠尼施、拔塞干两部亡走，海政与继往绝追讨，平之。军还，至疏勒南，弓月部复引吐蕃之众来，欲与唐兵战，海政以师老不敢战，以军资赂吐蕃，约和而还。由是诸部落皆以兴昔亡为冤，各有离心。继往绝寻卒，十姓无主，有阿史那都支及李遮匐收其余众，附于吐蕃。

咸亨二年夏四月甲申，以西突厥阿史那都支为左骁卫大将军兼匐延都督，以安集五咄陆之众。

四年冬十二月丙午，弓月、疏勒二王来降。西突厥兴昔亡可汗之世，诸部离散，弓月及阿悉吉皆叛。苏定方之西讨也，擒阿悉吉以归。弓月南结吐蕃，北招咽面，共攻疏勒，降之。上遣鸿胪卿萧嗣业发兵讨之，嗣业兵未至，弓月惧，与疏勒皆入朝。上赦其罪，遣归国。

调露元年。初，西突厥十姓可汗阿史那都支及其别帅李遮匐与吐蕃连和，侵逼安西。〔夏六月〕朝议欲发兵讨之，吏部侍郎裴行俭曰："吐蕃为寇，审礼覆没，干戈未息，岂可复出师西方。今波斯王卒，其子泥洹师为质在京师，宜遣使者送归国，道过二虏，以便宜取之，可不血刃而擒也。"上从之，命行俭册立波斯王仍为安抚大食使。行俭奏肃州刺史王方翼以为己副，仍令检校安西都护。

永淳元年春二月，西突厥阿史那车薄帅十姓反。(三)〔夏四〕月〔辛未〕，以裴行俭帅右金吾将军阎怀旦等三总管分道讨西突厥，师未行，行俭薨。(夏四月)，阿史那车薄围弓月城，安西都护王方翼引军救之，破虏众于伊丽水，斩首千余级。俄而三姓咽面与车薄合兵拒方翼，方翼与战于热海。流矢贯方翼臂，方翼以佩刀截之，左右不知。所将胡兵谋执方翼以应车薄，方翼知之，悉召会议，阳出军资赐之，以次引出斩之。会大风，方翼振金鼓以乱其声，诛七十余人，其徒莫之觉。既而分遣裨将袭车薄、咽面，大破之，擒其酋长三百人，西突厥遂平。阎怀旦等竟不行。方翼寻迁夏州都督，征入，议边事。上见方翼衣有血渍，问之，方翼具对热海苦战之状，上视疮叹息。竟以废后近属，不得用而归。

则天皇后垂拱元年。初，西突厥兴昔亡、继往绝可汗既死，十姓无主，部落多散亡，太后乃擢兴昔亡之子左豹韬卫翊府中郎将元庆为左玉钤卫将军兼昆陵都护，袭兴昔亡可汗，押五咄陆部落。

二年秋九月丁未，以西突厥继往绝可汗之子斛瑟罗为右玉钤卫将军，袭继往绝可汗，押五弩失毕部落。

天授元年。西突厥十姓自垂拱以来为东突厥所侵掠，散亡略尽。〔冬十月〕，蒙池都护继往绝可汗斛瑟罗收其余众六七万人入居内地，拜左卫大将军，改号竭忠事主可汗。

圣历二年秋八月癸巳，突骑施乌质勒遣其子遮弩入见。遣侍御史元城解琬安抚乌质勒及十姓部落。

久视元年。以西突厥竭忠事主可汗斛瑟罗为平西军大总管，镇碎叶。

长安三年。西突厥可汗斛瑟罗用刑残酷，诸部不服。乌质勒本隶斛瑟罗，号莫贺达干，能抚其众，诸部归之，斛瑟罗不能制。乌质勒置都督二十员，各将兵七千人，屯碎叶西北。后攻陷碎叶，徙其牙帐居之。斛瑟罗部众离散，因入朝，不敢复还，乌质勒悉并其地。

四年春正月，册拜阿史那怀道为西突厥十姓可汗。怀道，斛瑟罗子也。

中宗神龙二年闰正月甲戌，以突骑〔施〕酋长乌质勒为怀德郡王。冬十二月，安西大都护郭元振诣突骑施乌质勒牙帐议军事，天大风雪，元振立于帐前与乌质勒语，久之，雪深，元振不移足，乌质勒老，不胜寒，会罢而卒。其子娑葛勒兵将攻元振，副使御史中丞解琬知之，劝元振夜逃去。元振曰："吾以诚心待人，何所疑惧？且深在寇庭，逃将安适？"安卧不动。明旦，入哭，甚哀，娑葛感其义，待元振如初。戊戌，以娑葛袭嗢鹿州都督、怀德王。

景龙二年冬十一月庚申，突骑施酋长娑葛自立为可汗，杀唐使者御史中丞冯嘉宾，遣其弟遮弩等帅众犯塞。初，娑葛既代乌质勒统众，父时故将阙啜忠节不服，数相攻击。忠节众弱不能支，金山道行军总管郭元振奏追忠节入朝宿卫。忠节行至播仙城，经略使、右威卫将军周以悌说之曰："国家不爱高官显爵以待君者，以君有部落之众故也。今脱身入朝，一老胡耳，岂惟不保宠禄，死生亦制于人手。方今宰相宗楚客、纪处讷用事，不若厚赂二公，请留不行，发安西兵及引吐蕃以击娑葛，求阿史那献为可汗以招十姓，使郭虔瓘发拔汗那兵以自助。既不失部落，又得报仇，比于入朝，岂可同日语哉。”郭虔瓘者，历城人，时为西边将。忠节然其言，遣间使赂楚客、处讷请如以悌之策。

元振闻其谋，上疏，以为：“往岁吐蕃所以犯边，正为求十姓、四镇之地不获故耳。比者息兵请和，非能慕悦中国之礼义也，直以国多内难，人畜疫疠，恐中国乘其弊，故且屈志求自昵。使其国小安，岂能忘取十姓、四镇之地哉！今忠节不论国家大计，直欲为吐蕃乡导，恐四镇危机，将从此始。顷缘默啜凭陵，所应者多，兼四镇兵疲弊，势未能为忠节经略，非怜突骑施也。忠节不体国家中外之意而更求吐蕃，吐蕃得志，则忠节在其掌握，岂得复事唐也！往年吐蕃无恩于中国，犹欲求十姓、四镇之地，今若破娑葛有功，请分于阗、疏勒，不知以何理抑之？又，其所部诸蛮及婆罗门等方不服，若借唐兵助讨之，亦不知以何词拒之？是以古之智者皆不愿受夷狄之惠，盖豫忧其求请无厌，终为后患故也。又彼请阿史那献者，岂非以献为可汗子孙，欲依之以招怀十姓乎？按献父元庆、叔父仆罗、兄俀子及斛瑟罗、怀道等，皆可汗子孙也，往者唐及吐蕃遍曾立之以为可汗，欲以招抚十姓，皆不能致，寻自破灭。何则？此属非有过人之才，恩威不足以动众，虽复可汗旧种，众心终不亲附，况献又疏远于其父兄乎？若使忠节兵力自能诱胁十姓，则不必求立可汗子孙也。又，欲令郭虔瓘入拔汗那，发其兵。虔瓘前此已尝与忠节擅入拔汗那发兵，不能得其片甲匹马，而拔汗那不胜侵扰，南引吐蕃，奉俀子，还侵四镇。时拔汗那四旁无强寇为援，虔瓘等恣为侵掠，如独行无人之境，犹引俀子为患。今北有娑葛，急则与之并力，内则诸胡坚壁拒守，外则突厥伺隙邀遮。臣料虔瓘等此行，必不能如往年之得志，内外受敌，自陷危亡，徒与虏结隙，令四镇不安。以臣愚揣之，实为非计。”

楚客等不从，建议遣冯嘉宾持节安抚忠节，侍御史吕守素处置四镇，以将军牛师奖为安西副都护，发甘、凉以西兵兼征吐蕃以讨娑葛。娑葛遣使娑腊献马在京师，闻其谋，驰还报娑葛。于是娑葛发五千骑出安西，五千骑出拨换，五千骑出焉耆，五千骑出疏勒，入寇。元振在疏勒，栅于河口，不敢出。忠节逆嘉宾于计舒河口，娑葛遣兵袭之，生擒忠节，杀嘉宾。擒吕守素于僻城，缚于驿柱，剐而杀之。

癸未，牛师奖与突骑施娑葛战于火烧城，师奖兵败没。娑葛遂陷安西，断四镇路，遣使上表求宗楚客头。楚客又奏以周以悌代郭元振统众，征元振入朝。以阿史那献为十姓可汗，置军焉耆以讨娑葛。娑葛遗元振书，称：“我与唐初无恶，但仇阙啜。宗尚书受阙啜金，欲枉破奴部落，冯中丞、牛都护相继而来，奴岂得坐而待死。又闻史献欲来，徒扰军州，恐未有宁日。乞大使商量处置。”元振奏娑葛书。楚客怒，奏言元振有异图，召，将罪之。元振使其子鸿间道具奏其状，乞留定西土，不敢归。周以悌竟坐流白州，复以元振代以悌，赦娑葛罪，册为十四姓可汗。

三年秋七月，突骑施娑葛遣使请降，庚辰，拜钦化可汗，赐名守忠。

睿宗景云二年冬十二月癸卯，以兴昔亡可汗阿史那献为招慰十姓使。

玄宗开元二年。西突厥十姓酋长都担叛。三月己亥，碛西节度使阿史那献克碎叶等镇，擒都担，降其部落二万余帐。

突骑施可汗守忠之弟遮弩恨所分部落少于其兄，遂叛入突厥，请为乡导，以伐守忠。默啜遣兵二万击守忠，虏之而还。谓遮弩曰："汝叛其兄，何有于我。"遂并杀之。

三年。突骑施守忠既死，默啜兵还，守忠部将苏禄鸠集余众，为之酋长。苏禄颇善绥抚，十姓部落稍稍归之，有众二十万，遂据有西方，寻遣使入见。是岁，以苏禄为左羽林大将军、金方道经略大使。

四年。突骑施苏禄复自立为可汗。

五年。突骑施酋长左羽林大将军苏禄部众浸(博)〔强〕，虽职贡不乏，阴有窥边之志。五月，十姓可汗阿史那献欲发葛逻禄兵击之，上不许。

秋七月，安西副大都护汤嘉惠奏，突骑施引大食、吐蕃谋取四镇，围钵换及大石城，已发三姓葛逻禄兵与阿史那献击之。

六年夏五月辛亥，以突骑施都督苏禄为左羽林大将军、顺国公，充金方道经略大使。

七年冬十月壬子，册拜突骑施苏禄为忠顺可汗。

十年冬十二月庚子，以十姓可汗阿史那怀道女为交河公主，嫁突骑施可汗苏禄。

十四年。杜暹为安西都护，突骑施交河公主遣牙官以马千匹诣安西互市。使者宣公主教，暹怒曰："阿史那女何得宣教于我！"杖其使者，留不遣，马经雪死尽。突骑施可汗苏禄大怒，发兵寇四镇。会暹入朝，赵颐贞代为安西都护，婴城自守。四镇人畜储积，皆为苏禄所掠，安西仅存。既而苏禄闻暹入相，稍引退，寻遣使入贡。

十八年。突骑施遣使入贡，上宴之于丹凤楼，突厥使者豫焉。二使争长，突厥曰："突骑施小国，本突厥之臣，不可居我上。"突骑施曰："今日之宴，为我设也，我不可以居其下。"上乃命设东西幕，突厥在东，突骑施在西。

二十三年冬十月戊申，突骑施寇北庭及安西拨换城。

二十四年春正月，北庭都护盖嘉运击突骑施，大破之。秋八月甲寅，突骑施遣其大臣胡禄达干(求)〔来〕请降，许之。

二十六年。突骑施可汗苏禄素廉俭，每攻战所得，辄与诸部分之，不留私蓄，由是众乐为用。既尚唐公主，又潜通突厥及吐蕃，突厥、吐蕃各以女妻之。苏禄以三国女为可敦，又立数子为叶护，用度浸广，由是攻战所得，不复更分。晚年病风，一手挛缩，诸部离心。酋长莫贺达干、都摩度两部最强，其部落又分为黄姓、黑姓，互相乖阻。于是莫贺达干勒兵夜袭苏禄，杀之。都摩度初与莫贺达干连谋，既而复与之异，立苏禄之子骨啜为吐火仙可汗以收其余众，与莫贺达干相攻。莫贺达干遣使告碛西节度使盖嘉运，上命嘉运招集突骑施拔汗那以西诸国。吐火仙与都摩度据碎叶城，黑姓可汗尔微特勒据怛逻斯城，相与连兵以拒唐。

二十七年秋八月乙亥，碛西节度使盖嘉运擒突骑施可汗吐火仙。嘉运攻碎叶城，吐火仙出战，败走，擒之于贺逻岭。分遣疏勒镇守使夫蒙灵察与拔汗那王阿悉烂达干潜引兵突入怛逻斯城，擒黑姓可汗尔微，遂入曳建城，取交河公主，悉收散发之民数万以与拔汗那王，威震西陲。

九月戊午，处木昆、鼠尼施、弓月等诸部先隶突骑施者皆帅众内附，仍请徙居安西管内。

二十八年春三月甲寅，盖嘉运入献捷。上赦吐火仙罪，以为左金吾大将军。嘉运请立阿史那怀道之子昕为十姓可汗，从之。夏四月辛未，以昕妻李氏为交河公主。

冬十一月，突骑施莫贺达干闻阿史那昕为可汗，怒曰："首诛苏禄，我之谋也。今立史昕，何以赏我！"遂帅诸部叛。上乃立莫贺达干为可汗，使统突骑施之众，命盖嘉运招谕之。十二月乙卯，莫贺达干降。

天宝元年夏四月，上发兵纳十姓可汗阿史那昕于突骑施，至俱兰城，为莫贺达干所杀。突骑施大纛官都摩度来降，六月乙未，册都摩度为三姓叶护。

三载夏五月，河西节度使夫蒙灵察讨突骑施莫贺达干，斩之，更请立黑胜伊里底蜜施骨咄禄毗伽。六月甲辰，册拜骨咄禄毗伽为十姓可汗。

八载秋七月，册突骑施移拨为十姓可汗。

十二载秋九月甲辰，以突骑施黑姓可汗登里伊罗蜜施为突骑施可汗。

太宗讨龟兹

唐太宗贞观二十一年冬十二月，龟兹王伐叠卒，弟诃黎布失毕立，浸失臣礼，侵渔邻国。上怒，戊寅，诏使持节昆丘道行军大总管左骁卫大将军阿史那社尔、副大总管左骁卫大将军契苾何力、安西都护郭孝恪等将兵击之，仍命铁勒十三州、突厥、吐蕃、吐谷浑连兵进讨。

二十二年春三月甲午，上谓侍臣曰："朕少长兵间，颇能料敌。今昆丘行师，处月、处密二部及龟兹用事者羯猎颠那利每怀首鼠，必先授首，(弩)〔布〕失毕其次也。”

秋七月庚寅，西突厥相屈利啜请帅所部从讨龟兹。

〔冬十月〕，阿史那社尔引兵自焉耆之西趋龟兹北境，分兵为五道，出其不意，焉耆王薛婆阿那支弃城奔龟兹，保其东境。社尔遣兵追击，擒而斩之，立其从父弟先那准为焉耆王，使修职贡。龟兹大震，守将多弃城走。社尔进屯碛口，去其都城三百里，遣伊州刺史韩威帅千余骑为前锋，左卫将军曹继叔次之。至多褐城，龟兹王诃黎布失毕、其相那利、羯猎颠帅众五万拒战。锋刃甫接，威引兵伪遁，龟兹悉众追之，行三十里，与继叔军合。龟兹惧，将却，继叔乘之，龟兹大败，逐北八十里。

龟兹王布失毕既败，走保都城，阿史那社尔进军逼之，布失毕轻骑西走。〔十二月〕，社尔拔其城，使安西都护郭孝恪守之。沙州刺史苏海政、尚辇奉御薛万备帅精骑追布失毕，行六百里，布失毕窘急，保拨换城。社尔进军攻之四旬，闰月丁丑，拔之，擒布失毕及羯猎颠。那利脱身走，潜引西突厥之众并其国兵万余人袭击孝恪。孝恪营于城外，龟兹人或告之，孝恪不以为意。那利奄至，孝恪帅所部千余人将入城，那利之众已登城矣，城中降胡与之相应，共击孝恪，矢刃如雨，孝恪不能敌，将复出，死于西门。城中大扰，仓部郎中崔义超召募得二百人，卫军资财物，与龟兹战于城中，曹继叔、韩威亦营于城外，自城西北隅击之。那利经宿乃退，斩首三千余级，城中始定。后旬余日，那利复引山北龟兹万余人趣都城，继叔逆击，大破之，斩首八千级。那利单骑走，龟兹人执之，以诣军门。

阿史那社尔前后破其大城五，遣左卫郎将权祗甫诣〔诸〕城开示祸福，皆相帅请降，凡得七百余城，虏男女数万口。社尔乃召其父老，宣国威灵，谕以伐罪之意，立其王之弟叶护为主，龟兹人大喜。西域震骇，西突厥、于阗、安国争馈驼马军粮，社尔勒石纪功而还。

二十三年春正月辛亥，龟兹王布失毕及其相那利等至京师，上责让而释之，以布失毕为左武卫中郎将。

高宗永徽元年。初，阿史那社尔虏龟兹王布失毕，立其弟为王。唐兵既还，其酋长争立，更相攻击。秋八月壬午，诏复以布失毕为龟兹王，遣归国抚其众。

显庆元年秋八月乙巳，龟兹王布失毕入朝。

三年。初，龟兹王布失毕妻阿史那氏与其相那利私通，布失毕不能禁，由是君臣猜阻，各有党与，互来告难。上两召之，既至，囚那利，遣左领军郎将雷文成送布失毕归国。至龟兹东境泥师城，龟兹大将羯猎颠发众拒之，仍遣使降于西突厥沙钵罗可汗。布失毕据城自守，不敢进。诏左屯卫大将军杨胄发兵讨之。会布失毕病卒，胄与羯猎颠战，大破之，擒羯猎颠及其党，尽诛之，乃以其地为龟兹都督府。春正月戊申，立布失毕之子素稽为龟兹王，兼都督。

夏五月癸未，徙安西都护府于龟兹，以旧安西复为西州都督府，镇高昌故地。

太宗平高昌

唐高祖武德二年。高昌王麹伯雅遣使入贡。六年，麹伯雅卒，子文泰立。

太宗贞观四年冬十二月甲寅，高昌王麹文泰入朝。西域诸国咸欲因文泰遣使入贡，上遣文泰之臣厌怛纥干往迎之。魏徵谏曰："昔光武不听西域送侍子、置都护，以为不以蛮夷劳中国。今天下初定，前者文泰之来，所过劳费已甚，今借使十国入贡，其徒旅不减千人。边民荒耗，将不胜其弊。若听其商贾往来，与边民交市，则可矣，傥以宾客遇之，非中国之利也。"时厌怛纥干已行，上遽令止之。

五年春正月癸酉，上大猎于昆明池，四夷君长咸从。甲戌，宴高昌王文泰及群臣。丙子，还宫，亲献禽于大安宫。

六年秋七月丙辰，焉耆王突骑支遣使入贡。初，焉耆入中国由碛路，隋末闭塞，道由高昌。突骑支请复开碛路以便往来，上许之。由是高昌恨之，遣兵袭焉耆，大掠而去。

十三年。高昌王麹文泰多遏绝西域朝贡，伊吾先臣西突厥，既而内属，文泰与西突厥共击之。上下书切责，征其大臣阿史那矩，欲与议事。文泰不遣，遣其长史麹雍来谢罪。颉利之亡也，中国人在突厥者或奔高昌，诏文泰归之，文泰蔽匿不遣。又与西突厥共击破焉耆，焉耆诉之。上遣虞部郎中李道裕往问状，且谓其使者曰："高昌数年以来，朝贡脱略，无藩臣礼，所置官号，皆准天朝，筑城掘沟，预备攻讨。我使者至彼，文泰语之云：'鹰飞于天，雉伏于蒿，猫游于堂，鼠噍于穴，各得其所，岂不能自生邪！'又遣使谓薛延陁云：'既为可汗，则与天子匹敌，何为拜其使者？'事人无礼，又间邻国为恶，不诛，善何以劝？明年当发兵击汝。"三月，薛延陁可汗遣使上言："奴受恩思报，请发所部为军导以击高昌。"上遣民部尚书唐俭、右领军大将军执失思力赍缯帛赐薛延陁，与谋进取。

上犹冀高昌王文泰悔过，复下玺书，示以祸福，征之入朝，文泰竟称疾不至。十二月壬申，遣交河行军大总管、吏部尚书侯君集，副总管兼左屯卫大将军薛万均等将兵击之。

十四年〔秋八月〕，高昌王文泰闻唐兵起，谓其国人曰："唐去我七千里，沙碛居其二千里，地无水草，寒风如刀，热风如烧，安能致大军乎！往吾入朝，见秦、陇之北城邑萧条，非复有隋之比。今来伐我，发兵则粮运不给，三万已下，吾力能制之。当以逸待劳，坐收其弊。若顿兵城下，不过二十日，食尽必走，然后从而虏之，何足忧也。"及闻唐兵临碛口，忧惧不知所为，发疾卒。子智盛立。

军至柳谷，诇者言文泰刻日将葬，国人咸集于彼。诸将请袭之，侯君集曰："不可。天子以高昌无礼，故使吾讨之。今袭人于墟墓之间，非问罪之师也。"于是鼓行而进，至田城，谕之不下，诘朝攻之，及午而克，虏男女七千余口。以中郎将辛獠儿为前锋，夜趋其都城，高昌逆战而败，大军继至，抵其城下。

智盛致书于君集曰："得罪于天子者，先王也。天罚所加，身已物故。智盛袭位未几，惟尚书怜察。"君集报曰："苟能悔过，当束手军门。"智盛犹不出，君集命填堑攻之，飞石雨下，城中人皆室处。又为巢车，高十丈，俯瞰城中，有行人及飞石所中，皆唱言之。先是，文泰与西突厥可汗相结，约有急相助，可汗遣其叶护屯可汗浮图城，为文泰声援。及君集至，可汗惧而西走千余里，叶护以城降。智盛穷蹙，秋八月癸酉，开门出降。君集分兵略地，下其二十二城，户八千四十六，口一万七千七百，地东西八百里，南北五百里。

上欲以高昌为州县，魏征谏曰："陛下初即位，文泰夫妇首朝，其后稍骄倨，故王诛加之。罪止文泰可矣，宜抚其百姓，存其社稷，复立其子，则威德被于遐荒，四夷皆悦服矣。今若利其土地以为州县，则常须千余人镇守，数年一易，往来死者什有三四，供办衣资，违离亲戚，十年之后，陇右虚耗矣。陛下终不得高昌撮粟尺帛以佐中国，所谓散有用以事无用，臣未见其可。”上不从。九月，以其地为西州，以可汗浮图城为庭州，各置属县。乙卯，置安西都护府于交河城，留兵镇之。

君集虏高昌王智盛及其群臣豪杰而还。于是唐地东极于海，西至焉耆，南尽林邑，北抵大漠，皆为州县，凡东西九千五百一十里，南北一万九百一十八里。

侯君集之讨高昌也，遣使约焉耆与之合势，焉耆喜，听命。及高昌王破，焉耆王诣军门谒见君集，且言焉耆三城先为高昌所夺，君集奏并高昌所掠焉耆民悉归之。

冬十二月丁酉，侯君集献俘于观德殿，行饮至礼，大酺三日。寻以智盛为左武卫将军、金城郡公。上得高昌乐工，以付太常，增九部乐为十部。

君集之破高昌也，私取其珍宝，将士知之，竞为盗窃，君集不能禁，为有司所劾，诏下君集〔等〕狱。中书侍郎岑文本上疏，以为：“高昌昏迷，陛下命君集等讨而克之，不逾旬日，并付大理。虽君集等自挂网罗，恐海内之人疑陛下唯录其过而遗其功也。臣闻命将出师，主于克敌，苟能克敌，虽贪可赏；若其败绩，虽廉可诛。是以汉之李广利、陈汤，晋之王浚，隋之韩擒虎，皆负罪谴，人主以其有功，咸受封赏。由是观之，将帅之臣，廉慎者寡，贪求者众，是以黄石公军势曰：‘使智，使勇，使贪，使愚，故智者乐立其功，勇者好行其志，贪者急趋其利，愚者不计其死。’伏愿录其微劳，忘其大过，使君集重升朝列，复备驱驰，虽非清贞之臣，犹得贪愚之将，斯则陛下虽屈法而德弥显，君集等虽蒙宥而过更彰矣。”上乃释之。

又有告薛万均私通高昌妇女者，万均不服，内出高昌妇女付大理，与万均对辩。魏徵谏曰：“臣闻君使臣以礼，臣事君以忠。今遣大将军与亡国妇女对辩帷箔之私，实则所得者轻，虚则所失者重。昔秦穆饮盗马之士，楚庄赦绝缨之罪，况陛下道高尧、舜，而曾二君之不逮乎？”上遽释之。

侯君集马病蚛颡，行军总管赵元楷亲以指沾其脓而嗅之，御史劾奏其谄，左迁括州刺史。

高昌之平也，诸将皆即受赏，行军总管阿史那社尔以无敕旨，独不受。及别敕既下，乃受之，所取唯老弱故弊而已。上嘉其廉慎，以高昌所得宝刀及杂彩千段赐之。

太宗平吐谷浑

唐高祖武德二年。初，隋炀帝自征吐谷浑，吐谷浑可汗伏允以数千骑奔党项，炀帝立其质子顺为主，使统余众，不果入而还。会中国丧乱，伏允复还收其故地。上受禅，顺自江都还长安，上遣使与伏允连和，使击李轨，〔许〕以顺还之。伏允喜，起兵击轨，数遣使入请顺，上遣之。

太宗贞观八年。初，吐谷浑可汗伏允遣使入贡，未返，大掠鄯州而去。上遣使让之，征伏允入朝，称疾不至，仍为其子尊王求昏。上许之，令其亲迎，尊王又不至，乃绝昏。伏允复遣兵寇兰、廓二州。伏允年老，信其臣天柱王之谋，数犯边。又执唐使者赵德楷，上遣使谕之，十返。又引其使者，临轩亲谕以祸福。

伏允终无悛心。六月，遣左骁卫大将军段志玄为西海道行军总管，左骁卫将军樊兴为赤水道行军总管，将边兵及契苾、党项之众以击之。

冬十月辛丑，段志玄击吐谷浑，破之，追奔八百余里。去青海三十余里，吐谷浑驱牧马而遁。

十一月丁亥，吐谷浑寇凉州。己丑，下诏大举讨吐谷浑。上欲得李靖为将，为其老，重劳之。靖闻之，请行。上大悦。十二月辛丑，以靖为西海道行军大总管，节度诸军。兵部尚书侯君集为碛石道、刑部尚书任城王道宗为鄯善道、凉州都督李大亮为且末道、岷州都督李道彦为赤水道、利州刺史高甑生为盐泽道行军总管，并突厥、契苾之众击吐谷浑。

九年春正月，党项先内属者，皆叛归吐谷浑。三月庚辰，洮州羌叛入吐谷浑，杀刺史孔长秀。

夏闰四月癸酉，任城王道宗败吐谷浑于库山，吐谷浑可汗伏允悉烧野草，轻兵走入碛。诸将以为："马无草，疲瘦，未可深入。"侯君集曰："不然。向者段志玄军还，才及鄯州，虏已至其城下。盖虏犹完实，众为之用故也。今一败之后，鼠逃鸟散，斥候亦绝，君臣携离，父子相失，取之易于拾芥。此而不乘，后必悔之。"李靖从之，中分其军为两道，靖与薛万均、李大亮由北道，君集与任城王道宗由南道。戊子，靖部将薛孤儿败吐谷浑于曼头山，斩其名王，大获杂畜以充军食。癸巳，靖等败吐谷浑于牛心堆，又败诸赤水原。侯君集、任城王道宗引兵行无人之境二千余里，盛夏降霜，经破逻真谷，其地无水，人龁冰，马啖雪。五月，追及伏允于乌海，与战，大破之，获其名王。薛万均、薛万彻又败天柱王于赤海。

赤水之战，薛万均、薛万彻轻骑先进，为吐谷浑所围，兄弟皆中枪，失马步斗，从骑死者什六七。左领军将军契苾何力将数百骑救之，竭力奋击，所向披靡，万均、万彻由是得免。李大亮败吐谷浑于蜀浑山，获其名王二十人。将军执失思力败吐谷浑于合茹川。李靖督诸军经积石山河源，至且末，穷其西境。闻伏允在突伦川，将奔于阗，契苾何力欲追袭之，薛万均惩其前败，固言不可。何力曰："虏非有城郭，随水草迁徙，若不因其聚居袭取之，一朝云散，岂得复倾其巢穴邪？"自选骁骑千余直趣突伦川，万均乃引兵从之。碛中乏水，将士刺马血饮之。袭破伏允牙帐，斩首数千级，获杂畜二十余万。伏允脱身走，俘其妻子。侯君集等进逾星宿川，至柏海，还与李靖军合。

大宁王顺，隋氏之甥，伏允之嫡子也，为侍子于隋，久不得归，伏允立他子为太子。及归，意常怏怏。会李靖破其国，国人穷蹙，怨天柱王。顺因众心，斩天柱王，举国请降。伏允帅千余骑逃碛中，十余日，众散稍尽，为左右所杀。国人立顺为可汗。壬子，李靖奏平吐谷浑。乙卯，诏复其国，以慕容顺为西平郡王、趉故吕乌甘豆可汗。上虑顺未能服其众，仍命李大亮将精兵数千为其声援。

吐谷浑甘豆可汗久质中国，国人不附，竟为其下所杀，子燕王诺曷钵立。诺曷钵幼，大臣争权，国中大乱。十二月，诏兵部尚书侯君集等将兵援之。先遣使者谕解，有不奉诏者，随宜讨之。

十年春三月丁酉，吐谷浑王诺曷钵遣使请颁历行年号，遣子弟入侍，并从之。丁未，以诺曷钵为河源郡王、乌地也拔(勒)〔勤〕豆可汗。

十三年冬十二月己丑，吐谷浑王诺曷钵来朝，以宗女为弘化公主妻之。

十五年夏四月丁巳，果毅都尉席君买帅精兵百二十袭击吐谷浑丞相宣王，破之，斩其兄弟三人。初，丞相宣王专国政，阴谋袭弘化公主，劫其王诺曷钵奔吐蕃。诺曷钵闻之，轻骑奔鄯善城，其臣威信王以兵逆之，故君买为之讨诛宣王。国人犹惊扰，遣户部尚书唐俭等慰抚之。

通鉴纪事本末卷第二十九

贞观君臣论治

唐高祖武德九年秋八月甲子，太宗即皇帝位于东宫显德殿。九月己酉，上面定勋臣长孙无忌等爵邑，命陈叔达于殿下唱名示之，且曰："朕叙卿等勋赏或未当，宜各自言。"于是诸将争功，纷纭不已。淮安王神通曰："臣举兵关西，首应义旗，今房玄龄、杜如晦等专弄刀笔，功居臣上，臣窃不服。"上曰："义旗初起，叔父虽首唱举兵，盖亦自营脱祸。及窦建德吞噬山东，叔父全军覆没。刘黑闼再合余烬，叔父望风奔北。玄龄等运筹帷幄，坐安社稷，论功行赏，固宜居叔父之先。叔父国之至亲，朕诚无所爱，但不可以私恩滥与勋臣同赏耳。"诸将乃相谓曰："陛下至公，虽淮安王尚无所私，吾侪何敢不安其分。"遂皆悦服。房玄龄尝言："秦府旧人未迁官者，皆嗟怨曰：'吾属奉事左右，几何年矣，今除官，返出前宫、齐府人之后。'"上曰："王者至公无私，故能服天下之心。朕与卿辈日所衣食，皆取诸民者也。故设官分职，以为民也，当择贤才而用之，岂以新旧为先后哉！必也新而贤，旧而不肖，安可舍新而取旧乎？今不论其贤不肖，而直言嗟怨，岂为政之体乎？”

冬十月甲申，民部尚书裴矩奏“民遭突厥暴践者，请户给绢一匹”。上曰：“朕以诚信御下，不欲虚有存恤之名而无其实。户有大小，岂得雷同给赐乎？”于是计口为率。

初，上皇欲强宗室以镇天下，故皇再从三从弟及兄弟之子，虽童孺皆为王，王者数十人。上从容问群臣：“遍封宗子，于天下利乎？”封德彝对曰：“前世唯皇子及兄弟乃为王，自余非有大功无为王者。上皇敦睦九族，大封宗室，自两汉以来未有如今之多者。爵命既崇，多给力役，恐非示天下以至公也。”上曰：“然。朕为天子，所以养百姓也，岂可劳百姓以养己之宗族乎！”十一月庚寅，降宗室郡王皆为县公，惟有功者数人不降。

丙午，上与群臣论止盗。或请重法以禁之，上哂之曰：“民之所以为盗者，由赋繁役重，官吏贪求，饥寒切身，故不暇顾廉耻耳。朕当去奢省费，轻徭薄赋，选用廉吏，使民衣食有余，则自不为盗，安用重法邪！”自是数年之后，海内升平，路不拾遗，外户不闭，商旅野宿焉。上又尝谓侍臣曰：“君依于国，国依于民。刻民以奉君，犹割肉以充腹，腹饱而身毙，君富而国亡。故人君之患不自外来，常由身出。夫欲盛则费广，费广则赋重，赋重则民愁，民愁则国危，国危则君丧矣。朕常以此思之，故不敢纵欲也。”

十二月己巳，益州大都督窦轨奏称獠反，请发兵讨之，上曰：“獠依阻山林，时出鼠窃，乃其常俗。牧守苟能抚以恩信，自然帅服，安可轻动干戈。渔猎其民，比之禽兽，岂为民父母之意邪！”竟不许。

上谓裴寂曰：“比多上书言事者，朕皆粘之屋壁，得出入省览。每思治道，或深夜方寝。公辈亦当恪勤职业，副朕此意。”

上厉精求治，数引魏征入卧内，访以得失。征知无不言，上皆欣然嘉纳。上遣使点兵，封德彝奏"中男虽未十八，其躯干壮大者，亦可并点"。上从之。敕出，魏徵固执以为不可，不肯署敕，至于数四。上怒，召而让之曰："中男壮大者，乃奸民诈妄，以避征役。取之何害，而卿固执至此！"对曰："夫兵在御之得其道，不在众多。陛下取其壮健，以道御之，足以无敌于天下，何必多取细弱以增虚数乎！且陛下每云'吾以诚信御天下，欲使臣民皆无欺诈'，今即位未几，失信者数矣。"上愕然曰："朕何为失信？"对曰："陛下初即位，下诏云：'逋负官物，悉令蠲免。'有司以为负秦府国司者非官物，征督如故。陛下以秦王升为天子，国司之物，非官物而何？又曰：'关中免二年租调，关外给复一年。'既而继有敕，云：'已役已输者，以来年为始。'散还之后，方复更征，百姓固已不能无怪。今既征得物，复点为兵，何谓来年为始乎？又陛下所与共治天下者在于守宰，居常简阅，咸以委之。至于点兵，独疑其诈，岂所谓以诚信为治乎？"上悦，曰："向者朕以卿固执，疑卿不达政事，今卿论国家大体，诚尽其精要。夫号令不信则民不知所从，天下何由而治乎，朕过深矣！"乃不点中男，赐徵金瓮一。

上闻景州录事参军张玄素名，召见，问以政道。对曰："隋主好自专庶务，不任群臣，群臣恐惧，唯知禀受奉行而已，莫之敢违。以一人之智决天下之务，借使得失相半，乖谬已多，下谀上蔽，不亡何待！陛下诚能谨择群臣而分任以事，高拱穆清而考其成败，以施刑赏，何忧不治！又，臣观隋末乱离，其欲争天下者不过十余人而已，其余皆保乡党全妻子，以待有道而归之耳。乃知百姓好乱者亦鲜，但人主不能安之耳。"上善其言，擢为侍御史。

前幽州记室直中书省张蕴古上大宝箴，其略曰："圣人受命，拯溺亨屯，故以一人治天下，不以天下奉一人。"又曰："壮九重于内，所居不过容膝，彼昏不知，瑶其台而琼其室；罗八珍于前，所食不过适口，惟狂罔念，丘其糟而池其酒。"又曰："勿没没而闇，勿察察而明，虽冕旒蔽目而视于未形，虽黈纩塞耳而听于无声。"上嘉之，赐以束帛，除大理丞。

上召傅奕，赐之食，谓曰："汝前所奏，几为吾祸。然凡有天变，卿宜尽言皆如此，勿以前事为惩也。"上尝谓奕曰："佛之为教，玄妙可师，卿何独不悟其理?"对曰："佛乃胡中桀黠，诳耀彼土。中国邪僻之人，取庄、老玄谈，辅以妖幻之语，用欺愚俗，无益于民，有害于国。臣非不悟，鄙不学也。"上颇然之。

上患吏多受赇，密使左右试赂之。有司门令史受绢一匹，上欲杀之，民部尚书裴矩谏曰："为吏受赂，罪诚当死。但陛下使人遗之而受，乃陷人于法也，恐非所谓'道之以德，齐之以礼'。"上悦，召文武五品已上告之曰："裴矩能当官力争，不为面从，傥每事皆然，何忧不治?"

臣光曰：古人有言："君明臣直。"裴矩佞于隋而忠于唐，非其性之有变也，君恶闻其过则忠化为佞，君乐闻直言则佞化为忠。是知君者表也，臣者景也，表动则景随矣。

太宗贞观元年春正月丁亥，上宴群臣，奏秦王破陈乐。上曰："朕昔受委专征，民间遂有此曲，虽非文德之雍容，然功业由兹而成，不敢忘本。"封德彝曰："陛下以神武平海内，岂文德之足比。"上曰："戡乱以武，守成以文，文武之用，各随其时。卿谓文不及武，斯言过矣。"德彝顿首谢。

上以兵部郎中戴胄忠清公直，擢为大理少卿。上以选人多诈冒资荫,敕令自首,不首者死。未几有诈冒事觉者,上欲杀之。胄奏“据法应流”。上怒曰:“卿欲守法,而使朕失信乎?”对曰:“敕者出于一时之喜怒,法者国家所以布大信于天下也。陛下忿选人之多诈,故欲杀之,而既知其不可,复断之以法,此乃忍小忿而存大信也。”上曰:“卿能执法,朕复何忧。”胄前后犯颜执法,言如涌泉,上皆从之,天下无冤狱。

上令封德彝举贤,久无所举。上诘之,对曰:“非不尽心,但于今未有奇才耳!”上曰:“君子用人如器,各取所长,古之致治者,岂借才于异代乎? 正患己不能知,安可诬一世之人。”德彝惭而退。

御史大夫杜淹奏:“诸司文案,恐有稽失,请令御史就司检校。”上以问封德彝,对曰:“设官分职,各有所司。果有愆违,御史自应纠举。若遍历诸司,搜擿疵颣,太为烦碎。”淹默然。上问淹:“何故不复论执?”对曰:“天下之务,当尽至公,善则从之。德彝所言,真得大体,臣诚心服,不敢遂非。”上悦,曰:“公等各能如是,朕复何忧。”

右骁卫大将军长孙顺德受人馈绢,事觉,上曰:“顺德果能有益国家,朕与之共有府库耳,何至贪冒如是乎?”犹惜其有功,不之罪,但于殿庭赐绢数十匹。大理少卿胡演曰:“顺德枉法受财,罪不可赦,奈何复赐之绢!”上曰:“彼有人性,得绢之辱,甚于受刑。如不知愧,一禽兽耳,杀之何益。”

闰三月壬申,上谓太子少师萧瑀曰:“朕少好弓矢,得良弓十数,自谓无以加。近以示弓工,乃曰‘皆非良材’。朕问其故,工曰:‘木心不直则脉理皆邪,弓虽劲而发矢不直。’朕始寤向者辨之未精也。朕以弓矢定四方,识之犹未能尽,况天下之务,其能遍知乎！”乃命京官五品以上更宿中书内省，数延见，问以民间疾苦及政事得失。

夏五月，有上书请去佞臣者，上问：“佞臣为谁？”对曰：“臣居草泽，不能的知其人。愿陛下与群臣言，或阳怒以试之，彼执理不屈者，直臣也，畏威顺旨者，佞臣也。”上曰：“君，源也。臣，流也。浊其源而求其流之清，不可得矣。君自为诈，何以责臣下之直乎？朕方以至诚治天下，见前世帝王好以权谲小数接其臣下者，常窃耻之。卿策虽善，朕不取也。”

六月戊申，上与侍臣论周、秦修短。萧瑀对曰：“纣为不道，武王征之，周及六国无罪，始皇灭之。得天下虽同，人心则异。”上曰：“公知其一，未知其二。周得天下，增修仁义，秦得天下，益尚诈力，此修短之所以殊也。盖取之或可以逆得，而守之不可以不顺故也。”瑀谢不及。

上问公卿以享国久长之策。萧瑀言：“三代封建而久长，秦孤立而速亡。”上以为然，于是始有封建之议。

秋九月辛酉，中书令宇文士及罢为殿中监，御史大夫杜淹参豫朝政。他官参豫政事自此始。淹荐刑部员外郎邸怀道，上问其行能，对曰：“炀帝将幸江都，召百官问行留之计，怀道为吏部主事，独言不可。臣亲见之。”上曰：“卿称怀道为是，何为自不正谏？”对曰：“臣尔日不居重任，又知谏不从，徒死无益。”上曰：“卿知炀帝不可谏，何为立其朝？既立其朝，何得不谏？卿仕隋，容可云位卑，后仕王世充，尊显矣，何得亦不谏？”对曰：“臣于世充非不谏，但不从耳。”上曰：“世充若贤而纳谏，不应亡国；若暴而拒谏，卿何得免祸？”淹不能对。上曰：“今日可谓尊任矣，可以谏未？”对曰：“愿尽死。”上笑。

冬十二月，或告右丞魏徵私其亲戚，上使御史大夫温彦博按之，无状。彦博言于上曰："征不存形迹，远避嫌疑，心虽无私，亦有可责。"上令彦博让徵，且曰："自今宜存形迹。"他日，徵入见，言于上曰："臣闻君臣同体，宜相与尽诚。若上下但存形迹，则国之兴丧尚未可知，臣不敢奉诏。"上瞿然曰："吾已悔之。"征再拜曰："臣幸得奉事陛下，愿使臣为良臣，勿为忠臣。"上曰："忠良有以异乎？"对曰："稷、契、皋陶，君臣协心，俱享尊荣，所谓良臣。龙逄、比干，面折廷争，身诛国亡，所谓忠臣。"上悦，赐绢五百匹。

上神采英毅，群臣进见者皆失举措。上知之，每见人奏事，必假以辞色，冀闻规谏。尝谓公卿曰："人欲自见其形，必资明镜。君欲自知其过，必待忠臣。苟其君愎谏自贤，其臣阿谀顺旨，君既失国，臣岂能独全。如虞世基等谄事炀帝以保富贵，炀帝既弑，世基等亦诛。公辈宜用此为戒，事有得失，无惜尽言。"

或上言秦府旧兵宜尽除武职，追入宿卫。上谓之曰："朕以天下为家，惟贤是与，岂旧兵之外皆无可信者乎？汝之此意，非所以广朕德于天下也。"上谓公卿曰："昔禹凿山治水而民无谤讟者，与人同利故也。秦始皇营宫室而民怨叛者，病人以利己故也。夫靡丽珍奇，固人之所欲，若纵之不已，则危亡立至。朕欲营一殿，材用已具，鉴秦而止。王公已下，宜体朕此意。"由是二十年间，风俗素仆，衣无锦绣，公私富给。

上谓黄门侍郎王圭曰："国家本置中书、门下以相检察，中书诏敕或有差失，则门下当行驳正。人心所见，互有不同，苟论难往来，务求至当，舍己从人，亦复何伤。比来或护己之短，遂成怨隙，或苟避私怨，知非不正，顺一人之颜情，为兆民之深患，此乃亡国之政也。炀帝之世，内外庶官务相顺从，当是之时，皆自谓有智，祸不及身。及天下大乱，家国两亡，虽其间万一有得免者，亦为时论所贬，终古不磨。卿曹各当徇公忘私，勿雷同也。”

上谓侍臣曰：“吾闻西域贾胡得美珠，剖身以藏之，有诸？”侍臣曰：“有之。”上曰：“人皆知笑彼之爱珠，而不爱其身也。吏受赇抵法，与帝王徇奢欲而亡国者，何以异于彼胡之可笑邪？”魏征曰：“昔鲁哀公谓孔子曰：‘人有好忘者，徙宅而忘其妻。’孔子曰：‘又有甚者，桀纣乃忘其身。’亦犹是也。”上曰：“然。朕与公辈宜戮力相辅，庶免为人所笑也。”

鄃令裴仁轨私役门夫，上怒，欲斩之。殿中侍御史长安李乾祐谏曰：“法者，陛下所与天下共也，非陛下所独有也。今仁轨坐轻罪而抵极刑，臣恐人无所措手足。”上悦，免仁轨死，以乾祐为侍御史。

上尝语及关中、山东人，意有同异。殿中侍御史义丰张行成跪奏曰：“天子以四海为家，不当有东西之异，恐示人以隘。”上善其言，厚赐之。自是每有大政，常使预议。

二年春正月，上问魏徵曰：“人主何为而明？何为而暗？”对曰：“兼听则明，偏信则暗。昔尧清问下民，故有苗之恶得以上闻。舜明四目，达四聪，故共、鲧、驩兜不能蔽也。秦二世偏信赵高，以成望夷之祸。梁武帝偏信朱异，以取台城之辱。隋炀帝偏信虞世基，以致彭城合之变。是故人君兼听广纳，则贵臣不得壅蔽，而下情得以上通也。”上曰：“善。”上谓黄门侍郎王圭曰：“开皇十四年大旱，隋文帝不许赈给，而令百姓就食山东。比至末年，天下储积可供五十年。炀帝恃其富饶，侈心无厌，卒亡天下。但使仓庾之积足以备凶年，其余何用哉！”

二月，上谓侍臣曰："人言天子至尊，无所畏惮。朕则不然，上畏皇天之监临，下惮群臣之瞻仰，兢兢业业，犹恐不合天意，未副人望。"魏徵曰："此诚致治之要，愿陛下慎终如始则善矣。"

上谓房玄龄等曰："为政莫若至公。昔诸葛亮窜廖立、李严于南夷，亮卒而立、严皆悲泣，有死者，非至公能如是乎？又高颎为隋相，公平识治体，隋之兴亡，系颎之存没。朕既慕前世之明君，卿等不可不法前世之贤相也。"

夏四月，太常少卿祖孝孙以为"梁、陈之音多吴、楚，周、齐之音多胡、夷"，于是斟酌南北，考以古声，作唐雅乐，凡八十四调，三十一曲，十二和。诏协律郎张文收与孝孙同修定。六月乙酉，孝孙等奏新乐，上曰："礼乐者，盖圣人缘物以设教耳，治之隆替，岂由于此？"御史大夫杜淹曰："齐之将亡，作伴侣曲，陈之将亡，作玉树后庭花，其声哀思，行路闻之皆悲泣，何得言治之隆替不在乐也？"上曰："不然。夫乐能感人，故乐者闻之则喜，忧者闻之则悲，悲喜在人心，非由乐也。将亡之政，民必愁苦，故闻乐而悲耳。今二曲具存，朕为公奏之，公岂悲乎？"右丞魏徵曰："古人称'礼云，礼云，玉帛云乎哉。乐云，乐云，钟鼓云乎哉'。乐诚在人和，不在声音也。"

臣光曰：臣闻垂能目制方圆，心度曲直，然不能以教人，其所以教人者，必规矩而已矣。圣人不勉而中，不思而得，然不能以授人，其所以授人者，必礼乐而已矣。礼者圣人之所履也，乐者圣人之所乐也。圣人履中正而乐和平，又思与四海共之，百世传之，于是乎作礼乐焉。故工人执垂之规矩而施之器，是亦垂之功已。王者执五帝、三王之礼乐而施之世，是亦五帝、三王之治已。五帝、三王，其违世已久，后之人见其礼知其所履，闻其乐知其所乐，炳然若犹存于世焉，此非礼乐之功邪？

夫礼乐有本有末，中和者本也，容声者末也，二者不可偏废。先王守礼乐之本，未尝须臾去于心，行礼乐之文，未尝须臾远于身。兴于闺门，著于朝廷，被于乡遂比邻，达于诸侯，流于四海，自祭祀军旅至于饮食起居，未尝不在礼乐之中。如此数十百年，然后治化周浃，凤凰来仪也。苟无其本而徒有其末，一日行之而百日舍之，求以移风易俗，诚亦难矣。是以汉武帝置协律，歌天瑞，非不美也，不能免哀痛之诏。王莽建羲和，考律吕，非不精也，而不能救渐台之祸。晋武帝制笛尺，调金石，非不详也，不能弭平阳之灾。梁武帝立四器，调八音，非不察也，不能免台城之辱。然则虽韶、夏、濩、武之音具存于世，苟其余不足以称之，曾不能化一夫，况四海乎！是犹执垂之规矩而无工与材，坐而待器之成，终不可得也。况齐、陈淫昏之主，亡国之音，暂奏于庭，乌能变一世之哀乐乎？而太宗遽云治之隆替不由于乐，何发言之易，而果于非圣人也如此。

夫礼非威仪之谓也，然无威仪则礼不可得而行矣。乐非声音之谓也，然无声音则乐不可得而见矣。譬诸山，取其一土一石而谓之山则不可，然土石皆去，山于何在哉？故曰："无本不立，无文不行。"奈何以齐、陈之音不验于今世，而谓乐无益于治乱，何异睹拳石而轻泰山乎？必若所言，则是五帝、三王之作乐皆妄也。"君子于其所不知，盖阙如也"，惜哉！

六月戊子，上谓侍臣曰："朕观隋炀帝集，文辞奥博，亦知是尧、舜而非桀、纣,然行事何其反也?”魏徵对曰:“人君虽圣哲,犹当虚己以受人,故智者献其谋,勇者竭其力。炀帝恃其俊才,骄矜自用,故口诵尧、舜之言,而身为桀、纣之行,曾不自知,以至覆亡也。”上曰:“前事不远,吾属之师也。”

畿内有蝗。辛卯,上入苑中,见蝗,掇数枚,祝之曰:“民以谷为命,而汝食之,宁食吾之肺肠。”举手欲吞之,左右谏曰:“恶物或成疾。”上曰:“朕为民受灾,何疾之避。”遂吞之。是岁,蝗不为灾。

上曰:“朕每临朝,欲发一言,未尝不三思,恐为民害,是以不多言。”给事中知起居事杜正伦曰:“臣职在记言,陛下之言失,臣必书之,岂徒有害于今,亦恐贻讥于后。”上悦,赐绢二百段。

上曰:“梁武帝君臣惟谈苦空,侯景之乱,百官不能乘马。元帝为周师所围,犹讲老子,百官戎服以听。此深足为戒。朕所好者,唯尧、舜、周、孔之道,以为如鸟有翼,如鱼有水,失之则死,不可暂无耳。”

秋七月,上谓侍臣曰:“古语有之:‘赦者小人之幸,君子之不幸。’‘一岁再赦,善人喑哑。’夫养稂莠者害嘉谷,赦有罪者贼良民。故朕即位以来,不欲数赦,恐小人恃之轻犯宪章故也。”

九月,上曰:“比见群臣屡上表贺祥瑞。夫家给人足而无瑞,不害为尧、舜;百姓愁怨而多瑞,不害为桀、纣。后魏之世,吏焚连理木,煮白雉而食之,岂足为至治乎?”丁未,诏:“自今大瑞听表闻,自外诸瑞申所司而已。”尝有白鹊构巢于寝殿槐上,合欢如腰鼓,左右称贺。上曰:“我常笑隋炀帝好祥瑞。瑞在得贤,此何足贺。”命毁其巢,纵鹊于野外。

上问王珪曰:“近世为国者益不及前古,何也?”对曰:“汉世尚儒术，宰相多用经术士，故风俗淳厚。近世重文轻儒，参以法律，此治化之所以益衰也。”上然之。

冬十二月壬午，以黄门侍郎王珪为守侍中。上尝闲居，与珪语，有美人侍侧，上指示圭曰：“此庐江王瑗之姬也。瑗杀其夫而纳之。”圭避席曰：“陛下以庐江纳之为是邪，非邪？”上曰：“杀人而取其妻，何问是非！”对曰：“昔齐桓公知郭公之所以亡，由善善而不能用，然弃其所言之人，管仲以为无异于郭公。今此美人尚在左右，臣以为圣心是之也。”上悦，即出之，还其亲族。

上使太常少卿祖孝孙教宫人音乐，不称旨，上责之。温彦博、王珪谏曰：“孝孙雅士，今乃使之教宫人，又从而谴之，臣窃以为不可。”上怒曰：“朕置卿等于腹心，当竭忠直以事我，乃附下罔上，为孝孙游说邪！”彦博拜谢。珪不拜，曰：“陛下责臣以忠直，今臣所言岂私曲邪？此乃陛下负臣，非臣负陛下。”上默然而罢。明日，上谓房玄龄曰：“自古帝王纳谏诚难。朕昨责温彦博、王珪，至今悔之。公等勿为此不尽言也。”

上曰：“为朕养民者，唯在都督、刺史，朕常疏其名于屏风，坐卧观之，得其在官善恶之迹，皆注于名下，以备黜陟。县令尤为亲民，不可不择。”乃命内外五品已上，各举堪为县令者，以名闻。

上曰：“比有奴告其主反者，此弊事。夫谋反不能独为，必与人共之，何患不发，何必使奴告邪？自今有奴告主者皆勿受，仍斩之。”

三年春二月戊寅，以房玄龄为左仆射，杜如晦为右仆射，以尚书右丞魏徵守秘书监，参预朝政。

三月丁巳，上谓房玄龄、杜如晦曰：“公为仆射，当广求贤人，随才授任，此宰相之职也。比闻听受辞讼，日不暇给，安能助朕求贤乎?”因敕尚书细务属左右丞,唯大事应奏者乃关仆射。玄龄明达吏事,辅以文学,夙夜尽心,恐一物失所。用法宽平,闻人有善,若己有之。不以求备取人,不以己长格物。与如晦引拔士类,常如不及。至于台阁规模,皆二人所定。上每与玄龄谋事,必曰:“非如晦不能决。”及如晦至,卒用玄龄之策。盖玄龄善谋,如晦能断故也。二人深相得,同心徇国,故唐世称贤相者推房、杜焉。玄龄虽蒙宠待,或以事被谴,辄累日诣朝堂,稽颡请罪,恐惧若无所容。

玄龄监修国史,上语之曰:“比见汉书载子虚、上林赋,浮华无用。其上书论事词理切直者,朕从与不从,皆当载之。”

夏四月乙亥,上皇徙居弘义宫,更名大安宫。甲午,上始御太极殿,谓侍臣曰:“中书、门下,机要之司,诏敕有不便者皆应论执。比来唯睹顺从,不闻违异。若但行文书,则谁不可为,何必择才也。”房玄龄等皆顿首谢。故事,凡军国大事,则中书舍人各执所见,杂署其名,谓之“五花判事”。中书侍郎、中书令省审之,给事中、黄门侍郎驳正之。上始申明旧制,由是鲜有败事。

冬十二月乙酉,上问给事中孔颖达曰:“论语‘以能问于不能,以多问于寡,有若无,实若虚’,何谓也?”颖达具释其义以对,且曰:“非独匹夫如是,帝王亦然。帝王内蕴神明,外当玄默,故易称‘以蒙养正,以明夷莅众’。若位居尊极,炫耀聪明,以才陵人,饰非拒谏,则下情不通,取亡之道也。”上深善其言。

房玄龄、王珪掌内外官考,治书侍御史万年权万纪奏其不平,上命侯君集推之。魏徵谏曰:“玄龄、珪皆朝廷旧臣,素以忠直为陛下所委,所考既多,其间能无一二人不当!察其情,终非阿私。若推得其事,则皆不可信,岂得复当重任?且万纪比来恒在考堂，曾无驳正，及身不得考，乃始陈论。此正欲激陛下之怒，非竭诚徇国也。使推之得实，未足裨益朝廷；若其本虚，徒失陛下委任大臣之意。臣所爱者治体，非敢苟私二臣。”上乃释不问。

四年春二月（甲寅），以御史大夫温彦博为中书令，守侍中王珪为侍中，守户部尚书戴胄为户部尚书，参预朝政，太常少卿萧瑀为御史大夫，与宰臣参议朝政。

三月甲申，蔡成公杜如晦薨。

夏六月乙卯，发卒修洛阳宫以备巡幸。给事中张玄素上书谏，以为：“洛阳未有巡幸之期，而预修宫室，非今日之急务。昔汉高祖纳娄敬之说，自洛阳迁长安，岂非洛阳之地不及关中之形胜邪？景帝用晁错之言而七国构祸，陛下今处突厥于中国，突厥之亲何如七国？岂得不先为忧，而宫室可遽兴，乘舆可轻动哉。臣见隋氏初营宫室，近山无大木，皆致之远方，二千人曳一柱，以木为轮，则戛摩火出，乃铸铁为毂，行一二里，铁毂辄破，别使数百人赍铁毂随而易之，尽日不过行二三十里。计一柱之费，已用数十万功，则其余可知矣。陛下初平洛阳，凡隋氏宫室之宏侈者皆令毁之，曾未十年，复加营缮，何前日恶之而今日效之也？且以今日财力，何如隋世？陛下役疮痍之人，袭亡隋之弊，恐又甚于炀帝矣。”上谓玄素曰：“卿谓我不如炀帝，何如桀、纣？”对曰：“若此役不息，亦同归于乱耳。”上叹曰：“吾思之不熟，乃至于是。”顾谓房玄龄曰：“朕以洛阳土中，朝贡道均，意欲便民，故使营之。今玄素所言诚有理，宜即为之罢役。后日或以事至洛阳，虽露居亦无伤也。”仍赐玄素彩二百匹。

秋七月乙丑，上问房玄龄、萧瑀曰：“隋文帝何如主也？”对曰：“文帝勤于为治，每临朝，或至日昃，五品已上引坐论事，卫士传飧而食。虽性非仁厚，亦励精之主也。”上曰：“公得其一，未知其二。文帝不明而喜察。不明则照有不通，喜察则多疑于物，事皆自决，不任群臣。天下至广，一日万机，虽复劳神苦形，岂能一一中理？群臣既知主意，唯取决受成，虽有愆违，莫敢谏争，此所以二世而亡也。朕则不然。择天下贤才置之百官，使思天下之事，关由宰相，审熟便安，然后奏闻。有功则赏，有罪则刑，谁敢不竭心力以修职业，何忧天下之不治乎！”因敕百司：“自今诏敕行下有未便者，皆应执奏，毋得阿从，不尽己意。”

冬十二月，诸宰相侍宴，上谓王珪曰：“卿识鉴精通，复善谈论，玄龄以下，卿宜悉加品藻，且自谓与数子何如。”对曰：“孜孜奉国，知无不为，臣不如玄龄。才兼文武，出将入相，臣不如李靖。敷奏详明，出纳惟允，臣不如温彦博。处繁治剧，众务毕举，臣不如戴胄。耻君不及尧、舜，以谏争为己任，臣不如魏徵。至于激浊扬清，嫉恶好善，臣于数子亦有微长。”上深以为然，众亦服其确论。

上之初即位也，尝与群臣语及教化，上曰：“今承大乱之后，恐斯民未易化也。”魏徵对曰：“不然。久安之民骄佚，骄佚则难教，经乱之民愁苦，愁苦则易化。譬犹饥者易为食，渴者易为饮也。”上深然之。封德彝非之曰：“三代以还，人渐浇讹，故秦任法律，汉杂霸道，盖欲化而不能，岂能之而不欲邪？魏徵书生，未识时务，若信其虚论，必败国家。”徵曰：“五帝、三王不易民而化。昔黄帝征蚩尤，颛顼诛九黎，汤放桀，武王伐纣，皆能身致太平，岂非承大乱之后邪？若谓古人淳朴，渐致浇讹，则至于今日，当悉化为鬼魅矣，人主安得而治之！”上卒从徵言。

元年关中饥，米斗直绢一匹。二年天下蝗，三年大水。上勤而抚之，民虽东西就食，未尝嗟怨。是岁天下大稔，流散者咸归乡里，米斗不过三四钱，终岁断死刑才二十九人。东至于海，南及五岭，皆外户不闭，行旅不赍粮，取给于道路焉。上谓长孙无忌曰："贞观之初，上书者皆云：'人主当独运威权，不可委之臣下。'又云：'宜震耀威武，征讨四夷。'唯魏徵劝朕偃武修文，中国既安，四夷自服。朕用其言。今颉利成擒，其酋长并带刀宿卫，部落皆袭衣冠，徵之力也，但恨不使封德彝见之耳。"徵再拜谢曰："突厥破灭，海内康宁，皆陛下威德，臣何力焉。"上曰："朕能任公，公能称所任，则其功岂独在朕乎？"

房玄龄奏"阅府库甲兵，远胜隋世"。上曰："甲兵武备，诚不可阙。然炀帝甲兵岂不足邪，卒亡天下。若公等尽力，使百姓乂安，此乃朕之甲兵也。"

五年秋九月，上修仁寿宫，更命曰九成宫。又将修洛阳宫，民部尚书戴胄表谏，以"乱离甫尔，百姓雕弊，帑藏空虚，若营造不已，公私劳费，殆不能堪"。上嘉之，曰："戴胄于我非亲，但以忠直体国，知无不言，故以官爵酬之耳。"久之，竟命将作大匠窦琎修洛阳宫，琎凿池筑山，雕饰华靡，上怒，遽命毁之，免琎官。

初，上令群臣议封建。魏徵议，以为："若封建诸侯，则卿大夫咸资俸禄，必致厚敛。又，京畿赋税不多，所资畿外，若尽以封国邑，经费顿阙。又，燕、秦、赵、代俱带外夷，若有警急，追兵内地，难以奔赴。"礼部侍郎李百药以为："运祚修短，定命自天，尧、舜大圣，守之而不能固，汉、魏微贱，拒之而不能却。今使勋戚子孙皆有民有社，易世之后，将骄淫自恣，攻战相残，害民尤深，不若守令之迭居也。"中书侍郎颜师古以为："不若分王宗子，勿令过大，间以州县，杂错而居，互相维持，使各守其境，协力同心，足扶京室。为置官寮，皆省司选用，法令之外，不得擅作威刑，朝贡礼仪，具为条式。一定此制，万代无虞。”十一月丙辰，诏：“皇家宗室及勋贤之臣，宜令作镇藩部，贻厥子孙，非有大故无或黜免，所司明为条例，定等级以闻。”

冬十二月，上谓侍臣曰：“朕以死刑至重，故令三覆奏，盖欲思之详熟故也。而有司须臾之间，三覆已讫。又，古刑人，君为之彻乐减膳。朕庭无常设之乐，然常为之不啖酒肉，但未有著令。又，百司断狱，唯据律文，虽情在可矜，而不敢违法，其间岂能尽无冤乎？”丁亥，制：“决死囚者，二日中五覆奏，下诸州者三覆奏。行刑之日，尚食勿进酒肉，内教坊及太常不举乐。皆令门下覆视，有据法当死而情可矜者，录状以闻。”由是全活甚众。其五覆奏者以决前一二日，至决日又三覆奏。惟犯恶逆者一覆奏而已。

上谓执政曰：“朕常恐因喜怒妄行赏罚，故欲公等极谏。公等亦宜受人谏，不可以己之所欲，恶人违之。苟自不能受谏，安能谏人。”

康国求内附，上曰：“前代帝王好招求绝域，以求服远之名，无益于用而糜弊百姓。今康国内附，傥有急难，于义不得不救。师行万里，岂不疲劳。劳百姓以取虚名，朕不为也。”遂不受。谓侍臣曰：“治国如治病，病虽愈，尤宜将护，傥遽自放纵，病复作，则不可救矣。今中国幸安，四夷俱服，诚自古所希，然朕日慎一日，唯惧不终，故欲数闻卿辈谏争也。”魏徵曰：“内外治安，臣不以为喜，唯喜陛下居安思危耳。”

上尝与侍臣论狱。魏徵曰：“炀帝时尝有盗发，帝令於士澄捕之，少涉疑似，皆拷讯取服，凡二千余人，帝悉令斩之。大理丞张元济怪其多，试寻其状，内五人尝为盗，余皆平民。竟不敢执奏，尽杀之。”上曰：“此岂唯炀帝无道，其臣亦不尽忠。君臣如此，何得不亡？公等宜戒之。”

六年春正月，文武官请封禅，上曰：“卿辈皆以封禅为帝王盛事，朕意不然。若天下乂安，家给人足，虽不封禅，庸何伤乎？昔秦始皇封禅，而汉文帝不封禅，后世岂以文帝之贤不及始皇邪？且事天扫地而祭，何必登泰山之巅，封数尺之土，然后可以展其诚敬乎。”群臣犹请之不已，上亦欲从之，魏徵独以为不可。上曰：“公不欲朕封禅者，以功未高邪？”曰：“高矣。”“德未厚邪？”曰：“厚矣。”“中国未安邪？”曰：“安矣。”“四夷未服邪？”曰：“服矣。”“年谷未丰邪？”曰：“丰矣。”“符瑞未至邪？”曰：“至矣。”“然则何为不可封禅？”对曰：“陛下虽有此六者，然承隋末大乱之后，户口未复，仓廪尚虚，而车驾东巡，千乘万骑，其供顿劳费，未易任也。且陛下封禅，则万国咸集，远夷君长，皆当扈从。今自伊、洛以东至于海、岱，烟火尚希，灌莽极目，此乃引戎〔狄〕入腹中，示之以虚弱也。况赏赉不赀，未厌远人之望，给复连年，不偿百姓之劳，崇虚名而受实害，陛下将焉用之。”会河南北数州大水，事遂寝。

三月，长乐公主将出降，上以公主，皇后所生，特爱之，敕有司资送倍于永嘉长公主。魏徵谏曰：“昔汉明帝欲封皇子，曰：‘我子岂得与先帝子比，’皆令半楚、淮阳。今资送公主倍于长主，得无异于明帝之意乎？”上然其言，入告皇后。后叹曰：“妾亟闻陛下称重魏徵，不知其故，今观其引礼义以抑人主之情，乃知真社稷之臣也。妾与陛下结发为夫妇，曲承恩礼，每言必先候颜色，不敢轻犯威严。况以人臣之疏远，乃能抗言如是！陛下不可不从也。”因请遣中使赍钱四百缗、绢四百匹以赐征，且语之曰：“闻公正直，乃今见之，故以相赏。公宜常秉此心，勿转移也。”上尝罢朝，怒曰：“会须杀此田舍翁！”后问为谁，上曰：“魏徵每廷辱我。”后退，具朝服立于庭，上惊问其故，后曰：“妾闻主明臣直。今魏徵直，由陛下之明故也，妾敢不贺。”上乃悦。

秋七月辛未，宴三品已上于丹霄殿，上从容言曰：“中外乂安，皆公卿之力。然隋炀帝威加夷夏，颉利跨有北荒，统叶护雄据西域，今皆覆亡，此乃朕与公等所亲见，勿矜强盛以自满也。”

闰月乙卯，上宴近臣于丹霄殿，长孙无忌曰：“王珪、魏徵昔为仇雠，不谓今日得同此宴。”上曰：“徵珪尽心所事，故我用之。然徵每谏我不从，我与之言辄不应，何也？”魏徵对曰：“臣以事为不可，故谏，若陛下不从而臣应之，则事遂施行，故不敢应。”上曰：“且应而复谏，庸何伤？”对曰：“昔舜戒群臣：‘尔无面从，退有后言。’臣心知其非而口应陛下，乃面从也，岂稷、契事舜之意邪！”上大笑曰：“人言魏徵举止疏慢，我视之更觉妩媚，正为此耳。”徵起，拜谢曰：“陛下开臣使言，故臣得尽其愚。若陛下拒而不受，臣何敢数犯颜色乎！”

戊辰，秘书少监虞世南上圣德论，上赐手诏，称：“卿论太高。朕何敢拟上古，但比近世差胜耳。然卿适睹其始，未知其终。若朕能慎终如始，则此论可传，如或不然，恐徒使后世笑卿也。”

冬十二月癸丑，帝与侍臣论安危之本。中书令温彦博曰：“伏愿陛下常如贞观初，则善矣。”帝曰：“朕比来怠于为政乎？”魏徵曰：“贞观之初，陛下志在节俭，求谏不倦。比来营缮微多，谏者颇有忤旨，此其所以异耳。”帝拊掌大笑曰：“诚有是事。”

上谓侍臣曰：“朕比来决事或不能皆如律令，公辈以为事小，不复执奏。夫事无不由小以致大，此乃危亡之端也。昔关龙逄忠谏而死，朕每痛之。炀帝骄暴而亡，公辈所亲见也。公辈常宜为朕思炀帝之亡，朕常为公辈念关龙逄之死，何患君臣不相保乎？”

上谓魏徵曰：“为官择人，不可造次。用一君子则君子皆至，用一小人则小人竞进矣。”对曰：“然。天下未定，则专取其才，不考其行。丧乱既平，则非才行兼备，不可用也。”

七年冬十二月，上问魏徵曰：“群臣上书可采，及召对多失次，何也？”对曰：“臣观百司奏（常）事，〔常〕数日思之，及至上前，三分不能道一。况谏者佛意触忌，非陛下借之辞色，岂敢尽其情哉。”上由是接群臣辞色愈温，尝曰：“炀帝多猜忌，临朝对群臣多不语。朕则不然，与群臣相亲如一体耳。”

八年冬十二月，中牟丞皇甫德参上言：“修洛阳宫，劳人。收地租，厚敛。俗好高髻，盖宫中所化。”上怒，谓房玄龄等曰：“德参欲国家不役一人，不收斗租，宫人皆无发，乃可其意邪！”欲治其谤讪之罪。魏徵谏曰：“贾谊当汉文帝时上书，云‘可为痛哭者一，可为流涕者二’。自古上书不激切，不能动人主之心，所谓狂夫之言，圣人择焉，唯陛下裁察。”上曰：“朕罪斯人，则谁复敢言？”乃赐绢二十匹。他日，徵奏言：“陛下近日不好直言，虽勉强含容，非曩时之豁如。”上乃更加优赐，拜监察御史。

九年春三月，上谓魏徵曰：“齐后主、周天元皆重敛百姓，厚自奉养，力竭而亡。譬如馋人自啖其肉，肉尽而毙，何其愚也。然二主孰为优劣？”对曰：“齐后主懦弱，政出多门。周天元骄暴，威福在己。虽同为亡国，齐主尤劣也。”

十年秋八月丙子，上谓群臣曰：“朕开直言之路，以利国也，而比来上封事者多讦人细事。自今复有为是者，朕当以谗人罪之。”

冬十二月，魏王泰有宠于上，或言三品以上多轻魏王。上怒，引三品以上，作色让之曰：“隋文帝时，一品以下皆为诸王所顿踬，彼岂非天子儿邪！朕但不听诸子纵横耳，闻三品以上皆轻之，我若纵之，岂不能折辱公辈乎！”房玄龄等皆惶惧，流汗拜谢。魏徵独正色曰：“臣窃计当今群臣，必无敢轻魏王者。在礼，臣子一也。《春秋》，王人虽微，序于诸侯之上。三品以上皆公卿，陛下所尊礼。若纪纲大坏，固所不论。圣明在上，魏王必无顿辱群臣之理。隋文帝骄其诸子，使多行无礼，卒皆夷灭，又足法乎！”上悦，曰：“理到之语，不得不服。朕以私爱忘公义，向者之忿，自谓不疑，及闻徵言，方知理屈。人主发言，何得容易乎！”

上曰：“法令不可数变，数变则烦，官长不能尽记。又前后差违，吏得以为奸。自今变法，皆宜详慎而行之。”

治书侍御史权万纪上言：“宣、饶二州银大发采之，岁可得数百万缗。”上曰：“朕贵为天子，所乏者非财也，但恨无嘉言可以利民耳。与其多得数百万缗，何如得一贤才。卿未尝进一贤，退一不肖，而专言税银之利。昔尧、舜抵璧于山，投珠于谷，汉之桓、灵乃聚钱为私藏，卿欲以桓、灵俟我邪？”是日，黜万纪，使还家。

十一年春正月，上作飞山宫。庚子，特进魏徵上疏，以为：“炀帝恃其富强，不虞后患，穷奢极欲，使百姓困穷，以至身死人手，社稷为墟。陛下拨乱反正，宜思隋之所以失，我之所以得，撤其峻宇，安于卑宫。若因基而增广，袭旧而加饰，此则以乱易乱，殃咎必至。难得易失，可不念哉！”

上尝问大理卿刘德威曰："近日刑网稍密，何也？"对曰："此在主上，不在群臣。人主好宽则宽，好急则急。律文，失入减三等，失出减五等。今失入无辜，失出更获大罪，是以吏各自免，竞就深文，非有教使之然，畏罪故耳。陛下傥一断以律，则此风立变矣。"上悦，从之，由是断狱平允。

二月，上至显仁宫，官吏以阙储偫，有被谴者。魏徵谏曰："陛下以储偫谴官吏，臣恐承风相扇，异日民不聊生，殆非行幸之本意也。昔炀帝讽郡县献食，视其丰俭以为赏罚，故海内叛之。此陛下所亲见，奈何欲效之乎！"上惊曰："非公，不闻此言。"因谓长孙无忌等曰："朕昔过此，买饭而食，僦舍而宿，今供顿如此，岂得犹嫌不足乎。"

三月庚子，上宴洛阳宫西苑，泛积翠池，顾谓侍臣曰："炀帝作此宫苑，结怨于民，今悉为我有，正由宇文述、虞世基、裴蕴之徒内为谄谀，外蔽聪明故也，可不戒哉！"

夏四月己卯，魏徵上疏，以为："人主善始者多，克终者寡，岂取之易而守之难乎？盖以殷忧则竭诚以尽下，安逸则骄恣而轻物。尽下则胡越同心，轻物则六亲离德，虽震之以威怒，亦皆貌从而心不服故也。人主诚能见可欲则思知足，将兴缮则思知止，处高危则思谦降，临满盈则思挹损，遇逸乐则思撙节，在宴安则思后患，防拥蔽则思延纳，疾谗邪则思正己，行爵赏则思因喜而僭，施刑罚则思因怒而滥，兼是十思，而选贤任能，固可以无为而治，又何必劳神苦体，以代百司之任哉。"

五月壬申，魏徵上疏，以为："陛下欲善之志不及于昔时，闻过必改少亏于曩日，谴罚积多，威怒微厉。乃知贵不期骄，富不期侈，非虚言也。且以隋之府库、仓廪、户口、甲兵之盛，考之今日，安得拟伦。然隋以富强动之而危，我以寡弱静之而安；安危之理，皎然在目。昔隋之未乱也，自谓必无乱，其未亡也，自谓必无亡。故赋役无穷，征伐不息，以至祸将及身而尚未之寤也。夫鉴形莫如止水，鉴败莫如亡国。伏愿取鉴于隋，去奢从约，亲忠远佞，以当今之无事，行畴昔之恭俭，则尽善尽美，固无得而称焉。夫取之实难，守之甚易，陛下能得其所难，岂不能保其所易乎？”

秋七月，魏徵上疏，以为：“文子曰：‘同言而信，信在言前，同令而行，诚在令外。’自王道休明，十有余年，然而德化未洽者，由待下之情未尽诚信故也。今立政致治，必委之君子，事有得失，或访之小人。其待君子也敬而疏，遇小人也轻而狎。狎则言无不尽，疏则情不上通。夫中智之人，岂无小慧。然才非经国，虑不及远，虽竭力尽诚，犹未免有败。况内怀奸宄，其祸岂不深乎！夫虽君子不能无小过，苟不害于正道，斯可略矣。既谓之君子而复疑其不信，何异立直木而疑其影之曲乎！陛下诚能慎选君子，以礼信用之，何忧不治！不然，危亡之期，未可保也。”上赐手诏褒美曰：“昔晋武帝平吴之后，志意骄怠，何曾位极台司，不能直谏，乃私语子孙，自矜明智，此不忠之大者也。得公之谏，朕知过矣。当置之几案，以比弦韦。”

乙未，车驾还洛阳，诏：“洛阳宫为水所毁者，少加修缮，才令可居。自外众材，给城中坏庐舍者。令百官各上封事，极言朕过。”壬寅，废明德宫及飞山宫之玄圃院，给遭水者。

八月甲子，上谓侍臣曰：“上封事者，皆言朕游猎太频。今天下无事，武备不可忘，朕时与左右猎于后苑，无一事烦民，夫亦何伤。”魏徵曰：“先王惟恐不闻其过。陛下既使之上封事，止得恣其陈述。苟其言可取,固有益于国,若其无取,亦无所损。”上曰:“公言是也。”皆劳而遣之。

侍御史马周上疏,以为:“三代及汉,历年多者八百,少者不减四百,良以恩结人心,人不能忘故也。自是以降,多者六十年,少者才二十余年,皆无恩于人,本根不固故也。陛下当隆禹、汤、文、武之业,为子孙立万代之基,岂得但持当年而已。今之户口不及隋之什一,而给役者兄去弟还,道路相继。陛下虽加恩诏,使之裁损,然营缮不休,民安得息。故有司徒行文书,曾无事实。昔汉之文、景,恭俭养民,武帝承其丰富之资,故能穷奢极欲,而不至于乱。向使高祖之后即传武帝,汉室安得久存乎?又,京师及四方所造乘舆器用及诸王、妃、主服饰,议者皆不以为俭。夫昧旦丕显,后世犹怠。陛下少居民间,知民疾苦,尚复如此,况皇太子生长深宫,不更外事,万岁之后,固圣虑所当忧也。臣观自古以来,百姓愁怨,聚为盗贼,其国未有不亡者。人主虽欲追改,不能复全。故当修于可修之时,不可悔之于既失之后也。盖幽、厉尝笑桀、纣矣,炀帝亦笑周、齐矣,不可使后之笑今,如今之笑炀帝也。贞观之初,天下饥歉,斗米直匹绢,而百姓不怨者,知陛下忧念不忘故也。今比年丰穰,匹绢得粟十余斛,而百姓怨咨者,知陛下不复念之,多营不急之务故也。自古以来,国之兴亡,不以畜积多少,在于百姓苦乐。且以近事验之,隋贮洛口仓而李密因之,东都积布帛而世充资之,西京府库亦为国家之用,至今未尽。夫畜积固不可无,要当人有余力,然后收之,不可强敛以资寇敌也。夫俭以息人,陛下已于贞观之初亲所履行,在于今日为之,固不难也。陛下必欲为久长之谋,不必远求上古,但如贞观之初,则天下幸甚。陛下宠遇诸王,颇有过厚者,万代之后,不可不深思也。且魏武帝爱陈思王,及文帝即位,囚禁诸王,但无缧绁耳。然则武帝爱之,适所以苦之也。又百姓所以治安,唯在刺史、县令,苟选用得人,则陛下可以端拱无为。今朝廷唯重内官而轻州县之选,刺史多用武人,或京官不称职始补外任,边远之处,用人更轻。所以百姓未安,殆由于此。"疏奏,上称善久之,谓侍臣曰:"刺史朕当自选;县令宜诏京官五品已上各举一人。"

冬十月,上猎于洛阳苑,有群豕突出林中,上引弓,四发殪四豕。有豕突前,及马镫。民部尚书唐俭投马搏之,上拔剑斩豕,顾笑曰:"天策长史不见上将击贼邪,何惧之甚!"对曰:"汉祖以马上得之,不以马上治之。陛下以神武定四方,岂复逞雄心于一兽。"上悦,为之罢猎,寻加光禄大夫。

十二年春三月辛亥,著作佐郎邓世隆表请集上文章。上曰:"朕之辞令,有益于民者,史皆书之,足为不朽。若其无益,集之何用。梁武帝父子、陈后主、隋炀帝皆有文集行于世,何救于亡。为人主患无德政,文章何为?"遂不许。

丙子,以皇孙生,宴五品以上于东宫。上曰:"贞观之前,从朕经营天下,玄龄之功也。贞观以来,绳愆纠缪,魏徵之功也。"皆赐之佩刀。上谓徵曰:"朕政事何如往年?"对曰:"威德所加,比贞观之初则远矣,人悦服则不逮也。"上曰:"远方畏威慕德故来服,若其不逮,何以致之?"对曰:"陛下往以未治为忧,故德义日新。今以既治为安,故不逮。"上曰:"今所为犹往年也,何以异?"对曰:"陛下贞观之初,恐人不谏,常导之使言,中间悦而从之。今则不然,虽勉从之,犹有难色。所以异也。"上曰:"其事可闻欤?"对曰:"陛下昔欲杀元律师,孙伏伽以为法不当死,陛下赐以兰陵公主园,直百万。或云:'赏太厚。'陛下云:'朕即位以来，未有谏者，故赏之。'此导之使言也。司户柳雄妄诉隋资，陛下欲诛之，纳戴胄之谏而止。是悦而从之也。近皇甫德参上书谏修洛阳宫，陛下恚之，虽以臣言而罢，勉从之也。"上曰："非公不能及此，人苦不自知耳。"

秋九月甲寅，上问侍臣："帝王创业与守成孰难？"房玄龄曰："草昧之初，与群雄并起，角力而后臣之，创业难矣。"魏徵曰："自古帝王莫不得之于艰难，失之于安逸，守成难矣。"上曰："玄龄与吾共取天下，出百死得一生，故知创业之难。征与吾共安天下，常恐骄奢生于富贵，祸乱生于所忽，故知守成之难。然创业之难既已往矣，守成之难方当与诸公慎之。"玄龄等拜曰："陛下及此言，四海之福也。"

十三年春二月，上既诏宗室群臣袭封刺史，左庶子于志宁以为古今事殊，恐非久安之道，上疏争之。侍御史马周亦上疏，以为："尧、舜之父犹有朱、均之子。傥有孩童嗣职，万一骄愚，兆庶被其殃，而国家受其败。正欲绝之也，则子文之治犹在，正欲留之也，而栾黡之恶已彰。与其毒害于见存之百姓，则宁使割恩于已亡之一臣，明矣。然则向所谓爱之者，乃适所以伤之也。臣谓宜赋以茅土，畴其户邑，必有材行，随器授官，使其人得奉大恩，而子孙终其福禄。"会司空、赵州刺史长孙无忌等皆不愿之国，上表固让，称："承恩以来，形影相吊，若履春冰，宗戚忧虞，如置汤火。缅惟三代封建，盖由力不能制，因而利之，礼乐节文，多非己出。两汉罢侯置守，蠲除曩弊，深协事宜。今因臣等复有变更，恐紊圣朝纲纪。且后世愚幼不肖之嗣，或抵冒邦宪，自取诛夷，更因延世之赏，致成剿绝之祸，良可哀愍。愿停涣汗之旨，赐其性命之恩。"无忌又因子妇长乐公主固请于上，且言："臣披荆棘事陛下，今海内宁一，奈何弃之外州，与迁徙何异。”上曰：“割地以封功臣，古今通义，意欲公之后嗣辅朕子孙，共传永久。而公等乃复发言怨望，朕岂强公等以茅土邪！”庚子，诏停世封刺史。

夏五月，旱。甲寅，诏五品以上上封事。魏徵上疏，以为：“陛下志业，比贞观之初，渐不克终者凡十条。”其间一条，以为：“顷年以来，轻用民力，乃云：‘百姓无事则骄逸，劳役则易使。’自古未有因百姓逸而败，劳而安者也，此恐非兴邦之至言。”上深加奖叹，云：“已列诸屏障，朝夕瞻仰，并录付史官。”仍赐徵黄金十斤，厩马二匹。

冬十一月戊辰，尚书左丞刘洎为黄门侍郎，参知政事。

十四年冬十二月，魏徵上疏，以为：“在朝群臣，当枢机之寄者，任之虽重，信之未笃，是以人或自疑，心怀苟且。陛下宽于大事，急于小罪，临时责怒，未免爱憎。夫委大臣以大体，责小臣以小事，为治之道也。今委之以职，则重大臣而轻小臣，至于有事，则信小臣而疑大臣。信其所轻，疑其所重，将求致治，其可得乎？若任以大官，求其细过，刀笔之吏，顺旨承风，舞文弄法，曲成其罪。自陈也则以为心不伏辜，不言也则以为所犯皆实。进退惟谷，莫能自明，则苟求免祸，矫伪成俗矣。”上纳之。

上谓侍臣曰：“朕虽平定天下，其守之甚难。”魏徵对曰：“臣闻战胜易，守胜难。陛下之及此言，宗庙社稷之福也。”

右庶子张玄素少为刑部令史，上尝对朝臣问之曰：“卿在隋何官？”对曰：“县尉。”又问：“未为尉时何官？”对曰：“流外。”又问：“何曹？”玄素耻之，出合殆不能步，色如死灰。谏议大夫褚遂良上疏，以为：“君能礼其臣，乃能尽其力。玄素虽出寒微，陛下重其才，擢至三品，翼赞皇储，岂可复对群臣穷其门户！弃宿昔之恩，成一朝之耻，使之郁结于怀，何以责其伏节死义乎？”上曰：“朕亦悔此问，卿疏深会我心。”遂良，亮之子也。孙伏伽与玄素在隋皆为令史，伏伽或于广坐自陈往事，一无所隐。

言事者多请上亲览表奏，以防壅蔽。上以问魏徵，对曰：“斯人不知大体，必使陛下一一亲之，岂惟朝堂，州县之事亦当亲之矣。”

十五年秋七月丙子，上指殿屋谓侍臣曰：“治天下如建此屋，营构既成，勿数改移。苟易一榱，正一瓦，践履动摇，必有所损。若慕奇功，变法度，不恒其德，劳扰实多。”

冬十二月，上问魏徵：“比来朝臣何殊不论事？”对曰：“陛下虚心采纳，必有言者。凡臣徇国者寡，爱身者多，彼畏罪，故不言耳。”上曰：“然。人臣关说忤旨，动及刑诛，与夫蹈汤火冒白刃者亦何异哉！是以禹拜昌言，良为此也。”

房玄龄、高士廉遇少府少监窦德素于路，问：“北门近何营缮？”德素奏之。上怒，让玄龄等曰：“君但知南牙政事。北门小营缮，何预君事？”玄龄等拜谢。魏徵进曰：“臣不知陛下何以责玄龄等，而玄龄等亦何所谢？玄龄等为陛下股肱耳目，于中外事皆无不应知者。使所营为是，当助陛下成之，为非，当请陛下罢之。问于有司，理则宜然。不知何罪而责，亦何罪而谢也？”上甚愧之。

上尝临朝谓侍臣曰：“朕为人主，常兼将相之事。”给事中张行成退而上书，以为：“禹不矜伐而天下莫与之争。陛下拨乱反正，群臣诚不足望清光；然不必临朝言之。以万乘之尊，乃与群臣校功争能，臣窃为陛下不取。”上甚善之。

十六年夏四月壬子，上谓谏议大夫褚遂良曰：“卿犹知起居注，所书可得观乎？”对曰：“史官书人君言动，备记善恶，庶几人君不敢为非，未闻自取而观之也。”上曰：“朕有不善，卿亦记之邪？”对曰：“臣职当载笔，不敢不记。”黄门侍郎刘洎曰：“借使遂良不记，天下亦皆记之。”上曰：“诚然。”

秋七月戊午，以长孙无忌为司徒，房玄龄为司空。

特进魏徵有疾，上手诏问之，且言：“不见数日，朕过多矣。今欲自往，恐益为劳。若有闻见，可封状进来。”徵上言：“比者弟子陵师，奴婢忽主，下多轻上，皆有为而然，渐不可长。”又言：“陛下临朝，尝以至公为言，退而行之，未免私僻。或畏人知，横加威怒，欲盖弥彰，竟有何益。”徵宅无堂，上命辍小殿之材以构之，五日而成，仍赐以素屏风、素褥、几、杖等以遂其所尚。徵上表谢，上手诏，称：“处卿至此，盖为黎元与国家，岂为一人，何事过谢！”

冬十一月壬申，上曰：“朕为兆民之主，皆欲使之富贵。若教以礼义，使之少敬长，妇敬夫，则皆贵矣。轻徭薄敛，使之各治生业，则皆富矣。若家给人足，朕虽不听管弦，乐在其中矣。”

高祖之入关也，隋武勇郎将冯翊党仁弘将兵二千余人归高祖于蒲坂，从平京城。寻除陕州总管。大军东讨，仁弘转饷不绝，历南宁、戎、广州都督。仁弘有才略，所至着声迹，上甚器之。然性贪，罢广州，为人所讼，赃百余万，罪当死。上谓侍臣曰：“吾昨见大理五奏诛仁弘，哀其白首就戮，方晡食，遂命撤案。然为之求生理，终不可得。今欲曲法，就公等乞之。”十二月壬午朔，上复召五品已上就太极殿前，谓曰：“法者，人君所受于天，不可以私而失信。今朕私党仁弘而欲赦之，是乱其法，上负于天，欲席藁于南郊，日一进蔬食，以谢罪于天三日。”房玄龄等皆曰：“生杀之柄，人主所得专也，何至自贬责如此？”上不许。群臣顿首固请于庭，自旦至日昃，上乃降手诏，自称："朕有三罪：知人不明，一也；以私乱法，二也；善善未赏，恶恶未诛，三也。以公等固谏，且依来请。"于是黜仁弘为庶人，徙钦州。

上问侍臣曰："自古或君乱而臣治，或君治而臣乱，二者孰愈？"魏徵对曰："君治则善恶赏罚当，臣安得而乱之。苟为不治，纵暴愎谏，虽有良臣，将安所施！"上曰："齐文宣得杨遵彦，非君乱而臣治乎？"对曰："彼才能救亡耳，乌足为治哉。"

十七年春正月〔戊辰〕，郑文贞公魏徵薨。上思徵(之)不已，谓侍臣曰："人以铜为镜，可以正衣冠。以古为镜，可以见兴替。以人为镜，可以知得失。魏徵没，朕亡一镜矣。"

二月壬午，上问谏议大夫褚遂良曰："舜造漆器，谏者十余人。此何足谏？"对曰："奢侈者危亡之本。漆器不已，将以金玉为之。忠臣爱君，必防其渐，若祸乱已成，无所复谏矣。"上曰："然。朕有过，卿亦当谏其渐。朕见前世帝王拒谏者，多云'业已为之'，或云'业已许之'，终不为改。如此欲无危亡，得乎？"

时皇子为都督、刺史者多幼稚，遂良上疏，以为："汉宣帝云：'与我共治天下者，其惟良二千石乎？'今皇子幼稚，未知从政，不若或留京师，教以经术，俟其长而遣之。"上以为然。

丁未，上曰："人主惟有一心，而攻之者甚众。或以勇力，或以辩口，或以谄谀，或以奸诈，或以嗜欲。辐凑攻之，各求自售，以取宠禄。人主少懈而受其一，则危亡随之，此其所以难也。"

初，上谓监修国史房玄龄曰："前世史官所记，皆不令人主见之，何也？"对曰："史官不虚美，不隐恶，若人主见之，必怒，故不敢献也。"上曰："朕之为心，异于前世帝王。欲自观国史，知前日之恶，为后来之戒，公可撰次以闻。"谏议大夫朱子奢上言：

"陛下圣德在躬,举无过事,史官所述,义归尽善。陛下独览起居,于事无失,若以此法传示子孙,窃恐曾玄之后,或非上智,饰非护短,史官必不免刑诛。如此,则莫不希风顺旨,全身远害,悠悠千载,何所信乎?所以前代不观,盖谓此也。"上不从,玄龄乃与给事中许敬宗等删为高祖、今上实录。癸巳,书成,上之。上见书六月四日事,语多微隐,谓玄龄曰:"昔周公诛管、蔡以安周,季友鸩叔牙以存鲁,朕之所为,亦类是耳,史官何讳焉!"即命削去浮辞,直书其事。

十八年夏四月,上谓侍臣曰:"人臣顺旨者多,犯颜则少。今朕欲自闻其失,诸公其直言无隐。"长孙无忌等皆曰:"陛下无失。"刘洎曰:"顷有上书不称旨者,陛下皆面加穷诘,无不惭惧而退,恐非所以广言路。"马周曰:"陛下比来赏罚,微以喜怒有所高下,此外不见其失。"上皆纳之。

上好文学而辩敏,群臣言事者,上引古今以折之,多不能对。刘洎上书谏曰:"帝王之与凡庶,圣哲之与庸愚,上下相悬,拟伦斯绝。是知以至愚而对至圣,以极卑而对至尊,徒思自强,不可得也。陛下降恩旨,假慈颜,凝旒以听其言,虚襟以纳其说,犹恐群下未敢对扬。况动神机,纵天辩,饰辞以折其理,引古以排其议,欲令凡庶何阶应答。且多记则损心,多语则损气,心气内损,形神外劳,初虽不觉,后必为累。须为社稷自爱,岂为性好自伤乎。至如秦政强辩,失人心于自矜;魏文宏才,亏众望于虚说。此才辩之累,较然可知矣。"上飞白答之曰:"非虑无以临下,非言无以述虑,比有谈论,遂致烦多。轻物骄人,恐由兹道,形神心气,非此为劳。今闻谠言,虚怀以改。"

秋八月壬子,上谓司徒无忌等曰:"人苦不自知其过,卿可为朕明言之。”对曰：“陛下武功文德，臣等将顺之不暇，又何过之可言。”上曰：“朕问公以己过，公等乃曲相谀悦。朕欲面举公等得失，以相戒而改之，何如？”皆拜谢。上曰：“长孙无忌善避嫌疑，应物敏速，决断事理，古人不过，而总兵攻战，非其所长。高士廉涉猎古今，心术明达，临难不改节，当官无朋党，所乏者骨鲠规谏耳。唐俭言辞辩捷，善和解人，事朕三十年，遂无言及于献替。杨师道性行纯和，自无愆违，而情实怯懦，缓急不可得力。岑文本性质敦厚，文章华赡，而持论恒据经远，自当不负于物。刘洎性最坚贞，有利益，然其意尚然诺，私于朋友。马周见事敏速，性甚贞正，论量人物，直道而言，朕比任使，多能称意。褚遂良学问稍长，性亦坚正，每写忠诚，亲附于朕，譬如飞鸟依人，人自怜之。”

九月，以谏议大夫褚遂良为黄门侍郎，参预朝政。

二十年秋九月，特进同中书门下三品宋公萧瑀，性狷介，与同僚多不合。尝言于上曰：“房玄龄与中书门下众臣，朋党不忠，执权胶固，陛下不详知，但未反耳。”上曰：“卿言得无太甚。人君选贤才以为股肱心膂，当推诚任之。人不可以求备，必舍其所短，取其所长。朕虽不能聪明，何至顿迷臧否乃至于是！”瑀内不自得，既数忤旨，上亦衔之，但以其忠言居多，未忍废也。

上尝谓张亮曰：“卿既事佛，何不出家？”瑀因自请出家。上曰：“亦知公雅好桑门，今不违公意。”瑀须臾复进曰：“臣适思之，不能出家。”上以瑀对群臣发言反覆，尤不能平，会称足疾不朝，或至朝堂而不入见。上知瑀意终怏怏，冬十月，手诏数其罪曰：“朕于佛教，非意所遵。求其道者未验福于将来，修其教者翻受辜于既往。至若梁武穷心于释氏，简文锐意于法门，倾帑藏以给僧祇，殚人力以供塔庙。及乎三淮沸浪，五岭腾烟，假余息于熊蹯，引残魂于雀莙，子孙覆亡而不暇，社稷俄顷而为墟，报施之征，何其谬也！瑀践覆车之余轨，袭亡国之遗风，弃公就私，未明隐显之际，身俗口道，莫辨邪正之心。修累叶之殃源，祈一躬之福本，上以违忤君主，下则扇习浮华。自请出家，寻复违异。一回一惑，在于瞬息之间；自可自否，变于帷扆之所。乖栋梁之礼，岂具瞻之量乎？朕隐忍至今，瑀全无悛改。可商州刺史，仍除其封。”

冬十二月，房玄龄尝以微谴归第，褚遂良上疏，以为：“玄龄自义旗之始，翼赞圣功，武德之季，冒死决策，贞观之初，选贤立政，人臣之勤，玄龄为最。自非有罪在不赦，搢绅同尤，不可遐弃。陛下若以其衰老，亦当讽谕使之致仕，退之以礼。不可以浅鲜之过，弃数十年之勋旧。”上遽召出之。顷之，玄龄复避位还家。久之，上幸芙蓉园，玄龄敕子弟汛扫门庭，曰：“乘舆且至。”有顷，上果幸其第，因载玄龄还宫。

二十一年夏五月庚辰，上御翠微殿，问侍臣曰：“自古帝王虽平定中夏，不能服戎狄。朕才不逮古人，而成功过之，自不谕其故，诸公各帅意以实言之。”群臣皆称：“陛下功德如天地，万物不得而名言。”上曰：“不然。朕所以能及此者，止由五事耳。自古帝王各疾胜己者，朕见人之善若己有之。人之行能不能兼备，朕常弃其所短，取其所长。人主往往进贤则欲置诸怀，退不肖则欲推诸壑，朕见贤者则敬之，不肖者则怜之，贤不肖各得其所。人主多恶正直，阴诛显戮，无代无之。朕践阼以来，正直之士，比肩于朝，未尝黜责一人。自古皆贵中华，贱夷狄，朕独爱之如一，故其种落皆依朕如父母。此五者，朕所以成今日之功也。”顾谓褚遂良曰："公尝为史官，如朕言，得其实乎？"对曰："陛下盛德不可胜载，独以此五者自与，盖谦谦之志耳。"

秋八月己丑，齐州人段志冲上封事，请上致政于皇太子。太子闻之，忧形于色，发言流涕。长孙无忌等请诛志冲，上手诏曰："五岳陵霄，四海亘地，纳污藏疾，无损高深。志冲欲以匹夫解位天子，朕若有罪，是其直也；若其无罪，是其狂也。譬如尺雾障天，不亏于大，寸云点日，何损于明。"

二十二年春正月己丑，上作帝范十二篇以赐太子，曰君体、建亲、求贤、审官、纳谏、去谗、戒盈、崇俭、赏罚、务农、阅武、崇文。且曰："修身治国，备在其中。一旦不讳，更无所言矣。"又曰："汝当更求古之哲王以为师，如吾，不足法也。夫取法于上，仅得其中；取法于中，不免为下。吾居位已来，不善多矣。锦绣珠玉不绝于前，宫室台榭屡有兴作，犬马鹰隼无远不致，行游四方，供顿烦劳，此皆吾之深过，勿以为是而法之。顾我弘济苍生，其益多；肇造区夏，其功大。益多损少，故人不怨，功大过微，故业不堕。然比之尽美尽善，固多愧矣。汝无我之功勤，而承我之富贵，竭力为善，则国家仅安；骄惰奢纵，则一身不保。且成迟败速者，国也；失易得难者，位也，可不惜哉！可不慎哉！"

秋七月，司空梁文昭公房玄龄留守京师，疾笃，上征赴玉华宫，肩舆入殿，至御座侧乃下，相对流涕，因留宫下。闻其小愈则喜形于色，加剧则忧悴。玄龄谓诸子曰："吾受主上厚恩，今天下无事，惟东征未已，群臣莫敢谏，吾知而不言，死有余责。"乃上表谏。语见唐平辽东。玄龄子遗爱尚上女高阳公主，上谓公主曰："彼病笃如此，尚能忧我国家。"上自临视，握手与诀，悲不自胜。癸卯，薨。

柳芳曰：玄龄佐太宗定天下，及终相位，凡三十二年，天下号为贤相。然无迹可寻，德亦至矣。故太宗定祸乱而房、杜不言功，王、魏善谏诤而房、杜让其贤，英、卫善将兵而房、杜行其道，理致太平，善归人主，为唐宗臣，宜哉。

唐平辽东

唐高祖武德四年秋七月乙丑，高句丽王建武遣使入贡。建武，元之弟也。

五年。上以隋末战士多没于高丽，是岁，赐高丽王建武书，使悉遣还。亦使州县索高丽人在中土者，遣归其国。建武奉诏，遣还中国民前后以万数。

七年春二月丁未，高丽王建武遣使来请班历。遣使册建武为辽东郡王、高丽王，以百济王夫馀璋为带方郡王，新罗王金真平为乐浪郡王。

九年。新罗、百济、高丽三国有宿仇，迭相攻击，上遣国子助教朱子奢往谕指，三国皆上表谢罪。

太宗贞观五年。新罗王真平卒，无嗣，国人立其女善德为王。

十五年秋七月，上遣职方郎中陈大德使高丽。八月己亥，自高丽还。大德初入其境，欲知山川风俗，所至城邑，以绫绮遗其守者曰："吾雅好山水，此有胜处，吾欲观之。"守者喜，导之游历，无所不至。往往见中国人，自云："家在某郡，隋末从军，没于高丽，高丽妻以游女，与高丽错居，殆将半矣。"因问亲戚存没，大德绐之曰"皆无恙"，咸涕泣相告。数日后，隋人望之而哭者遍于郊野。大德言于上曰："其国闻高昌亡，大惧，馆候之勤，加于常数。"上曰："高丽本四郡地耳，吾发卒数万攻辽东，彼必倾国救之，别遣舟师出东莱，自海道趋平壤，水陆合势，取之不难。但山东州县，雕瘵未复，吾不欲劳之耳。"

十六年冬十一月丁巳，营州都督张俭奏高丽东部大人泉盖苏文弑其王武。盖苏文凶暴，多不法，其王及大臣议诛之。盖苏文密知之，悉集部兵若校阅者，并盛陈酒馔于城南，召诸大臣共临视，勒兵尽杀之，死者百余人。因驰入宫，手弑其王，断为数段，弃沟中，立王弟子藏为王。自为莫离支，其官如中国吏部兼兵部尚书也。于是号令远近，专制国事。盖苏文状貌雄伟，意气豪逸，身佩五刀，左右莫敢仰视。每上下马，常令贵人、武将伏地而履之。出行必整队伍，前导者长呼，则人皆奔迸，不避坑谷，路绝行者，国人甚苦之。

亳州刺史裴思庄奏请伐高丽，上曰："高丽王武职贡不绝，为贼臣所弑，朕哀之甚深，固不忘也。但因丧乘乱而取之，虽得之不贵。且山东雕弊，吾未忍言用兵也。"

十七年夏六月丁亥，太常丞邓素使高丽还，请于怀远镇增戍兵以逼高丽。上曰："远人不服，则修文德以来之，未闻一二百戍兵能威绝域者也。"

上曰："盖苏文弑其君而专国政，诚不可忍。以今日兵力，取之不难，但不欲劳百姓。吾欲且使契丹、靺鞨扰之，何如？"长孙无忌曰："盖苏文自知罪大，畏大国之讨，必严设守备。陛下姑为之隐忍，彼得以自安，必更骄惰，愈肆其恶，然后讨之未晚也。"上曰："善。"戊辰，诏以高丽王藏为上柱国、辽东郡王、高丽王，遣使持节册命。

秋九月庚辰，新罗遣使言："百济攻取其国四十余城，复与高丽连兵，谋绝新罗入朝之路，乞兵救援。"上命司农丞相里玄奖赍玺书赐高丽曰："新罗委质国家，朝贡不乏，尔与百济各宜戢兵，若更攻之，明年发兵击尔国矣。"

十八年春正月，相里玄奖至平壤，莫离支已将兵击新罗，破其两城。高丽王使召之，乃还。玄奖谕使勿攻新罗，莫离支曰："昔隋人入寇，新罗乘衅侵我地五百里，自非归我侵地，恐兵未能已。"玄奖曰："既往之事，焉可追论。至于辽东诸城，本皆中国郡县，中国尚且不言，高丽岂得必求故地。"莫离支竟不从。二月乙巳朔，玄奖还，具言其状。上曰："盖苏文弑其君，贼其大臣，残虐其民，今又违我诏命，侵暴邻国，不可以不讨。"谏议大夫褚遂良曰："陛下指麾则中原清晏，顾眄则四夷詟服，威望大矣。今乃渡海远征小夷，若指期克捷犹可也，万一蹉跌，伤威损望，更兴忿兵，则安危难测矣。"李世勣曰："间者薛延陁入寇，陛下欲发兵穷讨，魏徵谏而止，使至今为患。向用陛下之策，北鄙安矣。"上曰："然。此诚徵之失，朕寻悔之而不欲言，恐塞良谋故也。"

上欲自征高丽，褚遂良上疏，以为："天下譬犹一身，两京，心腹也，州县，四支也，四夷，身外之物也。高丽罪大，诚当致讨，但命二三猛将，将四五万众，仗陛下威灵，取之如反掌耳。今太子新立，年尚幼稚，自余藩屏，陛下所知，一旦弃金汤之全，逾辽海之险，以天下之君，轻行远举，皆愚臣之所甚忧也。"上不听。时群臣多谏征高丽者，上曰："八尧、九舜，不能冬种，野夫、童子，春种而生，得时故也。夫天有其时，人有其功。盖苏文陵上虐下，民延颈待救，此正高丽可亡之时也，议者纷纭，但不见此耳。"

上将征高丽，秋七月辛卯，敕将作大匠阎立德等诣洪、饶、江三州，造船四百艘以载军粮。甲午，下诏遣营州都督张俭等帅幽、营二都督兵及契丹、奚、靺鞨先击辽东，以观其势。以太常卿韦挺为馈运使，以民部侍郎崔仁师副之，自河北诸州皆受挺节度，听以便宜从事。又命太仆少卿萧锐运河南诸州粮入海。锐，瑀之子也。

九月乙未，鸿胪奏高丽莫离支贡白金。褚遂良曰："莫离支弑其君，九夷所不容。今将讨之，而纳其金，此郜鼎之类也，臣谓不可受。"上从之。上谓高丽使者曰："汝曹皆事高武，有官爵，莫离支弑逆，汝曾不能复仇，今更为之游说以欺大国，罪孰大焉！"悉以属大理。

冬十月甲寅，车驾行幸洛阳。十一月壬申，至洛阳。前宜州刺史郑元璹已致仕，上以其常从隋炀帝伐高丽，召诣行在，问之。对曰："辽东道远，粮运艰阻。东夷善守城，攻之不可猝下。"上曰："今日非隋之比，公但听之。"张俭等值辽水涨，久不得济，上以为畏懦，召俭诣洛阳。至，具陈山川险易，水草美恶，上悦。上闻洺州刺史程名振善用兵，召问方略，嘉其才敏，即日拜右骁卫将军。

甲午，以刑部尚书张亮为平壤道行军大总管，帅江、淮、岭、硖兵四万，长安、洛阳募士三千，战舰五百艘，自莱州泛海趋平壤，又以太子詹事、左卫率李世勣为辽东道行军大总管，帅步骑六万及兰、河二州降胡趣辽东，两军合势并进。庚子，诸军大集于幽州，遣行军总管姜行本、少府少监丘行淹先督众工造梯冲于安萝山。时远近勇士应募及献攻城器械者不可胜数，上皆亲加损益，取其便易。又手诏谕天下，以"高丽盖苏文弑主虐民，情何可忍？今欲巡幸幽、蓟，问罪辽、碣，所过营顿，无为劳费"。且言："昔隋炀帝残暴其下，高丽王仁爱其民，以思乱之军，击安和之众，故不能成功。今略言必胜之道有五，一曰以大击小，二曰以顺讨逆，三曰以治乘乱，四曰以逸敌劳，五曰以悦当怨，何忧不克！布告元元，勿为疑惧。"于是凡顿舍供费之具，减者太半。

十二月辛丑，武阳懿公李大亮卒于长安，遗表请罢高丽之师。甲寅，诏诸军及新罗、百济、奚、契丹分道击高丽。

十九年春二月庚戌，上自将诸军发洛阳，以特进萧瑀为洛阳宫留守。乙卯，诏："朕发定州后，宜令皇太子监国。"开府仪同三司致仕尉迟敬德上言："陛下亲征辽东，太子在定州，长安、洛阳心腹空虚，恐有玄感之变。且边隅小夷，不足以勤万乘，愿遣偏师征之，指期可殄。"上不从，以敬德为左一马军总管，使从行。癸亥，上至邺，自为文祭魏太祖，曰："临危制变，料敌设奇，一将之智有余，万乘之才不足。"是月，李世勣军至幽州。

三月丁丑，车驾至定州。丁亥，上谓侍臣曰："辽东本中国之地，隋氏四出师而不能得。朕今东征，欲为中国报子弟之仇，高丽雪君父之耻耳。且方隅大定，惟此未平，故及朕之未老，用士大夫余力以取之。朕自发洛阳，惟啖肉饭，虽春蔬亦不之进，惧其烦扰故也。"上见病卒，召至御榻前存慰，付州县疗之，士卒莫不感悦。有不预征名，自愿以私装从军，动以千计，皆曰："不求县官勋赏，惟愿效死辽东。"上不许。

上将发，太子悲泣数日，上曰："今留汝镇守，辅以俊贤，欲使天下识汝风采。夫为国之要，在于进贤退不肖，赏善罚恶，至公无私，汝当努力行此，悲泣何为？"命开府仪同三司高士廉摄太子太傅，与刘洎、马周、少詹事张行成、右庶子高季辅同掌机务，辅太子。长孙无忌、岑文本与吏部尚书杨师道从行。壬辰，车驾发定州，亲佩弓矢，手结雨衣于鞍后。命长孙无忌摄侍中，杨师道摄中书令。

李世勣军发柳城，多张形势，若出怀远镇者，而潜师北趣甬道，出高丽不意。夏四月戊戌朔，世勣自通定济辽水，至玄菟。高丽大骇，城邑皆闭门自守。壬寅，辽东道副大总管江夏王道宗将兵数千至新城，折冲都尉曹三良引十余骑直压城门，城中惊扰，无敢出者。营州都督张俭将胡兵为前锋，进渡辽水，趋建安城，破高丽兵，斩首数千级。

丁未，车驾发幽州。上悉以军中资粮、器械、簿书委岑文本，文本夙夜勤力，躬自料配，筹笔不去手，精神耗竭，言辞举措，颇异平日。上见而忧之，谓左右曰："文本与我同行，恐不与我同返。"是日，遇暴疾而薨。其夕，上闻严鼓声，曰："文本殒没，所不忍闻。"命撤之。时右庶子许敬宗在定州，与高士廉等共知机要，文本薨，上召敬宗，以本官检校中书侍郎。

壬子，李世勣、江夏王道宗攻高丽盖牟城。丁巳，车驾至北平。癸亥，李世勣等拔盖牟城，获二万余口，粮十余万石。

张亮帅舟师自东莱渡海袭毕沙城，其城四面悬绝，惟西门可上。程名振引兵夜至，副总管王大度先登，五月己巳，拔之，获男女八千口。分遣总管丘孝忠等曜兵于鸭绿水。

李世勣进至辽东城下。庚午，车驾至辽泽，泥淖二百余里，人马不可通，将作大匠阎立德布土作桥，军不留行。壬申，渡泽东。乙亥，高丽步骑四万救辽东，江夏王道宗将四千骑逆击之。军中皆以为"众寡悬绝，不若深沟高垒，以俟车驾之至"。道宗曰："贼恃众有轻我心，远来疲顿，击之必败。且吾属为前军，当清道以待乘舆，乃更以贼遗君父乎？"李世勣以为然。果毅都尉马文举曰："不遇勍敌，何以显壮士！"策马趋敌，所向皆靡，众心稍安。既合战，行军总管张君义退走，唐兵不利。道宗收散卒，登高而望，见高丽阵乱，与骁骑数十冲之，左右出入。李世勣引兵助之，高丽大败，斩首千余级。丁丑，车驾渡辽水，撤桥，以坚士卒之心，军于马首山。劳赐江夏王道宗，超拜马文举中郎将，斩张君义。上自将数百骑至辽东城下，见士卒负土填堑，上分其尤重者于马上持之，从官争负土致城下。李世勣攻辽东城，昼夜不息，旬有二日，上引精兵会之，围其城数百重，鼓噪声震天地。甲申，南风急，上遣锐卒登冲竿之末，爇其西南楼，火延烧城中，因麾将士登城。高丽力战，不能敌，遂克之，所杀万余人，得胜兵万余人，男女四万口，以其城为辽州。

乙未，进军白岩城。丙申，右卫大将军李思摩中弩矢，上亲为之吮血，将士闻之，莫不感动。乌骨城遣兵万余为白岩声援，将军契苾何力以劲骑八百击之。何力挺身陷陈，槊中其腰，尚辇奉御薛万备单骑往救之，拔何力于万众之中而还。何力气益愤，束疮而战，从骑奋击，遂破高丽兵，追奔数十里，斩首千余级，会暝而罢。万备，万彻之弟也。

六月丁酉，李世勣攻白岩城西南，上临其西北。城主孙代音潜遣腹心请降，临城投刀钺为信，且曰："奴愿降，城中有不从者。"上以唐帜与其使曰："必降者，宜建之城上。"代音建帜，城中人以为唐兵已登城，皆从之。

上之克辽东也，白岩城请降，既而中悔。上怒其反覆，令军中曰："得城当悉以人物赏战士。"李世勣见上将受其降，帅甲士数十人请曰："士卒所以争冒矢石，不顾其死者，贪虏获耳。今城垂拔，奈何更受其降，孤战士之心？"上下马谢曰："将军言是也。

然纵兵杀人而虏其妻孥,朕所不忍。将军麾下有功者,朕以库物赏之,庶因将军赎此一城。”世勣乃退。得城中男女万余口,上临水设幄,受其降,仍赐之食,八十以上赐帛有差。他城之兵在白岩者悉慰谕,给粮仗,任其所之。

先是,辽东城长史为部下所杀,其省事奉其妻子奔白岩。上怜其有义,赐帛五匹。为长史造灵舆,归之平壤。以白岩城为岩州,以孙代音为刺史。

契苾何力疮重,上自为傅药,推求得刺何力者高突勃,付何力使自杀之。何力奏称:“彼为其主冒白刃刺臣,乃忠勇之士也,与之初不相识,非有怨仇。”遂舍之。

初,莫离支遣加尸城七百人戍盖牟城,李世勣尽虏之。其人请从军自效,上曰:“汝家皆在加尸,汝为我战,莫离支必杀汝妻子。得一人之力而灭一家,吾不忍也。”戊戌,皆廪赐遣之。己亥,以盖牟城为盖州。

丁未,车驾发辽东,丙辰,至安市城,进兵攻之。丁巳,高丽北部耨萨延寿、惠真帅高丽、靺鞨兵十五万救安市。上谓侍臣曰:“今为延寿策有三:引兵直前,连安市城为垒,据高山之险,食城中之粟,纵靺鞨掠吾牛马,攻之不可猝下,欲归则泥潦为阻,坐困吾军,上策也;拔城中之众,与之宵遁,中策也;不度智能,来与吾战,下策也。卿曹观之,彼必出下策,成擒在吾目中矣。”

高丽有对卢,年老习事,谓延寿曰:“秦王内芟群雄,外服戎狄,独立为帝,此命世之材。今举海内之众而来,不可敌也。为吾计者,莫若顿兵不战,旷日持久,分遣奇兵断其运道,粮食既尽,求战不得,欲归无路,乃可胜也。”延寿不从,引军直进,去安市城四十里。上犹恐其低徊不至,命左卫大将军阿史那社尔将突厥千骑以诱之。兵始交而伪走。高丽相谓曰："易与耳。"竞进乘之，至安市城东南八里，依山而陈。

上悉召诸将问计，长孙无忌对曰："臣闻临敌将战，必先观士卒之情。臣适行经诸营，见士卒闻高丽至，皆拔刀结旆，喜形于色，此必胜之兵也。陛下未冠，身亲行陈，凡出奇制胜，皆上禀圣谋，诸将奉成算而已。今日之事，乞陛下指踪。"上笑曰："诸公以此见让，朕当为诸公商度。"乃与无忌等从数百骑乘高望之，观山川形势，可以伏兵及出入之所。高丽、靺鞨合兵为陈，长四十里。江夏王道宗曰："高丽倾国以拒王师，平壤之守必弱，愿假臣精卒五千，覆其本根，则数十万之众，可不战而降。"上不应。遣使给延寿曰："我以尔国强臣弑其主，故来问罪，至于交战，非吾本心。入尔境，刍粟不给，故取尔数城，俟尔国修臣礼，则所失必复矣。"延寿信之，不复设备。

上夜召文武计事，命李世勣将步骑万五千陈于西岭；长孙无忌将精兵万一千为奇兵，自山北出于狭谷，以冲其后；上自将步骑四千，挟鼓角，偃旗帜，登北山上，敕诸军闻鼓角齐出奋击。因命有司张受降幕于朝堂之侧。戊午，延寿等独见李世勣布陈，勒兵欲战。上望见无忌军尘起，命作鼓角，举旗帜，诸军鼓噪并进。延寿等大惧，欲分兵御之，而其陈已乱。会有雷电，龙门人薛仁贵着奇服，大呼陷陈，所向无敌。高丽兵披靡，大军乘之，高丽兵大溃，斩首二万余级。上望见仁贵，召见，拜游击将军。仁贵，安都之六世孙，名礼，以字行。

延寿等将余众依山自固，上命诸军围之。长孙无忌悉撤桥梁，断其归路。己未，延寿、惠真帅其众三万六千八百人请降，入军门，膝行而前，拜伏请命。上语之曰："东夷少年，跳梁海曲，至于摧坚决胜，故当不及老人，自今复敢与天子战乎？”皆伏地不能对。上简耨萨已下酋长三千五百人，授以戎秩，迁之内地，余皆纵之，使还平壤。皆双举手以颡顿地，欢呼闻数十里外。收靺鞨三千三百人，悉坑之。获马五万匹，牛五万头，铁甲万领，他器械称是。高丽举国大骇，后黄城、银城皆自拔遁去，数百里无复人烟。

上驿书报太子，仍与高士廉等书曰：“朕为将如此，何如？”更名所幸山曰驻跸山。秋七月辛未，上徙营安市城东岭。己卯，诏标识战死者尸，俟军还与之俱归。戊子，以高延寿为鸿胪卿，高惠真为司农卿。

张亮军过建安城下，壁垒未固，士卒多出樵牧，高丽兵奄至，军中骇扰。亮素怯，踞胡床，直视不言，将士见之，更以为勇。总管张金树等鸣鼓勒兵击高丽，破之。

八月甲辰，候骑获莫离支谍者高竹离，反接诣军门。上召见，解缚问曰：“何瘦之甚？”对曰：“窃道间行，不食数日矣。”命赐之食，谓曰：“尔为谍，宜速反命。为我寄语莫离支，欲知军中消息，可遣人径诣吾所，何必间行辛苦也。”竹离徒跣，上赐屩而遣之。

丙午，徙营于安市城南。上在辽外，凡置营，但明斥候，不为堑垒，虽逼其城，高丽终不敢出为寇抄，军士单行野宿如中国焉。

上之克白岩也，谓李世勣曰：“吾闻安市城险而兵精，其城主材勇，莫离支之乱，城守不服，莫离支击之，不能下，因而与之。建安兵弱而粮少，若出其不意，攻之必克。公可先攻建安，建安下则安市在吾腹中，此兵法所谓‘城有所不攻’者也。”对曰：“建安在南，安市在北，吾军粮皆在辽东，今逾安市而攻建安，若贼断吾运道，将若之何？不如先攻安市，安市下则鼓行而取建安耳。”上曰：“以公为将，安得不用公策。勿误吾事。”世勣遂攻安市。

安市人望见上旗盖，辄乘城鼓噪。上怒，世勣请克城之日，男子皆坑之。安市人闻之，益坚守，攻久不下。高延寿、高惠真请于上曰：“奴既委身大国，不敢不献其诚，欲天子早成大功，奴得与妻子相见。安市人顾惜其家，人自为战，未易猝拔。今奴以高丽十余万望旗沮溃，国人胆破，乌骨城耨萨老耄，不能坚守，移兵临之，朝至夕克，其余当道小城，必望风奔溃。然后收其资粮，鼓行而前，平壤必不守矣。”群臣亦言：“张亮兵在沙城，召之信宿可至，乘高丽凶惧，并力拔乌骨城，渡鸭绿水，直取平壤，在此举矣。”上将从之，独长孙无忌以为：“天子亲征，异于诸将，不可乘危徼幸。今建安、新城之虏，众犹十万，若向乌骨，皆蹑吾后。不如先破安市，取建安，然后长驱而进，此万全之策也。”上乃止。

诸军急攻安市，上闻城中鸡彘声，谓李世勣曰：“围城积久，城中烟火日微，今鸡彘甚喧，此必飨士，欲夜出袭我，宜严兵备之。”是夜，高丽数百人缒城而下。上闻之，自至城下召兵急击，斩首数十级，高丽退走。

江夏王道宗督众筑土山于城东南隅，浸逼其城，城中亦增高其城以拒之。士卒分番交战，日六七合，冲车炮石坏其楼堞，城中随立木栅以塞其缺。道宗伤足，上亲为之针。筑山昼夜不息，凡六旬，用功五十万，山顶去城数丈，下临城中，道宗使果毅傅伏爱将兵屯山顶以备敌。山颓压城，城崩，会伏爱私离所部，高丽数百人从城缺出战，遂夺据土山，堑而守之。上怒，斩伏爱以徇，命诸将攻之，三日不能克。道宗徒跣诣旗下请罪，上曰：“汝罪当死，但朕以汉武杀王恢，不如秦穆用孟明，且有破盖牟、辽东之功，故特赦汝耳。”

上以辽左早寒，草枯水冻，士马难久留，且粮食将尽，癸未，敕班师。先拔辽、盖二州户口渡辽，乃耀兵于安市城下而旋，城中皆屏迹不出。城主登城拜辞，上嘉其固守，赐缣百匹，以励事君。命李世勣、江夏王道宗将步骑四万为殿。

乙酉，至辽东。丙戌，渡辽水。辽泽泥潦，车马不通，命长孙无忌将万人翦草填道，水深处以车为梁，上自系薪于马鞘以助役。冬十月丙申朔，上至蒲沟，驻马督填道诸军渡渤错水。暴风雪，士卒沾湿多死者，敕然火于道以待之。

凡征高丽，拔玄菟、横山、盖牟、磨米、辽东、白岩、卑沙、麦谷、银山、后黄十城，徙辽、盖、岩三州户口入中国者七万人。新城、建安、驻跸三大战，斩首四万余级，战士死者几二千人，战马死者什七八。上以不能成功，深悔之，叹曰：“魏徵若在，不使我有是行也！”命驰驿祀徵以少牢，复立所制碑，召其妻子诣行在，劳赐之。

丙午，至营州，诏辽东战亡士卒骸骨并集柳城东南，命有司设太牢，上自作文以祭之，临哭尽哀。其父母闻之曰：“吾儿死而天子哭之，死何所恨！”上谓薛仁贵曰：“朕诸将皆老，思得新进骁勇者将之，无如卿者，朕不喜得辽东，喜得卿也。”

丙辰，上闻太子奉迎将至，从飞骑三千人驰入临渝关，道逢太子。上之发定州也，指所御褐袍谓太子曰：“俟见汝，乃易此袍耳。”在辽左，虽盛暑流汗，弗之易。及秋，穿败，左右请易之，上曰：“军士衣多弊，吾独御新衣可乎！”至是太子进新衣，乃易之。

诸军所虏高丽民万四千口，先集幽州，将以赏军士。上愍其父子夫妇离散，命有司平其直，悉以钱布赎为民，欢呼之声，三日不息。十一月辛未，车驾至幽州，高丽民迎于城东，拜舞号呼，宛转于地，尘埃弥望。丙戌，车驾至定州。壬辰，车驾发定州。戊申，至并州。

二十年春二月乙未，上发并州。三月己巳，车驾还京师。上谓李靖曰："吾以天下之众，困于小夷，何也?"靖曰："此道宗所解。"上顾问江夏王道宗，具陈在驻跸时乘虚取平壤之言。上怅然曰："当时匆匆，吾不忆也。"闰月戊戌，罢辽州都督府及岩州。夏五月甲寅，高丽王藏及莫离支盖金遣使谢罪，并献二美女，上还之。金即苏文也。

上自高丽还，盖苏文益骄恣，虽遣使奉表，其言率皆诡诞，又待唐使者倨慢，常窥伺边隙。屡敕令勿攻新罗，而侵陵不止。壬申，诏勿受其朝贡，更议讨之。〔冬十月〕丙戌，车驾至京师。

二十一年。上将复伐高丽，朝议以为："高丽依山为城，攻之不可猝拔。前大驾亲征，国人不得耕种，所克之城，悉收其谷，继以旱灾，民太半乏食。今若数遣偏师，更迭扰其疆埸，使彼疲于奔命，释耒入堡，数年之间，千里萧条，则人心自离，鸭绿之北可不战而取矣。"上从之。三月，以左武卫大将军牛进达为青丘道行军大总管，右武候将军李海岸副之，发兵万余人，乘楼船自莱州泛海而入。又以太子詹事李世勣为辽东道行军大总管，右武卫将军孙贰朗等副之，将兵三千人，因营州都督府兵自新城道入。两军皆选习水善战者配之。〔夏五月〕，李世勣军既渡辽，历南苏等数城，高丽多背城拒战，世勣击破其兵，焚其罗郭而还。

秋七月，牛进达、〔李〕海岸入高丽境，凡百余战，无不捷，攻石城，拔之。进至积利城下，高丽兵万余人出战，海岸击破之，斩首二千级。(八)〔九〕月戊戌，敕宋州刺史王波利等发江南十二州工人,造大船数百艘,欲以征高丽。冬十二月,高丽王使其子莫离支任武入谢罪,上许之。

二十二年春正月,新罗王金善德卒。以善德妹真德为柱国,封乐浪郡王,遣使册命。丙午,诏以右武卫大将军薛万彻为青丘道行军大总管,右卫将军裴行方副之,将兵三万余人及楼船战舰,自莱州泛海以击高丽。

三月,充容长城徐惠以上东征高丽,西讨龟兹,上疏谏,其略曰:"以有尽之农功,填无穷之巨浪,图未获之他众,丧已成之我军。昔秦皇并吞六国,反速危亡之基,晋武奄有三方,翻成覆败之业。岂非矜功恃大,弃德轻邦,图利忘危,肆情纵欲之所致乎!是知地广非常安之术,人劳乃易乱之源也。"上善其言。

夏四月甲子,乌胡镇将古神感将兵浮海击高丽,遇高丽步骑五千,战于易山,破之。其夜,高丽万余人袭神感船,神感设伏,又破之而还。

六月,上以高丽困弊,议以明年发三十万众一举灭之。或以为"大军东征,须备经岁之粮,非畜乘所能载,宜具舟舰为水运。隋末剑南独无寇盗,属者辽东之役,剑南复不预及,其百姓富庶,宜使之造舟舰"。上从之。秋七月,遣右领左右府长史强伟于剑南道伐木造舟舰,大者或长百尺,其广半之。别遣使行水道,自巫峡抵江、扬,趣莱州。

司空梁文昭公房玄龄疾笃,谓诸子曰:"吾受主上厚恩,今天下无事,惟东征未已,群臣莫敢谏,吾知而不言,死有余责。"乃上表谏,以为:"老子曰:'知足不辱,知止不殆。'陛下威名功德亦可足矣,拓地开疆亦可止矣。且陛下每决一重囚,必令三覆五奏,进素膳,止音乐者,重人命也。今驱无罪之士卒,委之锋刃之下，使肝脑涂地，独不足愍乎？向使高丽违失臣节，诛之可也；侵扰百姓，灭之可也；他日能为中国患，除之可也。今无此三条，而坐烦中国，内为前代雪耻，外为新罗报仇，岂非所存者小，所损者大乎？愿陛下许高丽自新，焚陵波之船，罢应募之众，自然华夷庆赖，远肃迩安。臣旦夕入地，傥蒙录此哀鸣，死且不朽。”玄龄子遗爱尚上女高阳公主，上谓公主曰：“彼病笃如此，尚能忧我国家。”上自临视，握手与诀，悲不自胜。癸卯，薨。

八月丁丑，敕越州都督府及婺、洪等州造海船及双舫千一百艘。九月己丑，新罗奏为百济所攻，破其十三城。冬十二月癸未，新罗相金春秋及其子文王入见。春秋，真德之弟也。上以春秋为特进，文王为左武卫将军。春秋请改章服从中国，内出冬服赐之。

二十三年夏五月己巳，上崩。壬申，遗诏太子即位，罢辽东之役。

高宗永徽二年。百济遣使入贡，上戒之，使“勿与新罗、高丽相攻，不然，吾将发兵讨汝矣”。

三年春正月己未朔，吐谷浑、新罗、高丽、百济并遣使入贡。

五年夏闰(四)〔五〕月壬辰，新罗女王金真德卒，诏立其弟春秋为新罗王。

六年。高丽与百济、靺鞨连兵侵新罗北境，取三十三城。新罗王春秋遣使求援。二月乙丑，遣营州都督程名振、左卫中郎将苏定方发兵击高丽。夏五月壬午，名振等渡辽水，高丽见其兵少，开门渡贵端水逆战，名振等奋击，大破之，杀获千余人，焚其外郭及村落而还。

显庆三年夏六月，营州都督兼东夷都护程名振、右领军中郎将薛仁贵将兵攻高丽之赤烽镇，拔之，斩首四百余级，捕虏百余人。高丽遣其大将豆方娄帅众三万拒之，名振以契丹逆击，大破之，斩首二千五百级。

四年冬十一月，右领军中郎将薛仁贵等与高丽将温沙门战于横山，破之。

五年。百济恃高丽之援，数侵新罗，新罗王春秋上表求救。〔春三月〕辛亥，以左武卫大将军苏定方为神丘道行军大总管，帅左骁卫将军刘伯英等水陆十万以伐百济。以春秋为嵎夷道行军总管，将新罗之众，与之合势。

秋八月，苏定方引军自成山济海，百济据熊津江口以拒之。定方进击，破之，百济死者数千人，余皆溃走。定方水陆齐进，直趣其都城。未至二十余里，百济倾国来战，大破之，杀万余人，追奔，入其郭，百济王义慈及太子隆逃于北境。定方进围其城，义慈次子泰自立为王，帅众固守。隆子文思曰："王与太子皆在，而叔遽拥兵自王，借使能却唐兵，我父子必不全矣。"遂帅左右逾城来降，百姓皆从之，泰不能止。定方命军士登城立帜，泰窘迫，开门请命，于是义慈、隆及诸城主皆降。百济故有五部，分统三十七郡，二百城，七十六万户，诏以其地置熊津等五都督府，以其酋长为都督、刺史。冬十一月戊戌朔，上御则天门楼，受百济俘，自其王义慈以下皆释之。

十二月壬午，以左骁卫大将军契苾何力为浿江道行军大总管，左武卫大将军苏定方为辽东道行军大总管，左骁卫将军刘伯英为平壤道行军大总管，蒲州刺史程名振为镂方道总管，将兵分道击高丽。青州刺史刘仁轨坐督海运覆船，以白衣从军自效。

龙朔元年春正月乙卯，募河南北、淮南六十七州兵，得四万四千余人，诣平壤、镂方行营。戊午，以鸿胪卿萧嗣业为扶余道行军总管，帅回纥等诸部兵诣平壤。

三月丙申朔，上与群臣及外夷宴于洛城门，观屯营新教之舞，谓之一戎大定乐。时上欲亲征高丽，以象用武之势也。

初，苏定方既平百济，留郎将刘仁愿镇守百济府城，又以左卫中郎将王文度为熊津都督，抚其余众。文度济海而卒，百济僧道琛、故将福信聚众据周留城，迎故王子丰于倭国而立之，引兵围仁愿于府城。诏起刘仁轨检校带方州刺史，将王文度之众，便道发新罗兵以救仁愿。仁轨喜曰："天将富贵此翁矣。"于州司请唐历及庙讳而行，曰："吾欲扫平东夷，颁大唐正朔于海表。"仁轨御军严整，转斗而前，所向皆下。百济立两栅于熊津江口，仁轨与新罗兵合击，破之，杀、溺死者万余人。道琛等乃释府城之围，退保任存城。新罗粮尽，引还。道琛自称领军将军，福信自称霜岑将军，招集徒众，其势益张。仁轨众少，与仁愿合军，休息士卒。上诏新罗出兵，新罗王春秋奉诏，遣其将金钦将兵救仁轨等，至古泗，福信邀击，败之。钦自葛岭道遁还新罗，不敢复出。福信寻杀道琛，专总国兵。

夏四月庚辰，以任雅相为浿江道行军总管，契苾何力为辽东道行军总管，苏定方为平壤道行军总管，与萧嗣业及诸胡兵凡三十五军，水陆分道并进。上欲自将大军继之，癸巳，皇后抗表谏亲征高丽，诏从之。

秋七月甲戌，苏定方破高丽于浿江，屡战皆捷，遂围平壤城。九月癸巳朔，特进新罗王春秋卒。以其子法敏为乐浪郡王、新罗王。高丽盖苏文遣其子男生以精兵数万守鸭绿水，诸军不得渡。契苾何力至，值冰大合，何力引众乘冰渡水，鼓噪而进。高丽大溃，追奔数十里，斩首三万级，余众悉降，男生仅以身免。会有诏班师，乃还。

二年春二月甲戌，浿江道大总管任雅相薨于军。戊寅，左骁卫将军白州刺史、沃沮道总管庞孝泰与高丽战于蛇水之上，军败，与其子十三人皆战死。苏定方围平壤，久不下，会大雪，解围而还。

秋七月丁巳，熊津都督刘仁愿、带方州刺史刘仁轨大破百济于熊津之东，拔真岘城。初，仁愿、仁轨等屯熊津城，上与之敕书，以“平壤军回，一城不可独固，宜拔就新罗。若金法敏藉卿留镇，宜且停彼；若其不须，即宜泛海还也”。将士咸欲西归。仁轨曰：“人臣徇公家之利，有死无贰，岂得先念其私！主上欲灭高丽，故先诛百济，留兵守之，制其心腹。虽余寇充斥而守备甚严，宜砺兵秣马，击其不意，理无不克。既捷之后，士卒心安，然后分兵据险，开张形势，飞表以闻，更求益兵。朝廷知其有成，必命将出师，声援才接，凶丑自歼。非直不弃成功，实亦永清海表。今平壤之军既还，熊津又拔，则百济余烬不日更兴，高丽逋寇何时可灭？且今以一城之地，居敌中央，苟或动足，即为擒虏。纵入新罗，亦为羁客，脱不如意，悔不可追。况福信凶悖残虐，君臣猜离，行相屠戮。正宜坚守观变，乘便取之，不可动也。”众从之。时百济王丰与福信等以仁愿等孤城无援，遣使谓之曰：“大使等何时西还？当遣相送。”仁愿、仁轨知其无备，忽出击之，拔其支罗城及尹城、大山、沙井等栅，杀获甚众，分兵守之。福信等以真岘城险要，加兵守之。仁轨伺其稍懈，引新罗兵夜傅城下，攀草而上，比明，入据其城，遂通新罗运粮之路。仁愿乃奏请益兵，诏发淄、青、莱、海之兵七千人以赴熊津。

福信专权，与百济王丰浸相猜忌。福信称疾，卧于窟室，欲俟丰问疾而杀之。丰知之，帅亲信袭杀福信，遣使诣高丽、倭国乞师以拒唐兵。

三年秋八月戊申，上以海东累岁用兵，百姓困于征调，士卒战溺死者甚众，诏罢三十六州所造船，遣司元太常伯窦德玄等分诣十道，问人疾苦，黜陟官吏。德玄，毅之曾孙也。

九月戊午，熊津道行军总管、右威卫将军孙仁师等破百济余众及倭兵于白江，拔其周留城。初，刘仁愿、刘仁轨既克真岘城，诏孙仁师将兵浮海助之。百济王丰南引倭人以拒唐兵，仁师与仁愿、仁轨合军，势大振。诸将以加林城水陆之冲，欲先攻之。仁轨曰："加林险固，急攻则伤士卒，缓之则旷日持久。周留城，虏之巢穴，群凶所聚，除恶务本，宜先攻之。若克周留，诸城自下。"于是仁师、仁愿与新罗王法敏将陆军以进，仁轨与别将杜爽、扶余隆将水军及粮船自熊津入白江，以会陆军，同趣周留城。遇倭兵于白江口，四战皆捷，焚其舟四百艘，烟炎灼天，海水皆赤。百济王丰脱身奔高丽，王子忠胜、忠志等帅众降，百济尽平，唯别帅迟受信据任存城不下。

初，百济西部人黑齿常之长七尺余，骁勇有谋略，仕百济为达率兼郡将，犹中国刺史也。苏定方克百济，常之帅所部随众降。定方絷其王及太子，纵兵劫掠，壮者多死。常之惧，与左右十余人遁归本部，收集亡散，保任存山，结栅以自固，旬日间归附者三万余人。定方遣兵攻之，常之拒战，唐兵不利。常之复取二百余城，定方不能克而还。常之与别部将沙吒相如各据险以应福信，百济既败，皆帅其众降。刘仁轨使常之、相如自将其众取任存城，仍以粮仗助之。孙仁师曰："此属兽心，何可信也！"仁轨曰:“吾观二人皆忠勇有谋,敦信重义,但向者所托未得其人,今正是其感激立效之时,不用疑也。”遂给其粮仗,分兵随之,攻拔任存城,迟受信弃妻子奔高丽。

诏留刘仁轨将兵镇百济,召孙仁师、刘仁愿还。百济兵火之余,比屋凋残,僵尸满野。仁轨始命瘗骸骨,籍户口,理村聚,署官长,通道途,立桥梁,补堤堰,复陂塘,课耕桑,赈贫乏,养孤老,立唐社稷,颁正朔及庙讳,百济大悦,阖境各安其业。然后修屯田,储糗粮,训士卒,以图高丽。

刘仁愿至京师,上问之曰:“卿在海东,前后奏事皆合机宜,复有文理。卿本武人,何能如是?”仁愿曰:“此皆刘仁轨所为,非臣所及也。”上悦,加仁轨六阶,正除带方州刺史,为筑第长安,厚赐其妻子,遣使赍玺书劳勉之。上官仪曰:“仁轨遭黜削而能尽忠,仁愿秉节制而能推贤,皆可谓君子矣。”

麟德元年冬十月庚辰,检校熊津都督刘仁轨上言:“臣伏睹所存戍兵,疲羸者多,勇健者少,衣服贫弊,唯思西归,无心展效。臣问以:‘往在海西,见百姓人人应募,争欲从军,或请自办衣粮,谓之“义征”,何为今日士卒如此?’咸言:‘今日官府与曩时不同,人心亦殊。曩时东西征役,身没王事,并蒙敕使吊祭,追赠官爵,或以死者官爵回授子弟,凡渡辽海者皆赐勋一转。自显庆五年以来,征人屡经渡海,官不记录,其死者亦无人谁何。州县每发百姓为兵,其壮而富者行钱参逐,皆亡匿得免。贫者身虽老弱,被发即行。顷者破百济及平壤苦战,当是时将帅号令,许以勋赏,无所不至。及达西岸,唯闻枷锁推禁,夺赐破勋,州县追呼,无以自存,公私困弊,不可悉言。以是昨发海西之日,已有逃亡自残者,非独至海外而然也。又,本因征役授勋级以为荣宠,而比年出征，皆使勋官挽引，劳苦与白丁无殊。百姓不愿从军，率皆由此。'臣又问：'曩日士卒留镇五年，尚得支济，今尔等始经一年，何为如此单露？'咸言：'初发家日，惟令备一年资装，今已二年，未有还期。'臣检校军士所留衣，今冬仅可充事，来秋以往全无准拟。陛下留兵海外，欲殄灭高丽、百济，高丽旧相党援，倭人虽远，亦共为影响，若无镇兵，还成一国。今既资戍守，又置屯田，所藉士卒，同心同德，而众有此议，何望成功？自非有所更张，厚加慰劳，明赏重罚，以起士心。若止如今日已前处置，恐师众疲老，立效无日。逆耳之事，或无人为陛下尽言，故臣披露肝胆，昧死奏陈。"

上深纳其言，遣右威卫将军刘仁愿将兵渡海以代旧镇之兵，仍敕仁轨俱还。仁轨谓仁愿曰："国家悬军海外，欲以经略高丽，其事非易。今收获未毕，而军吏与士卒一时代去，军将又归，夷人新服，众心未安，必将生变。不如且留旧兵，渐令收获，办具资粮，节级遣还，军将且留镇抚，未可还也。"仁愿曰："吾前还海西，大遭谗谤，云吾多留兵众，谋据海东，几不免祸。今日惟知准敕，岂敢擅有所为。"仁轨曰："人臣苟利于国，知无不为，岂恤其私。"乃上表陈便宜，自请留镇海东，上从之。仍以扶馀隆为熊津都尉，使招辑其余众。

二年。(秋七月)上命熊津都尉扶馀隆与新罗王法敏释去旧怨，〔秋〕八月壬子，同盟于熊津城。刘仁轨以新罗、百济、耽罗、倭国使者浮海西还，会祠泰山，高丽亦遣太子福男来侍祠。

干封元年夏五月，高丽(王)盖苏文卒，长子男生代为莫离支，初知国政，出巡诸城，使其弟男建、男产留知后事。或谓二弟曰："男生恶二弟之逼，意欲除之，不如先为计。"二弟初未之信。

又有告男生者曰:“二弟恐兄还夺其权,欲拒兄不纳。”男生潜遣所亲往平壤伺之,二弟收掩得之,乃以王命召男生。男生惧,不敢归,男建自为莫离支,发兵讨之。男生走保别城,使其子献诚诣阙求救。六月壬寅,以右骁卫大将军契苾何力为辽东道安抚大使,将兵救之。以献诚为右武卫将军,使为乡导。又以左金吾卫将军庞同善、营州都督高侃为行军总管,同讨高丽。秋九月,庞同善大破高丽兵,泉男生帅众与同善合。诏以男生为特进、辽东大都督兼平壤道安抚大使,封玄菟郡公。

冬十二月己酉,以李勣为辽东道行军大总管兼安抚大使,以司列少常伯安陆郝处俊副之,以击高丽。庞同善、契苾何力并为辽东道行军副大总管,兼安抚大使如故。其水陆诸军总管,并运粮使窦义积、独孤卿云、郭待封等,并受勣处分。河北诸州租赋悉诣辽东给军用。

二年秋九月辛未,李勣拔高丽之新城,使契苾何力守之。勣初渡辽,谓诸将曰:“新城,高丽西边要害,不先得之,余城未易取也。”遂攻之,城人师夫仇等缚城主开门降。勣引兵进击,一十六城皆下之。

庞同善、高侃尚在新城,泉男建遣兵袭其营,左武卫将军薛仁贵击破之。侃进至金山,与高丽战,不利,高丽乘胜逐北,仁贵引兵横击之,大破高丽,斩首五万余级,拔南苏、木底、苍岩三城,与泉男生军合。

郭待封以水军自别道趣平壤,勣遣别将冯师本载粮仗以资之。师本船破,失期。待封军中饥窘,欲作书与勣,恐为虏所得,知其虚实,乃作离合诗以与勣。勣怒曰:“军事方急,何以诗为?必斩之!”行军管记通事舍人河南元万顷为释其义,勣乃更遣粮仗赴之。万顷作檄高丽文,曰:“不知守鸭绿之险,”泉男建报曰:“谨闻命矣,”即移兵据鸭绿津,唐兵不得渡。上闻之,流万顷于岭南。郝处俊在高丽城下,未及成列,高丽奄至,军中大骇,处俊据胡床方食干糒,潜简精锐击败之,将士服其胆略。

总章元年春二月壬午,李勣等拔高丽扶余城。薛仁贵既破高丽于金山,乘胜将三千人将攻扶余城,诸将以其兵少,止之。仁贵曰:“兵不必多,顾用之何如耳。”遂为前锋以进,与高丽战,大破之,杀获万余人,遂拔扶余城。扶余川中四十余城皆望风请服。

侍御史洛阳贾言忠奉使自辽东还,上问以军事,言忠对曰:“高丽必平。”上曰:“卿何以知之?”对曰:“隋炀帝东征而不克者,人心离怨故也。先帝东征而不克者,高丽未有衅也。今高藏微弱,权臣擅命,盖苏文死,男建兄弟内相攻夺,男生倾心内附,为我乡导,彼之情伪,靡不知之。以陛下明圣,国家富强,将士尽力,以乘高丽之乱,其势必克,不俟再举矣。且高丽连年饥馑,妖异屡降,人心危骇,其亡可翘足待也。”上又问:“辽东诸将孰贤?”对曰:“薛仁贵勇冠三军。庞同善虽不善斗,而持军严整。高侃勤俭自处,忠果有谋。契苾何力沉毅能断,虽颇忌刻,而有统御之才,然夙夜小心,忘身忧国,皆莫及李勣也。”上深然其言。泉男建复遣兵五万人救扶余城,与李勣等遇于薛贺水,合战,大破之,斩获三万余人。进攻大行城,拔之。

秋九月癸巳,李勣拔平壤。绩既克大行城,诸军出他道者皆与绩会。进至鸭绿栅,高丽发兵拒战,绩等奋击,大破之,追奔二百余里,拔辱夷城,诸城遁逃及降者相继。契苾何力先引兵至平壤城下,勣军继之,围平壤月余,高丽王藏遣泉男产帅首领九十八人，持白幡诣勣降，勣以礼接之。泉男建犹闭门拒守，频遣兵出战，皆败。男建以军事委僧信诚，信诚密遣人诣勣，请为内应。后五日，信诚开门，勣纵兵登城鼓噪，焚城四(月)〔角〕，男建自刺，不死，遂擒之，高丽悉平。

(冬十月)，李勣将至，上命先以高藏等献于昭陵，具军容，奏凯歌入京师，献于太庙。〔冬〕十二月丁巳，上受俘于含元殿，以高藏政非己出，赦以为司平太常伯、员外同正。以泉男产为司宰少卿，僧信诚为银青光禄大夫，泉男生为右卫大将军。李勣以下封赏有差。泉男建流黔州，扶余丰流岭南。分高丽五部、百七十六城、六十九万余户，为九都督府、四十二州，百县，置安东都护府于平壤以统之，擢其酋帅有功者为都督、刺史、县令，与华人参理。以右威卫大将军薛仁贵检校安东都护，总兵二万人以镇抚之。

丁卯，上祀南郊，告平高丽，以李勣为亚献。己巳，谒太庙。

二年。高丽之民多离叛者，〔夏四月〕，敕徙高丽户三万八千二百于江淮之南及山南、京西诸州空旷之地，留其贫弱者使守安东。

咸亨元年夏四月，高丽酋长剑牟岑反，立高藏外孙安舜为主。以左监门大将军高侃为东州道行军总管，发兵讨之。安舜杀剑牟岑，奔新罗。

二年秋七月乙未朔，高侃破高丽余众于安市城。

三年冬十二月，高侃与高丽余众战于白水山，破之。新罗遣兵救高丽，侃击破之。

四年夏闰五月，燕山道总管、右领军大将军李谨行大破高丽叛者于瓠芦河之西，俘获数千人，余众皆奔新罗。时谨行妻刘氏留伐奴城，高丽引靺鞨攻之，刘氏擐甲帅众守城，久之，虏退。上嘉其功，封燕国夫人。谨行，靺鞨人，突地稽之子也，武力绝人，为众夷所惮。

上元元年春正月壬午，以左庶子同中书门下三品刘仁轨为鸡林道大总管，卫尉卿李弼、右领军大将军李谨行副之，发兵讨新罗。时新罗王法敏既纳高丽叛众，又据百济故地，使人守之。上大怒，诏削法敏官爵，其弟右骁卫员外大将军、临海郡公仁问在京师，立以为新罗王，使归国。

二年春二月，刘仁轨大破新罗之众于七重城，又使靺鞨浮海，略新罗之南境，斩获甚众。仁轨引兵还，诏以李谨行为安东镇抚大使，屯新罗之买肖城以经略之。三战皆捷，新罗乃遣使入贡，且谢罪。上赦之，复新罗王法敏官爵。金仁问中道而还，改封临海郡公。

仪凤元年春二月甲戌，徙安东都护府于辽东故城。先有华人任安东官者，悉罢之。徙熊津都督府于建安故城，其百济户口先徙徐、兖等州者，皆置于建安。

二年。初，刘仁轨引兵自熊津还，扶馀隆畏新罗之逼，不敢留，寻亦还朝。二月丁巳，以工部尚书高藏为辽东州都督，封朝鲜王，遣归辽东，安辑高丽余众。高丽先在诸州者，皆遣与藏俱归。又以司农卿扶馀隆为熊津都督，封带方王，亦遣归安辑百济余众。仍移安东都护府于新城以统之。时百济荒残，命隆寓居高丽之境。藏至辽东，谋叛，潜与靺鞨通，召还，徙邛州而死，散徙其人于河南、陇右诸州，贫者留安东城傍。高丽旧城没于新罗，余众散入靺鞨及突厥，隆亦竟不敢还故地，高氏、扶余氏遂亡。

开耀元年冬十月丁亥，新罗王法敏卒，遣使立其子政明。

吐蕃请和

唐太宗贞观八年冬十一月甲申，吐蕃赞普弃宗弄赞遣使入贡，仍请婚。吐蕃在吐谷浑西南，近世浸强，蚕食他国，土宇广大，胜兵数十万，然未尝通中国。其王称赞普，俗不言姓，王族皆曰论，宦族皆曰尚。弃宗弄赞有勇略，四邻畏之。上遣使者冯德遐往慰抚之。

十二年。初，上遣使者冯德遐抚慰吐蕃，吐蕃闻突厥、吐谷浑皆尚公主，遣使随德遐入朝，多赍金宝，奉表求婚，上未之许。使者还，言于赞普弃宗弄赞曰："臣初至唐，唐待我甚厚，许尚公主。会吐谷浑王入朝，相离间，唐礼遂衰，亦不许婚。"弄赞遂发兵击吐谷浑，吐谷浑不能支，遁于青海之北，民畜多为吐蕃所掠。

吐蕃进破党项、白兰诸羌，帅众二十余万屯松州西境，遣使贡金帛，云来迎公主。寻进攻松州，败都督韩威。羌酋阎州刺史别丛卧施、诺州刺史把利步利并以州叛归之。连兵不息，其大臣谏不听而自缢者凡八辈。〔秋八月〕壬寅，以吏部尚书侯君集为当弥道行军大总管，甲辰，以右领军大将军执失思力为白兰道、左武卫将军牛进达为阔水道、左领军将军刘简为洮河道行军总管，督步骑五万击之。吐蕃攻城十余日，进达为先锋，九月辛亥，掩其不备，败吐蕃于松州城下，斩首千余级。弄赞惧，引兵退，遣使谢罪，因复请婚，上许之。

十四年冬闰十月丙辰，吐蕃赞普遣其相禄东赞献金五千两及珍玩数百以请婚，上许以文成公主妻之。

十五年春正月甲戌，以吐蕃禄东赞为右卫大将军。上嘉禄东赞善应对，以琅邪公主外孙段氏妻之。辞曰："臣国中自有妇，父母所聘，不可弃也。且赞普未得谒公主，陪臣何敢先娶！"上益贤之，然欲抚以厚恩，竟不从其志。

丁丑，命礼部尚书江夏王道宗持节送文成公主于吐蕃。赞普大喜，见道宗，尽子婿礼，慕中国衣服仪卫之美，为公主别筑城郭宫室而处之，自服纨绮以见公主。其国人皆以赭涂面，公主恶之，赞普下令禁之。亦渐革其猜暴之性，遣子弟入国学，受诗、书。

二十三年。上以吐蕃赞普弄赞为驸马都尉，封西海郡王。赞普致书于长孙无忌等，云："天子初即位，臣下有不忠者，当勒兵赴国讨除之。"

高宗永徽元年夏五月壬戌，吐蕃赞普弄赞卒，其嫡子早死，立其孙为赞普。赞普幼弱，政事皆决于国相禄东赞。禄东赞性明达严重，行兵有法，吐蕃所以强大，威服氐羌，皆其谋也。

显庆三年冬十月庚申，吐蕃赞普来请婚。

五年八月，吐蕃禄东赞遣其子起政将兵击吐谷浑，以吐谷浑内附故也。

龙朔三年夏五月，吐蕃与吐谷浑互相攻，各遣使上表论曲直，更来求援，上皆不许。吐谷浑之臣素和贵有罪，逃奔吐蕃，具言吐谷浑虚实。吐蕃发兵击吐谷浑，大破之，吐谷浑可汗曷钵与弘化公主帅数千帐弃国走依凉州，请徙居内地。上以凉州都督郑仁泰为青海道行军大总管，帅右武卫将军独孤卿云、辛文陵等分屯凉、鄯二州，以备吐蕃。六月戊申，又以左武卫大将军苏定方为安集大使，节度诸军，为吐谷浑之援。吐蕃禄东赞屯青海，遣使者论仲琮入见，表陈吐谷浑之罪，且请和亲。上不许，遣左卫郎将刘文祥使于吐蕃，降玺书责让之。

麟德二年春(二)〔正〕月丁卯，吐蕃遣使入见，请复与吐谷浑和亲，仍求赤水地畜牧，上不许。

咸亨元年夏四月，吐蕃陷西域十八州，又与于阗袭龟兹拨换城，陷之。罢龟兹、于阗、焉耆、疏勒四镇。辛亥，以右卫大将军薛仁贵为逻娑道行军大总管，左卫员外大将军阿史那道真、左卫将军郭待封副之，以讨吐蕃，且援送吐谷浑还故地。

秋八月，郭待封先与薛仁贵并列，及征吐蕃，耻居其下，仁贵所言，待封多违之。军至大非川，将趣乌海，仁贵曰："乌海险远，车行甚难，辎重自随，难以趋利。宜留二万人，为两栅于大非岭上，辎重悉置栅内，吾属帅轻锐，倍道兼行，掩其未备，破之必矣。"仁贵帅所部前行，击吐蕃于河口，大破之，斩获甚众，进屯乌海，以俟待封。待封不用仁贵策，将辎重徐进，未至乌海，遇吐蕃二十余万，待封军大败，还走，悉弃辎重。仁贵退屯大非川，吐蕃相论钦陵将兵四十余万就击之。唐兵大败，死伤略尽。仁贵、待封与阿史那道真并脱身免，与钦陵约和而还。敕大司宪乐彦玮即军中按其败状，械送京师，三人皆免死除名。钦陵，禄东赞之子也，与弟赞婆、悉多、于勃论皆有才略。禄东赞卒，钦陵代之秉政，三弟将兵居外，邻国畏之。闰九月甲寅，以左相姜恪为凉州道行军大总管，以御吐蕃。

三年夏四月，吐蕃遣其大臣仲琮入贡，上问以吐蕃风俗，对曰："吐蕃地薄气寒，风俗朴鲁，然法令严整，上下一心，议事常自下而起，因人所利而行之，斯所以能持久也。"上诘以吞灭吐谷浑，败薛仁贵，寇逼凉州事，对曰："臣受命贡献而已，军旅之事非所闻也。"上厚赐而遣之。癸未，遣都水使者黄仁素使于吐蕃。

上元二年春正月辛未，吐蕃遣其大臣论吐浑弥来请和，且请与吐谷浑复修邻好，上不许。

仪凤元年春闰三月，吐蕃寇鄯、廓、河、芳等州，敕左监门卫中郎将令狐智通发兴、凤等州兵以御之。己卯，诏以吐蕃犯塞，停封中岳。乙酉，以洛州牧周王显为洮州道行军元帅，将工部尚书刘审礼等十二总管，并州大都督相王轮为凉州道行军元帅，将左卫大将军契苾何力等以讨吐蕃，二王皆不行。秋八月乙未，吐蕃寇叠州。

二年夏五月，吐蕃寇扶州之临河镇，擒镇将杜孝升，令赍书说松州都督武居寂使降，孝升固执不从。吐蕃军还，舍孝升而去，孝升复帅余众拒守。诏以孝升为游击将军。冬十二月乙卯，诏大发兵讨吐蕃。

三年秋七月，李敬玄奏破吐蕃于龙支。九月丙寅，李敬玄将兵十八万与吐蕃将论钦陵战于青海之上，兵败，工部尚书、左卫大将军彭城僖公刘审礼为吐蕃所虏。时审礼将前军深入，顿于濠所，为虏所攻，敬玄懦怯，按兵不救。闻审礼战没，狼狈还走，顿于承风岭，阻泥沟以自固，虏屯兵高岗以压之。左领军员外将军黑齿常之，夜帅敢死之士五百人袭击虏营，虏众溃乱，其将跋地设引兵遁去，敬玄乃收余众还鄯州。审礼诸子自缚诣阙，请入吐蕃赎其父，敕听次子易从诣吐蕃省之。比至，审礼已病卒，易从昼夜号哭不绝声。吐蕃哀之，还其尸，易从徒跣负之以归。上嘉黑齿常之之功，擢拜左武卫将军，充河源军副使。

李敬玄之西征也，监察御史原武娄师德应猛士诏从军，及败，敕师德收集散亡，军乃复振。因命使于吐蕃，吐蕃将论赞婆迎之赤岭。师德宣导上意，谕以祸福，赞婆甚悦，为之数年不犯边。师德迁殿中侍御史，充河源军司马，兼知营田事。

上以吐蕃为忧，悉召侍臣谋之。或欲和亲以息民，或欲严设守备，俟公私富实而讨之，或欲亟发兵击之。议竟不决，赐食而遣之。太学生宋城魏元忠上封事言御吐蕃之策，以为："理国之要，在文与武。今言文者则以辞华为首而不及经纶，言武者则以骑射为先而不知方略，是皆何益于理乱哉！故陆机着辨亡之论，无救河梁之败，养由基射穿七札，不济鄢陵之师，此已然之明效也。古语有之：'人无常俗，政有理乱，兵无强弱，将有巧拙。'故选将当以智略为本，勇力为末。今朝廷用人，类取将门子弟及死事之家，彼皆庸人，岂足当阃外之任。李左车、陈汤、吕蒙、孟观皆出贫贱而立殊功，未闻其家代为将也。夫赏罚者，军国之切务，苟有功不赏，有罪不诛，虽尧舜不能以致理。议者皆云：'近日征伐，虚有赏格，而无事实。'盖由小才之吏，不知大体，徒惜勋庸，恐虚仓库。不知士不用命，所损几何，黔首虽微，不可欺罔。岂得悬不信之令，设虚赏之科，而望其立功乎！自苏定方征辽东，李勣破平壤，赏绝不行，勋仍淹滞，不闻斩一台郎，戮一令史，以谢勋人。大非川之败，薛仁贵、郭待封等不即重诛，向使早诛仁贵等，则自余诸将岂敢失利于后哉！臣恐吐蕃之平，非旦夕可冀也。又，出师之要，全资马力。臣请开畜马之禁，使百姓皆得畜马，若官军大举，委州县长吏以官钱增价市之，则皆为官有。彼胡虏恃马力以为强，若听人间市而畜之，乃是损彼之强，为中国之利也。"先是，禁百姓畜马，故元忠言之。上善其言，召见，令直中书省，仗内供奉。

调露元年春二月壬戌，吐蕃赞普卒，子器弩悉弄立，生八年矣。时器弩悉弄与其舅麹萨若诣羊同发兵，有弟生六年，在论钦陵军中。国人畏钦陵之强，欲立之，钦陵不可，与萨若共立器弩悉弄。上闻赞普卒，嗣主未定，命裴行俭乘间图之。行俭曰："钦陵为政，大臣辑睦，未可图也。"乃止。

冬十月癸亥，吐蕃文成公主遣其大臣论塞调傍来告丧，并请和亲。上遣郎将宋令文诣吐蕃会赞普之葬。

永隆元年秋七月，吐蕃寇河源，左武卫将军黑齿常之击却之。擢常之为河源军经略大使。常之以河源冲要，欲加兵戍之，而转输险远，乃广置烽戍七十余所，开屯田五千余顷，岁收五百余万石，由是战守有备焉。

先是，剑南募兵于茂州，西南筑安戎城，以断吐蕃通蛮之路。吐蕃以生羌为乡导，攻陷其城，以兵据之，由是西洱诸蛮皆降于吐蕃。吐蕃尽据羊同、党项及诸羌之地，东接凉、松、茂、巂等州，南邻天竺，西陷龟兹、疏勒等四镇，北抵突厥，地方万余里，诸胡之盛，莫与为比。冬十月丙午，文成公主薨于吐蕃。

开耀元年夏五月己丑，河源道经略大使黑齿常之将兵击吐蕃论赞婆于良非川，破之，收其粮畜而还。常之在军七年，吐蕃深畏之，不敢犯边。

永淳元年秋七月，吐蕃将论钦陵寇拓、松、翼等州，诏左骁卫郎将李孝逸、右卫郎将卫蒲山发秦、渭等州兵分道御之。(冬十月)〔是岁〕，吐蕃入寇河源军，军使娄师德将兵击之于白水涧，八战八捷。上以师德为比部员外郎、左骁卫郎将、河源军经略副使，曰："卿有文武材，勿辞也。"

则天皇后垂拱元年冬十一月癸卯，命天官尚书韦待价为燕然道行军大总管，以讨吐蕃。

三年冬十一月，太后欲遣韦待价将兵击吐蕃，凤阁侍郎韦方质奏，请如旧制遣御史监军。太后曰："古者明君遣将，阃外之事悉以委之。比闻御史监军，军中事无大小皆须承禀。以下制上，非令典也，且何以责其有功。"遂罢之。

永昌元年夏五月丙辰，命文昌右相韦待价为安息道行军大总管，击吐蕃。韦待价军至寅识迦河，与吐蕃战，大败。会大雪，粮运不继。待价既无将领之才，狼狈失据，士卒冻馁，死亡甚众，乃引军还。太后大怒，丙子，待价除名，流绣州，斩副大总管安西大都护阎温古。安西副都护唐休璟收其余众，抚安西土，太后以休璟为西州都督。

天授二年夏五月，以岑长倩为武威道行军大总管，击吐蕃，中道召还，军竟不出。

长寿元年春二月己亥，吐蕃、党项部落万余人内附，分置十州。

夏五月，吐蕃酋长曷苏帅部落请内附，以右玉钤卫将军张玄遇为安抚使，将精卒二万迎之。六月，军至大渡水西，曷苏事泄，为国人所擒。别部酋长昝捶帅羌蛮八千余人内附，玄遇以其部落置莱川州而还。

初，新丰王孝杰从刘审礼击吐蕃，为副总管，与审礼皆没于吐蕃。赞普见孝杰泣曰："貌类吾父，"厚礼之，后竟得归，累迁右鹰扬卫将军。孝杰久在吐蕃，知其虚实。会西州都督唐休璟请复取龟兹、于阗、疏勒、碎叶四镇，敕以孝杰为武威军总管，与左武卫大将军阿史那忠节将兵击吐蕃。冬十月丙戌，大破吐蕃，复取四镇。置安西都护于龟兹，发兵戍之。

延载元年春二月，武威道总管王孝杰破吐蕃教论赞(刃)〔与〕突厥可汗俀子等于冷泉及大岭，各三万余人。碎叶镇守使韩思忠破泥熟俟斤等万余人。

天册万岁元年秋七月辛酉,吐蕃寇临洮,以王孝杰为肃边道行军大总管以讨之。

万岁通天元年春(正)〔一〕月甲寅,以娄师德为肃边道行军副总管,击吐蕃。三月壬寅,王孝杰、娄师德与吐蕃将论钦陵、赞婆战于素罗汗山,唐兵大败。孝杰坐免为庶人,师德贬原州员外司马。师德因署移牒,惊曰:"官爵尽无邪!"既而曰:"亦善,亦善。"不复介意。

秋九月,吐蕃复遣使请和亲,太后遣右武卫胄曹参军贵乡郭元振往察其宜。吐蕃将论钦陵请罢安西四镇戍兵,并求分十姓突厥之地。元振曰:"四镇、十姓,与吐蕃种类本殊,今请罢唐兵,岂非有兼并之志乎?"钦陵曰:"吐蕃苟贪土地,欲为边患,则东侵甘、凉,岂肯规利于万里之外邪!"乃遣使者随元振入请之。

朝廷疑未决,元振上疏,以为:"钦陵求罢兵割地,此乃利害之机,诚不可轻举措也。今若直拒其善意,则为边患必深。四镇之利远,甘、凉之害近,不可不深图也。宜以计缓之,使其和望未绝则善矣。彼四镇、十姓,吐蕃之所甚欲也,而青海、吐谷浑,亦国家之要地也。今报之宜曰:'四镇、十姓之地,本无用于中国,所以遣兵戍之,欲以镇抚西域,分吐蕃之势,使不得并力东侵也。今若果无东侵之志,当归我吐谷浑诸部及青海故地,则五俟斤部亦当以归吐蕃。'如此则足以塞钦陵之口,而亦未与之绝也。若钦陵小有乖违,则曲在彼矣。且四镇、十姓款附岁久,今未察其情之向背,事之利害,遥割而弃之,恐伤诸国之心,非所以御四夷也。"太后从之。

元振又上言:"吐蕃百姓疲于徭戍,早愿和亲。钦陵利于统兵专制，独不欲归款。若国家岁发和亲使，而钦陵常不从命，则彼国之人怨钦陵日深，望国恩日甚，设欲大举其徒固亦难矣。斯亦离间之渐，可使其上下猜阻，祸乱内兴矣。”太后深然之。元振名震，以字行。

圣历二年。初，吐蕃赞普器弩悉弄尚幼，论钦陵兄弟用事，皆有勇略，诸胡畏之。钦陵居中秉政，诸弟握兵分据方面，赞婆常居东边，为中国患者三十余年。器弩悉弄浸长，阴与大臣论岩谋诛之。会钦陵出外，赞普诈云出畋，集兵执钦陵亲党二千余人，杀之，遣使召钦陵兄弟，钦陵等举兵不受命。赞普将兵讨之，钦陵兵溃自杀。夏四月，赞婆帅所部千余人来降，太后命右武卫铠曹参军郭元振与河源军大使(不)〔夫〕蒙令卿将骑迎之，以赞婆为特进、归德王。钦陵子弓仁以所统吐谷浑七千帐来降，拜左玉钤卫将军、酒泉郡公。

冬十月丁亥，论赞婆至都，太后宠待赏赐甚厚，以为右卫大将军，使将其众守洪源谷。

久视元年秋闰七月丁酉，吐蕃将麹莽布支寇凉州，围昌松，陇右诸军大使唐休璟与战于洪源谷。麹莽布支兵甲鲜华，休璟谓诸将曰：“诸论既死，麹莽布支新为将，不习军事，诸贵臣子弟皆从之，望之虽如精锐，实易与耳，请为诸君破之。”乃被甲先陷陈，六战皆捷，吐蕃大奔，斩首二千五百级，获二裨将而还。庚戌，以魏元忠为陇右诸军大使，击吐蕃。

长安二年秋九月己卯，吐蕃遣其臣论弥萨来求和。癸未，宴论弥萨于麟德殿。时凉州都督唐休璟入朝，亦预宴，弥萨屡窥之。太后问其故，对曰：“洪源之战，此将军猛厉无敌，故欲识之。”太后擢休璟为右武威、金吾二卫大将军。休璟练习边事，自碣石以西逾四镇，绵亘万里，山川要害皆能记之。

冬十月戊申，吐蕃赞普将万余人寇茂州，都督陈大慈与之四战，皆破之，斩首千余级。

三年夏四月，吐蕃遣使献马千匹、金二千两以求婚。

吐蕃南境诸部皆叛，赞普器弩悉弄自将击之，卒于军中。诸子争立，久之，国人立其子弃隶蹜赞为赞普，生七年矣。

中宗景龙元年春三月庚子，吐蕃遣其大臣悉薰热入贡。夏四月辛巳，以上所养雍王守礼女金城公主妻吐蕃赞普。

三年冬十一月乙亥，吐蕃赞普遣其大臣尚赞咄等千余人迎金城公主。

睿宗景云元年春正月，上命纪处讷送金城公主适吐蕃，处讷辞，又命赵彦昭，彦昭亦辞。丁丑，命左骁卫大将军杨矩送之。己卯，上自送公主至始平，二月癸未，还宫。公主至吐蕃，赞普为之别筑城以居之。

玄宗开元元年冬十二月甲午，吐蕃遣其大臣来求和。

二年夏五月己酉，吐蕃相坌达延遗宰相书，请先遣解琬至河源正二国封疆，然后结盟。琬尝为朔方大总管，故吐蕃请之。前此琬以金紫光禄大夫致仕，复召拜左散骑常侍而遣之。又命宰相复坌达延书，招怀之。琬上言："吐蕃必阴怀叛计，请预屯兵十万于秦、渭等州以备之。"六月丙寅，吐蕃使其宰相尚(饮)〔钦〕藏来献盟书。

秋八月乙亥，吐蕃将坌达延、乞力徐帅众十万寇临洮军兰州，至于渭源，掠取牧马。命薛讷白衣摄左羽林将军，为陇右防御使，以右骁卫将军常乐郭知运为副使，与太仆少卿王晙帅兵击之。辛巳，大募勇士诣河、陇就讷教习。初，鄯州都督杨矩以九曲之地与吐蕃，其地肥饶，吐蕃就之畜牧，因以入寇。矩悔惧自杀。

冬十月，吐蕃复寇渭源。丙辰，上下诏欲亲征，发兵十余万人，马四万匹。甲子，薛讷与吐蕃战于武街，大破之。时太仆少卿陇右群牧使王晙帅所部二千人与讷会击吐蕃。坌达延将吐蕃十万屯大来谷，晙选勇士七百，衣胡服，夜袭之，多置鼓角于其后五里，前军遇敌大呼，后人鸣鼓角以应之。虏以为大军至，惊惧，自相杀伤，死者万计。讷时在武街，去大来谷二十里，虏军塞其中间，晙复夜出兵袭之，虏大溃，始得与讷军合。同追奔至洮水，复战于长城堡，又败之，前后杀获数万人。丰安军使王海宾战死。乙丑，敕罢亲征。

戊辰，姚崇、卢怀慎等奏："顷者吐蕃以河为境，神龙中尚公主，遂逾河筑城，置独山、九曲两军，去积石三百里，又于河上造桥。今吐蕃既叛，宜毁桥拔城。"从之。以王海宾之子忠嗣为朝散大夫、尚辇奉御，养之宫中。

乙酉，命左骁卫郎将〔尉迟瓌使于吐蕃，宣〕慰金城公主。吐蕃遣其大臣宗俄因(矛)〔子〕至洮水请和，用敌国礼。上不许，自是连岁犯边。

四年春二月，吐蕃围松州。癸酉，松州都督孙仁献袭击吐蕃于城下，大破之。秋(七)〔八〕月，吐蕃复请和，上许之。

五年秋七月壬寅，陇右节度使郭知运大破吐蕃于九曲。

六年冬十一月戊辰，吐蕃奉表请和，乞舅甥亲署誓文，及令彼此宰相皆著名于其上。

七年夏六月戊辰，吐蕃复遣使请上亲署誓文，上不许，曰："昔岁誓约已定，苟信不由衷，亟誓何益？"

十年秋(八)〔九〕月癸未，吐蕃围小勃律王没谨忙，谨忙求救于北庭节度使张嵩曰："勃律，唐之西门，勃律亡则西域皆为吐蕃矣。"嵩乃遣疏勒副使张思礼将蕃、汉步骑四千人救之，昼夜倍道，与谨忙合击吐蕃，大破之，斩获数万。自是累岁吐蕃不敢犯边。

十五年春正月辛丑，凉州都督王君㚟破吐蕃于青海之西。初，吐蕃自恃其强，致书用敌国礼，辞指悖慢，上意常怒之。张说言于上曰："吐蕃无礼，诚宜诛夷，但连兵十余年，甘、凉、河、鄯不胜其弊，虽师屡捷，所得不偿所亡。闻其悔过求和，愿听其款服，以纾边人。"上曰："俟吾与王君㚟议之。"说退，谓源乾曜曰："君㚟勇而无谋，常思侥幸，若二国和亲，何以为功！吾言必不用矣。"及君㚟入朝，果请深入讨之。

去冬吐蕃大将悉诺逻寇大斗谷，进攻甘州，焚掠而去。君㚟度其兵疲，勒兵蹑其后，会大雪，虏冻死者甚众，自积石军西归。君㚟先遣人间道入虏境，烧道旁草，悉诺逻至大非川，欲休士马，而野草皆尽，马死过半。君㚟与秦州都督张景顺追之，及于青海之西，乘冰而渡，悉诺逻已去，破其后军，获其辎重羊马万计而还。君㚟以功迁左羽林大将军，拜其父寿为少府监致仕。上由是益事边功。

秋九月丙子，吐蕃大将悉诺逻恭禄及烛龙莽布支攻陷瓜州，执刺史田元献及河西节度使王君㚟之父，进攻玉门军。纵所虏俘使归凉州，谓君㚟曰："将军常以忠勇许国，何不一战！"君㚟登城西望而泣，竟不敢出兵。莽布支别攻常乐县，县令贾师顺帅众拒守。及瓜州陷，悉诺逻悉兵会攻之，旬余日，吐蕃力尽，不能克，使人说降之，不从。吐蕃曰："明府既不降，宜敛城中财相赠，吾当退。”师顺请脱士卒衣，悉诺逻知无财，乃引去，毁瓜州城。师顺遽开门，收器械，修守备。虏果复遣精骑还，视城中，知有备，乃去。师顺，岐州人也。

闰月庚子，吐蕃赞普与突骑施苏禄围安西城，安西副大都护赵颐贞击破之。

王君㚟帅精骑邀吐蕃使者于肃州，还至甘州南巩笔驿，回纥司马护输伏兵突起，杀君㚟。辛巳，以左金吾卫大将军信安王祎为朔方节度等副大使。祎，恪之孙也。以朔方节度使萧嵩为河西节度等副大使。时王君㚟新败，河、陇震骇。嵩引刑部员外郎裴宽为判官，与君㚟判官牛仙客俱掌军政，人心浸安。宽，漼之从弟也。仙客本鹑觚小吏，以才干军功累迁至河西节度判官，为君㚟腹心。

嵩又奏以建康军使河北张守珪为瓜州刺史，帅余众筑故城。板干裁立，吐蕃猝至，城中相顾失色，莫有斗志。守珪曰：“彼众我寡，又疮痍之余，不可以矢刃相持，当以奇计取胜。”乃于城上置酒作乐。虏疑其有备，不敢攻而退。守珪纵兵击之，虏败走。守珪乃修复城市，收合流散，皆复旧业。朝廷嘉其功，以瓜州为都督府，以守珪为都督。

悉诺逻威名甚盛，萧嵩纵反间于吐蕃，云与中国通谋，赞普召而诛之，吐蕃由是少衰。

冬十二月戊寅，制以吐蕃为边患，令陇右道及诸军团兵五万六千人，河西道及诸军团兵四万人，又征关中兵万人集临洮，朔方兵二万人集会州防秋，至冬初，无寇而罢。伺虏入寇，互出兵腹背击之。

十六年秋七月，吐蕃大将悉末朗寇瓜州，都督张守珪击走之。乙巳,河西节度使萧嵩、陇右节度使张忠亮大破吐蕃于渴波谷,忠亮追之,拔其大莫门城,擒获甚众,焚其骆驼桥而还。

八月辛卯,右金吾将军杜宾客破吐蕃于祁连城下。时吐蕃复入寇,萧嵩遣宾客将强弩四千击之。战自辰至暮,吐蕃大溃,获其大将一人。虏散走投山,哭声四合。

十七年春三月,瓜州都督张守珪、沙州刺史贾思顺击吐蕃大同军,大破之。甲寅,朔方节度使信安王祎攻吐蕃石堡城,拔之。初,吐蕃陷石堡城,留兵据之,侵扰河右,上命祎与河西、陇右同议攻取。诸将咸以为石堡据险而道远,攻之不克,将无以自还,且宜按兵观衅。祎不听,引兵深入,急攻拔之,仍分兵据守要害,令虏不得前。自是河、陇诸军游弈,拓境千余里。上闻,大悦,更命石堡城曰振武军。

十八年夏五月,吐蕃遣使致书于境上求和。秋九月,吐蕃兵数败而惧,乃求和亲。忠王友皇甫惟明因奏事从容言和亲之利。上曰:“赞普尝遗吾书,悖慢,此何可舍!”对曰:“赞普当开元之初,年尚幼稚,安能为此书?殆边将诈为之,欲以激怒陛下耳。夫边境有事,则将吏得以因缘盗匿官物,妄述功状以取勋爵,此皆奸臣之利,非国家之福也。兵连不解,日费千金,河西、陇右由兹困敝。陛下诚命一使往视公主,因与赞普面相约结,使之稽颡称臣,永息边患,岂非御夷狄之长策乎?”上悦,命惟明与内侍张元方使于吐蕃。赞普大喜,悉出贞观以来所得敕书以示惟明。冬十月,遣其大臣论名悉猎,随惟明入贡,表称:“甥世尚公主,义同一家。中间张玄表等先兴兵寇钞,遂使二境交恶。甥深识尊卑,安敢失礼,正为边将交构,致获罪于舅。屡遣使者入朝,皆为边将所遏。今蒙远降使臣,来视公主,甥不胜喜荷。傥使复修旧好，死无所恨。”自是吐蕃复款附。

十九年春正月辛未，遣鸿胪卿崔琳使于吐蕃。琳，神庆之子也。吐蕃使者称公主求毛诗、春秋、礼记。正字于休烈上疏，以为：“东平王汉之懿亲，求史记、诸子，汉犹不与。况吐蕃，国之寇仇，今资之以书，使知用兵权略，愈生变诈，非中国之利也。”事下中书门下议之，裴光庭等奏：“吐蕃聋昧顽嚚，久叛新服，因其有请，赐以诗、书，庶使之渐陶声教，化流无外。休烈徒知书有权略变诈之语，不知忠信礼义皆从书出也。”上曰：“善。”遂与之。休烈，志宁之玄孙也。秋九月辛未，吐蕃遣其相论尚它硉入见。

二十一年春二月丁酉，金城公主请立碑于赤岭，以分唐与吐蕃之境，许之。

突厥叛唐

唐高宗麟德元年春正月甲子，改云中都护府为单于大都护府，以殷王旭轮为单于大都护。初，李靖破突厥，迁三百帐于云中城，阿史德氏为其长。至是，部落渐众，阿史德氏诣阙请如胡法，立亲王为可汗以统之。上召见，谓曰：“今之可汗，古之单于也。”故更为单于都护府，而使殷王遥领之。

调露元年冬十月，单于大都护府突厥阿史德温傅、奉职二部俱反，立阿史那泥熟匐为可汗，二十四州酋长皆叛应之，众数十万。遣鸿胪卿单于大都护府长史萧嗣业、左领军卫将军花大智、右千牛卫将军李景嘉等将兵讨之。嗣业等先战屡捷，因不设备，会大雪，突厥夜袭其营，嗣业狼狈拔营走，众遂大乱，为虏所败，死者不可胜数。大智、景嘉引步兵且行且战，得入单于都护府。

嗣业减死，流桂州，大智、景嘉并免官。

突厥寇定州，刺史霍王元轨命开门偃旗，虏疑有伏，惧而宵遁。州人李嘉运与虏通谋，事泄，上令元轨穷其党与。元轨曰："强寇在境，人心不安，若多所逮系，是驱之使叛也。"乃独杀嘉运，余无所问，因自劾违制。上览表大喜，谓使者曰："朕亦悔之，向无王，失定州矣。"自是朝廷有大事，上多密敕问之。

壬子，遣左金吾卫将军曹怀舜屯井陉，右武卫将军崔献屯龙门，以备突厥。突厥扇诱奚、契丹侵掠营州，都督周道务遣户曹始平唐休璟将兵击破之。

十一月癸未，上宴裴行俭，谓之曰："卿有文武兼资，今授卿二职。"乃除礼部尚书兼检校右卫大将军。甲辰，以行俭为定襄道行军大总管，将兵十八万，并西军检校丰州都督程务挺、东军幽州都督李文暕，总三十余万以讨突厥，并受行俭节度。务挺，名振之子也。

永隆元年春三月，裴行俭大破突厥于黑山，擒其酋长奉职。可汗泥熟匐为其下所杀，以其首来降。初，行俭行至朔川，谓其下曰："用兵之道，抚士贵诚，制敌尚诈。前日萧嗣业粮运为突厥所掠，士卒冻馁，故败。今突厥必复为此谋，宜有以诈之。"乃诈为粮车三百乘，每车伏壮士五人，各持陌刀劲弩，以羸兵数百为之援，且伏精兵于险要以待之。虏果至，羸兵弃车散走，虏驱车就水草，解鞍牧马，欲取粮，壮士自车中跃出，击之，虏惊走，复为伏兵所邀，杀获殆尽。自是粮运行者，虏莫敢近。军至单于府北，抵暮，下营，掘堑已周，行俭遽命移就高冈。诸将皆言"士卒已安堵，不可复动"。行俭不从，趣使移。是夜，风雨暴至，前所营地水深丈余，诸将惊服。问其故，行俭笑曰："自今但从我命，不必问其所由知也。”

奉职既就擒，余党走保狼山。诏户部尚书崔知悌驰传诣定襄宣慰将士，且区处余寇。行俭引军还。

秋七月，突厥余众围云州，代州都督窦怀悊、右领军中郎将程务挺将兵击破之。

开耀元年春正月，突厥寇原、庆等州，乙亥，遣右卫将军李知十等将兵屯泾、庆二州以备突厥。

裴行俭军既还，突厥阿史那伏念复自立为可汗，与阿史德温傅连兵为寇。癸巳，以行俭为定襄道大总管，以右武卫将军曹怀舜、幽州都督李文暕为副，将兵讨之。

三月，曹怀舜与裨将窦义昭将前军击突厥。或告：“阿史那伏念与阿史德温傅在黑沙北，左右才二十骑以下，可径往取也。”怀舜等信之，留老弱于瓠卢泊，帅轻锐倍道进至黑沙，无所见，人马疲顿，乃引兵还。会薛延陁部落欲西诣伏念，遇怀舜军，因请降。怀舜等引兵徐还，至长城北，遇温傅，小战，各引去。至横水，遇伏念，怀舜、义昭与李文暕及裨将刘敬同四军合为方陈，且战且行，经一日，伏念乘便风击之，军中扰乱，怀舜等弃军走，军遂大败，死者不可胜数。怀舜等收散卒，敛金帛以赂伏念，与之约和，杀牛为盟。伏念北去，怀舜等乃得还。夏五月丙戌，怀舜免死，流岭南。

秋闰七月，裴行俭军于代州之陉口，多纵反间，由是阿史那伏念与阿史德温傅浸相猜贰。伏念留妻子辎重于金牙山，以轻骑袭曹怀舜。行俭遣裨将何迦密自通漠道，程务挺自石地道掩取之。伏念与曹怀舜等约和而还，比至金牙山，失其妻子辎重，士卒多疾疫，乃引兵北走保细沙，行俭又使副总管刘敬同、程务挺等将单于府兵追蹑之。伏念请执温傅以自效，然尚犹豫，又自恃道远，唐兵必不能至，不复设备。敬同等军到，伏念狼狈，不能整其众，遂执温傅从间道诣行俭降。候骑告以烟尘涨天而至，将士皆震恐，行俭曰："此乃伏念执温傅来降，非他盗也。然受降如受敌，不可无备。"乃命严备，遣单（于）使迎前劳之。少选，伏念果帅酋长缚温傅诣军门请罪。行俭尽平突厥余党，以伏念、温傅归京师。

冬十月壬戌，裴行俭等献定襄之俘。乙丑，改元。丙寅，斩阿史那伏念、阿史德温傅等五十四人于都市。初，行俭许伏念以不死，故降。裴炎疾行俭之功，奏言："伏念为副将张虔勖、程务挺所逼，又回纥等自碛北南向逼之，穷窘而降耳。"遂诛之。行俭叹曰："浑、浚争功，古今所耻，但恐杀降，无复来者。"因称疾不出。

永淳元年。突厥余党阿史那骨笃禄、阿史德元珍等招集亡散，据黑沙城反，入寇并州及单于府之北境，杀岚州刺史王德茂。右领军卫将军、检校代州都督薛仁贵将兵击元珍于云州，虏问："唐大将为谁？"应之曰："薛仁贵。"虏曰："吾闻仁贵流象州，死久矣，何以绐我！"仁贵免胄示之面，虏相顾失色，下马列拜，稍稍引去。仁贵因奋击，大破之，斩首万余级，捕虏二万余人。

弘道元年春二月庚午，突厥寇定州，刺史霍王元轨击却之。乙亥，复寇妫州。三月庚寅，阿史那骨笃禄、阿史德元珍围单于都护府，执司马张行师，杀之。遣胜州都督王本立、夏州都督李崇义将兵分道救之。

夏五月乙巳，突厥阿史那骨笃禄等寇蔚州，杀刺史李思俭。丰州都督崔智辩将兵邀之于朝那山北，兵败，为虏所擒。朝议欲废丰州，迁其百姓于灵、夏。丰州司马唐休璟上言，以为："丰州阻河为固，居贼冲要，自秦、汉已来列为郡县，土宜耕牧。隋季丧乱，迁百姓于宁、庆二州，致胡虏深侵，以灵、夏为边境。贞观之末，募人实之，西北始安。今废之，则河滨之地复为贼有，灵、夏等州人不安业，非国家之利也。"乃止。

六月，突厥别部寇掠岚州，偏将杨玄基击走之。冬十一月戊戌，以右武卫将军程务挺为单于道安抚大使，招讨阿史那骨笃禄等。

则天皇后光宅元年秋七月，突厥阿史那骨笃禄等寇朔州。九月，以左武卫大将军程务挺为单于道安抚大使，以备突厥。

垂拱元年春二月，突厥阿史那骨笃禄等数寇边，以左玉钤卫中郎将淳于处平为阳曲道行军总管，击之。夏四月癸未，突厥寇代州，淳于处平引兵救之。至忻州，为突厥所败，死者五千余人。

二年秋九月，突厥入寇，左鹰扬卫大将军黑齿常之拒之。至两井，遇突厥三千余人，见唐兵，皆下马擐甲，常之以二百余骑冲之，皆弃甲走。日暮，突厥大至，常之令营中然火，东南又有火起，虏疑有兵相应，遂夜遁。

三年春二月丙辰，突厥骨笃禄等寇昌平，命左鹰扬大将军黑齿常之帅诸军讨之。秋七月，突厥骨笃禄、元珍寇朔州，遣燕然道大总管黑齿常之击之，以右鹰扬大将军李多祚为之副，大破突厥于黄花堆，追奔四十余里，突厥皆散走碛北。多祚世为靺鞨酋长，以军功得入宿卫。黑齿常之每得赏赐，皆分将士。有善马为军士所损，官属请笞之，常之曰："奈何以私马笞官兵乎！"卒不问。

冬十月庚子，右监门卫中郎将爨宝璧与突厥骨笃禄、元珍战，全军皆没，宝璧轻骑遁归。宝璧见黑齿常之有功，表请穷追余寇，诏与常之计议，遥为声援。宝璧欲专其功，不待常之，引精兵万三千人先行，出塞二千余里，掩击其部落。既至，又先遣人告之，使得严备，与战，遂败。太后诛宝璧，改骨笃禄曰不卒禄。

永昌元年夏五月己巳，以僧怀义为新平军大总管，北讨突厥。行至紫河，不见虏，于单于台刻石纪功而还。秋九月壬子，以僧怀义为新平道行军大总管，将兵二十万以讨突厥骨笃禄。

延载元年(春)正月，突厥可汗骨笃禄卒，其子幼，弟默啜自立为可汗。腊月甲戌，默啜寇灵州。〔春〕二月庚午，以僧怀义为代北道行军大总管，以讨默啜。

三月甲申，以凤阁舍人苏味道为凤阁侍郎、同平章事，李昭德检校内史。更以僧怀义为朔方道行军大总管，以李昭德为长史，苏味道为司马，帅契苾明、曹仁师、沙吒忠义等十八将军以讨默啜。未行，虏退而止。昭德尝与怀义议事，失其旨，怀义挞之，昭德惶惧请罪。

天册万岁元年正月丙午，以王孝杰为朔方道行军总管，击突厥。冬十月，突厥默啜遣使请降，太后喜，册授左卫大将军、归国公。

万岁通天元年秋九月丁巳，突厥寇凉州，执都督许钦明。钦明，绍之曾孙也，时出按部，突厥数万奄至城下，钦明拒战，为所虏。

突厥默啜请为太后子，并为其女求婚，悉归河西降户，帅其部众为国讨契丹。太后遣豹韬卫大将军阎知微、左卫郎将摄司宾卿田归道册授默啜左卫大将军、迁善可汗。知微，立德之孙；归道，仁会之子也。

冬十月辛卯，契丹李尽忠卒，孙万荣代领其众。突厥默啜乘间袭松漠，虏尽忠、万荣妻子而去。太后进拜默啜为颉跌利施大单于、立功报国可汗。

神功元年(春)正月，突厥默啜寇灵州，以许钦明自随。钦明至城下，大呼求美酱、粱米及墨，意欲城中选良将，引精兵，夜袭虏营，而城中无谕其意者。

癸亥，突厥默啜寇胜州，平狄军副使安道买击破之。〔春〕三月，阎知微、田归道同使突厥，册默啜为可汗。知微中道遇默啜使者，辄与之绯袍、银带，且上言："虏使至都，宜大为供张。"归道上言："突厥背诞积年，今方悔过，宜待圣恩宽宥。今知微擅与之袍、带，使朝廷无以复加，宜令反初服以俟朝恩。又，小虏使臣，不足大为供张。"太后然之。知微见默啜，舞蹈，吮其靴鼻。归道长揖不拜。默啜囚归道，将杀之，归道辞色不挠，责其无厌，为陈祸福。阿波达干元珍曰："大国使者，不可杀也。"默啜怒稍解，但拘留不遣。

初，咸亨中，突厥有降者皆处之丰、胜、灵、夏、朔、代六州。至是，默啜求六州降户及单于都护府之地，并谷种、缯帛、农器、铁，太后不许。默啜怒，言辞悖慢。姚璹、杨再思以契丹未平，请依默啜所求给之。麟台少监、知凤阁侍郎赞皇李峤曰："戎狄贪而无信，此所谓'借寇兵资盗粮'也，不如治兵以备之。"璹、再思固请与之，乃悉驱六州降户数千帐以与默啜，并给谷种四万斛，杂彩五万段，农器三千事，铁数万斤，并许其婚。默啜由是益强。田归道始得还，与阎知微争论于太后前。归道以为默啜必负约，不可恃和亲，宜为之备。知微以为和亲必可保。

冬闰十月甲寅，以幽州都督狄仁杰为鸾台侍郎、同平章事。

仁杰上疏,以为:“天生四夷,皆在先王封略之外,故东拒沧海,西阻流沙,北横大漠,南阻五岭,此天所以限夷狄而隔中外也。自典籍所纪,声教所及,三代不能至者,国家尽兼之矣。诗人矜薄伐于太原,美化行于江、汉,则三代之远裔,皆国家之域中也。若乃用武荒外,邀功绝域,竭府库之实,以争不毛之地,得其人不足增赋,获其土不可耕织,苟求冠带远夷之称,不务固本安人之术,此秦皇、汉武之所行,非五帝、三王之事业也。始皇穷兵极武,务求广地,死者如麻,致天下溃叛。汉武征伐四夷,百姓困穷,盗贼蜂起;末年悔悟,息兵罢役,故能为天所祐。近者国家频岁出师,所费滋广,西戍四镇,东戍安东,调发日加,百姓虚弊。今关东饥馑,蜀、汉逃亡,江、淮已南,征求不息,人不复业,相率为盗,本根一摇,忧患不浅。其所以然者,皆以争蛮貊不毛之地,乖子养苍生之道也。昔汉元纳贾捐之之谋而罢朱崖郡,宣帝用魏相之策而弃车师之田,岂不欲慕尚虚名,盖惮劳人力也。近贞观年中克平九姓,立李思摩为可汗,使统诸部者,盖以夷狄叛则伐之,降则抚之,得推亡固存之义,无远戍劳人之役,此近日之令典,经边之故事也。窃谓宜立阿史那斛瑟罗为可汗,委之四镇,继高氏绝国,使守安东。省军费于远方,并甲兵于塞上,使夷狄无侵侮之患则可矣,何必穷其窟穴,与蝼蚁校长短哉!但当敕边兵,谨守备,远斥候,聚资粮,待其自致,然后击之。以逸待劳则战士力倍,以主御客则我得其便,坚壁清野则寇无所得。自然贼深入则有颠踬之虑,浅入必无虏获之益。如此数年,可使二虏不击而服矣。”事虽不行,识者是之。

圣历元年夏六月甲午,命淮阳王武延秀入突厥,纳默啜女为妃。豹韬卫大将军阎知微摄春官尚书,右武卫郎将杨齐庄摄司宾卿，赍金帛巨亿以送之。延秀，承嗣之子也。凤阁舍人襄阳张柬之谏曰："自古未有中国亲王娶夷狄女者。"由是忤旨，出为合州刺史。

秋八月戊子，武延秀至黑沙南庭。突厥默啜谓阎知微等曰："我欲以女嫁李氏，安用武氏儿邪！此岂天子之子乎？我突厥世受李氏恩，闻李氏尽灭，唯两儿在，我今将兵辅立之。"乃拘延秀于别所，以知微为南面可汗，言欲使之主唐民也。遂发兵袭静难、平狄、清夷等军。静难军使慕容玄則以兵五千降之。虏势大振，进寇妫、檀等州。前从阎知微入突厥者，默啜皆赐之五品、三品之服，太后悉夺之。

默啜移书数朝廷曰："与我蒸谷种，种之不生，一也。金银器皆行滥，非真物，二也。我与使者绯紫，皆夺之，三也。缯帛皆疏恶，四也。我可汗女当嫁天子儿，武氏小姓，门户不敌，罔冒为婚，五也。我为此起兵，欲取河北耳。"

监察御史裴怀古从阎知微入突厥，默啜欲官之，不受，囚，将杀之，逃归抵晋阳，形容羸瘁。突骑噪聚，以为间谍，欲取其首以求功。有果毅尝为人所枉，怀古按直之，大呼曰："裴御史也。"救之，得全。至都，引见，迁祠部员外郎。

时诸州闻突厥入寇，方秋，争发民修城。卫州刺史太平敬晖谓僚属曰："吾闻金汤非粟不守，奈何舍收获而事城郭乎！"悉罢之，使归田，百姓大悦。

以司属卿武重规为天兵中道大总管，右武卫将军沙吒忠义为天兵西道总管，幽州都督下邽张仁愿为天兵东道总管，将兵三十万以讨突厥默啜。又以左羽林卫大将军阎敬容为天兵西道后军总管，将兵十五万为后援。癸丑，默啜寇飞狐。乙卯，陷定州，杀刺史孙彦高及吏民数千人。

九月，改突厥默啜为斩啜。默啜使阎知微招谕赵州，知微与虏连手蹋万岁乐于城下。将军陈令英在城上谓曰："尚书位任非轻，乃为虏蹋歌，独无惭乎？"知微微吟曰："不得已，万岁乐。"戊辰，默啜围赵州，长史唐般若翻城应之。刺史高叡与妻秦氏仰药诈死，虏舆之诣默啜。默啜以金师子带紫袍示之曰："降则拜官，不降则死。"叡顾其妻，妻曰："酬报国恩，正在今日。"遂俱闭目不言。经再宿，虏知不可屈，乃杀之。虏退，唐般若族诛，赠叡冬官尚书，谥曰节。叡，颎之孙也。

甲戌，命太子为河北道元帅，以讨突厥。先是，募人月余不满千人，及闻太子为帅，应募者云集，未几，数盈五万。戊寅，以狄仁杰为河北道行军副元帅，右丞宋玄爽为长史，右台中丞崔献为司马，左台中丞吉顼为监军使。时太子不行，命仁杰知元帅事，太后亲送之。

癸未，突厥默啜尽杀所掠赵、定等州男女万余人，自五回道去，所过杀掠，不可胜纪。沙吒忠义等但引兵蹑之，不敢逼。狄仁杰将兵一万追之，无所及。默啜还漠北，拥兵四十万，据地万里，西北诸夷皆附之，甚有轻中国之心。

冬十月癸卯，以狄仁杰为河北道安抚大使。时河北人为突厥所驱逼者，虏退惧诛，往往亡匿。仁杰上疏，以为："朝廷议者皆罪契丹、突厥所胁从之人，言其迹虽不同，心则无别。诚以山东近缘军机调发伤重，家道悉破，或至逃亡。重以官典侵渔，因事而起，枷杖之下，痛切肌肤。事迫情危，不循礼义，愁苦之地，不乐其生，有利则归，且图赊死，此乃君子之愧辱，小人之常行也。又诸城入伪，或待天兵，将士求功，皆云攻得，臣忧滥赏，亦恐非辜。以经与贼同，是为恶地，至有污辱妻子，劫掠货财，兵士信知不仁，簪笏未能以免，乃是贼平之后，为恶更深。且贼务招携，秋毫不犯，今之归正，即是平人，翻被破伤，岂不悲痛！夫人犹水也，壅之则为泉，疏之则为川，通塞随流，岂有常性！今负罪之伍，必不在家，露宿草行，潜窜山泽，赦之则出，不赦则狂，山东群盗，缘兹聚结。臣以边尘暂起，不足为忧，中土不安，此为大事。罪之则众情恐惧，恕之则反侧自安。伏愿曲赦河北诸州，一无所问。"制从之。仁杰于是抚慰百姓，得突厥所驱掠者悉递还本贯，散粮运以赈贫乏，修邮驿以济旋师。恐诸将及使者妄求供顿，乃自食疏粝，禁其下无得侵扰百姓，犯者必斩。河北遂安。

突厥默啜离赵州，乃纵阎知微使还。太后命磔于天津桥南，使百官共射之，既乃剐其肉，剉其骨，夷其三族，疏亲有先未相识而同死者。褒公段瓒，志玄之子也，先没于突厥。突厥在赵州，瓒邀杨齐庄与之俱逃，齐庄畏怯，不敢发。瓒先归，太后赏之。齐庄寻至，敕河内王武懿宗鞫之。懿宗以为齐庄意怀犹豫，遂与阎知微同诛。既射之如猬，气殜殜未死，乃决其腹，割心投于地，犹趌趌然跃不止。擢田归道为夏官侍郎，甚见亲委。

二年腊月，河南北置武骑团，以备突厥。春二月壬辰，以魏元忠检校并州长史，充天兵军大总管，以备突厥。是岁，突厥默啜立其弟咄悉匐为左厢察，骨笃禄子默矩为右厢察，各主兵二万余人。其子匐俱为小可汗，位在两察上，主处木昆等十姓兵四万余人，又号为拓西可汗。

久视元年冬十月辛亥，以魏元忠为萧关道大总管，以备突厥。十二月甲寅，突厥掠陇右诸监马万余匹而去。

长安元年夏五月，以魏元忠为灵武道行军大总管，以备突厥。秋八月，突厥默啜寇边，命安北大都护相王为天兵道元帅，统诸军击之，未行而虏退。

二年春正月，突厥寇盐、夏二州。三月庚寅，突厥破石岭，寇并州。以雍州长史薛季昶摄右台大夫，充山东防御军大使，沧、瀛、幽、易、恒、定等州诸军皆受季昶节度。夏四月，以幽州刺史张仁愿专知幽、平、妫、檀防御，仍与季昶相知，以拒突厥。秋七月甲午，突厥寇代州。九月壬申，突厥寇忻州。

三年夏六月辛酉，突厥默啜遣其臣莫贺干来，请以女妻皇太子之子。冬十一月己丑，突厥遣使谢许婚。丙申，宴于宿羽台，太子预焉。

四年。突厥默啜既和亲，秋八月戊寅，始遣淮阳王武延秀还。

中宗神龙元年夏六月壬子，以左骁卫大将军裴思说充灵武军大总管，以备突厥。

二年冬十二月己卯，突厥默啜寇鸣沙，灵武军大总管沙吒忠义与战，军败，死者六千余人。丁巳，突厥进寇原、会等州，掠陇右牧马万余匹而去。免忠义官。

景龙元年春正月庚戌，制以突厥默啜寇边，命内外官各进平突厥之策。右补阙卢辅上疏，以为："郤縠悦礼乐，敦诗、书，为晋元帅；杜预射不穿札，建平吴之勋。是知中权制谋，不取一夫之勇。如沙吒忠义，骁将之材，本不足以当大任。又，鸣沙之役，主将先逃，宜正邦宪，赏罚既明，敌无不服。又，边州刺史宜精择其人，使之搜卒乘，积资粮，来则御之，去则备之。去岁四方旱灾，未易兴师。当理内以及外，绥近以来远，俟仓廪实，士卒练，然后大举以讨之。"上善之。夏五月戊戌，以右屯卫大将军张仁愿为朔方道大总管，以备突厥。冬十月丁丑，命左屯卫将军张仁愿充朔方道大总管，以击突厥。比至，虏已退，追击，大破之。

二年春三月丙辰，朔方道大总管张仁愿筑三受降城于河上。初，朔方军与突厥以河为境，河北有拂云祠，突厥将入寇，必先诣祠祈祷，牧马料兵，而后渡河。时默啜悉众西击突骑施，仁愿请乘虚夺取漠南地，于河北筑三受降城，首尾相应，以绝其南寇之路。太子少师唐休璟以为："两汉以来皆北阻大河，今筑城寇境，恐劳人费功，终为虏有。"仁愿固请不已，上竟从之。仁愿表留岁满镇兵以助其功，咸阳兵二百余人逃归，仁愿悉擒之，斩于城下，军中股栗，六旬而成。以拂云祠为中城，距东西两城各四百余里，皆据津要，拓地三百余里。于牛头朝那山北置烽候千八百所。以左玉钤卫将军论弓仁为朔方军前锋游弈使，戍诺真水为逻卫。自是突厥不敢度山畋牧，朔方无复寇掠，减镇兵数万人。

仁愿建三城，不置壅门及备守之具。或问之，仁愿曰："兵贵进取，不利退守。寇至此，当并力出战，回首望城者犹应斩之，安用守备，生其退恧之心也。"其后常元楷为朔方军总管，始筑壅门，人以是重仁愿而轻元楷。

睿宗景云二年春正月癸丑，突厥可汗默啜遣使请和，许之。三月，以宋王成器女为金山公主，许嫁突厥默啜。御史中丞和逢尧摄鸿胪卿，使于突厥，说默啜曰："处密、坚昆闻可汗结婚于唐，皆当归附。可汗何不袭唐冠带，使诸胡知之，岂不美哉！"默啜许诺，明日，朴头衣紫衫，南面再拜，称臣。遣其子杨我支及国相随逢尧入朝，十一月戊寅，至京师。逢尧以奉使功迁水部侍郎。

玄宗先天元年春正月乙未，上御安福门宴突厥杨我支，以金山公主示之。既而会上传位，婚竟不成。

开元元年秋八月丙辰，突厥可汗默啜遣其子杨我支来求婚。丁巳，许以蜀王女南和县主妻之。

二年春二月乙未，突厥可汗默啜遣其子同俄特勒及妹夫火拔颉利发、石阿失毕将兵围北庭都护府，都护郭虔瓘击败之。同俄单骑逼城下，虔瓘伏壮士于道侧，突起斩之。突厥请悉军中资粮以赎同俄，闻其已死，恸哭而去。闰月，突厥石阿失毕既失同俄，不敢归。癸未，与其妻来奔，以为右卫大将军，封燕北郡王，命其妻曰金山公主。

夏四月辛巳，突厥可汗默啜复遣使求婚，自称"乾和永清太驸马、天上得果报天男、突厥圣天骨咄禄可汗"。突厥可汗默啜衰老，昏虐愈甚。〔秋九月〕壬子，葛逻禄等部落诣凉州降。冬十月己巳，突厥可汗默啜又遣使求婚，上许以来岁迎公主。

突厥十姓胡禄屋等诸部诣北庭请降，命都护郭虔瓘抚存之。十一月丙申，遣左散骑常侍解琬诣北庭宣慰突厥降者，随便宜区处。

三年。（春正月）突厥十姓降者前后万余帐。高丽莫离支文简，十姓之婿也，二月，与跌跌都督思（奉）〔泰〕等亦自突厥帅众来降，制皆以河南地处之。三月，胡禄屋酋长支匐忌等入朝。上以十姓降者浸多，夏四月庚申，以右羽林大将军薛讷为凉州镇大总管，赤水等军并受节度，居凉州；左卫大将军郭虔瓘为朔川镇大总管，和戎等军并受节度，居并州，勒兵以备默啜。默啜发兵击葛逻禄、胡禄屋、鼠尼施等，屡破之，敕北庭都护汤嘉惠、左散骑常侍解琬等发兵救之。五月壬辰，敕嘉惠等与葛逻禄、胡禄屋、鼠尼施及定边道大总管阿史那献互相应援。秋七月壬戌，以凉州大总管薛讷为朔方道行军大总管，太仆卿吕延祚、灵州刺史杜宾客副之,以讨突厥。

四年夏六月癸酉,拔曳固斩突厥可汗默啜首来献。时默啜北击拔曳固,大破之于独乐水,恃胜轻归,不复设备,遇拔曳固迸卒颉质略自柳林突出,斩之。时大武军子将郝灵荃奉使在突厥,颉质略以其首归之,与偕诣阙,悬其首于广街。拔曳固、回纥、同罗、霫、仆固五部皆来降,置于大武军北。

默啜之子小可汗立,骨咄禄之子阙特勒击杀之,及默啜诸子、亲信略尽。立其兄左贤王默棘连,是为毗伽可汗,国人谓之小杀。毗伽以国固让阙特勒,阙特勒不受,乃以为左贤王,专典兵马。

秋八月,突厥默啜既死,奚、契丹、拔曳固等诸部皆内附,突骑施苏禄复自立为可汗。突厥部落多离散,毗伽可汗患之,乃召默啜时牙官暾欲谷以为谋主。暾欲谷年七十余,多智略,国人信服之。突厥降户处河曲者,闻毗伽立,多复叛归之。并州长史王晙上言:"此属徒以其国丧乱,故相帅来降。若彼安宁,必复叛去。今置之河曲,此属桀黠,实难制御,往往不受军州约束,兴兵剽掠。闻其逃者已多与虏声问往来,通传委曲。乃是畜养此属使为间谍,日月滋久,奸诈逾深,窥伺边隙,将成大患。虏骑南牧,必为内应,来逼军州,表里受敌,虽有韩、彭,不能取胜矣。愿以秋冬之交,大集兵众,谕以利害,给其资粮,徙之内地。二十年外,渐变旧俗,皆成劲兵。虽一时暂劳,然永久安靖。比者守边将吏及出境使人,多为谀辞,皆非事实。或云北虏破灭,或云降户妥帖,皆欲自炫其功,非能尽忠徇国。愿察斯利口,勿忘远虑。议者必曰国家向时已尝置降户于河曲,皆获安宁,今何所疑?此则事同时异,不可不察。向者颉利既亡,降者无复异心,故得久安无变。今北虏尚存,此属或畏其威,或怀其惠,或其亲属,岂乐南来。校之彼时,固不侔矣。以臣愚虑,徙之内地,上也。多屯士马,大为之备,华夷相参,人劳费广,次也。正如今日,下也。愿审兹三策,择利而行。纵使因徙逃亡,得者皆为唐有,若留至河冰,恐必有变。"疏奏未报。降户跌跌思泰、阿悉烂等果叛。冬十月甲辰,命朔方大总管薛讷发兵追讨之。王晙引并州兵西济河,昼夜兼行,追击叛者,破之,斩获三千级。

先是,单于副都护张知运悉收降户兵仗,令渡河而南,降户怨怒。御史中丞姜晦为巡边使,降户诉无弓矢,不得射猎,晦悉还之。降户得之,遂叛。张知运不设备,与之战于青刚岭,为虏所擒,欲送突厥。至绥州境,将军郭知运以朔方兵邀击之,大破其众于黑山呼延谷,虏释张知运而去。上以张知运丧师,斩之以徇。

毗伽可汗既得思泰等,欲南入为寇。暾欲谷曰:"唐主英武,民和年丰,未有间隙,不可动也。我众新集,力尚疲羸,且当息养数年,始可观变而举。"毗伽又欲筑城,并立寺观。暾欲谷曰:"不可。突厥人徒稀少,不及唐家百分之一,所以能与为敌者,正以随逐水草,居处无常,射猎为业,人皆习武,强则进兵抄掠,弱则窜伏山林,唐兵虽多,无所施用。若筑城而居,变更旧俗,一朝失利,必为所灭。释、老之法,教人仁弱,非用武事胜之术,不可崇也。"毗伽乃止。

六年春正月辛丑,突厥毗伽可汗来请和,许之。

八年夏六月,突厥降户仆固都督勺磨及跌跌部落散居受降城侧,朔方大使王晙言其阴引突厥谋陷军城,密奏请诛之。诱勺磨等宴于受降城,伏兵悉杀之,河曲降户殆尽。拔曳固、同罗诸部在大同、横野军之侧者，闻之皆恼惧。秋，并州长史天兵节度大使张说引二十骑，持节即其部落慰抚之，因宿其帐下。副使李宪以虏情难信，驰书止之。说复书曰："吾肉非黄羊，必不畏食，血非野马，必不畏刺。士见危致命，此吾效死之秋也。"拔曳固、同罗由是遂安。

冬十一月辛未，突厥寇甘、凉等州，败河西节度使杨敬述，掠契苾部落而去。先是，朔方大总管王晙奏请西发拔悉密，东发奚、契丹，期以今秋掩毗伽牙帐于稽落水上。毗伽闻之，大惧。暾欲谷曰："不足畏也。拔悉密在北庭，与奚、契丹相去绝远，势不相及，朔方兵计亦不能来此。必若能来，俟其垂至，徙牙帐北行三日，唐兵食尽自去矣。且拔悉密轻而好利，得王晙之约，必喜而先至。晙与张嘉贞不相悦，奏请多不相应，必不敢出兵。晙兵不出，拔悉密独至，击而取之，势甚易耳。"既而拔悉密果发兵逼突厥牙帐，而朔方及奚、契丹兵不至，拔悉密惧，引退。毗伽欲击之，暾欲谷曰："此属去家千里，将死战，未可击也。不如以兵蹑之。"去北庭二百里，暾欲谷分兵间道先围北庭，因纵兵击拔悉密，大破之。拔悉密众溃，走趋北庭，不得入，尽为突厥所虏。

暾欲谷引兵还，出赤亭，掠凉州羊马，杨敬述遣裨将卢公利、判官元澄将兵邀击之。暾欲谷谓其众曰："吾乘胜而来，敬述出兵，破之必矣。"公利等至删丹，与暾欲谷遇，唐兵大败，公利、澄脱身走。毗伽由是大振，尽有默啜之众。

九年春二月丙戌，突厥毗伽复使来求和。上赐书，谕以："曩昔国家与突厥和亲，华夷安逸，甲兵休息。国家买突厥羊马，突厥受国家缯帛，彼此丰给。自数十年来，不复如旧，正由默啜无信，口和心叛，数出盗兵，寇抄边鄙，人怨神怒，陨身丧元，吉凶之验，皆可汗所见。今复蹈前迹，掩袭甘、凉，随遣使人，更来求好。国家如天之覆，如海之容，但取来情，不追往咎。可汗果有诚心，则共保遐福，不然，无烦使者徒尔往来。若其侵边，亦有以待。可汗其审图之。”

十二年秋七月，突厥可汗遣其臣哥解颉利发来求婚。八月丙申，突厥哥解颉利发还其国，以其使者轻，礼数不备，未许婚。

十三年。张说以大驾东巡，恐突厥乘间入寇，议加兵守边。夏四月，召兵部郎中裴光庭谋之。光庭曰："封禅者，告成功也。今将升中于天，而戎狄是惧，非所以昭盛德也。"说曰："然则若之何？"光庭曰："四夷之中，突厥为大，比屡求和亲，而朝廷羁縻，未决许也。今遣一使，征其大臣从封泰山，彼必欣然承命。突厥来，则戎狄君长无不皆来。可以偃旗卧鼓，高枕有余矣。"说曰："善。说所不及。"即奏行之。光庭，行俭之子也。

上遣中书直省袁振摄鸿胪卿，谕旨于突厥。小杀与阙特勒、暾欲谷环坐帐中，置酒，谓振曰："吐蕃狗种，奚、契丹本突厥奴也，皆得尚主。突厥前后求婚独不许，何也？且吾亦知入蕃公主皆非天子女，今岂问真伪，但屡请不获，愧见诸蕃耳。"振许为之奏请，小杀乃遣其大臣阿史德颉利发入贡，因扈从东巡。冬十二月，突厥颉利发辞归，上厚赐而遣之，竟不许婚。

十四年夏四月辛丑，于定、恒、莫、易、沧五州置军，以备突厥。

十五年秋九月丙戌，突厥毗伽可汗遣其大臣梅录啜入贡。吐蕃之寇瓜州也，遗毗伽书，欲与之俱入寇，毗伽并献其书。上嘉之，听于西受降城为互市，每岁赍缣帛数十万匹就市戎马，以助军旅，且为监牧之种，由是国马益壮焉。

十九年春三月，突厥左贤王阙特勒卒，赐书吊之。

二十二年冬十二月，突厥毗伽可汗为其大臣梅录啜所毒，未死，讨诛梅录啜及其族党。既卒，子伊然可汗立。寻卒，弟登利可汗立。庚戌，来告丧。

二十九年秋七月丙寅，突厥遣使来告登利可汗之丧。初，登利从叔二人分典兵马，号左右杀。登利患两杀之专，与其母谋，诱右杀，斩之，自将其众。左杀判阙特勒勒兵攻登利，杀之，立毗伽可汗之子为可汗。俄为骨咄叶护所杀，更立其弟。寻又杀之，骨咄叶护自立为可汗。上以突厥内乱，癸酉，命左羽林将军孙老奴招谕回纥、葛逻禄、拔悉密等部落。

天宝元年秋八月，突厥拔悉密、回纥、葛逻禄三部共攻骨咄叶护，杀之，推拔悉密酋长为颉跌伊施可汗，回纥、葛逻禄自为左右叶护。突厥余众共立判阙特勒之子为乌苏米施可汗，以其子葛腊哆为西杀。上遣使谕乌苏令内附，乌苏不从。朔方节度使王忠嗣盛兵碛口以威之。乌苏惧，请降，而迁延不至。忠嗣知其诈，乃遣使说拔悉密、回纥、葛逻禄使攻之，乌苏遁去。忠嗣因出兵击之，取其右厢以归。丁亥，突厥西叶护阿布思及西杀葛腊哆、默啜之孙勃德支、伊然小妻、毗伽登利之女帅部众千余帐，相次来降，突厥遂微。九月辛亥，上御花萼楼宴突厥降者，赏赐甚厚。

三载秋八月，拔悉密攻斩突厥乌苏可汗，传首京师。国人立其弟鹘陇匐白眉特勒，是为白眉可汗。于是突厥大乱，敕朔方节度使王忠嗣出兵乘之。至萨河内山，破其左厢阿波连干等十一部，右厢未下。会回纥、葛逻禄共攻拔悉密颉跌伊施可汗，杀之。回纥骨力裴罗自立为骨咄禄毗伽阙可汗，遣使言状，上册拜裴罗为怀仁可汗。于是怀仁南据突厥故地,立牙帐于乌德犍山,旧统药逻葛等九姓,其后又并拔悉密、葛逻禄,凡十一部,各置都督,每战,则以二客部为先。

四载春正月,回纥怀仁可汗击突厥白眉可汗,杀之,传首京师。突厥毗伽可敦帅众来降。于是北边晏然,烽燧无警矣。

唐平奚契丹

唐太宗贞观二年夏四月丙申,契丹酋长帅其部落来降。

四年。突厥既亡,营州都督薛万淑遣契丹酋长贪没折说谕东北诸夷,奚、霫、室韦等十余部皆内附。万淑,万均之兄也。

二十二年夏四月己未,契丹辱纥主曲据帅众内附,以其地置玄州,以曲据为刺史,隶营州都督府。冬十一月庚子,契丹帅窟哥、奚帅可度者并帅所部内属,以契丹部为松漠府,以窟哥为都督。又以其别帅达稽等部为峭落等九州,各以其辱纥主为刺史。以奚部为饶乐府,以可度者为都督。又以其别帅阿会等部为弱水等五州,亦各以其辱纥主为刺史。辛丑,置东夷校尉官于营州。

高宗显庆五年夏四月戊辰,以定襄都督阿史德枢宾、左武候将军延陁梯真、居延州都督李合珠并为冷岍道行军总管,各将所部兵以讨叛奚,仍命尚书右丞崔馀庆充使总护三部兵,奚寻遣使降。更以枢宾等为沙砖道行军总管,以讨契丹,擒契丹松漠都督阿卜固送东都。

则天皇后万岁通天元年夏五月壬子,营州契丹松漠都督李尽忠、归诚州刺史孙万荣举兵反,攻陷营州,杀都督赵文翙。尽忠，万荣之妹夫也，皆居于营州城侧。文翙刚愎，契丹饥，不加赈给，视酋长如奴仆，故二人怨而反。乙丑，遣左鹰扬卫将军曹仁师、右金吾卫大将军张玄遇、左威卫大将军李多祚、司农少卿麻仁节等二十八将讨之。秋七月辛亥，以春官尚书梁王武三思为榆关道安抚大使，姚璹副之，以备契丹。改李尽忠为李尽灭，孙万荣为孙万斩。尽忠寻自称无上可汗，据营州，以万荣为前锋，略地，所向皆下，旬日兵至数万，进围檀州，清边前军副总管张九节击却之。

八月丁酉，曹仁师、张玄遇、麻仁节与契丹战于硖石谷，唐兵大败。先是，契丹破营州，获唐俘数百，囚之地牢，闻唐兵将至，使守牢霫给之曰："吾辈家属饥寒，不能自存，唯俟官军至即降耳。"既而契丹引出其俘，饲以糠粥，慰劳之曰："吾养汝则无食，杀汝又不忍，今纵汝去。"遂释之。俘至幽州，具言其状，诸军闻之，争欲先入。至黄獐谷，虏又遣老弱迎降，故遗老牛瘦马于道侧。仁师等三军弃步卒将骑兵轻进，契丹设伏横击之，飞索以縎玄遇、仁节，获之，将卒死者填山谷，鲜有脱者。契丹得军印，诈为牒，令玄遇等署之。牒总管燕匪石、宗怀昌等云："官军已破贼，若至营州，军将皆斩，兵不叙勋。"匪石等得牒，昼夜兼行，不遑寝食以赴之，士马疲弊，契丹伏兵于中道邀之，全军皆没。

九月，制天下系囚及士庶家奴骁勇者官偿其直，发以击契丹。初令山东近边诸州置武骑团兵，以同州刺史建安王武攸宜为右武威卫大将军，充清边道行军大总管，以讨契丹。右拾遗陈子昂为攸宜府参谋，上疏曰："恩制免天下罪人及募诸色奴充兵讨击契丹，此乃捷急之计，非天子之兵。且比来刑狱久清，罪人全少，奴多怯弱，不惯征行，纵其募集，未足可用。况当今天下忠臣勇士，万分未用其一，契丹小孽，假命待诛，何劳免罪贱奴，损国大体。臣恐此策不可威示天下。”

凉州都督许钦明之兄钦寂为龙山军讨击〔副〕使，与契丹战于崇州，军败，被擒。虏将围安东，令钦寂说其属城未下者。安东都护裴玄珪在城中，钦寂谓曰：“狂贼天殃，灭在朝夕，公但励兵谨守，以全忠节。”虏杀之。

突厥默啜请为太〔后〕子，为国讨契丹。册授默啜左卫将军。冬十月辛卯，契丹李尽忠卒，孙万荣代领其众。突厥默啜乘间袭松漠。虏尽忠、万荣妻子而去。万荣收合余众，军势复振，遣别帅骆务整、何阿小为前锋，攻陷冀州，杀刺史陆宝积，屠吏民数千人。又攻瀛州，河北震动。制起彭泽令狄仁杰为魏州刺史。前刺史独孤思庄畏契丹猝至，悉驱百姓入城，缮修守备。仁杰至，悉遣还农，曰：“贼犹在远，何烦如是！万一贼来，吾自当之。”百姓大悦。

时契丹入寇，军书填委，夏官郎中硖石姚元崇剖析如流，皆有条理，太后奇之，擢为夏官侍郎。

神功元年春三月戊申，清边道总管王孝杰、苏宏晖等将兵十七万与孙万荣战于东硖石谷，唐兵大败，孝杰死之。孝杰遇契丹，帅精兵为前锋，力战，契丹引退。孝杰追之，行背悬崖，契丹回兵薄之，宏晖先遁，孝杰坠崖死，将士死亡殆尽。管记洛阳张说驰奏其事，太后赠孝杰官爵，遣使斩宏晖以徇。使者未至，宏晖以立功得免。武攸宜军渔阳，闻孝杰等败没，军中震恐，不敢进。契丹乘胜寇幽州，攻陷城邑，剽掠吏民，攸宜遣将击之，不克。

夏四月癸未，以右金吾卫大将军武懿宗为神兵道行军大总管，与右豹韬卫将军何迦密将兵击契丹。五月癸卯，又以娄师德为清边道副大总管，右武威卫将军沙吒忠义为前军总管，将兵二十万击契丹。

六月，武懿宗军至赵州，闻契丹将骆务整数千骑将至冀州，懿宗惧，欲南遁。或曰："虏无辎重，以抄掠为资，若按兵拒守，势必离散，从而击之，可有大功。"懿宗不从，退据相州，委弃军资器仗甚众，契丹遂屠赵州。

甲午，孙万荣为奴所杀。万荣之破王孝杰也，于柳城西北四百里依险筑城，留其老弱妇女，所获器仗资财使妹夫乙冤羽守之，引精兵寇幽州。恐突厥默啜袭其后，遣五人至黑沙，语默啜曰："我已破王孝杰百万之众，唐人破胆，请与可汗乘胜共取幽州。"三人先至，默啜喜，赐以绯袍。二人后至，默啜怒其稽缓，将杀之。二人曰："请一言而死。"默啜问其故，二人以契丹之情告。默啜乃杀前三人，而赐二人绯，使为乡导，发兵取契丹新城，杀所获凉州都督许钦明以祭天。围新城三日，克之，尽俘以归。使乙冤羽驰报万荣。时万荣方与唐兵相持，军中闻之，恟惧。奚人叛万荣，神兵道总管杨玄基击其前，奚兵击其后，获其将何阿小。万荣军大溃，帅轻骑数千东走。前军总管张九节遣兵邀之于道，万荣穷蹙，与其奴逃至潞水东，息于林下，叹曰："今欲归唐，罪已大。归突厥亦死，归新罗亦死。将安之乎？"奴斩其首以降，枭之四方馆门。其余众及奚、霫皆降于突厥。

辛卯，制以契丹初平，命河内王武懿宗、娄师德及魏州刺史狄仁杰分道安抚河北。懿宗所至残酷，民有为契丹所胁从复来归者，懿宗皆以为反，生刳取其胆。先是，何阿小嗜杀人，河北人为之语曰："唯此两何，杀人最多。"

秋七月庚午，武攸宜自幽州凯旋。武懿宗奏河北百姓从贼者请尽族之，左拾遗王求礼庭折之曰："此属素无武备，力不胜贼，苟从之以求生，岂有叛国之心！懿宗拥强兵数十万，望风退走，贼徒滋蔓，又欲移罪于草野诖误之人，为臣不忠，请先斩懿宗以谢河北。"懿宗不能对。司刑卿杜景俭亦奏："此皆胁从之人，请悉原之。"太后从之。

久视元年。初，契丹将李楷固善用䋲索及骑射、舞槊，每陷陈，如鹘入乌群，所向披靡。黄麞之战，张玄遇、麻仁节皆为所䋲。又有骆务整者，亦为契丹将，屡败唐兵。及孙万荣死，二人来降，有司责其后至，奏请族之。狄仁杰曰："楷固等并骁勇绝伦，能尽力于所事，必能尽力于我，若抚之以德，皆为我用矣。"奏请赦之。所亲皆止之，仁杰曰："苟利于国，岂为身谋！"太后用其言，赦之。又请与之官，太后以楷固为左玉钤卫将军，务整为右武威卫将军，使将兵击契丹余党，悉平之。秋七月，献俘于含枢殿。太后以楷固为左玉钤卫大将军、燕国公，赐姓武氏。召公卿合宴，举觞属仁杰曰："公之功也。"将赏之，对曰："此乃陛下威灵，将帅尽力，臣何功之有！"固辞不受。

睿宗景云元年冬十月丁酉，以幽州镇守经略节度大使薛讷为左武卫大将军兼幽州都督。节度使之名自讷始。十二月壬辰，奚、霫犯塞，掠渔阳、雍奴，出卢龙塞而去。幽州都督薛讷追击之，弗克。

玄宗先天元年。幽州大都督薛讷镇幽州二十余年，吏民安之，未尝举兵出塞，虏亦不敢犯。与燕州刺史李琎有隙，琎毁之于刘幽求，幽求荐左羽林将军孙佺代之。三月丁丑，以佺为幽州大都督，徙讷为并州长史。夏六月庚申，幽州大都督孙佺与奚酋李大酺战于冷陉，全军覆没。是时佺帅左骁卫将军李楷洛、左威卫将军周以悌，发兵二万骑八千，分为三军以袭奚、契丹。将军乌可利谏曰："道险而天热，悬军远袭，往必败。"佺曰："薛讷在边积年，竟不能为国家复营州。今乘其无备，往必有功。"使楷洛将骑四千前驱，遇奚骑八千，楷洛战不利。佺怯懦，不敢救，引军欲还，虏乘之，唐兵大败。佺阻山为方陈以自固。大酺使谓佺曰："朝廷既与我和亲，今大军何为而来？"佺曰："吾奉敕来招慰耳。楷洛不禀节度，辄与汝战，请斩以谢。"大酺曰："若然，国信安在？"佺悉敛军中帛，得万余段，并紫袍、金带、鱼袋以赠之。大酺曰："请将军南还，勿相惊扰。"将士惧，无复部伍，虏追击之，士卒皆溃。佺、以悌为虏所擒，献于突厥，默啜皆杀之。楷洛、可利脱归。

冬十一月乙酉，奚、契丹二万骑寇渔阳，幽州都督宋璟闭城不出，虏大掠而去。

开元二年。初，营州都督治柳城，以镇抚奚、契丹。则天之世，都督赵文翙失政，奚、契丹攻陷之，是后寄治于幽州东渔阳城。或言："靺鞨、奚、霫大欲降唐，正以唐不建营州，无所依投，为默啜所侵扰，故且附之。若唐复建营州，则相帅归化矣。"并州长史、和戎大武等军州节度大使薛讷信之，奏请击契丹，复置营州。上亦以冷陉之役，欲讨契丹，群臣姚崇等多谏。甲申，以讷同紫微黄门三品，将兵击契丹，群臣乃不敢言。

秋七月，薛讷与左监门卫将军杜宾客、定州刺史崔宣道等将兵六万出檀州，击契丹。宾客以为："士卒盛夏负戈甲，赍资粮，深入寇境，难以成功。"讷曰："盛夏草肥，羔犊孳息，因粮于敌，正得天时，一举灭虏，不可失也。"行至滦水山峡中，契丹伏兵遮其前后，从山上击之，唐兵大败，死者什八九。讷与数十骑突围得免，虏中嗤之，谓之“薛婆”。崔宣道将后军，闻讷败，亦走。讷归罪于宣道及胡将李思敬等八人，制悉斩之于幽州。庚子，敕免讷死，削除其官爵，独赦杜宾客之罪。

四年秋八月辛未，契丹李失活、奚李大酺帅所部来降。制以失活为松漠郡王行左金吾大将军兼松漠都督，因其八部落酋长拜为刺史，又以将军薛泰督军镇抚之。大酺为饶乐郡王行右金吾大将军兼饶乐都督。失活，尽忠之从父弟也。突厥默啜既死，奚、契丹、拔曳固等诸部皆内附。

五年。奚、契丹既内附，贝州刺史宋庆礼建议请复营州，三月庚戌，制复置营州都督于柳城，兼平卢军使，管内州、县、镇、戍皆如其旧。以太子詹事姜师度为营田、支度使，与庆礼等筑之，三旬而毕。庆礼清勤严肃，开屯田八十余所，招安流散，数年之间，仓廪充实，市邑浸繁。冬十一月丙申，契丹王李失活入朝。十二月壬午，以东平王外孙杨氏为永乐公主，妻之。

六年夏五月，契丹王李失活卒，癸巳，以其弟娑固代之。

七年冬十一月壬申，契丹王李娑固与公主入朝。

八年。契丹牙官可突干骁勇，得众心，李娑固猜畏，欲去之。是岁，可突干举兵击娑固，娑固败奔营州。营州都督许钦澹，遣安东都护薛泰帅骁勇五百与奚王李大酺奉娑固以讨之。战败，娑固、李大酺皆为可突干所杀，生擒薛泰，营州震恐。许钦澹移军入渝关。可突干立娑固从父弟郁干为主，遣使请罪。上赦可突干之罪，以郁干为松漠都督，以李大酺之弟鲁苏为饶乐都督。

十年夏闰五月壬申，张说如朔方巡边。己丑，以余姚县主女慕容氏为燕郡公主，妻契丹王鬱干。

十二年。契丹王李鬱干卒，弟吐干袭位。

十三年。先是，契丹王李吐干与可突干复相猜忌，携公主来奔，不敢复还，更封辽阳王，留宿卫。可突干立李尽忠之弟邵固为主。车驾东巡，邵固诣行在，因从至泰山，拜左羽林大将军、静折军经略大使。

十四年春正月癸未，更立契丹松漠王李邵固为广化王，奚饶乐王李鲁苏为奉诚王。以上从甥陈氏为东华公主，妻邵固；以成安公主之女韦氏为东光公主，妻鲁苏。

十八年。初，契丹王李邵固遣可突干入贡，同平章事李元纮不礼焉。左丞相张说谓人曰："奚、契丹必叛。可突干狡而很，专其国政久矣，人心附之。今失其心，必不来矣。"己酉，可突干弑邵固，帅其国人并胁奚众叛降突厥。奚王李鲁苏及其妻韦氏、邵固妻陈氏皆来奔。制幽州长史赵含章讨之，又命中书舍人裴宽、给事中薛侃等于关内、河东、河南、北分道募勇士。六月丙子，以单于大都护忠王浚领河北道行军元帅，以御史大夫李朝隐、京兆尹裴胄先副之，帅十八总管以讨奚、契丹。命浚与百官相见于光顺门。张说退谓学士孙逖、韦述曰："吾尝观太宗画像，雅类忠王，此社稷之福也。"可突干寇平卢，先锋使张掖乌承玼破之于捺禄山。

二十年春正月乙卯，以朔方节度副大使信安王祎为河东、河北行军副大总管，将兵击奚、契丹。壬申，以户部侍郎裴耀卿为副总管。

三月，信安王祎帅裴耀卿及幽州节度使赵含章分道击奚、契丹。含章与虏遇，虏望风遁去。平卢先锋将乌承玼言于含章曰："二虏，剧贼也。前日遁去，非畏我，乃诱我也，宜按兵以观其变。"含章不从，与虏战于白山，果大败。承玭别引兵出其右，击虏破之。己巳，祎等大破奚、契丹，俘斩甚众，可突干帅麾下远遁，余党潜窜山谷。奚酋李诗琐高帅五千余帐来降。祎引兵还，赐李诗爵归义王，充归义州都督，徙其部落置幽州境内。

二十一年春闰三月癸酉，幽州道副总管郭英杰与契丹战于都山，败死。时节度使薛楚玉遣英杰将精骑一万及降奚击契丹，屯于榆关之外。可突干引突厥之众来合战，奚持两端，散走保险，唐兵不利，英杰战死。余众六千余人犹力战不已，虏以英杰首示之，竟不降，尽为虏所杀。楚玉，讷之弟也。

二十二年夏六月壬辰，幽州节度使张守珪大破契丹，遣使献捷。冬十二月乙巳，幽州节度使张守珪斩契丹王屈烈及可突干，传首。时可突干连年为边患，赵含章、薛楚玉皆不能讨，守珪到官，屡击破之。可突干困迫，遣使诈降，守珪使管记王悔就抚之。悔至其牙帐，察契丹上下初无降意，但稍徙营帐近西北，密遣人引突厥，谋杀悔以叛，悔知之。牙官李过折与可突干分典兵马，争权不叶，悔说过折使图之。过折夜勒兵，斩屈烈及可突干，尽诛其党，帅余众来降。守珪出师紫蒙川大阅，以镇抚之。枭屈烈、可突干首于天津之南。

二十三年春正月，契丹知兵马中郎李过折来献捷，制以过折为北平王，检校松漠州都督。是岁，契丹王过折为其臣涅礼所杀，并其诸子，一子剌乾奔安东得免。涅礼上言："过折用刑残虐，众情不安，故杀之。"上赦其罪，因以涅礼为松漠都督，且赐书责之曰："卿之蕃法多无义于君长，自昔如此，朕亦知之。然过折是卿之王，有恶辄杀之，为此王者，不亦难乎！但恐卿今为王，后人亦尔，常不自保，谁愿作王！亦应防虑后事，岂得取快目前。"

突厥寻引兵东侵奚、契丹，涅礼与奚王李归国共击破之。

二十四年。张守珪使平卢讨击使、左骁卫将军安禄山讨奚、契丹叛者，禄山恃勇轻进，为虏所败。

二十五年春二月乙酉，幽州节度使张守珪破契丹于捺禄山。

二十八年秋八月甲戌，幽州奏破奚、契丹。

天宝四载。安禄山欲以边功市宠，数侵掠奚、契丹，奚、契丹各杀公主以叛，禄山讨破之。

五载夏四月癸未，立奚酋娑固为昭信王，契丹酋楷洛为恭仁王。

九载冬十月，安禄山屡诱奚、契丹，为设会，饮以莨菪酒，醉而坑之，动数千人。函其酋长之首以献，前后数四。

十载。安禄山将三道兵六万以讨契丹，以奚骑二千为乡导。过平卢千余里，至土护真水，遇雨。禄山引兵昼夜兼行三百余里，至契丹牙帐，契丹大骇。时久雨，弓弩筋胶皆弛，大将何思德言于禄山曰："吾兵虽多，远来疲弊，实不可用，不如按甲息兵以临之，不过三日，虏必降。"禄山怒，欲斩之，思德请前驱效死。思德貌类禄山，虏争击杀之，以为已得禄山，勇气增倍。奚复叛，与契丹合，夹击唐兵，杀伤殆尽，射禄山，中鞍，折冠簪，失屦，独与麾下二千骑走。会夜，追骑解，得入师州。归罪于左贤王哥解、河东兵马使鱼承仙而斩之。平卢兵马使史思明惧，逃入山谷近二旬，收散卒得七百人。平卢守将史定方将精兵二千救禄山，契丹引去，禄山乃得免。至平卢，麾下皆亡，不知所出。史思明出见禄山，禄山喜，起执其手曰："吾得汝，复何忧！"思明退，谓人曰："向使早出，已与哥解并斩矣。"契丹围师州，禄山使思明击却之。

十一载春三月，安禄山发蕃汉步骑二十万击契丹，欲以雪去秋之耻。初，突厥阿布思来降，上厚礼之，赐姓名李献忠，累迁朔方节度副使，赐爵奉信王。献忠有才略，不为安禄山下，禄山恨之。至是，奏请献忠帅同罗数万骑与俱击契丹。献忠恐为禄山所害，白留后张暐，请奏留不行。暐不许，献忠乃帅所部大掠仓库，叛归漠北，禄山遂顿兵不进。

十三载夏四月癸巳，安禄山奏击奚破之，虏其王李日越。

十四载夏四月，安禄山奏破奚、契丹。

通鉴纪事本末卷第三十

武韦之祸

唐太宗贞观二十二年。初,左武卫将军武连县公武安李君羡直玄武门,时太白屡昼见,太史占云“女主昌”。民间又传秘记云:“唐三世之后,女主武王代有天下。”上恶之。会与诸武臣宴宫中,行酒令,使各言小名,君羡自言名五娘。上愕然,因笑曰:“何物女子,乃尔勇健!”又以君羡官称、封邑皆有“武”字,深恶之,后出为华州刺史。有布衣员道信自言能绝粒,晓佛法,君羡深敬信之,数相从,屏人语。御史奏君羡与妖人交通,谋不轨。秋七月壬辰,君羡坐诛,籍没其家。上密问太史令李淳风:“秘记所云,信有之乎?”对曰:“臣仰稽天象,俯察历数,其人已在陛下宫中,为亲属,自今不过三十年,当王天下,杀唐子孙殆尽,其兆既成矣。”上曰:“疑似者尽杀之,何如?”对曰:“天之所命,人不能违也。王者不死,徒多杀无辜。且自今以往三十年,其人已老,庶几颇有慈心,为祸或浅。今借使得而杀之,天或生壮者肆其怨毒,恐陛下子孙,无遗类矣。”上乃止。

高宗永徽三年秋七月丁巳,立陈王忠为皇太子。

五年。初，王皇后无子，萧淑妃有宠，王后疾之。上之为太子也，入侍太宗，见才人武氏而悦之。太宗崩，武氏随众感业寺为尼。忌日，上诣寺行香，见之，武氏泣，上亦泣。王后闻之，阴令武氏长发，劝上内之后宫，欲以间淑妃之宠。武氏巧慧，多权数，初入宫，卑辞屈体以事后。后爱之，数称其美于上。未几大幸，拜为昭仪。后及淑妃宠皆衰，更相与共谮之，上皆不纳。昭仪欲追赠其父而无名，故托以褒赏功臣，遍赠屈突通等，而武士彟预焉。

王皇后、萧淑妃与武昭仪更相谮诉，上不信后、淑妃之语，独信昭仪。后不能曲事上左右，母魏国夫人柳氏及舅中书令柳奭入见六宫，又不为礼。武昭仪伺后所不敬者，必倾心与相结，所得赏赐分与之。由是后及淑妃动静昭仪必知之，皆以闻于上。后宠虽衰，然上未有意废也。会昭仪生女，后怜而弄之，后出，昭仪潜扼杀之，覆之以被。上至，昭仪阳欢笑，发被观之，女已死矣，即惊啼。问左右，左右皆曰："皇后适来此。"上大怒曰："后杀吾女！"昭仪因泣数其罪。后无以自明，上由是有废立之志。又畏大臣不从，乃与昭仪幸太尉长孙无忌第，酣饮极欢，席上拜无忌宠姬子三人皆为朝散大夫，仍载金宝、缯锦十车以赐无忌。上因从容言皇后无子以讽无忌，无忌对以他语，竟不顺旨，上及昭仪皆不悦而罢。昭仪又令母杨氏诣无忌第，屡有祈请，无忌终不许。礼部尚书许敬宗亦数劝无忌，无忌厉色折之。

六年夏六月，武昭仪诬王后与其母魏国夫人柳氏为厌胜，敕禁后母柳氏不得入宫。秋七月戊寅，贬吏部尚书柳奭为遂州刺史。奭行至扶风，岐州长史于承素希旨，奏奭漏泄禁中语，复贬荣州刺史。

唐因隋制，后宫有贵妃、淑妃、德妃、贤妃，皆视一品。上欲特置宸妃，以武昭仪为之，韩瑗、来济谏，以为故事无之，乃止。

中书舍人饶阳李义府为长孙无忌所恶，左迁壁州司马。敕未至门下，义府密知之，问计于中书舍人幽州王德俭。德俭曰："上欲立武昭仪为后，犹豫未决者，直恐宰臣异议耳。君能建策立之，则转祸为福矣。"义府然之，是日，代德俭直宿，叩閤上表，请废皇后王氏，立武昭仪，以厌兆庶之心。上说，召见与语，赐珠一斗，留居旧职。昭仪又密遣使劳勉之，寻超拜中书侍郎。于是卫尉卿许敬宗、御史大夫崔义玄、中丞袁公瑜皆潜布腹心于武昭仪矣。

秋八月，长安令裴行俭闻将立武昭仪为后，以国家之祸必由此始，与长孙无忌、褚遂良私议其事。袁公瑜闻之，以告昭仪母杨氏，行俭坐左迁西州都督府长史。行俭，仁基之子也。

九月戊辰，以许敬宗为礼部尚书。上一日退朝，召长孙无忌、李勣、于志宁、褚遂良入内殿。遂良曰："今日之召，多为中宫，上意既决，逆之必死。太尉元舅，司空功臣，不可使上有杀元舅及功臣之名。遂良起于草茅，无汗马之劳，致位至此，且受顾托，不以死争之，何以下见先帝。"勣称疾不入。无忌等至内殿，上顾谓无忌曰："皇后无子，武昭仪有子，今欲立昭仪为后，何如？"遂良对曰："皇后名家，先帝为陛下所娶。先帝临崩，执陛下手谓臣曰：'朕佳儿佳妇，今以付卿。'此陛下所闻，言犹在耳。皇后未闻有过，岂可轻废！臣不敢曲从陛下，上违先帝之命。"上不悦而罢。明日又言之，遂良曰："陛下必欲易皇后，伏请妙择天下令族，何必武氏。武氏经事先帝，众所共知，天下耳目，安可蔽也。万代之后，谓陛下为如何，愿留三思！臣今忤陛下意，罪当死。”因置笏于殿阶，解巾叩头流血曰：“还陛下笏，乞放归田里。”上大怒，命引出。昭仪在帘中大言曰：“何不扑杀此獠！”无忌曰：“遂良受先朝顾命，有罪不可加刑。”于志宁不敢言。

韩瑗因间奏事，涕泣极谏，上不纳。明日又谏，悲不自胜，上命引出。瑗又上疏谏曰：“匹夫匹妇，犹相选择，况天子乎？皇后母仪万国，善恶由之，故嫫母辅佐黄帝，妲己倾覆殷王，诗云：‘赫赫宗周，褒姒灭之。’每览前古，常兴叹息，不谓今日尘黩圣代。作而不法，后嗣何观，愿陛下详之，无为后人所笑。使臣有以益国，菹醢之戮，臣之分也。昔吴王不用子胥之言而麋鹿游于姑苏，臣恐海内失望，棘荆生于阙庭，宗庙不血食，期有日矣。”来济上表谏曰：“王者立后，上法乾坤，必择礼教名家，幽闲令淑，副四海之望，称神祇之意。是故周文造舟以迎太姒，而兴关雎之化，百姓蒙祚。孝成纵欲，以婢为后，使皇统亡绝，社稷倾沦。有周之隆既如彼，大汉之祸又如此，惟陛下详察。”上皆不纳。他日，李勣入见，上问之曰：“朕欲立武昭仪为后，遂良固执以为不可。遂良既顾命大臣，事当且已乎？”对曰：“此陛下家事，何必更问外人。”上意遂决。许敬宗宣言于朝曰：“田舍翁多收十斛麦，尚欲易妇，况天子立一后，何豫诸人事而妄生异议乎。”昭仪令左右以闻。庚午，贬遂良为潭州都督。

冬十月己酉，下诏称：“王皇后、萧淑妃谋行鸩毒，废为庶人。母及兄弟并除名，流岭南。”乙卯，百官上表请立中宫，乃下诏曰：“武氏门著勋庸，地华缨黻，往以才行选入后庭，誉重椒闱，德光兰掖。朕昔在储贰，特荷先慈，常得侍从，弗离朝夕，宫壸之内，恒自饬躬，嫔嫱之间，未尝迕目，圣情鉴悉，每垂赏叹，遂以武氏赐朕，事同政君，可立为皇后。”丁巳，赦天下。是日，皇后上表，称:“陛下前以妾为宸妃,韩瑗、来济面折庭争,此既事之极难,岂非深情为国,乞加褒赏。”上以表示瑗等,瑗等弥忧惧,屡请去位,上不许。十一月丁卯朔,临轩命司空李勣赍玺绶册皇后武氏。是日,百官朝皇后于肃义门。

故后王氏、淑妃萧氏,并囚于别院,上尝念之,间行至其所,见其室封闭极密,唯窍壁以通食器,恻然伤之,呼曰:“皇后、淑妃安在?”王氏泣对曰:“妾等得罪为宫婢,何得更有尊称。”又曰:“至尊若念畴昔,使妾等再见日月,乞名此院为回心院。”上曰:“朕即有处置。”武后闻之,大怒,遣人杖王氏及萧氏各一百,断去手足,投酒瓮中,曰:“令二妪骨醉。”数日而死,又斩之。王氏初闻宣敕,再拜曰:“愿大家万岁。昭仪承恩,死自吾分。”淑妃骂曰:“阿武妖猾,乃至于此!愿他生我为猫,阿武为鼠,生生扼其喉。”由是宫中不畜猫。寻又改王氏姓为蟒氏,萧氏为枭氏。武后数见王、萧为祟,被发沥血,如死时状。后徙居蓬莱宫,复见之,故多在洛阳,终身不归长安。

显庆元年春正月辛未,以皇太子忠为梁王,立皇后子代王弘为皇太子。

李义府恃宠用事。洛州妇人淳于氏,美色,系大理狱,义府属大理寺丞毕正义枉法出之,将纳为妾,大理卿段宝玄疑而奏之。上命给事中刘仁轨等鞫之,义府恐事泄,逼正义自缢于狱中。上知之,原义府罪不问。侍御史涟水王义方欲奏弹之,先白其母曰:“义方为御史,视奸臣不纠则不忠,纠之则身危而忧及于亲为不孝,二者不能自决,奈何?”母曰:“昔王陵之母,杀身以成子之名。汝能尽忠以事君,吾死不恨。”义方乃奏称:“义府于辇毂之下,擅杀六品寺丞,就云正义自杀,亦由畏义府威,杀身以灭口。如此,则生杀之威,不由上出。渐不可长,请更加勘当。”于是对仗,叱义府令下,义府顾望不退。义方三叱,上既无言,义府始趋出,义方乃读弹文。上释义府不问,而谓义方毁辱大臣,言词不逊,贬莱州司户。

韩瑗上疏为褚遂良讼冤曰:“遂良体国忘家,捐身徇物,风霜其操,铁石其心,社稷之旧臣,陛下之贤佐。无闻罪状,斥去朝廷,内外甿黎,咸嗟举措。臣闻晋武弘裕,不贻刘毅之诛;汉祖深仁,无恚周昌之直。而遂良被迁,已经寒暑,违忤陛下,其罚塞焉。伏愿缅鉴无辜,稍宽非罪,俯矜微款,以顺人情。”上谓瑗曰:“遂良之情,朕亦知之。然其悖戾好犯上,故以此责之,卿何言之深也?”对曰:“遂良社稷忠臣,为谗谀所毁。昔微子去而殷国以亡,张华存而纲纪不乱。陛下无故弃逐旧臣,恐非国家之福。”上不纳。瑗以言不用,乞归田里,上不许。

二年春三月甲辰,以潭州都督褚遂良为桂州都督。

癸丑,以李义府兼中书令。

秋七月,许敬宗、李义府希皇后旨,诬奏“侍中韩瑗、中书令来济与褚遂良潜谋不轨,以桂州用武之地,授遂良桂州都督,欲以为外援”。八月丁卯,瑗坐贬振州刺史,济贬台州刺史,终身不听朝觐。又贬褚遂良为爱州刺史,荣州刺史柳奭为象州刺史。

遂良至爱州,上表自陈:“往者濮王、承乾交争之际,臣不顾死亡,归心陛下。时岑文本、刘洎奏称‘承乾恶状已彰,身在别所,其于东宫,不可少时虚旷,请且遣濮王往居东宫’。臣又抗言固争,皆陛下所见。卒与无忌等四人共定大策。及先朝大渐,独臣与无忌同受遗诏。陛下在草土之辰,不胜哀恸,臣以社稷宽譬,陛下手抱臣颈。臣与无忌区处众事,咸无废阙,数日之间,内外宁谧。力小任重，动罹愆过，蝼蚁余齿，乞陛下哀怜。”表奏，不省。

三年冬十一月戊戌，以许敬宗为中书令。

是岁，爱州刺史褚遂良卒。

四年夏四月，武后以太尉赵公长孙无忌受重赐而不助己，深怨之。及议废王后，燕公于志宁中立不言，武后亦不悦。许敬宗屡以利害说无忌，无忌每面折之，敬宗亦怨。武后既立，无忌内不自安，后令敬宗伺其隙而陷之。

会洛阳人李奉节告太子洗马韦季方、监察御史李巢朋党事，敕敬宗与辛茂将鞫之。敬宗按之急，季方自刺，不死。敬宗因诬奏“季方欲与无忌构陷忠臣、近戚，使权归无忌，伺隙谋反，今事觉，故自杀”。上惊曰：“岂有此邪？舅为小人所间，小生疑阻则有之，何至于反！”敬宗曰：“臣始末推究，反状已露，陛下犹以为疑，恐非社稷之福。”上泣曰：“我家不幸，亲戚间屡有异志。往年高阳公主与房遗爱谋反，今元舅复然，使朕惭见天下之人。兹事若实，如之何？”对曰：“遗爱乳臭儿，与一女子谋反，势何所成？无忌与先帝谋取天下，天下服其智，为宰相三十年，天下畏其威，若一旦窃发，陛下遣谁当之！今赖宗庙之灵，皇天疾恶，因按小事，乃得大奸，实天下之庆也。臣窃恐无忌知季方自刺，窘急发谋，攘袂一呼，同恶云集，必为宗庙之忧。臣昔见宇文化及父述为炀帝所亲任，结以昏姻，委以朝政。述卒，化及复典禁兵，一夕于江都作乱，先杀不附己者，臣家亦豫其祸，于是大臣苏威、裴矩之徒皆舞蹈马首，惟恐不及，黎明遂倾隋室。前事不远，愿陛下速决之。”上命敬宗更加审察。明日，敬宗复奏曰：“去夜季方已承与无忌同反，臣又问季方：‘无忌与国至亲，累朝宠任，何恨而反？'季方答云：'韩瑗尝语无忌，云"柳奭、褚遂良劝公立梁王为太子，今梁王既废，上亦疑公，故出高履行于外"。自此无忌忧恐，渐为自安之计。后见长孙祥又出，韩瑗得罪，日夜与季方等谋反。'臣参验辞状，咸相符合，请收捕准法。"上又泣曰："舅若果尔，朕决不忍杀之。若杀之，天下将谓朕何，后世将谓朕何！"敬宗对曰："薄昭，汉文帝之舅也，文帝从代来，昭亦有功，所坐止于杀人，文帝遣百官素服哭而杀之，至今天下以文帝为明主。今无忌忘两朝之大恩，谋移社稷，其罪与薄昭不可同年而语也。幸而奸状自发，逆徒引服，陛下何疑，犹不早决。古人有言：'当断不断，反受其乱。'安危之机，间不容发。无忌今之奸雄，王莽、司马懿之流也。陛下少更迁延，臣恐变生肘腋，悔无及矣。"上以为然，竟不引问无忌。夏四月戊辰，下诏削无忌太尉及封邑，以为扬州都督，于黔州安置，准一品供给。祥，无忌之从父兄子也，前此自工部尚书出为荆州长史，故敬宗以此诬之。

敬宗又奏"无忌谋逆，由褚遂良、柳奭、韩瑗构扇而成。奭仍潜通宫掖，谋行鸩毒，于志宁亦党附无忌"。于是诏追削遂良官爵，除奭、瑗名，免志宁官。遣使发道，以兵援送无忌诣黔州。无忌子秘书监驸马都尉冲等皆除名，流岭表。遂良子彦甫、彦冲流爱州，于道杀之。益州长史高履行累贬洪州都督。

凉州刺史赵持满，多力善射，喜任侠，其从母为韩瑗妻，其舅驸马都尉长孙铨，无忌之族弟也，铨坐无忌，流巂州。许敬宗恐持满作难，诬云无忌同反，驿召至京师，下狱，讯掠备至，终无异辞，曰："身可杀也，辞不可更。"吏无如之何，乃代为狱辞结奏。夏五月戊戌，诛之，尸于城西，亲戚莫敢视。友人王方翼叹曰："栾布哭彭越，义也。文王葬枯骨，仁也。下不失义，上不失仁，不亦可乎？”乃收而葬之。上闻之，不罪也。方翼，废后之从祖兄也。长孙铨至流所，县令希旨杖杀之。

秋七月，命御史往高州追长孙恩，象州追柳奭，振州追韩瑗，并枷锁诣京师，仍命州县簿录其家。恩，无忌之族弟也。

壬寅，命李勣、许敬宗、辛茂将与任雅相、卢承庆更共覆按无忌事。许敬宗又遣中书舍人袁公瑜等诣黔州，再鞫无忌反状，至则逼无忌令自缢。诏柳奭、韩瑗所至斩决。使者杀柳奭于象州。韩瑗已死，发验而还。籍没三家，近亲皆流岭南为奴婢。常州刺史长孙祥坐与无忌通书，处绞。长孙恩流檀州。

八月乙卯，长孙氏、柳氏缘无忌、奭贬降者十三人。高履行贬永州刺史。于志宁贬荣州刺史，于氏贬者九人。自是政归中宫矣。

五年秋七月乙巳，废梁王忠为庶人，徙黔州，囚于承乾故宅。

冬十月，上初苦风眩，头重，目不能视，百司奏事，上或使皇后决之。后性明敏，涉猎文史，处事皆称旨。由是始委以政事，权与人主侔矣。

麟德元年。初，武后能屈身忍辱，奉顺上意，故上排群议而立之。及得志，专作威福，上欲有所为，动为后所制，上不胜其忿。有道士郭行真出入禁中，尝为厌胜之术，宦者王伏胜发之。上大怒，密召西台侍郎、同东西台三品上官仪议之。仪因言：“皇后专恣，海内所不与，请废之。”上意亦以为然，即命仪草诏。左右奔告于后，后遽诣上自诉，诏草犹在上所，上羞缩不忍，复待之如初。犹恐后怨怒，因绐之曰：“我初无此心，皆上官仪教我。”仪先为陈王谘议，与王伏胜俱事故太子忠，后于是使许敬宗诬奏仪、伏胜与忠谋大逆。十二月丙戌，仪下狱，与其子庭芝、王伏胜皆死，籍没其家。戊子，赐忠死于流所。右相刘祥道坐与仪善，罢政事，为司礼太常伯，左肃机郑钦泰等朝士流贬者甚众，皆坐与仪交通故也。

自是，上每视事，则后垂帘于后，政无大小，皆预闻之。天下大权，悉归中宫，黜陟生杀，决于其口，天子垂拱而已，中外谓之“二圣”。

上元元年秋八月壬辰，皇帝称天皇，皇后称天后，以避先帝、先后之称。改元，赦天下。

二年春三月，上苦风眩甚，议使天后摄知国政。中书侍郎同三品郝处俊曰：“天子理外，后理内，天之道也。昔魏文帝著令，虽有幼主，不许皇后临朝，所以杜祸乱之萌也。陛下奈何以高祖、太宗之天下，不传之子孙，而委之天后乎！”中书侍郎昌乐李义琰曰：“处俊之言至忠，陛下宜听之。”上乃止。

天后多引文学之士著作郎元万顷、左史刘祎之等，使之撰列女传、臣轨、百僚新戒、乐书，凡千余卷。朝廷奏议及百官表疏，时密令参决，以分宰相之权，时人谓之“北门学士”。祎之，子翼之子也。

初，左千牛将军长安赵瓌尚高祖女常乐公主，生女为周王显妃。公主颇为上所厚，天后恶之。夏四月辛巳，妃坐废，幽闭于内侍省，食料给生者，防人候其突烟，而已数日烟不出，开视，死腐矣。瓌自定州刺史贬括州刺史，令公主随之官，仍绝其朝谒。

太子弘仁孝谦谨，上甚爱之。礼接士大夫，中外属心。天后方逞其志，太子奏请，数迕旨，由是失爱于天后。义阳、宣城二公主，萧淑妃之女也，坐母得罪，幽于掖庭，年逾三十不嫁。太子见之惊恻，遽奏请出降，上许之。天后怒，即日以公主配当上翊卫权毅、王遂古。己亥，太子薨于合璧宫，时人以为天后酖之也。六月戊寅，立雍王贤为皇太子。

天后恶慈州刺史杞王上金，有司希旨奏其罪，秋七月，上金坐解官，澧州安置。

仪凤元年。郇王素节，萧淑妃之子也，警敏好学。天后恶之，自岐州刺史左迁申州刺史。乾封初，敕曰："素节既有旧疾，不须入朝。"而素节实无疾，自以久不得入觐，乃著忠孝论。王府仓曹参军张柬之因使潜封其论以进。后见之，诬以赃贿，冬十月丙午，降封鄱阳王，袁州安置。

永隆元年。太子贤闻宫中窃议，以贤为天后姊韩国夫人所生，内自疑惧。明崇俨以厌胜之术为天后所信，尝密称"太子不堪承继，英王貌类太宗"。又言"相王相最贵"。天后尝命北门学士撰少阳正范及孝子传以赐太子，又数作书诮让之，太子愈不自安。

及崇俨死，贼不得，天后疑太子所为。太子颇好声色，与户奴赵道生等狎昵，多赐之金帛，司议郎韦承庆上书谏，不听。天后使人告其事。诏薛元超、裴炎与御史大夫高智周等杂鞫之，于东宫马坊搜得皂甲数百领，以为反具。道生又款称太子使道生杀崇俨。上素爱太子，迟回欲宥之，天后曰："为人子怀逆谋，天地所不容。大义灭亲，何可赦也！"甲子，废太子贤为庶人，遣右监门中郎将令狐智通等送贤诣京师，幽于别所，党与皆伏诛，仍焚其甲于天津桥南以示民。承庆，思谦之子也。

乙丑，立左卫大将军、雍州牧英王哲为皇太子，改元，赦天下。

弘道元年冬十一月，上自奉天宫疾甚，宰相皆不得见。丁未，还东都，百官见于天津桥南。

十二月丁巳，改元，赦天下。上欲御则天门楼宣赦，气逆不能乘马，乃召百姓入殿前宣之。是夜，召裴炎入，受遗诏辅政。上崩于贞观殿。遗诏太子柩前即位，军国大事有不决者，兼取天后进止。废万泉、芳桂、奉天等宫。

庚申，裴炎奏太子未即位，未应宣敕，有要速处分，望宣天后令于中书门下施行。甲子，中宗即位，尊天后为皇太后，政事咸取决焉。太后以泽州刺史韩王元嘉等地尊望重，恐其为变，并加三公等官以慰其心。

则天皇后光宅元年春正月甲申朔，改元嗣圣，赦天下。立太子妃韦氏为皇后，擢后父玄贞自普州参军为豫州刺史。

中宗欲以韦玄贞为侍中，又欲授乳母之子五品官。裴炎固争，中宗怒曰："我以天下与韦玄贞何不可？而惜侍中邪！"炎惧，白太后，密谋废立。二月戊午，太后集百官于乾元殿，裴炎与中书侍郎刘祎之、羽林将军程务挺、张虔勖勒兵入宫，宣太后令，废中宗为庐陵王，扶下殿。中宗曰："我何罪？"太后曰："汝欲以天下与韦玄贞，何得无罪！"乃幽于别所。

己未，立雍州牧豫王旦为皇帝。政事决于太后，居睿宗于别殿，不得有所预。立豫王妃刘氏为皇后。后，德威之孙也。

有飞骑十余人饮于坊曲，一人言"向知别无勋赏，不若奉庐陵"。一人起出诣北门告之。座未散，皆捕得，系羽林狱。言者斩，余以知反不告皆绞，告者除五品官。告密之端自此兴矣。

壬子，以永平郡王成器为皇太子，睿宗之长子也。赦天下，改元文明。

庚申，废皇太孙重照为庶人。命刘仁轨专知西京留守事。

流韦玄贞于钦州。

太后与刘仁轨书曰:"昔汉以关中之事委萧何,今托公亦犹是矣。"仁轨上疏,辞以衰老不堪居守,因陈吕后祸败之事以申规戒。太后使秘书监武承嗣赍玺书慰谕之,曰:"今以皇帝谅暗不言,眇身且代亲政。远劳劝戒,复辞衰疾。又云'吕氏见嗤于后代,禄、产移祸于汉朝',引喻良深,愧慰交集。公忠贞之操,终始不渝,劲直之风,古今罕比。初闻此语,能不罔然,静而思之,是为龟鉴。况公先朝旧德,遐迩具瞻,愿以匡救为怀,无以暮年致请。"

辛酉,太后命左金吾将军丘神勣诣巴州,检校故太子贤宅以备外虞,其实风使杀之。神勣,行恭之子也。

甲子,太后御武成殿,皇帝帅王公以下上尊号。丁卯,太后临轩,遣礼部尚书武承嗣册嗣皇帝。自是太后常御紫宸殿,施惨紫帐以视朝。

三月,丘神勣至巴州,幽故太子贤于别室,逼令自杀。太后乃归罪于神勣,戊戌,举哀于显福门,贬神勣为叠州刺史。己亥,追封贤为雍王。神勣寻复入为左金吾将军。

夏闰五月,以礼部尚书武承嗣为太常卿、同中书门下三品。

初,尚书左丞冯元常为高宗所委,高宗晚年多疾,百司奏事,每曰:"朕体中不佳,可与元常平章以闻。"元常尝密言"中宫威权太重,宜稍抑损"。高宗虽不能用,深以其言为然。及太后称制,四方争言符瑞。嵩阳令樊文献瑞石,太后命于朝堂示百官,元常奏言"状涉谄诈,不可诬罔天下"。太后不悦,出为陇州刺史。元常,子琮之曾孙也。

丙午,太常卿、同中书门下三品武承嗣罢为礼部尚书。

武承嗣请太后追王其祖,立武氏七庙,太后从之。裴炎谏曰:“太后母临天下,当示至公,不可私于所亲。独不见吕氏之败乎?”太后曰:“吕氏以权委生者,故及于败。今吾追尊亡者,何伤乎?”对曰:“事当防微杜渐,不可长耳。”太后不从。己巳,追尊太后五代祖克己为鲁靖公,妣为夫人;高祖居常为太尉、北平恭肃王,曾祖俭为太尉、金城义康王,祖华为太尉、太原安成王,考士彟为太师、魏定王;祖妣皆为妃。裴炎由是得罪。又作五代祠室于文水。

时诸武用事,唐宗室人人自危,众心愤惋。会眉州刺史英公李敬业及弟盩厔令敬猷、给事中唐之奇、长安主簿骆宾王、詹事司直杜求仁皆坐事,敬业贬柳州司马,敬猷免官,之奇贬括苍令,宾王贬临海丞,求仁贬黟令。求仁,正伦之侄也。盩厔尉魏思温尝为御史,复被黜。皆会于扬州,各自以失职怨望,乃谋作乱,以匡复庐陵王为辞。

思温为之谋主,使其党监察御史薛仲璋求奉使江都,令雍州人韦超诣仲璋告变,云“扬州长史陈敬之谋反”,仲璋收敬之系狱。居数日,敬业乘传而至,矫称扬州司马来之官,云“奉密旨,以高州酋长冯子猷谋反,发兵讨之”。于是开府库,令士曹参军李宗臣就钱坊,驱囚徒、工匠数百,授以甲。斩敬之于系所。录事参军孙处行拒之,亦斩以徇,僚吏无敢动者。遂起一州之兵,复称嗣圣元年。开三府,一曰匡复府,二曰英公府,三曰扬州大都督府。敬业自称匡复府上将,领扬州大都督。以之奇、求仁为左右长史,宗臣、仲璋为左右司马,思温为军师,宾王为记室,旬日间得胜兵十余万。

移檄州县,略曰:“伪临朝武氏者,人非温顺,地实寒微。昔充太宗下陈，尝以更衣入侍，洎乎晚节，秽乱春宫。密隐先帝之私，阴图后庭之嬖，践元后于翚翟，陷吾君于聚麀。”又曰：“杀姊、屠兄，弑君、鸩母，人神之所同嫉，天地之所不容。”又曰：“包藏祸心，窃窥神器，君之爱子，幽之于别宫；贼之宗盟，委之以重任。”又曰：“一抔之土未乾，六尺之孤何在？”又曰：“试观今日之域中，竟是谁家之天下！”太后见檄，问曰：“谁所为？”或对曰：“骆宾王。”太后曰：“宰相之过也。人有如此才，而使之流落不偶乎！”

敬业求得人貌类故太子贤者，绐众云：“贤不死，亡在此城中，令吾属举兵。”因奉以号令。

楚州司马李崇福，帅所部三县应敬业。盱眙人刘行举独据县不从，敬业遣其将尉迟昭攻盱眙，行举拒却之。诏以行举为游击将军，以其弟行实为楚州刺史。

甲申，以左玉钤卫大将军李孝逸为扬州道大总管，将兵三十万，以将军李知十、马敬臣为之副，以讨李敬业。

武承嗣与从父弟右卫将军三思，以韩王元嘉、鲁王灵夔属尊位重，屡劝太后因事诛之。太后谋于执政，刘祎之、韦思谦皆无言，内史裴炎独固争。太后愈不悦。三思，元庆之子也。及李敬业举兵，薛仲璋，炎之甥也，炎欲示闲暇，不汲汲议诛讨。太后问计于炎，对曰：“皇帝年长，不亲政事，故竖子得以为辞。若太后返政，则不讨自平矣。”监察御史蓝田崔詧闻之，上言：“炎受顾托，大权在己，若无异图，何故请太后归政？”太后命左肃政大夫金城骞味道、侍御史栎阳鱼承晔鞫之，收炎下狱。炎被收，辞气不屈。或劝炎逊辞以免，炎曰：“宰相下狱，安有全理。”凤阁舍人李景谌证炎必反。刘景先及凤阁侍郎义阳胡元范皆曰：“炎社稷元臣，有功于国，悉心奉上，天下所知，臣敢明其不反。”太后曰：“炎反有端，顾卿不知耳。”对曰：“若裴炎为反，则臣等亦反也。”太后曰：“朕知裴炎反，知卿等不反。”文武间证炎不反者甚众，太后皆不听。俄并景先、元范下狱。丁亥，以骞味道检校内史、同凤阁鸾台三品，李景谌同凤阁鸾台平章事。

魏思温说李敬业曰：“明公〔以〕匡复为辞，宜帅大众鼓行而进，直指洛阳，则天下知公志在勤王，四面响应矣。”薛仲璋曰：“金陵有王气，且大江天险，足以为固，不如先取常、润，为定霸之基，然后北向以图中原，进无不利，退有所归，此良策也。”思温曰：“山东豪杰以武氏专制，愤惋不平，闻公举事，皆自蒸麦饭为粮，伸锄为兵，以俟南军之至。不乘此势以立大功，乃更蓄缩欲自谋巢穴，远近闻之，其谁不解体！”敬业不从，使唐之奇守江都，将兵渡江攻润州。思温谓杜求仁曰：“兵势合则强，分则弱。敬业不并力渡淮，收山东之众以取洛阳，败在眼中矣。”

壬辰，陷润州，执刺史李思文，以李宗臣代之。思文，敬业之叔父也，知敬业之谋，先遣使间道上变，为敬业所攻，拒守久之，力屈而陷。思温请斩以徇，敬业不许，谓思文曰：“叔党于武氏，宜改姓武。”润州司马刘延嗣不降，敬业将斩之，思温救之，得免，与思文皆囚于狱中。延嗣，审礼从父弟也。曲阿令河间尹元贞引兵救润州，战败，为敬业所擒，临以白刃，不屈而死。

丙申，斩裴炎于都亭。炎将死，顾兄弟曰：“兄弟官皆自致，炎无分毫之力，今坐炎流窜，不亦悲乎！”籍没其家，无甔石之储。刘景先贬普州刺史，又贬辰州刺史，胡元范流琼州而死。裴炎弟子太仆寺丞伷先，年十七，上封事请见言事。太后召见，诘之曰：“汝伯父谋反，尚何言？”伷先对曰：“臣为陛下画计耳，安敢诉冤。陛下为李氏妇,先帝弃天下,遽揽朝政,变易嗣子,疏斥李氏,封崇诸武。臣伯父忠于社稷,反诬以罪,戮及子孙。陛下所为如是,臣实惜之。陛下早宜复子明辟,高枕深宫,则宗族可全。不然,天下一变,不可复救矣。”太后怒曰:“胡白,小子敢发此言!”命引出,伷先反顾曰:“今用臣言,犹未晚。”如是者三,太后命于朝堂杖之一百,长流瀼州。

炎之下狱也,郎将姜嗣宗使至长安,刘仁轨问以东都事,嗣宗曰:“嗣宗觉裴炎有异于常久矣。”仁轨曰:“使人觉之邪?”嗣宗曰:“然。”仁轨曰:“仁轨有奏事,愿附使者以闻。”嗣宗曰:“诺。”明日,受仁轨表而还,表言“嗣宗知裴炎反不言”。太后览之,命拉嗣宗于殿庭,绞于都亭。

丁酉,追削李敬业祖考官爵,发冢斫棺,复姓徐氏。

徐敬业闻李孝逸将至,自润州回军拒之,屯高邮之下阿溪,使徐敬猷逼淮阴,别将韦超、尉迟昭屯都梁山。李孝逸军至临淮,偏将雷仁智与敬业战,不利,孝逸惧,按兵不进。监军殿中侍御史魏元忠谓孝逸曰:“天下安危,在兹一举。四方承平日久,忽闻狂狡,注心倾耳以俟其诛。今大军久留不进,远近失望,万一朝廷更命他将以代将军,将军何辞以逃逗挠之罪乎!”孝逸乃引军而前。壬寅,马敬臣击斩尉迟昭于都梁山。

十一月辛亥,以左鹰扬大将军黑齿常之为江南道大总管,讨敬业。

韦超拥众据都梁山。诸将皆曰:“超凭险自固,士无所施其勇,骑无所展其足。且穷寇死战,攻之多杀士卒,不如分兵守之,大军直趣江都,覆其巢穴。”支度使薛克构曰:“超虽据险,其众非多。今多留兵则前军势分,少留兵则终为后患,不如先击之,其势必举，举都梁，则淮阴、高邮望风瓦解矣。”魏元忠请先击徐敬猷，诸将曰：“不如先攻敬业，敬业败则敬猷不战自擒矣。若击敬猷，则敬业引兵救之，是腹背受敌也。”元忠曰：“不然。贼之精兵，尽在下阿，乌合而来，利在一决，万一失计，大事去矣。敬猷出于博徒，不习军事，其众单弱，人情易摇，大军临之，驻马可克。敬业虽欲救之，计程必不能及。我克敬猷，乘胜而进，虽有韩、白，不能当其锋矣。今不先取弱者而遽攻其强，非计也。”孝逸从之，引兵击超，超夜遁，进击敬猷，敬猷脱身走。

庚申，敬业勒兵阻溪拒守，后军总管苏孝祥夜将五千人，以小舟渡溪先击之，兵败，孝祥死，士卒赴溪溺死者过半。左豹韬卫果毅渔阳成三朗为敬业所擒，唐之奇绐其众曰：“此李孝逸也。”将斩之，三朗大呼曰：“我果毅成三朗，非李将军也。官军今大至矣，尔曹破在朝夕。我死，妻子受荣，尔死，妻子籍没，尔终不及我也。”遂斩之。

孝逸等诸军继至，战数不利。孝逸惧，欲引退，魏元忠与行军管记刘知柔言于孝逸曰：“风顺荻乾，此火攻之利。”固请决战。敬业置阵既久，士卒多疲倦顾望，阵不能整。孝逸进击之，因风纵火，敬业大败，斩首七千级，溺死者不可胜纪。敬业等轻骑走入江都，挈妻子奔润州，将入海奔高丽。孝逸进屯江都，分遣诸将追之。乙丑，敬业至海陵界，阻风，其将王那相斩敬业、敬猷及骆宾王首来降。余党唐之奇、魏思温等皆捕得，传首神都。扬、润、楚三州平。

陈岳论曰：敬业苟能用魏思温之策，直指河、洛，专以匡复为事，纵军败身戮，亦忠义在焉。而妄希金陵王气，是真为叛逆，不败何待。

初，裴炎下狱，单于道安抚大使、左武卫大将军程务挺密表申理，由是忤旨。务挺素与唐之奇、杜求仁善，或谮之曰："务挺与裴炎、徐敬业通谋。"十二月癸卯，遣左鹰扬将军裴绍业即军中斩之，籍没其家。突厥闻务挺死，所在宴饮相庆。又为务挺立祠，每出师，必祷之。太后以夏州都督王方翼与务挺连职，素相亲善，且废后近属，征下狱，流崖州而死。

垂拱元年春正月，太后以徐思文为忠，特免缘坐，拜司仆少卿，谓曰："敬业改卿姓武，朕今不复夺也。"

三月辛酉，武承嗣罢。

冬十一月，太后修故白马寺，以僧怀义为寺主。怀义，鄠人，本姓冯，名小宝，卖药洛阳市，因千金公主以进，得幸于太后。太后欲令出入禁中，乃度为僧，名怀义。又以其家寒微，令与驸马都尉薛绍合族，命绍以季父事之。出入乘御马，宦者十余人侍从。士民遇之皆奔避，有近之者，辄挝其首流血，委之而去，任其生死。见道士则极意殴之，仍髡其发而去。朝贵皆匍匐礼谒，武承嗣、武三思皆执僮仆之礼以事之，为之执辔，怀义视之若无人。多聚无赖少年，度为僧，纵横犯法，人莫敢言。右台御史冯思勖屡以法绳之，怀义遇思勖于途，令从者殴之，几死。

二年春正月，太后下诏复政于皇帝。睿宗知太后非诚心，奉表固让，太后复临朝称制。辛酉，赦天下。

二月，右卫大将军李孝逸既克徐敬业，声望甚重，武承嗣等恶之，数谮于太后，左迁施州刺史。

三月戊申，太后命铸铜为匦，置之朝堂，以受天下表疏，铭其东曰"延恩"，献赋颂、求仕进者投之；南曰"招谏"，言朝政得失者投之；西曰"伸冤"，有冤抑者投之；北曰"通玄"，言天象灾变及军机秘计者投之。命正谏、补阙、拾遗一人掌之，先责识官，乃听投表疏。徐敬业之反也，侍御史鱼承晔之子保家教敬业作刀车及弩，敬业败，仅得免。太后欲周知人间事，保家上书，请铸铜为匭，以受天下密奏。其器共为一室，中有四隔，上各有窍以受表疏，可入不可出。太后善之。未几，其怨家投匭告保家为敬业作兵器，杀伤官军甚众，遂伏诛。

太后自徐敬业之反，疑天下人多图己，又自以久专国事，且内行不正，知宗室大臣怨望，心不服，欲大诛杀以威之。乃盛开告密之门，有告密者，臣下不得问，皆给驿马，供五品食，使诣行在。虽农夫、樵人，皆得召见，廪于客馆，所言或称旨，则不次除官，无实者不问。于是四方告密者蜂起，人皆重足屏息。

有胡人索元礼知太后意，因告密召见，擢为游击将军，令案制狱。元礼性残忍，推一人必令引数十百人，太后数召见赏赐以张其权。于是尚书都事长安周兴、万年人来俊臣之徒效之，纷纷继起。兴累迁至秋官侍郎，俊臣累迁至御史中丞，相与私畜无赖数百人，专以告密为事。欲陷一人，辄令数处俱告，事状如一。俊臣与司刑评事洛阳万国俊共撰罗织经数千言，教其徒网罗无辜，织成反状，构造布置，皆有支节。太后得告密者，辄令元礼等推之，竞为讯囚酷法，作大枷，有“定百脉”、“突地吼”、“死猪愁”、“求破家”、“反是实”等名号。或以椽关手足而转之，谓之“凤皇晒翅”。或以物绊其腰，引枷向前，谓之“驴驹拔橛”。或使跪捧枷，累甓其上，谓之“仙人献果”。或使立高木之上，引枷尾向后，谓之“玉女登梯”。或倒悬石缒其首，或以醋灌鼻，或以铁圈毂其首而加楔，至有脑裂髓出者。每得囚，辄先陈其械具以示之，皆战栗流汗，望风自诬。每有赦令，俊臣辄令狱卒先杀重囚,然后宣示。太后以为忠,益宠任之。中外畏此数人,甚于虎狼。

麟台正字陈子昂上疏,以为:"执事者疾徐敬业首乱唱祸,将息奸源,穷其党与,遂使陛下大开诏狱,重设严刑,有迹涉嫌疑,辞相逮引,莫不穷捕考案。至有奸人荧惑,乘险相诬,纠告疑似,冀图爵赏,恐非伐罪吊人之意也。臣窃观当今天下,百姓思安久矣,故扬州构逆,殆有五旬,而海内晏然,纤尘不动。陛下不务玄默以救疲人,而反任威刑以失其望,臣愚暗昧,窃有大惑。伏见诸方告密,囚累百千辈,及其穷竟,百无一实。陛下仁恕,又屈法容之,遂使奸恶之党,快意相仇,睚眦之嫌,即称有密,一人被讼,百人满狱,使者推捕,冠盖如市。或谓陛下爱一人而害百人,天下喁喁,莫知宁所。臣闻隋之末代,天下犹平,杨玄感作乱,不踰月而败。天下之弊,未至土崩,蒸人之心,犹望乐业。炀帝不悟,遂使兵部尚书樊子盖专行屠戮,大穷党与,海内豪士,无不罹殃,遂至杀人如麻,流血成泽,天下靡然,始思为乱,于是雄杰并起而隋族亡矣。夫大狱一起,不能无滥,冤人吁嗟,感伤和气,群生疠疫,水旱随之,人既失业,则祸乱之心怵然而生矣。古者明王重慎刑罚,盖惧此也。昔汉武帝时巫蛊狱起,使太子奔走,兵交宫阙,无辜被害者以千万数,宗庙几覆。赖武帝得壶关三老书,廓然感悟,夷江充三族,余狱不论,天下以安尔。古人云:'前事之不忘,后事之师。'伏愿陛下念之。"太后不听。

夏四月,以岑长倩为内史。六月辛未,以苏良嗣为左相,同凤阁鸾台三品韦待价为右相,己卯,〔以〕韦思谦为纳言。

苏良嗣遇僧怀义于朝堂,怀义偃蹇不为礼。良嗣大怒,命左右捽曳,批其颊数十。怀义诉于太后,太后曰:"阿师当于北门出入，南牙宰相所往来，勿犯也。”

太后托言怀义有巧思，故使入禁营造。补阙长社王求礼上表，以为：“太宗时，有罗黑黑善弹琵琶，太宗阉为给使，使教宫人。陛下若以怀义有巧性，欲宫中驱使者，臣请阉之，庶不乱宫闱。”表寝不出。

秋九月己巳，雍州言新丰县东南有山踊出，改新丰为庆山县，四方毕贺。江陵人俞文俊上书：“天气不和而寒暑并，人气不和而疣赘生，地气不和而䭆阜出。今陛下以女主处阳位，反易刚柔，故地气塞隔而山变为灾。陛下谓之‘庆山’，臣以为非庆也。臣愚以为宜侧身修德以答天谴，不然，殃祸至矣。”太后怒，流于岭外，后为六道使所杀。

三年夏五月，凤阁侍郎、同凤阁鸾台三品刘祎之窃谓凤阁舍人永年贾大隐曰：“太后既废昏立明，安用临朝称制，不如返政以安天下之心。”大隐密奏之，太后不悦，谓左右曰：“祎之我所引，乃复叛我。”或诬祎之受归州都督孙万荣金，又与许敬宗妾有私，太后命肃州刺史王本立推之。本立宣敕示之，祎之曰：“不经凤阁鸾台，何名为敕！”太后大怒，以为拒捍制使，庚午，赐死于家。祎之初下狱，睿宗为之上疏申理，亲友皆贺之。祎之曰：“此乃所以速吾死也。”临刑，沐浴，神色自若，自草谢表，立成数纸。麟台郎郭翰、太子文学周思钧称叹其文。太后闻之，左迁翰巫州司法，思钧播州司仓。

冬十月，武承嗣又使人诬李孝逸自云：“名中有兔，兔，月中物，当有天分。”太后以孝逸有功，十一月戊寅，减死，除名，流儋州而卒。

四年春正月甲子，于神都立高祖、太宗、高宗三庙，四时享祀，如西庙之仪。又立崇先庙，以享武氏祖考。太后命有司议崇先庙室数，司礼博士周悰请为七室，又减唐太庙为五室。春官侍郎贾大隐奏："礼，天子七庙，诸侯五庙，百王不易之义。今周悰别引浮议，广述异文，直崇临朝权仪，不依国家常度。皇太后亲承顾托，光显大猷，其崇先庙室应如诸侯之数，国家宗庙不应辄有变移。"太后乃止。

太宗、高宗之世，屡欲立明堂，诸儒议其制度，不决而止。及太后称制，独与北门学士议其制，不问诸儒。诸儒以为明堂当在国阳丙巳之地，三里之外，七里之内。太后以为去宫太远。二月庚午，毁乾元殿，于其地作明堂，以僧怀义为之使，凡役数万人。

夏四月戊戌，杀太子通事舍人郝象贤。象贤，处俊之孙也。初，太后有憾于处俊，会奴诬告象贤反，太后命周兴鞫之，致象贤族罪。象贤家人诣朝堂，讼冤于监察御史乐安任玄殖。玄殖奏象贤无反状，玄殖坐免官。象贤临刑，极口骂太后，发扬宫中隐慝，夺市人柴以击刑者，金吾兵共格杀之。太后命支解其尸，发其父、祖坟，毁棺焚尸。自是终太后之世，法官每刑人，先以木丸塞其口。

武承嗣使凿白石为文曰："圣母临人，永昌帝业。"末紫石杂药物填之。庚午，使雍州人唐同泰奉表献之，称获之于洛水。太后喜，命其石曰"宝图"，擢同泰为游击将军。五月戊辰，诏当亲拜洛，受宝图；有事南郊，告谢昊天；礼毕，御明堂，朝群臣。命诸州都督、刺史及宗室、外戚以拜洛前十日集神都。乙亥，太后加尊号为圣母神皇。

六月壬寅，作神皇三玺。

东阳大长公主削封邑，并二子徙巫州。公主适高履行，太后以高氏长孙无忌之舅族，故恶之。

秋七月丁巳，赦天下，更命宝图为“天授圣图”，洛水为“永昌洛水”，封其神为显圣侯，加特进，禁渔钓，祭祀比四渎。名图所出曰“圣图泉”，泉侧置永昌县。又改嵩山为神岳，封其神为天中王，拜太师、使持节、神岳大都督，禁刍牧。又以先于汜水得瑞石，改汜水为“广武”。

太后潜谋革命，稍除宗室。绛州刺史韩王元嘉、青州刺史霍王元轨、邢州刺史鲁王灵夔、豫州刺史越王贞及元嘉子通州刺史黄公撰、元轨子全州刺史江都王绪、虢王凤子申州刺史东莞公融、灵夔子范阳王蔼、贞子博州刺史琅邪王冲，在宗室中皆以才行有美名，太后尤忌之。元嘉等内不自安，密有匡复之志。

撰谬为书与贞云：“内人病浸重，当速疗之，若至今冬，恐成痼疾。”及太后召宗室朝明堂，诸王因递相惊曰：“神皇欲于大飨之际，使人告密，尽收宗室诛之，无遗类。”撰诈为皇帝玺书与冲云：“朕遭幽絷，诸王宜各发兵救我。”冲又诈为皇帝玺书云：“神皇欲移李氏社稷以授武氏。”八月壬寅，冲召长史萧德琮等令募兵，分告韩、霍、鲁、越及贝州刺史纪王慎，各令起兵共趣神都。太后闻之，以左金吾将军丘神勣为清平道行军大总管以讨之。

冲募兵得五千余人，欲渡河取济州，先击武水，武水令郭务悌诣魏州求救。莘令马玄素将兵千七百人中道邀冲，恐力不敌，入武水，闭门拒守。冲推草车塞其南门，因风纵火焚之，欲乘火突入，火作而风回，冲军不得进，由是气沮。堂邑董玄寂为冲将兵击武水，谓人曰：“琅邪王与国家交战，此乃反也。”冲闻之，斩玄寂以徇，众惧而散入草泽，不可禁止，惟家僮左右数十人在。冲还走博州，戊申，至城门，为守门者所杀，凡起兵七日而败。丘神勣至博州，官吏素服出迎，神绩挥刃尽杀之，凡破千余家。

越王贞闻冲起，亦举兵于豫州，遣兵陷上蔡。九月丙辰，命左豹韬大将军麹崇裕为中军大总管，岑长倩为后军大总管，将兵十万以讨之，又命张光辅为诸军节度。削贞、冲属籍，更姓虺氏。贞闻冲败，欲自锁诣阙谢罪，会所署新蔡令傅延庆募得勇士二千余人，贞乃宣言于众曰："琅邪已破魏、相数州，有兵二十万，朝夕至矣。"发属县兵共得五千，分为五营，使汝阳县丞裴守德等将之，署九品以上官五百余人。所署官皆受迫胁，莫有斗志，惟守德与之同谋，贞以其女妻之，署大将军，委以腹心。贞使道士及僧诵经以求事成，左右及战士皆带辟兵符。鞠崇裕等军至豫州城东四十里，贞遣少子规及裴守德拒战，兵溃而归。贞大惧，闭阁自守。崇裕等至城下，左右谓贞曰："王岂可坐待戮辱！"贞、规、守德及其妻皆自杀，与冲皆枭首东都阙下。

初，范阳王蔼遣使语贞及冲曰："若四方诸王一时并起，事无不济。"诸王往来相约结，未定而冲先发，惟贞狼狈应之，诸王皆不敢发，故败。

贞之将起兵也，遣使告寿州刺史赵瓌，瓌妻常乐长公主谓使者曰："为我语越王，昔隋杨氏将篡周室，尉迟迥，周之甥也，犹能举兵匡救社稷，功虽不成，威震海内，足为忠烈。况汝诸王，先帝之子，岂得不以社稷为心！今李氏危若朝露，汝诸王不舍生取义，尚犹豫不发，欲何须邪？祸且至矣，大丈夫当为忠义鬼，无为徒死也。"

及贞败，太后欲悉诛韩、鲁等诸王，命监察御史蓝田苏珦按其密状。珦讯问，皆无明验。或告珦与韩、鲁通谋，太后召珦诘之，珦抗论不回。太后曰："卿大雅之士，朕当别有任使，此狱不必卿也。”乃命珣于河西监军，更使周兴等按之。于是收韩王元嘉、鲁王灵夔、黄公撰、常乐公主于东都，迫胁皆自杀，更其姓曰虺，亲党皆诛。

以文昌左丞狄仁杰为豫州刺史。时治越王贞党与，当坐者六七百家，籍没者五千口，司刑趣使行刑。仁杰密奏：“彼皆诖误，臣欲显奏，似为逆人申理。知而不言，恐乖陛下仁恤之旨。”太后特原之，皆流丰州。道过宁州，宁州父老迎劳之曰：“我狄使君活汝邪？”相携哭于德政碑下，设斋三日而后行。

时张光辅尚在豫州，将士恃功，多所求取，仁杰不之从。光辅怒曰：“州将轻元帅邪？”仁杰曰：“乱河南者一越王贞耳，今一贞死，万贞生。”光辅诘其语，仁杰曰：“明公总兵三十万，所诛者止于越王贞。城中闻官军至，踰城出降者四面成蹊，明公纵将士暴掠，杀已降以为功，流血丹野，非万贞而何！恨不得尚方斩马剑加于明公之颈，虽死如归耳！”光辅不能诘，归奏仁杰不逊，左迁复州刺史。

太后之召宗室朝明堂也，东莞公融密遣使问成均助教高子贡，子贡曰：“来必死。”融乃称疾不赴。越王贞起兵，遣使约融，融苍猝不能应，为官属所逼，执使者以闻，擢拜右赞善大夫。未几，为支党所引，冬十月己亥，戮于市，籍没其家。高子贡亦坐诛。

济州刺史薛顗、顗弟绪、绪弟驸马都尉绍，皆与琅邪王冲通谋。〔顗〕闻冲起兵，作兵器，募人。冲败，杀录事参军高纂以灭口。冬十一月辛酉，顗、绪伏诛，绍以太平公主故，杖一百，饿死于狱。

十二月乙酉，司徒、青州刺史霍王元轨坐与越王连谋，废徙黔州，载以槛车，行至陈仓而死。江都王绪、殿中监郕公裴承先皆戮于市。承先，寂之孙也。

己酉，太后拜洛受图，皇帝、皇太子皆从，内外文武百官、蛮夷酋长各依方叙立，珍禽、奇兽、杂宝列于坛前，文物卤簿之盛，唐兴以来未之有也。

辛亥，明堂成，高二百九十四尺，方三百尺。凡三层，下层法四时，各随方色；中层法十二辰，上为圆盖，九龙捧之。上层法二十四气，亦为圆盖，上施铁凤，高一丈，饰以黄金。中有巨木十围，上下通贯，栭栌欂棉，藉以为本，下施铁渠，为辟雍之象。号曰万象神宫。宴赐群臣，赦天下，纵民入观。改河南为合宫县。又于明堂北起天堂五级以贮大像，至三级，则俯视明堂矣。僧怀义以功拜左威卫大将军、梁国公。侍御史王求礼上书曰："古之明堂，茅茨不翦，采椽不斫。今者饰以珠玉，图以丹青，铁鷟入云，金龙隐雾，昔殷辛琼台，夏癸瑶室，无以加也。"太后不报。

永昌元年春正月乙卯朔，大飨万象神宫，太后服衮冕，搢大圭，执镇圭为初献，皇帝为亚献，太子为终献。先诣昊天上帝座，次高祖、太宗、〔高宗〕，次魏国先王，次五方帝座。太后御则天门，赦天下，改元。丁巳，太后御明堂，受朝贺。戊午，布政于明堂，颁九条以训百官。己未，御明堂，飨群臣。

三月壬申，太后问正字陈子昂，当今为政之要。子昂退，上疏，以为"宜缓刑崇德，息兵革，省赋役，抚慰宗室，各使自安"。辞婉意切，其论甚美，几三千言。

癸酉，以天官尚书武承嗣为纳言，张光辅守内史。

夏四月甲辰，杀辰州别驾汝南王炜、连州别驾鄱阳公諲等宗室十二人，徙其家于巂州。炜，恽之子；諲，元庆之子也。己酉，杀天官侍郎蓝田邓玄挺。玄挺女为諲妻，又与炜善。諲谋迎中宗于庐陵，以问玄挺。炜又尝谓玄挺曰："欲为急计，何如？"玄挺皆不应。故坐知反不告，同诛。

诸王之起兵也，贝州刺史纪王慎独不预谋，亦坐系狱。秋七月丁巳，槛车徙巴州，更姓虺氏，行及蒲州而卒。八男徐州刺史东平王续等，相继被诛，家徙岭南。

徐敬业之败也，弟敬真流绣州，逃归，将奔突厥。过洛阳，洛州司马弓嗣业、洛阳令张嗣明资遣之。至定州，为吏所获，嗣业缢死。嗣明、敬真多引海内知识，云有异图，冀以免死。于是朝野之士为所连引坐死者甚众。嗣明诬内史张光辅，云"征豫州日，私论图谶、天文，阴怀两端"。八月甲申，光辅与敬真、嗣明等同诛，籍没其家。

乙未，秋官尚书太原张楚金、陕州刺史郭正一、凤阁侍郎元万顷、洛阳令魏元忠并免死，流岭南。楚金等皆为敬真所引，云与敬业通谋。临刑，太后使凤阁舍人王隐客驰骑传声赦之。声达于市，当刑者皆喜跃欢呼，宛转不已，元忠独安坐自如。或使之起，元忠曰："虚实未知。"隐客至，又使起，元忠曰："俟宣敕已。"既宣敕，乃徐起，舞蹈再拜，竟无忧喜之色。是日阴云四塞，既释楚金等，天气晴霁。

初，高宗之世，周兴以河阳令召见，上欲加擢用，或奏以非清流，罢之。兴不知，数于明堂俟命。诸相皆无言，地官尚书、检校纳言魏玄同时同平章事，谓之曰："周明府可去矣。"兴以为玄同沮己，衔之。玄同素与裴炎善，时人以其终始不渝，谓之"耐久朋"。周兴奏，诬玄同言："太后老矣，不若奉嗣君为耐久。"太后怒，闰月甲午，赐死于家。监刑御史房济谓玄同曰："丈人何不告密，冀得召见，可以自直。"玄同叹曰："人杀鬼杀，亦复何殊，岂能作告密人邪!”乃就死。又杀夏官侍郎崔詧于隐处,自余内外大臣坐死及流贬甚众。

彭州长史刘易从亦为徐敬真所引,戊申,就州诛之。易从为人,仁孝忠谨,将刑于市,吏民怜其无辜,远近奔赴,竞解衣投地曰:“为长史求冥福。”有司平准,直十余万。

周兴等诬右武卫大将军燕公黑齿常之谋反,征下狱。冬十月戊午,常之缢死。

己未,杀宗室鄂州刺史嗣郑王璥等六人。庚申,嗣滕王脩琦等六人免死,流岭南。右卫胄曹参军陈子昂上疏,以为:“周颂成、康,汉称文、景,皆以能措刑故也。今陛下之政,虽尽善矣,然太平之朝,上下乐化,不宜有乱臣贼子,日犯天诛。〔比〕者大狱增多,逆徒滋广,愚臣顽昧,初谓皆实,乃去月十五日,陛下特察系囚李珍等无罪,百寮庆悦,皆贺圣明,臣乃知亦有无罪之人挂于疏网者。陛下务在宽典,狱官务在急刑,以伤陛下之仁,以诬太平之政,臣窃恨之。又九月二十一日敕免楚金等死,初有风雨,变为景云。臣闻阴惨者刑也,阳舒者德也?圣人法天,天亦助圣,天意如此,陛下岂可不承顺之哉。今又阴雨,臣恐过在狱官。凡系狱之囚,多在极法,道路之议,或是或非,陛下何不悉召见之,自诘其罪。罪有实者显示明刑,滥者严惩狱吏,使天下咸服,人知政刑,岂非至德克明哉。”

天授元年十一月,凤阁侍郎河东宗秦客改造“天”、“地”等十二字以献,丁亥,行之。太后自名“曌”,改诏曰制。秦客,太后从父姊之子也。乙未,司刑少卿周兴奏除唐亲属籍。腊月辛未,以僧怀义为右卫大将军,赐爵鄂国公。

春一月戊子,武承嗣迁文昌左相,岑长倩迁文昌右相、同凤阁鸾台三品，凤阁侍郎武攸宁为纳言，邢文伟守内史，左肃政大夫、同凤阁鸾台三品王本立罢为地官尚书。攸宁，士彟之兄孙也。时武承嗣、三思用事，宰相皆下之。地官尚书、同凤阁鸾台三品韦方质有疾，承嗣、三思往问之，方质据床不为礼。或谏之，方质曰："死生有命，大丈夫安能曲事近戚以求苟免乎！"寻为周兴等所构，甲午，流儋州，籍没其家。

醴泉人侯思止始以卖饼为业，后事游击将军高元礼为仆，素诡谲无赖。恒州刺史裴贞杖一判司，判司使思止告贞与舒王元名谋反，秋七月辛巳，元名坐废，徙和州，壬午，杀其子豫章王亶，贞亦族灭。擢思止为游击将军。时告密者往往得五品，思止求为御史，太后曰："卿不识字，岂堪御史。"对曰："獬豸何尝识字，但能触邪耳。"太后悦，即以为朝散大夫、侍御史。他日，太后以先所籍没宅赐之，思止不受，曰："臣恶反逆之人，不愿居其宅。"太后益赏之。

衡水人王弘义，素无行，尝从邻舍乞瓜，不与，乃告县官："瓜田中有白兔。"县官使人搜捕，蹂践瓜田立尽。又游赵、贝，见闾里耆老作邑斋，遂告以谋反，杀二百余人。擢授游击将军，俄迁殿中侍御史。或告胜州都督王安仁谋反，敕弘义按之。安仁不服，弘义即于枷上刎其首。又捕其子，适至，亦刎其首，函之以归。道过汾州，司马毛公与之对食，须臾，叱毛公下阶，斩之，枪揭其首入洛，见者无不震栗。时置制狱于丽景门内，入是狱者，非死不出，弘义戏呼为"例竟门"。朝士人人自危，相见莫敢交言，道路以目。或因入朝密遭掩捕，每朝，辄与家人诀曰："未知复相见否？"

时法官竞为深酷，唯司刑丞徐有功、杜景俭独存平恕，被告者皆曰："遇来、侯必死，遇徐、杜必生。"有功，文远之孙也，名弘敏，以字行。初为蒲州司法，以宽为治，不施敲扑。吏相约有犯徐司法杖者，众共斥之。迨官满，不杖一人，职事亦修。累迁司刑丞，酷吏所诬构者，有功皆为直之，前后所活数十百家。尝廷争狱事，太后厉色诘之，左右为战栗，有功神色不挠，争之弥切。太后虽好杀，知有功正直，甚敬惮之。景俭，武邑人也。司刑丞荥阳李日知亦尚平恕，少卿胡元礼欲杀一囚，日知以为不可，往复数四，元礼怒曰："元礼不离刑曹，此囚终无生理！"日知曰："日知不离刑曹，此囚终无死法！"竟以两状列上，日知果直。

东魏国寺僧法明等撰大云经四卷，表上之，言太后乃弥勒佛下生，当代唐为阎浮提主，制颁于天下。

武承嗣使周兴罗告隋州刺史泽王上金、舒州刺史许王素节谋反，征诣行在。素节发舒州，闻遭丧哭者，叹曰："病死何可得，乃更哭邪！"丁亥，至龙门，缢杀之。上金自杀。悉诛其诸子及支党。

八月甲寅，杀太子少保、纳言裴居道。癸亥，杀尚书左丞张行廉。辛未，杀南安王颍等宗室十二人，又鞭杀故太子贤二子，唐之宗室于是殆尽矣，其幼弱存者亦流岭南，又诛其亲党数百家。惟千金长公主以巧媚得全，自请为太后女，仍改姓武氏，太后爱之，更号延安大长公主。

九月丙子，侍御史汲人傅游艺帅关中百姓九百余人诣阙上表，请改国号曰周，赐皇帝姓武氏。太后不许，擢游艺为给事中。于是百官及帝室宗戚、远近百姓、四夷酋长、沙门道士合六万余人，俱上表如游艺所请，皇帝亦上表自请赐姓武氏。戊寅，群臣上言："有凤皇自明堂飞入上阳宫，还集左台梧桐之上，久之飞东南去，及赤雀数万集朝堂。”

庚辰，太后可皇帝及群臣之请。壬午，御则天楼，赦天下，以唐为周，改元。乙酉，上尊号曰圣神皇帝，以皇帝为皇嗣，赐姓武氏，以皇太子为皇孙。丙戌，立武氏七庙于神都，追尊周文王曰始祖文皇帝，妣姒氏曰文定皇后；平王少子武曰睿祖康皇帝，妣姜氏曰康惠皇后；太原靖王曰严祖成皇帝，妣曰成庄皇后；赵肃恭王曰肃祖章敬皇帝，魏义康王曰烈祖昭安皇帝，周安成王曰显祖文穆皇帝，忠孝太皇曰太祖孝明高皇帝，妣皆如考谥，称皇后。立武承嗣为魏王，三思为梁王，攸宁为建昌王，士彟兄孙攸归、重规、载德、攸暨、懿宗、嗣宗、攸宜、攸望、攸绪、攸止皆为郡王，诸姑姊皆为长公主。

又以司宾卿溧阳史务滋为纳言，凤阁侍郎宗秦客检校内史，给事中傅游艺为鸾台侍郎、平章事。游艺与岑长倩、右玉钤卫大将军张虔勖、左金吾大将军丘神勣、侍御史来子珣等并赐姓武。秦客潜劝太后革命，故首为内史。游艺期年之中历衣青、绿、朱、紫，时人谓之“四时仕宦”。敕改州为郡。或谓太后曰：“陛下始革命而废州，不祥。”太后遽追止之。命史务滋等十人存抚诸道。癸卯，太后立兄孙延基等六人为郡王。

冬十月甲子，检校内史宗秦客坐赃贬遵化尉，弟楚客、晋卿亦以奸赃流岭外。丁卯，杀流人韦方质。壬申，敕两京诸州各置大云寺一区，藏大云经，使僧升高座讲解，其撰疏僧云宣等九人皆赐爵县公，仍赐紫袈裟、银龟袋。制天下武氏咸蠲课役。

道州刺史李行褒兄弟为酷吏所陷，当族，秋官郎中徐有功固争不能得。秋官侍郎周兴奏“有功故出反囚，当斩”，太后虽不许，亦免有功官。然太后雅重有功，久之，复起为侍御史。有功伏地流涕固辞曰："臣闻鹿走山林而命悬庖厨，势使之然也。陛下以臣为法官，臣不敢枉陛下法，必死是官矣。"太后固授之，远近闻者相贺。

二年(春)正月癸酉朔，太后始受尊号于万象神宫，旗帜尚赤。甲戌，改置社稷于神都。辛巳，纳武氏神主于太庙。唐太庙之在长安者更命曰享德庙，四时唯享高祖已下三庙，余四室皆闭不享。又改长安崇先庙为崇尊庙。乙酉，日南至，大享明堂，祀昊天上帝，百神从祀，武氏祖宗配享，唐三帝亦同配。

御史中丞知大夫事李嗣真以酷吏纵横，上疏，以为："今告事纷纭，虚多实少，恐有凶慝阴谋离间陛下君臣。古者狱成，公卿参听，王必三宥然后行刑。比日狱官单车奉使，推鞫既定，法家依断，不令重推，或临时专决，不复闻奏。如此，则权由臣下，非审慎之法，傥有冤滥，何由可知！况以九品之官，专命推覆，操生杀之柄，窃人主之威，案覆既不在秋官，省审复不由门下，国之利器，轻以假人，恐为社稷之祸。"太后不听。

侍御史来子珣诬尚衣奉御刘行感兄弟谋反，皆坐诛。

春一月，地官尚书武思文及朝集使二千八百人表请封中岳。己亥，废唐兴宁永康隐陵署官，唯量置守户。左金吾大将军丘神勣以罪诛。纳言史务滋与来俊臣同鞫刘行感狱，俊臣奏"务滋与行感亲密，意欲寝其反状"。太后命俊臣并推之。庚子，务滋恐惧，自杀。

或告文昌右丞周兴与丘神勣通谋，太后命来俊臣鞫之。俊臣与兴方推事对食，谓兴曰："囚多不承，当为何法？"兴曰："此甚易耳，取大瓮，以炭四周炙之，令囚入中，何事不承！"俊臣乃索大瓮，火围如兴法，因起谓兴曰："有内状推兄，请兄入此瓮。"兴惶恐叩头服罪。法当死，太后原之，二月，流兴岭南，在道，为仇家所杀。

兴与索元礼、来俊臣竞为暴刻，兴、元礼所杀各数千人，俊臣所破千余家。元礼残酷尤甚，太后亦杀之，以慰人望。

徙左卫大将军千乘王武攸暨为定王。立故太子贤之子光顺为义丰王。

甲子，太后命始祖墓曰德陵，睿祖墓曰乔陵，严祖墓曰节陵，肃祖墓曰简陵，烈祖墓曰靖陵，显祖墓曰永陵。改章德陵为昊陵，显义陵为顺陵。

夏四月癸卯，制以释教开革命之阶，升于道教之上。

命建安王攸宜留守长安。

秋八月庚申，杀玉钤卫大将军张虔勖。来俊臣鞫虔勖狱，虔勖自讼于徐有功。俊臣怒，命卫士以刀乱斫杀之，枭首于市。

义丰王光顺、嗣雍王守礼、永安王守义、长信县主等皆赐姓武氏，与睿宗诸子皆幽闭宫中，不出门庭者十余年。守礼、守义，光顺之弟也。

或告地官尚书武思文初与徐敬业通谋。甲子，流思文于岭南，复姓徐氏。

九月乙亥，杀岐州刺史云弘嗣。来俊臣鞫之，不问一款，先断其首，乃伪立文案奏之。其杀张虔勖亦然。敕旨皆依，海内钳口。

鸾台侍郎、同平章〔事〕傅游艺梦登湛露殿，以语所亲，所亲告之。壬辰，下狱，自杀。

先是，凤阁舍人修武张嘉福使洛阳人王庆之等数百人上表，请立武承嗣为皇太子。文昌右相、同凤阁鸾台三品岑长倩以皇嗣在东宫，不宜有此议，奏请切责上书者，告示令散。太后又问地官尚书、同平章事格辅元，辅元固称不可。由是大忤诸武意，故斥长倩令西征吐蕃，未至，征还，下制狱。承嗣又谮辅元。来俊臣又胁长倩子灵原，令引司礼卿兼判纳言事欧阳通等数十人，皆云同反。通为俊臣所讯，五毒备至，终无异词，俊臣乃诈为通款。冬十月己酉，长倩、辅元、通等皆坐诛。

王庆之见太后，太后曰："皇嗣我子，奈何废之？"对曰："神不歆非类，民不祀非族。今谁有天下，而以李氏为嗣乎？"太后谕遣之。庆之伏地，以死泣请，不去，太后乃以印纸遗之曰："欲见我，以此示门者。"自是庆之屡求见，太后颇怒之，命凤阁侍郎李昭德赐庆之杖。昭德引出光政门外，以示朝士曰："此贼欲废我皇嗣，立武承嗣。"命扑之，耳目皆血出，然后杖杀之，其党乃散。

昭德因言于太后曰："天皇，陛下之夫，皇嗣，陛下之子。陛下身有天下，当传之子孙为万代业，岂得以侄为嗣乎？自古未闻侄为天子而为姑立庙者也。且陛下受天皇顾托，若以天下与承嗣，则天皇不血食矣。"太后亦以为然。昭德，乾祐之子也。

壬辰，杀鸾台侍郎同平章事乐思晦、右卫将军李安静。安静，纲之孙也。太后将革命，王公百官皆上表劝进，安静独正色拒之。及下制狱，来俊臣诘其反状，安静曰："以我唐家老臣，须杀即杀，若问谋反，实无可对。"俊臣竟杀之。

长寿元年春一月丁卯，太后引见存抚使所举人，无问贤愚，悉加擢用，高者试凤阁舍人、给事中，次试员外郎、侍御史、补阙、拾遗、校书郎。试官自此始。时人为之语曰："补阙连车载，拾遗平斗量；欋推侍御史，椀脱校书郎。"有举人沈全交续之曰："糊心存抚使，眯目圣神皇。"为御史纪先知所擒，劾其诽谤朝政，请杖之朝堂,然后付法。太后笑曰:“但使卿辈不滥,何恤人言!宜释其罪。”先知大惭。太后虽滥以禄位收天下人心,然不称职者寻亦黜之,或加刑诛。挟刑赏之柄以驾御天下,政由己出,明察善断,故当时英贤亦竞为之用。

宁陵丞庐江郭霸以谄谀干太后,拜监察御史。中丞魏元忠病,霸往问之,因尝其粪,喜曰:“大夫粪甘则可忧;今苦,无伤也。”元忠大恶之,遇人辄告之。

戊辰,以夏官尚书杨执柔同平章事。执柔,恭仁弟之孙也,太后以外族用之。

左台中丞来俊臣罗告同平章事任知古、狄仁杰、裴行本、司农卿裴宣礼、前文昌左丞卢献、御史中丞魏元忠、潞州刺史李嗣真谋反。先是,来俊臣奏请降敕,一问即承反者得减死。及知古等下狱,俊臣以此诱之。仁杰对曰:“大周革命,万物惟新,唐室旧臣,甘从诛戮。反是实。”俊臣乃少宽之。判官王德寿谓仁杰曰:“尚书定减死矣。德寿业受驱策,欲求少阶级,烦尚书引杨执柔,可乎?”仁杰曰:“皇天后土遣狄仁杰为如此事!”以头触柱,血流被面,德寿惧而谢之。

侯思止鞫魏元忠,元忠辞气不屈。思止怒,命倒曳之。元忠曰:“我薄命,譬如坠驴,足絓于镫,为所曳耳。”思止愈怒,更曳之。元忠曰:“侯思止,汝若须魏元忠头则截取,何必使承反也!”

狄仁杰既承反,有司待报行刑,不复严备。仁杰裂衾帛书冤状,置绵衣中,谓王德寿曰:“天时方热,请授家人去其绵。”德寿许之。仁杰子光远得书,持之称变,得召见。则天览之,以问俊臣,对曰:“仁杰等下狱,臣未尝褫其巾带,寝处甚安,苟无事实,安肯承反。”太后使通事舍人周綝往视之。俊臣暂假仁杰等巾带，罗立于西，使緋视之。緋不敢视，惟东顾唯诺而已。俊臣又诈为仁杰等谢死表，使緋奏之。

乐思晦男未十岁，没入司农，上变，得召见。太后问状，对曰："臣父已死，臣家已破，但惜陛下法，为俊臣等所弄。陛下不信臣言，乞择朝臣之忠清、陛下素所信任者，为反状以付俊臣，无不承反矣。"太后意稍寤，召见仁杰等问曰："卿承反何也？"对曰："不承则已死于拷掠矣。"太后曰："何为作谢死表？"对曰："无之。"出表示之，乃知其诈，于是出此七族。庚午，贬知古江夏令，仁杰彭泽令，宣礼夷陵令，元忠涪陵令，献西乡令。流行本、嗣真于岭南。俊臣与武承嗣等固请诛之，太后不许。俊臣乃独称行本罪尤重，请诛之。秋官郎中徐有功驳之，以为："明主有更生之恩，俊臣不能将顺，亏损恩信。"

殿中侍御史贵乡霍献可，宣礼之甥也，言于太后曰："陛下不杀裴宣礼，臣请陨命于前。"以头触殿阶，血流沾地，以示为人臣不私其亲。太后皆不听。献可常以绿帛裹其伤，微露之于幞头下，冀太后见之以为忠。

来俊臣求金于左卫大将军泉献诚，不得，诬以谋反，下狱，乙亥，缢杀之。

夏六月辛亥，万年主簿徐坚上疏，以为："书有五听之道，令著三覆之奏。窃见比有敕推按反者，令使者得实，即行斩决。人命至重，死不再生，万一怀枉，吞声赤族，岂不痛哉！此不足肃奸逆而明典刑，适所以长威福而生疑惧。臣望绝此处分，依法覆奏。又，法官之任，宜加简择，有用法宽平，为百姓所称者，愿亲而任之；有处事深酷，不允人望者，愿疏而退之。"坚，齐聃之子也。

夏官侍郎李昭德密言于太后曰："魏王承嗣权太重。"太后曰:“吾侄也,故委以腹心。”昭德曰:“侄之于姑,其亲何如子之于父?〔子〕犹有篡弑其父者,况侄乎! 今承嗣既陛下之侄,为亲王,又为宰相,权侔人主,臣恐陛下不得久安天位也。”太后矍然曰:“朕未之思。”秋七月戊寅,以文昌左相、同凤阁鸾台三品武承嗣为特进,纳言武攸宁为冬官尚书,夏官尚书、同平章事杨执柔为地官尚书,并罢政事。承嗣亦毁昭德于太后,太后曰:“吾任昭德,始得安眠,此代吾劳,汝勿言也。”

是时,酷吏恣横,百官畏之侧足,昭德独廷奏其奸。太后好祥瑞,有献白石赤文者,执政诘其异,对曰:“以其赤心。”昭德怒曰:“此石赤心,他石尽反邪!”左右皆笑。襄州人胡庆以丹漆书龟腹,曰“天子万万年”,诣阙献之。昭德以刀刮尽,奏请付法。太后曰:“此心亦无恶。”命释之。太后习猫,使与鹦鹉共处。出示百官,传观未遍,猫饥,搏鹦鹉食之,太后甚惭。

太后自垂拱以来,任用酷吏,先诛唐宗室、贵戚数百人,次及大臣数百家,其刺史、郎将以下不可胜数。每除一官,户婢窃相谓曰:“鬼朴又来矣。”不旬月,辄遭掩捕,族诛。监察御史朝邑严善思公直敢言。时告密者不可胜数,太后亦厌其烦,命善思按问,引虚伏罪者八百五十余人,罗织之党为之不振,乃相与共构陷善思,坐流驩州。太后知其枉,寻复召为浑仪监丞。善思名撰,以字行。

右补阙新郑朱敬则,以太后本任威刑以禁异议,今既革命,众心已定,宜省刑尚宽,乃上疏,以为:“李斯相秦,用刻薄变诈以屠诸侯,不知易之以宽和,卒至土崩,此不知变之祸也。汉高祖定天下,陆贾、叔孙通说之以礼义,传世十二,此知变之善也。自文明草昧,天地屯蒙,三叔流言,四凶(称)〔构〕难,不设钩距,无以应天顺人，不切刑名，不可摧奸息暴。故置神器，开告端，曲直之影必呈，包藏之心尽露，神道助直，无罪不除，苍生晏然，紫宸易主。然而急趋无善迹，促柱少和声，向时之妙策，乃当今之刍狗也。伏愿览秦、汉之得失，考时事之合宜，审糟粕之可遗，觉蘧庐之须毁，去萋菲之牙角，顿奸险之锋芒，窒罗织之源，扫朋党之迹，使天下苍生坦然大悦，岂不乐哉！”太后善之，赐帛三百段。

侍御史周矩上疏曰：“推劾之吏皆相矜以虐，泥耳笼头，枷研楔毂，折膺签爪，悬发薰耳，号曰‘狱持’。或累日节食，连宵缓问，昼夜摇撼，使不得眠，号曰‘宿囚’。此等既非木石，且救目前，苟求赊死。臣窃听舆议，皆称‘天下太平，何苦须反’。岂被告者尽是英雄，欲求帝王邪？但不胜楚毒自诬耳。愿陛下察之。今满朝侧息不安，皆以为陛下朝与之密，夕与之仇，不可保也。周用仁而昌，秦用刑而亡。愿陛下缓刑用仁，天下幸甚。”太后颇采其言，制狱稍衰。

太后春秋虽高，善自涂泽，虽左右不觉其衰。丙戌，敕以齿落更生，九月庚子，御则天门，赦天下，改元。更以九月为社。

二年(春)正月壬辰朔，太后享万象神宫，以魏王承嗣为亚献，梁王三思为终献。太后自制神宫乐，用舞者九百人。

户婢团儿为太后所宠信，有憾于皇嗣，乃谮皇嗣妃刘氏、德妃窦氏为厌咒。癸巳，妃与德妃朝太后于嘉豫殿，既退，同时杀之，瘗于宫中，莫知所在。德妃，抗之曾孙也。皇嗣畏忤旨，不敢言，居太后前，容止自如。团儿复欲害皇嗣，有言其情于太后者，太后乃杀团儿。

是时，告密者皆诱人奴婢告其主，以求功赏。德妃父孝谌为润州刺史，有奴妄为妖异以恐德妃母庞氏。庞氏惧，奴请夜祠祷解，因发其事，下监察御史龙门薛季昶按之。季昶诬奏，以为与德妃同祝诅，先涕泣不自胜，乃言曰："庞氏所为，臣子所不忍道。"太后擢季昶为给事中。庞氏当斩，其子希瑊诣侍御史徐有功讼冤，有功牒所司停刑，上奏论之，以为无罪。季昶奏："有功阿党恶逆，请付法。"法司处有功罪当绞。令史以白有功，有功叹曰："岂我独死，诸人永不死邪！"既食，掩扇而寝。人以有功苟自强，必内忧惧，密伺之，方熟寝。太后召有功，迎谓曰："卿比按狱，失出何多？"对曰："失出，人臣之小过；好生，圣人之大德。"太后默然。自是庞氏得减死，与其三子皆流岭南，孝谌贬罗州司马，有功亦除名。

腊月丁卯，降皇孙成器为寿春王，恒王成义为衡阳王，楚王隆基为临淄王，卫王隆范为巴陵王，赵王隆业为彭城王，皆睿宗之子也。

春(二)〔一〕月甲寅，前尚方监裴匪躬、内常侍范云仙坐私谒皇嗣，腰斩于市。自是公卿以下皆不得见。又有告皇嗣潜有异谋者，太后命来俊臣鞫其左右，左右不胜楚毒，皆欲自诬。太常工人京兆安金藏大呼谓俊臣曰："公既不信金藏之言，请剖心以明皇嗣不反。"即引佩刀自剖其胸，五藏皆出，流血被地。太后闻之，令舆入宫中，使医内五藏，以桑皮线缝之，傅以药，经宿始苏。太后〔亲〕临(朝)视之，叹曰："吾有子不能自明，使汝至此！"即命俊臣停推，睿宗由是得免。

或告岭南流人谋反，太后遣司刑评事万国俊摄监察御史就按之。国俊至广州，悉召流人，矫制赐自尽。流人号呼不服，国俊驱就水曲，尽斩之，一朝杀三百余人。然后诈为反状，还奏，因言："诸道流人亦必有怨望谋反者，不可不早诛。"太后喜，擢国俊为朝散大夫,行侍御史。更遣右翊卫兵曹参军刘光业、司刑评事王德寿、苑南面监丞鲍思恭、尚辇直长王大贞、右武威卫兵曹参军屈贞筠皆摄监察御史,诣诸道按流人。光业等以国俊多杀蒙赏,争效之,光业杀七百人,德寿杀五百人,自余少者不减百人,其远年杂犯流人亦与之俱毙。太后颇知其滥,制六道流人未死者,并家属皆听还乡里。国俊等亦相继死,或得罪流窜。

来俊臣诬冬官尚书苏干,云在魏州与琅邪王冲通谋,夏四月乙未,杀之。

秋九月,魏王承嗣等五千人表请加尊号曰金轮圣神皇帝。乙未,太后御万象神宫,受尊号,赦天下。作金轮等七宝,每朝会,陈之殿庭。庚子,追尊昭安皇帝曰浑元昭安皇帝,文穆皇帝曰立极文穆皇帝,孝明高皇帝曰无上孝明高皇帝,皇后从帝号。

延载元年夏五月,魏王承嗣等二万六千余人上尊号曰越古金轮圣神皇帝。甲午,御则天门楼,受尊号,赦天下,改元。

河内有老尼居神都麟趾寺,与嵩山人韦什方等以妖妄惑众。尼自号净光如来,云能知未然。什方自云吴赤乌元年生。又有老胡亦自言五百岁,云见薛师已二百年矣,容貌愈少。太后甚信重之,赐什方姓武氏。秋七月癸未,以什方为正谏大夫、同平章事,制云“迈轩代之广成,逾汉朝之河上”。八月,什方乞还山,制罢遣之。

武三思帅四夷酋长请铸铜铁为天枢,立于端门之外,铭纪功德,黜唐颂周,以姚璹为督作使。诸胡聚钱百万亿,买铜铁不能足,赋民间农器以足之。

九月,殿中丞来俊臣坐赃,贬同州参军。王弘义流琼州,诈称敕追还,至汉北,侍御史胡元礼遇之,按验,得其奸状,杖杀之。

内史李昭德恃太后委遇，颇专权使气，人多疾之。前鲁王府功曹参军丘愔上疏攻之，其略曰："陛下天授以前，万机独断。自长寿以来，委任昭德，参奉机密，献可替否。事有便利，不预咨谋，要待画日将行，方乃别生驳异。扬露专擅，显示于人，归美引愆，义不如此。"又曰："臣观其胆，乃大于身，鼻息所冲，上拂云汉。"又曰："蚁穴坏堤，针芒写气，权重一去，收之极难。"长上果毅邓注又著石论数千言，述昭德专权之状。凤阁舍人逢弘敏取奏之，太后由是恶昭德。壬寅，贬昭德为南宾尉，寻又免死流窜。

天册万岁元年(春)正月辛巳朔，太后加号慈氏越古金轮圣神皇帝，赦天下，改元证圣。

周允元与司刑少卿皇甫文备奏内史豆卢钦望、同平章事韦巨源、杜景俭、苏味道、陆元方附会李昭德，不能匡正。钦望贬赵州，巨源贬麟州，景俭贬溱州，味道贬集州，元方贬绥州刺史。

初，明堂既成，太后命僧怀义作夹纻大像，其小指中犹容数十人，于明堂北构天堂以贮之。堂始构，为风所摧，更构之，日役万人，采木江、岭，数年之间，所费以万亿计，府藏为之耗竭。怀义用财如粪土，太后一听之，无所问。每作无遮会，用钱万缗，士女云集，又散钱十车，使之争拾，相蹈践有死者。所在公私田宅，多为僧有。怀义颇厌入宫，多居白马寺，所度力士为僧者满千人。侍御史周矩疑有奸谋，固请按之。太后曰："卿姑退，朕即令往。"矩至台，怀义亦至，乘马就阶而下，坦腹于床。矩召吏将按之，遽跃马而去。矩具奏其状，太后曰："此道人病风，不足诘，所度僧，惟卿所处。"悉流远州，迁矩天官员外郎。

乙未，作无遮会于朝堂，凿地为坑，深五丈，结彩为宫殿，佛像皆于坑中引出之，云自地涌出。又杀牛取血，画大像首，高二百尺，云怀义刺膝血为之。丙申，张像于天津桥南，设斋。时御医沈南璆亦得幸于太后，怀义心愠，是夕，密烧天堂，延及明堂，火照城中如昼，比明皆尽，暴风裂血像为数百段。太后耻而讳之，但云内作工徒误烧麻主，遂涉明堂。时方酺宴，左拾遗刘承庆请辍朝停酺，以答天谴。太后将从之，姚璹曰："昔成周宣榭，卜代愈隆，汉武建章，盛德弥永。今明堂布政之所，非宗庙也，不应自贬损。"太后乃御端门，观酺如平日。命更造明堂、天堂，仍以怀义充使。又铸铜为九州鼎及十二神，皆高一丈，各置其方。

先是，河内老尼昼食一麻一米，夜则烹宰宴乐，畜弟子百余人，淫秽靡所不为。武什方自言能合长年药，太后遣乘驿于岭南采药。及明堂火，尼入唁太后，太后怒叱之曰："汝常言能前知，何以不言明堂火?"因斥还河内，弟子及老胡等皆逃散。又有发其奸者，太后乃复召尼还麟趾寺，弟子毕集，敕给使掩捕，尽获之，皆没为官婢。什方还，至偃师，闻事露，自绞死。

庚子，以明堂火告庙，下制求直言。刘承庆上疏，以为："火发既从麻主，后及总章所营佛舍，恐劳无益，请罢之。又，明堂所以统和天人，一旦焚毁，臣下何心犹为酺宴！忧喜相争，伤于情性。又，陛下垂制博访，许陈至理，而左史张鼎以为'今既火流王屋，弥显大周之祥'。通事舍人逢敏奏称'弥勒成道时有天魔烧宫，七宝台须臾散坏'。斯实谄妄之邪言，非君臣之正论。伏愿陛下乾乾翼翼，无戾天人之心而兴不急之役，则兆人蒙赖，福禄无穷。"

获嘉主簿彭城刘知几表陈四事，其一，以为："皇业权舆，天地开辟，嗣君即位，黎元更始，则时藉非常之庆，以申再造之恩。今六合清晏而赦令不息，近则一年再降，远则每岁无遗，至于违法悖礼之徒，无赖不仁之辈，编户则寇攘为业，当官则赃贿是求。而元日之朝，指期天泽，重阳之节，伫降皇恩，如其忖度，咸果释免。或有名垂结正，罪将断决，窃行货贿，方便规求，故致稽延，毕沾宽宥。用使俗多顽悖，时罕廉隅，为善者不预恩光，作恶者独承徼幸。古语曰‘小人之幸，君子之不幸’，斯之谓也。望陛下而今而后，颇节于赦，使黎氓知禁，奸宄肃清。”其二，以为：“海内具僚九品以上，每岁逢赦，必赐阶勋。至于朝野宴集，公私聚会，绯服众于青衣，象板多于木笏。皆荣非德举，位罕才升，不知何者为妍蚩，何者为美恶。臣望自今以后，稍息私恩，使有善者逾效忠勤，无才者咸知勉励。”其三，以为：“陛下临朝践极，取士太广，六品以下职事清官，遂乃方之土芥，比之沙砾，若遂不加沙汰，臣恐有秽皇风。”其四，以为：“今之牧伯，迁代太速，倏来忽往，蓬转萍流，既怀苟且之谋，何暇循良之政！望自今刺史非三岁以上不可迁官，仍明察功过，尤甄赏罚。”疏奏，太后颇嘉之。是时官爵易得而法网严峻，故人竞为趋进而多陷刑戮，知几乃著思慎赋以刺时见志焉。

春二月，僧怀义益骄恣，太后恶之。既焚明堂，心不自安，言多不顺。太后密选宫人多力者百余人以防之。壬子，执之于瑶光殿前树下，使建昌王武攸宁帅壮士殴杀之，送尸白马寺，焚之以造塔。

甲子，太后去“慈氏越古”之号。

夏四月，天枢成，高一百五尺，径十二尺，八面，各径五尺。下为铁山，周百七十尺，以铜为蟠龙、麒麟萦绕之。上为腾云承铜盘，径三丈，四龙人立捧火珠，高一丈。工人毛婆罗造模，武三思为文，刻百官及四夷酋长名，太后自书其榜曰“大周万国颂德天枢”。

秋九月甲寅，太后合祭天地于南郊，加号天册金轮大圣皇帝，赦天下，改元。

万岁通天元年春一月，改长安崇尊庙为太庙。三月丁巳，新明堂成，高二百九十四尺，方三百尺，规模率小于旧。上施金涂铁凤，高二丈，后为大风所损，更为铜火珠，群龙捧之。号曰通天宫。赦天下，改元万岁通天。

太后思徐有功用法平，擢拜左台殿中侍御史，远近闻者无不相贺。鹿城主簿宗城潘好礼著论，称有功蹈道依仁，固守诚节，不以贵贱死生易其操履。设客问曰：“徐公于今谁与为比？”主人曰：“四海至广，人物至多，或匿迹韬光，仆不敢诬，若所闻见，则一人而已，当于古人中求之。”客曰：“何如张释之？”主人曰：“释之所行者甚易，徐公所行者甚难，难易之间，优劣见矣。张公逢汉文之时，天下无事，至如盗高庙玉环及渭桥惊马，守法而已，岂不易哉。徐公逢革命之秋，属惟新之运，唐朝遗老或包藏祸心，使人主有疑。如周兴、来俊臣，乃尧年之四凶也，崇饰恶言以诬盛德。而徐公守死善道，深相明白，几陷囹圄，数挂网罗。此吾子所闻，岂不难哉。”客曰：“使为司刑卿，乃得展其才矣。”主人曰：“吾子徒见徐公用法平允，谓可置司刑。仆睹其人，方寸之地，何所不容，若其用之，何事不可，岂直司刑而已哉！”

神功元年。箕州刺史刘思礼学相人于术士张憬藏，憬藏谓思礼当历箕州，位至太师。思礼念太师人臣极贵，非佐命无以致之，乃与洛州录事参军綦连耀谋反，阴结朝士，托相术许人富贵，俟其意悦，因说以“綦连耀有天命，公必因之以得富贵”。凤阁舍人王勮兼天官侍郎事，用思礼为箕州刺史。明堂尉河南吉顼闻其谋，以告合宫尉来俊臣，使上变告之。太后使河内王武懿宗推之。懿宗令思礼广引朝士，许免其死，凡小忤意者〔皆〕引之。于是思礼引凤阁侍郎同平章事李元素、夏官侍郎同平章事孙元亨、知天官侍郎事石抱忠、刘奇、给事中周譒及王勮兄泾州刺史勔、弟监察御史助等，凡三十六家，皆海内名士，穷楚毒以成其狱。壬戌，皆族诛之，亲旧连坐流窜者千余人。初，懿宗宽思礼于外，使诬引诸人。诸人既诛，然后收思礼，思礼始悔之。懿宗自天授以来，太后数使之鞫狱，喜诬陷人，时人以为周、来之亚。

来俊臣欲擅其功，复罗告吉顼，顼上变，得召见，仅免。俊臣由是复用，而顼亦以此得进。俊臣党人罗告司刑府史樊惎谋反，诛之。惎子讼冤于朝堂，无敢理者，乃援刀自刳其腹。秋官侍郎上邽刘如璿见之，窃叹而泣。俊臣奏如璿党恶逆，下狱，处以绞刑，制流瀼州。

尚乘奉御张易之，行成之族孙也，年少，美姿容，善音律。太平公主荐易之弟昌宗入侍禁中，昌宗复荐易之，兄弟皆得幸于太后，常傅朱粉，衣锦绣。昌宗累迁散骑常侍，易之为司卫少卿。拜其母韦氏、臧氏为太夫人，赏赐不可胜纪，仍敕凤阁侍郎李迥秀为臧氏私夫。迥秀，大亮之族孙也。武承嗣、三思、懿宗、宗楚客、晋卿皆候易之门庭，争执鞭辔，谓易之为五郎，昌宗为六郎。

右司郎中冯翊乔知之有美妾曰碧玉，知之为之不昏。武承嗣借以教诸姬，遂留不还。知之作绿珠怨诗以寄之，碧玉赴井死。承嗣得诗于裙带，大怒，讽酷吏罗告，族诛之。

司仆少卿来俊臣，倚势贪淫，士民妻妾有美者，百方取之。或使人罗告其罪，矫称敕以取其妻，前后罗织诛人，不可胜计。自宰相以下，籍其姓名而取之。自言才比石勒。监察御史李昭德素恶俊臣，又尝庭辱秋官侍郎皇甫文备，二人共诬昭德谋反，下狱。

俊臣欲罗告武氏诸王及太平公主，又欲诬皇嗣及庐陵王与南北牙同反，冀因此盗国权。河东人卫遂忠告之，诸武及太平公主恐惧，共发其罪，系狱，有司处以极刑。太后欲赦之，奏上，三日不出。王及善曰："俊臣凶狡贪暴，国之元恶，不去之，必动摇朝廷。"太后游苑中，吉顼执辔，太后问以外事，对曰："外人唯怪来俊臣奏不下。"太后曰："俊臣有功于国，朕方思之。"顼曰："于安远告虺贞反，既而果反，今止为成州司马。俊臣聚结不逞，诬构良善，赃贿如山，冤魂塞路，国之贼也，何足惜哉！"太后乃下其奏。

丁卯，昭德、俊臣同弃市，时人无不痛昭德而快俊臣。仇家争啖俊臣之肉，斯须而尽，抉眼剥面，披腹出心，腾蹋成泥。太后知天下恶之，乃下制数其罪恶，且曰："宜加赤族之诛，以雪苍生之愤，可准法籍没其家。"士民皆相贺于路曰："自今眠者背始帖席矣。"

俊臣以告綦连耀功，赏奴婢十人。俊臣阅司农婢，无可者，以西突厥可汗斛瑟罗家有细婢，善歌舞，欲得以为赏口，乃使人诬告斛瑟罗反。诸酋长诣阙割耳剺面讼冤者数千人，会俊臣诛，乃得免。

俊臣方用事，选司受其属请不次除官者，每铨数百人。俊臣败，侍郎皆自首。太后责之，对曰："臣负陛下，死罪！臣乱国家法，罪止一身，违俊臣语，立见灭族。"太后乃赦之。

上林令侯敏素谄事俊臣，其妻董氏谏之曰："俊臣国贼，指日将败，君宜远之。"敏从之。俊臣怒，出为武龙令。敏欲不往，妻曰："速去勿留。"俊臣败，其党皆流岭南，敏独得免。

太后征于安远为尚食奉御，擢吉顼为右肃政中丞。

夏六月，以检校夏官侍郎宗楚客同平章事。

戊子，特进武承嗣、春官尚书武三思并同凤阁鸾台三品。

秋七月，武承嗣、武三思并罢政事。

九月甲寅，太后谓侍臣曰："顷者周兴、来俊臣按狱，多连引朝臣，云其谋反。国有常法，朕安敢违。中间疑其不实，使近臣就狱引问，得其手状，皆自承服，〔朕〕不以为疑。自兴、俊臣死，不复闻有反者，然则前死者不有冤邪？"夏官侍郎姚元崇对曰："自垂拱以来，坐谋反死者，率皆兴等罗织，自以为功。陛下使近臣问之，近臣亦不自保，何敢动摇！所问若有翻覆，惧遭惨毒，不若速死。赖天启圣心，兴等伏诛，臣以百口为陛下保，自今内外之臣无复反者。若微有实状，臣请受知而不告之罪。"太后悦曰："向时宰相皆顺成其事，陷朕为淫刑之主。闻卿所言，深合朕心。"赐元崇钱千缗。

时人多为魏元忠讼冤者，太后复召为肃政中丞。元忠前后坐弃市流窜者四。尝侍宴，太后问曰："卿往者数负谤，何也？"对曰："臣犹鹿耳，罗织之徒欲得臣肉为羹，臣安所避之。"

圣历元年。武承嗣、三思营求为太子，数使人说太后曰："自古天子未有以异姓为嗣者。"太后意未决。狄仁杰每从容于太后曰："文皇帝栉风沐雨，亲冒锋镝，以定天下，传之子孙。大帝以二子托陛下，陛下今乃欲移之他族，无乃非天意乎！且姑侄之与母子孰亲？陛下立子，则千秋万岁后配食太庙，承继无穷；立侄，则未闻侄为天子，而祔姑于庙者也。"太后曰："此朕家事，卿勿预知。"仁杰曰："王者以四海为家，四海之内孰非臣妾，何者不为陛下家事？君为元首，臣为股肱，义同一体，况臣备位宰相，岂得不预知乎。"又劝太后召还庐陵王，王方庆、王及善亦劝之，太后意稍寤。他日，又谓仁杰曰："朕梦大鹦鹉两翼皆折，何也？"对曰："武者，陛下之姓，两翼，二子也。陛下起二子，则两翼振矣。"太后由是无立承嗣、三思之意。

孙万荣之围幽州也，移檄朝廷曰："何不归我庐陵王？"孙万荣围幽州事见唐平契丹。吉顼与张易之、昌宗皆为控鹤监供奉，易之兄弟亲狎之。顼从容说二人曰："公兄弟贵宠如此，非以德业取之也，天下侧目切齿多矣。不有大功于天下，将何以自全？窃为公忧之！"二人惧，涕泣问计，顼曰："天下士庶未忘唐德，咸复思庐陵王。主上春秋高，大业须有所付，武氏诸王非所属意。公何不从容劝主上立庐陵王，以系苍生之望。如此岂徒免祸，亦可以长保富贵矣。"二人以为然，承间屡为太后言之。太后知谋出于顼，乃召问之，顼复为太后具陈利害，太后意乃定。三月己巳，托言庐陵王有疾，遣职方员外郎瑕丘徐彦伯召庐陵王及其妃、诸子诣行在疗疾。（春二月）戊子，庐陵王至神都。

秋八月，太子太保魏宣王武承嗣恨不得为太子，意怏怏，戊戌病薨。九月甲子，以夏官尚书武攸宁同凤阁鸾台三品。皇嗣固请逊位于庐陵王，太后许之。壬申，立庐陵王哲为皇太子，复名显。赦天下。甲戌，命太子为河北道元帅以讨突厥。

蓝田令薛讷言于太后曰："太子虽立，外议犹疑未定；苟此命不易，丑虏不足平也。"太后深然之。王及善请太子赴外朝以慰人心，从之。

冬十月，制"都下屯兵，命河内王武懿宗、九江王武攸归领之"。

二年(春)正月壬戌,以皇嗣为相王,领太子右卫率。

甲子,置控鹤监丞、主簿等官,率皆嬖宠之人,颇用才能文学之士以参之。以司卫卿张易之为控鹤监,银青光禄大夫张昌宗、左台中丞吉顼、殿中监田归道、夏官侍郎李迥秀、凤阁舍人薛稷、正谏大夫临汾员半千皆为控鹤监内供奉。稷,元超之从子也。半千以古无此官,且所聚多轻薄之士,上疏请罢之。由是忤旨,左迁水部郎中。腊月戊子,以左台中丞吉顼为天官侍郎,右台中丞魏元忠为凤阁侍郎,并同平章事。

文昌左丞宗楚客与弟司农卿晋卿坐赃贿满万余缗及第舍过度,楚客贬播州司马,晋卿流峰州。太平公主观其第,叹曰:"见其居处,吾辈乃虚生耳。"

辛亥,赐太子姓武氏,赦天下。太后生重眉,成八字,百官皆贺。春一月庚申,夏官尚书、同凤阁鸾台三品武攸宁罢为冬官尚书。太后春秋高,虑身后太子与诸武不相容。(二)〔夏四〕月壬寅,命太子、相王、太平公主与武攸暨等为誓文,告天地于明堂,铭之铁券,藏于史馆。秋七月,命建安王武攸宜留守西京,代会稽王武攸望。

内史王及善虽无学术,然清正难夺,有大臣之节。张易之兄弟每侍内宴,无复人臣礼,及善屡奏以为不可。太后不悦,谓及善曰:"卿既高年,不宜更侍游宴,但检校阁中可也。"及善因称病,谒假月余,太后不问。及善叹曰:"岂有中书令而天子可一日不见乎!事可知矣。"乃上疏乞骸骨,太后不许。八月〔戊申〕,以武三思为内史。冬十月,太子、相王诸子复出阁。

太后自称制以来,多以武氏诸王及驸马都尉为成均祭酒,博士、助教亦多非儒士。又因郊丘,明堂,拜洛,封嵩,取弘文国子生为斋郎，因得选补。由是学生不复习业，二十年间学校殆废。而曩时酷吏所诬陷者，其亲友流离，未获原宥。凤阁舍人韦嗣立上疏，以为："时俗浸轻儒学，先王之道，弛废不讲。宜令王公以下子弟皆入国学，不听以他岐仕进。又，自扬、豫以来，制狱渐繁，酷吏乘间，专欲杀人以求进。赖陛下圣明，周、丘、王、来相继诛殛，朝野庆泰，若再睹阳和。至如仁杰、元忠，往遭按鞫，亦皆自诬，非陛下明察，则已为菹醢矣。今陛下升而用之，昔为良辅，何乃前非而后是哉？诚由枉陷与甄明耳！臣恐向之负冤得罪者甚众，亦皆如是。伏望陛下弘天地之仁，广雷雨之施，自垂拱以来，罪无轻重，一皆昭洗，死者追复官爵，生者听还乡里。如此，则天下皆知昔之枉滥，非陛下之意，皆狱吏之辜，幽明欢欣，感通和气。"太后不能从。

久视元年(春)正月戊寅，内史武三思罢为特进、太子少保。天官侍郎、平章事吉顼贬安固尉。太后以顼有干略，故委以腹心。顼与武懿宗争赵州之功于太后前，顼魁岸辩口，懿宗短小伛偻，顼视懿宗，声气凌厉。太后由是不悦，曰："顼在朕前犹卑我诸武，况异时讵可倚邪！"他日，顼奏事，方援古引今，太后怒曰："卿所言，朕饫闻之，无多言。太宗有马名师子骢，肥逸无能调驭者。朕为宫女侍侧，言于太宗曰：'妾能制之，然须三物，一铁鞭，二铁檛，三匕首。铁鞭击之不服，则以檛檛其首，又不服，则以匕首断其喉。'太宗壮朕之志。今日卿岂足污朕匕首邪！"顼惶惧流汗，拜伏求生，乃止。诸武怨其附太子，共发其弟冒官事，由是坐贬。辞日，得召见，涕泣言曰："臣今远离阙庭，永无再见之期，愿陈一言。"太后命之坐，问之。顼曰："合水土为泥，有争乎？"太后曰："无之。"又曰："分半为佛，半为天尊，有争乎？"曰："有争矣。”项顿首曰：“宗室、外戚各当其分，则天下安。今太子已立而外戚犹为王，此陛下驱之使他日必争，两不得安也。”太后曰：“朕亦知之，然业已如是，不可如何。”

腊月辛巳，立故太孙重润为邵王，其弟重茂为北海王。

夏四月戊申，太后幸三阳宫避暑，有胡僧邀车驾观葬舍利，太后许之。狄仁杰跪于马前曰：“佛者戎狄之神，不足以屈天下之主。彼胡僧诡谲，直欲邀致万乘，以惑远近之人耳。山路险狭，不容侍卫，非万乘所宜临也。”太后中道而还，曰：“以成吾直臣之气。”

五月，太后使洪州僧胡超合长生药，三年而成，所费巨万。太后服之，疾小瘳。癸丑，赦天下，改元久视，去“天册金轮大圣”之号。

六月，改控鹤为奉宸府，以张易之为奉宸令。太后每内殿曲宴，辄引诸武、易之及弟秘书监昌宗饮博嘲谑。太后欲掩其迹，乃命易之、昌宗与文学之士李峤等修三教珠英于内殿。武三思奏昌宗乃王子晋后身。太后命昌宗衣羽衣，吹笙，乘木鹤于庭中，文士皆赋诗以美之。

太后又多选美少年为奉宸内供奉，右补阙朱敬则谏曰：“陛下内宠有易之、昌宗，足矣。近闻左监门卫长史侯祥等明自媒炫，丑慢不耻，求为奉宸内供奉，无礼无仪，溢于朝听。臣职在谏诤，不敢不奏。”太后劳之曰：“非卿直言，朕不知此。”赐彩百段。易之、昌宗竞以豪侈相胜。弟昌仪为洛阳令，请属无不从。尝早朝，有选人姓薛，以金五十两并状邀其马而赂之。昌仪受金，至朝堂，以状授天官侍郎张锡。数日，锡失其状，以问昌仪，昌仪骂曰：“不了事人！我亦不记，但姓薛者即与之。”锡惧，退，索在铨姓薛者六十余人，悉留注官。锡，文瓘之兄子也。

太后信重内史梁文惠公狄仁杰，群臣莫及，常谓之“国老”而不名。〔秋九月辛丑〕，仁杰薨，太后泣曰：“朝堂空矣！”自是朝廷有大事，众或不能决，太后辄叹曰：“天夺吾国老何太早邪！”

太后尝问仁杰：“朕欲得一佳士用之，谁可者？”仁杰曰：“未审陛下欲何所用之？”太后曰：“欲用为将相。”仁杰对曰：“文学缊藉，则苏味道、李峤固其选矣。必欲取卓荦奇才，则有荆州长史张柬之，其人虽老，宰相才也。”太后擢柬之为洛州司马。数日又问，仁杰对曰：“前荐柬之，尚未用也。”太后曰：“已迁矣。”对曰：“臣所荐者可为宰相，非司马也。”乃迁秋官侍郎。久之，卒用为相。仁杰又尝荐夏官侍郎姚元崇、监察御史曲阿桓彦范、泰州刺史敬晖等数十人，率为名臣。或谓仁杰曰：“天下桃李，悉在公门矣。”仁杰曰：“荐贤为国，非为私也。”

冬十一月丁巳，纳言韦巨源罢，以文昌右丞韦安石为鸾台侍郎、同平章事。安石，津之孙也。时武三思、张易之兄弟用事，安石数面折之。尝侍宴禁中，易之引蜀商宋霸子等数人在座同博，安石跪奏曰：“商贾贱类，不应得预此会。”顾左右逐出之，座中皆失色。太后以其言直，劳勉之，同列皆叹服。

长安元年秋八月丙寅，武邑人苏安恒上疏曰：“陛下钦先圣之顾托，受嗣子之推让，敬天顺人，二十年矣。岂不闻帝舜褰裳，周公复辟。舜之于禹，事祇族亲；旦与成王，不离叔父。族亲何如子之爱，叔父何如母之恩？今太子孝敬是崇，春秋既壮，若使统临宸极，何异陛下之身。陛下年德既尊，宝位将倦，机务繁重，浩荡心神，何不禅位东宫，自怡圣体。自昔理天下者，不见二姓而俱王也。当今梁、定、河内、建昌诸王，承陛下之荫覆，并得封王。臣谓千秋万岁之后，于事非便，臣请黜为公侯，任以闲简。臣又闻陛下有二十余孙，今无尺寸之封，此非长久之计也。臣请分土而王之，择立师傅，教其孝敬之道，以夹辅周室，屏藩皇家，斯为美矣。”疏奏，太后〔召〕见，赐食，慰谕而遣之。

太后春秋高，政事多委张易之兄弟，邵王重润与其妹永泰郡主、主婿魏王武延基窃议其事。易之诉于太后，九月壬申，太后皆逼令自杀。延基，承嗣之子也。

二年夏五月壬申，苏安恒复上疏曰：“臣闻天下者，神尧、文武之天下也，陛下虽居正统，实因唐氏旧基。当今太子追回，年德俱盛，陛下贪其宝位而忘母子深恩，将何圣颜以见唐家宗庙，将何诰命以谒大帝坟陵？陛下何故日夜积忧，不知钟鸣漏尽。臣愚以为天意人事，还归李家。陛下虽安天位，殊不知物极则反，器满则倾。臣何惜一朝之命，而不安万乘之国哉。”太后亦不之罪。

司仆卿张昌宗兄弟贵盛，势倾朝野。八月戊午，太子、相王、太平公主上表请封昌宗为王，制不许。壬戌，又请，乃赐爵邺国公。

九月庚辰，以太子宾客武三思为大谷道大总管，洛川长史敬晖为副。辛巳，又以相王旦为并州道元帅，三思与武攸宜、魏元忠为之副，姚元崇为长史，司礼少卿郑杲为司马。然竟不行。

冬十一月辛未，监察御史魏靖上疏，以为：“陛下既知来俊臣之奸，处以极法，乞详覆俊臣等所推大狱，伸其枉滥。”太后乃命监察御史苏颋按覆俊臣等旧狱，由是雪免者甚众。颋，夔之曾孙也。

三年。初，左台大夫、同凤阁鸾台三品魏元忠为洛州长史，洛阳令张昌仪恃诸兄之势，每牙，直上长史听事，元忠到官，叱下之。张易之奴暴乱都市，元忠杖死之。及为相，太后召易之弟岐州刺史昌期，欲以为雍州长史，对仗，问宰相曰："谁堪雍州者?"元忠对曰："今之朝臣，无以易薛季昶。"太后曰："季昶久任京府，朕欲别除一官。昌期何如?"诸相皆曰："陛下得人矣。"元忠独曰："昌期不堪。"太后问其故，元忠曰："昌期少年，不闲吏事。向在岐州，户口逃亡且尽。雍州帝京，事务繁剧，不若季昶强干习事。"太后默然而止。元忠又尝面奏："臣自先帝以来，蒙被恩渥，今承乏宰相，不能尽忠死节，使小人在侧，臣之罪也。"太后不悦。由是诸张深怨之。

司礼丞高戬，太平公主之所爱也。会太后不豫，张昌宗恐太后一日晏驾，为元忠所诛，乃谮元忠与戬私议，云："太后老矣，不若挟太子为久长。"太后怒，下元忠、戬狱，将使与昌宗廷辩之。昌宗密引凤阁舍人张说，赂以美官，使证元忠，说许之。明日，太后召太子、相王及诸宰相，使元忠与昌宗参对，往复不决。昌宗曰："张说闻元忠言，请召问之。"太后召说，说将入，凤阁舍人南和宋璟谓说曰："名义至重，鬼神难欺，不可党邪陷正，以求苟免。若获罪流窜，其荣多矣。若事有不测，璟当叩阁力争，与子同死。努力为之，万代瞻仰，在此举也!"殿中侍御史济源张廷圭曰："朝闻道，夕死可矣。"左史刘知几曰："无污青史，为子孙累。"及入，太后问之，说未对。元忠惧，谓说曰："张说欲与昌宗共罗织魏元忠邪?"说叱之曰："元忠为宰相，何乃效委巷小人之言!"昌宗从旁迫趣说，使速言。说曰："陛下视之，在陛下前，犹逼臣如是，况在外乎！臣今对广朝，不敢不以实对。臣实不闻元忠有是言，但昌宗逼臣，使诬证之耳。"易之、昌宗遽呼曰："张说与魏元忠同反。”太后问其状，对曰：“说尝谓元忠为伊、周。伊尹放太甲，周公摄王位，非欲反而何？”说曰：“易之兄弟小人，徒闻伊、周之语，安知伊、周之道。日者元忠初衣紫，臣以郎官往贺，元忠语客曰：‘无功受宠，不胜惭惧。’臣实言曰：‘明公居伊、周之任，何愧三品。’彼伊尹、周公皆为臣至忠，古今慕仰。陛下用宰相，不使学伊、周，当使学谁邪？且臣岂不知今日附昌宗立取台衡，附元忠立致族灭，但臣畏元忠冤魂，不敢诬之耳。”太后曰：“张说反覆小人，宜并系治之。”他日，更引问，说对如前。太后怒，命宰相与河内王武懿宗共鞫之，说所执如初。

朱敬则抗疏理之曰：“元忠素称忠正，张说所坐无名，若令抵罪，失天下望。”苏安恒亦上疏，以为：“陛下革命之初，人以为纳谏之主，暮年以来，人以为受佞之主。自元忠下狱，里巷恟恟，皆以为陛下委信奸宄，斥逐贤良。忠臣烈士，皆抚髀于私室，而箝口于公朝，畏迕易之等意，徒取死而无益。方今赋役烦重，百姓凋弊，重以谗慝专恣，刑赏失中，窃恐人心不安，别生他变。争锋于朱雀门内，问鼎于大明殿前，陛下将何以谢之，何以御之？”易之等见其疏，大怒，欲杀之，赖朱敬则及凤阁舍人桓彦范、著作郎陆泽魏知古保救得免。

九月丁酉，贬元忠为高要尉，戬、说皆流岭表。元忠辞日，言于太后曰：“臣老矣，今向岭南，十死一生。陛下他日必有思臣之时。”太后问其故，时易之、昌宗皆侍侧，元忠指之曰：“此二小儿，终为乱阶。”易之等下殿，叩膺自擲称冤。太后曰：“元忠去矣。”

殿中侍御史景城王晙复奏申理元忠，宋璟谓之曰：“魏公幸已得全，今子复冒威怒，得无狼狈乎！”晙曰：“魏公以忠获罪，晙为义所激，颠沛无恨。”璟叹曰：“璟不能申魏公之枉，深负朝廷矣。”

太子仆崔贞慎等八人饯元忠于郊外，易之诈为告密人柴明状，称贞慎等与元忠谋反。太后使监察御史丹徒马怀素鞫之，谓怀素曰：“兹事皆实，略问，速以闻。”顷之，中使督趣者数四，曰：“反状皎然，何稽留如此？”怀素请柴明对质，太后曰：“我自不知柴明处，但据状鞫之，安用告者！”怀素据实以闻，太后怒曰：“卿欲纵反者邪？”对曰：“臣不敢纵反者。元忠以宰相谪官，贞慎等以亲故追送，若诬以为反，臣实不敢。昔栾布奏事彭越头下，汉祖不以为罪，况元忠之刑未如彭越，而陛下欲诛其送者乎？且陛下操生杀之柄，欲加之罪，取决圣衷可矣；若命臣推鞫，臣敢不以实闻。”太后曰：“汝欲全不罪邪？”对曰：“臣智识愚浅，实不见其罪。”太后意解，贞慎等由是获免。

太后尝命朝贵宴集，易之兄弟皆位在宋璟上。易之素惮璟，欲悦其意，虚位揖之曰：“公方今第一人，何乃下坐？”璟曰：“才劣位卑，张卿以为第一，何也？”天官侍郎郑杲谓璟曰：“中丞奈何卿五郎！”璟曰：“以官言之，正当为卿。足下非张卿家奴，何郎之有？”举坐悚惕。时自武三思以下皆谨事易之兄弟，璟独不为之礼，诸张积怒，常欲中伤之，太后知之，故得免。

丁未，以左武卫大将军武攸宜充西京留守。

四年春正月丁未，毁三阳宫，以其材作兴泰宫于万安山。二宫皆武三思建议为之，请太后每岁临幸，功费甚广，百姓苦之。左拾遗卢藏用上疏，以为：“左右近臣多以顺意为忠，朝廷具僚皆以犯忤为戒。致陛下不知百姓失业，伤陛下之仁。陛下诚能以劳人为辞，发制罢之，则天下皆知陛下苦己而爱人也。”不从。藏用，承庆之弟孙也。

夏四月，太后复税天下僧尼，作大像于白司马阪，令春官尚书武攸宁检校，縻费巨亿。李峤上疏，以为："天下编户，贫弱者众。造像钱见有一十七万余缗，若将散施，人与一千，济得一十七万余户。拯饥寒之弊，省劳役之勤，顺诸佛慈悲之心，沾圣君亭育之意，人神胥悦，功德无穷。方作过后因缘，岂如见在果报。"监察御史张廷珪上疏谏曰："臣以时政论之，则宜先边境，蓄府库，养人力。以释教论之，则宜救苦厄，灭诸相，崇无为。伏愿陛下察臣之愚，行佛之意，务以理为上，不以人废言。"太后为之罢役，仍召见廷珪，深赏慰之。

秋七月丙戌，以神都副留守杨再思为内史。再思为相，专以谄媚取容。司礼少卿张同休，易之之兄也，尝召公卿宴集，酒酣，戏再思曰："杨内史面似高丽。"再思欣然，即翦纸帖巾，反披紫袍，为高丽舞，举坐大笑。时人或誉张昌宗之美曰："六郎面似莲花。"再思独曰"不然"。昌宗问其故，再思曰："乃莲花似六郎耳。"

乙未，司礼少卿张同休、汴州刺史张昌期、尚方少监张昌仪皆坐赃下狱，命左右台共鞫之。丙申，敕，张易之、昌宗作威作福，亦命同鞫。辛丑，司刑正贾敬言奏："张昌宗强市人田，应征铜二十斤。"制"可"。乙巳，御史大夫李承嘉、中丞桓彦范奏："张同休兄弟赃共四千余缗，张昌宗法应免官。"昌宗奏："臣有功于国，所犯不至免官。"太后问诸宰相："昌宗有功乎？"杨再思曰："昌宗合神丹，圣躬服之有验，此莫大之功。"太后悦，赦昌宗罪，复其官。左补阙戴令言作两足狐赋以讥再思，再思出令言为长社令。

癸丑，张同休贬岐山丞，张昌仪贬博望丞。鸾台侍郎、知纳言事、同凤阁鸾台三品韦安石举奏张易之等罪，敕付安石及右庶子、同凤阁鸾台三品唐休璟鞫之，未竟而事变。八月甲寅，以安石兼检校扬州长史。庚申，以休璟兼幽营都督、安东都护。休璟将行，密言于太子曰："二张恃宠不臣，必将为乱，殿下宜备之。"

相王府长史兼知夏官尚书事、同凤阁鸾台三品姚元崇上言："臣事相王，不宜典兵马。臣不敢爱死，恐不益于王。"辛酉，改春官尚书，余如故。元崇字元之，以字行。九月，太后令举外司堪为宰相者，对曰："张柬之沉厚有谋，能断大事，且其人已老，惟陛下急用之。"冬十月甲戌，以秋官侍郎张柬之同平章事，时年且八十矣。

太后寝疾，居长生院，宰相不得见者累月，惟张易之、昌宗侍侧。疾少间，崔玄暐奏言："皇太子、相王仁明孝友，足侍汤药。宫禁事重，伏愿不令异姓出入。"太后曰："德卿厚意。"易之、昌宗见太后疾笃，恐祸及己，引用党援，阴为之备。屡有人为飞书及榜其事于通衢，云"易之兄弟谋反"，太后皆不问。

十二月辛未，许州人杨元嗣，告："昌宗尝召术士李弘泰占相，弘泰言昌宗有天子相，劝于定州造佛寺，则天下归心。"太后命韦承庆及司刑卿崔神庆、御史中丞宋璟鞫之。神庆，神基之弟也。承庆、神庆奏言："昌宗款称'弘泰之语，寻已奏闻'，准法首原。弘泰妖言，请收行法。"璟与大理丞封全祯奏："昌宗宠荣如是，复召术士占相，志欲何求？弘泰称筮得纯乾，天子之卦。昌宗傥以弘泰为妖妄，何不即执送有司？虽云奏闻，终是包藏祸心，法当处斩破家。请收付狱，穷理其罪。"太后久之不应，璟又曰："傥不即收系，恐其摇动众心。"太后曰："卿且停推，俟更检详文状。"璟退，左拾遗江都李邕进曰："向观宋璟所奏，志安社稷，非为身谋，愿陛下可其奏。”太后不听。寻敕璟扬州推按，又敕璟按幽州都督屈突仲翔赃污，又敕璟副李峤安抚陇、蜀。璟皆不肯行，奏曰：“故事，州县官有罪，品高则侍御史，卑则督察御史按之，中丞非军国大事，不当出使。今陇、蜀无变，不识陛下遣臣出外，何也？臣皆不敢奉制。”

司刑少卿桓彦范上疏，以为：“昌宗无功荷宠，而包藏祸心，自招其咎，此乃皇天降怒。陛下不忍加诛，则违天不祥。且昌宗既云奏讫，则不当更与弘泰往还，使之求福禳灾。是则初无悔心，所以奏者，拟事发则云先已奏陈，不发则俟时为逆。此乃奸臣诡计，若云可舍，谁为可刑！况事已再发，陛下皆释不问，使昌宗益自负得计，天下亦以为天命不死，此乃陛下养成其乱也。苟逆臣不诛，社稷亡矣。请付鸾台凤阁三司，考竟其罪。”疏奏，不报。

崔玄暐亦屡以为言，太后令法司议其罪。玄暐弟司刑少卿昪，处以大辟。宋璟复奏收昌宗下狱。太后曰：“昌宗已自奏闻。”对曰：“昌宗为飞书所逼，穷而自陈，势非得已。且谋反大逆，无容首免。若昌宗不伏大刑，安用国法！”太后温言解之。璟声色逾厉，曰：“昌宗分外承恩，臣知言出祸从，然义激于心，虽死不恨。”太后不悦。杨再思恐其忤旨，遽宣敕令出，璟曰：“圣主在此，不烦宰相擅宣敕命。”太后乃可其奏，遣昌宗诣台，璟庭立而按之。事未毕，太后遣中使召昌宗，特敕赦之。璟叹曰：“不先击小子脑裂，负此恨矣！”太后乃使昌宗诣璟谢，璟拒不见。

左台中丞桓彦范、右台中丞东光袁恕己共荐詹事司直阳峤为御史。杨再思曰：“峤不乐搏击之任如何？”彦范曰：“为官择人，岂必待其所欲。所不欲者，尤须与之，所以长难进之风，抑躁求之路。”乃擢为右台侍御史。峤，休之之玄孙也。

先是，李峤、崔玄暐奏："往属革命之时，人多逆节，遂致刻薄之吏恣行酷法，其周兴等所劾破家者，并请雪免。"司刑少卿桓彦范又奏陈之，表疏前后十上。太后乃从之。

中宗神龙元年春正月壬午朔，赦天下，改元。自文明以来，得罪者非扬、豫、博三州及诸反逆魁首，咸赦除之。

太后疾甚，麟台监张易之、春官侍郎张昌宗居中用事，张柬之、崔玄暐与中台右丞敬晖、司刑少卿桓彦范、相王府司马袁恕己谋诛之。柬之谓右羽林卫大将军李多祚曰："将军今日富贵，谁所致也？"多祚泣曰："大帝也。"柬之曰："今大帝之子为二竖所危，将军不思报大帝之德乎？"多祚曰："苟利国家，惟相公处分，不敢顾身及妻子。"因指天地以自誓。遂与定谋。

初，柬之与荆府长史阌乡杨元琰相代，同泛江，至中流，语及太后革命事，元琰慨然有匡复之志。及柬之为相，引元琰为右羽林将军，谓曰："君颇记江中之言乎？今日非轻授也。"柬之又用彦范、晖及右散骑侍郎李湛皆为左、右羽林将军，委以禁兵。易之等疑惧，乃更以其党武攸宜为右羽林大将军，易之等乃安。俄而姚元之自灵武至都，柬之、彦范相谓曰："事济矣。"遂以其谋告之。彦范以事白其母，母曰："忠孝不两全，先国后家可也。"时太子于北门起居，彦范、晖谒见，密陈其策，太子许之。

癸卯，柬之、玄暐、彦范与左威卫将军薛思行等帅左、右羽林兵五百余人至玄武门，遣多祚、湛及内直郎驸马都尉安阳王同皎诣东宫迎太子。太子疑，不出。同皎曰："先帝以神器付殿下，横遭幽废，人神同愤，二十三年矣。今天诱其衷，北门、南牙同心协力，以今日诛凶竖，复李氏社稷，愿殿下暂至玄武门，以副众望。"太子曰："凶竖诚当夷灭，然上体不安，得无惊怛。诸公更为后图。”李湛曰：“诸将相不顾家族以徇社稷，殿下奈何欲纳之鼎镬乎！请殿下自出止之。”太子乃出。同皎扶抱太子上马，从至玄武门，斩关而入。

太后在迎仙宫，柬之等斩易之、昌宗于庑下，进至太后所寝长生殿，环绕侍卫。太后惊起，问曰：“乱者谁邪？”对曰：“张易之、昌宗谋反，臣等奉太子令诛之，恐有漏泄，故不敢以闻。称兵宫禁，罪当万死。”太后见太子曰：“乃汝邪？小子既诛，可还东宫。”彦范进曰：“太子安得更归。昔天皇以爱子托陛下，今年齿已长，久居东宫，天意人心，久思李氏，群臣不忘太宗、天皇之德，故奉太子诛贼臣。愿陛下传位太子，以顺天人之望。”李湛，义府之子也。太后见之，谓曰：“汝亦为诛易之将军邪？我于汝父子不薄，乃有今日。”湛惭不能对。又谓崔玄暐曰：“他人皆因人以进，惟卿朕所自擢，亦在此耶？”对曰：“此乃所以报陛下之大德。”

于是收张昌期、同休、昌仪等，皆斩之，与易之、昌宗枭首天津南。是日，袁恕己从相王统南牙兵以备非常，收韦承庆、房融及司礼卿崔神庆系狱，皆易之之党也。初，昌仪新作第，甚美，逾于王主。或夜书其门曰：“一日丝能作几日络！”灭去，复书之，如是六七，昌仪取笔注其下曰：“一日亦足。”乃止。

甲辰，制太子监国，赦天下。以袁恕己为凤阁侍郎、同平章事，分遣十使赍玺书宣慰诸州。乙巳，太后传位于太子。

丙午，中宗即位。赦天下，惟张易之党不原。其为周兴等所枉者，咸令清雪，子女配没者皆免之。相王加号安国相王，拜太尉、同凤阁鸾台三品；太平公主加号镇国太平公主。皇族先配没者子孙皆复属籍，仍量叙官爵。

丁未，太后徙居上阳宫，李湛留宿卫。戊申，帝帅百官诣上阳宫。上太后尊号则天大圣皇帝。

庚戌，以张柬之为夏官尚书、同凤阁鸾台三品，崔玄暐为内史，袁恕己同凤閣鸾台三品，敬晖、桓彦范皆为纳言，并赐爵郡公。李多祚赐爵辽阳郡王，王同皎为右千牛将军、琅邪郡公，李湛为右羽林大将军、赵国公，自余官赏有差。

张柬之等之讨张易之也，殿中监田归道将千骑宿玄武门，敬晖遣使就索千骑，归道先不预谋，拒而不与。事宁，晖欲诛之，归道以理自陈，乃免归私第。帝嘉其忠壮，召拜太仆少卿。

二月辛亥，帝帅百官诣上阳宫，问太后起居，自是每十日一往。

甲寅，复国号曰唐。郊庙、社稷、陵寝、百官、旗帜、服色、文字皆如永淳以前故事。复以神都为东都，北都为并州，老君为玄元皇帝。

乙卯，凤阁侍郎、同平章事韦承庆贬高要尉，正谏大夫、同平章事房融除名，流高州，司礼卿崔神庆流钦州。杨再思为户部尚书、同中书门下三品、西京留守。

太后之迁上阳宫也，太仆卿、同中书门下三品姚元之独呜咽流涕。桓彦范、张柬之谓曰："今日岂公涕泣时邪！恐公祸由此始。"元之曰："元之事则天皇帝久，乍此辞违，悲不能忍。且元之前日从公诛奸逆，人臣之义也，今日别旧君，亦人臣之义也，虽获罪，实所甘心。"是日，出为亳州刺史。

甲子，立妃韦氏为皇后，赦天下。追赠后父玄贞为上洛王，母崔氏为妃。左拾遗贾虚己上疏，以为"异姓不王，古今通制。今中兴之始，万姓喁喁以观陛下之政，而先王后族，非所以广德美于天下也。且先朝赠后父太原王，殷鉴不远，须防其渐。若以恩制已行,宜令皇后固让,则益增谦冲之德矣。”不听。

初,韦后生邵王重润、长宁、安乐二公主。上之迁房陵也,安乐公主生于道中,上特爱之。上在房陵与后同幽闭,备尝艰危,情爱甚笃。上每闻敕使至,辄惶恐欲自杀,后止之曰:“祸福无常,宁失一死,何遽如是!”上尝与后私誓曰:“异时幸复见天日,当惟卿所欲,不相禁御。”及再为皇后,遂干预朝政,如武后在高宗之世。桓彦范上表,以为:“易称‘无攸遂,在中馈,贞吉’。书称‘牝鸡之晨,惟家之索’。伏见陛下每临朝,皇后必施帷幔坐殿上,预闻政事。臣窃观自古帝王,未有与妇人共政而不破国亡身者也。且以阴乘阳,违天也;以妇陵夫,违人也。伏愿陛下览古今之戒,以社稷、苍生为念,令皇后专居中宫,治阴教,勿出外朝干国政。”

先是,胡僧慧范以妖妄游权贵之门,与张易之兄弟善,韦后亦重之。及易之诛,复称慧范预其谋,以功加银青光禄大夫,赐爵上庸县公,出入宫掖,上数微行幸其舍。彦范复表言慧范执左道以乱政,请诛之。上皆不听。

初,武后诛唐宗室,有才德者先死,惟吴王恪之子郁林侯千里褊躁无才,又数献符瑞,故独得免。上即位,立为成王,拜左金吾大将军。武后所诛唐诸王、妃、主、驸马等皆无人葬埋,子孙或流窜岭表,或拘囚历年,或逃匿民间,为人佣保。至是,制州县求访其柩,以礼改葬,追复官爵,召其子孙,使之承袭,无子孙者为择后置之。既而宗室子孙相继而至,皆召见,涕泣舞蹈,各以亲疏袭爵拜官有差。

二张之诛也,洛州长史薛季昶谓张柬之、敬晖曰:“二凶虽除,产、禄犹在,去草不去根,终当复生。”二人曰:“大事已定,彼犹机上肉耳，夫何能为。所诛已多，不可复益也。”季昶叹曰：“吾不知死所矣。”朝邑尉武强刘幽求亦谓桓彦范、敬晖曰：“武三思尚存，公辈终无葬地，若不早图，噬脐无及。”不从。

上女安乐公主适三思子崇训。上官婉儿者，仪之女孙也，仪死，没入掖庭，辩慧善属文，明习吏事。则天爱之，自圣历以后，百司表奏，多令参决。及上即位，又使专掌制命，益委任之，拜为婕妤，用事于中。三思通焉，故党于武氏，又荐三思于韦后，引入禁中，上遂与三思图议政事，张柬之等皆受制于三思矣。上使韦后与三思双陆，而自居旁为之点筹，三思遂与后通，由是武氏之势复振。

张柬之等数劝上诛诸武，上不听。柬之等曰：“革命之际，宗室诸李诛夷略尽，今赖天地之灵，陛下返正，而武氏滥官僭爵，按堵如故，岂远近所望邪，愿颇抑损其禄位，以慰天下。”又不听。柬之等或抚床叹愤，或弹指出血，曰：“主上昔为英王，时称勇烈，吾所以不诛诸武者，欲使上自诛之，以张天子之威耳。今反如此，事势已去，知复奈何！”

上数微服幸武三思第，监察御史清河崔皎密疏谏曰：“国命初复，则天皇帝在西宫，人心犹有附会。周之旧臣，列居朝廷，陛下奈何轻有外游，不察豫且之祸。”上泄之，三思之党切齿。丙寅，以太子宾客武三思为司空、同中书门下三品。

左散骑常侍谯王重福，上之庶子也，其妃张易之之甥。韦后恶之，谮于上曰：“重润之死，重福之为也。”由是贬濮州员外刺史，又改均州刺史，常令州司防守之。丁卯，以右散骑常侍安定王武攸暨为司徒、定王。丁丑，武三思、武攸暨固辞新官爵及政事，许之，并加开府仪同三司。

三月甲申，制："文明已来破家子孙皆复旧资荫，唯徐敬业、裴炎不在免限。"丁亥，制："酷吏周兴、来俊臣等，已死者追夺官爵，存者皆流岭南恶地。"己丑，以袁恕己为中书令。制："枭氏、蟒氏皆复旧姓。"

术士郑普思、尚衣奉御叶静能皆以妖妄为上所信重，夏四月，墨敕以普思为秘书监，静能为国子祭酒。桓彦范、崔玄暐固执不可，上曰："已用之，无容遽改。"彦范曰："陛下初即位，下制云'政令皆依贞观故事'。贞观中，魏征、虞世南、颜师古为秘书监，孔颖达为国子祭酒，岂普思、静能之比乎！"庚戌，左拾遗李邕上疏，以为："'诗三百，一言以蔽之，曰思无邪'。若有神仙能令人不死，则秦始皇、汉武帝得之矣。佛能为人福利，则梁武帝得之矣。尧、舜所以为帝王首者，亦修人事而已。尊宠此属，何补于国。"上皆不听。

上即位之日，驿召魏元忠于高要。丁卯，至都，拜卫尉卿、同平章事。甲戌，以魏元忠为兵部尚书。乙亥，以张柬之为中书令。戊寅，追赠故邵王重润为懿德太子。

五月壬午，迁周庙七主于西京崇尊庙。制"武氏三代讳，奏事者皆不得犯"。以张柬之等及武攸暨、武三思、郑普思等十六人皆为立功之人，赐以铁券，自非反逆，各恕十死。

癸巳，敬晖等帅百官上表，以为："五运迭兴，事不两大。天授革命之际，宗室诛窜殆尽，岂得与诸武并封。今天命惟新，而诸武封建如旧，并居京师，开辟以来，未有斯理。愿陛下为社稷计，顺遐迩心，降其王爵，以安内外。"上不许。敬晖等畏武三思之谗，以考功员外郎崔湜为耳目，伺其动静。湜见上亲三思而忌晖等，乃悉以晖等谋告三思，反为三思用；三思引为中书舍人。

湜，仁师之孙也。

先是，殿中侍御史南皮郑愔谄事二张，二张败，贬宣州司士参军，坐赃，亡入东都，私谒武三思。初见三思，哭甚哀，既而大笑。三思素贵重，甚怪之。愔曰："始见大王而哭，哀大王将戮死而灭族也。后乃大笑，喜大王之得愔也。大王虽得天子之意，彼五人皆据将相之权，胆略过人，废太后如反掌。大王自视势位与太后孰重？彼五人日夜切齿欲噬大王之肉，非尽大王之族不足以快其志。大王不去此五人，危如朝露，而晏然尚自以为泰山之安，此愔所以为大王寒心也。"三思大悦，与之登楼，问自安之策，引为中书舍人，与崔湜皆为三思谋主。

三思与韦后日夜谮晖等，云"恃功专权，将不利于社稷"。上信之。三思等因为上画策："不若封晖等为王，罢其政事，外不失尊宠功臣，内实夺之权。"上以为然，甲午，以侍中齐公敬晖为平阳王，谯公桓彦范为扶阳王，中书令汉阳公张柬之为汉阳王，南阳公袁恕己为南阳王，特进、同中书门下三品博陵公崔玄暐为博陵王，罢知政事，赐金帛、鞍马，令朝朔望。仍赐彦范姓韦氏，与皇后同籍。寻又以玄暐检校益州长史，知都督事，又改梁州刺史。三思令百官复修则天之政，不附武氏者斥之，为五王所逐者复之，大权尽归三思矣。

五王之请削武氏诸王也，求人为表，众莫肯为。中书舍人岑羲为之，语甚激切；中书舍人偃师毕构次当读表，辞色明厉。三思既得志，羲改秘书少监，出构为润州刺史。

易州刺史赵履温，桓彦范之妻兄也，彦范之诛二张，称履温预其谋，召为司农少卿。履温以二婢遗彦范，及彦范罢政事，履温复夺其婢。

上嘉宋璟忠直，累迁黄门侍郎。武三思尝以事属璟，璟正色拒之曰："今太后既复子明辟，王当以侯就第，何得尚干朝政！独不见产、禄之事乎？"

以韦安石兼检校中书令，魏元忠兼检校侍中，又以李湛为右散骑常侍，赵承恩为光禄卿，杨元琰为卫尉卿。先是，元琰知三思浸用事，请弃官为僧，上不许。敬晖闻之，笑曰："使我早知，劝上许之，髡去胡头，岂不妙哉。"元琰多须类胡，故晖戏之。元琰曰："功成名遂，不退将危，此乃由衷之请，非徒然也。"晖知其意，瞿然不悦。及晖等得罪，元琰独免。

上官婕妤劝韦后袭则天故事，上表请天下士庶为出母服丧三年。又请百姓年二十三为丁，五十九免役，改易制度以收时望。制皆许之。

癸卯，制降诸武梁王三思为德静王，定王攸暨为乐寿王，河内王懿宗等十二人皆降为公，以厌人心。

六月，以韦安石为中书令，魏元忠为侍中，杨再思检校中书令。

特进汉阳王张柬之表请归襄州养疾；〔秋七月〕乙未，以柬之为襄州刺史，不知州事，给全俸。

冬十月辛未，以魏元忠为中书令，杨再思为侍中。

十一月壬寅，则天崩于上阳宫，年八十二。遗制："去帝号，称则天大圣皇后。王、萧二族及褚遂良、韩瑗、柳奭亲属皆赦之。"上居谅阴，以魏元忠摄冢宰三日。元忠素负忠直之望，中外赖之。武三思惮之，矫太后遗制，慰谕元忠，赐实封百户。元忠捧制，感咽涕泗，见者曰："事去矣。"十二月丁卯，上始御同明殿见群臣。

二年春闰正月，武三思以敬晖、桓彦范、袁恕己尚在京师，忌之，乙卯，出为滑、(洛)〔洺〕、豫三州刺史。

三月丙申，僧慧范等九人并加五品阶，赐爵郡、县公。道士史崇恩等三人加五品阶，除国子祭酒，同正。叶静能加金紫光禄大夫。

初，少府监丞弘农宋之问及弟兖州司仓之逊皆坐附会张易之贬岭南，逃归东都，匿于友人光禄卿、驸马都尉王同皎家。同皎疾武三思及韦后所为，每与所亲言之，辄切齿。之逊于帘下闻之，密遣其子昙及甥校书郎李悛告三思，欲以自赎。三思使昙、悛及抚州司仓冉祖雍上书，告同皎与洛阳人张仲之、祖延庆、武当丞寿春周憬等潜结壮士，谋杀三思，因勒兵诣阙，废皇后。上命御史大夫李承嘉、监察御史姚绍之按其事，又命杨再思、李峤、韦巨源参验。仲之言三思罪状，事连宫壸。再思、巨源阳寐不听，峤与绍之命反接送狱。仲之还顾，言不已，绍之命檛之，折其臂。仲之大呼曰："吾已负汝，死当讼汝于天！"三月庚戌，同皎等皆坐斩，籍没其家。周憬亡入比干庙中，大言曰："比干古之忠臣，知吾此心。三思与皇后淫乱，倾危国家，行当枭首都市，恨不及见耳。"遂自刭。之问、之逊、昙、悛、祖雍并除京官，加朝散大夫。

武三思与韦后日夜谮敬晖等不已，复左迁晖为朗州刺史，崔玄暐为均州刺史，桓彦范为亳州刺史，袁恕己为郢州刺史。与晖等同立功者薛思行等，皆以为党与坐贬。

夏四月，处士京兆韦月将上书，告武三思潜通宫掖，必为逆乱。上大怒，命斩之。黄门侍郎宋璟奏请推按，上益怒，不及整巾，屣履出侧门，谓璟曰："朕谓已斩，乃犹未邪？"命趋斩之。璟曰："人言中宫私于三思，陛下不问而诛之，臣恐天下必有窃议。”固请按之,上不许。璟曰:“必欲斩月将,请先斩臣。不然,臣终不敢奉诏。”上怒少解。左御史大夫苏珦、给事中徐坚、大理卿长安尹思贞皆以为方夏行戮,有违时令。上乃命与杖,流岭南。过秋分一日,平晓,广州都督周仁轨斩之。

御史大夫李承嘉附武三思,诋尹思贞于朝。思贞曰:“公附会奸臣,将图不轨,先除忠臣邪!”承嘉怒,劾奏思贞,出为青州刺史。或谓思贞曰:“公平日讷于言,及廷折承嘉,何其敏邪?”思贞曰:“物不能鸣者激之则鸣,承嘉恃威权相陵,仆义不受屈,亦不知言之从何而至也。”武三思恶宋璟,出之,检校贝州刺史。

五月,武三思使郑愔告朗州刺史敬晖、亳州刺史韦彦范、襄州刺史张柬之、郢州刺史袁恕己、均州刺史崔玄暐与王同皎通谋。六月戊寅,贬晖崖州司马,彦范泷州司马,柬之新州司马,恕己窦州司马,玄暐白州司马,并员外置,仍长任,削其勋封。复彦范姓桓氏。

秋七月戊申,立卫王重俊为皇太子。

武三思阴令人疏皇后秽行,榜于天津桥,请加废黜。上大怒,命御史大夫李承嘉穷覈其事。承嘉奏言:“敬晖、桓彦范、张柬之、袁恕己、崔玄暐使人为之。虽云废后,实谋大逆。请族诛之。”三思又使安乐公主谮之于内,侍御史郑愔言之于外,上命法司结竟。大理丞三原李朝隐奏称:“晖等未经推鞫,不可遽就诛夷。”大理丞裴谈奏称:“晖等宜据制书处斩籍没,不应更加推鞫。”上以晖等尝赐铁券,许以不死,乃长流晖于琼州,彦范于瀼州,柬之于泷州,恕己于环州,玄暐于古州,子弟年十六以上皆流岭外。擢承嘉为金紫光禄大夫,进爵襄武郡公,谈为刑部尚书。出李朝隐为闻喜令。

三思又讽太子上表请夷晖等三族，上不许。中书舍人崔湜说三思曰："晖等异日北归，终为后患，不如遣使矫制杀之。"三思问："谁可使者？"湜荐大理正周利用。利用先为五王所恶，贬嘉州司马。乃以利用摄右台侍御史，奉使岭外。比至，柬之、玄暐已死。遇彦范于贵州，命左右缚之，曳于竹槎之上，肉尽至骨，然后杖杀。得晖，冎而杀之。恕己素服黄金，利用逼之使饮野葛汁，尽数升不死，不胜毒愤，掊地，爪甲殆尽，仍捶杀之。利用还，擢拜御史中丞。薛季昶累贬儋州司马，饮药死。

三思既杀五王，权倾人主。常言："我不知代间何者谓之善人，何者谓之恶人；但于我善者则为善人，于我恶者则为恶人耳。"时兵部尚书宗楚客、将作大匠宗晋卿、太府卿纪处讷、鸿胪卿甘元柬皆为三思羽翼。御史中丞周利用、侍御史冉祖雍、太仆丞李俊、光禄丞宋之逊、监察御史姚绍之皆为三思耳目，时人谓之五狗。

安乐公主恃宠骄恣，卖官、鬻狱，势倾朝野。或自为制敕，掩其文，令上署之，上笑而从之，竟不视也。自请为皇太女，上虽不从，亦不谴责。

景龙元年。皇后以太子重俊非其所生，恶之。特进德静王武三思尤忌太子。上官婕妤以三思故，每下制敕，推尊武氏。安乐公主与驸马、左卫将军武崇训常陵侮太子，或呼为奴。崇训又教公主言于上，请废太子，立己为皇太女。太子积不能平。

秋七月辛丑，太子与左羽林大将军李多祚、将军李思冲、李承况、独孤祎之、沙吒忠义等矫制发羽林千骑兵三百余人，杀三思、崇训于其第，并亲党十余人。又使左金吾大将军成王千里及其子天水王禧分兵守宫城诸门，太子与多祚引兵自肃章门斩关而入，叩閤索上官婕妤。婕妤大言曰："观其意欲先索婉儿，次索皇后，次及大家。"上乃与韦后、安乐公主、上官婕妤登玄武门楼以避兵锋，使左羽林大将军刘景仁帅飞骑百余人屯于楼下以自卫。杨再思、苏瓌、李峤与兵部尚书宗楚客、左卫将军纪处讷拥兵二千余人屯太极殿前，闭门自守。多祚先至玄武楼下，欲升楼，宿卫拒之。多祚与太子狐疑，按兵不战，冀上问之。宫闱令石城杨思勖在上侧，请击之。多祚婿羽林中郎将野呼利为前锋总管，思勖挺刃斩之，多祚军夺气。上据槛俯谓多祚所将千骑曰："汝辈皆朕宿卫之士，何为从多祚反？苟能斩反者，勿患不富贵。"于是千骑斩多祚、承况、祎之、忠义，余众皆溃。成王千里、天水王禧攻右延明门，将杀宗楚客、纪处讷，不克而死。

太子以百骑走终南山，至鄠西，能属者才数人，憩于林下，为左右所杀。上以其首献太庙及祭三思、崇训之柩，然后枭之朝堂。更成王千里姓曰蝮氏，同党皆伏诛。东宫僚属无敢近太子尸者，唯永和县丞宁嘉勖解衣裹太子首，号哭，贬兴平丞。太子兵所经诸门守者皆坐流，韦氏之党奏请悉诛之，上更命法司推断。大理卿宋城郑惟忠曰："大狱始决，人心未安，若复有改推，则反仄者众矣。"上乃止。

以杨思勖为银青光禄大夫，行内常侍。癸卯，赦天下。赠武三思太尉、梁宣王，武崇训开府仪同三司、鲁忠王。安乐公主请用永泰公主故事，以崇训墓为陵。给事中卢粲驳之，以为："永泰事出特恩，今鲁王主婿，不可为比。"上手敕曰："安乐与永泰无异，同穴之义，今古不殊。"粲又奏，以为："陛下以膝下之爱施及其夫，岂可使上下无辨，君臣一贯哉。"上乃从之。公主怒，出粲为陈州刺史。

襄邑尉襄阳席豫闻安乐公主求为太女，叹曰："梅福讥切王氏，独何人哉！"乃上书请立太子，言甚深切。太平公主欲表为谏官，豫耻之，逃去。

八月，皇后及王公已下表上尊号曰应天神龙皇帝。改玄武门为神武门，楼为制胜楼。宗楚客又帅百官表请加皇后尊号曰顺天翊圣皇后，上并许之。

初，右台大夫苏珦治太子重俊之党，囚有引相王者，珦密为之申理，上乃不问。自是，安乐公主及兵部尚书宗楚客日夜谋谮相王，使侍御史冉祖雍等诬奏相王及太平公主，云与重俊通谋，请收付制狱。上召吏部侍郎兼御史中丞萧至忠使鞫之，至忠泣曰："陛下富有四海，不能容一弟一妹，而使人罗织害之乎！相王昔为皇嗣，固请于则天，以天下让陛下，累日不食，此海内所知。奈何以祖雍一言而疑之。"上素友爱，遂寝其事。

右补阙浚仪吴兢闻祖雍之谋，上疏，以为："自文明以来，国之祚胤，不绝如线。陛下龙兴，恩及九族，求之瘴海，升之阙庭。况相王同气至亲，六合无贰，而贼臣日夜连谋，乃欲陷之极法。祸乱之根，将由此始。夫任以权则虽疏必重，夺其势则虽亲必轻。自古委信异姓，猜忌骨肉，以覆国亡家者，几何人矣。况国家枝叶无几，陛下登极未久，而一子以弄兵受诛，一子以愆违远窜，惟余一弟，朝夕左右。尺布斗粟之讥，不可不慎，青蝇之诗，良可畏也。"相王宽厚恭谨，安恬好让，故经武、韦之世，竟免于难。

初，右仆射、中书令魏元忠以武三思擅权，意常愤郁。及太子重俊起兵，遇元忠子太仆少卿升于永安门，胁以自随。太子死，升为乱兵所杀。元忠扬言曰："元恶已死，虽鼎镬何伤，但惜太子陨没耳！"上以其有功，且为高宗、武后所重，故释不问。兵部尚书宗楚客、太府卿纪处讷等共证元忠，云与太子通谋，请夷其三族，制不许。元忠惧，表请解官爵，以散秩还第。丙戌，上手敕听解仆射，以特进、齐公致仕，仍朝朔望。

九月丁卯，以吏部侍郎萧至忠为黄门侍郎，兵部尚书宗楚客为左卫将军，兼太府卿纪处讷为太府卿，并同中书门下三品。

宗楚客等引右卫郎将姚廷筠为御史中丞，使劾奏魏元忠，以为："侯君集社稷元勋，及其谋反，太宗就群臣乞其命而不得，竟流涕斩之。其后房遗爱、薛万彻、齐王祐等为逆，虽复懿亲，皆从国法。元忠功不逮君集，身又非国戚，与李多祚等谋反，男入逆徒，是宜赤族污宫。但有朋党饰辞营救，以惑圣听，陛下仁恩，欲掩其过。臣所以犯龙鳞，忤圣意者，正以事关宗社耳。"上颇然之。元忠坐系大理，贬渠州司马。

宗楚客令给事中冉祖雍奏言："元忠既犯大逆，不应出佐渠州。"杨再思、李峤亦赞之。上谓再思等曰："元忠驱使日久，朕特矜容，制命已行，岂宜数改。轻重之权，应自朕出。卿等频奏，殊非朕意。"再思等惶惧拜谢。

监察御史袁守一复表弹元忠曰："重俊乃陛下之子，犹加昭宪；元忠非勋非戚，焉得独漏严刑。"甲辰，又贬元忠务川尉。

顷之，楚客又令袁守一奏言："则天昔在三阳宫不豫，狄仁杰奏请陛下监国，元忠密奏以为不可。此则元忠怀逆日久，请加严诛。"上谓杨再思等曰："以朕思之，人臣事主，必在一心，岂有主上小疾，遽请太子知事。此乃仁杰欲树私恩，未见元忠有失。守一欲借前事以陷元忠，其可乎？"楚客乃止。元忠行至涪陵而卒。

银青光禄大夫、上庸公、圣善中天西明三寺主慧范，于东都作圣善寺，长乐坡作大像，府库为之虚耗。上及韦后皆重之，势倾内外,无敢指目者。戊申,侍御史魏传弓发其奸赃四十余万,请置极法。上欲宥之,传弓曰:“刑赏国之大事,陛下赏已妄加,岂宜刑所不及。”上乃削黜慧范,放于家。

宦官左监门大将军薛简等有宠于安乐公主,纵暴不法,传弓奏请诛之,御史大夫窦从一惧,固止之。时宦官用事,从一为雍州刺史及御史大夫,误见讼者无须,必曲加承接。

二年春二月庚寅,宫中言皇后衣笥裙上有五色云起,上命图以示百官,韦巨源请布之天下,从之,仍赦天下。

迦叶志忠奏:“昔神尧皇帝未受命,天下歌桃李子;文武皇帝未受命,天下歌秦王破阵乐;天皇大帝未受命,天下歌堂堂;则天皇后未受命,天下歌娬媚娘;应天皇帝未受命,天下歌英王石州;顺天皇后未受命,天下歌桑条韦,盖天意以顺天皇后宜为国母,主蚕桑之事,谨上桑韦歌十二篇,请编之乐府,皇后祀先蚕则奏之。”太常卿郑愔又引而申之。上悦,皆受厚赏。

右补阙赵延禧上言:“周、唐一统,符命同归,故高宗封陛下为周王。则天时,唐同泰献洛水图。孔子曰:‘其或继周者,虽百代可知也。’陛下继则天,子孙当百代王天下。”上悦,擢延禧为谏议大夫。

秋七月,安乐、长宁公主及皇后妹郕国夫人、上官婕妤、婕妤母沛国夫人郑氏、尚宫柴氏、贺娄氏、女巫第五英儿、陇西夫人赵氏皆依势用事,请谒受赇,虽屠沽臧获,用钱三十万,则别降墨敕除官,斜封付中书,时人谓之斜封官。钱三万则度为僧尼。其员外、同正、试、摄、检校、判、知官,凡数千人。西京、东都各置两吏部侍郎,为四铨,选者岁数万人。

上官婕妤及后宫多立外第,出入无节,朝士往往从之游处,以求进达。安乐公主尤骄横,宰相以下多出其门。与长宁公主竞起第舍,以侈丽相高,拟于宫掖,而精巧过之。安乐公主请昆明池,上以百姓蒲鱼所资,不许。公主不悦,乃更夺民田作定昆池,延袤数里,累石象华山,引水象天津,欲以胜昆明,故名定昆。安乐有织成裙,直钱一亿,花卉鸟兽,皆如粟粒,正视旁视,日中影中,各为一色。

上好击毬,由是风俗相尚,驸马武崇训、杨慎交洒油以筑毬场。慎交,恭仁曾孙也。

上及皇后、公主多营佛寺。左拾遗京兆辛替否上疏谏,略曰:"臣闻古之建官,员不必备,士有完行,家有廉节,朝廷有余俸,百姓有余食。伏惟陛下百倍行赏,十倍增官,金银不供其印,束帛不充于锡,遂使富商豪贾尽居缨冕之流,鬻伎行巫或涉膏腴之地。"又曰:"公主,陛下之爱女,然而用不合于古义,行不根于人心,将恐变爱成憎,翻福为祸。何者?竭人之力,费人之财,夺人之家,爱数子而取三怨,使边疆之士不尽力,朝廷之士不尽忠,人之散矣,独持所爱,何所恃乎?君以人为本,本固则邦宁,邦宁则陛下之夫妇母子长相保也。"又曰:"若以造寺必为理体,养人不足经邦,则殷周已往皆暗乱,汉魏已降皆圣明,殷周已往为不长,汉魏已降为不短矣。陛下缓其所急,急其所缓,亲未来而疏见在,失真实而冀虚无,重俗人之为,轻天子之业,虽以阴阳为炭,万物为铜,役不食之人,使不衣之士,犹尚不给,况资于天生地养,风动雨润,而后得之乎!一旦风尘再扰,霜雹荐臻,沙弥不可操干戈,寺塔不足攘饥馑,臣窃惜之。"疏奏,不省。

时斜封官皆不由两省而授,两省莫敢执奏,即宣示所司。吏部员外郎李朝隐前后执破一千四百余人,怨谤纷然,朝隐一无所顾。

冬十月己酉，修文馆直学士、起居舍人武平一上表，请抑损外戚权宠，不敢斥言韦氏，但请抑损己家。上优制不许。

上以安乐公主适左卫中郎将武延秀。初，武崇训之尚公主也，延秀数得侍宴。延秀美姿仪，善歌舞，公主悦之。及崇训死，遂以延秀尚焉。己卯，成礼，假皇后仗，分禁兵以盛其仪卫，命安国相王障车。庚辰，赦天下。以延秀为太常卿兼右卫将军。辛巳，宴群臣于两仪殿，命公主出拜公卿，公卿皆伏地稽首。

三年。太平、安乐公主各树朋党，更相谮毁，上患之。〔冬〕十一月癸亥，上谓修文馆直学士武平一曰："比闻内外亲贵多不辑睦，以何法和之？"平一以为："此由谗谄之人阴为离间，宜深加诲谕，斥逐奸险。若犹未已，伏愿舍近图远，抑慈存严，示以知禁，无令积恶。"上赐平一帛而不能用其言。

睿宗景云元年春正月丙寅夜，中宗与韦后微行观灯于市里，又纵宫女数千人出游，多不归者。

初，则天之世，长安城东隅民王纯家井溢，浸成大池数十顷，号隆庆池。相王子五王列第于其北。望气者言"常郁郁有帝王气，比日尤盛"。〔夏四月〕乙未，上幸隆庆池，结彩为楼，宴侍臣，泛舟戏象以厌之。

定州人郎岌上言："韦后、宗楚客将为逆乱。"韦后白上，杖杀之。

五月丁卯，许州司兵参军偃师燕钦融复上言："皇后淫乱，干预国政，宗族强盛。安乐公主、武延秀、宗楚客图危宗社。"上召钦融面诘之。钦融顿首抗言，神色不挠，上默然。宗楚客矫制令飞骑扑杀之，投于殿庭石上，折颈而死，楚客大呼称快。上虽不穷问，意颇怏怏不悦，由是韦后及其党始忧惧。

散骑常侍马秦客以医术，光禄少卿杨(珣)〔均〕以善烹调，皆出入宫掖，得幸于韦后，恐事泄被诛。安乐公主欲韦后临朝，自为皇太女。乃相与合谋，于饼餤中进毒，六月壬午，中宗崩于神龙殿。韦后秘不发丧，自总庶政。癸未，召诸宰相入禁中，征诸府兵五万人屯京城，使驸马都尉韦捷、韦灌、卫尉卿韦璿、左千牛中郎韦锜、长安令韦播、郎将高嵩等分领之。璿，温之族弟；播，从子；嵩，其甥也。中书舍人韦元徼巡六街。又命左监门大将军兼内侍薛思简等将兵五百人驰驿戍均州，以备谯王重福。以刑部尚书裴谈、工部尚书张锡并同中书门下三品，仍充东都留守。吏部尚书张嘉福、中书侍郎岑羲、吏部侍郎崔湜并同平章事。羲，长倩之子也。

太平公主与上官昭容谋草遗制立温王重茂为皇太子，皇后知政事，相王旦参谋政事。宗楚客密谓韦温曰："相王辅政，于理非宜。且于皇后，嫂叔不通问，听朝之际，何以为礼？"遂帅诸宰相表请皇后临朝，罢相王政事。苏瓌曰："遗诏岂可改邪！"温、楚客怒，瓌惧而从之，乃以相王为太子太师。

甲申，梓宫迁御太极殿，集百官发丧。皇后临朝摄政，赦天下，改元唐隆。进相王旦为太尉，雍王守礼为豳王，寿春王成器为宋王，以从人望。命韦温总知内外守捉兵马事。

丁亥，殇帝即位，时年十六。尊皇后为皇太后，立妃陆氏为皇后。

壬辰，命纪处讷持节巡抚关内道，岑羲河南道，张嘉福河北道。

宗楚客与太常卿武延秀、司农卿赵履温、国子祭酒叶静能及诸韦共劝韦后遵武后故事，南北卫军，台阁要司，皆以韦氏子弟领之，广聚党众，中外连结。楚客又密上书称引图谶，谓韦氏宜革唐命。谋害殇帝，深忌相王及太平公主，密与韦温、安乐公主谋去之。

相王子临淄王隆基，先罢潞州别驾，在京师，阴聚才勇之士，谋匡复社稷。初，太宗选官户及蕃口骁勇者，著虎文衣，跨豹文鞯，从游猎，于马前射禽兽，谓之百骑；则天时稍增为千骑，隶左、右羽林；中宗谓之万骑，置使以领之。隆基皆厚结其豪杰。

兵部侍郎崔日用素附韦、武，与宗楚客善，知楚客谋，恐祸及己，遣宝昌寺僧普润密诣隆基告之，劝其速发。隆基乃与太平公主及公主子卫尉卿薛崇暕、苑总监赣人钟绍京、尚衣奉御王崇晔、前朝邑尉刘幽求、利仁府折冲麻嗣宗谋先事诛之。韦播、高嵩数榜捶万骑，欲以立威，万骑皆怨。果毅葛福顺、陈玄礼见隆基诉之，隆基讽以诛诸韦，皆踊跃请以死自效。万骑果毅李仙凫亦预其谋。或谓隆基当启相王，隆基曰："我曹为此以徇社稷，事成福归于王，不成以身死之，不以累王也。今启而见从，则王预危事；不从，将败大计。"遂不启。

庚子，晡时，隆基微服与幽求等入苑中，会钟绍京廨舍。绍京悔，欲拒之，其妻许氏曰："忘身徇国，神必助之。且同谋素定，今虽不行，庸得免乎！"绍京乃趋出拜谒，隆基执其手与坐。时羽林将士皆屯玄武门，逮夜，葛福顺、李仙凫皆至隆基所，请号而行。向二鼓，天星散落如雪，刘幽求曰："天意如此，时不可失。"福顺拔剑直入羽林营，斩韦璿、韦播、高嵩以徇。曰："韦后酖杀先帝，谋危社稷。今夕当共诛诸韦，马鞭以上皆斩之，立相王以安天下。敢有怀两端助逆党者，罪及三族。"羽林之士皆欣然听命。乃送璿等首于隆基。隆基取火视之，遂与幽求等出苑南门，绍京帅丁匠二百余人执斧锯以从。使福顺将左万骑攻玄德门，仙凫将右万骑攻白兽门，约会于凌烟阁前，即大噪，福顺等杀守门将，斩关而入。隆基勒兵玄武门外，三鼓，闻噪声，帅总监及羽林兵而入，诸卫兵在太极殿宿卫梓宫者，闻噪声，皆被甲应之。韦后惶惑，走入飞骑营，有飞骑斩其首献于隆基。安乐公主方照镜画眉，军士斩之。斩武延秀于肃章门外，斩内将军贺娄氏于太极殿西。

初，上官昭容引其从母之子王昱为左拾遗，昱说昭容母郑氏曰："武氏天之所废，不可兴也。今婕妤附于三思，此灭族之道也，愿姨思之。"郑氏以戒昭容，昭容弗听。及太子重俊起兵诛三思，索昭容，昭容始惧，思昱言，自是心附帝室，与安乐公主各树朋党。及中宗崩，昭容草遗制立温王，以相王辅政，宗、韦改之。及隆基入宫，昭容执烛，帅宫人迎之，以制草示刘幽求。幽求为之言，隆基不许，斩于旗下。

时少帝在太极殿，刘幽求曰："众约今夕共立相王，何不早定？"隆基遽止之，捕索诸韦在宫中及守诸门，并素为韦后所亲信者皆斩之。比晓，内外皆定。辛巳，隆基出见相王，叩头谢不先启之罪。相王抱之泣曰："社稷、宗庙不坠于地，汝之力也。"遂迎相王入辅少帝。

闭宫门及京城门，分遣万骑收捕诸韦亲党。斩太子少保、同中书门下三品韦温于东市之北。中书令宗楚客衣斩衰，乘青驴逃出。至通化门，门者曰："公，宗尚书也。"去布帽，执而斩之，并斩其弟晋卿。相王奉少帝御安福门，慰谕百姓。初，赵履温倾国资以奉安乐公主，为之起第舍，筑台穿池无休已，擪紫衫，以项挽公主犊车。公主死，履温驰诣安福楼下，舞蹈称万岁，声未绝，相王命万骑斩之。百姓怨其劳役，争割其肉立尽。秘书监汴王邕娶韦后妹崇国夫人，与御史大夫窦从一，各手斩其妻首以献。邕，凤之孙也。左仆射、同中书门下三品韦巨源闻乱，家人劝之逃匿，巨源曰："吾位大臣，岂可闻难不赴。"出至都街，为乱兵所杀，时年八十。于是枭马秦客、杨均、叶静能等首，尸韦后于市。崔日用将兵诛诸韦于杜曲，襁褓儿无免者，诸杜滥死非一。

是日，赦天下，云"逆贼魁首已诛，自余支党一无所问"。以临淄王隆基为平王，兼知内外闲厩，押左右厢万骑。薛崇暕赐爵立节王。以钟绍京守中书侍郎，刘幽求守中书舍人，并参知机务。麻嗣宗行左金吾卫中郎将。武氏宗属，诛死流窜殆尽。侍中纪处讷行至华州，吏部尚书、同平章事张嘉福行至怀州，皆收斩之。

壬寅，刘幽求在太极殿，有宫人与宦官令幽求作制书立太后，幽求曰："国有大难，人情不安，山陵未毕，遽立太后，不可。"平王隆基曰："此勿轻言。"

遣十道使赍玺书宣抚，及诣均州宣慰谯王重福。贬窦从一为濠州司马，罢诸公主府官。

癸卯，太平公主传少帝命，请让位于相王，相王固辞。以平王隆基为殿中监、同中书门下三品，以宋王成器为左卫大将军，衡阳王成义为右卫大将军，巴陵王隆范为左羽林大将军，彭城王隆业为右羽林大将军，光禄少卿嗣道王微检校右金吾卫大将军。微，元庆之孙也。以黄门侍郎李日知、中书侍郎钟绍京并同中书门下三品。太平公主之子薛崇训为右千牛卫将军。隆基有二奴王毛仲、李守德皆趫勇善骑射，常侍卫左右。隆基之入苑中也，毛仲避匿不从，事定数日方归，隆基不之责，仍超拜将军。毛仲，本高丽也。汴王邕贬沁州刺史，左散骑常侍、驸马都尉杨慎交贬巴州刺史，中书令萧至忠贬许州刺史，兵部尚书、同中书门下三品韦嗣立贬宋州刺史，中书侍郎、同平章事赵彦昭贬绛州刺史，吏部侍郎、同平章事崔湜贬华州刺史。

刘幽求言于宋王成器、平王隆基曰："相王畴昔已居宸极，群望所属。今人心未安，家国事重，相王岂得尚守小节，不早即位，以镇天下乎！"隆基曰："王性恬淡，不以代事婴怀，虽有天下犹让于人，况亲兄之子，安肯代之乎？"幽求曰："众心不可违，王虽欲高居独善，其如社稷何。"成器、隆基入见相王，极言其事，相王乃许之。甲辰，少帝在太极殿东隅西向，相王立于梓宫旁，太平公主曰："皇帝欲以此位让叔父，可乎？"幽求跪曰："国家多难，皇帝仁孝，追踪尧、舜，诚合至公。相王代之任重，慈爱尤厚矣。"乃以少帝制传位相王。时少帝犹在御座，太平公主进曰："天下之心已归相王，此非儿座。"遂提下之。睿宗即位，御承天门，赦天下。复以少帝为温王。以钟绍京为中书令。

上将立太子，以宋王成器嫡长，而平王隆基有大功，疑不能决。成器辞曰："国家安则先嫡长，国家危则先有功；苟违其宜，四海失望。臣死不敢居平王之上。"涕泣固请者累日。大臣亦多言"平王功大，宜立"。刘幽求曰："臣闻除天下之祸者，当享天下之福。平王拯社稷之危，救君亲之难，论功莫大，语德最贤，无可疑者。"上从之。丁未，立平王隆基为太子。隆基复表让成器，不许。则天大圣皇后复旧号为天后。追谥雍王贤曰章怀太子。戊申，以宋王成器为雍州牧、扬州大都督、太子太师。置温王重茂于内宅。

追削武三思、武崇训爵谥，斫棺暴尸，平其坟墓。越州长史宋之问、饶州刺史冉祖雍坐谄附韦、武，皆流岭表。追赠郎岌、燕钦融谏议大夫。秋七月庚戌朔，赠韦月将宣州刺史。癸丑，以兵部侍郎崔日用为黄门侍郎，参知机务。追复故太子重俊位号。雪敬晖、桓彦范、崔玄暐、张柬之、袁恕己、成王千里、李多祚等罪，复其官爵。

丁巳，以洛州长史宋璟检校吏部尚书、同中书门下三品，岑羲罢为右散骑常侍兼刑部尚书。璟与姚元之协心革中宗弊政，进忠良，退不肖，赏罚尽公，请托不行，纲纪修举，当时翕然以为复有贞观、永徽之风。壬戌，崔湜罢为尚书左丞。

黄门侍郎、参知机务崔日用与中书侍郎、参知机务薛稷争于上前，稷曰："日用倾侧，向附三思，非忠臣；卖友邀功，非义士。"日用曰："臣往虽有过，今立大功。稷外托国姻，内附张易之、宗楚客，非倾侧而何？"上由是两罢之，戊辰，以日用为雍州长史，稷为左散骑常侍。

己巳，赦天下，改元。凡韦氏余党未施行者，咸赦之。乙亥，废武氏崇恩庙及昊陵、顺陵。追废韦后为庶人，安乐公主为悖逆庶人。

韦后之临朝也，吏部侍郎郑愔贬江州司马，潜过均州，与刺史谯王重福及洛阳人张灵均谋举兵诛韦氏，未发而韦氏败。重福迁集州刺史，未行，灵均说重福曰："大王地居嫡长，当为天子。相王虽有功，不当继统。东都士庶，皆愿王来。王若潜入洛阳，发左右屯营兵，袭杀留守，据东都，如从天而下也。然后西取陕州，东取河南北，天下指麾可定。"重福从之。灵均乃密与愔结谋聚徒数十人。时愔自秘书少监左迁沅州刺史，迟留洛阳以俟重福，为重福草制，立重福为帝，改元为中元克复。尊上为皇季叔，以温王为皇太弟，愔为左丞相、知内外文事，灵均为右丞相、天柱大将军、知武事，右散骑常侍严善思为礼部尚书、知吏部事。重福与灵均诈乘驿〔诣〕东都，愔先供张驸马都尉裴巽第，以待重福。

洛阳县官微闻其谋。八月庚寅，往巽第按问，重福奄至，县官驰出，白留守，群官皆逃匿，洛州长史崔日知独帅众讨之。留台侍御史李邕遇重福于天津桥，从者已数百人。驰至屯营，告之曰："谯王得罪先帝，今无故入都，此必为乱。君等宜立功取富贵。"又告皇城使闭诸门。重福先趣左右屯营，营中射之，矢如雨下。乃还趣左掖门，欲取留守兵，见门闭，大怒，命焚之。火未及然，左屯营兵出逼之，重福窘迫，策马出上东，逃匿山谷。明日，留守大出兵搜捕，重福赴漕渠溺死。日知，日用之从父兄也，以功拜东都留守。

郑愔貌丑多须，既败，梳髻，着妇人服，匿车中。擒获，被鞫，股慄不能对。张灵均神气自若，顾愔曰："吾与此人举事，宜其败也。"与愔皆斩于东都市。初，愔附来俊臣得进，俊臣诛，附张易之，易之诛，附韦氏，韦氏败，又附谯王重福，竟坐族诛。严善思免死，流静州。

姚元之、宋璟及御史大夫毕构上言："先朝斜封官悉宜停废。"上从之。癸巳，罢斜封官凡数千人。赠苏安恒谏议大夫。

冬十月，谥故太子重俊曰节愍。太府少卿万年韦凑上书，以为："赏罚所不加者，则考行立谥以褒贬之。故太子重俊与李多祚等称兵入宫，中宗登玄武门以避之，太子据鞍督兵自若。及其徒倒戈，多祚等死，太子方逃窜。向使宿卫不守，其为祸也胡可忍言。明日，中宗雨泣，谓供奉官曰‘几不与卿等相见’，其危如此。今圣朝礼葬，谥为节愍，臣窃惑之。夫臣子之礼，过庙必下，过位必趋。汉成帝之为太子，不敢绝驰道。而重俊称兵宫内，跨马御前，无礼甚矣。若以其诛武三思父子而嘉之，则兴兵以诛奸臣而尊君父可也。今欲自取之，是与三思竞为逆也，又足嘉乎？若以其欲废韦氏而嘉之，则韦氏于时逆状未彰，大义未绝，苟无中宗之命而废之，是胁父废母也，庸可乎？汉戾太子困于江充之谗，发愤杀充，虽兴兵交战，非围逼君父也，兵败而死，及其孙为天子，始得改葬，犹谥曰戾，况重俊可谥之曰节愍乎？臣恐后之乱臣、贼子，得引以为比，开悖逆之原，非所以彰善瘅恶也。请改其谥。多祚等从重俊兴兵，不为无罪。陛下今宥之可也，名之为雪，亦所未安。”上甚然其言，而执政以为制命已行，不为追改，但停多祚等赠官而已。

十一月己酉，葬孝和皇帝于定陵，庙号中宗。朝议以韦后有罪，不应祔葬。追谥故英王妃赵氏曰和思顺圣皇后，求其瘗，莫有知者，乃以祎衣招魂，覆以夷衾，祔葬定陵。

太平公主谋逆

高宗开耀元年。初，太原王妃之薨也，天后请以太平公主为女官以追福。及吐蕃求和亲，请尚太平公主，上乃为之立太平观，以公主为观主以拒之。至是，始选光禄卿汾阴薛曜之子绍尚焉。绍母，太宗女城阳公主也。秋七月，公主适薛氏，自兴安门南至宣阳坊西，燎炬相属，夹路槐木多死。绍兄顗以公主宠盛，深忧之，以问族祖户部郎中克构。克构曰：“帝甥尚主，国家故事，苟以恭慎行之，亦何伤。然谚曰‘娶妇得公主，无事取官府’，不得不为之惧也。”

天后以顗妻萧氏及顗弟绪妻成氏非贵族，欲出之，曰：“我女岂可使与田舍女为妯娌耶！”或曰：“萧氏，瑀之侄孙，国家旧姻。”乃止。

则天垂拱四年。琅邪王冲之败也，济州刺史薛顗、顗弟绪、绪弟驸马都尉绍，皆与琅邪王冲通谋。顗、绪皆伏诛，绍以太平公主故，杖一百，饿死于狱。

天授元年。太后欲以太平公主妻其伯父士让之孙攸暨，攸暨时为右卫中郎将，太后潜使人杀其妻而妻之。公主方额广颐，多权略，太后以为类己，宠爱特厚，常与密议天下事。旧制，食邑，诸王不过千户，公主不过三百五十户。太平食邑独累加至三千户。

睿宗景云元年。太平公主沉敏多权略，武后以为类己，故于诸子中独爱幸，颇得预密谋，然尚畏武后之严，未敢招权势。及诛张易之，公主有力焉。中宗之世，韦后、安乐公主皆畏之。又与太子共诛韦氏。既屡立大功，益尊重，上常与之图议大政，每入奏事，坐语移时，或时不朝谒，则宰相就第咨之。每宰相奏事，上辄问：“尝与太平议否？”又问：“与三郎议否？”然后可之。三郎，谓太子也。公主所欲，上无不听，自宰相以下，进退系其一言，其余荐士，骤历清显者不可胜数，权倾人主，趋附其门者如市。子薛崇行、崇敏、崇简皆封王。田园遍于近甸，收市营造诸器玩，远至岭、蜀，输送者相属于路。居处奉养，拟于宫掖。

太平公主以太子年少，意颇易之。既而惮其英武，欲更择暗弱者立之以久其权，数为流言，云“太子非长，不当立”。〔冬十月〕己亥,制戒谕中外,以息浮议。公主每觇伺太子所为,纤介〔必〕闻于上,太子左右,亦往往为公主耳目,太子深不自安。

二年。太平公主与益州长史窦怀贞等结为朋党,欲以危太子,使其婿唐晙邀韦安石至其第,安石固辞不往。上尝密召安石谓曰:“闻朝廷皆倾心东宫,卿宜察之。”对曰:“陛下安得亡国之言!此必太平之谋耳。太子有功于社稷,仁明孝友,天下所知,愿陛下无惑谗言。”上瞿然曰:“朕知之矣,卿勿言。”时公主在帘下窃听之,以飞语陷安石,欲收按之,赖郭元振救之,得免。

公主又尝乘辇邀宰相于光范门内,讽以易置东宫,众皆失色。宋璟抗言曰:“东宫有大功于天下,真宗庙、社稷之主,公主奈何忽有此议!”

璟与姚元之密言于上曰:“宋王陛下之元子,豳王高宗之长孙,太平公主交构其间,将使东宫不安。请出宋王及豳王皆为刺史,罢岐、薛二王左右羽林,使为左右率以事太子。太平公主请与武攸暨皆于东都安置。”上曰:“朕更无兄弟,惟太平一妹,岂可远置东都。诸王惟卿所处。”乃先下制,云:“诸王、驸马自今毋得典禁兵,见任者皆改他官。”顷之,上谓侍臣曰:“术者言五日中当有急兵入宫,卿等为朕备之。”张说曰:“此必谗人欲离间东宫,愿陛下使太子监国,则流言自息矣。”姚元之曰:“张说所言,社稷之至计也。”上说。

二月丙子朔,以宋王成器为同州刺史,豳王守礼为豳州刺史,左羽林大将军岐王隆范为左卫率,右羽林大将军薛王隆业为右卫率,太平公主蒲州安置。丁丑,命太子监国,六品以下除官及徒罪以下,并取太子处分。

太平公主闻姚元之、宋璟之谋,大怒,以让太子。太子惧,奏元之、璟离间姑、兄，请从极法。甲申，贬元之为申州刺史，璟为楚州刺史。丙戌，宋王、豳王亦寝刺史之命。

夏四月，上召群臣三品以上谓曰："朕素怀澹泊，不以万乘为贵，曩为皇嗣，及为太弟，皆辞不处。今欲传位太子，何如？"群臣莫对。太子使右庶子李景伯固辞，不许。殿中侍御史和逢尧附太平公主，言于上曰："陛下春秋未高，方为四海依仰，岂得遽尔。"上乃止。戊子，制："凡政事皆取太子处分，其军旅死刑及五品已上除授，皆〔先〕与太子议，然后以闻。"

夏五月，太子请让位于宋王成器，不许。请召太平公主还京师，许之。壬戌，殿中监窦怀贞为御史大夫、同平章事。秋九月庚辰，以窦怀贞为侍中。怀贞每退朝，必诣太平公主第。时修金仙、玉真二观，群臣多谏，怀贞独劝成之，身自督役。

冬十月甲辰，上御承天门，引韦安石、郭元振、窦怀贞、李日知、张说宣制，责以："政教多阙，水旱为灾，府库益竭，僚吏日滋，虽朕之薄德，亦辅佐非才。安石可左仆射、东都留守，元振可吏部尚书，怀贞可左御史大夫，日知可户部尚书，说可左丞，并罢政事。"以吏部尚书刘幽求为侍中，右散骑常侍魏知古为左散骑常侍，太子詹事崔湜为中书侍郎，并同中书门下三品；中书侍郎陆象先同平章事。皆太平公主之志也。

象先清净寡欲，言论高远，为时人所重。湜私侍太平公主，公主欲引以为相。湜请与象先同升，公主不可。湜曰："然则湜亦不敢当。"公主乃为之并言于上，上不欲用湜，公主涕泣以请，乃从之。

玄宗先天元年。蒲州刺史萧至忠自托于太平公主，公主引为刑部尚书。华州长史蒋钦绪，其妹夫也，谓之曰："如子之才，何忧不达？勿为非分妄求。”至忠不应。钦绪退，叹曰：“九代卿族，一举灭之，可哀也哉！”至忠素有雅望，尝自公主第门出，遇宋璟，璟曰：“非所望于萧君也。”至忠笑曰：“善乎宋生之言。”遽策马而去。

秋七月，彗星出西方，经轩辕入太微，至于大角。太平公主使术者言于上曰：“彗所以除旧布新。又帝座及心前星皆有变，皇太子当为天子。”上曰：“传德避灾，吾志决矣。”太平公主及其党皆力谏，以为不可。上曰：“中宗之时，群奸用事，天变屡臻。朕时请中宗择贤子立之以应灾异，中宗不悦，朕忧恐，数日不食。岂可在彼则能劝之，在己则不能邪！”太子闻之，驰入见，自投于地，叩头请曰：“臣以微功，不次为嗣，惧不克堪，未审陛下遽以大位传之，何也？”上曰：“社稷所以再安，吾之所以得天下，皆汝力也。今帝座有灾，故以授汝，转祸为福，汝何疑邪？”太子固辞。上曰：“汝为孝子，何必待柩前然后即位邪？”太子流涕而出。壬辰，制传位于太子，太子上表固辞。太平公主劝上虽传位，犹宜自总大政。上乃语太子曰：“汝以天下事重，欲朕兼理之邪？昔舜禅禹，犹亲巡狩，朕虽传位，岂忘家国。其军国大事当兼省之。”

八月庚子，玄宗即位，尊睿宗为太上皇。上皇自称曰朕，命曰诰，五日一受朝于太极殿。皇帝自称曰予，命曰制、敕，日受朝于武德殿。三品以上除授及大刑政决于上皇，余皆决于皇帝。

初，河内人王琚预于王同皎之谋，亡命佣书于江都。上之为太子也，琚还长安，选补诸暨主簿，过谢太子。琚至廷中，故徐行高视，宦者曰：“殿下在帘内。”琚曰：“何谓殿下？当今独有太平公主耳！”太子遽召见，与语，琚曰：“韦庶人弑逆，人心不服，诛之易耳。太平公主，武后之子，凶猾无比，大臣多为之用，琚窃忧之。”太子引与同榻坐，泣曰：“主上同气，唯有太平，言之恐伤主上之意，不言为患日深，为之奈何？”琚曰：“天子之孝，异于匹夫，当以安宗庙、社稷为事。盖主，汉昭帝之妹，自幼供养，有罪犹诛之。为天下者岂顾小节！”太子悦，曰：“君有何艺，可与寡人游？”琚曰：“能飞炼、诙嘲。”太子乃奏为詹事府司直，日与游处，累迁太子中舍人。及即位，以为中书侍郎。

是时，宰相多太平公主之党，刘幽求与右羽林将军张暐谋以羽林兵诛之，使暐密言于上曰：“窦怀贞、崔湜、岑羲皆因公主得进，日夜为谋不轻，若不早图，一旦事起，太上皇何以得安？请速诛之。臣已与幽求定计，惟俟陛下之命。”上深以为然。暐泄其谋于侍御史邓光宾，上大惧，遽列上其状。丙辰，幽求下狱。有司奏：“幽求等离间骨肉，罪当死。”上为言幽求有大功，不可杀。癸亥，流幽求于封州，张暐于峰州，光宾于绣州。

初，崔湜为襄州刺史，密与谯王重福通书，重福遗之金带。重福败，湜当死，张说、刘幽求营护得免。既而湜附太平公主，与公主谋罢说政事，以左丞分司东都。及幽求流封州，湜讽广州都督周利贞，使杀之。桂州都督景城王晙知其谋，留幽求不遣，利贞屡移牒索之，晙不应，利贞以闻。湜屡逼晙使遣幽求，幽求谓晙曰：“公拒执政而保流人，势不能全，徒仰累耳。”固请诣广州，晙曰：“公所坐，非可绝于朋友者也。晙因公获罪，无所恨。”竟逗遛不遣，幽求由是得免。

开元元年。太平公主依上皇之势，擅权用事，与上有隙。宰相七人，五出其门，文武之臣，太半附之。与窦怀贞、岑羲、萧至忠、崔湜及太子少保薛稷、雍州长史新兴王晋、左羽林大将军常元楷、知右羽林将军李慈、左金吾将军李钦、中书舍人李猷、右散骑常侍贾膺福、鸿胪卿唐晙及僧慧范等谋废立，又与宫人元氏谋于赤箭粉中置毒进于上。晋，德良之孙也。元楷、慈数往来主第，相与结谋。

王琚言于上曰："事迫矣，不可不速发。"左丞张说自东都遣人遗上佩刀，意欲上断割。荆州长史崔日用入奏事，言于上曰："太平谋逆有日，陛下往在东宫，犹为臣子，若欲讨之，须用谋力。今既光临大宝，但下一制书，谁敢不从。万一奸宄得志，悔之何及。"上曰："诚如卿言，直恐惊动上皇。"日用曰："天子之孝在于安四海。若奸人得志，则社稷为墟，安在其为孝乎？请先定北军，后收逆党，则不惊动上皇矣。"上以为然。以日用为吏部侍郎。

秋七月，魏知古告"公主欲以是月四日作乱，令元楷、慈以羽林兵突入武德殿，怀贞、至忠、羲等于南牙举兵应之"。上乃与岐王范、薛王业、郭元振及龙武将军王毛仲、殿中少监姜皎、太仆少卿李令问、尚乘奉御王守一、内给事高力士、果毅李守德等定计诛之。皎，謩之曾孙；令问，靖弟客师之孙；守一，仁皎之子；力士，潘州人也。

甲子，上因王毛仲取闲厩马及兵三百余人，与同谋十余人自武德殿入虔化门，召元楷、慈，先斩之，擒膺福、猷于内客省以出，执至忠、羲于朝堂，皆斩之。怀贞逃入沟中，自缢死，戮其尸，改姓曰毒。上皇闻变，登承天门楼，郭元振奏："皇帝前奉诰诛窦怀贞等，无他也。"上寻至楼上，上皇乃下诰罪状怀贞等，因赦天下，惟逆人亲党不赦。薛稷赐死于万年狱。乙丑，上皇诰："自今军国政刑，一皆取皇帝处分。朕方无为养志，以遂素心。"是日，徙居百福殿。

太平公主逃入山寺，三日乃出，赐死于家。公主诸子及党与死者数十人。薛崇简以数谏其母被挞，特免死，赐姓李，官爵如故。籍公主家，财货山积，珍物侔于御府，厩牧羊马、田园息钱，收之数年不尽。慧范家产亦数十万缗。改新兴王晋之姓曰厉。

初，上谋诛窦怀贞等，召崔湜，将托以心腹。湜弟涤谓湜曰："主上有问，勿有所隐。"湜不从。怀贞等既诛，湜与右丞卢藏用俱坐私侍太平公主，湜流窦州，藏用流泷州。新兴王晋临刑叹曰："本为此谋者崔湜，今吾死湜生，不亦冤乎！"会有司鞫宫人元氏，元氏引湜同谋进毒，乃追赐死于荆州。薛稷之子伯阳以尚主免死，流岭南，于道自杀。

初，太平公主与其党谋废立，窦怀贞、萧至忠、岑羲、崔湜皆以为然，陆象先独以为不可。公主曰："废长立少，已为不顺，且又失德，若之何不去。"象先曰："既以功立，当以罪废。今实无罪，象先终不敢从。"公主怒而去。上既诛怀贞等，召象先谓曰："岁寒知松柏，信哉！"时穷治公主枝党，当坐者众，象先密为申理，所全甚多。然未尝自言，当时无知者。百官素为公主所善及恶之者，或黜或陟，终岁不尽。丁卯，上御承天门楼，赦天下。己巳，赏功臣郭元振等官爵、第舍、金帛有差。

庚辰，中书侍郎、同平章事陆象先罢为益州长史。

八月癸巳，以封州流人刘幽求为左仆射、平章军国大事。九月庚午，以刘幽求同中书门下三品。冬十一月，刘幽求兼侍中。

通鉴纪事本末卷第三十一

李林甫专政

唐玄宗开元二十二年。吏部侍郎李林甫柔佞多狡数，深结宦官及妃嫔家，伺候上动静，无不知之，由是每奏对常称旨，上悦之。时武惠妃宠幸倾后宫，生寿王瑁，诸子莫得为比，太子浸疏薄。林甫乃因宦官言于惠妃，愿尽力保护寿王。惠妃德之，阴为内助，由是擢黄门侍郎。五月戊子，以裴耀卿为侍中，张九龄为中书令，林甫为礼部尚书、同中书门下三品。

二十四年。初，上欲以李林甫为相，问于中书令张九龄，九龄对曰："宰相系国安危，陛下相林甫，臣恐异日为庙社之忧。"上不从。时九龄方以文学为上所重，林甫虽恨，犹曲意事之。侍中裴耀卿与九龄善，林甫并疾之。是时，上在位岁久，渐肆奢欲，怠于政事。而九龄遇事无细大皆力争，林甫巧伺上意，日思所以中伤之。

上之为临淄王也，赵丽妃、皇甫德仪、刘才人皆有宠，丽妃生太子瑛，德仪生鄂王瑶，才人生光王琚。及即位，幸武惠妃，丽妃等爱皆弛。惠妃生寿王瑁，宠冠诸子。太子与瑶、琚会于内第，各以母失职，有怨望语。驸马都尉杨洄尚咸宜公主，常伺三子过失以告惠妃。惠妃泣诉于上曰："太子阴结党与，将害妾母子，亦指斥至尊。"上大怒，以语宰相，欲皆废之。九龄曰："陛下践阼垂三十年，太子诸王不离深宫，日受圣训，天下之人皆庆陛下享国久长，子孙蕃昌。今三子皆已成人，不闻大过，陛下奈何一旦以无根之语，喜怒之际，尽废之乎！且太子天下本，不可轻摇。昔晋献公听骊姬之谗杀申生，三世大乱。汉武帝信江充之诬罪戾太子，京城流血。晋惠帝用贾后之谮废愍怀太子，中原涂炭。隋文帝纳独孤后之言黜太子勇，立炀帝，遂失天下。由此观之，不可不慎。陛下必欲为此，臣不敢奉诏。"上不悦。林甫初无所言，退而私谓宦官之贵幸者曰："此主上家事，何必问外人。"上犹豫未决。惠妃密使官奴牛贵儿谓九龄曰："有废必有兴，公为之援，宰相可长处。"九龄叱之，以其语白上，上为之动色，故讫九龄罢相，太子得无动。林甫日夜短九龄于上，上浸疏之。

林甫引萧炅为户部侍郎。炅素不学，尝对中书侍郎严挺之读"伏腊"为"伏猎"，挺之言于九龄曰："省中岂容有'伏猎'侍郎。"由是出炅为岐州刺史，故林甫怨挺之。九龄与挺之善，欲引以为相，尝谓之曰："李尚书方承恩，足下宜一造门，与之款昵。"挺之素负气，薄林甫为人，竟不之诣，林甫恨之益深。挺之先娶妻，出之，更嫁蔚州刺史王元琰，元琰坐赃罪下三司按鞫，挺之为之营解。林甫因左右使于禁中白上，上谓宰相曰："挺之为罪人请属所由。"九龄曰："此乃挺之出妻，不宜有情。"上曰："虽离乃复有私。"于是上积前事，以耀卿、九龄为阿党，十一月壬寅，以耀卿为左丞相，九龄为右丞相，并罢政事。以林甫兼中书令，仙客为工部尚书、同中书门下三品，领朔方节度如故。严挺之贬洺州刺史，王元琰流岭南。九龄既得罪，自是朝廷之士皆容身保位，无复直言。

李林甫欲蔽塞人主视听，自专大权，明召诸谏官谓曰："今明主在上，群臣将顺之不暇，乌用多言。诸君不见立仗马乎？食三品料，一鸣辄斥去，悔之何及。"补阙杜琎尝上书言事，明日，黜为下邽令，自是谏争路绝矣。牛仙客既为林甫所引进，专给唯诺而已。然二人皆谨守格式，百官迁除，各有常度，虽奇才异行，不免终老常调。其以巧谄邪险自进者，则超腾不次，自有他蹊矣。

林甫城府深密，人莫窥其际。好以甘言啖人，而阴中伤之，不露辞色。凡为上所厚者，始则亲结之，及位势相逼，辄以计去之，虽老奸巨猾，无能逃其术者。

二十五年夏四月辛酉，监察御史周子谅弹牛仙客非才，引谶书为证。上怒甚，命左右拎于殿庭，绝而复苏，仍杖之朝堂，流瀼州，至蓝田而死。李林甫言："子谅，张九龄所荐也。"甲子，贬九龄荆州长史。

杨洄又谮太子瑛、鄂王瑶、光王琚，云与太子妃兄驸马薛锈潜构异谋。上召宰相谋之，李林甫对曰："此陛下家事，非臣等所宜豫。"上意乃决。乙丑，使宦者宣制于宫中，废瑛、瑶、琚为庶人，流锈于瀼州。瑛、瑶、琚寻赐死城东驿，锈赐死于蓝田。瑶、琚皆好学，有才识，死不以罪，人皆惜之。丙寅，瑛舅家赵氏、妃家薛氏、瑶舅家皇甫氏坐流贬者数十人，惟瑶妃家韦氏以妃贤得免。

二十六年。太子瑛既死，李林甫数劝上立寿王瑁。上以忠王玙年长，且仁孝恭谨，又好学，意欲立之，犹豫岁余不决。自念春秋浸高，三子同日诛死，继嗣未定，常忽忽不乐，寝膳为之减。

高力士乘间请其故。上曰:“汝,我家老奴,岂不能揣我意。”力士曰:“得非以郎君未定邪?”上曰:“然。”对曰:“大家何必如此虚劳圣心,但推长而立,谁敢复争。”上曰:“汝言是也！汝言是也!”由是遂定。六月庚子,立玙为太子。

二十七年夏四月己丑,以牛仙客为兵部尚书兼侍中,李林甫为吏部尚书兼中书令,总文武选事。秋九月(戊午),太子更名绍。

天宝元年。李林甫为相,凡才望功业出己右,及为上所厚,势位将逼己者,必百计去之。尤忌文学之士,或阳与之善,啖以甘言而阴陷之。世谓“李林甫口有蜜,腹有剑”。上尝陈乐于勤政楼下,垂帘观之。兵部侍郎卢绚谓上已起,垂鞭按辔,横过楼下。绚风标清粹,上目送之,深叹其蕴藉。林甫常厚以金帛赂上左右,上举动必知之,乃召绚子弟谓曰:“尊君素望清崇,今交、广藉才,圣上欲以尊君为之,可乎？若惮远行,则当左迁。不然,以宾、詹分务东洛,亦优贤之命也,何如?”绚惧,以宾、詹为请。林甫恐乖众望,乃除华州刺史。到官未几,诬其有疾,州事不理,除詹事、员外、同正。

上又尝问林甫以“严挺之今安在？是人亦可用”。挺之时为绛州刺史。林甫退,召挺之弟损之,谕以“上待尊兄意甚厚,盍为见上之策,奏称风疾,求还京师就医”。挺之从之。林甫以其奏白上,云“挺之衰老得风疾,宜且授以散秩,使便医药”。上叹吒久之。夏四月壬寅,以为詹事。又以汴州刺史、河南采访使齐澣为少詹事,皆员外、同正,于东京养疾。澣亦朝廷宿望,故并忌之。

秋七月辛未,左相牛仙客薨。八月丁丑,以刑部尚书李适之为左相。

二年。上以右赞善大夫杨慎矜知御史中丞事。时李林甫专权，公卿之进，有不出其门者，必以罪去之。慎矜由是固辞，不敢受。五月辛丑，以慎矜为谏议大夫。

三载冬十二月，户部尚书裴宽素为上所重，李林甫恐其入相，忌之。刑部尚书裴敦复击海贼还，受请托，广序军功，宽微奏其事。林甫以告敦复，敦复言"宽亦尝以亲故属敦复"。林甫曰："君速奏之，勿后于人。"敦复乃以五百金赂女官杨太真之姊，使言于上。甲午，宽坐贬睢阳太守。

初，上自东都还，李林甫知上厌巡幸，乃与牛仙客谋增近道粟赋及和籴以实关中，数年，蓄积稍丰。上从容谓高力士曰："朕不出长安近十年，天下无事，朕欲高居无为，悉以政事委林甫，何如？"对曰："天子巡狩，古之制也。且天下大柄，不可假人，彼威势既成，谁敢复议之者！"上不悦。力士顿首自陈："臣狂疾发，妄言，罪当死。"上乃为力士置酒，左右皆呼万岁。力士自是不敢深言天下事矣。

四载。李适之与李林甫争权，有隙。适之领兵部尚书，驸马张垍为侍郎，林甫亦恶之。使人发兵部铨曹奸利事，收吏六十余人付京兆与御史对鞫之，数日，竟不得其情。京兆尹萧炅使法曹吉温鞫之，温入院，置兵部吏于外，先于后厅取二重囚讯之，或杖或压，号呼之声，所不忍闻。皆曰："苟存余生，乞纸尽答。"兵部吏素闻温之惨酷，引入，皆自诬服，无敢违温意者。顷刻而狱成，验囚无榜掠之迹。及林甫欲除不附己者，求治狱吏，炅荐温于林甫，林甫得之，大喜。温常曰："若遇知己，南山白额虎不足缚也。"时又有杭州人罗希奭，为吏深刻，林甫引之，自御史台主簿再迁殿中侍御史。二人皆随林甫所欲深浅，锻炼成狱，无能自脱者，时人谓之"罗钳吉网"。

秋九月癸未，以陕郡太守、江淮租庸转运使韦坚为刑部尚书，罢其诸使，以御史中丞杨慎矜代之。坚妻姜氏，皎之女，林甫之舅子也，故林甫昵之。及坚以通漕有宠于上，遂有入相之志，又与李适之善；林甫由是恶之，故迁以美官，实夺之权也。

五载春正月乙丑，以陇右节度使皇甫惟明兼河西节度使。

李适之性疏率，李林甫尝谓适之曰："华山有金矿，采之可以富国，主上未之知也。"他日，适之因奏事言之。上以问林甫，对曰："臣久知之，但华山陛下本命，王气所在，凿之非宜，故不敢言。"上以林甫为爱己，薄适之虑事不熟，谓曰："自今奏事，宜先与林甫议之，无得轻脱。"适之由是束手矣。适之既失恩，韦坚失权，益相亲密，林甫愈恶之。

初，太子之立非林甫意，林甫恐异日为己祸，常有动摇东宫之志。而坚，又太子之妃兄也。皇甫惟明尝为忠王友，时破吐蕃，入献捷，见林甫专权，意颇不平。时因见上，乘间微劝上去林甫，林甫知之，使杨慎矜密伺其所为。会正月望夜，太子出游，与坚相见，坚又与惟明会于景龙观道士之室。慎矜发其事，以为坚戚里，不应与边将狎昵。林甫因谮坚与惟明结谋，欲共立太子。坚、惟明下狱，林甫使慎矜与御史中丞王鉷、京兆府法曹吉温共鞫之。上亦疑坚与惟明有谋，而不显其罪。癸酉，下制责坚以干进不已，贬缙云太守，惟明以离间君臣，贬播川太守，仍别下制戒百官。

夏四月，韦坚等既贬，左相李适之惧，自求散地。庚寅，以适之为太子少保，罢政事。其子卫尉少卿霅尝盛馔召客，客畏李林甫，竟日无一人敢往者。

以门下侍郎、崇玄馆大学士陈希烈同平章事。希烈，宋州人，以讲老、庄得进，专用神仙符瑞取媚于上。李林甫以希烈为上所爱，且柔佞易制，故引以为相。凡政事一决于林甫，希烈但给唯诺。故事，宰相午后六刻乃出，林甫奏今太平无事，巳时即还第。军国机务，皆决于私家，主书抱成案诣希烈书名而已。

秋七月，将作少匠韦兰、兵部员外郎韦芝为其兄坚讼冤，且引太子为言，上益怒。太子惧，表请与妃离婚，乞不以亲废法。丙子，再贬坚江夏别驾，兰、芝皆贬岭南。然上素知太子孝谨，故谴怒不及。李林甫因言坚与李适之等为朋党，后数日，坚长流临封，适之贬宜春太守，太常少卿韦斌贬巴陵太守，嗣薛王琄贬夷陵别驾，睢阳太守裴宽贬安陆别驾，河南尹李齐物贬竟陵太守，凡坚亲党连坐流贬者数十人。斌，安石之子；琄，业之子，坚之甥也。琄母亦令随琄之官。

冬十一月，赞善大夫杜有邻女为太子良娣，良娣之姊为左骁卫兵曹柳勣妻。勣性狂疏，好功名，喜交结豪俊。淄川太守裴敦复荐于北海太守李邕，邕与之定交。勣至京师，与著作郎王曾等为友，皆当时名士也。勣与妻族不协，欲陷之，为飞语，告有邻妄称图谶，交构东宫，指斥乘舆。林甫令京兆士曹吉温与御史鞫之，乃勣首谋也。温令勣连引曾等入台。十二月甲戌，有邻、勣及曾等皆杖死，积尸大理，妻子流远方，中外震栗。嗣虢王巨贬义阳司马。巨，邕之子也。别遣监察御史罗希奭往按李邕，太子亦出良娣为庶人。

乙亥，邺郡太守王琚坐赃贬江华司马。琚性豪侈，与李邕皆自谓耆旧，久在外，意怏怏。李林甫恶其负材使气，故因事除之。

六载春正月辛巳，李邕、裴敦复皆杖死。邕才艺出众，卢藏用常语之曰："君如干将、莫邪，难与争锋，然终虞缺折耳。"邕不能用。

林甫又奏分遣御史即贬所赐皇甫惟明、韦坚兄弟等死。罗希奭自青州如岭南，所过杀迁谪者，郡县惶骇。排马牒至宜春，李适之忧惧，仰药自杀。至江华，王琚仰药不死，闻希奭已至，即自缢。希奭又迁路过安陆，欲怖杀裴宽，宽向希奭叩头祈生，希奭不宿而过，乃得免。李适之子霅迎父丧至东京，李林甫令人诬告霅，杖死于河南府。给事中房琯坐与适之善，贬宜春太守。琯，融之子也。

林甫恨韦坚不已，遣使于循河及江、淮州县求坚罪，所在收系纲典船夫，溢于牢狱，征剥逋负，延及邻伍，皆裸露死于公府，至林甫薨乃止。

李林甫以王忠嗣功名日盛，恐其入相，忌之。董延光之攻吐蕃也，过期不克，言王忠嗣沮挠军计，上怒。李林甫因使济阳别驾魏林告忠嗣尝自言"我幼养宫中，与忠王相爱狎"，欲拥兵以尊奉太子。敕征忠嗣入朝，委三司鞫之。

户部侍郎兼御史中丞杨慎矜为上所厚，李林甫浸忌之。慎矜与王鉷父晋，中表兄弟也，少与鉷狎，鉷之入台，颇因慎矜推引。及鉷迁中丞，慎矜与语，犹名之。鉷自恃与林甫善，意稍不平。慎矜夺鉷职田，鉷母本贱，慎矜尝以语人，鉷深衔之。慎矜犹以故意待之，尝与之私语谶书。

慎矜与术士史敬忠善，敬忠言天下将乱，劝慎矜于临汝山中买庄为避乱之所。会慎矜父墓田中草木皆流血，慎矜恶之，以问敬忠。敬忠请禳之，设道场于后园，慎矜退朝，辄裸贯桎梏坐其中。旬日血止，慎矜德之。慎矜有侍婢明珠，色美，敬忠屡目之，慎矜即以遗敬忠，车载过贵妃姊柳氏楼下，姊邀敬忠上楼，求车中美人，敬忠不敢拒。明日，姊入宫，以明珠自随。上见而异之，问所从来，明珠具以实对。上以慎矜与术士为妖法，恶之，含怒未发。

杨钊以告鉷，鉷心喜，因侮慢慎矜，慎矜怒。林甫知釭与慎矜有隙，密诱使图之。鉷乃遣人以飞语告"慎矜隋炀帝孙，与凶人往来，家有谶书，谋复祖业"。上大怒，收慎矜系狱，命刑部、大理与侍御史杨钊、殿中侍御史卢铉同鞫之。太府少卿张瑄，慎矜所荐也，卢铉诬瑄尝与慎矜论谶，榜掠百端，瑄不肯答辨。乃以木缀其足，使人张其枷柄，向前挽之，身加长数尺，腰细欲绝，眼鼻出血，瑄竟不答。

又使吉温捕史敬忠于汝州。敬忠与温父素善，温之幼也，敬忠常抱抚之。及捕获，温不与交言，锁其颈，以布蒙首，驱之马前。至戏水，温使吏诱之曰："杨慎矜已款服，惟须子一辨，若解人意则生，不然必死，前至温汤，则求首不获矣。"敬忠顾谓温曰："七郎，求一纸。"温阳不应。去温汤十余里，敬忠恳请哀切，乃于桑下令答三纸，辨皆如温意。温徐谓曰："丈人且勿怪。"因起拜之。

至会昌，始鞫慎矜，以敬忠为证。慎矜皆引服，惟搜谶书不获，林甫危之，使卢铉入长安搜慎矜家。铉袖谶书入暗中，诟而出曰："逆贼深藏秘记。"至会昌，以示，慎矜叹曰："吾不蓄谶书，此何从在吾家哉！吾应死而已。"十一月丁酉，赐慎矜及兄少府少监慎余、洛阳令慎名自尽。敬忠杖一百，妻子皆流岭南。瑄杖六十，流临封，死于会昌。嗣虢王巨虽不预谋，坐与敬忠相识，解官，南宾安置。自余连坐者数十人。慎名闻敕，神色不变，为书别姊。慎余合掌指天而缢。

三司按王忠嗣，上曰："吾儿居深宫，安得与外人通谋，此必妄也。但劾忠嗣沮挠军功。"哥舒翰之入朝也，或劝多赍金帛以救忠嗣。翰曰："若直道尚存，王公必不冤死，如其将丧，多赂何为。"遂单囊而行。三司奏忠嗣罪当死。翰始遇知于上，力陈忠嗣之冤，且请以己官爵赎忠嗣罪。上起，入禁中，翰叩头随之，言与泪俱。上感寤，己亥，贬忠嗣汉阳太守。

李林甫屡起大狱，别置推事院于长安。以杨钊有掖廷之亲，出入禁闼，所言多听，乃引以为援，擢为御史。事有微涉东宫者，皆指擿使之奏劾，付罗希奭、吉温鞫之。钊因得逞其私志，所挤陷诛夷者数百家，皆钊发之。幸太子仁孝谨静，张垍、高力士常保护于上前，故林甫终不能间也。

十二月丙寅，命百官阅天下岁贡物于尚书省，既而悉以车载赐李林甫家。上或时不视朝，百司悉集林甫第门，台省为空。陈希烈虽坐府，无一人入谒者。林甫子岫为将作监，颇以满盈为惧，尝从林甫游后园，指役夫言于林甫曰："大人久处钧轴，怨仇满天下，一朝祸至，欲为此得乎？"林甫不乐，曰："势已如此，将若之何！"

先是，宰相皆以德度自处，不事威势，驺从不过数人，士民或不之避。林甫自以多结怨，常虞刺客，出则步骑百余人为左右翼，金吾静街，前驱在数百步外，公卿走避；居则重关复壁，以石甃地，墙中置板，如防大敌，一夕屡徙床，虽家人莫知其处。宰相驺从之盛，自林甫始。

八载夏四月，咸宁太守赵奉璋告李林甫罪二十余条；状未达，林甫知之，讽御史逮捕，以为妖言，杖杀之。

九载夏四月己巳，御史中丞宋浑坐赃巨万，流潮阳。初，吉温因李林甫得进，及兵部侍郎兼御史中丞杨钊恩遇浸深，温遂去林甫而附之，为钊画代林甫执政之策。萧炅及浑，皆林甫所厚也，求得其罪，使钊奏而逐之，以翦其心腹，林甫不能救也。

十载春正月丁酉，命李林甫遥领朔方节度使。

十一载。户部侍郎兼御史大夫、京兆尹王鉷弟户部郎中銲凶险不法，召术士任海川问："我有王者之相否？"海川惧，亡匿。鉷恐事泄，捕得，托以他事杖杀之。王府司马韦会，定安公主之子，王繇之同产也，话之私庭。鉷又使长安尉贾季邻收会系狱，缢杀之。繇不敢言。

銲所善邢縡，与龙武万骑谋杀龙武将军，以其兵作乱，杀李林甫、陈希烈、杨国忠。前期二日，有告之者。夏四月乙酉，上临朝，以告状面授鉷，使捕之。鉷意銲在縡所，先遣人召之，日晏，乃命贾季邻等捕縡。縡居金城坊，季邻等至门，縡帅其党数十人，持弓刀格斗突出。鉷与杨国忠引兵继至，縡党曰："勿伤大夫人。"国忠之傔密谓国忠曰："贼有号，不可战也。"縡斗且走，至皇城西南隅。会高力士引飞龙禁军四百至，击斩縡，捕其党，皆擒之。

国忠以状白上曰："鉷必预谋。"上以鉷任遇深，不应同逆，李林甫亦为之辩解。上乃命特原銲不问，然意欲鉷表请罪之。使国忠讽之，鉷不忍，上怒。会陈希烈极言鉷大逆当诛，戊子，敕希烈与国忠鞫之，仍以国忠兼京兆尹。于是任海川、韦会等事皆发，狱具，鉷赐自尽，銲杖死于朝堂，鉷子准、偁流岭南，寻杀之。有司籍其第舍，数日不能遍。鉷宾佐莫敢窥其门，独采访判官裴冕收其尸葬之。

初，李林甫以陈希烈易制，引为相，政事常随林甫左右，晚节遂与林甫为敌，林甫惧。会李献忠叛，林甫乃请解朔方节制，且荐河西节度使安思顺自代。（夏四月）庚子，以思顺为朔方节度使。

初，李林甫以国忠为才，且贵妃之族，故善遇之。国忠与王鉷俱为中丞，鉷用林甫〔征〕为大夫，故国忠不悦，遂深探邢罕狱，令引林甫交私鉷兄弟及阿布思事状，陈希烈、哥舒翰从而证之；上由是疏林甫。国忠贵震天下，始与林甫为仇敌矣。

南诏数寇边，蜀人请杨国忠赴镇，左仆射兼右相李林甫奏遣之。国忠将行，泣辞，上言必为林甫所害，贵妃亦为之请。上谓国忠曰："卿暂到蜀区处军事，朕屈指待卿，还当入相。"林甫时已有疾，忧懑不知所为，巫言一见上可小愈，上欲就视之，左右固谏。上乃命林甫出庭中，上登降圣阁遥望，以红巾招之。林甫不能拜，使人代拜。国忠比至蜀，上遣中使召还，至昭应，谒林甫，拜于床下。林甫流涕谓曰："林甫死矣，公必为相，以后事累公。"国忠谢不敢当，汗流覆面。十(二)〔一〕月丁卯，林甫薨。

上晚年自恃承平，以为天下无复可忧，遂深居禁中，专以声色自娱，悉委政事于林甫。林甫媚事左右，迎合上意，以固其宠；杜绝言路，掩蔽聪明，以成其奸；妒贤疾能，排抑胜己，以保其位；屡起大狱，诛逐贵臣，以张其势。自皇太子以下，畏之侧足。凡在相位十九年，养成天下之乱，而上不之寤也。

十二载。杨国忠使人说安禄山诬李林甫与阿布思谋反。禄山使阿布思部落降者诣阙，诬告林甫与阿布思约为父子。上信之，下吏按问，林甫婿谏议大夫杨齐宣惧为所累，附国忠意证成之。时林甫尚未葬，二月癸未，制削林甫官爵，子孙有官者除名，流岭南及黔中，给随身衣及粮食，自余赀产并没官，近亲及党与坐贬者五十余人。剖林甫棺，抉取含珠，褫金紫，更以小棺如庶人礼葬之。己亥，赐陈希烈爵许国公，杨国忠爵魏国公，赏其成林甫之狱也。

奸臣聚敛 宇文融 杨慎矜 韦坚 王鉷 杨钊

唐玄宗开元九年春正月，监察御史宇文融上言，天下户口逃移，巧伪甚众，请加检括。融，弼之玄孙也，源乾曜素爱其才，赞成之。二月乙酉，敕有司议招集流移按诘巧伪之法以闻。

丁亥，制："州县逃亡户口听百日自首，或于所在附籍，或牒归故乡，各从所欲。过期不首，即加检括，谪徙边州。公私敢容庇者抵罪。"以宇文融充使，括逃移户口及籍外田，所获巧伪甚众，迁兵部员外郎兼侍御史。融奏置劝农判官十人，并摄御史，分行天下。其新附客户，免六年赋调。使者竞为刻急，州县承风劳扰，百姓苦之。阳翟尉皇甫憬上疏言其状。上方任融，贬憬盈川尉。州县希旨，务于获多，虚张其数，或以实户为客，凡得户八十余万，田亦称是。

十一年秋八月，敕："前令检括逃人，虑成烦扰，今所在州县安集，遂其生业。"

十二年夏六月壬辰，制听逃户自首，辟所在闲田，随宜收税，毋得差科征役，租庸一皆蠲免。仍以兵部员外郎兼侍御史宇文融为劝农使，巡行州县，与吏民议定赋役。

秋八月己亥，以宇文融为御史中丞，乘驿周流天下。事无大小，诸州先牒上劝农使，后申中书，省司亦待融指撝，然后处决。

时上将大攘四夷，急于用度，州县畏融，多张虚数，凡得客户八十余万，田亦称是。岁终，增缗钱数百万，悉进入宫，由是有宠。议者多言烦扰，不利百姓，上令集百寮于尚书省议之。公卿已下畏融恩势，皆不敢立异。惟户部侍郎杨玚独抗议，以为："括客免税，不利居人。征籍外田税，使百姓困弊，所得不补所失。"未几，玚出为华州刺史。

十三年。以宇文融兼户部侍郎。制以所得客户税钱均充常平仓本钱。

十四年。中书令张说恶御史中丞宇文融之为人，且患其权重，融所建白，多抑之。夏四月壬子，融及御史大夫崔隐甫、御史中丞李林甫共弹说"引术士占星，徇私僭侈，受纳贿赂"。庚申，罢说中书令。

十五年春正月，御史大夫崔隐甫、中丞宇文融恐右丞相张说复用，数奏毁之，各为朋党。上恶之，二月乙巳，制说致仕，隐甫免官侍母，融出为魏州刺史。

乙卯，制："诸州逃户，先经劝农使括定按比后复有逃来者，随到准白丁例输当年租庸，有征役者免差。"

十六年春正月甲寅，以魏州刺史宇文融为户部侍郎兼魏州刺史，充河北道宣抚使。丙寅，以魏州刺史宇文融检校汴州刺史，充河南北沟渠堤堰决九河使。融请用禹贡九河故道开稻田，并回易陆运钱，官收其利。兴役不息，事多不就。

十七年。宇文融性精敏，应对辩给，以治财赋得幸于上，始广置诸使，竞为聚敛，由是百官浸失其职，而上心益侈，百姓皆怨苦之。为人疏躁多言，好自矜伐，在相位，谓人曰："使吾居此数月，则海内无事矣。"信安王祎以军功有宠于上，融疾之。祎入朝，融使御史李寅弹之，泄于所亲。袆闻之，先以白上。明日，寅奏果入。上怒，九月壬子，融坐贬汝州刺史，凡为相百日而罢。是后言财利以取贵仕者，皆祖于融。

冬十月，宇文融既得罪，国用不足，上复思之，谓裴光庭等曰："卿等皆言融之恶，朕既黜之矣，今国用不足，将若之何？卿等何以佐朕？"光庭等惧，不能对。会有飞状告融赃贿事，又贬平乐尉。至岭外岁余，司农少卿蒋岑奏融在汴州隐没官钱钜万计，制穷治其事，融坐流岩州，道卒。

二十一年。太府卿杨崇礼，政道之子也，在太府二十余年，前后为太府者莫能及。时承平日久，财货山积，尝经杨卿者无不精美。每岁钩(校)〔驳〕省便，出钱〔数〕百万缗。是岁，以户部尚书致仕，年九十余矣。上问宰相："崇礼诸子谁能继其父者？"对曰："崇礼三子，慎余、慎矜、慎名，皆廉勤有才，而慎矜为优。"上乃擢慎矜自汝阳令为监察御史，知太府出纳，慎名摄监察御史，知含嘉仓出给，亦皆称职。上甚悦之。慎矜奏诸州所输布帛有渍污穿破者，皆下本州征折估钱，转市轻货，征调始繁矣。

天宝元年春三月，以长安令韦坚为陕郡太守，领江、淮租庸、转运使。初，宇文融既败、言利者稍息。及杨慎矜得幸，于是韦坚、王鉷之徒竞以利进。百司有事权者，稍稍别置使以领之，旧官充位而已。坚，太子之妃兄也，为吏以干敏称。上使之督江、淮租运，岁增巨万；上以为能，故擢任之。王鉷，方翼之孙也，亦以善治租赋为户部员外郎兼侍御史。

二年春三月，江、淮南租庸等使韦坚，引浐水抵苑东望春楼下为潭，以聚江、淮运船，役夫匠通漕渠，发人丘垄，自江、淮至京城，民间萧然愁怨。二年而成。丙寅，上幸望春楼观新潭。坚以新船数百艘，遍榜郡名，各陈郡中珍货于船背。陕尉崔成甫著锦半臂，缺胯绿衫而裼之，红袙首，居前船唱得宝歌，使美妇百人盛饰而和之，连樯数里。坚跪进诸郡轻货，仍上百牙盘食。上置宴，竟日而罢。观者山积。夏四月，加坚左散骑常侍，其僚属吏卒褒赏有差，名其潭曰广运。

四载秋九月癸未，以陕郡太守、江淮租庸转运使韦坚为刑部尚书，罢其诸使，以御史中丞杨慎矜代之。

冬十月，上以户部郎中王鉷为户口色役使，敕赐百姓复除。鉷奏征其辇运之费，广张钱数，又使市本郡轻货，百姓所输乃甚于不复除。旧制，戍边者免其租庸，六岁而更。时边将耻败，士卒死者皆不申牒，贯籍不除。王鉷志在聚敛，以有籍无人者皆为避课，按籍戍边六岁之外，悉征其租庸，有并征三十年者，民无所诉。上在位久，用度日侈，后宫赏赐无节，不欲数于左右藏取之。鉷探知上指，岁贡额外钱帛百亿万，贮于内库，以供宫中宴赐，曰："此皆不出于租庸调，无预经费。"上以鉷为能富国，益厚遇之。鉷务为割剥以求媚，中外嗟怨。丙子，以鉷为御史中丞、京畿采访使。

杨钊侍宴禁中，专掌樗蒱文簿，钩校精密。上赏其强明，曰"好度支郎"。诸杨数征此言于上，又以属王鉷，鉷因奏充判官。杨钊入禁中事见杨氏之宠。

七载。度支郎中兼侍御史杨钊善窥上意所爱恶而迎之，以聚敛骤迁，岁中领十五余使。夏六月甲辰，迁给事中兼御史中丞，专判度支事，恩幸日隆。

苏冕论曰：设官分职，各有司存。政有恒而易守，事归本而难失，经远之理，舍此奚据。洎奸臣广言利以邀恩，多立使以示宠，刻下民以厚敛，张虚数以献状。上心荡而益奢，人望怨而成祸。使天子有司守其位而无其事，受厚禄而虚其用。宇文融首唱其端，杨慎矜、王鉷继遵其轨，杨国忠终成其乱。仲尼云："宁有盗臣而无聚敛之臣。"诚哉是言。前车既覆，后辙未改，求达化本，不亦难乎！

八载春二月戊申，引百官观左藏，赐帛有差。是时州县殷富，仓库积粟、帛动以万计。杨钊奏请所在粜变为轻货，及征丁租地税皆变布帛输京师。屡奏帑藏充牣，古今罕俦，故上帅群臣观之，赐钊紫衣、金鱼以赏之。上以国用丰衍，故视金帛如粪壤，赏赐贵宠之家，无有限极。

杨氏之宠

唐玄宗天宝三载。初，武惠妃薨，上悼念不已，后宫数千，无当意者。或言寿王妃杨氏之美，绝世无双。上见而悦之，乃令妃自以其意乞为女官，号太真。更为寿王娶左卫郎将韦昭训女，潜内太真宫中。太真肌态丰艳，晓音律，性警颖，善承迎上意，不期岁宠遇如惠妃，宫中号曰"娘子"，凡仪体皆如皇后。

四载秋八月壬寅，册杨太真为贵妃，赠其父玄琰兵部尚书，以其叔父玄珪为光禄卿，从兄铦为殿中少监，锜为驸马都尉。癸卯，册武惠妃女为太华公主，命锜尚之。及贵妃三姊，皆赐第京师，宠贵赫然。

杨钊，贵妃之从祖兄也，不学无行，为宗党所鄙。从军于蜀，得新都尉，考满，家贫不能自归，新政富民鲜于仲通常资给之。杨玄琰卒于蜀，钊往来其家，遂与其中女通。

鲜于仲通名向，以字行，颇读书，有材智。剑南节度使章仇兼琼引为采访支使，委以心腹。尝从容谓仲通曰："今吾独为上所厚，苟无内援，必为李林甫所危。闻杨妃新得幸，人未敢附之。子能为我至长安，与其家相结，吾无患矣。"仲通曰："仲通蜀人，未尝游上国，恐败公事。今为公更求得一人。"因言钊本末，兼琼引见。钊仪观甚伟，言辞敏给，兼琼大喜，即辟为推官，往来浸亲密，乃使之献春彩于京师。将别，谓曰："有少物在郫，以具一日之粮，子过，可取之。"钊至郫，兼琼使亲信大赍蜀货精美者遗之，可直万缗。钊大喜过望，昼夜兼行，至长安，历抵诸妹，以蜀货遗之，曰："此章仇公所赠也。"时中女新寡，钊遂馆于其室，中分蜀货以与之。于是诸杨日夜誉兼琼，且言钊善樗蒲，引之见上，得随供奉官出入禁中，改金吾兵曹参军。

五载夏五月乙亥，以剑南节度使章仇兼琼为户部尚书，诸杨引之也。

杨贵妃方有宠，每乘马则高力士执辔授鞭，织绣之工专供贵妃院者七百人。中外争献器服珍玩，岭南经略使张九章、广陵长史王翼以所献精美，九章加三品，翼入为户部侍郎，天下从风而靡。民间歌之曰："生男勿喜，生女勿悲，君今看女作门楣。"妃欲得生荔枝，岁命岭南驰驿致之，比至长安，色味不变。

至是，妃以妒悍不逊，上怒，命送归兄铦之第。是日，上不怿，比日中，犹未食。左右动不称旨，横被捶挞。高力士欲尝上意，请悉载院中储偫送贵妃，凡百余车，上自分御膳以赐之。及夜，力士伏奏请迎贵妃归院，遂开禁门而入。自是恩遇愈隆，后宫莫得进矣。

七载冬十一月癸未，以杨贵妃姊适崔氏者为韩国夫人，适裴氏者为虢国夫人，适柳氏者为秦国夫人。三人皆有才色，上呼之为姨，出入宫掖，并承恩泽，势倾天下。每命妇入见，玉真公主等皆让不敢就位。三姊与铦、锜五家，凡有请托，府县承迎，峻于制敕。四方赂遗，辐凑其门，惟恐居后，朝夕如市。十宅诸王及百孙院婚嫁，皆先以钱千缗赂韩、虢使请，无不如志。上所赐与及四方献遗，五家如一。竞开第舍，极其壮丽，一堂之费，动逾千万。既成，见他人有胜己者，辄毁而改为。虢国尤为豪荡，一旦，帅工徒突入韦嗣立宅，即撤去旧屋，自为新第，但授韦氏以隙地十亩而已。中堂既成，召工圬墁，约钱二百万。复求赏技，虢国以绛罗五百段赏之，嗤而不顾，曰："请取蝼蚁、蜥蜴，记其数置堂中，苟失一物，不敢受直。"

九载春二月，杨贵妃复忤旨，送归私第。户部郎中吉温因宦官言于上曰："妇人识虑不远，违忤圣心，陛下何爱宫中一席之地，不使之就死，岂忍辱之于外舍邪！"上亦悔之，遣中使赐以御膳。妃对使者涕泣曰："妾罪当死，陛下幸不杀而归之。今当永离掖庭，金玉珍玩，皆陛下所赐，不足为献，惟发者父母所与，敢以荐诚。"乃翦发一缭而献之。上遽使高力士召还，宠待益深。

时贵戚竞以进食相尚，上命宦官姚思艺为检校进食使，水陆珍羞数千盘，一盘费中人十家之产。中书舍人窦华尝退朝，值公主进食，列于中衢，传呼按辔出其间，宫苑小儿数百奋梃于前，华仅以身免。

杨钊以图谶有"金刀"，请更名，上赐名国忠。

十载春正月庚子，杨氏五宅夜游，与广平公主从者争西市门。杨氏奴挥鞭及公主衣，公主坠马，驸马程昌裔下扶之，亦被数鞭。公主泣诉于上，上为之杖杀杨氏奴。明日，免昌裔官，不听朝谒。

十一载。京兆尹王鉷权宠日盛，领二十余使。鉷得罪，敕杨国忠鞫之，仍以国忠兼京兆尹。夏五月丙辰，杨国忠加御史大夫、京畿、关内采访使，凡王鉷所绾使务，悉归国忠。

十一月庚申，以杨国忠为右相，兼文部尚书，其判使并如故。国忠为人强辩而轻躁，无威仪。既为相，以天下为己任，裁决机务，果敢不疑。居朝廷，攘袂扼腕，公卿以下，颐指气使，莫不震慑。自侍御史至为相，凡领四十余使。台省官有才行时名，不为己用者皆出之。

或劝陕郡进士张彖谒国忠，曰："见之，富贵立可图。"彖曰："君辈倚杨右相如泰山，吾以为冰山耳。若皎日既出，君辈得无失所恃乎！"遂隐居嵩山。

十二月，杨国忠欲收人望，建议："文部选人，无问贤不肖，选深者留之，依资据阙注官。"滞淹者翕然称之。国忠凡所施置，皆曲徇时人所欲，故颇得众誉。

十二载春正月，京兆尹鲜于仲通讽选人请为国忠刻颂，立于省门。制仲通撰其辞，上为改定数字，仲通以金填之。

冬十月，上幸华清宫。

杨国忠与虢国夫人居第相邻，昼夜往来，无复期度，或并辔走马入朝，不施障幕，道路为之掩目。

三夫人将从车驾幸华清宫，会于国忠第，车马仆从，充溢数坊，锦绣珠玉，鲜华夺目。国忠谓客曰："吾本寒家，一旦缘椒房至此，未知税驾之所，然念终不能致令名，不若且极乐耳。"杨氏五家，队各为一色衣以相别，五家合队，粲若云锦。国忠仍以剑南旌节引于其前。

国忠子暄举明经,学业荒陋,不及格。礼部侍郎达奚珣畏国忠权势,遣其子昭应尉抚先白之。抚伺国忠入朝上马,趋至马下。国忠意其子必中选,有喜色。抚曰:"大人白相公,郎君所试不中程式,然亦未敢落也。"国忠怒曰:"我子何患不富贵,乃令鼠辈相卖!"策马不顾而去。抚惶遽,书白其父曰:"彼恃挟贵势,令人惨嗟,安可复与论曲直。"遂置暄上第。及暄为户部侍郎,珣始自礼部迁吏部,暄与所亲言,犹叹己之淹回,珣之迅疾。

国忠既居要地,中外餉遗辐凑,积缣至三千万匹。

十三载春二月丁丑,杨国忠进位司空。甲申,临轩册命。

自去岁水旱相继,关中大饥。杨国忠恶京兆尹李岘不附己,以灾沴归咎于岘,九月,贬长沙太守。岘,祎之子也。上忧雨伤稼,国忠取禾之善者献之,曰:"雨虽多,不害稼也。"上以为然。扶风太守房琯言所部水灾,国忠使御史推之。是岁,天下无敢言灾者。高力士侍侧,上曰:"淫雨不已,卿可尽言。"对曰:"自陛下以权假宰相,赏罚无章,阴阳失度,臣何敢言!"上默然。

十四载。安禄山反。冬十二月,上议亲征,辛丑,制太子监国,谓宰相曰:"朕在位垂五十载,倦于忧勤,去秋已欲传位太子,值水旱相仍,不欲以余灾遗子孙,淹留俟稍丰。不意逆胡横发,朕当亲征,且使之监国。事平之日,朕将高枕无为矣。"杨国忠大惧,退谓韩、虢、秦三夫人曰:"太子素恶吾家专横久矣,若一旦得天下,吾与姊妹并命在旦暮矣。"相与聚哭,使三夫人说贵妃,衔土请命于上,事遂寝。

肃宗至德元载。杨国忠劝上幸蜀。〔夏六月丙申〕,上至马嵬驿,将士饥疲,皆愤怒。龙武大将军陈玄礼以祸由杨国忠,欲诛之。会吐蕃使者二十余人遮国忠马,诉以无食,国忠未及对,军士追杀之，并杀其子暄及韩国、秦国夫人。

上命高力士缢贵妃于佛堂。国忠妻裴柔与其幼子晞及虢国夫人、夫人子裴徽走至陈仓，吏士追捕诛之。事见安史之乱。

安史之乱

唐玄宗开元二十四年春三月，张守珪使平卢讨击使、左骁卫将军安禄山讨奚、契丹叛者，禄山恃勇轻进，为虏所败。夏四月辛亥，守珪奏请斩之。禄山临刑呼曰："大夫不欲灭奚、契丹邪，奈何杀禄山！"守珪亦惜其骁勇，欲活之，乃更执送京师。张九龄批曰："昔穰苴诛庄贾，孙武斩宫嫔，守珪军令若行，禄山不宜免死。"上惜其才，敕令免官，以白衣将领。九龄固争，曰："禄山失律丧师，于法不可不诛。且臣观其貌有反相，不杀必为后患。"上曰："卿勿以王夷甫识石勒，枉害忠良。"竟赦之。

安禄山者，本营州杂胡，初名阿荦山。其母，巫也。父死，母携之再适突厥安延偃。会其部落破散，与延偃兄子思顺俱逃来，故冒姓安氏，名禄山。又有史窣干者，与禄山同里闬，先后一日生。及长，相亲爱，皆为互市牙郎，以骁勇闻。张守珪以禄山为捉生将，禄山每与数骑出，辄擒契丹数十人而返。狡黠，善揣人情，守珪爱之，养以为子。

窣干尝负官债，亡入奚中，为奚游弈所得，欲杀之。窣干绐曰："我，唐之和亲使也，汝杀我，祸且及汝国。"游弈信之，送诣牙帐。窣干见奚王，长揖不拜，奚王虽怒，而畏唐，不敢杀，以客礼馆之，使百余人随窣干入朝。窣干谓奚王曰："王所遣人虽多，观其才，皆不足以见天子。闻王有良将琐高者，何不使之入朝？"

奚王即命琐高与牙下三百人随窣干入朝。窣干将至平卢，先使人谓军使裴休子曰："奚使琐高与精锐俱来，声云入朝，实欲袭军城，宜谨为之备，先事图之。"休子乃具军容出迎，至馆，悉坑杀其从兵，执琐高送幽州。张守珪以窣干为有功，奏为果毅，累迁将军。后入奏事，上与语，悦之，赐名思明。

二十九年。平卢兵马使安禄山倾巧善事人，人多誉之。上左右至平卢，禄山皆厚赂之，由是上益以为贤。御史中丞张利贞为河北采访使，至平卢，禄山曲事利贞，乃至左右皆有赂。利贞入奏，盛称禄山之美。八月乙未，以禄山为营州都督，充平卢军使、两蕃勃海黑水四府经略使。

天宝元年。分平卢别为节度，以安禄山为节度使。

二年春正月，安禄山入朝，上宠待甚厚，谒见无时。禄山奏言："去秋营州虫食苗，臣焚香祝天云，'臣若操心不正，事君不忠，愿使虫食臣心；若不负神祇，愿使虫散'。即有群乌从北来，食虫立尽。请宣付史官。"从之。

三载春三月己巳，以平卢节度使安禄山兼范阳节度使，以范阳节度使裴宽为户部尚书。礼部尚书席建侯为河北黜陟使，称禄山公直。李林甫、裴宽皆顺旨称其美。三人皆上所信任，由是禄山之宠益固不摇矣。

四载秋九月，安禄山欲以边功市宠，数侵掠奚、契丹。奚、契丹各杀公主以叛，禄山讨破之。冬十月，安禄山奏："臣讨契丹至北平郡，梦先朝名将李靖、李勣从臣求食。"遂命立庙。又奏："荐奠之日，庙梁产芝。"

六载春正月戊寅，以范阳、平卢节度使安禄山兼御史大夫。禄山体充肥，腹垂过膝，尝自称重三百斤。外若痴直，内实狡黠。

常令其将刘骆谷留京师诇朝廷指趣,动静皆报之。或应有笺表者,骆谷即为代作通之。岁献俘虏、杂畜、奇禽、异兽、珍玩之物,不绝于路,郡县疲于递运。

禄山在上前,应对敏给,杂以诙谐,上尝戏指其腹曰:"此胡腹中何所有,其大乃尔?"对曰:"更无余物,止有赤心耳。"上悦。又尝命见太子,禄山不拜。左右趣之拜,禄山拱立曰:"臣胡人,不习朝仪,不知太子者何官?"上曰:"此储君也,朕千秋万岁后,代朕君汝者也。"禄山曰:"臣愚,向者惟知有陛下一人,不知乃更有储君。"不得已,然后拜。上以为信然,益爱之。上尝宴勤政楼,百官列坐楼下,独为禄山于御座东间设金鸡障,置榻使坐其前,仍命卷帘以示荣宠。命杨铦、杨锜、贵妃三姊皆与禄山叙兄弟。禄山得出入禁中,因请为贵妃儿。上与贵妃共坐,禄山先拜贵妃。上问何故,对曰:"胡人先母而后父。"上悦。

李林甫以王忠嗣功名日盛,恐其入相,忌之。安禄山潜蓄异志,托以御寇,筑雄武城,大贮兵器,请忠嗣助役,因欲留其兵。忠嗣先期而往,不见禄山而还。数上言禄山必反,林甫益恶之。

唐兴以来,边帅皆用忠厚名臣,不久任,不遥领,不兼统,功名著者往往入为宰相。其四夷之将,虽才略如阿史那社尔、契苾何力犹不专大将之任,皆以大臣为使以制之。及开元中,天子有吞四夷之志,为边将者十余年不易,始久任矣;皇子则庆、忠诸王,宰相则萧嵩、牛仙客,始遥领矣;盖嘉运、王忠嗣专制数道,始兼统矣。李林甫欲杜边帅入相之路,以胡人不知书,乃奏言:"文臣为将,怯当矢石,不若用寒族胡人。胡人则勇决习战,寒族则孤立无党,陛下诚以恩洽其心,彼必能为朝廷尽死。"上悦其言,始用安禄山。至是,诸道节度使尽用胡人,精兵咸戍北边,天下之势偏重，卒使禄山倾覆天下，皆出于林甫专宠固位之谋也。

七载夏六月庚子，赐安禄山铁券。

九载夏五月乙卯，赐安禄山爵东平郡王。唐将帅封王自此始。秋八月丁巳，以安禄山兼河北道采访处置使。

安禄山屡诱奚、契丹，为设会，饮以莨菪酒，醉而坑之，动数千人，函其酋长之首以献，前后数四。至是，请入朝，上命有司先为起第于昭应。禄山至戏水，杨钊兄弟姊妹皆往迎之，冠盖蔽野，上自幸望春宫以待之。冬十月辛未，禄山献奚俘八千人，上命考课之日书上上考。前此听禄山于上谷铸钱五垆，禄山乃献钱样千缗。

十载春正月，上命有司为安禄山起第于亲仁坊，敕令但穷壮丽，不限财力。既成，具幄帟器皿，充牣其中，有帖白檀床二，皆长丈，阔六尺；银平脱屏风，帐一方一丈八尺。于厨厩之物皆饰以金银，金饭罂二，银淘盆二，皆受五斗；织银丝筐及笊篱各一，他物称是。虽禁中服御之物，殆不及也。上每令中使为禄山护役、筑第及造储偫赐物，常戒之曰："胡眼大，勿令笑我。"

禄山入新第，置酒，乞降墨敕请宰相至第。是日，上欲于楼下击毬，遽为罢戏，命宰相赴之。日遣诸杨与之选胜游宴，侑以梨园教坊乐。上每食一物稍美，或后苑校猎获鲜禽，辄遣中使走马赐之，络绎于路。

甲辰，禄山生日，上及贵妃赐衣服、宝器、酒馔甚厚。后三日，召禄山入禁中，贵妃以锦绣为大襁褓，裹禄山，使宫人以彩舆舁之。上闻后宫喧笑，问其故，左右以贵妃三日洗禄儿对。上自往观之，喜，赐贵妃洗儿金银钱，复厚赐禄山，尽欢而罢。自是禄山出入宫掖不禁，或与贵妃对食，或通宵不出，颇有丑声于外，上亦不疑也。

安禄山求兼河东节度，二月丙辰，以河东节度使韩休珉为左羽林将军，以禄山代之。户部郎中吉温见禄山有宠，又附之，约为兄弟。说禄山曰："李右(丞)相虽以时事亲三兄，必不肯以兄为相，温虽蒙驱使，终不得超擢。兄若荐温于上，温即奏兄堪大任，共排林甫出之，为相必矣。"禄山悦其言，数称温才于上，上亦忘曩日之言。会禄山领河东，因奏温为节度副使、知留后，以大理司直张通儒为留后判官，河东事悉以委之。

是时，杨国忠为御史中丞，方承恩用事。禄山登降殿阶，国忠常扶掖之。

禄山与王鉷俱为大夫，鉷权任亚于李林甫。禄山见林甫，礼貌颇倨。林甫阳以他事召王大夫，鉷至，趋拜甚谨。禄山不觉自失，容貌益恭。林甫与禄山语，每揣知其情，先言之，禄山惊服。禄山于公卿皆慢侮之，独惮林甫，每见，虽盛冬，常汗沾衣。林甫乃引与坐于中书厅，抚以温言，自解披袍以覆之。禄山忻荷，言无不尽，谓林甫为"十郎"。既归范阳，刘骆谷每自长安来，必问"十郎何言"？得美言则喜；或但云"语安大夫，须好检校"，辄反手据床曰："噫嘻，我死矣！"

禄山既兼领三镇，赏刑己出，日益骄恣。自以曩时不拜太子，见上春秋高，颇内惧。又见武备堕弛，有轻中国之心。孔目官严庄、掌书记高尚因为之解图谶，劝之作乱。

禄山养同罗、奚、契丹降者八千余人，谓之"曳落河"。曳落河者，胡言壮士也。及家僮百余人，皆骁勇善战，一可当百。又畜战马数万匹，多聚兵仗，分遣商胡诣诸道贩鬻，岁输珍货数百万。私作绯紫袍、鱼袋，以百万计。以高尚、严庄、张通儒及将军孙孝哲为腹心，史思明、安守忠、李归仁、蔡希德、牛廷玠、向润容、李庭望、崔乾祐、尹子奇、何千年、武令珣、能元皓、田承嗣、田乾真、阿史那承庆为爪牙。尚，雍奴人，本名不危，颇有辞学，薄游河朔，贫困不得志，常叹曰："高不危当举大事而死，岂能啮草根求活邪！"禄山引置幕府，出入卧内。尚典笺奏，庄治簿书。通儒，万岁之子；孝哲，契丹也。承嗣世为卢龙小校，禄山以为前锋兵马使，治军严整。尝大雪，禄山按行诸营，至承嗣营，寂若无人，入阅士卒，无一人不在者，禄山以是重之。

十一载冬十二月甲申，以平卢兵马使史思明兼北平太守，充卢龙军使。

哥舒翰素与安禄山、安思顺不协，上常和解之，使为兄弟。是冬，三人俱入朝，上使高力士宴之于城东。禄山谓翰曰："我父胡，母突厥，公父突厥，母胡，族类颇同，何得不相亲？"翰曰："古人云'狐向窟嗥，不祥'，为其忘本故也。兄苟见亲，翰敢不尽心。"禄山以为讥其胡也，大怒，骂翰曰："突厥敢尔！"翰欲应之，力士目翰，翰乃止，阳醉而散。自是为怨愈深。

十二载夏五月，阿布思为回纥所破，安禄山诱其部落而降之，由是禄山精兵，天下莫及。

安禄山以李林甫狡猾逾己，故畏服之。及杨国忠为相，禄山视之蔑如也，由是有隙。国忠屡言禄山有反状，上不听。杨国忠欲厚结翰与共排安禄山，奏以翰兼河西节度使。秋八月戊戌，赐翰爵西平郡王。

十三载春正月己亥，禄山入朝。是时杨国忠言禄山必反，且曰："陛下试召之，必不来。"上使召之，禄山闻命即至。庚子，见上于华清宫，泣曰："臣本胡人，陛下宠擢至此，为国忠所疾，臣死无日矣。”上怜之，赏赐巨万。由是益亲信禄山，国忠之言不能入矣。太子亦知禄山必反，言于上，上不听。上欲加安禄山同平章事，已令张垍草制，杨国忠谏曰：“禄山虽有军功，目不知书，岂可为宰相！制书若下，恐四夷轻唐。”上乃止。己巳，加禄山左仆射，赐一子三品，一子四品官。

安禄山求兼领闲厩、群牧。庚申，以禄山为闲厩、陇右群牧等使。禄山又求兼总监；壬戌，兼知总监事。禄山奏以御史中丞吉温为武部侍郎，充闲厩副使，杨国忠由是恶温。禄山密遣亲信选健马堪战者数千匹，别饲之。

二月己丑，安禄山奏：“臣所部将士讨奚、契丹、九姓同罗等，勋效甚多，乞不拘常格，超资加赏，仍好写告身付臣军授之。”于是除将军者五百余人，中郎将者二千余人。禄山欲反，故先以此收众心也。

三月丁酉朔，禄山辞归范阳，上解御衣以赐之，禄山受之惊喜。恐杨国忠奏留之，疾驱出关。乘船沿河而下，令船夫执绳板立于岸侧，十五里一更，昼夜兼行数百里，过郡县不下船。自是有言禄山反者，上皆缚送之，由是人皆知其将反，无敢言者。

禄山之发长安也，上令高力士饯之长乐坂。及还，上问：“禄山慰意乎？”对曰：“观其意怏怏，必知欲命为相而中止故也。”上以告国忠，曰：“此议他人不知，必张垍兄弟告之也。”上怒，贬张均为建安太守，垍为卢溪司马，弟给事中埱为宜春司马。

十四载春二月辛亥，安禄山使副将何千年入奏，请以蕃将三十二人代汉将，上命立进画，给告身。韦见素谓杨国忠曰：“禄山久有异志，今又有此请，其反明矣。明日见素当极言；上未允，公其继之。”国忠许诺。壬子，国忠、见素入见，上迎谓曰：“卿等有疑禄山之意邪?”见素因极言“禄山反已有迹,所请不可许”。上不悦。国忠逡巡不敢言,上竟从禄山之请。他日,国忠、见素言于上曰:“臣有策可坐消禄山之谋。今若除禄山平章事,召诣阙,以贾循为范阳节度使,吕知诲为平卢节度使,杨光翙为河东节度使,则势自分矣。”上从之。已草制,上留不发,更遣中使辅璆琳以珍果赐禄山,潜察其变。璆琳受禄山厚赂,还,盛言“禄山竭忠奉国,无有二心”。上谓国忠等曰:“禄山,朕推心待之,必无异志。东北二虏,藉其镇遏。朕自保之,卿等勿忧也。”事遂寝。

安禄山归至范阳,朝廷每遣使者至,皆称疾不出迎,盛陈武备,然后见之。裴士淹至范阳,二十余日乃得见,无复人臣礼。杨国忠日夜求禄山反状,使京兆尹围其第,捕禄山客李超等,送御史台狱,潜杀之。禄山子庆宗尚宗女荣义郡主,供奉在京师,密报禄山,禄山愈惧。六月,上以其子成婚,手诏召禄山观礼,禄山辞疾不至。秋七月,禄山表献马三千匹,每匹执控夫二人,遣蕃将二十二人部送。河南尹达奚珣疑有变,奏请谕禄山,以“进车马宜俟至冬,官自给夫,无烦本军”。于是上稍寤,始有疑禄山之意。会辅璆琳受赂事亦泄,上托以他事,扑杀之。上遣中使冯神威赍手诏谕禄山,如珣策,且曰:“朕新为卿作一汤,十月于华清宫待卿。”神威至范阳宣旨,禄山踞床微起,亦不拜,曰:“圣人安稳。”又曰:“马不献亦可,十月灼然诣京师。”即令左右引神威置馆舍,不复见;数日,遣还,亦无表。神威还,见上泣曰:“臣几不得见大家。”

安禄山专制三道,阴蓄异志,殆将十年,以上待之厚,欲俟上晏驾然后作乱。会杨国忠与禄山不相悦,屡言禄山且反,上不听,国忠数以事激之,欲其速反以取信于上。禄山由是决意遽反，独与孔目官太仆丞严庄、掌书记屯田员外郎高尚、将军阿史那承庆密谋，自余将佐皆莫之知，但怪其自八月以来，屡飨士卒，秣马厉兵而已。会有奏事官自京师还，禄山诈为敕书，悉召诸将示之曰："有密旨，令禄山将兵入朝讨杨国忠，诸君宜即从军。"众愕然相顾，莫敢异言。十一月甲子，禄山发所部兵及同罗、奚、契丹、室韦凡十五万众，号二十万，反于范阳。命范阳节度副使贾循守范阳，平卢节度副使吕知诲守平卢，别将高秀岩守大同，诸将皆引兵夜发。

诘朝，禄山出蓟城南，大阅誓众，以讨杨国忠为名，榜军中曰："有异议扇动军人者，斩及三族。"于是引兵而南。禄山乘铁舆，步骑精锐，烟尘千里，鼓噪震地。时海内久承平，百姓累世不识兵革，猝闻范阳兵起，远近震骇。河北皆禄山统内，所过州县望风瓦解，守令或开门出迎，或弃城窜匿，或为所擒戮，无敢拒之者。禄山先遣将军何千年、高邈将奚骑二十，声言献射生手，乘驿诣太原。乙丑，北京副留守杨光翙出迎，因劫之以去。太原具言其状。东受降城亦奏禄山反。上犹以为恶禄山者诈为之，未之信也。

庚午，上闻禄山定反，乃召宰相谋之。杨国忠扬扬有得色，曰："今反者独禄山耳，将士皆不欲也，不过旬日，必传首诣行在。"上以为然，大臣相顾失色。上遣特进毕思琛诣东京，金吾将军程千里诣河东，各简募数万人，随便团结以拒之。辛未，安西节度使封常清入朝，上问以讨贼方略，常清大言曰："今太平积久，故人望风惮贼。然事有逆顺，势有奇变，臣请走马诣东京，开府库，募骁勇，挑马箠渡河，计日取逆胡之首献阙下。"上悦，壬申，以常清为范阳、平卢节度使。常清即日乘驿诣东京募兵，旬日，得六万人，乃断河阳桥，为守御之备。

甲戌，禄山至博陵南，何千年等执杨光翙见，禄山责光翙以附杨国忠，斩之以徇。禄山使其将安忠志将精兵军土门。忠志，奚人，禄山养为假子。又以张献诚摄博陵太守。献诚，守珪之子也。

禄山至藁城，常山太守颜杲卿力不能拒，与长史袁履谦往迎之。禄山辄赐杲卿金紫，质其子弟，使仍守常山。又使其将李钦凑将兵数千人守井陉口，以备西来诸军。杲卿归途中，指其衣谓履谦曰："何为著此？"履谦悟其意，乃阴与杲卿谋起兵讨禄山。杲卿，思鲁之玄孙也。

丙子，斩太仆卿安庆宗，赐荣义郡主自尽。以朔方节度使安思顺为户部尚书，思顺弟元贞为太仆卿。以朔方右厢兵马使、九原太守郭子仪为朔方节度使，右羽林大将军王承业为太原尹。置河南节度使，领陈留等十三郡，以卫尉卿猗氏张介然为之。以程千里为潞州长史。诸郡当贼冲者，始置防御使。

丁丑，以荣王琬为元帅，右金吾大将军高仙芝副之，统诸军东征。出内府钱帛，于京师募兵十一万，号曰"天武军"，旬日而集，皆市井子弟也。

十二月丙戌，高仙芝将飞骑、彍骑及新募兵、边兵在京师者合五万人，发长安。上遣宦者监门将军边令诚监其军，屯于陕。

丁亥，安禄山自灵昌渡河，以絙约败船及草木横绝河流，一夕，冰合如浮梁，遂陷灵昌郡。禄山步骑散漫，人莫知其数，所过残灭。张介然至陈留才数日，禄山至，授兵乘城，众恟惧，不能守。庚寅，太守郭纳以城降。禄山入北郭，闻安庆宗死，恸哭曰："我何罪而杀我子！"时陈留将士降者夹道，近万人，禄山皆杀之，以快其忿。斩张介然于军门。以其将李庭望为节度使，守陈留。

壬辰，上下制欲亲征，其朔方、河西、陇右兵留守城堡之外，皆赴行营，令节度使自将之，期二十日毕集。

初，平原太守颜真卿知禄山且反，因霖雨，完城浚壕，料丁壮，实仓廪。禄山以其书生，易之。及禄山反，牒真卿以平原、博平兵七千人防河津，真卿遣平原司兵李平间道奏之。上始闻禄山反，河北郡县皆风靡，叹曰："二十四郡，曾无一人义士邪！"及平至，大喜曰："朕不识颜真卿作何状，乃能如是！"真卿使亲客密怀购贼牒诣诸郡，由是诸郡多应者。真卿，杲卿之从弟也。

安禄山引兵向荥阳，太守崔无诐拒之，士卒乘城者，闻鼓角声，自坠如雨。癸巳，禄山陷荥阳，杀无诐，以其将武令珣守之。

禄山声势益张，以其将田承嗣、安忠志、张孝忠为前锋。封常清所募兵皆白徒，未更训练，屯武牢以拒贼，贼以铁骑蹂之，官军大败。常清收余众战于葵园，又败，战上东门内，又败。丁酉，禄山陷东京，贼鼓噪自四门入，纵兵杀掠。常清战于都亭驿，又败，退守宣仁门，又败，乃自苑西坏墙西走。

河南尹达奚珣降于禄山。留守李憕谓御史中丞卢奕曰："吾曹荷国重任，虽知力不敌，必死之。"奕许诺。憕收残兵数百欲战，皆弃憕溃去，憕独坐府中。奕先遣妻子怀印间道走长安，朝服坐台中，左右皆散。禄山屯于闲厩，使人执憕、奕及采访判官蒋清，皆杀之。奕骂禄山，数其罪，顾贼党曰："凡为人当知逆顺。我死不失节，夫复何恨。"憕，文水人；奕，怀慎之子；清，钦绪之子也。禄山以其党张万顷为河南尹。

封常清帅余众至陕，陕郡太守窦廷芝已奔河东，吏民皆散。

常清谓高仙芝曰："常清连日血战，贼锋不可当。且潼关无兵，若贼豕突入关，则长安危矣。陕不可守，不如引兵先据潼关以拒之。"仙芝乃帅见兵西趣潼关。贼寻至，官军狼狈走，无复部伍，士马相腾践，死者甚众。至潼关，修完守备，贼至，不得入而去。禄山使其将崔乾祐屯陕，临汝、弘农、济阴、濮阳、云中郡皆降于禄山。是时，朝廷征兵诸道，皆未至，关中恟惧。会禄山方谋称帝，留东京不进，故朝廷得为之备，兵亦稍集。

禄山以张通儒之弟通晤为睢阳太守，与陈留长史杨朝宗将胡骑千余东略地，郡县官多望风降走，惟东平太守嗣吴王祗、济南太守李随起兵拒之。祗，祎之弟也。郡县之不从贼者，皆倚吴王为名。单父尉贾贲帅吏民南击睢阳，斩张通晤。李庭望引兵欲东徇地，闻之，不敢进而还。

上议亲征，太子监国，杨国忠使贵妃请命，事遂寝。事见杨氏之宠。

颜真卿召募勇士，旬日，至万余人，谕以举兵讨安禄山，继以涕泣，士皆感愤。禄山使其党段子光赍李憕、卢奕、蒋清首徇河北诸郡，至平原，壬寅，真卿执子光腰斩以徇。取三人首，续以蒲身，棺敛葬之，祭哭受吊。禄山以海运使刘道玄摄景城太守，清池尉贾载、盐山尉河内穆宁共斩道玄，得其甲仗五十余船，携道玄首谒长史李暐。暐收严庄宗族，悉诛之。是日，送道玄首至平原。真卿召载、宁及清河尉张澹诣平原计事。饶阳太守卢全诚据城不受代，河间司法李奂杀禄山所署长史王怀忠，李随遣游弈将訾嗣贤济河，杀禄山所署博平太守马冀，各有众数千或万人，共推真卿为盟主，军事皆禀焉。禄山使张献诚将上谷、博陵、常山、赵郡、文安五郡团结兵万人围饶阳。

高仙芝之东征也，监军边令诚数以事干之，仙芝多不从。令诚入奏事，具言仙芝、常清挠败之状，且云："常清以贼摇众，而仙芝弃陕地数百里，又盗减军士粮赐。"上大怒，癸卯，遣令诚赍敕即军中斩仙芝及常清。初，常清既败，三遣使奉表陈贼形势，上皆不之见。常清乃自驰诣阙，至渭南，敕削其官爵，令还仙芝军，白衣自效。常清草遗表曰："臣死之后，望陛下不轻此贼，无忘臣言。"时朝议皆以为禄山狂悖，不日授首，故常清云然。令诚至潼关，先引常清，宣敕示之，常清以表附令诚上之。常清既死，陈尸蘧除。仙芝还，至听事，令诚索陌刀手百余人自随，乃谓仙芝曰："大夫亦有恩命。"仙芝遽下，令诚宣敕。仙芝曰："我遇敌而退，死则宜矣。今上戴天，下履地，谓我盗减粮赐则诬也。"时士卒在前皆大呼称枉，其声振地。遂斩之，以将军李承光摄领其众。

河西、陇右节度使哥舒翰病废在家，上藉其威名，且素与禄山不协，召见，拜兵马副元帅，将兵八万以讨禄山。仍敕天下四面进兵，会攻洛阳。翰以疾固辞，上不许，以田良丘为御史中丞、充行军司马，起居郎萧昕为判官，蕃将火拔归仁等各将部落以从，并仙芝旧卒，号二十万，军于潼关。翰病，不能治事，悉以军政委田良丘。良丘复不敢专决，使王思礼主骑，李承光主步，二人争长，无所统壹。翰用法严而不恤，士卒皆解弛，无斗志。

安禄山大同军使高秀岩寇振武军，朔方节度使郭子仪击败之。

颜杲卿将起兵，参军冯虔、前真定令贾深、藁城尉崔安石、郡人翟万德、内丘丞张通幽皆预其谋。又遣人语太原尹王承业，密与相应。会颜真卿自平原遣杲卿甥卢逖潜告杲卿，欲连兵断禄山归路，以缓其西入之谋。时禄山遣其金吾将军高邈诣幽州征兵,未还,杲卿以禄山命召李钦凑,使帅众诣郡受犒赉。丙午薄暮,钦凑至,杲卿使袁履谦、冯虔等携酒食妓乐往劳之,并其党皆大醉,乃断钦凑首,收其甲兵,尽缚其党,明日,斩之,悉散井陉之众。有顷,高邈自幽州还,且至藁城,杲卿使冯虔往擒之;南境又白何千年自东京来,崔安石与翟万德驰诣醴泉驿迎千年,又擒之,同日致于郡下。千年谓杲卿曰:"今太守欲输力王室,既善其始,当慎其终。此郡应募乌合,难以临敌,宜深沟高垒,勿与争锋。俟朔方军至,并力齐进,传檄赵、魏,断燕、蓟要膂,彼则成擒矣。今且宜声云,'李光弼引步骑一万出井陉',因使人说张献诚云:'足下所将多团练之人,无坚甲利兵,难以当山西劲兵,'献诚必解围遁去,此亦一奇也。"杲卿悦,用其策,献诚果遁去,其团练兵皆溃。杲卿乃使人入饶阳城,慰劳将士。命崔安石等徇诸郡云:"大军已下井陉,朝夕当至,先平河北诸郡。先下者赏,后至者诛。"于是河北诸郡响应,凡十七郡皆归朝廷,兵合二十余万。其附禄山者,唯范阳、卢龙、密云、渔阳、汲、邺六郡而已。

杲卿又密使人入渔阳招贾循,郏城人马燧说循曰:"禄山负恩悖逆,虽得洛阳,终归夷灭。公若诛诸将之不从命者,以范阳归国,倾其根柢,此不世之功也。"循然之,犹豫不时发。别将牛润容知之,以告禄山,禄山使其党韩朝阳召循。朝阳至渔阳,引循屏语,使壮士缢杀之,灭其族;以别将牛廷玠知范阳军事。史思明、李立节将蕃、汉步骑万人击博陵、常山。马燧亡入西山,隐者徐遇匿之,得免。

初,禄山自将欲攻潼关,至新安,闻河北有变而还。蔡希德将兵万人自河内北击常山。

肃宗至德元载春正月乙卯朔,禄山自称大燕皇帝,改元圣武，以达奚珣为侍中，张通儒为中书令，高尚、严庄为中书侍郎。

李随至睢阳，有众数万。丙辰，以随为河南节度使，以前高要尉许远为睢阳太守兼防御使。濮阳客尚衡起兵讨禄山，以郡人王栖曜为衙前总管，攻拔济阴，杀禄山将邢超然。

颜杲卿使其子泉明、贾深、翟万德献李钦凑首及何千年、高邈于京师。张通幽泣请曰："通幽兄陷贼，乞与泉明偕行，以救宗族。"杲卿哀而许之。至太原，通幽欲自托于王承业，乃教之留泉明等，更其表，多自为功，毁短杲卿，别遣使献之。杲卿起兵才八日，守备未完，史思明、蔡希德引兵皆至城下。杲卿告急于承业，承业既窃其功，利于城陷，遂拥兵不救。杲卿昼夜拒战，粮尽矢竭，壬戌，城陷。贼纵兵杀万余人，执杲卿及袁履谦等送洛阳。王承业使者至京师，玄宗大喜，拜承业羽林大将军，麾下受官爵者以百数。征颜杲卿为卫尉卿，朝命未至，常山已陷。

杲卿至洛阳，禄山数之曰："汝自范阳功曹，我奏汝为判官，不数年超至太守，何负于汝而反邪？"杲卿瞋目骂曰："汝本营州牧羊羯奴，天子擢汝为三道节度使，恩幸无比，何负于汝而反？我世为唐臣，禄位皆唐有，虽为汝所奏，岂从汝反邪！我为国讨贼，恨不斩汝，何谓反也。臊羯狗，何不速杀我。"禄山大怒，并袁履谦等缚于中桥之柱而冎之。杲卿、履谦比死，骂不虚口。颜氏一门死于刀锯者三十余人。

史思明、李立节、蔡希德既克常山，引兵击诸郡之不从者，所过残灭，于是邺、广平、钜鹿、赵、上谷、博陵、文安、魏、信都等郡复为贼守。饶阳太守卢全诚独不从，思明等围之。河间司法李奂将七千人，景城长史李暐遣其子祀将八千人救之，皆为思明所败。

上命郭子仪罢围云中，还朔方，益发兵进取东京。选良将一人分兵先出井陉，定河北。子仪荐李光弼，癸亥，以光弼为河东节度使，分朔方兵万人与之。甲子，加哥舒翰左仆射、同平章事。

乙丑，安禄山遣其子庆绪寇潼关，哥舒翰击却之。

己巳，加颜真卿户部侍郎兼本郡防御使。真卿以李暐为副。

二月丙戌，加李光弼魏郡太守、河北道采访使。

史思明等围饶阳，二十九日不下，李光弼将蕃、汉步骑万余人、太原弩手三千人出井陉。己亥，至常山，常山团练兵三千人杀胡兵，执安思义出降。光弼谓思义曰："汝自知当死否？"思义不应。光弼曰："汝久更陈行，视吾此众，可敌思明否？今为我计当如何？汝策可取，当不杀汝。"思义曰："大夫士马远来疲弊，猝遇大敌，恐未易当，不如移军入城，早为备御，先料胜负，然后出兵。胡骑虽锐，不能持重，苟不获利，气沮心离，于时乃可图矣。思明今在饶阳，去此不二百里，昨暮羽书已去，计其先锋来晨必至，而大军继之，不可不留意也。"光弼悦，释其缚，即移军入城。史思明闻常山不守，立解饶阳之围。明日未旦，先锋已至，思明等继之，合二万余骑，直抵城下。光弼遣步卒五千自东门出战，贼守门不退。光弼命五百弩于城上齐发射之，贼稍却。乃出弩手千人，分为四队，使其矢发〔发〕相继，贼不能当，敛军道北。光弼出兵五千，为枪城于道南，夹滹沱水而陈。贼数以骑兵搏战，光弼之兵射之，人马中矢者太半，乃退小憩，以俟步兵。有村民告贼步兵五千自饶阳来，昼夜行百七十里，至九门南逢壁度，憩息。光弼遣步骑各二千，匿旗鼓，并水潜行，至逢壁，贼方饭，纵兵掩击，杀之无遗。思明闻之，失势，退入九门。时常山九县，七附官军，惟九门、藁城为贼所据。光弼遣裨将张奉璋以兵五百成石邑，余皆三百人戍之。

上以吴王祗为灵昌太守、河南都知兵马使。贾贲前至雍丘，有众二千。先是，谯郡太守杨万石以郡降安禄山，逼真源令河东张巡使为长史，西迎贼。巡至真源，帅吏民哭于玄元皇帝庙，起兵讨贼，吏民乐从者数千人。巡选精兵千人，西至雍丘，与贾贲合。

初，雍丘令令狐潮以县降贼，贼以为将，使东击淮阳救兵于襄邑。破之，俘百余人，拘于雍丘，将杀之，往见李庭望。淮阳兵遂杀守者，潮弃妻子走，故贾贲得以其间入雍丘。庚子，潮引贼精兵攻雍丘，贲出战，败死。张巡力战却贼，因兼领贲众，自称吴王先锋使。

三月乙卯，潮复与贼将李怀仙、杨朝宗、谢元同等四万余众奄至城下，众惧，莫有固志。巡曰："贼兵精锐，有轻我心。今出其不意击之，彼必惊溃。贼势小折，然后城可守也。"乃使千人乘城，自帅千人，分数队，开门突出。巡身先士卒，直冲贼陈，人马辟易，贼遂退。明日，复进攻城，设百炮环城，楼堞皆尽，巡于城上立木栅以拒之。贼蚁附而登，巡束蒲灌脂，焚而投之，贼不得上。时伺贼隙，出兵击之，或夜缒斫营，积六十余日，大小三百余战，带甲而食，裹疮复战，贼遂败走。巡乘胜追之，获胡兵二千人而还，军声大振。

初，户部尚书安思顺知禄山反谋，因入朝奏之。及禄山反，上以思顺先奏，不之罪也。哥舒翰素与之有隙，使人诈为禄山遗思顺书，于关门擒之以献，且数思顺七罪，请诛之。丙辰，思顺及弟太仆卿元贞皆坐死，家属徙岭外。杨国忠不能救，由是始畏翰。

郭子仪至朔方，益选精兵，戊午，进军于代。

戊辰，吴王祗击谢元同，走之，拜陈留太守、河南节度使。

壬午，以河东节度使李光弼为范阳长史、河北节度使。加颜真卿河北采访使。真卿以张澹为支使。先是，清河客李萼，年二十余，为郡人乞师于真卿曰："公首唱大义，河北诸郡恃公以为长城。今清河，公之西邻，国家平日聚江、淮、河南钱帛于彼以赡北军，谓之'天下北库'，今有布三百余万匹，帛八十余万匹，钱三十余万缗，粮三十余万斛。昔讨默啜，甲兵皆贮清河库，今有五十余万事。户七万，口十余万。窃计财足以三平原之富，兵足以倍平原之强。公诚资以士卒，抚而有之，以二郡为腹心，则余郡如四支，无不随所使矣。"真卿曰："平原兵新集，尚未训练，自保恐不足，何暇及邻。虽然，借若诸子之请，则将何为乎？"萼曰："清河遣仆衔命于公者，非力不足而借公之师以尝寇也，亦欲观大贤之明义耳。今仰瞻高意，未有决辞定色，仆何敢遽言所为哉。"真卿奇之，欲与之兵，众以为萼年少轻虏，徒分兵力，必无所成，真卿不得已，辞之。萼就馆，复为书说真卿，以为："清河去逆效顺，奉粟帛器械以资军，公乃不纳而疑之。仆回辕之后，清河不能孤立，必有所系托，将为公西面之强敌，公能无悔乎？"真卿大惊，遽诣其馆，以兵六千借之，送至境，执手别。真卿问曰："兵已行矣，可以言子之所为乎？"萼曰："闻朝廷遣程千里将精兵十万出崞口讨贼，贼据险拒之，不得前。今当引兵先击魏郡，执禄山所署太守袁知泰，纳旧太守司马垂，使为西南主人。分兵开崞口，出千里之师，因讨汲、邺以北至于幽陵郡县之未下者。平原、清河帅诸同盟，合兵十万，南临孟津，分兵循河，据守要害，制其北走之路。计官军东讨者不下二十万，河南义兵西向者亦不减十万，公但当表朝廷坚壁勿战，不过月余，贼必有内溃相图之变矣。”真卿曰：“善。”命录事参军李择交及平原令范冬馥将其兵，会清河兵四千及博平兵千人军于堂邑西南。袁知泰遣其将白嗣(恭)〔深〕等将二万余人来逆战，三郡兵力战尽日，魏兵大败，斩首万余级，捕虏千余人，得马千匹，军资甚众。知泰奔汲郡，遂克魏郡，军声大振。

时北海太守贺兰进明亦起兵，真卿以书召之并力。进明将步骑五千渡河，真卿陈兵逆之，相揖，哭于马上，哀动行伍。进明屯平原城南，休养士马，真卿每事咨之，由是军权稍移于进明矣，真卿不以为嫌。真卿以堂邑之功让进明，进明奏其状，取舍任意。敕加进明河北招讨使，择交、冬馥微进资级，清河、博平有功者皆不录。进明攻信都郡，久之不克。录事参军长安第五琦劝进明厚以金帛募勇士，遂克之。

李光弼与史思明相守四十余日，思明绝常山粮道。城中乏草，马食荐藉。光弼以车五百乘之石邑取草，将车者皆衣甲，弩手千人卫之，为方陈而行，贼不能夺。蔡希德引兵攻石邑，张奉璋拒却之。光弼遣使告急于郭子仪，子仪引兵自井陉出，夏四月壬辰，至常山，与光弼合，蕃、汉步骑共十余万。甲午，子仪、光弼与史思明等战于九门城南，思明大败。中郎将浑瑊射李立节，杀之。瑊，释之之子也。思明收余众奔赵郡，蔡希德奔钜鹿。思明自赵郡如博陵，时博陵已降官军，思明尽杀郡官。河朔之民苦贼残暴，所在屯结，多至二万人，少者万人，各为营以拒贼。及郭、李军至，争出自效。庚子，攻赵郡，一日，城降。士卒多虏掠，光弼坐城门，收所获，悉归之，民大悦。子仪生擒四千人，皆舍之，斩禄山太守郭献璆。光弼进围博陵，十日不拔，引兵还恒阳就食。

安禄山使平卢节度使吕知诲诱安东副大都护马灵詧，杀之。平卢游弈使武陟刘客奴、先锋使董秦及安东将王玄志同谋讨诛知诲，遣使逾海与颜真卿相闻，请取范阳以自效。真卿遣判官贾载赍粮及战士衣助之。真卿时惟一子颇，才十余岁，使诣客奴为质。朝廷闻之，以客奴为平卢节度使，赐名正臣；玄志为安东副大都护，董秦为平卢兵马使。

南阳节度使鲁炅立栅于滍水之南，安禄山将武令珣、毕思琛攻之。五月丁巳，炅众溃，走保南阳，贼就围之。太常卿张垍荐夷陵太守虢王巨有勇略，上征吴王祗为太仆卿，以巨为陈留谯郡太守、河南节度使，兼统岭南节度使何履光、黔中节度使赵国珍、南阳节度使鲁炅。国珍，本牂柯夷也。戊辰，巨引兵自蓝田出趣南阳，贼闻之，解围走。

令狐潮复引兵攻雍丘。潮与张巡有旧，于城下相劳苦如平生。潮因说巡曰："天下事去矣，足下坚守危城，欲谁为乎？"巡曰："足下平生以忠义自许，今日之举，忠义何在？"潮惭而退。

郭子仪、李光弼还常山，史思明收散卒数万踵其后。子仪选骁骑更挑战，三日至行唐，贼疲，乃退。子仪乘之，又败之于沙河。蔡希德至洛阳，安禄山复使将步骑二万人北就思明。又使牛廷玠发范阳等郡兵万余人助思明，合五万余人，而同罗、曳落河居五分之一。子仪至恒阳，思明随至，子仪深沟高垒以待之，贼来则守，去则追之，昼则耀兵，夜斫其营，贼不得休息。数日，子仪、光弼议曰："贼倦矣，可以出战。"壬午，战于嘉山，大破之，斩首四万级，捕虏千余人。思明坠马，露髻跣足步走，至暮，杖折枪归营，奔于博陵。光弼就围之，军声大振，于是河北十余郡皆杀贼守将而降。

渔阳路再绝，贼往来者皆轻骑窃过，多为官军所获，将士家在渔阳者，无不摇心。禄山大惧，召高尚、严庄诟之曰："汝数年教我反，以为万全。今守潼关，数月不能进，北路已绝，诸军四合，吾所有者止汴、郑数州而已，万全何在？汝自今勿来见我。"尚、庄惧，数日不敢见。田乾真自关下来，为尚、庄说禄山曰："自古帝王经营大业，皆有胜败，岂能一举而成。今四方军垒虽多，皆新募乌合之众，未更行陈，岂能敌我蓟北劲锐之兵，何足深忧！尚、庄皆佐命元勋，陛下一旦绝之，使诸将闻之，谁不内惧？若上下离心，臣窃为陛下危之。"禄山喜曰："阿浩，汝能豁我心事。"即召尚、庄，置酒酣宴，自为之歌以侑酒，待之如初。阿浩，乾真小字也。禄山议弃洛阳，走归范阳，计未决。

是时天下以杨国忠骄纵召乱，莫不切齿。又禄山起兵以诛国忠为名，王思礼密说哥舒翰，使抗表请诛国忠，翰不应。思礼又请以三十骑劫取以来，至潼关杀之。翰曰："如此，乃翰反，非禄山也。"或说国忠："今朝廷重兵尽在翰手，翰若援旗西指，于公岂不危哉！"国忠大惧，乃奏："潼关大军虽盛，而后无继，万一失利，京师可忧。请选监牧小儿三千于苑中训练。"上许之，使剑南军将李福德等领之。又募万人屯灞上，令所亲杜乾运将之，名为御贼，实备翰也。翰闻之，亦恐为国忠所图，乃表请灞上军隶潼关。六月癸未，召杜乾运诣关白事，斩之，国忠益惧。

会有告崔乾祐在陕，兵不满四千，皆羸弱无备，上遣使趣哥舒翰进兵复陕、洛。翰奏曰："禄山久习用兵，今始为逆，岂肯无备。是必羸师以诱我，若往，正堕其计中。且贼远来，利在速战，官军据险以扼之，利在坚守。况贼残虐失众，兵势日蹙，将有内变，因而乘之，可不战擒也。要在成功，何必务速。今诸道征兵尚多未集，请且待之。”郭子仪、李光弼亦上言：“请引兵北取范阳，覆其巢穴，质贼党妻子以招之，贼必内溃。潼关大军，惟应固守以弊之，不可轻出。”国忠疑翰谋己，言于上，以贼方无备，而翰逗留，将失机会。上以为然，续遣中使趣之，项背相望。翰不得已，抚膺恸哭，丙戌，引兵出关。

己丑，遇崔乾祐之军于灵宝西原。乾祐据险以待之，南薄山，北阻河，隘道七十里。庚寅，官军与乾祐会战，乾祐伏兵于险，翰与田良丘浮舟中流以观军势，见乾祐兵少，趣诸军使进。王思礼等将精兵五万居前，庞忠等将余兵十万继之，翰以兵三万登河北阜望之，鸣鼓以助其势。乾祐所出兵不过万人，什什伍伍，散如列星，或疏或密，或前或却，官军望而笑之。乾祐严精兵，陈于其后。兵既交，贼偃旗如欲遁者，官军懈，不为备。须臾，伏兵发，贼乘高下木石，击杀士卒甚众。道隘，士卒如束，枪槊不得用。翰以毡车驾马为前驱，欲以冲贼。日过中，东风暴急，乾祐以草车数十乘塞毡车之前，纵火焚之。烟焰所被，官军不能开目，妄自相杀，谓贼在烟中，聚弓弩而射之，日暮矢尽，乃知无贼。乾祐遣同罗精骑自南山过，出官军之后击之，官军首尾骇乱，不知所备，于是大败，或弃甲窜匿山谷，或相挤排入河溺死，嚣声振天地，贼乘胜蹙之。后军见前军败，皆自溃，河北军望之亦溃，瞬息间两岸皆空。翰独与麾下百余骑走，自首阳山西渡河入关。关外先为三堑，皆广二丈，深丈，人马坠其中，须臾而满，余众践之以度，士卒得入关者才八千余人。辛卯，乾祐进攻潼关，克之。

翰至关西驿，揭榜收散卒，欲复守潼关。蕃将火拔归仁等以百余骑围驿，入谓翰曰："贼至矣，请公上马。"翰上马出驿，归仁帅众叩头曰："公以二十万众一战弃之，何面目复见天子！且公不见高仙芝、封常清乎？请公东行。"翰不可，欲下马，归仁以毛縻其足于马腹，及诸将不从者，皆执之以东。会贼将田乾真已至，遂降之，俱送洛阳。安禄山问翰曰："汝常轻我，今定何如？"翰伏地对曰："臣肉眼，不识圣人。今天下未平，李光弼在常山，李祗在东平，鲁炅在南阳，陛下留臣，使以尺书招之，不日皆下矣。"禄山大喜，以翰为司空、同平章事。谓火拔归仁曰："汝叛主，不忠不义。"执而斩之。翰以书招诸将，皆复书责之。禄山知无效，乃囚诸苑中。潼关既败，于是河东、华阴、冯翊、上洛防御使皆弃郡走，所在守兵皆散。

是日，翰麾下来告急，上不时召见，但遣李福德等将监牧兵赴潼关。及暮，平安火不至，上始惧。壬辰，召宰相谋之。杨国忠自以身领剑南，闻安禄山反，即令副使崔圆阴具储偫，以备有急投之。至是，首唱幸蜀之策，上然之。癸巳，国忠集百官于朝堂，惶懅流涕，问以策略，皆唯唯不对。国忠曰："人告禄山反状已十年，上不之信。今日之事，非宰相之过。"仗下，士民惊扰奔走，不知所之，市里萧条。国忠使韩、虢入宫劝上入蜀。

甲午，百官朝者什无一二。上御勤政楼，下制，云欲亲征，闻者皆莫之信。以京兆尹魏方进为御史大夫兼置顿使，京兆少尹灵昌崔光远为京兆尹，充西京留守，将军边令诚掌宫闱管钥。托以剑南节度大使颍王璬将赴镇，令本道设储偫。是日，上移仗北内。既夕，命龙武大将军陈玄礼整比六军，厚赐钱帛，选闲厩马九百余匹，外人皆莫之知。乙未黎明，上独与贵妃姊妹、皇子、妃、主、皇孙、杨国忠、韦见素、魏方进、陈玄礼及亲近宦官、宫人出延秋门，妃、主、皇孙之在外者，皆委之而去。上过左藏，杨国忠请焚之，曰："无为贼守。"上愀然曰："贼来不得，必更敛于百姓，不如与之，无重困吾赤子。"是日，百官犹有入朝者，至宫门，犹闻漏声，三卫立仗俨然。门既启，则宫人乱出，中外扰攘，不知上所之。于是王公、士民四出逃窜，山谷细民争入宫禁及王公第舍，盗取金宝，或乘驴上殿，又焚左藏大盈库。崔光远、边令诚帅人救火，又募人摄府、县官分守之，杀十余人，乃稍定。光远遣其子东见禄山，令诚亦以管钥献之。

上过便桥，杨国忠使人焚桥。上曰："士庶各避贼求生，奈何绝其路！"留内侍监高力士，使扑灭乃来。上遣宦者王洛卿前行，告谕郡县置顿。食时，至咸阳望贤宫，洛卿与县令俱逃，中使征召，吏民莫有应者。日向中，上犹未食，杨国忠自市胡饼以献。于是，民争献粝饭，杂以麦豆，皇孙辈争以手掬食之，须臾而尽，犹未能饱。上皆酬其直，慰劳之。众皆哭，上亦掩泣。有老父郭从谨进言曰："禄山包藏祸心，固非一日，亦有诣阙告其谋者，陛下往往诛之，使得逞其奸逆，致陛下播越。是以先王务延访忠良以广聪明，盖为此也。臣犹记宋璟为相，数进直言，天下赖以安平。自顷以来，在廷之臣，以言为讳，惟阿谀取容，是以阙门之外，陛下皆不得而知。草野之臣，必知有今日久矣，但九重严邃，区区之心，无路上达。事不至此，臣何由得睹陛下之面而诉之乎！"上曰："此朕之不明，悔无所及。"慰谕而遣之。俄而尚食举御膳以至，上命先赐从官，然后食之。命军士散诣村落求食，期未时皆集而行。夜将半，乃至金城。县令亦逃，县民皆脱身走，饮食器皿具在，士卒得以自给。时从者多逃，内侍监袁思艺亦亡去。驿中无灯，人相枕藉而寝，贵贱无以复辨。王思礼自潼关至，始知哥舒翰被擒。以思礼为河西、陇右节度使，即令赴镇，收合散卒，以俟东讨。

丙申，至马嵬驿，将士饥疲，皆愤怒。陈玄礼以祸由杨国忠，欲诛之，因东宫宦者李辅国以告太子，太子未决。会吐蕃使者二十余人遮国忠马，诉以无食，国忠未及对，军士呼曰："国忠与胡虏谋反。"或射之，中鞍。国忠走至西门内，军士追杀之，屠割支体，以枪揭其首于驿门外，并杀其子户部侍郎暄及韩国、秦国夫人。御史大夫魏方进曰："汝曹何敢害宰相？"众又杀之。韦见素闻乱而出，为乱兵所檛，脑血流地。众曰："勿伤韦相公。"救之，得免。军士围驿，上闻喧哗，问外何事，左右以国忠反对。上杖屦出驿门，慰劳军士，令收队，军士不应。上使高力士问之，玄礼对曰："国忠谋反，贵妃不宜供奉，愿陛下割恩正法。"上曰："朕当自处之。"入门，倚杖頫首而立。久之，京兆司录韦谔前言曰："今众怒难犯，安危在晷刻，愿陛下速决。"因叩头流血。上曰："贵妃常居深宫，安知国忠反谋。"高力士曰："贵妃诚无罪，然将士已杀国忠，而贵妃在陛下左右，岂敢自安！愿陛下审思之，将士安则陛下安矣。"上乃命力士引贵妃于佛堂，缢杀之。舆尸置驿庭，召玄礼等入视之。玄礼等乃免胄释甲，顿首谢罪。上慰劳之，令晓谕军士。玄礼等皆呼万岁，再拜而出。于是始整部伍为行计。谔，见素之子也。国忠妻裴柔与其幼子晞及虢国夫人、夫人子裴徽皆走，至陈仓，县令薛景仙帅吏士追捕，诛之。

丁酉，上将发马嵬，朝臣惟韦见素一人，乃以韦谔为御史中丞，充置顿使。将士皆曰："国忠谋反，其将吏皆在蜀，不可往。"或请之河、陇，或请之灵武，或请之太原，或言还京师。上意在入蜀，虑违众心，竟不言所向。韦谔曰："还京，当有御贼之备。今兵少,未易东向,不如且至扶风,徐图去就。”上询于众,众以为然,乃从之。及行,父老皆遮道请留,曰:“宫阙,陛下家居,陵寝,陛下坟墓,今舍此,欲何之?”上为之按辔久之,乃命太子于后宣慰父老。父老因曰:“至尊既不肯留,某等愿帅子弟从殿下东破贼,取长安。若殿下与至尊皆入蜀,使中原百姓谁为之主?”须臾聚至数千人。太子不可,曰:“至尊远冒险阻,吾岂忍朝夕离左右。且吾尚未面辞,当还白至尊,更禀进止。”涕泣,跋马欲西。建宁王倓与李辅国执鞚谏曰:“逆胡犯阙,四海分崩,不因人情,何以兴复!今殿下从至尊入蜀,若贼兵烧绝栈道,则中原之地,拱手授贼矣。人情既离,不可复合,虽欲复至此,其可得乎?不如收西北守边之兵,召郭、李于河北,与之并力,东讨逆贼,克复二京,削平四海,使社稷危而复安,宗庙毁而更存,扫除宫禁以迎至尊,岂非孝之大者乎!何必区区温凊,为儿女之恋乎!”广平王俶亦劝太子留。父老共拥太子马,不得行。太子乃使俶驰白上。上总辔待太子,久不至,使人侦之,还白状,上曰:“天也!”乃命分后军二千人及飞龙厩马从太子,且谕将士曰:“太子仁孝,可奉宗庙,汝曹善辅佐之。”又谕太子曰:“汝勉之,勿以吾为念。西北诸胡,吾抚之素厚,汝必得其用。”太子南向号泣而已。又使送东宫内人于太子。且宣旨欲传位,太子不受。俶、倓,皆太子之子也。

己亥,上至岐山。或言贼前锋且至,上遽过,宿扶风郡。士卒潜怀去就,往往流言不逊,陈玄礼不能制,上患之。会成都贡春彩十余万匹至扶风,上命悉陈之于庭,召将士入,临轩谕之曰:“朕比来衰耄,托任失人,致逆胡乱常,须远避其锋。知卿等皆苍猝从朕,不得别父母、妻子,茇涉至此,劳苦至矣,朕甚愧之。蜀路阻长，郡县褊小，人马众多，或不能供。今听卿等各还家；朕独与子孙、中官前行入蜀，亦足自达。今日与卿等诀别，可共分此彩，以备资粮。若归，见父母及长安父老，为朕致意，各好自爱也。”因泣下沾襟，众皆哭曰：“臣等死生从陛下，不敢有贰。”上良久曰：“去留听卿。”自是流言始息。

太子既留，未知所适。广平王俶曰：“日渐晏，此不可驻，众欲何之？”皆莫对。建宁王倓曰：“殿下昔尝为朔方节度大使，将吏岁时致启，倓略识其姓名。今河西、陇右之众皆败降贼，父兄子弟多在贼中，或生异图。朔方道近，士马全盛，裴冕衣冠名族，必无贰心。贼入长安方虏掠，未暇徇地，乘此速往就之，徐图大举，此上策也。”众皆曰：“善。”至渭滨，遇潼关败卒，误与之战，死伤甚众。已，乃收余卒，择渭水浅处，乘马涉渡，无马者涕泣而返。太子自奉天北上，比至新平，通夜驰三百余里，士卒器械失亡过半，所存之众不过数百。新平太守薛羽弃郡走，太子斩之。是日至安定，太守徐瑴亦走，又斩之。

辛丑，上发扶风，宿陈仓。

太子至乌氏，彭原太守李遵出迎，献衣及糗粮。至彭原，募士，得数百人。是日至平凉，阅监牧马，得数万匹，又募士，得五百余人，军势稍振。

壬寅，上至散关，分扈从将士为六军。使颍王璬先行诣剑南，寿王瑁等分将六军以次之。丙午，上至河池郡，崔圆奉表迎车驾，具陈蜀土丰稔，甲兵全盛。上大悦，即日以圆为中书侍郎、同平章事，蜀郡长史如故。以陇西公瑀为汉中王、梁州都督、山南西道采访防御使。瑀，琎之弟也。

王思礼至平凉，闻河西诸胡乱，还，诣行在。初，河西诸胡部落闻其都护皆从哥舒翰没于潼关，故争自立，相攻击；而都护实从翰在北岸，不死，又不与火拔归仁俱降贼。上乃以河西兵马使周泌为河西节度使，陇右兵马使彭元耀为陇右节度使，与都护思结进明等俱之镇，招其部落。以思礼为行在都知兵马使。

戊申，扶风民康景龙等自相帅击贼所署宣慰使薛总，斩首二百余级。庚戌，陈仓令薛景仙杀贼守将，克扶风而守之。

安禄山不意上遽西幸，遣使止崔乾祐兵留潼关，凡十日，乃遣孙孝哲将兵入长安。以张通儒为西京留守，崔光远为京兆尹。使安忠顺将兵屯苑中，以镇关中。孝哲为禄山所宠任，尤用事，常与严庄争权。禄山使监关中诸将，通儒等皆受制于孝哲。孝哲豪侈，果于杀戮，贼党畏之。禄山命搜捕百官、宦者、宫女等，每获数百人，辄以兵卫送洛阳。王、侯、将、相扈从车驾、家留长安者，诛及婴孩。陈希烈以晚节失恩，怨上，与张均、张垍等皆降于贼。禄山以希烈、垍为相，自余朝士皆授以官。于是贼势大炽，西胁汧、陇，南侵江、汉，北割河东之半。然贼将皆粗猛无远略，既克长安，自以为得志，日夜纵酒，专以声色、宝贿为事，无复西出之意，故上得安行入蜀，太子北行亦无追迫之患。

李光弼围博陵未下，闻潼关不守，解围而南。史思明踵其后，光弼击却之，与郭子仪皆引兵入井陉，留常山太守王俌将景城、河间团练兵守常山。平卢节度使刘正臣将袭范阳，未至，史思明引兵逆击之，正臣大败，弃妻子走，士卒死者七千余人。初，真卿闻河北节度使李光弼出井陉，即敛军还平原，以待光弼之命。闻郭、李西入井陉，真卿始复区处河北军事。

太子至平凉数日，朔方留后杜鸿渐、六城水陆运使魏少游、节度判官崔漪、支度判官卢简金、盐池判官李涵相与谋曰："平凉散地，非屯兵之所。灵武兵食完富，若迎太子至此，北收诸城兵，西发河、陇劲骑，南向以定中原，此万世一时也。”乃使涵奉笺于太子，且籍朔方士马、甲兵、谷帛、军须之数以献之。涵至平凉，太子大悦。会河西司马裴冕入为御史中丞，至平凉，见太子，亦劝太子之朔方，太子从之。鸿渐，暹之族子；涵，道之曾孙也。鸿渐、漪使少游居后，葺次舍，庀资储，自迎太子于平凉北境。说太子曰：“朔方，天下劲兵处也。今吐蕃请和，回纥内附，四方郡县，大抵坚守拒贼，以俟兴复。殿下今理兵灵武，按辔长驱，移檄四方，收揽忠义，则逆贼不足屠也。”少游盛治宫室，帷帐皆仿禁中，饮膳备水陆。秋七月辛酉，太子至灵武，悉命撤之。

甲子，上至普安，宪部侍郎房琯来谒见。上之发长安也，群臣多不知，至咸阳，谓高力士曰：“朝臣谁当来，谁不来？”对曰：“张均、张垍父子受陛下恩最深，且连戚里，是必先来。时论皆谓房琯宜为相，而陛下不用，又禄山尝荐之，恐或不来。”上曰：“事未可知。”及琯至，上问均兄弟，对曰：“臣帅与偕来，逗遛不进，观其意，似有所蓄而不能言也。”上顾力士曰：“朕固知之矣。”即日以琯为文部侍郎、同平章事。

裴冕、杜鸿渐等上太子笺，请遵马嵬之命，即皇帝位，太子不许。冕等言曰：“将士皆关中人，日夜思归，所以崎岖从殿下远涉沙塞者，冀尺寸之功。若一朝离散，不可复集。愿殿下勉徇众心，为社稷计。”笺五上，太子乃许之。是日，肃宗即位于灵武城南楼，群臣舞蹈，上流涕歔欷。尊玄宗曰上皇天帝，赦天下，改元。以杜鸿渐、崔漪并知中书舍人事，裴冕为中书侍郎、同平章事。改关内采访使为节度使，徙治安化，以前蒲关防御使吕崇贲为之。以陈仓令薛景仙为扶风太守兼防御使，陇右节度使郭英义为天水太守兼防御使。时塞上精兵皆选入讨贼,惟余老弱守边。文武官不满三十人,披草莱,立朝廷,制度草创,武人骄慢。大将管崇嗣在朝堂背阙而坐,言笑自若,监察御史李勉奏弹之,系于有司。上特原之,叹曰:“吾有李勉,朝廷始尊。”勉,元懿之曾孙也。旬日间,归附者渐众。

丁卯,上皇制:“以太子亨充天下兵马元帅,领朔方、河东、河北、平卢节度都使,南取长安、洛阳。以御史中丞裴冕兼左庶子,陇西郡司马刘秩试守右庶子。永王璘充山南东道岭南黔中江南西道节度都使,以少府监窦绍为之傅,长沙太守李岘为都副大使。盛王琦充广陵大都督,领江南东路及淮南河南等路节度都使,以前江陵都督府长史刘汇为之傅,广陵郡长史李成式为都副大使。丰王珙充武威都督,仍领河西陇右安西北庭等路节度都使,以陇西太守济阴邓景山为之傅,充都副大使。应须士马、甲仗、粮赐等,并于当路自供。其诸路本节度使虢王巨等,并依前充使。其署置官属及本路郡县官,并任自简择,署讫闻奏。”时琦、珙皆不出阁,惟璘赴镇。置山南东道节度,领襄阳等九郡。升五府经略使为岭南节度,领南海等二十二郡。升五溪经略使为黔中节度,领黔中等诸郡。分江南为东、西二道,东道领余杭,西道领豫章等诸郡。先是,四方闻潼关失守,莫知上所之,及是制下,始知乘舆所在。汇,秩之弟也。

安禄山使孙孝哲杀霍国长公主及王妃、驸马等于崇仁坊,刳其心,以祭安庆宗。凡杨国忠、高力士之党及禄山素所恶者皆杀之,凡八十三人,或以铁棓揭其脑盖,流血满街。己巳,又杀皇孙及郡、县主二十余人。

庚午,上皇至巴西,太守崔涣迎谒。上皇与语,悦之,房琯复荐之，即日拜门下侍郎、同平章事。以韦见素为左相。涣，玄暐之孙也。

初，京兆李泌，幼以才敏著闻，玄宗使与忠王游。忠王为太子，泌已长，上书言事。玄宗欲官之，不可；使与太子为布衣交，太子常谓之"先生"。杨国忠恶之，奏徙蕲春，后得归，隐居颍阳。上自马嵬北行，遣使召之，谒见于灵武。上大喜，出则联辔，寝则对榻，如为太子时，事无大小皆咨之，言无不从，至于进退将相亦与之议。上欲以泌为右相，泌固辞，曰："陛下待以宾友，则贵于宰相矣，何必屈其志。"乃止。

同罗、突厥从安禄山反者屯长安苑中，甲戌，其酋长阿史那从礼帅五千骑，窃厩马二千匹逃归朔方，谋邀结诸胡，盗据边地。上遣使宣慰之，降者甚众。

贼遣兵寇扶风，薛景仙击却之。

安禄山遣其将高嵩以敕书、缯彩诱河、陇将士，大震关使郭英乂擒斩之。

同罗、突厥之逃归也，长安大扰，官吏窜匿，狱囚自出。京兆尹崔光远以为贼且遁矣，遣吏卒守孙孝哲宅。孝哲以状白禄山，光远乃与长安令苏震帅府、县官十余人来奔。己卯，至灵武，上以光远为御史大夫兼京兆尹，使之渭北招集吏民；以震为中丞。震，瓌之孙也。禄山以田乾真为京兆尹。侍御史吕諲、右拾遗杨绾、奉天令安平崔器相继诣灵武，以諲、器为御史中丞，绾为起居舍人、知制诰。

上命河西节度副使李嗣业将兵五千赴行在，嗣业与节度使梁宰谋，且缓师以观变。绥德府折冲段秀实让嗣业曰："岂有君父告急，而臣子晏然不赴者乎！特进常自谓大丈夫，今日视之，乃儿女子耳。”嗣业大惭，即白寀，如数发兵，以秀实自副，将之诣行在。上又征兵于安西，行军司马李栖筠发精兵七千人，励以忠义而遣之。

敕改扶风为凤翔郡。

庚辰，上皇至成都，从官及六军至者千三百人而已。

令狐潮围张巡于雍丘，相守四十余日，朝廷声问不通。潮闻玄宗已幸蜀，复以书招巡。有大将六人，官皆开府、特进，白巡以“兵势不敌，且上存亡不可知，不如降贼”。巡阳许诺。明日，堂上设天子画像，帅将士朝之，人人皆泣。巡引六将于前，责以大义，斩之，士心益劝。城中矢尽，巡缚藁为人千余，被以黑衣，夜缒城下，潮兵争射之，久乃知其藁人，得矢数十万。其后复夜缒人，贼笑不设备，乃以死士五百斫潮营。潮军大乱，焚垒而遁，追奔十余里。潮惭，益兵围之。巡使郎将雷万春于城上与潮相闻，语未绝，贼弩射之，面中六矢而不动。潮疑其木人，使谍问之，乃大惊，遥谓巡曰：“向见雷将军，方知足下军令矣，然其如天道何！”巡谓之曰：“君未识人伦，焉知天道。”未几出战，擒贼将十四人，斩首百余级。贼乃夜遁，收兵入陈留，不敢复出。顷之，贼步骑七千余众屯白沙涡，巡夜袭击，大破之。还，至桃陵，遇贼救兵四百余人，悉擒之。分别其众，妫、檀及胡兵悉斩之，荥阳、陈留胁从兵皆散令归业。旬日间，民去贼来归者万余户。

河北诸郡犹为唐守，常山太守王俌欲降贼，诸将怒，因击毬，纵马践杀之。时信都太守乌承恩麾下有朔方兵三千人，诸将遣使者宗仙运帅父老诣信都，迎承恩镇常山。承恩辞以无诏命，仙运说承恩曰：“常山地控燕、蓟，路通河、洛，有井陉之险，足以扼其咽喉。顷属车驾南迁，李大夫收军退守晋阳，王太守权统后军，欲举城降贼，众心不从，身首异处。大将军兵精气肃，远近莫敌，若以家国为念，移据常山，与大夫首尾相应，则洪勋盛烈孰与为比。若疑而不行，又不设备，常山既陷，信都岂能独全！”承恩不从。仙运又曰：“将军不纳鄙夫之言，必惧兵少故也。今人不聊生，咸思报国，竞相结聚，屯据乡村，若悬赏招之，不旬日十万可致，与朔方甲士三千余人相参用之，足成王事。若舍要害以授人，居四通而自安，譬如倒持剑戟，取败之道也。”承恩竟疑不决。承恩，承玼之族兄也。

是月，史思明、蔡希德将兵万人南攻九门。旬日，九门伪降，伏甲于城上。思明登城，伏兵攻之，思明坠城，鹿角伤其左胁，夜奔博陵。

颜真卿以蜡丸达表于灵武。以真卿为工部尚书兼御史大夫，依前河北招讨、采访、处置使，并致赦书，亦以蜡丸达之。真卿颁下河北诸郡，又遣人颁于河南、江、淮，由是诸道始知上即位于灵武，徇国之心益坚矣。

郭子仪等将兵五万自河北至灵武，灵武军威始盛，人有兴复之望矣。八月壬午朔，以子仪为武部尚书、灵武长史，以李光弼为户部尚书、北都留守，并同平章事，余如故。光弼以景城、河间兵五千赴太原。

先是，河东节度使王承业军政不修，朝廷遣侍御史崔众交其兵，寻遣中使诛之；众侮易承业，光弼素不平。至是，敕交兵于光弼，众见光弼不为礼，又不时交兵，光弼怒，收斩之，军中股栗。

史思明再攻九门，辛卯，克之，所杀数千人，引兵东围藁城。

李庭望将蕃、汉二万余人东袭宁陵、襄邑，夜，去雍丘城三十里置营，张巡帅短兵三千掩袭，大破之，杀获太半。庭望收军夜遁。

癸巳，灵武使者至蜀，上皇喜曰："吾儿应天顺人，吾复何忧。"丁酉，制："自今改制敕为诰，表疏称太上皇。四海军国事，皆先取皇帝进止，仍奏朕知；俟克复上京，朕不复预事。"己亥，上皇临轩，命韦见素、房琯、崔涣奉传国宝、玉册诣灵武传位。

辛丑，史思明陷藁城。

初，上皇每酺宴，先设太常雅乐坐部、立部，继以鼓吹、胡乐、教坊、府县散乐、杂戏，又以山车、陆船载乐往来，又出宫人舞霓裳羽衣，又教舞马百匹衔杯上寿，又引犀象入场或拜或舞。安禄山见而悦之，既克长安，命搜捕乐工，运载乐器、舞衣，驱舞马、犀象皆诣洛阳。

臣光曰：圣人以道德为丽，仁义为乐，故虽茅茨、土阶，恶衣菲食，不耻其陋，惟恐奉养之过以劳民费财。明皇恃其承平，不思后患，殚耳目之玩，穷声技之巧，自谓帝王富贵皆不我如，欲使前莫能及，后无以逾，非徒娱己，亦以夸人。岂知大盗在旁，已有窥窬之心，卒致銮舆播越，生民涂炭。乃知人君崇华靡以示人，适足为大盗之招也。

禄山宴其群臣于凝碧池，盛奏众乐，梨园弟子往往歔欷泣下，贼皆露刃睨之。乐工雷海清不胜悲愤，掷乐器于地，西向恸哭。禄山怒，缚于试马殿前，支解之。

禄山闻向日百姓乘乱多盗库物，既得长安，命大索三日，并其私财尽掠之。又令府、县推按，铢两之物无不穷治，连引搜捕，支蔓无穷，民间骚然，益思唐室。

自上离马嵬北行，民间相传太子北收兵来取长安，长安民日夜望之，或时相惊曰："太子大军至矣。"则皆走，市里为空。贼望见北方尘起，辄惊欲走。京畿豪杰往往杀贼官吏，遥应官军，诛而复起，相继不绝，贼不能制。其始自京畿、鄜、坊至于岐、陇皆附之，至是西门之外率为敌垒。贼兵力所及者，南不出武关，北不过云阳，西不过武功。江、淮奏请贡献之蜀之灵武者，皆自襄阳取上津路抵扶风，道路无壅，皆薛景仙之功也。

九月壬子，史思明围赵郡，丙辰，拔之。又围常山，旬日城陷，杀数千人。

建宁王倓，性英果，有才略。从上自马嵬北行，兵众寡弱，屡逢寇盗，倓自选骁勇居上前后，血战以卫上。上或过时未食，倓悲泣不自胜，军中皆属目向之。上欲以倓为天下兵马元帅，使统诸将东征。李泌曰："建宁诚元帅才，然广平，兄也。若建宁功成，岂可使广平为吴太伯乎？"上曰："广平，冢嗣也，何必以元帅为重？"泌曰："广平未正位东宫。今天下艰难，众心所属，在于元帅。若建宁大功既成，陛下虽欲不以为储副，同立功者其肯已乎！太宗、上皇，即其事也。"上乃以广平王俶为天下兵马元帅，诸将皆以属焉。倓闻之，谢泌曰："此固倓之心也。"

上与泌出行军，军士指之窃言曰："衣黄者圣人也，衣白者山人也。"上闻之以告泌曰："艰难之际，不敢相屈以官，且衣紫袍以绝群疑。"泌不得已受之。服之，入谢，上笑曰："既服此，岂可无名称。"出怀中敕，以泌为侍谋军国、元帅府行军长史。泌固辞，上曰："朕非敢相臣，以济艰难耳。俟贼平，任行高志。"泌乃受之。置元帅府于禁中，俶入则泌在府，泌入俶亦如之。泌又言于上曰："诸将畏惮天威，在陛下前敷陈军事，或不能尽所怀，万一小差，为害甚大。乞先令与臣及广平熟议，臣与广平从容奏闻，可者行之，不可者已之。"上许之。时军旅务繁，四方奏报，自昏至晓无虚刻，上悉使送府，泌先开视，有急切者及烽火，重封，隔门通进，余则待明。禁门钥契，悉委俶与泌掌之。

上欲借兵于外夷以张军势，以豳王守礼之子承寀为敦煌王，与仆固怀恩使于回纥以请兵。又发拔汗那兵，且使转谕城郭诸国，许以厚赏，使从安西兵入援。李泌劝上："且幸彭原，俟西北兵将至，进幸扶风以应之。于时庸调亦集，可以赡军。"上从之。戊辰，发灵武。

内侍边令诚复自贼中逃归，上斩之。

丙子，上至顺化。韦见素等至自成都，奉上宝册，上不肯受，曰："比以中原未靖，权总百官，岂敢乘危，遽为传袭。"群臣固请，上不许，置宝册于别殿，朝夕事之，如定省之礼。上以韦见素本附杨国忠，意薄之；素闻房琯名，虚心待之。琯见上言时事，辞情慷慨，上为之改容，由是军国事多谋于琯。琯亦以天下为己任，知无不为，专决于胸臆，诸相拱手避之。

上尝从容与泌语及李林甫，欲敕诸将克长安，发其冢，焚骨扬灰。泌曰："陛下方定天下，奈何仇死者。彼枯骨何知，徒示圣德之不弘耳。且方今从贼者皆陛下之仇也，若闻此举，恐阻其自新之心。"上不悦，曰："此贼昔日百方危朕，当是时，朕不保朝夕。朕之全，特天幸耳！林甫亦恶卿，但未及害卿而死耳，奈何矜之！"对曰："臣岂不知。所以言者，上皇有天下向五十年，太平娱乐，一朝失意，远处巴、蜀。南方地恶，上皇春秋高，闻陛下此敕，意必以为用韦妃之故，内惭不怿。万一感愤成疾，是陛下以天下之大不能安君亲。"言未毕，上流涕被面，降阶，仰天拜，曰："朕不及此，是天使先生言之也。"遂抱泌颈泣不已。

冬十月，上发顺化，癸未，至彭原。第五琦见上于彭原，请以江、淮租庸市轻货，溯江、汉而上至洋川，令汉中王瑀陆运至扶风以助军。上从之。寻加琦山南等五道度支使。琦作榷盐法，用以饶。

房琯上疏，请自将兵复两京。上许之，加持节、招讨西京兼防御蒲潼两关兵马节度等使。琯请自选参佐，以御史中丞邓景山为副，户部侍郎李揖为行军司马，给事中刘秩为参谋。既行，又令兵部尚书王思礼副之。琯悉以戎务委李揖、刘秩，二人皆书生，不闲军旅。琯谓人曰："贼曳落河虽多，安能敌我刘秩。"琯分为三军，使裨将杨希文将南军，自宜寿入；刘贵哲将中军，自武功入；李光进将北军，自奉天入。光进，光弼之弟也。

甲申，令狐潮、王福德复将步骑万余攻雍丘。张巡出击，大破之，斩首数千级，贼遁去。

房琯以中军、北军为前锋，庚子，至便桥。辛丑，二军遇贼将安守忠于咸阳之陈涛斜。琯效古法，用车战，以牛车二千乘，马步夹之。贼顺风鼓噪，牛皆震骇。贼纵火焚之，人畜大乱，官军死伤者四万余人，存者数千而已。癸卯，琯自以南军战，又败。杨希文、刘贵哲皆降于贼。上闻琯败，大怒，李泌为之营救，上乃宥之，待琯如初。

敦煌王承寀至回纥牙帐，回纥可汗以女妻之，遣其贵臣与承寀及仆固怀恩偕来，见上于彭原。上厚礼其使者而归之。

尹子奇围河间，四十余日不下，史思明引兵会之。颜真卿遣其将和琳将万二千人救河间，思明逆击，擒之，遂陷河间，执李奂，送洛阳，杀之。又陷景城，太守李暐赴湛水死。思明使两骑赍尺书以招乐安，即时举郡降。又使其将康没野波将先锋攻平原，兵未至，颜真卿知力不敌，壬寅，弃郡渡河南走。思明即以平原兵攻清河、博平，皆陷之。思明引兵围乌承恩于信都，承恩以城降，亲导思明入城，交兵马、仓库，马三千匹，兵五万人。思明送承恩诣洛阳，禄山复其官爵。

饶阳裨将束鹿张兴，力举千钧，性复明辩。贼攻饶阳，弥年不能下。及诸郡皆陷，思明并力围之，外救俱绝。太守李系窘迫赴火死，城遂陷。思明擒兴，立于马前，谓曰："将军真壮士，能与我共富贵乎？"兴曰："兴，唐之忠臣，固无降理。今数刻之人耳，愿一言而死。"思明曰："试言之。"兴曰："主上待禄山恩如父子，群臣莫及。不知报德，乃兴兵指阙，涂炭生人。大丈夫不能翦除凶逆，乃北面为之臣乎！仆有短策，足下能听之乎？足下所以从贼，求富贵耳，譬如燕巢于幕，岂能久安。何如乘间取贼，转祸为福，长享富贵，不亦美乎！"思明怒，命张于木上，锯杀之，詈不绝口，以至于死。

贼每破一城，城中人衣服、财贿、妇人皆为所掠。男子壮者使之负担，羸、病、老、幼皆以刀槊戏杀之。禄山初以卒三千人授思明，使定河北，至是，河北皆下之，郡置防兵三千，杂以胡兵镇之。思明还博陵。尹子奇将五千骑渡河，略北海，欲南取江、淮。会回纥可汗遣其臣葛逻支将兵入援，先以二千骑奄至范阳城下，子奇闻之，遽引兵归。

十一月，令狐潮帅众万余营雍丘城北，张巡邀击，大破之，贼遂走。

十二月，安禄山遣兵攻颍川。城中兵少，无蓄积，太守薛愿、长史庞坚悉力拒守，绕城百里，庐舍、林木皆尽。期年，救兵不至，禄山使阿史那承庆益兵攻之，昼夜死斗十五日，城陷，执愿、坚送洛阳，禄山缚于洛滨冰上，冻杀之。

上问李泌："今敌强如此，何时可定？"对曰："臣观贼所获子女金帛，皆输之范阳，此岂有雄据四海之志邪！今独虏将或为之用，中国之人惟高尚等数人，自余皆胁从耳。以臣料之，不过二年，天下无寇矣。"上曰："何故？"对曰："贼之骁将，不过史思明、安守忠、田乾真、张忠志、阿史那承庆等数人而已。今若令李光弼自太原出井陉，郭子仪自冯翊入河东，则思明、忠志不敢离范阳、常山，守忠、乾真不敢离长安，是以两军絷其四将也，从禄山者，独承庆耳。愿敕子仪勿取华阴，使两京之道常通，陛下以所征之兵军于扶风，与子仪、光弼互出击之，彼救首则击其尾，救尾则击其首，使贼往来数千里，疲于奔命，我常以逸待劳，贼至则避其锋，去则乘其弊，不攻城，不遏路。来春复命建宁为范阳节度大使，并塞北出，与光弼南北犄角以取范阳，覆其巢穴。贼退则无所归，留则不获安，然后大军四合而攻之，必成擒矣。"上悦。

令狐潮、李庭望攻雍丘，数月不下，乃置杞州，筑城于雍丘之北以绝其粮援。贼常数万人，而张巡众才千余，每战辄克。河南节度使虢王巨屯彭城，假巡先锋使。是月，鲁、东平、济阴陷于贼。贼将杨朝宗帅马步二万将袭宁陵，断巡后，巡遂拔雍丘，东守宁陵以待之，始与睢阳太守许远相见。是日，杨朝宗至宁陵城西北，巡、远与战，昼夜数十合，大破之，斩首万余级，流尸塞汴而下，贼收兵夜遁。敕以巡为河南节度副使。巡以将士有功，遣使诣虢王巨请空名告身及赐物，巨唯与折冲、果毅告身三十通，不与赐物。巡移书责巨，巨竟不应。

二载春正月，安禄山自起兵以来，目渐昏，至是不复睹物。又病疽，性益躁暴，左右使令，小不如意，动加棰挞，或时杀之。既称帝，深居禁中，大将希得见其面，皆因严庄白事。庄虽贵用事，亦不免棰挞。阉竖李猪儿被挞尤多，左右人不自保。禄山嬖妾段氏生子庆恩，欲以代庆绪为后。庆绪常惧死，不知所出。庄谓庆绪曰："事有不得已者，时不可失。"庆绪曰："兄有所为，敢不敬从。"又谓猪儿曰："汝前后受挞，宁有数乎？不行大事，死无日矣。"猪儿亦许诺。庄与庆绪夜持兵立帐外，猪儿执刀直入帐中，斫禄山腹。左右惧，不敢动。禄山扪枕旁刀，不获，撼帐竿，曰："必家贼也。"肠已流出数斗，遂死。掘床下深数尺，以毡裹其尸埋之，诫宫中不得泄。乙卯旦，庄宣言于外，云禄山疾亟。立晋王庆绪为太子，寻即帝位，尊禄山为太上皇，然后发丧。庆绪性昏懦，言辞无序，庄恐众不服，不令见人。庆绪日纵酒为乐，兄事庄，以为御史大夫、冯翊王，事无大小，皆取决焉。厚加诸将官爵，以悦其心。

史思明自博陵，蔡希德自太行，高秀岩自大同，牛廷玠自范阳，引兵共十万寇太原。李光弼麾下精兵皆赴朔方，余团练乌合之众不满万人。思明以为太原指掌可取，既得之，当遂长驱取朔方、河、陇。太原诸将皆惧，议修城以待之，光弼曰："太原城周四十里，贼垂至而兴役，是未见敌先自困也。"乃帅士卒及民，于城外凿壕以自固。作墼数十万，众莫知所用。及贼攻城于外，光弼用之增垒于内，坏辄补之。思明使人取攻具于山东，以胡兵三千卫送之，至广阳，别将慕容溢、张奉璋邀击，尽杀之。

思明围太原，月余不下，乃选骁锐为游兵，戒之曰："我攻其北则汝潜趣其南，攻东则趣西，有隙则乘之。"而光弼军令严整，虽寇所不至，警逻未尝少懈，贼不得入。光弼购募军中，苟有小技，皆取之，随能使之，人尽其用，得安边军钱工三，善穿地道。贼于城下仰而侮詈，光弼遣人从地道中曳其足而入，临城斩之。

自是贼行皆视地。贼为梯冲、土山以攻城，光弼为地道以迎之，近城辄陷。贼初逼城急，光弼作大鉏，飞巨石，一发辄毙二十余人。贼死者什二三，乃退营于数十步外，围守益固。光弼遣人诈与贼约，刻日出降，贼喜，不为备。光弼使穿地道周贼营中，搘之以木。至期，光弼勒兵在城上，遣裨将将数千人出，如降状，贼皆属目。俄而营中地陷，死者千余人，贼众惊乱，官军鼓噪乘之，俘斩万计。会安禄山死，庆绪使思明归守范阳，留蔡希德等围太原。

安庆绪以尹子奇为汴州刺史、河南节度使。甲戌，子奇以归、檀及同罗、奚兵十三万趣睢阳。许远告急于张巡，巡自宁陵引兵入睢阳。巡有兵三千人，与远兵合六千八百人。贼悉众逼城，巡督励将士，昼夜苦战，或一日至二十合。凡十六日，擒贼将六十余人，杀士卒二万余，众气自倍。远谓巡曰："远懦不习兵，公智勇兼济，远请为公守，请公为远战。"自是之后，远但调军粮，修战具，居中应接而已，战斗筹画，一出于巡。贼遂夜遁。

郭子仪以河东居两京之间，扼贼要冲，得河东则两京可图。时贼将崔乾祐守河东，丁丑，子仪潜遣人入河东，与唐官陷贼者谋，俟官军至，为内应。

二月戊子，上至凤翔。

郭子仪自洛交引兵趣河东，分兵取冯翊。己丑夜，河东司户韩旻等翻河东城迎官军，杀贼近千人。崔乾祐逾城得免，发城北兵攻城，且拒官军，子仪击破之。乾祐走，子仪追击之，斩首四千级，捕虏五千人。乾祐至安邑，安邑人开门纳之，半入，闭门击之，尽殪。乾祐未入，自白迳岭亡去，遂平河东。

上至凤翔旬日，陇右、河西、安西、西域之兵皆会，江、淮庸调亦至洋川、汉中。上自散关通表成都，信使骆驿。长安人闻车驾至，从贼中自拔而来者日夜不绝。西师憩息既定，李泌请遣安西及西域之众，如前策并塞东北，自归、檀南取范阳。上曰："今大众已集，庸调亦至，当乘兵锋捣其腹心，而更引兵东北数千里，先取范阳，不亦迂乎？"对曰："今以此众直取两京，必得之。然贼必再强，我必又困，非久安之策。"上曰："何也？"对曰："今所恃者皆西北守塞及诸胡之兵，性耐寒而畏暑，若乘其新至之锐，攻禄山已老之师，其势必克。两京春气已深，贼收其余众，遁归巢穴，关东地热，官军必困而思归，不可留也。贼休兵秣马，伺官军之去，必复南来，然则征战之势未有涯也。不若先用之于寒乡，除其巢穴，则贼无所归，根本永绝矣。"上曰："朕切于晨昏之恋，不能待此决矣。"

关内节度使王思礼军武功，兵马使郭英乂军东原，王难得军西原。丁酉，安守忠等寇武功，郭英乂战，不利，矢贯其颐而走。王难得望之不救，亦走，思礼退军扶风。贼游兵至大和关，去凤翔五十里，凤翔大骇，戒严。

李光弼将敢死士出击蔡希德，大破之，斩首七万余级，希德遁去。

安庆绪以史思明为范阳节度使，兼领恒阳军事，封妫川王；以牛廷玠领安阳军事；张忠志为常山太守兼团练使，镇井陉口；余各令归旧任，募兵以御官军。先是，安禄山得两京，珍货悉输范阳。思明拥强兵，据富资，益骄横，浸不用庆绪之命；庆绪不能制。

庚子，郭子仪遣其子旰及兵马使李韶光、大将军王祚济河击潼关，破之，斩首五百级。安庆绪遣兵救潼关，郭旰等大败，死者万余人，李韶光、王祚战死，仆固怀恩抱马首浮渡渭水，退保河东。

上皇思张九龄之先见，为之流涕，遣中使至曲江祭之，厚恤其家。

尹子奇复引大兵攻睢阳。张巡谓将士曰："吾受国恩，所守，正死耳。但念诸君捐躯命，膏草野，而赏不酬勋，以此痛心耳。"将士皆激励请奋。巡遂椎牛，大飨士卒，尽军出战。贼望见兵少，笑之。巡执旗，帅诸将直冲贼陈，贼乃大溃，斩将三十余人，杀士卒三千余人，逐之数十里。明日，贼又合军至城下，巡出战，昼夜数十合，屡摧其锋，而贼攻围不辍。

辛未，安守忠将骑二万寇河东，郭子仪击走之，斩首八千级，捕虏五千人。

夏四月，上以郭子仪为司空、天下兵马副元帅，使将兵赴凤翔。庚寅，李归仁以铁骑五千邀之于三原北，子仪使其将仆固怀恩、王仲昇、浑释之、李若幽等伏兵击之于白渠留运桥，杀伤略尽，归仁游水而逸。若幽，神通之玄孙也。

子仪与王思礼军合于西渭桥，进屯潏西。安守忠、李归仁军于京城西清渠。相守七日，官军不进。五月癸丑，守忠伪遁，子仪悉师逐之。贼以骁骑九千为长蛇陈，官军击之，首尾为两翼，夹击官军，官军大溃。判官韩液、监军孙知古皆为贼所擒，军资、器械尽弃之。子仪退保武功，中外戒严。是时府库无蓄积，朝廷专以官爵赏功，诸将出征，皆给空名告身，自开府、特进、列卿、大将军，下至中郎、郎将，听临事注名。其后又听以信牒授人官爵，有至异姓王者。诸军但以职任相统摄，不复计官爵高下。及清渠之败，复以官爵收散卒，由是官爵轻而货重，大将军告身一通才易一醉。凡应募入军者，一切衣金紫，至有朝士僮仆衣金紫、称大官而执贱役者。名器之滥，至是而极焉。

山南东道节度使鲁炅守南阳，贼将武令珣、田承嗣相继攻之。城中食尽，一鼠直钱数百，饿死者相枕藉。上遣宦官将军曹日昇往宣慰，围急，不得入。日昇请单骑入致命，襄阳太守魏仲犀不许。会颜真卿自河北至，曰："曹将军不顾万死以致帝命，何为沮之，借使不达，不过亡一使者，达则一城之心固矣。"日昇与十骑偕往，贼畏其锐，不敢逼。城中自谓望绝，及见日昇，大喜。日昇复为之至襄阳取粮，以千人运粮而入，贼不能遏。炅在围中凡周岁，昼夜苦战，力竭不能支，壬戌夜，开城帅余兵数千突围而出，奔襄阳。承嗣追之，转战二日，不能克而还。时贼欲南侵江、汉，赖炅拒其冲要，南夏得全。

司空郭子仪诣阙请自贬；甲子，以子仪为左仆射。

尹子奇益兵围睢阳益急，张巡于城中夜鸣鼓严队，若将出击者，贼闻之，达旦儆备。既明，巡乃寝兵绝鼓。贼以飞楼瞰城中，无所见，遂解甲休息。巡与将军南霁云、郎将雷万春等十余将各将五十骑开门突出，直冲贼营。至子奇麾下，营中大乱，斩贼将五十余人，杀士卒五千余人。巡欲射子奇而不识，乃剡蒿为矢，中者喜，谓巡矢尽，走白子奇，乃得其状。使霁云射之，丧其左目，几获之。子奇乃收军退还。

六月癸未，田乾真围安邑。会陕郡贼将杨务钦密谋归国，河东太守马承光以兵应之，务钦杀城中诸将不同己者，翻城来降。乾真解安邑，遁去。

秋七月，河南节度使贺兰进明克高密、琅邪，杀贼二万余人。

壬子，尹子奇复征兵数万，攻睢阳。先是，许远于城中积粮至六万石，虢王巨以其半给濮阳、济阴二郡，远固争之，不能得。既而济阴得粮，遂以城叛，而睢阳城至是食尽。将士人廪米日一合，杂以茶纸、树皮为食，而贼粮运通，兵败复征。睢阳将士死不加益，诸军馈救不至，士卒消耗至一千六百人，皆饥病不堪斗，遂为贼所围，张巡乃修守具以拒之。贼为云梯，势如半虹，置精卒二百于其上，推之临城，欲令腾入。巡预于城潜凿三穴，候梯将至，于一穴中出大木，末置铁钩钩之，使不得退；一穴中出一木，拄之使不得进；一穴中出一木，木末置铁笼，盛火焚之，其梯中折，梯上卒尽烧死。贼又以钩车钩城上棚阁，钩之所及，莫不崩陷。巡以大木末置连锁，锁末置大镮，拓其钩头，以革车拔之入城，截其钩头而纵车令去。贼又造木驴攻城，巡镕金汁灌之，应投销铄。贼又于城西北隅以土囊积柴为磴道，欲登城。巡不与争利，每夜，潜以松明、干蒿投之于中，积十余日，贼不之觉，因出军大战，使人顺风持火焚之，贼不能救，经二十余日，火方灭。巡之所为，皆应机立办，贼服其智，不敢复攻。遂于城外穿三重壕，立木栅以守巡，巡亦于其内作壕以拒之。

丁巳，贼将安武臣攻陕郡，杨务钦战死，贼遂屠陕。

以张镐兼河南节度、采访等使，代贺兰进明。

八月，灵昌太守许叔冀为贼所围，救兵不至，拔众奔彭城。

睢阳士卒死伤之余，才六百人，张巡、许远分城而守之。巡守东北，远守西南，与士卒同食茶纸，不复下城。贼士攻城者，巡以逆顺说之，往往弃贼来降，为巡死战，前后二百余人。

是时，许叔冀在谯郡，尚衡在彭城，贺兰进明在临淮，皆拥兵不救。城中日蹙，巡乃令南霁云将三十骑犯围而出，告急于临淮。霁云出城，贼众数万遮之，霁云直冲其众，左右驰射，贼众披靡，止亡两骑。既至临淮，见进明，进明曰："今日睢阳不知存亡，兵去何益？"霁云曰："睢阳若陷，霁云请以死谢大夫。且睢阳既拔，即及临淮，譬如皮毛相依，安得不救！"进明爱霁云勇壮，不听其语，强留之，具食与乐，延霁云坐。霁云慷慨泣且语曰："霁云来时，睢阳之人不食月余矣。霁云虽欲独食，且不下咽。大夫坐拥强兵，观睢阳陷没，曾无分灾救患之意，岂忠臣义士之所为乎！"因啮落一指以示进明曰："霁云既不能达主将之意，请留一指以示信归报。"座中往往为泣下。霁云察进明终无出师意，遂去。至宁陵，与城使廉坦同将步骑三千人，闰月戊申夜，冒围，且战且行，至城下，大战，坏贼营，死伤之外，仅得千人入城。城中将吏知无救，皆恸哭。贼知援绝，围之益急。

初，房琯为相，恶贺兰进明，以为河南节度使，以许叔冀为进明都知兵马使，俱兼御史大夫。叔冀自恃麾下精锐，且官与进明等，不受其节制。故进明不敢分兵，非惟疾巡、远功名，亦惧为叔冀所袭也。

戊辰，上劳飨诸将，遣攻长安，谓郭子仪曰："事之济否，在此行也。"对曰："此行不捷，臣必死之。"

辛未，御史大夫崔光远破贼于骆谷。光远行军司马王伯伦、判官李椿将二千人攻中渭桥，杀贼守桥者千人，乘胜至苑门。贼有先屯武功者闻之，奔归，遇于苑北，合战，杀伯伦，擒椿送洛阳。然自是贼不复屯武功矣。

贼屡攻上党，常为节度使程千里所败。蔡希德复引兵围上党。九月丁丑，希德以轻骑至城下挑战，千里帅百骑开门突出，欲擒之。会救至，千里收骑退还，桥坏，坠堑中，反为希德所擒。仰谓从骑曰："吾不幸至此，天也。归语诸将，善为守备，宁失帅，不可失城。”希德攻城，竟不克。送千里于洛阳，安庆绪以为特进，囚之客省。

郭子仪以回纥兵精，劝上益征其兵以击贼。怀仁可汗遣其子叶护及将军帝德等将精兵四千余人来至凤翔。上引见叶护，宴劳赐赉，惟其所欲。丁亥，元帅广平王俶将朔方等军及回纥、西域之众十五万，号二十万，发凤翔。俶见叶护，约为兄弟，叶护大喜，谓俶为兄。回纥至扶风，郭子仪留宴三日。叶护曰："国家有急，远来相助，何以食为！"宴毕，即行。日给其军羊二百口，牛二十头，米四十斛。

庚子，诸军俱发。壬寅，至长安城西，陈于香积寺北沣水之东。李嗣业为前军，郭子仪为中军，王思礼为后军。贼众十万，陈于其北。李归仁出挑战，官军逐之，逼于其陈，贼军齐进，官军却，为贼所乘，军中惊乱，贼争趣辎重。李嗣业曰："今日不以身饵贼，军无孑遗矣。"乃肉袒，执长刀，立于陈前，大呼奋击，当其刀者人马俱碎，杀数十人，陈乃稍定。于是嗣业帅前军，各执长刀，如墙而进，身先士卒，所向摧靡。都知兵马使王难得救其裨将，贼射之中眉，皮垂障目。难得自拔箭，掣去其皮，血流被面，前战不已。贼伏精骑于陈东，欲袭官军之后，侦者知之，朔方左厢兵马使仆固怀恩引回纥就击之，翦灭殆尽，贼由是气索。李嗣业又与回纥出贼陈后，与大军夹击，自午及酉，斩首六万级，填沟堑死者甚众，贼遂大溃。余众走入城，迨夜，嚣声不止。

仆固怀恩言于广平王俶曰："贼弃城走矣，请以二百骑追之，缚取安守忠、李归仁等。"俶曰："将军战亦疲矣，且休息，俟明旦图之。"怀恩曰："归仁、守忠，贼之骁将，骤胜而败，此天赐我也，奈何纵之，使复得众，还为我患，悔之无及。战尚神速，何明旦也?”俶固止之,使还营。怀恩固请,往而复反,一夕四五起。迟明,谍至,守忠、归仁与张通儒、田乾真等皆已遁矣。癸卯,大军入西京。

初,上欲速得京师,与回纥约曰:“克城之日,土地、士庶归唐,金帛、子女皆归回纥。”至是,叶护欲如约。广平王俶拜于叶护马前曰:“今始得西京,若遽俘掠,则东京之人皆为贼固守,不可复取矣。愿至东京乃如约。”叶护惊跃下马答拜,跪捧王足曰:“当为殿下径往东京。”即与仆固怀恩引回纥、西域之兵自城南过,营于浐水之东。百姓、军士、胡虏见俶拜者,皆泣曰:“广平王真华、夷之主。”上闻之喜曰:“朕不及也。”俶整众入城,百姓老幼夹道欢呼悲泣。俶留长安,镇抚三日,引大军东出,以太子少傅虢王巨为西京留守。

甲辰,捷书至凤翔,百寮入贺,上涕泗交颐。即日,遣中使啖庭瑶入蜀奏上皇;命左仆射裴冕入京师,告郊庙及宣慰百姓。

上以骏马召李泌于长安,既至,上曰:“朕已表请上皇东归,朕当还东宫,复修人子之职。”泌曰:“表可追乎?”上曰:“已远矣。”泌曰:“上皇不来矣。”上惊问故。泌曰:“理势自然。”上曰:“为之奈何?”泌曰:“今请更为群臣贺表,言自马嵬请留,灵武劝进,及今成功,圣上思恋晨昏,请速还京,以就孝养之意,则可矣。”上即使泌草表。上读之,泣曰:“朕始以至诚愿归万机,今闻先生之言,乃寤其失。”立命中使奉表入蜀。

郭子仪引蕃、汉兵追贼至潼关,斩首五千级,克华阴、弘农二郡。关东献俘百余人,敕皆斩之。监察御史李勉言于上曰:“今元恶未除,为贼所污者半天下,闻陛下龙兴,咸思洗心以承圣化,今悉诛之,是驱之使从贼也。”上遽使赦之。

冬十月丁未，啖庭瑶至蜀。

壬子，兴平军奏破贼于武关，克上洛郡。

尹子奇久围睢阳，城中食尽，议弃城东走，张巡、许远谋，以为："睢阳，江、淮之保障，若弃之去，贼必乘胜长驱，是无江、淮也。且我众饥羸，走必不达。古者战国诸侯尚相救恤，况密迩群帅乎，不如坚守以待之。"茶纸既尽，遂食马，马尽，罗雀、掘鼠，雀鼠又尽，巡出爱妾，杀以食士，远亦杀其奴，然后括城中妇人食之，既尽，继以男子老弱。人知必死，莫有叛者，所余才四百人。癸丑，贼登城，将士病，不能战。巡西向再拜曰："臣力竭矣，不能全城，生既无以报陛下，死当为厉鬼以杀贼。"城遂陷，巡、远俱被执。尹子奇问巡曰："闻君每战眦裂齿碎，何也？"巡曰："吾志吞逆贼，但力不能耳。"子奇以刀抉其口视之，所余才三四。子奇义其所为，欲活之。其徒曰："彼守节者也，终不为吾用，且得士心，存之将为后患。"乃并南霁云、雷万春等三十六人皆斩之。巡且死，颜色不乱，扬扬如常。生致许远于洛阳。

巡初守睢阳时，卒仅万人，城中居人亦且数万，巡一见问姓名，其后无不识者。前后大小战凡四百余，杀贼卒十二万人。巡行兵不依古法，教战陈，令本将各以其意教之。人或问其故，巡曰："今与胡虏战，云合鸟散，变态不恒，数步之间，势有同异。临机应猝，在於呼吸之间，而动询大将，事不相及，非知兵之变者也。故吾使兵识将意，将识士情，投之而往，如手之使指。兵将相习，人自为战，不亦可乎？"自兴兵，器械、甲仗皆取之于敌，未尝自修。每战，将士或退散，巡立于战所，谓将士曰："我不离此，汝为我还决之。"将士莫敢不还，死战，卒破敌。又推诚待人，无所疑隐。临敌应变，出奇无穷。号令明，赏罚信，与众共甘苦、寒暑，故下争致死力。

张镐闻睢阳围急，倍道亟进，檄浙东、浙西、淮南、北海诸节度及谯郡太守闾丘晓，使共救之。晓素傲很，不受镐命。比镐至，睢阳城已陷三日。镐召晓，杖杀之。

张通儒等收余众走保陕，安庆绪悉发洛阳兵，使其御史大夫严庄将之，就通儒以拒官军，并旧兵步骑犹十五万。己未，广平王俶至曲沃。回纥叶护使其将军鼻施吐拨裴罗等引军旁南山，搜伏，因驻军岭北。郭子仪等与贼遇于新店，贼依山而陈，子仪等初与之战，不利，贼逐之下山。回纥自南山袭其背，于黄埃中发十余矢。贼惊顾曰："回纥至矣。"遂溃。官军与回纥夹击之，贼大败，僵尸蔽野。严庄、张通儒等弃陕东走，广平王俶、郭子仪入陕城，仆固怀恩等分道追之。严庄先入洛阳告安庆绪，庚申夜，庆绪帅其党自苑门出，走河北，杀所获唐将哥舒翰、程千里等三十余人而去。许远死于偃师。

壬戌，广平王俶入东京。回纥意犹未厌，俶患之。父老请率罗锦万匹以赂回纥，回纥乃止。

成都使还，上皇诰曰："当与我剑南一道自奉，不复来矣。"上忧惧，不知所为。数日后，使者至，言："上皇初得上请归东宫表，彷徨不能食，欲不归。及群臣表至，乃大喜，命食，作乐，下诰定行日。"上召李泌告之曰："皆卿力也。"癸亥，上发凤翔，遣太子太师韦见素入蜀，奉迎上皇。

乙丑，郭子仪遣左兵马使张用济、右武锋使浑释之将兵取河阳及河内。严庄来降。陈留人杀尹子奇，举郡降。田承嗣围来瑱于颍川，亦遣使来降；郭子仪应之缓，承嗣复叛，与武令珣皆走河北。制以瑱为淮南节度使。

丙寅，上至望贤宫，得东京捷奏。丁卯，上入西京。百姓出国门奉迎，二十里不绝，舞跃呼万岁，有泣者。上入居大明宫。御史中丞崔器令百官受贼官爵者皆脱巾徒跣立于含元殿前，搏膺顿首请罪，环之以兵，使百官临视之。太庙为贼所焚，上素服向庙哭三日。是日，上皇发蜀郡。

安庆绪走保邺郡，改邺郡为安成府，改元天成。从骑不过三百，步卒不过千人，诸将阿史那承庆等散投常山、赵郡、范阳。旬日间，蔡希德自上党，田承嗣自颍川，武令珣自南阳各帅所部兵归之。又召募河北诸郡人，众至六万，军声复振。

广平王俶之入东京也，百官受安禄山父子官者陈希烈等三百余人，皆素服悲泣请罪。俶以上旨释之，寻勒赴西京。己巳，崔器令诣朝堂请罪，如西京百官之仪，然后收系大理、京兆狱。其府县所由、祇承人等受贼驱使追捕者，皆系之。

初，汲郡甄济有操行，隐居青岩山，安禄山为采访使，奏掌书记。济察禄山有异志，诈得风疾，舁归家。禄山反，使蔡希德引行刑者二人，封刀召之，济引首待刀，希德以实病白禄山。后安庆绪亦使人强舁至东京，月余，会广平王俶平东京，济起，诣军门上谒。俶遣诣京师，上命馆之于三司，令受贼官爵者列拜以愧其心，以济为秘书郎。国子司业苏源明称病不受禄山官，上擢为考功郎中、知制诰。壬申，上御丹凤楼，下制："士庶受贼官禄为贼用者，令三司条件闻奏；其因战被虏，或所居密近，因与贼往来者，皆听自首除罪；其子女为贼所污者，勿问。"

癸酉，回纥叶护自东京还，上命百官迎之于长乐驿，上与宴于宣政殿。叶护奏以"军中马少，请留其兵于沙苑，自归取马，还为陛下扫除范阳余孽"。上赐而遣之。

十一月，广平王俶、郭子仪来自东京，上劳子仪曰："吾之家国，由卿再造。"

张镐帅鲁炅、来瑱、吴王祗、李嗣业、李奂五节度徇河南、河东郡县，皆下之，惟能元皓据北海，高秀岩据大同未下。

己丑，以回纥叶护为司空、忠义王。岁遗回纥绢二万匹，使就朔方军受之。

上之在彭原也，更以栗为九庙主，庚寅，朝享于长乐殿。

丙申，上皇至凤翔，从兵六百余人，上皇命悉以甲兵输郡库。上发精骑三千奉迎。十二月丙午，上皇至咸阳，上备法驾迎于望贤宫。上皇在宫南楼，上释黄袍，著紫袍，望楼下马，趋进，拜舞于楼下。上皇降楼，抚上而泣，上捧上皇足，呜咽不自胜。上皇索黄袍，自为上著之，上伏地顿首固辞。上皇曰："天数人心皆归于汝，使朕得保养余齿，汝之孝也。"上不得已，受之。父老在仗外，欢呼且拜。上令开仗，纵千余人入谒上皇，曰："臣等今日复睹二圣相见，死无恨矣。"上皇不肯居正殿，曰："此天子之位也。"上固请，自扶上皇登殿。尚食进食，上品尝而荐之。丁未，将发行宫，上亲为上皇习马而进之。上皇上马，上亲执鞚，行数步，上皇止之。上乘马前引，不敢当驰道。上皇谓左右曰："吾为天子五十年，未为贵；今为天子父，乃贵耳。"左右皆呼万岁。上皇自开远门入大明宫，御含元殿，慰抚百官。乃诣长乐殿谢九庙主，恸哭久之；即日幸兴庆宫，遂居之。上累表请避位还东宫，上皇不许。

戊午，上御丹凤楼，赦天下，惟与安禄山同反及李林甫、王鉷、杨国忠子孙不在免例。立广平王俶为楚王。加郭子仪司徒，李光弼司空，自余蜀郡、灵武扈从立功之臣，皆进阶〔赐〕爵、加食邑有差。李憕、卢奕、颜杲卿、袁履谦、许远、张巡、张介然、蒋清、庞坚等，皆加追赠，官其子孙。战亡之家，给复二载。郡县来载租、庸，三分蠲一。近所改郡名、官名，一依故事。以蜀郡为南京，凤翔为西京，西京为中京。以张良娣为淑妃，立皇子南阳王系为赵王，新城王仅为彭王，颍川王僩为兖王，东阳王侹为泾王，僙为襄王，倕为杞王，偲为召王，佋为兴王，侗为定王。议者或罪张巡以守睢阳不去，与其食人，曷若全人。其友人李翰为之作传，表上之，以为："巡以寡击众，以弱制强，保江、淮以待陛下之师，师至而巡死，巡之功大矣。而议者或罪巡以食人，愚巡以守死。善遏恶扬，录瑕弃功，臣窃痛之。巡所以固守者，以待诸军之救，〔救〕不至而食尽，食既尽而及人，乖其素志。设使巡守城之初，已有食人之计，损数百之众以全天下，臣犹曰功过相掩，况非其素志乎？今巡死大难，不睹休明，唯其令名，是其荣禄。若不时纪录，恐远而不传，使巡生死不遇，诚可悲焉。臣敬撰传一卷献上，乞编列史官。"众议由是始息。是后赦令无不及李憕等，而程千里独以生执贼庭，不沾褒赠。

甲子，上皇御宣政殿，以传国宝授上，上始涕泣而受之。

安庆绪之北走也，其大将北平王李归仁及精兵曳落河、同罗、六州胡数万人皆溃归范阳，所过俘掠，人物无遗。史思明厚为之备，且遣使逆招之范阳境，曳落河、六州胡皆降。同罗不从，思明纵兵击之，同罗大败，悉夺其所掠，余众走归其国。

庆绪忌思明之强，遣阿史那承庆、安守忠往征兵，因密图之。判官耿仁智说思明曰："大夫崇重，人莫敢言，仁智愿一言而死。"思明曰："何也？"仁智曰："大夫所以尽力于安氏者，迫于凶威耳。今唐室中兴，天子仁圣，大夫诚帅所部归之，此转祸为福之计也。”裨将乌承玼亦说思明曰:“今唐室再造,庆绪叶上露耳,大夫奈何与之俱亡!若归款朝廷,以自湔洗,易于反掌耳。”思明以为然。

承庆、守忠以五千劲骑自随,至范阳,思明悉众数万迎之,相距一里所,使人谓承庆等曰:“相公及王远至,将士不胜其喜,然边兵怯懦,惧相公之众,不敢进,愿弛弓以安之。”承庆等从之。思明引承庆等入内厅乐饮,别遣人收其甲兵,诸郡兵皆给粮纵遣之,愿留者厚赐,分隶诸营。明日,囚承庆等,遣其将窦子昂奉表,以所部十三郡及兵八万来降,并帅其河东节度使高秀岩亦以所部来降。乙丑,子昂至京师。上大喜,以思明为归义王、范阳节度使,子七人皆除显官。遣内侍李思敬与乌承恩往宣慰,使将所部兵讨庆绪。

先是,庆绪以张忠志为常山太守,思明召忠志还范阳,以其将薛萼摄恒州刺史,开井陉路。招赵郡太守陆济,降之。命其子朝义将兵五千人摄冀州刺史,以其将令狐彰为博州刺史。乌承恩所至宣布诏旨,沧、瀛、安、深、德、棣等州皆降,虽相州未下,河北率为唐有矣。

郭子仪还东都,经营河北。

崔器、吕諲上言:“诸陷贼官,背国从伪,准律皆应处死。”上欲从之。李岘以为:“贼陷两京,天子南巡,人自逃生。此属皆陛下亲戚或勋旧子孙,今一概以叛法处死,恐乖仁恕之道。且河北未平,群臣陷贼者尚多,若宽之足开自新之路;若尽诛之,是坚其附贼之心也。书曰:‘歼厥渠魁,胁从罔理。’諲、器守文,不达大体,惟陛下图之。”争之累日,上从岘议。以六等定罪,重者刑之于市,次赐自尽,次重杖一百,次三等流、贬。壬申,斩达奚珣等十八人于城西南独柳树下，陈希烈等七人赐自尽于大理寺，应受杖者于京兆府门。

上欲免张均、张垍死，上皇曰："均、垍事贼，皆任权要。均仍为贼毁吾家事，罪不可赦。"上叩头再拜曰："臣非张说父子无有今日。臣不能活均、垍，使死者有知，何面目见说于九原！"因俯伏流涕，上皇命左右扶上起，曰："张垍为汝长流岭表，张均必不可活，汝更勿救。"上泣而从命。安禄山所署河南尹张万顷独以在贼中能保庇百姓，不坐。顷之，有自贼中来降者，言唐群臣从安庆绪在邺者，闻广平王赦陈希烈等，皆自悼，恨失身贼庭；及闻希烈等诛，乃止。上甚悔之。

臣光曰：为人臣者，策名委质，有死无贰。希烈等或贵为卿相，或亲连肺腑，于承平之日，无一言以规人主之失，救社稷之危，迎合取容以窃富贵。及四海横溃，乘舆播越，偷生苟免，顾恋妻子，媚贼称臣，为之陈力。此乃屠酤之所羞，犬马之不如。傥更全其首领，复其官爵，是谄谀之臣无往而不得计也。彼颜杲卿、张巡之徒，世治则摈斥外方，沉抑下僚；世乱则委弃孤城，齑粉寇手。何为善者之不幸，而为恶者之幸，朝廷待忠义之薄，而保奸邪之厚邪！至于微贱之臣，巡徼之隶，谋议不预，号令不及，朝闻亲征之诏，夕失警跸之所，乃复责其不能扈从，不亦难哉！六等议刑，斯亦可矣，又何悔焉！

乾元元年。官军既克京城，宗庙之器及府库资财多散在民间，遣使检括，颇有烦扰。正月乙西，敕尽停之，乃命京兆尹李岘安抚坊市。

二月丁未，上御明凤门，赦天下，改元。尽免百姓今载租、庸，复以载为年。

安庆绪所署北海节度使能元皓举所部来降，以为鸿胪卿，充河北招讨使。

庚午，以安东副大都护王玄志为营州刺史，充平卢节度使。

安庆绪之北走也，其平原太守王暕、清河太守宇文宽皆杀其使者来降。庆绪使其将蔡希德、安太清攻拔之，生擒以归，冎于邺市。凡有谋归者，皆诛及种族，乃至部曲、州县、官属，连坐死者甚众。又与其群臣歃血盟于邺南，而人心益离。庆绪闻李嗣业在河内，夏四月，与蔡希德、崔乾祐将步骑二万，涉沁水攻之，不胜而还。

辛卯，新主入太庙，上享太庙。

张镐性简澹，不事中要，闻史思明请降，上言："思明凶险，因乱窃位，力强则众附，势夺则人离。彼虽人面，心如野兽，难以德怀，愿勿假以威权。"又言："滑州防御使许叔冀，狡猾多诈，临难必变，请征入宿卫。"时上已宠纳思明，会中使自范阳及白马来，皆言思明、叔冀忠恳可信，上以镐为不切事机，五月，罢为荆州防御使，以礼部尚书崔光远为河南节度使。

赠故常山太守颜杲卿太子太保，谥曰忠节，以其子威明为太仆丞。杲卿之死也，杨国忠用张通幽之谮，竟无褒赠。上在凤翔，颜真卿为御史大夫，泣诉于上，上乃出通幽为普安太守，具奏其状于上皇，上皇杖杀通幽。杲卿子泉明为王承业所留，因寓居寿阳，为史思明所虏，裹以牛革，送于范阳，会安庆绪初立，有赦，得免。思明降，乃得归，求其父尸于东京，得之，遂并袁履谦尸棺敛以归。杲卿姊、妹、女及泉明之子皆流落河北，真卿时为蒲州刺史，使泉明往求之。泉明号泣求访，哀感路人，久乃得之。泉明诣亲故乞索，随所得多少赎之，先姑姊妹而后其子。姑女为贼所掠，泉明有钱二百缗，欲赎己女，闵其姑愁悴，先赎姑女，比更得钱，求其女，已失所在。遇群从姊妹及父时将吏袁履谦等妻子流落者，皆与之归，凡五十余家，三百余口，均减资粮，一如亲戚。至蒲州，真卿悉加赡给，久之，随其所适而资送之。袁履谦妻疑履谦衣衾俭薄，发棺视之，与杲卿无异，乃始惭服。

六月戊午，敕两京陷贼官，三司推究未毕者皆释之，已贬降者续处分。

初，史思明以列将事平卢军使乌知义，知义善待之。知义子承恩为信都太守，以郡降思明，思明思旧恩而全之。及安庆绪败，承恩说思明降唐。李光弼以思明终当叛乱，而承恩为思明所亲信，阴使图之。又劝上以承恩为范阳节度副使，赐阿史那承庆铁券，令共图思明，上从之。承恩多以私财募部曲，又数衣妇人服诣诸将营说诱之，诸将以白思明。思明疑，未察。会承恩入京师，上使内侍李思敬与之俱至范阳宣慰。承恩既宣旨，思明留承恩，馆于府中，帷其床，伏二人于床下。承恩少子在范阳，思明使省其父。夜中，承恩密谓其子曰："吾受命除此逆胡，当以吾为节度使。"二人于床下大呼而出，思明乃执承恩，索其装囊，得铁券及光弼牒，牒云："承庆事成则付铁券，不然，不可付也。"又得簿书数百纸，皆先从思明反者将士名。思明责之曰："我何负于汝而为此！"承恩谢曰："死罪，此皆李光弼之谋也。"思明乃集将佐吏民，西向大哭，曰："臣以十三万众降朝廷，何负陛下，而欲杀臣！"遂榜杀承恩父子，连坐死者二百余人。承恩弟承玼走免。思明囚思敬，表上其状。上遣中使慰谕思明曰："此非朝廷与光弼之意，皆承恩所为，杀之甚善。"

会三司议陷贼官罪状至范阳，思明谓诸将曰："陈希烈辈皆朝廷大臣，上皇自弃之幸蜀，今犹不免于死，况吾属本从安禄山反乎?"诸将请思明表求诛光弼，思明从之，命判官耿仁智与其僚张不矜为表云："陛下不为臣诛光弼，臣当自引兵就太原诛之。"不矜草表以示思明，及将入函，仁智悉削去之。写表者以白思明，思明命执二人斩之。仁智事思明久，思明怜欲活之，复召入谓曰："我任使汝垂三十年，今日非我负汝。"仁智大呼曰："人生会有一死，得尽忠义，死之善者也。今从大夫反，不过延岁月，岂若速死之愈乎!"思明怒，乱捶之，脑流于地。乌承玼奔太原，李光弼表为昌化郡王，充石岭军使。

秋七月丁亥，册命回纥可汗曰英武威远毗伽阙可汗。乙未，郭子仪入朝。八月庚戌，李光弼入朝。丙辰，以郭子仪为中书令，光弼为侍中。丁巳，子仪诣行营。回纥遣其臣骨啜特勒及帝德将骁骑三千助讨安庆绪，上命朔方左武锋使仆固怀恩领之。

安庆绪之初至邺也，虽枝党离析，犹据七郡六十余城，甲兵、资粮丰备。庆绪不亲政事，专以缮台沼楼船、酣饮为事。其大臣高尚、张通儒等争权不叶，无复纲纪。蔡希德有才略，部兵精锐，而性刚，好直言，通儒谮而杀之，麾下数千人皆逃散，诸将怨怒不为用。以崔乾祐为天下兵马使，总中外兵。乾祐愎戾好杀，士卒不附。

九月庚寅，命朔方郭子仪、淮西鲁炅、兴平李奂、滑濮许叔冀、镇西北庭李嗣业、郑蔡季广琛、河南崔光远七节度使及平卢兵马使董秦，将步骑二十万讨庆绪。又命河东李光弼、关内泽潞王思礼二节度使将所部兵助之。上以子仪、光弼皆元勋，难相统属，故不置元帅，但以宦官开府仪同三司鱼朝恩为观军容、宣慰、处置使。观军容之名自此始。

冬十月，郭子仪引兵自杏园济河，东至获嘉，破安太清，斩首四千级，捕虏五百人。太清走保卫州，子仪进围之。丙午，遣使告捷。鲁炅自阳武济，季广琛、崔光远自酸枣济，与李嗣业兵皆会子仪于卫州。庆绪悉举邺中之众七万救卫州，分三军，以崔乾祐将上军，田承嗣将下军，庆绪自将中军。子仪使善射者三千人伏于垒垣之内，令曰："我退，贼必逐我，汝乃登垒，鼓噪而射之。"既而与庆绪战，伪退，贼逐之，至垒下，伏兵起射之，矢如雨注，贼还走，子仪复引兵逐之，庆绪大败，获其弟庆和，杀之。遂拔卫州。庆绪走，子仪等追之至邺，许叔冀、董秦、王思礼及河东兵马使薛兼训皆引兵继至。庆绪收余众拒战于愁思冈，又败。前后斩首三万级，捕虏千人。庆绪乃入城固守，子仪等围之。李光弼引兵继至。庆绪窘急，遣薛嵩求救于史思明，且请以位让之。思明发范阳兵十三万欲救邺，观望未敢进，先遣李归仁将步骑一万军于滏阳，遥为庆绪声势。

十一月，崔光远拔魏州，丙戌，以前兵部侍郎萧华为魏州防御使。会史思明分军为三，一出邢、洺，一出冀、贝，一自洹水趣魏州。郭子仪奏以崔光远代华，十二月癸卯，敕以光远领魏州刺史。史思明乘崔光远初至，引兵大下，光远使将军李处崟拒之。贼势盛，处崟连战不利，还趣城。贼追至城下，扬言曰："处崟召我来，何为不出？"光远信之，腰斩处崟。处崟，骁将，众所恃也，既死，众无斗志，光远脱身走还汴州。丁卯，思明陷魏州，所杀三万人。

二年春正月己巳朔，史思明筑坛于魏州城北，自称大圣燕王，以周挚为行军司马。李光弼曰："思明得魏州而按兵不进，此欲使我懈惰，而〔以〕精锐掩吾不备也。请与朔方军同逼魏城，求与之战，彼惩嘉山之败，必不敢轻出，得旷日引久，则邺城必拔矣。庆绪已死，彼则无辞以用其众也。”鱼朝恩以为不可，乃止。

镇西节度使李嗣业攻邺城，为流矢所中，丙申，薨，兵马使荔非元礼代将其众。初，嗣业表段秀实为怀州长史，知留后事。时诸军屯戍日久，财竭粮尽，秀实独运刍粟，募兵市马以奉镇西行营，相继于道。

二月，郭子仪等九节度使围邺城，筑垒再重，穿堑三重，雍漳水灌之，城中井泉皆溢，构栈而居。自冬涉春，安庆绪坚守以待史思明，食尽，一鼠直钱四千，淘墙䴬及马屎以食(焉)〔马〕。人皆以为克在朝夕，而诸军既无统帅，进退无所禀。城中人欲降者，碍水深，不得出。城久不下，上下解体。思明乃自魏州引兵趣邺，使诸将去城各五十里为营，每营击鼓三百面，遥胁之。又每营选精骑五百，日于城下抄掠，官军出，即散归其营。诸军人马牛车日有所失，樵采甚艰，昼备之则夜至，夜备之则昼至。时天下饥馑，转饷者南自江、淮，西自并、汾，舟车相继。思明多遣壮士窃官军装号，督趣运者，责其稽缓，妄杀戮人，运者骇惧。舟车所聚，则密纵火焚之，往复聚散，自相辨识，而官军逻捕不能察也。由是诸军乏食，人思自溃。思明乃引大军直抵城下，官军与之刻日决战。

三月壬申，官军步骑六十万陈于安阳河北，思明自将精兵五万敌之，诸军望之，以为游军，未介意。思明直前奋击，李光弼、王思礼、许叔冀、鲁炅先与之战，杀伤相半，鲁炅中流矢。郭子仪承其后，未及布陈，大风忽起，吹沙拔木，天地昼晦，咫尺不相辨。两军大惊，官军溃而南，贼溃而北，弃甲仗、辎重委积于路。子仪以朔方军断河阳桥保东京。战马万匹,惟存三千,甲仗十万,遗弃殆尽。东京士民惊骇,散奔山谷。留守崔圆、河南尹苏震等官吏南奔襄、邓,诸节度各溃归本镇。士卒所过剽掠,吏不能止,旬日方定。惟李光弼、王思礼整勒部伍,全军以归。

子仪至河阳,将谋城守,师人相惊,又奔缺门。诸将继至,众及数万,议捐东京,退保蒲、陕。都虞候张用济曰:"蒲、陕荐饥,不如守河阳,贼至,并力拒之。"子仪从之,使都游弈使灵武韩游瓌将五百骑前趣河阳,用济以步卒五千继之。周挚引兵争河阳,后至,不得入而去。用济役所部兵,筑南、北两城而守之。段秀实帅将士妻子及公私辎重自野戍渡河,待命于河清之南岸,荔非元礼至而军焉。诸将各上表请罪,上皆不问,惟削崔圆阶封,贬苏震为济王府长史,削银青阶。

史思明审知官军溃去,自沙河收整士众,还屯邺城南。安庆绪收子仪等营中粮,得六七万石,与孙孝哲、崔乾祐谋闭门更拒思明。诸将曰:"今日岂可复背史王乎?"思明不与庆绪相闻,又不南追官军,但日于军中飨士。张通儒、高尚等言于庆绪曰:"史王远来,臣等皆应迎谢。"庆绪曰:"任公暂往。"思明见之涕泣,厚礼而归之。经三日,庆绪不至。思明密召安太清令诱之,庆绪窘蹙,不知所为,乃遣太清上表称臣于思明,请待解甲入城,奉上玺绶。思明省表,曰:"何至如此!"因出表遍示将士,咸称万岁。乃手疏唁庆绪而不称臣,且曰:"愿为兄弟之国,更作藩篱之援。鼎足而立,犹或庶几;北面之礼,固不敢受。"并封表还之。庆绪大悦,因请歃血同盟,思明许之。庆绪以三百骑诣思明营,思明令军士擐甲执兵以待之,引庆绪及诸弟入至庭下。庆绪再拜稽首曰:"臣不克荷负,弃失两都,久陷重围,不意大王以太上皇之故，远垂救援，使臣应死复生，摩顶至踵，无以报德。”思明忽震怒曰：“弃失两都，亦何足言。尔为人子，杀父夺其位，天地所不容。吾为太上皇讨贼，岂受尔佞媚乎！”即命左右牵出，并其四弟及高尚、孙孝哲、崔乾祐皆杀之，张通儒、李庭望等悉授以官。思明勒兵入邺城，收其士马，以府库赏将士。庆绪先所有州、县及兵，皆归于思明。遣安太清将兵五千取怀州，因留镇之。思明欲遂西略，虑根本未固，乃留其子朝义守相州，引兵还范阳。

辛卯，以荔非元礼为怀州刺史，权知镇西、北庭行营节度使。元礼复以段秀实为节度判官。

丙申，以郭子仪为东畿山东河东诸道元帅，权知东京留守。以河西节度使来瑱行陕州刺史，充陕虢华州节度使。

夏四月庚子，泽潞节度使王思礼破史思明将杨旻于潞城东。

九节度之溃于相州也，鲁炅所部兵剽掠尤甚，闻郭子仪退屯河上，李光弼还太原，炅惭惧，饮药而死。

史思明自称大燕皇帝，改元顺天，立其妻辛氏为皇后，子朝义为怀王，以周挚为相，李归仁为将。改范阳为燕京，诸州为郡。

戊申，以鸿胪卿李抱玉为郑陈颍亳节度使。

观军容使鱼朝恩恶郭子仪，因其败，短之于上。秋七月，上召子仪还京师，以李光弼〔代〕为朔方节度使、兵马元帅。光弼治军严整，始至，号令一施，士卒、壁垒、旌旗、精彩皆变。八月壬戌，以李光弼为幽州长史、河北节度等使。

九月，史思明使其子朝清守范阳，命诸郡太守各将兵三千从己向河南，分为四道，使其将令狐彰将兵五千自黎阳济河取滑州，思明自濮阳，史朝义自白皋，周挚自胡良济河，会于汴州。

李光弼方巡河上诸营，闻之，还入汴州，谓汴滑节度使许叔冀曰："大夫能守汴州十五日，我则将兵来救。"叔冀许诺。光弼还东京。思明至汴州，叔冀与战不胜，遂与濮州刺史董秦及其将梁浦、刘从谏、田神功等降之。思明以叔冀为中书令，与其将李详守汴州，厚待董秦，收其妻子置长芦为质，使其将南德信与梁浦、刘从谏、田神功等数十人徇江、淮。神功，南宫人也，思明以为平卢兵马使。顷之，神功袭德信，斩之。从谏脱身走。神功将其众来降。

思明乘胜西攻郑州。光弼整众徐行，至洛阳，谓留守韦陟曰："贼乘胜而来，利在按兵，不利速战。洛城不可守，于公计何如？"陟请"留兵于陕，退守潼关，据险以挫其锐"。光弼曰："两敌相当，贵进忌退。今无故弃五百里地，则贼势益张矣。不若移军河阳，北连泽潞，利则进取，不利则退守，表里相应，使贼不敢西侵，此猿臂之势也。夫辨朝廷之礼，光弼不如公；论军旅之事，公不如光弼。"陟无以应。判官韦损曰："东京帝宅，侍中奈何不守？"光弼曰："守之，则汜水、崿岭、龙门皆应置兵，子为兵马判官，能守之乎？"遂移牒留守韦陟，使帅东京官属西入关。牒河南尹李若幽，使帅吏民出城避贼，空其城。光弼帅军士运油、铁诸物诣河阳为守备，光弼以五百骑殿。时思明游兵已至石桥，诸将请曰："今自洛城而北乎？当石桥而进乎？"光弼曰："当石桥而进。"及日暮，光弼秉炬徐行，部曲坚重，贼引兵蹑之，不敢逼。光弼夜至河阳，有兵二万，粮才支十日。光弼按阅守备，部分士卒，无不严办。庚寅，思明入洛阳，城空，无所得，畏光弼掎其后，不敢入宫，退屯白马寺南，筑月城于河阳南以拒光弼。于是郑、滑等州相继陷没，韦陟、李若幽皆寓治于陕。

冬十月丁酉，下制亲征史思明，群臣上表谏，乃止。史思明引兵攻河阳，使骁将刘龙仙诣城下挑战。龙仙恃勇，举右足加马鬣上，慢骂光弼。光弼顾诸将曰："谁能取彼者？"仆固怀恩请行。光弼曰："此非大将所为。"左右言"裨将白孝德可往"。光弼召问之，孝德请行。光弼问："须几何兵？"对曰："请挺身取之。"光弼壮其志，然固问所须。对曰："愿选五十骑出垒门为后继，兼请大军助鼓噪以增气。"光弼抚其背而遣之。孝德挟二矛，策马乱流而进，半涉，怀恩贺曰："克矣。"光弼曰："锋未交，何以知之？"怀恩曰："观其揽辔安闲，知其万全。"龙仙见其独来，甚易之；稍近，将动，孝德摇手示之，若非来为敌者，龙仙不测而止。去之十步，乃与之言，龙仙慢骂如初。孝德息马良久，因瞋目谓曰："贼识我乎？"龙仙曰："谁也？"曰："我白孝德也。"龙仙曰："是何狗彘。"孝德大呼，运矛跃马搏之，城上鼓噪，五十骑继进。龙仙矢不及发，环走堤上，孝德追及，斩首，携之以归。贼众大骇。孝德，本安西胡人也。

思明有良马千余匹，每日出于河南渚浴之，循环不休以示多。光弼命索军中牝马，得五百匹，絷其驹于城内。俟思明马至水际，尽出之，马嘶不已，思明马悉浮渡河，一时驱之入城。思明怒，列战船数百艘，泛火船于前而随之，欲乘流烧浮桥。光弼先贮百尺长竿数百枚，以巨木承其根，毡裹铁叉置其首，以迎火船而叉之。船不得进，须臾自焚尽。又以叉拒战船，于桥上发炮石击之，中者皆沉没，贼不胜而去。

思明见兵于河清，欲绝光弼粮道，光弼军于野水渡以备之。既夕，还河阳，留兵千人，使部将雍希颢守其栅，曰："贼将高庭晖、李日越、喻文景，皆万人敌也，思明必使一人来劫我。我且去之，汝待于此。若贼至，勿与之战。降，则与之俱来。"诸将莫谕其意，皆窃笑之。既而思明果谓李日越曰："李光弼长于凭城，今出在野，此成擒矣。汝以铁骑宵济，为我取之，不得，则勿返。"日越将五百骑晨至栅下，希颢阻壕休卒，吟啸相视。日越怪之，问曰："司空在乎？"曰："夜去矣。""兵几何？"曰："千人。""将谁？"曰："雍希颢。"日越默计久之，谓其下曰："今失李光弼，得希颢而归，吾死必矣，不如降也。"遂请降。希颢与之俱见光弼，光弼厚待之，任以心腹。高庭晖闻之，亦降。或问光弼："降二将，何易也？"光弼曰："此人情耳。思明常恨不得野战，闻我在外，以为必可取。日越不获我，势不敢归。庭晖才勇过于日越，闻日越被宠任，必思夺之矣。"庭晖时为五台府果毅，己亥，以庭晖为右武卫大将军。

思明复攻河阳，光弼谓郑陈节度使李抱玉曰："将军能为我守南城二日乎？"抱玉曰："过期何如？"光弼曰："过期救不至，任弃之。"抱玉许诺，勒兵拒守。城且陷，抱玉绐之曰："吾粮尽，明旦当降。"贼喜，敛军以待之。抱玉缮完城备，明日，复请战。贼怒，急攻之。抱玉出奇兵，表里夹击，杀伤甚众。

董秦从思明寇河阳，夜，帅其众五百，拔栅突围，降于光弼。时光弼自将屯中潬，城外置栅，栅外穿堑，深广二丈。乙巳，贼将周挚舍南城，并力攻中潬。光弼命荔非元礼出劲卒于羊马城以拒贼。光弼自于城东北隅建小朱旗以望贼。贼恃其众，直进逼城，以车载攻具自随，督众填堑，三面各八道以过兵，又开栅为门。光弼望贼逼城，使问元礼曰："中丞视贼填堑开栅过兵，晏然不动，何也？"元礼曰："司空欲守乎？战乎？"光弼曰："欲战。"元礼曰："欲战，则贼为吾填堑，何为禁之？"光弼曰："善，吾所不及，勉之。"元礼俟栅开，帅敢死士突出击贼，却走数百步。元礼度贼陈坚，未易摧陷，乃复引退，须其怠而击之。光弼望见元礼退，怒，遣左右召，欲斩之。元礼曰：“战正急，召何为？”乃退入栅中，贼亦不敢逼。良久，鼓噪出栅门，奋击破之。

周挚复收兵趣北城。光弼遽帅众入北城，登城望贼曰：“贼兵虽多，嚣而不整，不足畏也。不过日中，保为诸君破之。”乃命诸将出战。及期，不决，召诸将问曰：“向来贼陈，何方最坚？”曰：“西北隅。”光弼命其将郝廷玉当之。廷玉请骑兵五百，与之三百。又问其次坚者，曰：“东南隅。”光弼命其将论惟贞当之。惟贞请骑三百，与之二百。光弼令诸将曰：“尔辈望吾旗而战，吾飐旗缓，任尔择利而战，吾急飐旗三至地，则万众齐入，死生以之，少退者斩。”又以短刀置靴中曰：“战，危事，吾国之三公，不可死贼手。万一战不利，诸君前死于敌，我自刭于此，不令诸君独死也。”诸将出战，顷之，廷玉奔还。光弼望之，惊曰：“廷玉退，吾事危矣。”命左右取廷玉首。廷玉曰：“马中箭，非敢退也。”使者驰报。光弼令易马，遣之。仆固怀恩及其子开府仪同三司玚战小却，光弼又命取其首。怀恩父子顾见使者提刀驰来，更前决战。光弼连飐其旗，诸将齐进致死，呼声动天地，贼众大溃，斩首千余级，捕虏五百人，溺死者千余人。周挚以数骑遁去，擒其大将徐璜玉、李秦授。其河南节度使安太清走保怀州。思明不知挚败，尚攻南城，光弼驱俘囚临河示之，乃遁。丁巳，以李日越为右金吾大将军。

十一月甲子，以殿中监董秦为陕西、神策两军兵马使，赐姓名李忠臣。

发安西、北庭兵屯陕以备史思明。

十二月，史思明遣其将李归仁将铁骑五千寇陕州，神策兵马使卫伯玉以数百骑击破之于礓子坂，得马六百匹，归仁走。以伯玉为镇西四镇行营节度使。李忠臣与归仁等战于永宁、莎栅之间，屡破之。

上元元年春正月辛巳，以李光弼为太尉兼中书令，余如故。二月，李光弼攻怀州，史思明救之。癸卯，光弼逆战于沁水之上，破之，斩首三千余级。三月庚寅，李光弼破安太清于怀州城下。夏四月壬辰，破史思明于河阳西渚，斩首千五百余级。闰月丁卯，加河东节度使王思礼为司空。己卯，史思明入东京。六月，平卢兵马使田神功奏破史思明之兵于郑州。冬十一月，李光弼攻怀州，百余日乃拔之，生擒安太清。

史思明遣其将田承嗣将兵五千徇淮西，王同芝将兵三千人徇陈，许敬江将二千人徇兖郓，薛鄂将五千人徇曹州。十二月，兖郓节度使能元皓击史思明兵，破之。

二年春正月癸卯，史思明改元应天。或言"洛中将士皆燕人，久戍思归，上下离心，急击之，可破也"。陕州观军容使鱼朝恩以为信然，屡言于上，上敕李光弼等进取东京。光弼奏称"贼锋尚锐，未可轻进"。朔方节度使仆固怀恩勇而愎，麾下皆蕃、汉劲卒，恃功，多不法，郭子仪宽厚曲容之，每用兵临敌，倚以集事。李光弼性严，一裁之以法，无所假贷。怀恩惮光弼而心恶之，乃附朝恩，言东都可取。由是中使相继，督光弼使出师，光弼不得已，使郑陈节度使李抱玉守河阳，与怀恩将兵会朝恩及神策节度使卫伯玉攻洛阳。

戊寅，陈于邙山。光弼命依险而陈，怀恩陈于平原。光弼曰："依险则可以进，可以退；若平原，战而不利，则尽矣。思明不可忽也。"命移于险，怀恩复止之。史思明乘其陈未定，进兵薄之，官军大败，死者数千人，军资、器械尽弃之。光弼、怀恩渡河走保闻喜，朝恩、伯玉奔还陕，抱玉亦弃河阳走。河阳、怀州皆没于贼。朝廷闻之，大惧，益兵屯陕。

史思明猜忌好杀，群下小不如意，动至族诛，人不自保。朝义，其长子也，常从思明将兵，颇谦谨，爱士卒，将士多附之，无宠于思明。思明爱少子朝清，使守范阳，常欲杀朝义，立朝清为太子，左右颇泄其谋。思明既破李光弼，欲乘胜西入关，使朝义将兵为前锋，自北道袭陕城，思明自南道将大军继之。三月甲午，朝义兵至礓子岭，卫伯玉逆击，破之。朝义数进兵，皆为陕兵所败。思明退屯永宁，以朝义为怯，曰："终不足成吾事！"欲按军法斩朝义及诸将。戊戌，命朝义筑三隅城，欲贮军粮，期一日毕。朝义筑毕，未泥，思明至，诟怒之，令左右立马监泥，斯须而毕。思明又曰："俟克陕州，终斩此贼。"朝义忧惧，不知所为。

思明在鹿桥驿，令腹心曹将军将兵宿卫。朝义宿于逆旅，其部将骆悦、蔡文景说朝义曰："悦等与王，死无日矣。自古有废立，请召曹将军谋之。"朝义俯首不应。悦等曰："王苟不许，悦等今归李氏，王亦不全矣。"朝义泣曰："诸君善为之，勿惊圣人。"悦等乃令许叔冀之子季常召曹将军，至则以其谋告之。曹将军知诸将尽怨，恐祸及己，不敢违。是夕，悦等以朝义部兵三百被甲诣驿，宿卫兵怪之，畏曹将军，不敢动。悦等引兵入，至思明寝所，值思明如厕，问左右，未及对，已杀数人，左右指示之。思明闻有变，逾垣至厩中，自备马乘之，悦傔人周子俊射之，中臂，坠马，遂擒之。思明曰："乱者为谁？"悦曰："奉怀王命。"思明曰："我朝来语失，宜其及此。然杀我太早，何不待我克长安？今事不成矣。"悦等送思明于柳泉驿，囚之，还报朝义曰："事成矣。"朝义曰:"不惊圣人乎?"悦曰:"无。"时周挚、许叔冀将后军在福昌,悦等使许季常往告之,挚惊倒于地,朝义引军还,挚、叔冀来迎,悦等劝朝义执挚,杀之。军至柳泉,悦等恐众心未壹,遂缢杀思明,以毡裹其尸,橐驼负归洛阳。

朝义即帝位,改元显圣。密使人至范阳,敕散骑常侍张通儒等杀朝清及朝清母辛氏,并不附己者数十人。其党自相攻击,战城中数月,死者数千人,范阳乃定。朝义以其将柳城李怀仙为范阳尹、燕京留守。时洛阳四面数百里州、县皆为丘墟,而朝义所部节度使皆安禄山旧将,与思明等夷,朝义召之,多不至,略相羁縻而已,不能得其用。

李光弼上表,固求自贬,制以开府仪同三司、侍中,领河中节度使。夏四月乙亥,青密节度使向衡破史朝义兵,斩首五千余级。丁丑,兖郓节度使能元皓破朝义兵。五月己丑,李光弼自河中入朝。

初,史思明以其博州刺史令狐彰为滑郑汴节度使,将数千兵戍滑台。彰密因中使杨万定通表请降,徙屯杏园渡。思明疑之,遣其将薛岌围之。彰与岌战,大破之,因随万定入朝。甲午,以彰为滑卫等六州节度使。戊戌,平卢节度使侯希逸击史朝义范阳兵,破之。复以李光弼为河南副元帅、太尉兼侍中,都统河南淮南东西山南东荆南江南西浙江东西八道行营节度,出镇临淮。六月甲寅,青密节度使能元皓败史朝义将李元遇。秋八月己巳,李光弼赴河南行营。建子月,神策节度使卫伯玉攻史朝义。拔永宁,破渑池、福昌、长水等县。建丑月,平卢节度使侯希逸,与范阳相攻连年,救援既绝,又为奚所侵,乃悉举其军二万余人袭李怀仙,破之,因引兵而南。

宝应元年建寅月，李光弼拔许州，擒史朝义所署颍川太守李春；朝义将史参救之，丙午，战于城下，又破之。戊申，平卢节度使侯希逸于青州北渡河而会田神功、能元皓于兖州。建卯月戊辰，淮西节度使王仲升与史朝义将谢钦让战于申州城下，为贼所虏，淮西震骇。会侯希逸、田神功、能元皓攻汴州，朝义召钦让兵救之。

史朝义围李抱玉于泽州，建巳月庚戌，李抱玉破史朝义兵于城下。甲寅，上皇崩。

史朝义自围宋州数月，城中食尽，将陷，刺史李岑不知所为。遂城果毅开封刘昌曰："仓中犹有麹数千斤，请屑食之，不过二十日，李太尉必救我。城东南隅最危，昌请守之。"〔夏五月〕，李光弼至临淮，诸将以朝义兵尚强，请南保扬州。光弼曰："朝廷倚我以为安危，我复退缩，朝廷何望！且吾出其不意，贼安知吾之众寡！"遂径趣徐州，使兖郓节度使田神功进击朝义，大破之。

秋九月，上遣中使刘清潭使于回纥，修旧好，且征兵讨史朝义。清潭至其廷，回纥登里可汗已为朝义所诱，云"唐室继有大丧，今中原无主，可汗宜速来，共收其府库"。可汗信之。清潭致敕书曰："先帝虽弃天下，今上继统，乃昔日广平王，与叶护共收两京者也。"回纥业已起兵，至三城，见州县皆为丘墟，有轻唐之心，乃困辱清潭。清潭遣使言状，且曰："回纥举国十万众至矣。"京师大骇。上遣殿中监药子昂往劳之于忻州南。可汗请与仆固怀恩相见，怀恩时在汾州，上令往见之。怀恩为可汗言"唐家恩信不可负"，可汗悦，遣使上表，请助国讨朝义。可汗欲自蒲关入，由沙苑出潼关东向。药子昂说之曰："关中数遭兵荒，州县萧条，无以供拟，恐可汗失望。贼兵尽在洛阳，请自土门略邢、洺、怀、卫而南，得其资财以充军装。”可汗不从。又请“自太行南下据河阴，扼贼咽喉”，亦不从。又请“自陕州大阳津渡河，食太原仓粟，与诸道俱进”，乃从之。

冬十月，以雍王适为天下兵马元帅。辛酉，辞行，以兼御史中丞药子昂、魏琚为左、右厢兵马使，以中书舍人韦少华为判官，给事中李进为行军司马，会诸道节度使及回纥于陕州，进讨史朝义。上欲以郭子仪为适副，程元振、鱼朝恩等沮之而止。加朔方节度使仆固怀恩同平章事兼绛州刺史，领诸军节度行营以副适。

戊辰，诸军发陕州，仆固怀恩与回纥左杀为前锋，陕西节度使郭英乂、神策观军容使鱼朝恩为殿，自渑池入，泽潞节度使李抱玉自河阳入，河南等道副元帅李光弼自陈留入，雍王留陕州。辛未，怀恩等军于同轨。

史朝义闻官军将至，谋于诸将。阿史那承庆曰：“唐若独与汉兵来，宜悉众与战；若与回纥俱来，其锋不可当，宜退守河阳以避之。”朝义不从。壬申，官军至洛阳北郊，分兵取怀州，癸酉，拔之。乙亥，官军陈于横水。贼众数万，立栅自固，怀恩陈于西原以当之。遣骁骑及回纥并南山出栅东北，表里合击，大破之。朝义悉其精兵十万救之，陈于昭觉寺，官军骤击之，杀伤甚众，而贼陈不动。鱼朝恩遣射生五百人力战，贼虽多死者，陈亦如初。镇西节度使马璘曰：“事急矣。”遂单骑奋击，夺贼两牌，突入万众中。贼左右披靡，大军乘之而入，贼众大败。转战于石榴园、老君庙，贼又败；人马相蹂践，填尚书谷，斩首六万级，捕虏二万人。朝义将轻骑数百东走。怀恩进克东京及河阳城。获其中书令许叔冀、王伷等，承制释之。怀恩留回纥可汗营于河阳，使其子右厢兵马使玚及朔方兵马使高辅成帅步骑万余乘胜逐朝义，至郑州，再战皆捷。朝义至汴州，其陈留节度使张献诚闭门拒之，朝义奔濮州，献诚开门出降。

回纥入东京，肆行杀掠，死者万计，火累旬不灭。朔方、神策军亦以东京、郑、汴、汝州皆为贼境，所过虏掠，三月乃已。比屋荡尽，士民皆衣纸。回纥悉置所掠宝货于河阳，留其将安恪守之。十一月丁丑，露布至京师。

朝义自濮州北渡河，怀恩进攻滑州，拔之，追败朝义于卫州。朝义睢阳节度使田承嗣等将兵四万余人与朝义合，复来拒战；仆固玚击破之，长驱至昌乐东。朝义帅魏州兵来战，又败走。于是邺郡节度使薛嵩以相、卫、洺、邢四州降于陈郑泽潞节度使李抱玉，恒阳节度使张忠志以恒、赵、深、定、易五州降于河东节度使辛云京。嵩，楚玉之子也。抱玉等已进军入其营，按其部伍，嵩等皆受代。居无何，仆固怀恩皆令复位。由是抱玉、云京疑怀恩有贰心，各表言之，朝廷密为之备。怀恩亦上疏自理，上慰勉之。辛巳，制："东京及河南北受伪官者，一切不问。"

丁酉，以张忠志为成德军节度使，统恒、赵、深、定、易五州，赐姓李，名宝臣。初，辛云京引兵将出井陉、常山，裨将王武俊说宝臣曰："今河东兵精锐，出境远斗，不可敌也。且吾以寡当众，以曲遇直，战则必离，守则必溃，公其图之。"宝臣乃撤守备，举五州来降。及复为节度使，以武俊之策为善，擢为先锋兵马使。武俊，本契丹也，初名没诺干。

郭子仪以仆固怀恩有平河朔功，请以副元帅让之。己亥，以怀恩为河北副元帅，加左仆射兼中书令、单于、镇北大都护、朔方节度使。

史朝义走至贝州，与其大将薛忠义等两节度合，仆固玚追之至临清。朝义自衡水引兵三万还攻之，玚设伏，击走之。回纥又至，官军益振，遂逐之，大战于下博东南，贼大败，积尸拥流而下；朝义奔莫州。怀恩都知兵马使薛兼训、兵马使郝庭玉与田神功、辛云京会于下博，进围朝义于莫州，青淄节度使侯希逸继至。

代宗广德元年。史朝义屡出战，皆败，田承嗣说朝义，令亲往幽州发兵，还救莫州，承嗣自请留守莫州。朝义从之，选精骑五千自北门犯围而出。朝义既去，承嗣即以城降，送朝义母、妻、子于官军。于是仆固玚、侯希逸、薛兼训等帅众三万追之，及于归义，与战，朝义败走。

时朝义范阳节度使李怀仙已因中使骆奉仙请降，遣兵马使李抱忠将兵三千镇范阳县，朝义至范阳，不得入。官军将至，朝义遣人谕抱忠以大军留莫州，轻骑来发兵救援之意，因责以君臣之义。抱忠对曰："天不祚燕，唐室复兴，今既归唐矣，岂可更为反覆，独不愧三军邪！大丈夫耻以诡计相图，愿早择去就以谋自全。且田承嗣必已叛矣，不然，官军何以得至此？"朝义大惧，曰："吾朝来未食，独不能以一餐相饷乎？"抱忠乃令人设食于城东。于是范阳人在朝义麾下者，并拜辞而去，朝义涕泣而已，独与胡骑数百既食而去。东奔广阳，广阳不受。欲北入奚、契丹，至温泉栅，李怀仙遣兵追〔及〕之。朝义穷蹙，缢于林中，怀仙取其首以献。仆固怀恩与诸军皆还。甲辰，朝义首至京师。

秋七月壬寅，群臣上尊号曰宝应元圣文武孝皇帝。壬子，赦天下，改元。诸将讨史朝义者，进官阶、加爵邑有差。册回纥可汗为颉咄登蜜施合俱录英义建功毗伽可汗，可敦为娑墨光亲丽华毗伽可敦，左右杀以下皆加封赏。

通鉴纪事本末卷第三十二

刘展之叛

唐肃宗上元元年冬十一月，御史中丞李铣、宋州刺史刘展皆领淮西节度副使。铣贪暴不法，展刚强自用，故为其上者多恶之。节度使王仲升先奏铣罪而诛之。时有谣言曰："手执金刀起东方。"仲升使监军使内左常侍邢延恩入奏："展倔强，不受命，姓名应谣谶，请除之。"延恩因说上曰："展与李铣一体之人，今铣诛，展不自安，苟不去之，恐其为乱。然展方握强兵，宜以计去之。请除展江淮都统，代李峘，俟其释兵赴镇，中道执之，此一夫力耳。"上从之，以展为都统淮南东江南西浙西三道节度使，密敕旧都统李峘及淮南东道节度使邓景山图之。

延恩以制书投展，展疑之，曰："展自陈留参军，数年至刺史，可谓暴贵矣。江淮租赋所出，今之重任，展无勋劳，又非亲贤，一旦恩命宠擢如此，得非有谗人间之乎？"因泣下。延恩惧，曰："公素有才望，主上以江淮为忧，故不次用公，公反以为疑，何哉？"展曰："事苟不欺，印节可先得乎？"延恩曰："可。"乃驰诣广陵，与峘谋，解峘印节以授展。展得印节，乃上表谢恩。牒追江淮亲旧，置之心膂，三道官属，遣使迎贺，申图籍，相望于道。展悉举宋州兵七千趣广陵。

延恩知展已得其情，还奔广陵，与李峘、邓景山发兵拒之。移檄州县，言展反。展亦移檄言峘反，州县莫知所从。峘引兵渡江，与副使润州刺史韦儇、浙西节度使侯令仪屯京口，邓景山将万人屯徐城。展素有威名，御军严整，江淮人望风畏之。展倍道先期至，使人问景山曰："吾奉诏书赴镇，此何兵也？"景山不应。展使人呼于陈前曰："汝曹皆吾民也，勿干吾旗鼓。"使其将孙待封、张法雷击之，景山众溃，与延恩奔寿州。展引兵入广陵，遣其将屈突孝标将兵三千徇濠、楚，王晅将兵四千略淮西。

李峘辟北固为兵场，插木以塞江口。展军于白沙，设疑兵于瓜州，多张火、鼓，若将趣北固者，如是累日。峘悉锐兵守京口以待之。展乃自上流济，袭下蜀。峘军闻之，自溃，峘奔宣城。

甲午，展陷润州。升州军士万五千人谋应展，攻金陵城，不克而遁。侯令仪惧，以后事授兵马使姜昌群，弃城走。昌群遣其将宗犀诣展降。丙申，展陷升州，以宗犀为润州司马、丹阳军使；使昌群领升州，以从子伯瑛佐之。

李峘之去润州也，副使李藏用谓峘曰："处人尊位，食人重禄，临难而逃之，非忠也。以数十州之兵食，三江、五湖之险固，不发一矢而弃之，非勇也。失忠与勇，何以事君！藏用请收余兵，竭力以拒之。"峘乃悉以后事授藏用，藏用收散卒得七百人，东至苏州，募壮士，得三千人，立栅以拒刘展。展遣其将傅子昂、宗犀攻宣州，宣歙节度使郑炅之弃城走。李峘奔洪州。

李藏用与展将张景超、孙待封战于郁墅，兵败，奔杭州。景超遂据苏州，待封进陷湖州。展以其将许峄为润州刺史，李可封为常州刺史，杨持璧苏州刺史，待封领湖州事。景超进逼杭州，藏用使其将温(炅)〔晁〕屯余杭。展以李晃为泗州刺史，宗犀为宣州刺史。

傅子昂屯南陵，将下江州，徇江西。于是屈突孝标陷濠、楚州，王晅陷舒、和、滁、庐等州，所向无不摧靡，聚兵万人，骑三千，横行江淮间。寿州刺史崔昭发兵拒之，由是晅不得西，止屯庐州。

初，上命平卢都知兵马使田神功将所部精兵三千屯任城。邓景山既败，与邢延恩奏，乞敕神功救淮南，未报。景山遣人趣之，且许以淮南金帛子女为赂，神功及所部皆喜，悉众南下，及彭城，敕神功讨展。展闻之，始有惧色，自广陵将兵八千拒之，选精兵二千渡淮，击神功于都梁山。展败走，至天长，以五百骑据桥拒战，又败，展独与一骑亡渡江。神功入广陵及楚州，大掠，杀商胡以千数，城中地穿掘略遍。

二年春正月，张景超引兵攻杭州，败李藏用将李彊于石夷门。孙待封自武康南出，将会景超攻杭州，温晁据险击败之，待封脱身奔乌程，李可封以常州降。丁未，田神功使特进杨惠元等将千五百人西击王晅。辛亥夜，神功先遣特进范知新等将四千人自白沙济，西趣下蜀；邓景山等将千人自海陵济，东趣常州；神功与邢延恩将三千人军于瓜州，壬子，济江。展将步骑万余陈于蒜山；神功以舟载兵趣金山。会大风，五舟飘抵金山下，展屠其二舟，沈其三舟，神功不得渡，还军瓜州。而范知新等兵已至下蜀，展击之，不胜。弟殷劝展引兵逃入海，可延岁月。展曰："若事不济，何用多杀人父子乎？死早晚，等耳。"遂更帅众力战。将军贾隐林射展，中目而仆，遂斩之。刘殷、许峄等皆死。隐林，滑州人也。

杨惠元等击破王晅于淮南，晅引兵东走，至常熟，乃降。孙待封诣李藏用降。张景超聚兵至七千余人，闻展死，悉以兵授张法雷，使攻杭州，景超逃入海。法雷至杭州，李藏用击破之，余党皆平。平卢军大掠十余日。安、史之乱，乱兵不及江、淮，至是，其民始罹荼毒矣。

李辅国用事　张后　程元振附

唐肃宗至德元载。张良娣性巧慧，能得上意，从上来朔方。时从兵单寡，良娣每寝，常居上前。上曰："御寇非妇人所能。"良娣曰："苍猝之际，妾以身当之，殿下可从后逸去。"至灵武，产子，三日起，缝战士衣。上止之，对曰："此非妾自养之时。"上以是益怜之。

肃宗即位于灵武，遣使召李泌于颍阳，谒见，大喜，时事皆咨之。上以建宁王倓为天下兵马元帅，李泌劝上用广平王俶，倓闻而谢之。事见安史之乱。

上皇赐张良娣七宝鞍，李泌言于上曰："今四海分崩，当以俭约示人，良娣不宜乘此。请撤其珠玉付库吏，以俟有战功者赏之。"良娣自閤中言曰："邻里之旧，何至如是？"上曰："先生为社稷计也。"遽命撤之。建宁王倓泣于廊下，声闻于上。上惊，召问之，对曰："臣比忧祸乱未已，今陛下从谏如流，不日当见陛下迎上皇还长安，是以喜极而悲耳。"良娣由是恶泌及倓。上又谓泌曰："良娣祖母，昭成太后之妹也，上皇所念。朕欲使正位中宫，以慰上皇心，何如？"对曰："陛下在灵武，以群臣望尺寸之功，故践大位，非私己也。至于家事，宜待上皇之命，不过晚岁月之间耳。”上从之。

时张良娣与李辅国相表里，皆恶泌。建宁王倓谓泌曰：“先生举倓于上，得展臣子之效，无以报德，请为先生除害。”泌曰：“何也？”倓以良娣为言。泌曰：“此非人子所言，愿王姑置之，勿以为先。”倓不从。

二载春正月，上从容谓李泌曰：“广平为元帅逾年，今欲命建宁专征，又恐势分，立广平为太子，何如？”对曰：“臣固尝言之矣，戎事交切，须即区处，至于家事，当俟上皇。不然，后代何以辨陛下灵武即位之意邪！此必有人欲令臣与广平有隙耳，臣请以语广平，广平亦必未敢当。”泌出，以告广平王俶，俶曰：“此先生深知其心，欲曲成其美也。”乃入，固辞，曰：“陛下犹未奉晨昏，臣何心敢当储副。愿俟上皇还宫，臣之幸也。”上赏慰之。

李辅国本飞龙小儿，粗闲书计，给事太子宫，上委信之。辅国外恭谨寡言而内狡险，见张良娣有宠，阴附会之，与相表里。建宁王倓数于上前，诋讦二人罪恶。二人谮之于上曰：“倓恨不得为元帅，谋害广平王。”上怒，赐倓死。于是广平王俶及李泌皆内惧。俶谋去辅国及良娣，泌曰：“不可，王不见建宁之祸乎？”俶曰：“窃为先生忧之。”泌曰：“泌与主上有约矣，俟平京师，则去还山，庶免于患。”俶曰：“先生去，则俶益危矣。”泌曰：“王但尽人子之孝，良娣妇人，王委曲顺之，亦何能为！”

上尝就泌饮酒，同榻而寝。而李辅国请取契钥付泌，泌请使辅国掌之，上许之。泌曰：“臣今报德足矣，复为闲人，何乐如之。”上曰：“朕与先生累年同忧患，今方相同娱乐、奈何遽欲去乎？”泌曰：“臣有五不可留，愿陛下听臣去，免臣于死。”上曰：“何谓也？”对曰：“臣遇陛下太早，陛下任臣太重，宠臣太深，臣功太高，迹太奇，此其所以不可留也。”上曰：“且眠矣，异日议之。”对曰：“陛下今就臣榻卧，犹不得请，况异日香案之前乎？陛下不听臣去，是杀臣也。”上曰：“不意卿疑朕如此，岂有如朕而办杀卿邪？是直以朕为句践也。”对曰：“陛下不办杀臣，故臣求归；若其既办，臣安得复言。且杀臣者，非陛下也，乃五不可也。陛下向日待臣如此，臣于事犹有不敢言者，况天下既安，臣敢言乎？”上良久曰：“卿以朕不从卿北伐之谋乎？”对曰：“非也。所不敢言者，乃建宁耳。”上曰：“建宁朕之爱子，性英果，艰难时有功，朕岂不知之。但因此为小人所教，欲害其兄，图继嗣，朕以社稷大计，不得已而除之。卿不细知其故邪？”对曰：“若有此心，广平当怨之。广平每与臣言其冤，辄流涕呜咽。臣今必辞陛下去，始敢言之耳。”上曰：“渠尝夜扪广平，意欲加害。”对曰：“此皆出谗人之口，岂有建宁之孝友聪明，肯为此乎？且陛下昔欲用建宁为元帅，臣请用广平。建宁若有此心，当深憾于臣，而以臣为忠，益相亲善。陛下以此，可察其心矣。”上乃泣下曰：“先生言是也。既往不咎，朕不欲闻之。”泌曰：“臣所以言之者，非咎既往，乃欲陛下慎将来耳。昔天后有四子，长曰太子弘，天后方图称制，恶其聪明，酖杀之，立次子雍王贤。贤内忧惧，作黄台瓜辞，冀以感悟天后。天后不听，贤卒死于黔中。其辞曰：‘种瓜黄台下，瓜熟子离离。一摘使瓜好，再摘使瓜稀，三摘犹为可，四摘抱蔓归。’今陛下已一摘矣，慎无再摘。”上愕然曰：“安有是哉！卿录是辞，朕当书绅。”对曰：“陛下但识之于心，何必形于外也。”是时广平王有大功，良娣忌之，潜构流言，故泌言及之。泌复固请归山，上曰：“俟将发此议之。”冬十月，李泌归衡山。

乾元元年春二月癸卯朔，以殿中监李辅国兼太仆卿。辅国依附张淑妃，判元帅府行军司马，势倾朝野。三月戊寅，立张淑妃为皇后。张后生兴王佋，才数岁，欲以为嗣。上疑未决，从容谓考功郎中知制诰李揆曰："成王长，且有功，朕欲立为太子，卿意何如？"揆再拜贺曰："此社稷之福，臣不胜大庆。"上喜，曰："朕意决矣。"庚寅，立成王俶为皇太子。揆，(道)玄〔道〕之玄孙也。

二年春二月壬子，月食，既。先是，百官请加皇后尊号曰辅圣，上以问中书舍人李揆，对曰："自古皇后无尊号，惟韦后有之，岂足为法。"上惊曰："庸人几误我。"会月食，事遂寝。后与李辅国相表里，横于禁中，干豫政事，请托无穷，上颇不悦，而无如之何。

太子詹事李辅国，自上在灵武，判元帅行军司马事，侍直帷幄，宣传诏命，四方文奏，宝印符契，晨夕军号，一以委之。及还京师，专掌禁兵，常居内宅。制敕必经辅国押署，然后施行。宰相百司，非时奏事，皆因辅国关白、承旨。常于银台门决天下事，事无大小，辅国口为制敕，写付外施行，事毕闻奏。又置察事数十人，潜令于人间听察细事，即行推按，有所追索，诸司无敢拒者。御史台、大理寺重囚，或推断未毕，辅国追诣银台，一时纵之。三司、府、县鞫狱，皆先诣辅国咨禀，轻重随意，称制敕行之，莫敢违者。宦官不敢斥其官，皆谓之"五郎"。李揆，山东甲族，见辅国执子弟礼，谓之"五父"。

及李岘为相，于上前叩头，论制敕皆应由中书出，具陈辅国专权乱政之状。上感寤，赏其正直；辅国所行事多所变更，罢其察事。辅国由是让行军司马，请归本官，上不许。〔夏四月〕壬寅，制："比缘军国务殷，或宣口敕处分。诸色取索及杖配囚徒，自今一切并停。如非正宣，并不得行。中外诸务，各归有司。英武军虞候及六军诸使、诸司等，比来或因论竞，悬自追摄，自今一切须经台、府，如所由处断不平，听具状奏闻。诸律令除十恶、杀人、奸盗、造伪外，余烦冗一切删除，仍委中书、门下与法官详定闻奏。”辅国由是忌岘。

凤翔马坊押官为劫，天兴尉谢夷甫捕杀之，其妻讼冤。李辅国素出飞龙厩，敕监察御史孙蓥鞫之，无冤。又使御史中丞崔伯阳、刑部侍郎李晔、大理卿权献鞫之，与蓥同。妻犹不服，又使侍御史太平毛若虚鞫之。若虚倾巧士，希辅国意，归罪夷甫。伯阳怒，召若虚诘责，欲劾奏之。若虚先自归于上，上匿若虚于帘下。伯阳寻至，言若虚附会中人，鞫狱不直。上怒，叱出之。伯阳贬高要尉，献贬桂阳尉，晔与凤翔尹严向皆贬岭下尉，蓥除名，长流播州。吏部尚书同平章事李岘奏伯阳等无罪，责之太重，上以为朋党，五月辛巳，贬岘蜀州刺史。右散骑常侍韩择木入对，上谓之曰：“李岘欲专权，今贬蜀州，朕自觉用法太宽。”对曰：“李岘言直，非专权。陛下宽之，祇益圣德耳。”若虚寻除御史中丞，威振朝廷。

上元元年夏六月甲申，兴王佋薨。佋，张后长子也，幼曰定王侗。张后以故数欲危太子，太子常以恭逊取容。会佋薨，侗尚幼，太子位遂定。

上皇爱兴庆宫，自蜀归，即居之。上时自夹城往起居，上皇亦间至大明宫。左龙武大将军陈玄礼、内侍监高力士久侍卫上皇。上又命玉真公主、如仙媛、内侍王承恩、魏悦及梨园弟子常娱侍左右。上皇多御长庆楼，父老过者往往瞻拜，呼万岁，上皇常于楼下置酒食赐之；又尝召将军郭英乂等上楼赐宴。有剑南奏事官过楼下拜舞，上皇命玉真公主、如仙媛为之作主人。李辅国素微贱，虽暴贵用事，上皇左右皆轻之。辅国意恨，且欲立奇功以固其宠，乃言于上曰：“上皇居兴庆宫，日与外人交通。陈玄礼、高力士谋不利于陛下。今六军将士尽灵武勋臣，皆反仄不安，臣晓谕不能解，不敢不以闻。”上泣曰：“圣皇慈仁，岂容有此?”对曰：“上皇固无此意，其如群小何！陛下为天下主，当为社稷大计，消乱于未萌，岂得徇匹夫之孝。且兴庆宫与闾阎相参，垣墉浅露，非至尊所宜居。大内深严，奉迎居之，与彼何殊？又得杜绝小人荧惑圣听。如此，上皇享万岁之安，陛下有三朝之乐，庸何伤乎？”上不听。兴庆宫先有马三百匹，辅国矫敕取之，才留十匹。上皇谓高力士曰：“吾儿为辅国所惑，不得终孝矣。”

辅国又令六军将士号哭叩头，请迎上皇居西内，上泣不应。辅国惧。会上不豫，秋七月丁未，辅国矫称上语，迎上皇游西内。至睿武门；辅国将射生五百骑，露刃遮道，奏曰：“皇帝以兴庆宫湫隘，迎上皇迁居大内。”上皇惊，几坠。高力士曰：“李辅国何得无礼！”叱令下马，辅国不得已而下。力士因宣上皇诰曰：“诸将士各好在！”将士皆纳刃，再拜，〔呼〕万岁。力士又叱辅国与己共执上皇马鞚，侍卫如西内，居甘露殿。辅国帅众而退。所留侍卫兵才尪老数十人。陈玄礼、高力士及旧宫人皆不得留左右。上皇曰：“兴庆宫吾之王地，吾数以让皇帝，皇帝不受。今日之徙，亦吾志也。”是日，辅国与六军大将素服见上，请罪。上又迫于诸将，乃劳之曰：“南宫、西内，亦复何殊？卿等恐小人荧惑，防微杜渐，以安社稷，何所惧也！”刑部尚书颜真卿首帅百寮上表，请问上皇起居，辅国恶之，奏贬蓬州长史。

丙辰，高力士流巫州，王承恩流播州，魏悦流溱州，陈玄礼勒致仕。置如仙媛于归州，玉真公主出居玉真观。上更选后宫百余人置西内，备洒扫。令万安、咸宜二公主视服膳。四方所献珍异，先荐上皇。然上皇日以不怿，因不茹荤，辟谷，浸以成疾。上初犹往问安，既而上亦有疾，但遣人起居。其后上稍悔寤，恶辅国，欲诛之，畏其握兵，竟犹豫不敢决。

二年。初，李辅国与张后同谋，迁上皇于西内。是日端午，山人李唐见上，上方抱幼女，谓唐曰："朕念之，卿勿怪也。"对曰："太上皇思见陛下，计亦如陛下之念公主也。"上泫然泣下，然畏张后，尚不敢诣西内。

秋八月癸丑朔，加开府仪同三司李辅国兵部尚书。乙未，辅国赴上，宰相朝臣皆送之，御厨具馔，太常设乐。辅国骄纵日甚，求为宰相，上曰："以卿之功，何官不可为，其如朝望未允何。"辅国乃讽仆射裴冕等使荐己。上密谓萧华曰："辅国求为宰相，若公卿表来，不得不与。"华出，问冕，曰："初无此事。吾臂可断，宰相不可得。"华入言之，上大悦，辅国衔之。

建子月戊戌冬至，己亥，上朝上皇于(宁)西内。

宝应元年建辰月，李辅国以求宰相不得，怨萧华。庚午，以户部侍郎元载为京兆尹。载诣辅国固辞，辅国识其意。壬寅，以司农卿陶锐为京兆尹。辅国言萧华专权，请罢其相，上不许。辅国固请不已，乃从之，仍引元载代华。戊申，华罢为礼部尚书，以载同平章事，领度支、转运使如故。

建巳月甲寅，上皇崩于神龙殿，年七十八。乙卯，迁坐于太极殿。上以寝疾，发哀于内殿，群臣发哀于太极殿。蕃官剺面、割耳者四百余人。丙辰，命苗晋卿摄冢宰。上自仲春寝疾，闻上皇登遐，哀慕，疾转剧，乃命太子监国。甲子，制改元；复以建寅为正月，月数皆如其旧。赦天下。

初，张后与李辅国相表里，专权用事，晚年，更有隙。内射生使三原程元振党于辅国。上疾笃，后召太子谓曰："李辅国久典禁兵，制敕皆从之出，擅逼迁圣皇，其罪甚大，所忌者吾与太子。今主上弥留，辅国阴与程元振谋作乱，不可不诛。”太子泣曰：“陛下疾甚危，二人皆陛下勋旧之臣，一旦不告而诛之，必致震惊，恐不能堪也。”后曰：“然则太子姑归，吾更徐思之。”太子出，后召越王系谓曰：“太子仁弱，不能诛贼臣，汝能之乎?”对曰：“能。”系乃命内谒者监段恒俊选宦官有勇力者二百余人，授甲于长生殿后。乙丑，后以上命召太子。元振知其谋，密告辅国，伏兵于陵霄门以俟之。太子至，以难告。太子曰：“必无是事。主上疾亟召我，我岂可畏死而不赴乎?”元振曰：“社稷事大，太子必不可入。”乃以兵送太子于飞龙厩，且以甲兵守之。是夜，辅国、元振勒兵三殿，收捕越王係、段恒俊及知内侍省事朱光辉等百余人，系之。以太子之命，迁后于别殿。时上在长生殿，使者逼后下殿，并左右数十人幽于后宫，宦官、宫人皆惊骇逃散。丁卯，上崩，辅国等杀后并系及兖王僩。是日，辅国始引太子素服于九仙门与宰相相见，叙上皇晏驾，拜哭，始行监国之令。戊辰，发大行皇帝丧于两仪殿，宣遗诏。己巳，代宗即位。高力士遇赦还，至朗州，闻上皇崩，号恸呕血而卒。

李辅国恃功益横，明谓上曰：“大家但居禁中，外事听老奴处分。”上内不能平，以其方握禁兵，外尊礼之。乙亥，号辅国为“尚父”而不名，事无大小皆咨之，群臣出入皆先诣，辅国亦晏然处之。以内飞龙厩副使程元振为左监门卫将军。知内侍省事朱光辉及内常侍啖庭瑶、山人李唐等二十余人皆流黔中。

夏五月，以李辅国为司空兼中书令。壬辰，贬礼部尚书萧华为峡州司马，元载希李辅国意以罪诬之也。

飞龙副使程元振谋夺李辅国权，密言于上，请稍加裁制。六月己未，解辅国行军司马及兵部尚书，余如故。以元振代判元帅行军司马，仍迁辅国出居外第。于是道路相贺。辅国始惧，上表逊位，辛酉，罢辅国兼中书令，进爵博陆王。辅国入谢，愤咽而言曰："老奴事郎君不了，请归地下事先帝。"上犹慰谕而遣之。秋九月乙未，加程元振骠骑大将军兼内侍监。

上在东宫，以李辅国专横，心甚不平。及嗣位，以辅国有杀张后之功，不欲显诛之。〔冬十月〕壬戌夜，盗入其第，窃辅国之首及一臂而去。敕有司捕盗，遣中使存问其家，为刻木首葬之，仍赠太傅。

代宗广德元年。(冬十月)骠骑大将军、判元帅行军司马程元振专权自恣，人畏之甚于李辅国。诸将有大功者，元振皆疾忌，欲害之。吐蕃入寇，元振不以时奏，致上狼狈出幸。上发诏征诸道兵，李光弼等皆忌元振居中，莫有至者。中外咸切齿而莫敢发言，太常博士柳伉上疏。语见吐蕃入寇。上以元振有保护功，十一月辛丑，削元振官爵，放归田里。

〔十二月〕，程元振既得罪，归三原，闻上还宫，衣妇人服，私入长安，复规任用，京兆府擒之以闻。

二年春正月壬寅，敕称："程元振变服潜行，将图不轨，长流溱州。"上念元振之功，复令于江陵安置。

仆固怀恩之叛 周智光附

唐肃宗宝应元年。初，回纥毗伽阙可汗为登里求婚，肃宗以仆固怀恩女妻之，为登里可敦。时征兵回纥以讨史朝义，可汗请与怀恩相见，上令怀恩往见之。怀恩为可汗言唐家恩信不可负，可汗悦，遣使上表，请助国讨朝义。

代宗广德元年。初，仆固怀恩受诏与回纥可汗相见于太原，河东节度使辛云京以可汗乃怀恩婿，恐其合谋袭军府，闭门自守，亦不犒师。及史朝义既平，诏怀恩送可汗出塞，往来过太原，云京亦闭城不与相闻。怀恩怒，具表其状，不报。怀恩将朔方兵数万屯汾州，使其子御史大夫玚将万人屯榆次，裨将李光逸等屯祁县，李怀光等屯晋州，张维岳等屯沁州。怀光本勃海靺鞨也，姓茹，为朔方将，以功赐姓。中使骆奉仙至太原，云京厚结之，为言怀恩与回纥连谋，反状已露。奉仙还，过怀恩，怀恩与饮于母前，母数让奉仙曰："汝与吾儿约为兄弟，今又亲云京，何两面也！"酒酣，怀恩起舞，奉仙赠以缠头彩，怀恩欲酬之，曰："来日端午，当更乐饮一日。"奉仙固请行，怀恩匿其马。奉仙谓左右曰："朝来责我，又匿我马，将杀我也。"夜，逾垣而走。怀恩惊，遽以其马追还之。八月癸未，奉仙至长安，奏怀恩谋反。怀恩亦具奏其状，请诛云京、奉仙。上两无所问，优诏和解之。

怀恩自以兵兴以来，所在力战，一门死王事者四十六人，女嫁绝域，说谕回纥，再收两京，平定河南北，功无与比，而为人构陷，愤怨殊深。上书自讼，以为："臣昨奉诏送可汗归国，倾竭家赀，俾之上道。行至山北，云京、奉仙闭城不出祇迎，仍令潜行窃盗。回纥怨怒，亟欲纵兵，臣力为弥缝，方得出塞。云京、奉仙恐臣先有奏论，遂复妄称设备，与李抱玉共相组织。臣静而思之，其罪有六：昔同罗叛乱，臣为先帝扫清河曲，一也；臣男玢为同罗所虏，得间亡归，臣斩之以令众士，二也；臣有二女，远嫁外夷，为国和亲，荡平寇敌，三也；臣与男玚不顾死亡，为国效命，四也；河北新附，节度使皆握强兵，臣抚绥以安反侧，五也；臣说谕回纥，使赴急难，天下既平，送之归国，六也。臣既负六罪，诚合万诛，惟当吞恨九泉，衔冤千古，复何诉哉！臣受恩至重，夙夜思奉天颜，但以来瑱受诛，朝廷不示其罪，诸道节度，谁不疑惧？近闻诏追数人，尽皆不至，实畏中官谗口，虚受陛下诛夷。岂唯群臣不忠，正为回邪在侧。且臣前后所奏骆奉仙，词情非不摭实，陛下竟无处置，宠任弥深，皆由同类比周，蒙蔽圣听。窃闻四方遣人奏事，陛下皆云与骠骑议之，曾不委宰相可否，或稽留数月不还，远近益加疑阻。如臣朔方将士，功效最高，为先帝中兴主人，乃陛下蒙尘故吏，曾不别加优奖，反信谗嫉之词。子仪先已被猜，臣今又遭诋毁，弓藏鸟尽，信匪虚言。陛下信其矫诬，何殊指鹿为马！傥不纳愚恳，且贵因循，臣实不敢保家，陛下岂能安国！忠言利行，惟陛下图之。臣欲公然入朝，恐将士留沮。今托巡晋、绛，于彼迁延，乞陛下特遣一介至绛州问臣，臣即与之同发。"

九月壬戌，上遣裴遵庆诣怀恩谕旨，且察其去就。怀恩见遵庆，抱其足号泣诉冤。遵庆为言圣恩优厚，讽令入朝。怀恩许诺。副将范志诚以为不可，曰："公信其甘言，入则为来瑱，不复还矣。"明日，怀恩见遵庆，以惧死为辞，请令一子入朝，志诚又以为不可，遵庆乃还。御史大夫王翊使回纥还，怀恩先与可汗往来，恐翊泄其事，遂留之。

二年春正月丙午，遣检校刑部尚书颜真卿宣慰朔方行营。上之在陕也，真卿请奉诏召仆固怀恩，上不许。至是，上命真卿说谕怀恩入朝。对曰："陛下在陕，臣往以忠义责之，使之赴难，彼犹有可来之理。今陛下还宫，彼进不成勤王，退不能释众，召之庸肯至乎？且言怀恩反者，独辛云京、骆奉仙、李抱玉、鱼朝恩四人耳，自外群臣皆言其枉。陛下不若以郭子仪代怀恩，可不战而服也。”时汾州别驾李抱真，抱玉之从父弟也，知怀恩有异志，脱身归京师。上方以怀恩为忧，召见抱真问计。对曰：“此不足忧也。朔方将士思郭子仪如子弟之思父兄，怀恩欺其众，云‘郭子仪已为鱼朝恩所杀’，众信之，故为其用耳。陛下诚以子仪领朔方，彼皆不召而来耳。”上然之。

仆固怀恩既不为朝廷所用，遂与河东都将李竭诚潜谋取太原。辛云京觉之，杀竭诚，乘城设备。怀恩使其子玚将兵攻之，云京出与战，玚大败而还，遂引兵围榆次。上谓郭子仪曰：“怀恩父子，负朕实深。闻朔方将士思公如枯旱之望雨，公为朕镇抚河东，汾上之师必不为变。”戊午，以子仪为关内河东副元帅、河中节度等使。怀恩将士闻之，皆曰：“吾辈从怀恩为不义，何面目见汾阳王！”

丁卯，以郭子仪为朔方节度大使。二月，子仪至河中。

仆固玚围榆次，旬余不拔，遣使急发祁县兵，李光逸尽与之。士卒未食，行不能前，十将白玉、焦晖以鸣镝射其后者。军士曰：“将军何乃射人？”玉曰：“今从人反，终不免死。死一也，射之何伤？”至榆次，玚责其迟，胡人曰：“我乘马，乃汉卒不行耳。”玚捶汉卒，卒皆怨怒，曰：“节度使党胡人。”其夕，焦晖、白玉帅众攻玚，杀之。仆固怀恩闻之，入告其母。母曰：“吾语汝勿反，国家待汝不薄。今众心既变，祸必及我，将如之何？”怀恩不对，再拜而出。母提刀逐之曰：“吾为国家杀此贼，取其心以谢三军。”怀恩疾走得免，遂与麾下三百渡河北走。

时朔方将浑释之守灵州，怀恩檄至，云全军归镇。释之曰：“不然，此必众溃矣。”将拒之，其甥张韶曰：“彼或翻然改图，以众归镇，何可不纳也？”释之疑未决。怀恩行速，先候者而至，释之不得已纳之。张韶以其谋告怀恩，怀恩以韶为间，杀释之而收其军，使韶主之。既而曰："释之舅也，彼尚负之，安有忠于我哉！"他日，以事杖之，折其胫，置于弥峨城而死。

都虞候张维岳在沁州，闻怀恩去，乘传至汾州，抚定其众，杀焦晖、白玉而窃其功，以告郭子仪。子仪使牙官卢谅至汾州，维岳赂谅，使实其言。子仪奏维岳杀玚，传首诣阙。群臣入贺，上惨然不悦，曰："朕信不及人，致勋臣颠越，深用为愧，又何贺焉！"命辇怀恩母至长安，给待优厚，月余，以寿终，以礼葬之，功臣皆感叹。

戊寅，郭子仪如汾州，怀恩之众数万悉归之，咸鼓舞涕泣，喜其来而悲其晚也。子仪知卢谅之诈，杖杀之。上以李抱真言有验，迁殿中少监。

夏六月，仆固怀恩至灵武，收合散亡，其众复振。上厚抚其家，癸未，下诏，称其："勋劳著于帝室，及于天下。疑隙之端，起自群小，察其深衷，本无他志。君臣之义，情实如初。但以河北既平，朔方已有所属，宜解河北副元帅、朔方节度等使，其太保兼中书令、大宁郡王如故。但当诣阙，更勿有疑。"怀恩竟不从。

秋八月，郭子仪自河中入朝。会泾原奏"仆固怀恩引回纥、吐蕃十万众将入寇"，京师震骇。诏子仪帅诸将出镇奉天。上召问方略，对曰："怀恩无能为也。"上曰："何故？"对曰："怀恩勇而少恩，士心不附，所以能入寇者，因思归之士耳。怀恩本臣偏裨，其麾下皆臣部曲，必不忍以锋刃相向，以此知其无能为也。"辛巳，子仪发，赴奉天。

九月辛亥，以郭子仪充北道邠宁泾原河西以来通和吐蕃使。仆固怀恩前军至宜禄，郭子仪使右兵马使李国臣将兵为郭晞后继。邠宁节度使白孝德败吐蕃于宜禄。冬十月，怀恩引回纥、吐蕃至邠州，白孝德、郭晞闭城拒守。

仆固怀恩与回纥、吐蕃进逼奉天，京师戒严。诸将请战，郭子仪不许，曰："虏深入吾地，利于速战。吾坚壁以待之，彼以吾为怯，必不戒，乃可破也。若遽战而不利，则众心离矣。敢言战者斩。"辛未夜，子仪出陈于乾陵之南。壬申未明，虏众大至。虏始以子仪为无备，欲袭之，忽见大军，惊愕，遂不战而退。子仪使裨将李怀光等将五千骑追虏，至麻亭而还。虏至邠州，丁丑，攻之，不克，乙酉，虏涉泾而遁。

怀恩之南寇也，河西节度使杨志烈发卒五千，谓监军柏文达曰："河西锐卒尽于此矣，君将之以攻灵武，则怀恩有返顾之虑，此亦救京师之一奇也。"文达遂将其众击摧砂堡、灵武县，皆下之，进攻灵州。怀恩闻之，自永寿遽归，使蕃、浑二千骑夜袭文达，大破之，士卒死者殆半。文达将余众归凉州，哭而入。志烈迎之，曰："此行有安京室之功，卒死何伤？"士卒怨其言。未几，吐蕃围凉州，士卒不为用，志烈奔甘州，为沙陁所杀，凉州遂陷。

永泰元年春三月庚戌，吐蕃遣使请和，诏元载、杜鸿渐与盟于兴唐寺。上问郭子仪："吐蕃请盟，何如？"对曰："吐蕃利我不虞，若不虞而来，国不可守矣。"乃相继遣河中兵戍奉天，又遣兵巡泾原以觇之。

仆固怀恩诱回纥、吐蕃、吐谷浑、党项、奴剌数十万众俱入寇，令吐蕃大将尚结悉赞磨、马重英等自北道趣奉天，党项帅任敷、郑庭、郝德等自东道趣同州，吐谷浑、奴剌之众自西道趣盩厔，回纥继吐蕃之后，怀恩又以朔方兵继之。

郭子仪使行军司马赵复入奏曰："虏皆骑兵，其来如飞，不可易也。请使诸道节度使凤翔李抱玉、滑濮李光庭、邠宁白孝德、镇西马璘、河南郝庭玉、淮西李忠臣各出兵以厄其冲要。”上从之。诸道多不时出兵。李忠臣方与诸将击毬，得诏，亟命治行。诸将及监军皆曰：“师行必择日。”忠臣怒曰：“父母有急，岂可择日而后救邪！”即日勒兵就道。

怀恩中涂遇暴疾而归；丁酉，死于鸣沙。大将张韶代领其众，别将徐璜玉杀之，范志诚又杀璜玉而领其众。怀恩拒命三年，再引胡寇，为国大患，上犹为之隐，前后制敕未尝言其反。及闻其死，悯然曰：“怀恩不反，为左右所误耳。”

吐蕃至邠州，白孝德婴城自守。甲辰，吐蕃十万众至奉天，京城震恐。朔方兵马使浑瑊、讨击使白元光先戍奉天，虏始列营，瑊帅骁骑二百直冲之，身先士卒，虏众披靡。瑊挟虏将一人跃马而还，从骑无中锋镝者。城上士卒望之，勇气始振。乙巳，吐蕃进攻之，虏死伤甚众，数日，敛众还营。瑊夜引兵袭之，杀千余人。前后与虏战二百余合，斩首五千级。丙午，召郭子仪于河中，使屯泾阳。己酉，命李忠臣屯东渭桥，李光进屯云阳，马璘、郝庭玉屯便桥，李抱玉屯凤翔，内侍骆奉仙、将军李日越屯盩厔，同华节度使周智光屯同州，鄜坊节度使杜冕屯坊州，上自将六军屯苑中。

庚戌，下制亲征。辛亥，鱼朝恩请索城中，括士民私马，令城中男子皆衣皂，团结为兵，城门皆塞二开一。士民大骇，逾垣凿窦而逃者甚众，吏不能禁。朝恩欲奉上幸河中以避吐蕃，恐群臣论议不一。一旦，百官入朝，立班久之，閤门不开，朝恩忽从禁军十余人操白刃而出，宣言：“吐蕃数犯郊畿，车驾欲幸河中，何如？”公卿皆错愕，不知所对。有刘给事者，独出班抗声曰：“敕使反邪！今屯军如云，不戮力扞寇，而遽欲胁天子弃宗庙、社稷而去，非反而何？”朝恩惊沮而退，事遂寝。

自丙午至甲寅，大雨不止，故虏不能进。吐蕃移兵攻醴泉，党项西掠白水，东侵蒲津。丁巳，吐蕃大掠男女数万而去，所过焚庐舍，蹂禾稼殆尽。周智光引兵邀击，破之于澄城，因逐北至鄜州。智光素与杜冕不协，遂杀鄜州刺史张麟，阬冕家属八十一人，焚坊州庐舍三千余家。

冬十月，吐蕃退至邠州，遇回纥，复相与入寇，辛酉，至奉天。癸亥，党项焚同州官廨、民居而去。

丙寅，回纥、吐蕃合兵围泾阳，子仪命诸将严设守备而不战。及暮，二虏退屯北原，丁卯，复至城下。是时，回纥与吐蕃闻仆固怀恩死，已争长，不相睦，分营而居，子仪知之。回纥在城西，子仪使牙将李光瓒等往说之，欲与之共击吐蕃。回纥不信，曰：“郭公固在此乎？汝绐我耳。若果在此，可得见乎？”光瓒还报，子仪曰：“今众寡不敌，难以力胜。昔与回纥契约甚厚，不若挺身往说之，可不战而下也。”诸将请选铁骑五百为卫从，子仪曰：“此适足为害也。”郭晞扣马谏曰：“彼，虎狼也，大人，国之元帅，奈何以身为虏饵！”子仪曰：“今战则父子俱死，而国家危。往以至诚与之言，或幸而见从，则四海之福也。不然，则身没而家全。”以鞭击其手曰：“去。”遂与数骑开门而出，使人传呼曰：“令公来。”回纥大惊。其大帅合胡禄都督药葛罗，可汗之弟也，执弓注矢立于陈前。子仪免胄、释甲、投枪而进，回纥诸酋长相顾曰：“是也。”皆下马罗拜。子仪亦下马，前执药葛罗手，让之曰：“汝回纥有大功于唐，唐之报汝亦不薄，奈何负约，深入吾地，侵逼畿县，弃前功，结怨仇，背恩德而助叛臣，何其愚也！且怀恩叛君弃母，于汝国何有？今吾挺身而来，听汝执我杀之，我之将士必致死与汝战矣！”药葛罗曰：“怀恩欺我，言天可汗已晏驾，令公亦捐馆，中国无主，我是以敢与之来。今知天可汗在上都，令公复总兵于此，怀恩又为天所杀，我曹岂肯与令公战乎！”子仪因说之曰：“吐蕃无道，乘我国有乱，不顾舅甥之亲，吞噬我边鄙，焚荡我畿甸，其所掠之财不可胜载，马牛杂畜，长数百里，弥漫在野，此天以赐汝也。全师而继好，破敌以取富，为汝计，孰便于此？不可失也。”药葛罗曰：“吾为怀恩所误，负公诚深，今请为公尽力，击吐蕃以谢过。然怀恩之子，可敦兄弟也，愿舍之勿杀。”子仪许之。回纥观者左右为两翼，稍前，子仪麾下亦进，子仪挥手却之，因取酒与其酋长共饮。药葛罗使子仪先执酒为誓，子仪酹地曰：“大唐天子万岁！回纥可汗亦万岁！两国将相亦万岁！有负约者，身陨陈前，家族灭绝。”杯至药葛罗，亦酹地曰：“如令公誓！”于是诸酋长皆大喜曰：“向以二巫师从军，巫言此行甚安隐，不与唐战，见一大人而还，今果然矣。”子仪遗之彩三千匹，酋长分以赏巫。子仪竟与定约而还。吐蕃闻之，夜引兵遁去。回纥遣其酋长石野那等六人入见天子。

药葛罗帅众追吐蕃，子仪使白元光帅精骑与之俱；癸酉，战于灵台西原，大破之，杀吐蕃万计，得所掠士女四千人。丙子，又破之于泾州东。丁丑，仆固怀恩将张休藏等降。辛巳，诏罢亲征，京城解严。

初，肃宗以陕西节度使郭英乂领神策军，使内侍鱼朝恩监其军；英乂入为仆射，朝恩专将之。及上幸陕，朝恩举在陕兵与神策军迎扈，悉号神策军，天子幸其营。及京师平，朝恩遂以军归禁中，自将之，然尚未得与北军齿。至是，朝恩以神策军从上屯苑中，其势寖盛，分为左右厢，居北军之右矣。

郭子仪以仆固名臣、李建忠等皆怀恩骁将，恐逃入外夷，请招之。名臣，怀恩之侄也，时在回纥营。上敕并旧将有功者皆赦其罪，令回纥送之。壬午，名臣以千余骑来降。子仪使开府仪同三司慕容休贞以书谕党项帅郑庭、郝德等，皆诣凤翔降。

甲申，周智光诣阙献捷，再宿归镇。智光负专杀之罪未治，上既遣而悔之。

乙酉，回纥胡禄都督等二百余人入见，前后赠赉缯帛十万匹，府藏空竭，税百官俸以给之。

大历元年春正月，周智光至华州，益骄横，召之，不至，上命杜冕从张献诚于山南以避之。智光遣兵于商山邀之，不获。智光自知罪重，乃聚亡命、无赖子弟，众至数万，纵其剽掠，以悦其心，擅留关中所漕米二万斛，藩镇贡献，往往杀其使者而夺之。

冬十二月癸卯，周智光杀陕州监军张志斌。智光素与陕州刺史皇甫温不协，志斌入奏事，智光馆之。志斌责其部下不肃，智光怒曰："仆固怀恩不反，正由汝辈激之。我亦不反，今日为汝反矣！"叱下斩之，脔食其肉。朝士举选人，畏智光之暴，多自同州窃过，智光遣将将兵邀之于路，死者甚众。戊申，诏加智光检校左仆射，遣中使余元仙持告身授之。智光慢骂曰："智光有大功于天下国家，不与平章事而与仆射！且同、华地狭，不足展才，若益以陕、虢、商、鄜、坊五州，庶犹可耳。"因历数大臣过失，且曰："此去长安百八十里，智光夜眠不敢舒足，恐踏破长安城，至于挟天子令诸侯，惟周智光能之。"元仙股栗。郭子仪屡请讨智光，上不许。

二年春正月丁巳，密诏郭子仪讨周智光，子仪命大将浑瑊、李怀光军于渭上。智光麾下闻之,皆有离心。己未,智光大将李汉惠自同州帅所部降于子仪。壬戌,贬智光澧州刺史。甲子,华州牙将姚怀、李延俊杀智光,以其首来献。

元载专权

唐肃宗上元二年建子月戊子,御史中丞元载为户部侍郎,充勾当度支、铸钱、盐铁兼江淮转运等使。载初为度支郎中,敏悟善奏对,上爱其才,委以江淮漕运,数月,遂代刘晏,专掌财利。

代宗广德元年(秋九月)〔冬十月〕壬辰,诏以元载判元帅行军司马。冬十二月乙未,以苗晋卿为太保,裴遵庆为太子少傅,并罢政事,以宗正卿李岘为黄门侍郎、同平章事。遵庆既去,元载权益盛,以货结内侍董秀,使主书卓英倩潜与往来,上意所属,载必先知之。承意探微,言无不合,上以是愈爱之。英倩,金州人也。

永泰元年。华原令顾繇上言:"元载子伯和等招权受赂。"十二月戊戌,繇坐流锦州。

大历元年。元载专权,恐奏事者攻讦其私,乃请:"百官凡论事,皆先白长官,长官白宰相,然后奏闻。"仍以上旨谕百官曰:"比日诸司奏事烦多,所言多谗毁,故委长官、宰相先定其可否。"刑部尚书颜真卿上疏,以为:"郎官、御史,陛下之耳目,今使论事者先白宰相,是自掩其耳目也。陛下患群臣之为谗,何不察其言之虚实!若所言果虚,宜诛之;果实,宜赏之。不务为此,而使天下谓陛下厌听览之烦,托此为辞,以塞谏争之路,臣窃为陛下惜之。太宗著司门式,云'其无门籍人,有急奏者,皆令门司与仗家引奏,无得关碍',所以防壅蔽也。天宝以后,李林甫为相，深疾言者，道路以目。上意不下逮，下情不上达，蒙蔽喑呜，卒成幸蜀之祸。陵夷至于今日，其所从来者渐矣。夫人主大开不讳之路，群臣犹莫敢尽言，况令宰相大臣裁而抑之，则陛下所闻见者不过三数人耳。天下之士从此钳口结舌，陛下见无复言者，以为天下无事可论，是林甫复起于今日也。昔林甫虽擅权，群臣有不咨宰相辄奏事者，则托以他事阴中伤之，犹不敢明令百司奏事皆先白宰相也。陛下傥不早寤，渐成孤立，后虽悔之，亦无及矣。"载闻而恨之，奏真卿诽谤。二月乙未，贬峡州别驾。

五年。观军容宣慰处置使、左监门卫大将军兼神策军使、内侍监鱼朝恩，专典禁兵，宠任无比。上常与议军国事，势倾朝野。朝恩好于广坐恣谈时政，陵侮宰相，元载虽强辩，亦拱默不敢应。

神策都虞候刘希暹、都知兵马使王驾鹤皆有宠于朝恩。希暹说朝恩于北军置狱，使坊市恶少年罗告富室，诬以罪恶，捕系地牢，讯掠取服，籍没其家赀入军，并分赏告捕者。地在禁密，人莫敢言。朝恩每奏事，以必允为期。朝廷政事有不豫者，辄怒曰："天下事有不由我者邪？"上闻之，由是不怿。

朝恩养子令徽尚幼，为内给使，衣绿，与同列忿争，归告朝恩。朝恩明日见上曰："臣子官卑，为侪辈所陵，乞赐之紫衣。"上未应，有司已执紫衣在前，令徽服之，拜谢。上强笑曰："儿服紫，大宜称心。"愈不平。

元载测知上指，乘间奏朝恩专恣不轨，请除之。上亦知天下共怨怒，遂令载为方略。朝恩每入殿，常使射生将周皓将百人自卫，又使其党陕州节度使皇甫温握兵于外以为援。载皆以重赂结之，故朝恩阴谋密语，上一一闻之，而朝恩不之觉也。

〔春正月〕辛卯，载为上谋，徙李抱玉为山南西道节度使，以温为凤翔节度使，外重其权，实内温以自助也。载又请割郿、虢、宝鸡、鄠、盩厔隶抱玉，兴平、武功、天兴、扶风隶神策军。朝恩喜于得地，殊不以载为虞，骄横如故。

刘希暹颇觉上意异，以告鱼朝恩，朝恩始疑惧。然上每见之，恩礼益隆，朝恩亦以此自安。皇甫温至京师，元载留之未遣，因与温及周皓密谋诛朝恩。既定计，载白上，上曰："善图之，勿反受祸！"三月癸酉，寒食，上置酒宴贵近于禁中，载守中书省。宴罢，朝恩将还营，上留之议事，因责其异图。朝恩自辨，语颇悖慢，皓与左右擒而缢杀之，外无知者。上下诏罢朝恩观军容等使，内侍监如故，诈云朝恩受诏乃自缢，以尸还其家，赐钱六百万以葬。

丁丑，加刘希暹、王驾鹤御史中丞，以慰安北军之心。丙戌，赦京城系囚，命尽释朝恩党与，且曰："北军将士，皆朕爪牙，并宜仍旧。朕今亲御禁旅，勿有忧惧。"

元载既诛鱼朝恩，上宠任益厚，载遂志气骄溢。每众中大言，自谓有文武才略，古今莫及，弄权舞智，政以贿成，僭侈无度。吏部侍郎杨绾，典选平允，性介直，不附载。岭南节度使徐浩，贪而佞，倾南方珍货以赂载。辛卯，载以绾为国子祭酒，引浩代之。浩，越州人也。载有丈人自宣州来，从载求官，载度其人不足任事，但赠河北一书而遣之。丈人不悦，行至幽州，私发书视之，书无一言，惟署名而已。丈人大怒，不得已，试谒院僚，判官闻有载书，大惊，立白节度使，遣大校以箱受书，馆之上舍，留宴数日，辞去，赠绢千匹。其威权动人如此。

刘希暹内常自疑，有不逊语，王驾鹤以闻。九月辛未，赐希暹死。

上悉知元载所为，以其任政日久，欲全始终，因独见，深戒之。载犹不悛，上由是稍恶之。

载以李泌有宠于上，忌之，言"泌常与亲故宴于北军，与鱼朝恩亲善，宜知其谋"。上曰："北军，泌之故吏也，故朕使之就见亲故。朝恩之诛，泌亦豫谋，卿勿以为疑。"载与其党攻之不已，会江西观察使魏少游求参佐，上谓泌曰："元载不容卿，朕今匿卿于魏少游所，俟朕决意除载，当有信报卿，可束装来。"乃以泌为江西判官，且属少游，使善待之。

六年夏四月，成都司录李少良上书，言元载奸赃阴事，上置少良于客省。少良以上语告友人韦颂，殿中侍御史陆珽以告载，载奏之。上怒，下少良、颂、珽御史台狱。御史奏"少良、颂、珽凶险比周，离间君臣"，五月戊申，敕付京兆，皆杖死。

上益厌元载所为，思得士大夫之不阿附者为腹心，渐收载权。〔秋八月〕丙子，内出制书，以浙西观察使李栖筠为御史大夫，宰相不知，载由是稍绌。

八年春三月，吏部侍郎徐浩、薛邕，皆元载、王缙之党。浩妾弟侯莫陈怤为美原尉，浩属京兆尹杜济虚以知驿奏优，又属邕拟长安尉。怤参台，御史大夫李栖筠劾奏其状，敕礼部侍郎万年于邵等按之。邵奏邕罪在赦前，应原除。上怒，夏五月乙酉，贬浩明州别驾，邕歙州刺史，丙戌，贬济杭州刺史，邵桂州长史，朝廷稍肃。

十二年。中书侍郎、同平章事元载专横，黄门侍郎、同平章事王缙附之，二人俱贪。载妻王氏及子伯和、仲武，缙弟、妹及尼出入者，争纳贿赂。又以政事委群吏，士之求进者，不结其子弟及主书卓英倩等，无由自达。上含容累年，载、缙不悛。

上欲诛之，恐左右漏泄，无可与言者，独与左金吾大将军吴凑谋之。凑，上之舅也。会有告载、缙夜醮图为不轨者，三月庚辰，上御延英殿，命凑收载、缙于政事堂，又收仲武及卓英倩等系狱。命吏部尚书刘晏与御史大夫李涵等同鞫之。问端皆出禁中，仍遣中使诘以阴事，载、缙皆伏罪。是日，先杖杀左卫将军、知内省事董秀于禁中，乃赐载自尽于万年县。载请主者："愿得快死。"主者曰："相公须受少污辱，勿怪。"乃脱秽袜塞其口而杀之。王缙初亦赐自尽，刘晏谓李涵等曰："故事，重刑覆奏，况大臣乎。且法有首从，宜更取进止。"涵等从之。上乃贬缙括州刺史。载妻王氏，忠嗣之女也，及子伯和、仲武、季能皆伏诛。有司籍载家财，胡椒至八百石，他物称是。

夏四月癸未，贬吏部侍郎杨炎、谏议大夫韩洄、包佶、起居舍人韩会等十余人，皆载党也。炎，凤翔人。载常引有文学才望者一人亲厚之，异日欲以代己，故炎及于贬。洄，滉之弟；会，南阳人也。上初欲尽诛炎等，吴凑谏救百端，始贬官。

〔五月〕庚午，上遣中使发元载祖父墓，斫棺弃尸，毁其家庙，焚其木主。戊寅，卓英倩等皆杖死。英倩之用事也，弟英璘横于乡里。及英倩下狱，英璘遂据险作乱。上发禁兵讨之，乙巳，金州刺史孙道平击擒之。

吐蕃入寇　代宗幸陕

唐玄宗开元二十五年春二月己亥，河西节度使崔希逸袭吐蕃，破之于青海西。初，希逸遣使谓吐蕃边将乞力徐曰："两国通好，今为一家，何必更置兵守捉，妨人耕牧？请皆罢之。"乞力徐曰："常侍忠厚，言必不欺。然朝廷未必专以边事相委，万一有奸人交斗其间，掩吾不备，悔之何及！”希逸固请，乃刑白狗为盟，各去守备。于是吐蕃畜牧被野。时吐蕃西击勃律，勃律来告急。上命吐蕃罢兵，吐蕃不奉诏，遂破勃律。上甚怒。会希逸傔人孙诲入奏事，自欲求功，奏称吐蕃无备，请掩击，必大获。上命内给事赵惠琮与诲偕往，审察事宜。惠琮等至，则矫诏令希逸袭之。希逸不得已，发兵自凉州南入吐蕃境二千余里，至青海西，与吐蕃战，大破之，斩首二千余级，乞力徐脱身走。惠琮、诲皆受厚赏。自是吐蕃复绝朝贡。

二十六年春三月，吐蕃寇河西，节度使崔希逸击破之。鄯州都督知陇右留后杜希望攻吐蕃新城，拔之，以其地为威戎军，置兵一千戍之。

夏五月乙酉，李林甫兼河西节度使。丙申，以崔希逸为河南尹。希逸自念失信于吐蕃，内怀愧恨，未几而卒。

六月辛丑，以岐州刺史萧炅为河西节度使，总留后事，鄯州都督杜希望为陇右节度使，太仆卿王昱为剑南节度使，分道经略吐蕃，仍毁所立赤岭碑。立碑事见吐蕃请和。

秋七月，杜希望将鄯州之众夺吐蕃河桥，筑盐泉城于河左。吐蕃发兵三万逆战，希望众少不敌，将卒皆惧。左威卫郎将王忠嗣帅所部先犯其陈，所向辟易，杀数百人。虏陈乱，希望纵兵乘之，虏遂大败。置镇西军于盐泉，忠嗣以功迁左金吾将军。

初，仪凤中，吐蕃陷安戎城而据之，其地险要，唐屡攻之不克。剑南节度使王昱筑两城于其侧，顿军蒲婆岭下，运资粮以逼之。吐蕃大发兵救安戎城，昱众大败，死者数千人，昱脱身走，粮仗、军资皆弃之。贬昱括州刺史，再贬高要尉而死。

二十七年秋八月壬午，吐蕃寇白草、安人等军，陇右节度使萧炅击破之。

二十八年春三月，章仇兼琼潜与安戎城中吐蕃翟都局及维州别驾董承晏结谋，使局开门引内唐兵，尽杀吐蕃将卒，使监察御史许远将兵守之。远，敬宗之曾孙也。夏六月，吐蕃围安戎城。冬十月，吐蕃寇安戎城及维州。发关中彍骑救之，吐蕃引去。更命安戎城曰平戎。十二月，金城公主薨，吐蕃告丧，且请和，上不许。公主嫁吐蕃事，见吐蕃请和。

二十九年夏六月，吐蕃四十万众入寇，至安仁军，浑崖峰骑将臧希液帅众五千击破之。冬十二月乙巳，吐蕃屠达化县，陷石堡城，盖嘉运不能御。

天宝二年夏四月丁亥，皇甫惟明引军出西平，击吐蕃，行千余里，攻洪济城，破之。

四载秋九月，陇右节度使皇甫惟明与吐蕃战于石堡城，为虏所败，副将褚詡战死。

六载冬十月，河西、陇右节度使王忠嗣以部将哥舒翰为大(将)〔斗〕军副使，李光弼为河西兵马使，充赤水军使。翰父祖本突骑施别部酋长，光弼，契丹王楷洛之子也，皆以勇略为忠嗣所重。忠嗣使翰击吐蕃，有同列为之副，倨慢不为用，翰檛杀之，军中股栗，累功至陇右节度副使。每岁积石军麦熟，吐蕃辄来获之，无能御者，边人谓之“吐蕃麦庄”。翰先伏兵于其侧，虏至，断其后，夹击之，无一人得返者，自是不敢复来。

上欲使王忠嗣攻吐蕃石堡城，忠嗣上言：“石堡险固，吐蕃举国守之，今顿兵其下，非杀数万人不能克。臣恐所得不如所亡，不如且厉兵秣马，俟其有衅，然后取之。”上意不快。将军董延光自请将兵取石堡城，上命忠嗣分兵助之。忠嗣不得已奉诏，而不尽副延光所欲，延光怨之。李光弼言于忠嗣曰："大夫以爱士卒之故，不欲成延光之功，虽迫于制书，实夺其谋也。何以知之？今以数万众授之而不立重赏，士卒安肯为之尽力乎？然此天子意也，彼无功，必归罪于大夫。大夫军府充牣，何爱数万段帛，不以杜其谗口乎！"忠嗣曰："今以数万之众争一城，得之未足以制敌，不得亦无害于国，故忠嗣不欲为之。忠嗣今受责，天子不过以金吾、羽林一将军归宿卫，其次不过黔中上佐，忠嗣岂以数万人之命易一官乎！李将军，子诚爱我矣，然吾志决矣，子勿复言。"光弼曰："向者恐为大夫之累，故不敢不言。今大夫能行古人之事，非光弼所及也。"遂趋出。延光过期不克，言忠嗣沮挠军计。上怒，李林甫因使济阳别驾魏林告忠嗣尝自言"我幼养宫中，与忠王相爱狎"，欲拥兵以尊奉太子。敕征忠嗣入朝，委三司鞫之。

上闻哥舒翰名，召见华清宫，与语，悦之。十一月辛卯，以翰判西平太守，充陇右节度使；以朔方节度使安思顺判武威郡事，充河西节度使。

初，将军高仙芝本高丽人，从军安西。仙芝骁勇，善骑射，节度使夫蒙灵詧累荐至安西副都护、都知兵马使，充四镇节度副使。

吐蕃以女妻小勃律王，及其旁二十余国皆附吐蕃，贡献不入，前后节度使讨之，皆不能克。制以仙芝为行营节度使，将万骑讨之。自安西行百余日，乃至特勒满川，分军为三道，期以七月十三日会吐蕃连云堡下。有兵近万人，不意唐兵猝至，大惊，依山拒战，炮櫑如雨。仙芝以郎将高陵李嗣业为陌刀将，令之曰："不及日中，决须破虏。"嗣业执一旗，引陌刀缘险先登，力战，自辰至巳，大破之，斩首五千级，捕虏千余人，余皆逃溃。

中使边令诚以入虏境已深，惧不敢进。仙芝乃使令诚以羸弱三千守其城，复进。三日至坦驹岭，下峻阪四十余里，前有阿弩越城。仙芝恐士卒惮险，不肯下，先令人胡服，诈为阿弩越守者迎降，云："阿弩越赤心归唐，娑夷水藤桥已斫断矣。"娑夷，即弱水也，其水不能胜草芥。藤桥者，通吐蕃之路也。仙芝阳喜，士卒乃下。又三日，阿弩越城迎者果至。明日，仙芝入阿弩越城，遣将军席元庆将千骑前行，谓曰："小勃律闻大军至，其君臣百姓必走山谷，第呼出，取缯帛称敕赐之，大臣至，尽缚之以待我。"元庆如其言，悉缚诸大臣。王及吐蕃公主逃入石窟，取不可得。仙芝至，斩其附吐蕃者大臣数人。藤桥去城犹六十里，仙芝急遣元庆往斫之，甫毕，吐蕃兵大至，已无及矣。藤桥阔尽一矢，力修之，期年乃成。

八月，仙芝虏小勃律王及吐蕃公主而还。九月，至连云堡，与边令诚俱。月末，至播密川，遣使奏状。至河西，夫蒙灵詧怒仙芝不先言己而遽发奏，一不迎劳，骂仙芝曰："啖狗粪高丽奴，汝官皆因谁得，而不待我处分，擅奏捷书！高丽奴，汝罪当斩，但以汝新有功，不忍耳。"仙芝但谢罪。

七载冬十二月，哥舒翰筑神威军于青海上，吐蕃至，翰击破之。又筑城于青海中龙驹岛，谓之应龙城，吐蕃屏迹不敢近青海。

八载夏六月，上命陇右节度使哥舒翰帅陇右、河西及突厥阿布思兵，益以朔方、河东兵，凡六万三千，攻吐蕃石堡城。其城三面险绝，惟一径可上，吐蕃但以数百人守之，多贮粮食，积檑木及石，唐兵前后屡攻之，不能克。翰进攻数日，不拔，召裨将高秀岩、张守瑜欲斩之，二人请三日期可克。如期，拔之，获吐蕃铁刃悉诺罗等四百人，唐士卒死者数万，果如王忠嗣之言。顷之，翰又遣兵于赤岭西开屯田。以谪卒二千戍龙驹岛，冬冰合，吐蕃大集，戍者尽没。闰月乙丑，以石堡城为神武军。

九载冬十二月，关西游弈使王难得击吐蕃，克五桥，拔树敦城。以难得为白水军使。

十四载春正月，苏毗王子悉诺逻去吐蕃来降。夏四月癸巳，以苏毗王子悉诺逻为怀义王，赐姓名李忠信。〔是岁〕，吐蕃赞普乞梨苏笼猎赞卒，子娑悉笼猎赞立。

肃宗至德元载。吐蕃陷威戎、神威、定戎、宣威、制胜、金天、天成等军石堡城、百谷城、雕窠城。

二载冬十月，吐蕃陷西平。

乾元元年。吐蕃陷河源军。

上元元年。吐蕃陷廓州。

宝应元年建寅月甲辰，吐蕃遣使请和。

代宗广德元年夏四月，郭子仪数上言："吐蕃、党项不可忽，宜早为之备。"辛丑，遣兼御史大夫李之芳等使于吐蕃，为虏所留，二年乃得归。

秋七月，吐蕃入大震关，陷兰、廓、河、鄯、洮、岷、秦、成、渭等州，尽取河西、陇右之地。唐自武德以来，开拓边境，地连西域，皆置都督、府、州、县。开元中，置朔方、陇右、河西、安西、北庭诸节度使以统之，岁发山东丁壮为戍卒，缯帛为军资，开屯田，供糗粮，设监牧，畜马牛，军城戍逻，万里相望。及安禄山反，边兵精锐者皆征发入援，谓之行营，所留兵单弱，胡虏稍蚕食之。数年间，西北数十州相继沦没，自凤翔以西，邠州以北，皆为左衽矣。

吐蕃之初入寇也，边将告急，程元振皆不以闻。冬十月，吐蕃寇泾州，刺史高晖以城降之，遂为之乡导，引吐蕃深入。过邠州，上始闻之。辛未，寇奉天、武功，京师震骇。诏以雍王适为关内元帅，郭子仪为副元帅，出镇咸阳以御之。

子仪闲废日久，部曲离散，至是召募，得二十骑而行。至咸阳，吐蕃帅吐谷浑、党项、氐、羌二十余万众，弥漫数十里，已自司竹园渡渭，循山而东。子仪使判官中书舍人王延昌入奏，请益兵，程元振遏之，竟不召见。癸酉，渭北行营兵马使吕月将将精卒二千破吐蕃于盩厔之西。乙亥，吐蕃寇盩厔，月将复与力战，兵尽，为虏所擒。

上方治兵，而吐蕃已渡便桥，仓猝不知所为，丙子，出幸陕州，官吏藏窜，六军逃散。郭子仪闻之，遽自咸阳归长安，比至，车驾已去。上才出苑门，渡浐水，射生将王献忠拥四百骑叛还长安，胁丰王珙等十王西迎吐蕃。遇子仪于开远门内，子仪叱之，献忠下马，谓子仪曰："今主上东迁，社稷无主，令公身为元帅，废立在一言耳。"子仪未应。珙越次言曰："公何不言？"子仪责让之，以兵援送行在。丁丑，车驾至华州，官吏奔散，无复供拟，扈从将士不免冻馁。会观军容使鱼朝恩将神策军自陕来迎，上乃幸朝恩营。丰王珙见上于潼关，上不之责，退至幕中，有不逊语，群臣奏请诛之，乃赐死。

戊寅，吐蕃入长安，高晖与吐蕃大将马重英等立故邠王守礼之孙广武王承宏为帝，改元，置百官，以前翰林学士于可封等为相。吐蕃剽掠府库市里，焚闾舍，长安中萧然一空。苗晋卿病卧家，遣人舆入，迫胁之，晋卿闭口不言，虏不敢杀。于是六军散者所在剽掠，士民避乱，皆入山谷。

辛巳，上至陕，百官稍有至者。郭子仪引三十骑自御宿川循山而东，谓王延昌曰："六军将士逃溃者多在商州，今速往收之，并发武关防兵，数日间，北出蓝田以向长安，吐蕃必遁。"过蓝田，遇元帅都虞候臧希让、凤翔节度使高昇，得兵近千人。子仪与延昌谋曰："溃兵至商州，官吏必逃匿而人乱。"使延昌自直径入商州抚谕之。诸将方纵兵暴掠，闻子仪至，皆大喜听命。子仪恐吐蕃逼乘舆，留军七盘，三日乃行，比至商州，行收兵，并武关防兵合四千人，军势稍振。子仪乃泣谕将士以共雪国耻，取长安，皆感激受约束。子仪请太子宾客第五琦为粮料使，给军食。上赐子仪诏，恐吐蕃东出潼关，征子仪诣行在。子仪表称："臣不收京城无以见陛下。若出兵蓝田，虏必不敢东向。"上许之。鄜坊节度判官段秀实说节度使白孝德引兵赴难，孝德即日大举，南趣京畿，与蒲、陕、商、华合势进击。

吐蕃既立广武王承宏，欲掠城中士女、百工，整众归国。子仪使左羽林大将军长孙全绪将二百骑出蓝田观虏势，令第五琦摄京兆尹，与之偕行，又令宝应军使张知节将兵继之。全绪至韩公堆，昼则击鼓张旗帜，夜则多然火，以疑吐蕃。前光禄卿殷仲卿聚众近千人，保蓝田，与全绪相表里，帅二百余骑直渡浐水。吐蕃惧，百姓又绐之曰："郭令公自商州将大军不知其数至矣！"虏以为然，稍稍引军去。全绪又使射生将王甫入城，阴结少年数百，夜击鼓，大呼于朱雀街，吐蕃惶骇，庚寅，悉众遁去。高晖闻之，帅麾下三百余骑东走，至潼关，守将李日越擒而杀之。

壬辰，诏以元载判元帅行军司马，以第五琦为京兆〔尹〕。癸巳，以郭子仪为西京留守。甲午，子仪发商州。

己亥，以鱼朝恩部将皇甫温为陕州刺史，周智光为华州刺史。

吐蕃入寇，骠骑大将军、判元帅行军司马程元振不以时奏，致上狼狈出幸。上发诏征诸道兵，李光弼等皆忌元振居中，莫有至者，中外咸切齿而莫敢发言。太常博士柳伉上疏，以为："犬戎犯关度陇，不血刃而入京师，劫宫闱，焚陵寝，武士无一人力战者，此将帅叛陛下也。陛下疏元功，委近习，日引月长，以成大祸，群臣在廷，无一人犯颜回虑者，此公卿叛陛下也。陛下始出都，百姓填然，夺府库，相杀戮，此三辅叛陛下也。自十月朔召诸道兵，尽四十日，无只轮入关，此四方叛陛下也。内外离叛，陛下以今日之势为安邪，危邪？若以为危，岂得高枕，不为天下讨罪人乎！臣闻良医疗疾，当病饮药，药不当病，犹无益也。陛下视今日之病，何繇至此乎？必欲存宗庙社稷，独斩元振首，驰告天下，悉出内使隶诸州，持神策兵付大臣，然后削尊号，下诏引咎，曰：'天下其许朕自新改过，宜即募士西赴朝廷；若以朕恶未悛，则帝王大器，敢妨圣贤，其听天下所往。'如此，而兵不至，人不感，天下不服，臣请阖门寸斩以谢陛下。"上以元振尝有保护功，十一月辛丑，削元振官爵，放归田里。

吐蕃还至凤翔，节度使孙志直闭城拒守，吐蕃围之数日。镇西节度使马璘闻车驾幸陕，将精骑千余自河西入赴难。转斗至凤翔，值吐蕃围城，璘帅众持满外向，突入城中，不解甲，背城出战，单骑先士卒奋击，俘斩千计而归。明日，虏复逼城请战，璘开悬门以待之。虏引退，曰："此将军不惜死，宜避之。"遂去，居于原、会、成、渭之地。

十二月丁亥，车驾发陕州。左丞颜真卿请上先谒陵庙，然后还宫，元载不从。真卿怒曰："朝廷岂堪相公再坏邪！"载由是衔之。甲午，上至长安，郭子仪帅城中百官及诸军迎于浐水东，伏地待罪。上劳之曰：“用卿不早，故及于此。”

以鱼朝恩为天下观军容宣慰处置使，总禁兵，权宠无比。筑城于鄠县及中渭桥，屯兵以备吐蕃。以骆奉仙为鄠县筑城使，遂将其兵。

吐蕃陷松、维、保三州及云山新筑二城，西川节度使高适不能救，于是剑南西山诸州亦入于吐蕃矣。

二年。仆固怀恩反。秋八月，泾原奏怀恩引回纥、吐蕃十万众〔将〕入寇，京师震骇。诏郭子仪帅诸将出镇奉天。辛巳，子仪发赴奉天。九月辛亥，以郭子仪充北道邠宁、泾原、河西以来通和吐蕃使，以陈郑、泽潞节度使李抱玉充南道通和吐蕃使。子仪闻吐蕃逼邠州，甲寅，遣其子朔方兵马使晞将兵万人救之。己未，剑南节度使严武破吐蕃七万众，拔当狗城。

邠宁节度使白孝德败吐蕃于宜禄。冬十月，仆固怀恩引回纥、吐蕃至邠州。庚午，严武拔吐蕃盐川城。仆固怀恩与回纥、吐蕃逼奉天，京师戒严。

永泰元年春三月庚戌，吐蕃遣使请和，诏元载、杜鸿渐与盟于兴唐寺。秋九月，仆固怀恩诱回纥、吐蕃数十余万众俱入寇。事见仆固怀恩之叛。

〔闰十月〕，剑南节度使严武以将军崔旰为汉州刺史，使将兵击吐蕃于西山，连拔其数城，攘地数百里。

大历元年春二月己亥，命大理少卿杨济修好于吐蕃。

二年夏四月庚子，命宰相鱼朝恩与吐蕃盟于兴唐寺。

九月，吐蕃众数万围灵州，游骑至潘原、宜禄。诏郭子仪自河中帅甲士三万镇泾阳，京师戒严。甲子，子仪移镇奉天。冬十月戊寅，朔方节度使路嗣恭破吐蕃于灵州城下，斩首二千余级，吐蕃引去。

三年八月壬戌，吐蕃十万众寇灵武。丁卯，吐蕃尚赞摩二万众寇邠州，京师戒严。邠宁节度使马璘击破之。九月壬申，命郭子仪将兵五万屯奉天以备吐蕃。壬午，朔方骑将白元光击吐蕃，破之。壬辰，元光又破吐蕃二万众于灵武。凤翔节度使李抱玉使右军都将临洮李晟将兵五千击吐蕃，晟曰："以力则五千不足用，以谋则太多。"乃将千人兼行，出大震关，至临洮，屠吐蕃定秦堡，焚其积聚，虏堡帅慕容谷种而还。吐蕃闻之，释灵州之围而去。戊戌，京师解严。

冬十一月，郭子仪还河中。元载以吐蕃连岁入寇，马璘以四镇兵屯邠宁，力不能拒，而郭子仪以朔方重兵镇河中，深居腹中无事之地，乃与子仪及诸将议，徙璘镇泾州，而使子仪以朔方兵镇邠州，曰："若以边土荒残，军费不给，则以内地租税及运金帛以助之。"诸将皆以为然。十二月己酉，徙马璘为泾原节度使，以邠、宁、庆三州隶朔方。璘先往城泾州，以都虞候段秀实知邠州留后。

初，四镇、北庭兵远赴中原之难，久羁旅，数迁徙，四镇历汴、虢、凤翔，北庭历怀、绛、鄜然后至邠，颇积劳弊。及徙泾州，众皆怨诽。刀斧兵马使王童之谋作乱，期以辛酉旦警严而发。前夕，有告之者。秀实阳召掌漏者怒之，以其失节，令每更来白，辄延之数刻，遂四更而曙，童之不果发。秀实欲讨之，而乱迹未露，恐军中疑其冤。告者又云"今夕欲焚马坊草，因救火谋作乱"。中夕，火果发。秀实命军中行者皆止，坐者勿起，各整部伍，严守要害。童之白请救火，不许。及旦，捕童之及其党八人，皆斩之。

下令曰："后徙者族，流言者刑。"遂徙于泾。

癸亥，西川破吐蕃万余众。

四年秋九月，吐蕃寇灵州，丁丑，朔方留后常谦光击破之。冬十月，常谦光奏"吐蕃寇鸣沙，首尾四十里"。郭子仪遣兵马使浑瑊将锐兵五千救灵州，子仪自将进至庆州，闻吐蕃退，乃还。

五年秋九月，吐蕃寇永寿。

六年夏四月，吐蕃请和。庚辰，遣兼御史大夫吴损使于吐蕃。秋九月，吐蕃下青石岭，军于那城；郭子仪使人谕之，明日引退。

七年夏四月，吐蕃五千骑至灵州，寻退。

八年冬十月，灵州破吐蕃万余众。吐蕃众十万寇泾、邠，郭子仪遣朔方兵马使浑瑊将步骑五千拒之。庚申，战于宜禄。瑊登黄菖原望虏，命据险布拒马以备其驰突。宿将史抗、温儒雅等意轻瑊，不用其命。瑊召使击虏，则已醉矣。见拒马，曰："野战乌用此为！"命撤之。叱骑兵冲虏陈，不能入而返。虏蹑而乘之，官军大败，士卒死者什七八，居民为吐蕃所掠千余人。

甲子，马璘与吐蕃战于盐仓，又败。璘为虏所隔，逮暮未还，泾原兵马使焦令谌等与败卒争门而入。或劝行军司马段秀实乘城拒守，秀实曰："大帅未知所在，当前击虏，岂得苟自全乎！"召令谌等让之曰："军法，失大将，麾下皆死。诸君忘其死邪？"令谌等惶恐拜请命。秀实乃发城中兵未战者悉出，陈于东原，且收散兵，为将力战状。吐蕃畏之，稍却。既夜，璘乃得还。

郭子仪召诸将谋曰："败军之罪在我，不在诸将。然朔方兵精闻天下，今为虏败，何策可以雪耻？"莫对。浑瑊曰："败军之将，不当复预议，然愿一言今日之事，惟理瑊罪；不则再见任。"子仪赦其罪，使将兵趣朝那。虏既破官军，欲掠汧、陇。盐州刺史李国臣曰："虏乘胜必犯郊畿，我掎其后，虏必返顾。"乃引兵趣秦原，鸣鼓而西。虏闻之，至百城，返，浑瑊邀之于隘，尽复得其所掠。马璘亦出精兵袭虏辎重于潘原，杀数千人，虏遂遁去。

初，元载尝为西州刺史，知河西、陇右山川形势。是时吐蕃数为寇，载言于上曰："四镇、北庭既治泾州，无险要可守。陇山高峻，南连秦岭，北抵大河。今国家西境尽潘原，而吐蕃戍摧沙堡，原州居其中间，当陇山之口，其西皆监牧故地，草肥水美，平凉在其东，独耕一县，可给军食。故垒尚存，吐蕃弃而不居。每岁盛夏，吐蕃畜牧青海，去塞甚远，若乘间筑之，二旬可毕。移京西军戍原州，移郭子仪军戍泾州，为之根本。分兵守石门、木峡，渐开陇右，进达安西，据吐蕃腹心，则朝廷可高枕矣。"并图地形献之，密遣人出陇山商度功用。会汴宋节度使田神功入朝，上问之，对曰："行军料敌，宿将所难，陛下奈何用一书生语，欲举国从之乎？"载寻得罪，事遂寝。

九年春二月，谏议大夫吴损使吐蕃，留之累年，竟病死虏中。

两税之弊

唐高祖武德七年。初定均田租、庸、调法，丁中之民，给田一顷，笃疾减什之六，寡妻妾减七，皆以什之二为世业，八为口分。每丁岁入租，粟二石。调随土地所宜，绫、绢、䌷、布。岁役二旬；不役则收其佣，日三尺；有事而加役者，旬有五日，免其调；三旬，租、调俱免。水、旱、虫、霜为灾，什损四以上免租，损六已上免调，损七已上课、役俱免。凡民赀业分九等。百户为里，五里为乡，四家为邻，四邻为保。在城邑者为坊，田野者为村。食禄之家，无得与民争利。工商杂类，无预士伍。男女始生为黄，四岁为小，十六为中，二十为丁，六十为老。岁造计帐，三年造户籍。玄宗开元九年，诏括天下逃移户口，议定赋役，事见奸臣聚敛。

肃宗宝应元年。租庸使元载以江、淮虽经兵荒，其民比诸道犹有赀产，乃按籍举八年租、调之违负及逋逃者，计其大数而征之。择豪吏为县令而督之，不问负之有无，赀之高下，察民有粟、帛者发徒围之，籍其所有而中分之，甚者什取八九，谓之“白著”。有不服者，严刑以威之。民有蓄谷十斛者，则重足以待命，或相聚山泽为群盗，州县不能制。

代宗大历十四年。旧制，天下金帛皆贮于左藏，太府四时上其数，比部覆其出入。及第五琦为度支、盐铁使，时京师多豪将，求取无节，琦不能制，乃奏尽贮于大盈内库，使宦官掌之，天子亦以取给为便，故久不出。由是以天下公赋为人君私藏，有司不复得窥其多少，校其赢缩，殆二十年。宦官领其事者三百余员，皆蚕食其中，蟠结根据，牢不可动。杨炎顿首于上前曰：“财赋者，国之大本，生民之命，重轻安危，靡不由之，是以前世皆使重臣掌其事，犹或耗乱不集。今独使中人出入盈虚，大臣皆不得知，政之蠹敝，莫甚于此。请出之以归有司，度宫中岁用几何，量数奉入，不敢有乏。如此，然后可以为政。”上即日下诏：“凡财赋皆归左藏，一用旧式，岁于数中择精好者三五千匹，进入大盈。”炎以片言移人主意，议者称之。

德宗建中元年春正月，始用杨炎议，命黜陟使与观察使、刺史约百姓丁产，定等级，作两税法。比来新旧征科色目，一切罢之；二税外辄率一钱者，以枉法论。

唐初，赋敛之法曰租、庸、调，有田则有租，有身则有庸，有户则有调。玄宗之末,版籍浸坏,多非其实。及至德兵起,所在赋敛,追趣取办,无复常准。赋敛之司增数而莫相统摄,各随意征科,自立色目,新故相仍,不知纪极。民富者丁多,率为官、为僧以免课役,而贫者丁多,无所伏匿,故上户优而下户劳。吏因缘蚕食,民旬输月送,不胜困弊,率皆逃徙为浮户,其土著百无四五。至是,炎建议作两税法,先计州县每岁所应费用及上供之数而赋于人,量出以制入。户无主、客,以见居为簿;人无丁中,以贫富为差。为行商者,在所州县税三十之一,使与居者均,无侥利。居人之税,秋、夏两征之。其租、庸、调、杂徭悉省,皆总统于度支。上用其言,因赦,令行之。

贞元三年。时关东防秋兵大集,国用不充。李泌奏:“自变两税法以来,藩镇州、县多违法聚敛。继以朱泚之乱,争榷率、征罚以为军资,点募自防。泚既平,自惧违法,匿不敢言。请遣使以诏旨赦其罪,但令革正,自非于法应留使、留州之外,悉输京师。其官典逋负,可征者征之,难征者释之,以示宽大。敢有隐没者,重设告赏之科而罪之。”上喜曰:“卿策甚长,然立法太宽,恐所得无几。”对曰:“兹事臣固熟思之,宽则获多而速,急则获少而迟。盖以宽则人喜于免罪而乐输,急则竞为蔽匿,非推鞫不能得其实,财不足济今日之急,而皆入于奸吏矣。”上曰:“善。”以度支员外郎元友直为河南江淮南句勘两税钱帛使。

四年春正月庚戌朔,赦天下,诏两税等第,自今三年一定。二月,元友直运淮南钱帛二十万至长安,李泌悉输之大盈库。然上犹数有宣索,仍敕诸道勿令宰相知。泌闻之,惆怅而不敢言。

臣光曰:王者以天下为家,天下之财皆其有也。阜天下之财以养天下之民,己必豫焉;或乃更为私藏,此匹夫之鄙志也。古人有言曰:"贫不学俭。"夫多财者,奢欲之所自求也。李泌欲弭德宗之欲而丰其私财,财丰则欲滋矣。财不称欲,能无求乎?是犹启其门而禁其出也。虽德宗之多僻,亦泌所以相之者非其道故也。

秋九月,元友直句检诸道税外物,悉输户部,遂为定制。岁于税外输百馀万缗、斛,民不堪命。诸道多自诉于上,上意寤,诏:"今年已入在官者输京师,未入者悉以与民;明年以后,悉免之。"于是东南之民复安其业。

九年春正月癸卯,初税茶。凡州县产茶及茶山外要路,皆估其直,什税一,从盐铁使张滂之请也。滂奏:"去岁水灾减税,用度不足,请税茶以足之。自明年以往,税茶之钱,令所在别贮,俟有水旱,以代民田税。"自是岁收茶税钱四十万缗,未尝以救水旱也。

十年夏五月,陆贽又奏请均节财赋,凡六条。其一,论两税之弊。其略曰:"旧制赋役之法,曰租、调、庸。丁男一人受田百亩,岁输粟二石,谓之租。每户各随土宜出绢,若绫、若絁共二丈,绵三两,不蚕之土输布二丈五尺,麻三斤,谓之调。每丁岁役,则收其庸,日准绢三尺,谓之庸。天下为家,法制均一,虽欲转徙,莫容其奸,故人无摇心而事有定制。及羯胡乱华,兆庶云扰,版图堕于避地,赋法坏于奉军。建中之初,再造百度,执事者知弊之宜革而所作兼失其原,知简之可从而所操不得其要。凡欲拯其弊,须穷致弊之由,时弊则但理其时,法弊则全革其法,所为必当,其悔乃亡。兵兴以来,供亿无度,此乃时弊,非法弊也。而遽更租、调、庸法,分遣使者,搜擿郡邑,校验簿书,每州取大历中一年科率最多者以为两税定额。夫财之所生,必因人力,故先王之制赋入，必以丁夫为本。不以务穑增其税，不以辍稼减其租，则播种多。不以殖产厚其征，不以流寓免其调，则地着固。不以饬励重其役，不以窳怠蠲其庸，则功力勤。如是，故人安其居，尽其力矣。两税之立，惟以资产为宗，不以丁身为本。曾不寤资产之中有藏于襟怀囊箧，物虽贵而人莫能窥，其积于场圃、囷仓，直虽轻而众以为富。流通蕃息之货，数虽寡而计日收赢，有庐舍器用之资，价虽高而终岁无利。如此之比，其流实繁，一概计估算缗，宜其失平长伪。由是务轻资而乐转徙者，恒脱于徭税。敦本业而树居产者，每困于征求。此乃诱之为奸，驱之避役，力用不得不弛，赋入不得不阙。复以创制之首，不务齐平，供应有烦简之殊，牧守有能否之异，所在徭赋，轻重相悬，所遣使臣，意见各异，计奏一定，有加无除。又大历中供军进奉之类，既收入两税，今于两税之外复又并存。望稍行均减，以救雕残。”

其二，请两税以布帛为额，不计钱数。其略曰：“凡国之赋税，必量人之力，任土之宜，赋所入者唯布、麻、缯、纩与百谷而已。先王惧物之贵贱失平，而人之交易难准，又定泉布之法，以节轻重之宜，敛散弛张，必由于是。盖御财之大柄，为国之利权，守之在官，不以任下。然则谷帛者人之所为也；钱货者官之所为也。是以国朝著令，租出谷，庸出绢，调出缯、纩、布，曷常有禁人铸钱，而以钱为赋者也！今之两税，独异旧章，但估资产为差，便以钱谷定税，临时折征杂物，每岁色目颇殊，唯计求得之利宜，靡论供办之难易。所征非所业，所业非所征，遂或增价以买其所无，减价以卖其所有，一增一减，耗损已多。望勘会诸州初纳两税年绢、布，定估比类当今时价，加贱减贵，酌取其中，总计合税之钱，折为布帛之数。”又曰：“夫地力之生物有大限，取之有度，用之有节，则常足。取之无度，用之无节，则常不足。生物之丰败由天，用物之多少由人，是以圣王立程，量入为出，虽遇灾难，下无困穷。理化既衰，则乃反是，量出为入，不恤所无。桀用天下而不足，汤用七十里而有余，是乃用之盈虚，在节与不节耳！”

其三，论长吏以增户、加税、辟田为课绩。其略曰：“长人者罕能推忠恕易地之情，体至公徇国之意，迭行小惠，竞诱奸甿，以倾夺邻境为智能，以招萃逋逃为理化。舍彼适此者既为新收而有复，倏往忽来者又以复业而见优。唯怀土安居，首末不迁者，则使之日重，敛之日加。是令地着之人恒代惰游赋役，则何异驱之转徙，教之浇讹。此由牧宰不克弘通，各私所部之过也。”又曰：“立法齐人，久无不弊，理之者若不知维御损益之宜，则巧伪萌生，恒因沮劝而滋矣。请申命有司，详定考绩。若当管之内，人益阜殷，所定税额有余，任其据户口均减，以减数多少为考课等差。其当管税物通比，每户十分减三者为上课，减二者次焉，减一者又次焉。如或人多流亡，加税见户，比校殿罚法亦如之。”

其四，论税限迫促。其略曰：“建官立国，所以养人也；赋人取财，所以资国也。明君不厚其所资，而害其所养，故必先人事而借其暇力，先家给而敛其余财。”又曰：“蚕事方兴，已输缣税，农功未艾，遽敛谷租。上司之绳责既严，下吏之威暴愈促。有者急卖而耗其半直，无者求假而费其倍酬。望更详定征税期限。”

其五，请以税茶钱置义仓，以备水旱。其略曰：“古称九年、六年之蓄者，率土臣庶通为之计耳，固非独丰公庾不及编甿也。近者有司奏请税茶，岁约得五十万贯，元敕令贮户部，用救百姓凶饥。今以蓄粮，适副前旨。”

其六，论兼并之家，私敛重于公税。其略曰：“今京畿之内，每田一亩，官税五升，而私家收租，殆有亩至一石者，是二十倍于官税也。降及中等，租犹半之。夫土地王者之所有，耕稼农夫之所为，而兼并之徒居然受利。”又曰：“望凡所占田，约为条限，裁减租价，务利贫人。法贵必行，慎在深刻，裕其制以便俗，严其令以惩违，微损有余，稍优不足，损不失富，优可赈穷。此乃古者安富恤穷之善经，不可舍也。”

裴延龄奸蠹

唐德宗贞元八年秋七月甲寅朔，户部尚书判度支班宏薨。陆贽请以前湖南观察使李巽权判度支，上许之。既而复欲用司农少卿裴延龄，贽上言，以为：“今之度支，准平万货，刻吝则生患，宽假则容奸。延龄诞妄小人，用之交骇物听。尸禄之责，固宜及于微臣；知人之明，亦恐伤于圣鉴。”上不从，己未，以延龄判度支事。

九年秋七月癸卯，户部侍郎裴延龄奏：“自判度支以来，检责诸州欠负钱八百余万缗，收诸州抽贯钱三百万缗，呈样物三十余万缗，请别置欠负耗剩季库以掌之，染练物别置月库以掌之。”诏从之。欠负皆贫人无可偿，徒存其数者。抽贯钱给用旋尽。呈样、染练皆左藏正物。延龄徙置别库，虚张名数以惑上。上信之，以为能富国而宠之，于实无所增也，虚费吏人簿书而已。

京城西污湿地生芦苇数亩，延龄奏称：“长安、咸阳有陂泽数百顷，可牧厩马。”上使有司阅视，无之，亦不罪也。

左补阙权德舆上奏，以为：“延龄取常赋支用未尽者充羡余以为己功。县官先所市物，再给其直，用充别贮。边军自今春以来并不支粮。陛下必以延龄孤贞独立,时人丑正流言,何不遣信臣覆视,究其本末,明行赏罚。今群情众口喧于朝市,岂京城士庶皆为朋党邪？陛下亦宜稍回圣虑而察之。”上不从。

十年秋九月,裴延龄奏称官吏太多,自今缺员请且勿补,收其俸以实府库。上欲修神龙寺,须五十尺松,不可得。延龄曰:“臣近见同州一谷,木数千株,皆可八十尺。”上曰:“开元、天宝间求美材于近畿,犹不可得,今安得有之?”对曰:“天生珍材,固待圣君乃出,开元、天宝何从得之?”延龄奏:“左藏库司多有失落,近因检阅使置簿书,乃于粪土之中得银十三万两,其匹段杂货百万有余。此皆已弃之物,即是羡余,悉应移入杂库,以供别敕支用。”太府少卿韦少华不伏,抗表称:“此皆每月申奏见在之物,请加推验。”执政请令三司详覆,上不许,亦不罪少华。

延龄每奏对,恣为诡谲,皆众所不敢言,亦未尝闻者,延龄处之不疑。上亦颇知其诞妄,但以其好诋毁人,冀闻外事,故亲厚之。群臣畏延龄有宠,莫敢言,惟盐铁转运使张滂、京兆尹李充、司农卿李铦以职事相关,时证其妄,而陆贽独以身当之,日陈其不可用。

冬十一月壬申,贽上书极陈延龄奸诈,数其罪恶。其略曰:“延龄以聚敛为长策,以诡妄为嘉谋,以掊克敛怨为匪躬,以靖谮服谗为尽节,总典籍之所恶以为智术,冒圣哲之所戒以为行能,可谓尧代之之共工,鲁邦之少卯也。迹其奸蠹,日长月滋,阴秘者固未尽彰,败露者犹难悉数。”又曰:“陛下若意其负谤,则诚宜亟为辨明。陛下若知其无良,又安可曲加容掩!”又曰:“陛下姑欲保持,曾无诘问,延龄谓能蔽惑,不复惧思,移东就西,便为课绩,取此适彼,遂号羡余,愚弄朝廷,有同儿戏。”又曰:“矫诡之态，诬罔之辞，遇事辄行，应口便发，靡日不有，靡时不为，又难以备陈也。”又曰：“昔赵高指鹿为马，臣谓鹿之与马，物类犹同，岂若延龄，掩有为无，指无为有。”又曰：“延龄凶妄，流布寰区，上自公卿近臣，下逮舆台贱品，喧喧谈议，亿万为徒，能以上言，其人有几？臣以卑鄙，任当台衡，情激于衷，虽欲罢而不能默也。”书奏，上不悦，待延龄益厚。

十二月，中书侍郎同平章事陆贽以上知待之厚，事有不可，常力争之。所亲或规其太锐，贽曰：“吾上不负天子，下不负所学，他无所恤。”裴延龄日短贽于上。赵憬之入相也，贽实引之，既而有憾于贽，密以贽所讥弹延龄事告延龄，故延龄益得以为计，上由是信延龄而不直贽。贽与憬约至上前极论延龄奸邪，上怒形于色，憬默而无言。壬戌，贽罢为太子宾客。

十一年春二月，陆贽既罢相，裴延龄因谮京兆尹李充、卫尉卿张滂、前司农卿李铦党于贽。会旱，延龄奏言：“贽等失势怨望，言于众曰，‘天下旱，百姓且流亡，度支多欠诸军刍粮，军中人马无所食，其事奈何’，以动摇众心，其意非止欲中伤臣而已。”后数日，上猎苑中，适有神策军士诉云：“度支不给马刍。”上意延龄言为信，遽还宫。夏四月壬戌，贬贽为忠州别驾，充为涪州长史，滂为汀州长史，铦为邵州长史。初，阳城自处士征为谏议大夫，拜官不辞。未至京师，人皆想望风采，曰：“城必谏诤，死职下。”及至，诸谏官纷纷言事细碎，天子益厌苦之。而城方与二弟及客日夜痛饮，人莫能窥其际，皆以为虚得名耳。前进士河南韩愈作争臣论以讥之，城亦不以屑意。有欲造城而问者，城揣知其意，辄强与酒。客或时先醉仆席上，城或时先醉卧客怀中，不能听客语。及陆贽等坐贬，上怒未解，中外惴恐，以为罪且不测，无敢救者。城闻而起曰："不可令天子信用奸臣，杀无罪人。"即帅拾遗王仲舒、归登、右补阙熊执易、崔邠等守延英门，上疏论延龄奸佞，贽等无罪。上大怒，欲加城等罪。太子为之营救，上意乃解，令宰相谕遣之。于是金吾将军张万福闻谏官伏閤谏，趋往至延英门，大言贺曰："朝廷有直臣，天下必太平矣。"遂遍拜城与仲舒等，已而连呼："太平万岁，太平万岁！"万福，武人，年八十余，自此名重天下。登，崇敬之子也。时朝夕相延龄，阳城曰："脱以延龄为相，城当取白麻坏之，恸哭于廷。"有李繁者，泌之子也，城尽疏延龄过恶，欲密论之，以繁故人子，使之缮写，繁径以告延龄。延龄先诣上，一一自解，疏入，上以为妄，不之省。

十二年春三月，以户部侍郎裴延龄为户部尚书，使职如故。秋九月丙午，户部尚书、判度支裴延龄卒，中外相贺，上独悼惜之。

吐蕃叛盟

唐代宗大历十四年秋八月，代宗之世，吐蕃数遣使求和，而寇盗不息。代宗悉留其使者，前后八辈，有至老死不得归者。俘获其人，皆配江、岭。上欲以德怀之，乙巳，以随州司马韦伦为太常少卿，使于吐蕃，悉集其俘五百人，各赐袭衣而遣之。

德宗建中元年。吐蕃始闻韦伦归其俘，不之信。及俘入境，各还部落，称："新天子出宫人，放禽兽，英威圣德，洽于中国。"吐蕃大悦，除道迎伦。赞普即发使随伦入贡，且致赙赠。〔夏四月〕癸卯，至京师，上礼接之。既而蜀将上言："吐蕃豺狼，所获俘不可归。"上曰："戎狄犯塞则击之，服则归之。击以示威，归以示信。威信不立，何以怀远？"悉命归之。

五月戊辰，以韦伦为太常卿。乙酉，复遣伦使吐蕃。伦请上自为载书，与吐蕃盟。杨炎以为非敌，请与郭子仪辈为载书以闻，令上画可而已，从之。

吐蕃见韦伦再至，益喜。十二月辛卯朔，伦还，吐蕃遣其相论钦明思等入贡。

二年春三月，遣殿中少监崔汉衡使于吐蕃。〔冬十二月〕，崔汉衡至吐蕃，赞普以敕书称贡献及赐，全以臣礼见处，又云州之西，当以贺兰山为境，邀汉衡更请之。丁未，汉衡遣判官与吐蕃使者入奏。上为之改敕书、境土，皆如其请。

三年夏四月庚申，吐蕃归向所俘掠兵民八百人。秋九月癸卯，殿中少监崔汉衡自吐蕃归，赞普遣其臣区颊赞随汉衡入见，冬十月，遣都官员外郎樊泽使于吐蕃，告以结盟之期。

四年春正月丁亥，陇右节度使张镒与吐蕃尚结赞盟于清水。二月戊申朔，命鸿胪卿崔汉衡送区颊赞还吐蕃。

夏四月，上命宰相、尚书与吐蕃区颊赞盟于丰邑里，区颊赞以清水之盟，疆埸未定，不果盟。己未，命崔汉衡入吐蕃，决于赞普。六月庚午，答蕃判官、监察御史于頔与吐蕃使者论剌没藏至自青海，言疆埸已定，请遣区颊赞归国。

秋七月甲申，以礼部尚书李揆为入蕃会盟使。壬辰，诏诸将相与区颊赞盟于城西。李揆有才望，卢杞恶之，故使之入吐蕃。揆言于上曰："臣不惮远行，恐死于道路，不能达诏命。"上为之恻然，谓杞曰："揆无乃太老？"对曰："使远夷，非谙练朝廷故事者不可。且揆行，则自今年少于揆者，不敢辞远使矣。"

兴元元年春正月，吐蕃尚结赞请出兵助唐收京城。庚子，遣秘书监崔汉衡使吐蕃，发其兵。夏四月，吐蕃遣其将论莽罗依将兵二万，从曹子达击破韩旻于武(川)亭〔川〕。五月，吐蕃既破韩旻，大掠而去。上甚忧之，以问陆贽。贽具言吐蕃形势事。两事并见藩镇连兵。

初，上发吐蕃以讨朱泚，许成功以伊西、北庭之地与之。及泚诛，吐蕃来求地，上欲召两镇节度使郭昕、李元忠还朝，以其地与之。李泌曰："安西、北庭，人性骁悍，控制西域五十七国及十姓突厥，又分吐蕃之势，使不得并兵东侵，奈何拱手与之？且两镇之人，势孤地远，尽忠竭力，为国家固守近二十年，诚可哀怜。一旦弃之以与戎狄，彼其心必深怨中国，他日从吐蕃入寇，如报私仇矣。况日者吐蕃观望不进，阴持两端，大掠武功，受赂而去，何功之有。"众议亦以为然，上遂不与。

贞元二年秋八月丙戌，吐蕃尚结赞大举寇泾、陇、邠、宁，掠人畜，芟禾稼，西鄙骚然，州县各城守。诏浑瑊将万人，骆元光将八千人，屯咸阳以备之。

吐蕃游骑及好畤。〔九月〕乙巳，京城戒严。复遣左金吾将军张献甫屯咸阳。民间传言上复欲出幸以避吐蕃，齐映见上言曰："外间皆言陛下已理装，具糗粮，人情恟惧。夫大福不再，陛下奈何不与臣等熟计之？"因伏地流涕，上亦为之动容。

李晟遣其将王佖将骁勇三千伏于汧城，戒之曰："虏过城下，勿击其首。首虽败，彼全军而至，汝弗能当也。不若俟前军已过，见五方旗，虎豹衣，乃其中军也，出其不意击之，必大捷。"佖用其言，尚结赞败走。军士不识尚结赞，仅而获免。

尚结赞谓其徒曰："唐之良将，李晟、马燧、浑瑊而已，以计去之。"入凤翔境内，无所俘掠，以兵二万直抵城下，曰："李令公召我来，何不出犒我？"经宿，乃引退。

冬十月癸亥，李晟遣蕃落使野诗良辅与王佖将步骑五千袭吐蕃摧沙堡。壬申，遇吐蕃众二万，与战，破之，乘胜逐北，至堡下，攻拔之，斩其将扈屈律悉蒙，焚其蓄积而还。尚结赞引兵自宁、庆北去，癸酉，军于合水之北。邠宁节度使韩游瓌遣其将史履程夜袭其营，杀数百人。吐蕃追之，游瑰陈于平川，潜使人鼓于西山，虏惊，弃所掠而去。

十一月辛丑，吐蕃寇盐州，谓刺史杜彦光曰："我欲得城，听尔率人去。"彦光悉众奔鄜州，吐蕃入据之。十二月，吐蕃又寇夏州，亦令刺史托跋乾晖帅众去，遂据其城。又寇银州，州素无城，吏民皆溃。吐蕃亦弃之。又陷麟州。

韩游瓌奏请发兵攻盐州，吐蕃救之，则使河东袭其背。丙寅，诏骆元光及陈许兵马使韩全义将步骑万二千人会邠宁军，趣盐州，又命马燧以河东军击吐蕃。燧至石州，河曲六胡州皆降，迁于云朔之间。

工部侍郎张彧，李晟之婿也。晟在凤翔，以女嫁幕客崔枢，礼重枢过于彧。彧怒，遂附于张延赏。给事中郑云逵尝为晟行军司马，失晟意，亦附延赏。上亦忌晟功名。会吐蕃有离间之言，延赏等腾谤于朝，无所不至。晟闻之，昼夜泣，目为之肿。悉遣子弟诣长安，表请削发为僧，上慰谕，不许。辛未，入朝，见上，自陈足疾，恳辞方镇，上不许。韩滉素与晟善，上命滉与刘玄佐谕旨于晟，使与延赏释怨。晟奉诏，滉等引延赏诣晟第谢，结为兄弟，因宴饮尽欢。又宴于滉、玄佐之第，亦如之。滉因使晟表荐延赏为相。

三年春正月壬寅，以左仆射张延赏同平章事。李晟为其子请婚于延赏，延赏不许。晟谓人曰："武夫性快，释怨于杯酒间，则不复贮胸中矣。非如文士难犯，外虽和解，内蓄憾如故。吾得无惧哉！”

二月壬戌，以检校左庶子崔澣充入吐蕃使。三月丁酉，以左庶子李铦充入吐蕃使。

初，吐蕃尚结赞得盐、夏州，各留兵千余人戍之，退屯鸣沙。自冬入春，羊马多死，粮运不继，又闻李晟克摧沙，马燧、浑瑊等各举兵临之，大惧，屡遣使求和，上未之许。乃遣使卑辞厚礼求和于马燧，且请修清水之盟而归侵地，使者相继于路。燧信其言，留屯石州，不复济河，为之请于朝。李晟曰：“戎狄无信，不如击之。”韩游瓌曰：“吐蕃弱则求盟，强则入寇。今深入塞内而求盟，此必诈也。”韩滉曰：“今两河无虞，若城原、鄯、洮、渭四州，使李晟、刘玄佐之徒将十万众戍之，河、湟二十余州可复也。其资粮之费，臣请主办。”上由是不听燧计，趣使进兵。燧请与吐蕃使论颊热俱入朝论之，会滉薨，燧、延赏皆与晟有隙，欲反其谋，争言和亲便。上亦恨回纥，欲与吐蕃和，共击之，得二人言，正会己意，计遂定。

延赏数言晟不宜久典兵，请以郑云逵代之。上曰：“当令自择代者。”乃谓晟曰：“朕以百姓之故，与吐蕃和亲决矣。大臣既与吐蕃有怨，不可复之凤翔，宜留朝廷，朝夕辅朕；自择一人可代凤翔者。”晟荐都虞候邢君牙。君牙，乐寿人也。丙午，以君牙为凤翔尹兼团练使。丁未，加晟太尉、中书令，勋封如故，余悉罢之。

晟在凤翔尝谓僚佐曰：“魏征好直谏，余窃慕之。”行军司马李叔度曰：“此乃儒者所为，非勋德所宜。”晟敛容曰：“司马失言。晟任兼将、相，知朝廷得失，不言，何以为臣？”叔度惭而退。

及在朝廷，上有所顾问，极言无隐。性沉密，未尝泄于人。

辛亥，马燧入朝。燧既来，诸军皆闭壁不战，尚结赞遽自鸣沙引归。其众乏马，多徒行者。

崔澣见尚结赞，责以负约。尚结赞曰："吐蕃破朱泚，未获赏，是以来。而诸州各城守，无由自达。盐、夏守者以城授我而遁，非我取之也。今明公来，欲践修旧好，固吐蕃之愿也。今吐蕃将、相以下来者二十一人，浑侍中尝与之共事，知其忠信。灵州节度使杜希全、泾原节度使李观皆信厚闻于异域，请使之主盟。"

夏四月丙寅，澣至长安。辛未，以澣为鸿胪卿，复使入吐蕃语尚结赞曰："希全守灵，不可出境，李观已改官，今遣浑瑊盟于清水。"且令先归盐、夏二州。五月甲申，浑瑊自咸阳入朝，以为清水会盟使。戊子，以兵部尚书崔汉衡为副使，司封员外郎郑叔矩为判官，特进宋奉朝为都监。己丑，瑊将二万余人赴盟所。

乙巳，尚结赞遣其属论泣赞来言："清水非吉地，请盟于原州之土梨树。既盟而归盐、夏二州。"上皆许之。神策将马有麟奏："土梨树多阻险，恐吐蕃设伏兵，不如平凉川坦夷。"时论泣赞已还，丁未，遣使追告之。

初，韩滉荐刘玄佐可使将兵复河、湟，上以问玄佐，玄佐亦赞成之。滉薨，玄佐奏言："吐蕃方强，未可与争。"上遣中使劳问玄佐，玄佐卧而受命。张延赏知玄佐不可用，奏以河、湟事委李抱真，抱真亦固辞。皆由延赏罢李晟兵柄，故武臣皆愤怒解体，不肯为用故也。

浑瑊之发长安也，李晟深戒之，以盟所为备不可不严。张延赏言于上曰："晟不欲盟好之成，故戒瑊以严备。我有疑彼之形，则彼亦疑我矣。盟何由成？"上乃召瑊，切戒以推诚待虏，勿自为猜贰以阻虏情。

瑊奏吐蕃决以〔闰五月〕辛未盟，延赏集百官，以瑊表称诏示之，曰："李太尉谓吐蕃和好必不成，此浑侍中表也，盟日定矣。"晟闻之，泣谓所亲曰："吾生长西陲，备谙虏情，所以论奏，但耻朝廷为犬戎所侮耳。"

上始命骆元光屯潘原，韩游瓌屯洛口，以为瑊援。元光谓瑊曰："潘原距盟所且七十里，公有急，元光何从知之？请与公俱。"瑊以诏指固止之。元光不从，与瑊连营相次，距盟所三十余里。元光壕栅深固，瑊壕栅皆可逾也。元光伏兵于营西，韩游瓌亦遣五百骑伏于其侧，曰："若有变，则汝曹西趣柏泉，以分其势。"

尚结赞与瑊约，各以甲士三千人列于坛之东西，常服者四百人从至坛下。辛未，将盟，尚结赞又请各遣游骑数十更相觇索，瑊皆许之。吐蕃伏精骑数万于坛西，游骑贯穿唐军，出入无禁。唐骑入虏军，悉为所擒，瑊等皆不知。入幕，易礼服。虏伐鼓三声，大噪而至，杀宋奉朝等于幕中。瑊自幕后出，偶得他马乘之，伏鬣入其衔，驰十余里，衔方及马口，故矢过其背而不伤。唐将卒皆东走，虏纵兵追击，或杀、或擒之，死者数百人，擒者千余人，崔汉衡为虏骑所擒。浑瑊至其营，则将卒皆遁去，营空矣。骆元光发伏兵成陈以待之，虏追骑愕眙。瑊入元光营，追骑顾见邠宁军西驰，乃还。元光以辎重资瑊，与瑊收散卒，勒兵整陈而还。

是日，上视朝，谓诸相曰："今日和戎息兵，社稷之福。"马燧曰："然。"柳浑曰："戎狄，豺狼也，非盟誓可结。今日之事，臣窃忧之。"李晟曰："诚如浑言。"上变色曰："柳浑书生，不知边计；大臣亦为此言邪！"皆伏地顿首谢，因罢朝。是夕，韩游瓌表言："虏劫盟者兵临近镇。"上大惊，街递其表以示浑。明旦，谓浑曰："卿书生，乃能料敌如此其审邪！"上欲出幸以避吐蕃，大臣谏而止。

李晟大安园多竹，复有为飞语者，云："晟伏兵大安亭，谋因仓猝为变。"晟遂伐其竹。

癸酉，上遣中使王子恒赍诏遗尚结赞，至吐蕃境，不纳而还。浑瑊留屯奉天。

甲戌，尚结赞至故原州，引见崔汉衡等曰："吾饰金械，欲械瑊以献赞普。今失瑊，虚致公辈。"又谓马燧之侄弇曰："胡以马为命，吾在河曲，春草未生，马不能举足，当是时，侍中渡河掩之，吾全军覆没矣！所以求和，蒙侍中力，今全军得归，奈何拘其子孙！"命弇与宦官俱文珍、浑瑊将马宁俱归，分囚崔汉衡等于河、廓、鄯州。上闻尚结赞之言，由是恶马燧。六月丙戌，以马燧为司徒兼侍中，罢其副元帅、节度使。

初，吐蕃尚结赞恶李晟、马燧、浑瑊，曰："去三人，则唐可图也。"于是离间李晟，因马燧以求和，欲执浑瑊以卖燧，使并获罪，因纵兵直犯长安，会失浑瑊而止。张延赏惭惧，谢病不视事。

吐蕃之戍盐、夏者，馈运不继，人多病疫思归。尚结赞遣三千骑逆之，悉焚其庐舍，毁其城，驱其民而去。灵盐节度使杜希全遣兵分守之。

壬寅，李泌与李晟、马燧、柳浑俱入见，泌谓上曰："李晟、马燧有大功于国，闻有谗之者，虽陛下必不听，然臣今日对二人言之，欲其不自疑耳。陛下万一害之，则宿卫之士、方镇之臣，无不愤惋而反仄，恐中外之变不日复生也。今晟、燧富贵已足，苟陛下坦然待之，使其自保无虞，国家有事则出从征伐，无事则入奉朝请，何乐如之？故臣愿陛下勿以二臣功大而忌之，二臣勿以位高而自疑,则天下永无事矣。”上曰:“朕始闻卿言,耸然不知所谓,及听卿剖析,乃知社稷之至计也。朕谨当书绅,二大臣亦当共保之。”晟、燧皆起,泣谢。时关东防秋兵大集,国用不充。上问李泌以复府兵之策。对曰:“今岁征关东卒戍京西者十七万人,计岁食粟二百四万斛。今粟斗直钱百五十,为钱三百六万缗。国家比遭饥乱,经费不充,就使有钱,亦无粟可籴,未暇议复府兵也。”上曰:“然将奈何? 亟减戍卒归之,何如?”对曰:“陛下诚能用臣之言,可以不减戍卒,不扰百姓,粮食皆足,粟麦日贱,府兵亦成。”上曰:“果能如是,何为不用!”对曰:“此须急为之,过旬日则不及矣。今吐蕃久居原兰之间,以牛运粮,粮尽,牛无所用。请发左藏恶缯染为彩缬,因党项以市之,每头不过二三匹,计十八万匹,可致六万余头。又命诸冶铸农器,籴麦种,分赐缘边军镇,募戍卒,耕荒田而种之,约明年麦熟倍偿其种,其余据时价五分增一,官为籴之;来春种禾亦如之。关中土沃而久荒,所收必厚。戍卒获利,耕者浸多。边地居人至少,军士月食官粮,粟麦无所售,其价必贱,名为增价,实比今岁所减多矣。”上曰:“善。”即命行之。

泌又言:“边地官多阙,请募人入粟以补之,可足今岁之粮。”上亦从之,因问曰:“卿言府兵亦集,如何?”对曰:“戍卒因屯田致富,则安于其土,不复思归。旧制,戍卒三年而代,及其将满,下令有愿留者,即以所开田为永业。家人愿来者,本贯给长牒续食而遣之。据应募之数,移报本道,虽河朔诸帅得免更代之烦,亦喜闻矣。不过数番,则戍卒皆土著,乃悉以府兵之法理之,是变关中之疲弊为富强也。”上喜曰:“如此,天下无复事矣。”泌曰:“未也。臣能不用中国之兵,使吐蕃自困。”上曰:“计将安出?”对曰:“臣未敢言之,俟麦禾有效,然后可议也。”上固问,不对。泌意欲结回纥、大食、云南与共图吐蕃,令吐蕃所备〔者〕多,知上素恨回纥,恐闻之不悦,并屯田之议不行,故不肯言。既而戍卒应募愿耕屯田者什五六。

左仆射同平章事张延赏薨。

秋八月,吐蕃尚结赞遣五骑送崔汉衡归,且上表求和。至潘原,李观语之,以“有诏不纳吐蕃使者”,受其表而却其人。

戊申,吐蕃帅羌、浑之众寇陇州,连营数十里,京城震恐。九月丁卯,遣神策将石季章戍武功,决胜军使唐良臣戍百里城。丁巳,吐蕃大掠汧阳、吴山、华亭,老弱者杀之,或断手凿目,弃之而去。驱丁壮万余口悉送安化峡西,将分隶羌、浑。乃告之曰:“听尔东向哭辞乡国。”众大哭,赴崖谷死伤者千余人。未几,吐蕃之众复至,围陇州,刺史韩清沔与神策副将苏太平夜出兵击却之。

吐蕃寇华亭及连云堡,皆陷之。甲戌,吐蕃驱二城之民数千人及邠、泾人畜万计而去,置之弹筝峡西。泾州恃连云为斥候,连云既陷,西门不开,门外皆为虏境,樵采路绝。每收获必陈兵以捍之,多失时,得空穗而已,由是泾州常苦乏食。

冬十月甲申,吐蕃寇丰义城,前锋至大回原,邠宁节度使韩游瓌击却之。乙酉,复寇长武城,又城故原州而屯之。

吐蕃以苦寒不入寇,而粮运不继。十一月,诏浑瑊归河中,李元谅归华州,刘昌分其众五千归汴州,自余防秋兵退屯凤翔、京兆诸县以就食。

四年春二月,刘昌复筑连云堡。夏五月,吐蕃三万余骑寇泾、邠、宁、庆、鄜等州。先是,吐蕃常以秋冬入寇,及春多病疫而退。至是得唐人,质其妻子,遣其将将之,盛夏入寇。诸州皆城守，无敢与战者，吐蕃俘掠人畜万计而去。

秋九月庚申，吐蕃尚(志)〔悉〕董星寇宁州，张献甫击却之，吐蕃转掠鄜、坊而去。

冬十月，吐蕃发兵十万寇西川，分兵四万攻两林、骠旁，三万攻东蛮，七千寇清溪关，五千寇铜山。韦皋遣黎州刺史韦晋等与东蛮连兵御之，破吐蕃于清溪关外。

十一月，吐蕃耻前日之败，复以众二万寇清溪关，一万攻东蛮。韦皋命韦晋镇要冲城，督诸军以御之。巂州经略使刘朝彩等出关连战，自乙卯至癸亥，大破之。

五年冬十月，韦皋遣其将王有道将兵与东蛮、两林蛮及吐蕃青海、腊城二节度〔战〕于巂州台登谷，大破之，斩首二千级，投崖及溺死者不可胜数，杀其大兵马使乞藏遮遮。乞藏遮遮，虏之骁将也，既死，皋所攻城栅无不下，数年尽复巂州之境。

七年秋八月，吐蕃攻灵州，为回鹘所败，夜遁。九月，回鹘遣使来献俘。冬十二月甲午，又遣使献所获吐蕃酋长尚结心。

八年夏四月壬子，吐蕃寇灵州，陷水口支渠，败营田。诏河东、振武救之，遣神策六军二千戍定远、怀远城，吐蕃乃退。六月，吐蕃千余骑寇泾州，掠田军千余人而去。秋八月，韦皋攻吐蕃维州，获其大将论赞热。

九年。初，盐州既陷，塞外无复保障；吐蕃常阻绝灵武，侵扰鄜、坊。〔春二月〕辛酉，诏发兵三万五千人城盐州，又诏泾原、山南、剑南各发兵深入吐蕃以分其势。城之二旬而毕，命盐州节度使杜彦光戍之。朔方都虞候杨朝晟戍木波堡。由是灵武、银、夏、河西获安。

夏五月，陆贽上奏论备边六失，以为：“措置乖方，课责亏度，财匮于兵众，力分于将多，怨生于不均，机失于遥制。关东戍卒，不习土风，身苦边荒，心畏戎虏。国家资奉若骄子，姑息如倩人。屈指计归，张颐待哺，或利王师之败，乘扰攘而东溃；或拔弃城镇，摇远近之心。岂惟无益，实亦有损。复有犯刑谪徙者，既是无良之类，且加怀土之情，思乱幸灾，又甚戍卒，可谓措置乖方矣。自顷权移于下，柄失于朝，将之号令既鲜克行之于军，国之典常又不能施之于将，务相遵养，苟度岁时。欲赏一有功，翻虑无功者反仄；欲罚一有罪，复虑同恶者忧虞。罪以隐忍而不彰，功以嫌疑而不赏，姑息之道，乃至于斯。故使忘身效节者获诮于等夷，率众先登者取怨于士卒，偾军蹙国者不怀于愧畏，缓救失期者自以为智能。此义士所以痛心，勇夫所以解体，可谓课责亏度矣。虏每入寇，将帅递相推倚，无敢谁何，虚张贼势。上闻则曰兵少不敌，朝廷莫之省察，唯务征发益师，无裨补御之功，重增供亿之弊。闾井日耗，征求日繁，以编户倾家破产之资，兼有司榷盐税酒之利，总其所入，半以事边，可谓财匮于兵众矣。吐蕃举国胜兵之徒，才当中国十数大郡而已。动则中国惧其众而不敢抗，静则中国惮其强而不敢侵，厥理何哉？良以中国之节制多门，蕃丑之统帅专一故也。夫统帅专一，则人心不分，号令不贰，进退可齐，疾徐如意，机会靡愆，气势自壮，斯乃以少为众，以弱为强者也。开元天宝之间，控御西北两蕃唯朔方、河西、陇右三节度。中兴以来，未遑外讨，抗两蕃者亦朔方、泾原、陇右、河东四节度而已。自顷分朔方之地，建牙拥节者凡三使焉，其余镇军，数且四十，皆承特诏委寄，各降中贵监临，人得抗衡，莫相禀属。每俟边书告急，方令计会用兵，既无军法下临，唯以客礼相待。夫兵，以气势为用者也，气聚则盛，散则消；势合则威，析则弱。今之边备，势弱气消，可谓力分于将多矣。理戎之要，在于练核优劣之科，以为衣食等级之制，使能者企及，否者息心，虽有薄厚之殊，而无觖望之衅。今穷边之地，长镇之兵，皆百战伤夷之余，终年勤苦之剧，然衣粮所给，唯止当身，例为妻子所分，常有冻馁之色。而关东戍卒，怯于应敌，懈于服劳，衣粮所颁，厚逾数等。又有素非禁旅，本是边军，将校诡为媚词，因请遥隶神策，不离旧所，唯改虚名，其于廪赐之饶，遂有三倍之益。夫事业未异，而给养有殊，苟未忘怀，孰能无愠？可谓怨生于不均矣。凡欲选任将帅，必先考察行能，可者遣之，不可者退之，疑者不使，使者不疑，故将在军，君命有所不受。自顷边军去就，裁断多出宸衷，选置戎臣，先求易制，多其部以分其力，轻其任以弱其心，遂令爽于军情亦听命，乖于事宜亦听命。戎虏驰突，迅如风飙，驲书上闻，旬月方报。守土者以兵寡不敢抗敌，分镇者以无诏不肯出师，贼既纵掠退归，此乃陈功告捷。其败丧则减百而为一，其捃获则张百而成千。将帅既幸于总制在朝，不忧罪累，陛下又以为大权由己，不究事情，可谓机失于遥制矣。臣愚请宜罢诸道将士防秋之制，令本道但供衣粮，募戍卒愿留及蕃汉子弟以给之。又多开屯田，官为收籴，寇至则人自为战，时至则家自力农，与夫倏来忽往者，岂可同等而论哉！又宜择文武能臣为陇右、朔方、河东三元帅，分统缘边诸节度使，有非要者，随所便近而并之。然后减奸滥虚浮之费以丰财，定衣粮等级之制以和众，弘委任之道以宣其用，悬赏罚之典以考其成。如是，则戎狄威怀，疆埸宁谧矣。"上虽不能尽从，心甚重之。

韦皋遣大将董勔等将兵出西山，破吐蕃之众，拔堡栅五十余。

十年。韦皋奏破吐蕃于峨和城。

十一年冬十月，南诏攻吐蕃昆明城，取之，又虏施、顺二蛮王。

十三年春正月壬寅，吐蕃遣使请和亲，上以吐蕃数负约，不许。

上以方渠、合道、木波皆吐蕃要路，欲城之，使问邠宁节度使杨朝晟须几何兵？对曰："邠宁兵足以城之，不烦他道。"上复使问之曰："向城盐州，用兵七万，仅能集事。今三城尤逼虏境，兵当倍之，事更相反，何也？"对曰："城盐州之众，虏皆知之。今发本镇兵，不旬日至塞下，出其不意而城之，虏谓吾众亦不减七万，其众未集，不敢轻来犯我。不过三旬，吾城已毕，留兵戍之，虏虽至，无能为也。城旁草尽，不能久留，虏退则运刍粮以实之，此万全之策也。若大集诸道兵，逾月始至，虏亦集众而来，与我争战，胜负未可知，何暇筑城哉！"上从之。二月，朝晟分军为三，各筑一城。军吏曰："方渠无井，不可屯军。"判官孟子周曰："方渠承平之时，居人成市，无井何以聚人乎？"命浚眢井，果得甘泉。三月，三城成。夏四月庚申，杨朝晟军还至马岭，吐蕃始出兵追之，相拒数日而去。朝晟遂城马岭而还，开地三百里，皆如其素。

吐蕃赞普乞立赞卒，子足之煎立。

六月，韦皋奏嶲州刺史曹高仕破吐蕃于台登城下。

十四年冬十月，夏州节度使韩全义奏破吐蕃于盐州西北。

十五年夏四月，南诏异牟寻遣使与韦皋约共击吐蕃，皋以兵粮未集，请俟他年。冬十二月，吐蕃众五万分击南诏及嶲州，异牟寻与韦皋各发兵御之，吐蕃无功而还。

十六年夏五月，灵州破吐蕃于乌兰桥。吐蕃数为韦皋所败，是岁，其曩贡腊城等九节度婴、笼官马定德帅其部落来降。定德有智略，吐蕃诸将行兵皆禀其谋策，常乘驿计事，至是以兵数不利，恐获罪，遂来奔。

十七年秋七月戊寅，吐蕃寇盐州。己丑，吐蕃陷麟州，杀刺史郭锋，夷其城郭，掠居人及党项部落而去。锋，曜之子也。

僧延素为虏所得，虏将有徐舍人者，谓延素曰："我，英公之五代孙也。武后时吾高祖建义不成，子孙流播异域，虽代居禄位典兵，然思本之心不忘，顾宗族大，无由自拔耳。今听汝归。"遂纵之。

上遣使敕韦皋出兵深入吐蕃以分其势，纾北边患。皋遣将将兵二万分出九道攻吐蕃维、保、松州及栖鸡、老翁城。

九月，韦皋奏大破吐蕃于雅州。

韦皋屡破吐蕃，转战千里，凡拔城七，军镇五，焚堡百五十，斩首万余级，捕虏六千，降户三千。遂围维州及昆明城。冬十月庚子，加皋检校司徒兼中书令，赐爵南康王。南诏王异牟寻虏获尤多，上遣中使慰抚之。

十八年春正月，吐蕃遣其大相兼东鄙五道节度使论莽热将兵十万解维州之围，西川兵据险设伏以待之。吐蕃至，出千人挑战，虏悉众追之，伏发，虏众大败，擒论莽热，士卒死者太半。维州、昆明竟不下，引兵还。乙亥，皋遣使献论莽热，上(从)〔赦〕之。

十九年夏四月，泾原节度使刘昌奏请徙原州治平凉，从之。乙亥，吐蕃遣其臣论颊热入贡。六月壬辰，遣右龙武大将军薛伾使于吐蕃。

二十年。吐蕃赞普死，其弟嗣立。

宪宗元和三年春正月，临泾镇将郝玼以临泾地险要，水草美，吐蕃将入寇，必屯其地，言于泾原节度使段祐，奏而城之，自是泾原获安。冬十二月庚戌，置行原州于临泾，以镇将郝玼为刺史。

四年。初，平凉之盟，副元帅判官路泌、会盟判官郑叔矩皆没于吐蕃。其后吐蕃请和，泌子随(之)〔三〕诣阙，号泣上表，乞从其请。德宗以吐蕃多诈，不许。至是，吐蕃复请和，随又五上表，诣执政泣请，裴垍、李藩亦言于上，请许其和。上从之。五月，命祠部郎中徐复使吐蕃。

秋九月丙辰，振武奏吐蕃五万余骑至拂梯泉。辛未，丰州奏吐蕃万骑至大石谷，掠回鹘入贡还国者。

五年夏五月庚申，吐蕃遣其臣论思邪热入见，且归路泌、郑叔矩之柩。

七年。吐蕃寇泾州，及西门之外，驱掠人畜而去，上患之。李绛上言："京西、京北皆有神策镇兵，始置之欲以备御吐蕃，使与节度使掎角相应也。今则鲜衣美食，坐耗县官，每有寇至，节度使邀与俱进，则云'申取中尉处分'。比其得报，虏去远矣。纵有果锐之将，闻命奔赴，节度使无刑戮以(相)制之，相视如平交，左右前却，莫肯用命，何所益乎？请据所在之地士马及衣粮、器械皆割隶当道节度使，使号令齐壹，如臂之使指，则军威大振，虏不敢入寇矣。"上曰："朕不知旧事如此，当亟行之。"既而神策军骄恣日久，不乐隶节度使，竟为宦者所沮而止。

八年。初，吐蕃欲作乌兰桥，先贮材于河侧，朔方常潜遣人投之于河，终不能成。虏知朔方、灵盐节度使王佖贪，先厚赂之，然后并力成桥，仍筑月城守之。自是朔方御寇不暇。

十年冬十一月己丑，吐蕃款陇州塞，请互市，许之。

十一年春二月，西川奏吐蕃赞普卒，新赞普可黎可足立。

十三年冬十一月辛巳朔,盐州奏吐蕃寇河曲、夏州。灵武奏破吐蕃长乐州,克其外城。甲午,盐州奏吐蕃引去。

十四年春正月,吐蕃遣使者论短立藏等来修好,未返,入寇河曲。上曰:"其国失信,其使何罪?"庚寅,遣归国。秋八月癸酉,吐蕃寇庆州,营于方渠。

(冬十月)〔是岁〕,吐蕃节度论三摩等将十五万众围盐州,党项亦发兵助之。刺史李文悦竭力拒守,凡二十七日,吐蕃不能克。灵武牙将史奉敬言于朔方节度使杜叔良,请兵三千,赍三十日粮,深入吐蕃,以解盐州之围。叔良以二千五百人与之。奉敬行,旬余,无声问,朔方人以为俱没矣。无何,奉敬自他道出吐蕃背,吐蕃大惊,溃去。奉敬奋击,大破,不可胜计。奉敬与凤翔将野诗良辅、泾原将郝玼皆以勇著名于边,吐蕃惮之。

十五年春二月,吐蕃寇灵武。三月,吐蕃寇盐州。

冬十月,党项引吐蕃寇泾州,连营五十里。癸未,泾州奏吐蕃进营距州三十里,告急求救。以右军中尉梁守谦为左、右神策、京西、北行营都监,将兵四千人,并发八镇全军救之,赐将士装钱二万缗。以郯王府长史邵同为太府少卿兼御史中丞,充答吐蕃请和好使。

初,秘书少监田洎入吐蕃为吊祭使,吐蕃请与唐盟于长武城下,洎恐吐蕃留之不得还,唯阿而已。既而吐蕃为党项所引入寇,因以为辞,曰:"田洎许我将兵赴盟。"于是贬洎郴州司户。

渭州刺史郝玼数出兵袭吐蕃营,所杀甚众。李光颜发邠宁兵救泾州。邠宁兵以神策受赏厚,皆愠曰:"人给五十缗而不识战斗者,彼何人邪!常额衣资不得而前冒白刃者,此何人邪!"汹汹不可止。光颜亲为开陈大义以谕之,言与涕俱,然后军士感悦而行。将至泾州，吐蕃惧而退。丙戌，罢神策行营。

西川奏吐蕃寇雅州。辛卯，盐州奏吐蕃营于乌、白池。寻亦皆退。十二月己巳朔，盐州奏吐蕃千余人围乌、白池。庚辰，西川奏南诏二万人入界，请讨吐蕃。

穆宗长庆元年夏六月辛未，吐蕃寇青塞堡，盐州刺史李文悦击却之。

秋九月，吐蕃遣其礼部尚书论讷罗来求盟。庚戌，以大理卿刘元鼎为吐蕃会盟使。冬十月癸酉，命宰相及大臣凡十七人与吐蕃论讷罗盟于城西。遣刘元鼎与讷罗入吐蕃，亦与其宰相以下盟。

灵武节度使李进诚奏败吐蕃三千骑于大石山下。

二年夏六月，吐蕃寇灵武。壬(子)〔午〕吐蕃寇盐州。八月，刘元鼎还。

文宗太和五年秋九月，吐蕃维州副使悉怛谋请降，尽帅其众奔成都，李德裕遣行维州刺史虞藏俭将兵入据其城。庚申，具奏其状，且言："欲遣生羌三千，烧十三桥，捣西戎腹心，可洗久耻，是韦皋没身恨不能致者也。"事下尚书省，集百官议，皆请如德裕策。牛僧孺曰："吐蕃之境，四面各万里，失一维州，未能损其势。比来修好，约罢戍兵，中国御戎，守信为上。彼若来责，曰：'何事失信？'养马蔚茹川，上平凉阪，万骑缀回中，怒气直辞，不三日至咸阳桥。此时西南数千里外，得百维州何所用之？徒弃诚信，有害无利。此匹夫所不为，况天子乎！"上以为然，诏德裕以其城归吐蕃，执悉怛谋及所与偕来者悉归之。吐蕃尽诛之于境上，极其惨酷。德裕由是怨僧孺益深。

武宗会昌三年。李德裕追论维州悉怛谋事，云："维州据高山绝顶，三面临江，在戎虏平川之冲，是汉地入兵之路。初，河、陇尽没，唯此独存。吐蕃潜以妇人嫁此州门者，二十年后，两男长成，窃开垒门，引兵夜入，遂为所陷，号曰无忧城。从此得并力于西边，更无虞于南路。凭陵近甸，旰食累朝。贞元中，韦皋欲经略河、湟，须此城为始，万旅尽锐，急攻数年，虽擒论莽热而还，城坚卒不可克。臣初到西(属)〔蜀〕，外扬国威，中缉边备。其维州熟臣信令，空壁来归，臣始受其降，南蛮震慑，山西八国皆愿内属。其吐蕃合水、栖鸡等城，既失险厄，自须抽归，可减八处镇兵，坐收千余里旧地。且维州未降前一年，吐蕃犹围鲁州，岂顾盟约？臣受降之初，指天为誓，面许奏闻，各加酬赏。当时不与臣者，望风疾臣，诏臣执送悉怛谋等令彼自戮。臣宁忍以三百余人命弃信偷安，累表陈论，乞垂矜舍，答诏严切，竟令执还。体备三木，舆于竹畚，及将就路，冤叫呜呜，将吏对臣，无不陨涕。其部送者更为蕃帅讥诮，云既已降彼，何须送来！复以此降人戮于汉境之上，恣行残忍，用固携离。至乃掷其婴孩，承以枪槊。绝忠款之路，快凶虐之情，从古已来，未有此事！虽时更一纪，而运属千年，乞追奖忠魂，各加褒赠。"诏赠悉怛谋右卫将军。

臣光曰：论者多疑维州之取舍，不能决牛、李之是非。臣以为昔荀吴围鼓，鼓人或请以城叛，吴弗许，曰："或以吾城叛，吾所甚恶也。人以城来，吾独何好焉！吾不可以欲城而迩奸。"使鼓人杀叛者而缮守备。是时唐新与吐蕃修好而纳其维州，以利言之，则维州小而信大，以害言之，则维州缓而关中急。然则为唐计者，宜何先乎？悉怛谋在唐则为向化，在吐蕃不免为叛臣，其受诛也，又何矜焉！且德裕所言者利也，僧孺所言者义也，匹夫徇利而忘义，犹耻之，况天子乎！譬如邻人有牛，逸而入于家，或劝其兄归之，或劝其弟攘之。劝归者曰："攘之不义也，且致讼。"劝攘者曰："彼尝攘吾羊矣，何义之拘？牛大畜也，鬻之可以富家。"以是观之，牛、李之是非，端有见矣。

通鉴纪事本末卷第三十三

藩镇连兵　泾原之变　李怀光之叛附

唐肃宗乾元元年冬十二月，平卢节度使王玄志薨，上遣中使往抚慰将士，且就察军中所欲立者，授以旌节。高丽人李怀玉为裨将，杀玄志之子，推侯希逸为平卢军使。希逸之母，怀玉姑也，故怀玉立之。朝廷因以希逸为节度副使。节度使由军士废立自此始。

臣光曰：夫民生有欲，无主则乱。是故圣人制礼以治之。自天子、诸侯至于卿、大夫、士、庶人，尊卑有分，大小有伦，若纲条之相维，臂指之相使，是以民服事其上，而下无觊觎。其在周易"上天下泽，履"，象曰"君子以辨上下，定民志"，此之谓也。凡人君所以能有其臣民者，以八柄存乎己也。苟或舍之，则彼此之势均，何以使其下哉！

肃宗遭唐中衰，幸而复国，是宜正上下之礼以纲纪四方。而偷取一时之安，不思永久之患。彼命将帅，统藩维，国之大事也，乃委一介之使，徇行伍之情，无问贤不肖，惟其所欲与者则授之。自是之后，积习为常，君臣循守，以为得策，谓之姑息。乃至偏裨士卒，杀逐主帅，亦不治其罪，因以其位任授之。然则爵禄废置，杀生予夺，皆不出于上而出于下，乱之生也，庸有极乎！

且夫有国家者，赏善而诛恶，故为善者劝，为恶者惩。彼为人下而杀逐其上，恶孰大焉！乃使之拥旄秉钺，师长一方，是赏之也。赏以劝恶，恶其何所不至乎？书云："远乃猷。"诗云："猷之未远，是用大谏。"孔子曰："人无远虑，必有近忧。"为天下之政而专事姑息，其忧患可胜校乎！由是为下者常眄眄焉伺其上，苟得间则攻而族之；为上者常惴惴焉畏其下，苟得间则掩而屠之。争务先发，以逞其志，非有相保养为俱利久存之计也。如是而求天下之安，其可得乎？迹其厉阶，肇于此矣。

盖古者治军必本于礼，故晋文公城濮之战，见其师少长有礼，知其可用。今唐治军而不顾礼，使士卒得以陵偏裨，偏裨得以陵将帅，则将帅之陵天子，自然之势也。由是祸乱继起，兵革不息，民坠涂炭，无所控诉，凡二百余年，然后大宋受命。太祖始制军法，使以阶级相承，小有违犯，咸伏斧质。是以上下有叙，令行禁止，四征不庭，无思不服，宇内乂安，兆民允殖，以迄于今，皆由治军以礼故也。岂非诒谋之远哉！

宝应元年冬十一月，史朝义之败于卫州也，邺郡节度使薛嵩以相、卫、洺、邢四州降于陈郑、泽潞节度使李抱玉，恒阳节度使张忠志以恒、赵、深、定、易五州降于河东节度使辛云京。丁酉，以张忠志为成德军节度使，统恒、赵、深、定、易五州，赐姓李，名宝臣。初，宝臣裨将王武俊说宝臣来降，及复为节度使，擢武俊为先锋兵马使。武俊，本契丹也，初名没诺干。

代宗广德元年春正月，史朝义往幽州发兵，其将田承嗣留守莫州，以城来降。朝义范阳节度使李怀仙亦请降。事见安史之乱。

闰月癸亥，以史朝义降将薛嵩为相、卫、邢、洺、贝、磁六州节度使，田承嗣为魏、博、德、沧、瀛五州都防御使，李怀仙仍故地为幽州、卢龙节度使。时河北诸州皆已降，嵩等迎仆固怀恩，拜于马首，乞行间自效。怀恩亦恐贼平宠衰，故奏留嵩等及李宝臣分帅河北，自为党援。朝廷亦厌苦兵革，苟冀无事，因而授之。

初，长安人梁崇义以羽林射生从来瑱镇襄阳，累迁右兵马使。崇义有勇力，能卷铁舒钩，沉毅寡言，得众心。瑱之入朝也，命诸将分戍诸州，瑱死，戍者皆奔归襄阳。行军司马庞充将兵二千赴河南，至汝州，闻瑱死，引兵还袭襄州，左兵马使李昭拒之，充奔房州。崇义自邓州引戍兵归，与昭及副使薛南阳相让为长，久之不决。众皆曰兵非梁卿主之不可，遂推崇义为帅。崇义寻杀昭及南阳，以其状闻。上不能讨，三月甲辰，以崇义为襄州刺史、山南东道节度留后。

夏五月丁卯，制分河北诸州，以幽、莫、妫、檀、平、蓟为幽州管，恒、定、赵、深、易为成德军管，相、贝、邢、洺为相州管，魏、博、德为魏州管，沧、棣、冀、瀛为青淄管，怀、卫、河阳为泽潞管。六月庚寅，以魏博都防御使田承嗣为节度使。承嗣举管内户口壮者皆籍为兵，惟使老弱耕稼，数年间有众十万。又选其骁健者万人自卫，谓之牙兵。

二年春正月，魏博节度使田承嗣奏名所管曰天雄军，从之。

永泰元年夏五月，平卢节度使侯希逸镇淄青，好游畋，营塔寺，军州苦之。兵马使李怀玉得众心，希逸忌之，因事解其军职。

希逸与巫宿于城外，军士闭门不纳，奉怀玉为帅。希逸奔滑州，上表待罪，诏赦之，召还京师。秋七月壬辰，以郑王邈为平卢、淄青节度大使，以怀玉知留后，赐名正己。时成德节度使李宝臣、魏博节度使田承嗣、相卫节度使薛嵩、卢龙节度使李怀仙收安、史余党，各拥劲卒数万，治兵完城，自署文武将吏，不供贡赋，与山南东道节度使梁崇义及正己皆结为婚姻，互相表里。朝廷专事姑息，不能复制，虽名藩臣，羁縻而已。

大历三年夏六月壬辰，幽州兵马使朱希彩、经略副使昌平朱泚、泚弟滔共杀节度使李怀仙，希彩自称留后。闰月，成德节度使李宝臣遣将将兵讨希彩，为希彩所败，朝廷不得已宥之。庚申，以王缙领卢龙节度使。丁卯，以希彩知幽州留后。冬十一月丁亥，以幽州留后朱希彩为节度使。

七年。卢龙节度使朱希彩既得位，悖慢朝廷，残虐将卒，孔目官李怀瑗因众怒，伺间杀之。众未知所从，经略副使朱泚营于城北，其弟滔将牙内兵，潜使百余人于众中大言曰："节度使非朱副使不可。"众皆从之。泚遂权知留后，遣使言状。冬十月辛未，以泚为检校左常侍、幽州卢龙节度使。

八年春正月，昭义节度使、相州刺史薛嵩薨。子平，年十二，将士胁以为帅，平伪许之。既而让其叔父崿，夜奉父丧，逃归乡里。壬午，制以崿知留后。

秋八月辛未，幽州节度使朱泚遣弟滔将五千精骑诣泾州防秋。自安禄山反，幽州兵未尝为用，滔至，上大喜，劳赐甚厚。

九月，魏博节度使田承嗣为安史父子立祠堂，谓之"四圣"，且求为相，上令内侍孙知古因奉使讽令毁之。冬十月甲辰，加承嗣同平章事以褒之。

九年春三月戊申，以皇女永乐公主许妻魏博节度使田承嗣之子华，上意欲固结其心，而承嗣益骄慢。

夏六月，卢龙节度使朱泚遣弟滔奉表请入朝，且请自将步骑五千防秋。上许之，仍为之先筑大第于京师以待之。朱泚入朝，九月庚子，至京师。

冬十月，魏博节度使田承嗣诱昭义将吏使作乱。

十年春正月丁酉，昭义兵马使裴志清逐留后薛崿，帅其众归承嗣。承嗣声言救援，引兵袭相州，取之。崿奔洺州，上表请入朝，许之。

乙巳，朱泚表请留阙下，以弟滔知幽州、卢龙留后，许之。

昭义裨将薛择为相州刺史，薛雄为卫州刺史，薛坚为洺州刺史，皆薛嵩之族也。戊申，上命内侍孙知古如魏州谕田承嗣，使各守封疆，承嗣不奉诏，癸丑，遣大将卢子期取洺州，杨光朝攻卫州。二月乙丑，田承嗣诱卫州刺史薛雄，雄不从，使盗杀之，屠其家，尽据相、卫四州之地，自置长吏，掠其精兵良马悉归魏州。逼孙知古与共巡磁、相二州，使其将士割耳剺面，请承嗣为帅。丙子，以华州刺史李承昭知昭义留后。三月乙巳，薛崿诣阙请罪，上释不问。

初，成德节度使李宝臣、淄青节度使李正己皆为田承嗣所轻。宝臣弟宝正娶承嗣女，在魏州，与承嗣子维击毬，马惊，误触维死。承嗣怒，囚宝正，以告宝臣。宝臣谢教敕不谨，封杖授承嗣，使挞之。承嗣遂杖杀宝正，由是两镇交恶。及承嗣拒命，宝臣、正己皆上表请讨之。上亦欲因其隙讨承嗣，夏四月乙未，敕贬承嗣为永州刺史，仍命河东、成德、幽州、淄青、淮西、永平、汴宋、河阳、泽潞诸道发兵前临魏博，若承嗣尚或稽违，即令进讨。

罪止承嗣及其侄悦，自余将士弟侄苟能自拔，一切不问。

时朱滔方恭顺，与宝臣及河东节度使薛兼训攻其北，正己与淮西节度使李忠臣等攻其南。五月乙未，承嗣将霍荣国以磁州降。丁未，李正己攻德州，拔之。李忠臣统永平、河阳、怀、泽步骑四万进攻卫州。六月辛未，田承嗣遣其将裴志清等攻冀州，志清以其众降李宝臣。甲戌，承嗣自将围冀州。宝臣使高阳军使张孝忠将精骑四千御之，宝臣大军继至，承嗣烧辎重而遁。孝忠，本奚也。

田承嗣以诸道兵四合，部将多叛而惧，秋八月，遣使奉表，请束身归朝。己丑，田承嗣遣其将卢子期寇磁州。

九月，李宝臣、李正己会于枣强，进围贝州，田承嗣出兵救之。两军各飨士卒，成德赏厚，平卢赏薄。既罢，平卢士卒有怨言，正己恐其为变，引兵退，宝臣亦退。李忠臣闻之，释卫州，南渡河，屯阳武。宝臣与朱滔攻沧州，承嗣从父弟庭玠守之，宝臣不能克。

冬十月，卢子期攻磁州，城几陷。李宝臣与昭义留后李承昭共救之，大破子期于清水，擒子期送京师，斩之。河南诸将又大破田悦于陈留，田承嗣惧。

初，李正己遣使至魏州，承嗣囚之，至是，礼而遣之。遣使尽籍境内户口、甲兵、谷帛之数以与之，曰："承嗣今年八十有六，溘死无日，诸子不肖，悦亦孱弱，凡今日所有，为公守耳，岂足以辱公之师旅乎！"立使者于廷，南向，拜而授书。又图正己之像，焚香事之。正己悦，遂按兵不进。于是河南诸道兵皆不敢进。承嗣既无南顾之虞，得专意北方。

上嘉李宝臣之功，遣中使马承倩赍诏劳之。将还，宝臣诣其馆，遗之百缣，承倩诟詈，掷出道中，宝臣惭其左右。兵马使王武俊说宝臣曰："今公在军中新立功，竖子尚尔，况寇平之后，以一幅诏书召归阙下，一匹夫耳，不如释承嗣以为己资。"宝臣遂有玩寇之志。

承嗣知范阳宝臣乡里，心常欲之，因刻石作谶，云"二帝同功势万全，将田为侣入幽、燕"，密令瘗宝臣境内，使望气者言彼有王气，宝臣掘而得之。又令客说之曰："公与朱滔共取沧州，得之则地归国，非公所有。公能舍承嗣之罪，请以沧州归公，仍愿从公取范阳以自效。公以精骑前驱，承嗣以步卒继之，蔑不克矣。"宝臣喜，谓事合符谶，遂与承嗣通谋，密图范阳。承嗣亦陈兵境上。

宝臣谓滔使者曰："闻朱公仪貌如神，愿得画像观之。"滔与之。宝臣置于射堂，命诸将共观之，曰："真神人也。"滔军于瓦桥，宝臣选精骑二千，通夜驰三百里袭之，戒曰："取貌如射堂者。"时两军方睦，滔不虞有变，狼狈出战而败，会衣他服，得免。宝臣欲乘胜取范阳，滔使雄武军使昌平刘怦守留府。宝臣知有备，不敢进。

承嗣闻幽、恒兵交，即引军南还，使谓宝臣曰："河内有警，不暇从公。石上谶文，吾戏为之耳。"宝臣惭怒而退。宝臣既与朱滔有隙，以张孝忠为易州刺史，使将精骑七千以备之。

十一月丁酉，田承嗣将吴希光以瀛州降。十二月，田承嗣请入朝，李正己屡为之上表，乞许其自新。

十一年春二月庚辰，田承嗣复遣使上表，请入朝。上乃下诏赦承嗣罪，复其官爵，听与家属入朝，其所部拒朝命者，一切不问。

夏五月，汴宋留后田神玉卒。都虞候李灵曜杀兵马使、濮州刺史孟鉴，北结田承嗣为援。癸巳，以永平节度使李勉兼汴、宋等八州留后。乙未，以灵曜为濮州刺史，灵曜不受诏。六月戊午，以灵曜为汴宋留后，遣使宣慰。秋七月，田承嗣遣兵寇滑州，败李勉。

李灵曜既为留后，益骄慢，悉以其党为管内八州刺史、县令，欲效河北诸镇。八月甲申，诏淮西节度使李忠臣、永平节度使李勉、河阳三城使马燧讨之。淮南节度使陈少游、淄青节度使李正己皆进兵击灵曜。

汴宋兵马使摄节度副使李僧惠，灵曜之谋主也。宋州牙门将刘昌遣僧神表潜说僧惠，僧惠召问计，昌为之泣陈逆顺。僧惠乃与汴宋牙将高凭、石隐金遣神表奉表诣京师，请讨灵曜。九月壬戌，以僧惠为宋州刺史，凭为曹州刺史，隐金为郓州刺史。

乙丑，李忠臣、马燧军于郑州，灵曜引兵逆战，两军不意其至，退军荥泽，淮西军士溃去者什五六。郑州士民皆惊，走入东都。忠臣将归淮西，燧固执不可，曰："以顺讨逆，何忧不克，奈何自弃功名！"坚壁不动。忠臣闻之，稍收散卒，数日皆集，军势复振。

戊辰，李正己奏克郓、濮二州，壬申，李僧惠败灵曜兵于雍丘。冬十月，李忠臣、马燧进击灵曜，忠臣行汴南，燧行汴北，屡破灵曜兵。壬寅，与陈少游前军合，与灵曜大战于汴州城西，灵曜败，入城固守。癸卯，忠臣等围之。

田承嗣遣田悦将兵救灵曜，败永平、淄青兵于匡城，乘胜进军汴州，乙巳，营于城北数里。丙午，忠臣遣裨将李重倩将轻骑数百夜入其营，纵横贯穿，斩数十人而还，营中大骇。忠臣、燧因以大军乘之，鼓噪而入，悦众不战而溃。悦脱身北走，将士死者相枕藉，不可胜数。灵曜闻之，开门夜遁，汴州平。重倩，本奚也。丁未，灵曜至韦城，永平将杜如江擒之。

燧知忠臣暴戾，以己功让之，不入汴城，引军西屯板桥。忠臣入城，果专其功。宋州刺史李僧惠与之争功，忠臣因会击杀之，又欲杀刘昌，昌遁逃得免。

甲寅，李勉械送李灵曜至京师，斩之。

十二月丁亥，李正己、李宝臣并加同平章事。戊戌，昭义节度使李承昭表称疾笃，以泽潞行军司马李抱真兼知磁、邢两州留后。庚戌，加淮西节度使李忠臣同平章事，仍领汴州刺史，徙治汴州。

十二年春三月乙卯，兵部尚书、同平章事、凤翔怀泽潞秦陇节度使李抱玉薨，弟抱真仍领怀泽潞留后。

田承嗣竟不入朝，又助李灵曜，上复命讨之。承嗣乃复上表谢罪，上亦无如之何，庚午，悉复承嗣官爵，仍令不必入朝。

冬十二月丙戌，朱泚自泾州还京师。庚子，以朱泚兼陇右节度使，知河西、泽潞行营。

平卢节度使李正己先有淄、青、齐、海、登、莱、沂、密、德、棣十州之地，及李灵曜之乱，诸道合兵攻之，所得之地，各为己有，正己又得曹、濮、徐、兖、郓五州，因自青州徙治郓州，使其子前淄州刺史纳守青州。癸卯，以纳为青州刺史。正己用刑严峻，所在不敢偶语，然法令齐一，赋均而轻，拥兵十万，雄据东方，邻藩皆畏之。是时，田承嗣据魏、博、相、卫、洺、贝、澶七州，李宝臣据恒、易、赵、定、深、冀、沧七州，各拥众五万，梁崇义据襄、邓、均、房、复、郢六州，有众二万，相与根据蟠结，虽奉事朝廷，而不用其法令，官爵、甲兵、租赋、刑杀皆自专之。上宽仁，一听其所为。朝廷或完一城，增一兵，辄有怨言，以为猜贰，常为之罢役，而自于境内筑垒、缮兵无虚日。以是虽在中国名藩臣，而实如蛮貊异域焉。

十三年秋八月乙亥，成德节度使李宝臣请复姓张，许之。

十四年春二月癸未，魏博节度使田承嗣薨。有子十一人，以其侄中军兵马使悦为才，使知军事，而诸子佐之。甲申，以悦为魏博留后。

淮西节度使李忠臣，贪残好色，将吏妻女美者多逼淫之。悉以军政委妹婿节度副使张惠光，惠光挟势暴横，军州苦之。忠臣复以惠光子为牙将，暴横甚于其父。左厢都虞候李希烈，忠臣之族子也，为众所服。希烈因众心怨怒，三月丁未，与大将丁皓等杀惠光父子而逐忠臣。忠臣单骑奔京师，上以其有功，使以检校司空、同平章事留京师。以希烈为蔡州刺史、淮西留后，以永平节度使李勉兼汴州刺史，增领汴、颍二州，徙镇汴州。

成德节度使张宝臣既请复姓，又不自安，更请赐姓；夏四月癸未，复赐姓李。

五月戊子，以淮西留后李希烈为节度使。辛卯，以河阳镇遏使马燧为河东节度使。六月庚戌，以朱泚为凤翔尹。秋九月甲戌，改淮西为淮宁。

德宗建中元年。初，左仆射刘晏为吏部尚书，杨炎为侍郎，不相悦，元载之死，晏有力焉。及上即位，晏久典利权，众颇疾之，多上言转运使可罢。炎乃建言："尚书省，国政之本，比置诸使，分夺其权，今宜复旧。"上从之。正月甲子，诏天下钱谷皆归金、仓部，罢晏转运、租庸、青苗、盐铁等使。

二月丙申朔，命黜陟使十一人分巡天下。先是，魏博节度使田悦事朝廷犹恭顺，河北黜陟使洪经纶不晓时务，闻悦军十万人，符下，罢其四万，令还农。悦阳顺命，如符罢之。既而集应罢者，激怒之曰："汝曹久在军中，有父母妻子，今一旦为黜陟使所罢，将何资以自衣食乎？"众大哭。悦乃出家财以赐之，使各还部伍。于是军士皆德悦而怨朝廷。

杨炎奏用元载遗策城原州，上遣中使诣泾原节度使段秀实访以利害，秀实以为："今边备尚虚，未宜兴事以召寇。"炎怒，以为沮己，征秀实为司农卿。丁未，邠宁节度使李怀光兼四镇、北庭行营、泾原节度使，移军原州，以四镇、北庭留后刘文喜为别驾。元载遗策语在吐蕃入寇。上用杨炎之言，托以奏事不实，己酉，贬刘晏为忠州刺史。

癸丑，以泽潞留后李抱真为节度使。

杨炎欲城原州以复秦、原，命李怀光居前督作，朱泚、崔宁各将万人翼其后。诏下泾州为城具，泾之将士怒曰："吾属为国家西门之屏，十余年矣。始居邠州，甫营耕桑，有地著之安。徙屯泾州，披荆榛，立军府，坐席未暖，又投之塞外。吾属何罪，而至此乎！"李怀光始为邠宁帅，即诛温儒雅等，军令严峻。及兼泾原，诸将皆惧，曰："彼五将何罪而为戮？今又来此，吾属能无忧乎？"刘文喜因众心不安，据泾州，不受诏，上疏复求段秀实为帅，不则朱泚。癸亥，以朱泚兼四镇、北庭行(军)〔营〕、泾原节度使，代怀光。

刘文喜又不受诏，欲自邀旌节，夏四月乙未朔，据泾州叛，遣其子质于吐蕃以求援。上命朱泚、李怀光讨之，又命神策军使张巨济将禁兵二千助之。

五月，朱泚等围刘文喜于泾州，杜其出入，而闭壁不与战，久之不拔。天方旱，征发馈运，内外骚然，朝臣上书请赦文喜以苏疲人者，不可胜纪。上皆不听，曰："微孽不除，何以令天下！"文喜使其将刘海宾入奏，海宾言于上曰："臣乃陛下藩邸部曲，岂肯附叛人，必为陛下枭其首以献。但文喜今所求者节而已，愿陛下姑与之，文喜必怠，则臣计得施矣。"上曰："名器不可假人。尔能立效固善，我节不可得也。"使海宾归以告文喜，而攻之如初。减御膳以给军士，城中将士当受春服者，赐予如故。于是众知上意不可移。时吐蕃方睦于唐，不为发兵，城中势穷。庚寅，海宾与诸将共杀文喜，传首，而原州竟不果城。

自上即位，李正己内不自安，遣参佐入奏事。会泾州捷奏至，上使观文喜之首而归。正己益惧。

六月，术士桑道茂上言："陛下不出数年，暂有离宫之厄。臣望奉天有天子气，宜高大其城以备非常。"辛丑，命京兆发丁夫数千，杂六军之士筑奉天城。

秋七月，荆南节度使庾准希杨炎指，奏忠州刺史刘晏与朱泚书求营救，辞多怨望。又奏召补州兵，欲拒朝命，炎证成之。上密遣中使就忠州缢杀之，己丑，乃下诏赐死。天下冤之。

八月丁未，加卢龙、陇右、泾原节度使朱泚兼中书令，卢龙、陇右节度如故，以舒王谟为四镇、北庭行(军)〔营〕、泾原节度大使，以泾州牙前兵马使河中姚令言为留后。谟，邈之子也，早孤，上子之。

二年春正月戊辰，成德节度使李宝臣薨。宝臣欲以军府传其子行军司马惟岳，以其年少暗弱，豫诛诸将之难制者深州刺史张献诚等，至有十余人同日死者。宝臣召易州刺史张孝忠，孝忠不往，使其弟孝节召之。孝忠使孝节谓宝臣曰："诸将何罪，连颈受戮？孝忠惧死，不敢往，亦不敢叛，正如公不入朝之意耳。"孝节泣曰："如此，孝节必死。"孝忠曰："往则并命，我在此，必不敢杀汝。"遂归，宝臣亦不之罪也。兵马使王武俊位卑而有勇，故宝臣特亲爱之，以女妻其子士真，士真复厚结其左右。故孝忠、武俊独得全。及薨，孔目官胡震、家僮王他奴劝惟岳匿丧二十余日，诈为宝臣表，求令惟岳继袭。上不许，遣给事中汲人班宏往问宝臣疾，且谕之。惟岳厚赂宏，宏不受，还报。惟岳乃发丧，自为留后，使将佐共奏求旌节，上又不许。

初，宝臣与李正己、田承嗣、梁崇义相结，期以土地传之子孙。故承嗣之死，宝臣力为之请于朝，使以节授田悦，代宗从之。悦初袭位，事朝廷礼甚恭，河东节度使马燧表其必反，请先为备。至是悦屡为惟岳请继袭，上欲革前弊，不许。或谏曰："惟岳已据父业，不因而命之，必为乱。"上曰："贼本无资以为乱，皆藉我土地，假我位号，以聚其众耳。向日因其所欲而命之多矣，而乱益滋。是爵命不足以已乱，而适足以长乱也。然则惟岳必为乱，命与不命，等耳。"竟不许。悦乃与李正己各遣使诣惟岳，潜谋勒兵拒命。

魏博节度副使田庭玠谓悦曰："尔藉伯父遗业，但谨事朝廷，坐享富贵，不亦善乎！奈何无故与恒、郓共为叛臣！尔观兵兴以来，逆乱者谁能保其家乎？必欲行尔之志，可先杀我，无使我见田氏之族灭也。"因称病卧家。悦自往谢之，庭玠闭门不内，竟以忧卒。

成德判官邵真闻李惟岳之谋，泣谏曰："先相公受国厚恩，大夫衰绖之中，遽欲负国，此甚不可。"劝惟岳执李正己使者送京师，且请讨之，曰："如此，朝廷嘉大夫之忠，则旄钺庶几可得。"惟岳然之，使真草奏。长史毕华曰："先公与二道结好二十余年，奈何一旦弃之！且虽执其使，朝廷未必见信。正己忽来袭我，孤军无援，何以待之？"惟岳又从之。

前定州刺史谷从政，惟岳之舅也，有胆略，颇读书，王武俊等皆敬惮之，为宝臣所忌，从政乃称病杜门。惟岳亦忌之，不与图事，日夜独与胡震、王他奴等计议，多散金帛以悦将士。从政往见惟岳曰："今海内无事，自上国来者，皆言天子聪明英武，志欲致太平，深不欲诸侯子孙专地。尔今首违诏命，天子必遣诸道致讨。将士受赏之际，皆言为大夫尽死，苟一战不胜，各惜其生，谁不离心！大将有权者乘危伺便，咸思取尔以自为功矣。且先相公所杀高班大将，殆以百数，挠败之际，其子弟欲复仇者，庸可数乎！又相公与幽州有隙，朱滔兄弟常切齿于我，今天子必以为将。滔与吾击柝相闻，计其闻命疾驱，若虎狼之得兽也，何以当之！昔田承嗣从安、史父子同反，身经百战，凶悍闻于天下，违诏举兵，自谓无敌。及卢子期就擒，吴希光归国，承嗣指天垂泣，身无所措。赖先相公按兵不进，且为之祈请，先帝宽仁，赦而不诛，不然，田氏岂有种乎！况尔生长富贵，齿发尚少，不更艰危，乃信左右之言，欲效承嗣所为乎！为尔之计，不若辞谢将佐，使惟诚摄领军府，身自入朝，乞留宿卫，因言惟诚且令摄事。恩命决于圣志，上必悦尔忠义，纵无大位，不失荣禄，永无忧矣！不然，大祸将至，悔之何及。吾亦知尔素疏忌我，顾以舅甥之情，事急不得不言耳！"惟岳及左右见其言切，益恶之。从政乃复归，杜门称病。惟诚者，惟岳之庶兄也，谦厚好书，得众心，其母妹为李正己子归。是日，惟岳送惟诚于正己，正己使复姓张，遂仕淄青。惟岳遣王他奴诣从政家察其起居,从政饮药而卒。且死,曰:“吾不惮死,哀张氏今族灭矣。”

刘文喜之死也,李正己、田悦等皆不自安。刘晏死,正己等益惧。相谓曰:“我辈罪恶,岂得与刘晏比乎!”会汴州城隘,广之,东方人讹言上欲东封,故城汴州,正己惧,发兵万人屯曹州。田悦亦完聚为备,与梁崇义、李惟岳遥相应助,河南士民骚然惊骇。

永平军旧领汴、宋、滑、亳、陈、颍、泗七州,丙子,分宋、亳、颍别为节度使,以宋州刺史刘洽为之,以泗州隶淮南,又以东都留守路嗣恭为怀郑汝陕四州、河阳三城节度使。旬日,又以永平节度使李勉都统洽、嗣恭二道,仍割郑州隶之,选尝为将者为诸州刺史,以备正己等。

杨炎既杀刘晏,朝野侧目。李正己累表请晏罪,讥斥朝廷。炎惧,遣腹心分诣诸道,以宣慰为名,实使之密谕节度使云:“晏昔附奸邪,请立独孤后,上自恶而杀之。”上闻而恶之,由是有诛炎之志,隐而未发。乙巳,迁炎中书侍郎,擢卢杞为门下侍郎并同平章事,不专任炎矣。丙午,更汴宋军名曰宣武。

梁崇义虽与李正己等连结,兵势寡弱,礼数最恭。或劝其入朝,崇义曰:“来公有大功于国,上元中为阉宦所谗,迁延稽命。及代宗嗣位,不俟驾入朝,犹不免族诛。吾岁久衅积,何可往也!”淮宁节度使李希烈屡请讨之,崇义惧,益修武备。流人郭昔告崇义为变,崇义闻之,请罪,上为之杖昔,远流之。使金部员外郎李舟诣襄州谕旨以安之。舟尝奉使诣刘文喜,为陈祸福,文喜囚之,会帐下杀文喜以降,诸道跋扈者闻之,谓舟能覆城杀将。至襄州,崇义恶之。舟又劝崇义入朝,言颇切直,崇义益不悦。

及遣使宣慰诸道，舟复诣襄州，崇义拒境不内，上言“军中疑惧，请易以他使”。时两河诸镇方猜阻，上欲示恩信以安之，夏四月庚寅，加崇义同平章事，妻子悉加封赏，赐以铁券。遣御史张著赍手诏征之，仍以其裨将蔺杲为邓州刺史。

五月，田悦卒与李正己、李惟岳定计，连兵拒命，遣兵马使孟祐将步骑五千北助惟岳。薛嵩之死也，田承嗣盗据洺、相二州，朝廷独得邢、磁二州及临洺县。悦欲阻山为境，曰：“邢、磁如两眼，在吾腹中，不可不取。”乃遣兵马使康愔将八千人围邢州，别将杨朝光将五千人栅于邯郸西北，以断昭义救兵，悦自将兵数万围临洺。邢州刺史李共、临洺将张伾坚壁拒守。贝州刺史邢曹俊，田承嗣旧将也，老而有谋，悦宠信牙官扈崿而疏之。及攻临洺，召曹俊问计，曹俊曰：“兵法十围五攻，尚书以逆犯顺，势更不侔。今顿兵坚城之下，粮竭卒尽，自亡之道也。不若置万兵于崞口以遏西师，则河北二十四州皆为尚书有矣。”诸将恶其异己，共毁之，悦不用其策。

六月，张著至襄阳，梁崇义益惧，陈兵而见之。蔺杲得诏不敢发，驰见崇义请命。崇义对著号泣，竟不受诏。著复命。

癸巳，进李希烈爵南平郡王，加汉南、汉北兵马招讨使，督诸道兵讨之。杨炎谏曰：“希烈为董秦养子，亲任无比，卒逐秦而夺其位。为人狼戾无亲，无功犹屈强不法，使平崇义，何以制之！”上不听。炎固争之，上益不平。

荆南牙门将吴少诚以取梁崇义之策干李希烈，希烈以少诚为前锋。少诚，幽州潞人也。

时内自关中，西暨蜀、汉，南尽江、淮、闽、越，北至太原，所在出兵，而李正己遣兵扼徐州甬桥、涡口，梁崇义阻兵襄阳，运路皆绝，人心震恐。江、淮进奉船千余艘，泊涡口不敢进。上以和州刺史张万福为濠州刺史。万福驰至涡口，立马岸上，发进奉船，淄青将士停岸睥睨不敢动。

壬子，以怀郑、河阳节度副使李艽为河阳、怀州节度使，割(京)〔东〕畿五县隶焉。

秋七月，李希烈以久雨未进军，上怪之。卢杞密言于上曰："希烈迁延，以杨炎故也。陛下何爱炎一日之名而堕大功，不若暂免炎相以悦之，事平复用，无伤也。"上以为然。庚申，以炎为左仆射，罢政事。辛巳，以邠宁节度使李怀光兼朔方节度使。

癸未，河东节度使马燧、昭义节度使李抱真、神策先锋都知兵马使李晟大破田悦于临洺。时悦攻临洺，累月不拔，城中食且尽，府库竭，士卒多死伤。张伾饰其爱女，使出拜将士，曰："诸君守战甚苦，伾家无他物，请鬻此女为将士一日之费。"众皆哭曰："愿尽死力，不敢言赏。"李抱真告急于朝，诏马燧将步骑二万与抱真讨悦，又遣李晟将神策兵与之俱。又诏幽州留后朱滔讨惟岳。

燧等军未出险，先遣使持书谕悦，为好语。悦谓燧畏之，不设备。又与抱真合兵八万东下壶关，军于邯郸，击悦支军，破之。悦方急攻临洺，分李惟岳兵五千助杨朝光。明日，燧等进攻朝光栅，悦将万余人救之。燧命大将李自良等御之于双冈，令之曰："悦得过，必斩尔。"自良等力战，悦军却。燧推火车焚朝光栅，斩朝光，获首虏五千余级。居五日，燧等进军至临洺，悦悉众力战，凡百余合，悦兵大败，斩首万余级。悦引兵夜遁，邢州围亦解。

时平卢节度使李正己已薨，子纳秘之，擅领军务。悦求救于纳及李惟岳，纳遣大将卫俊将兵万人，惟岳遣兵三千人救之。悦收合散卒，得二万余人，军于洹水；淄青军其东，成德军其西，首尾相应。马燧帅诸军进屯邺，奏求河阳兵自助。诏河阳节度使李艽将兵会之。

八月，李纳始发丧，奏请袭父位，上不许。

梁崇义发兵至江陵，至四望，大败而归，乃收兵襄、邓。李希烈引军循汉而上，与诸道兵会。崇义遣其将翟晖、杜少诚逆战于蛮水，希烈大破之，追至疏口，又破之。二将请降，希烈使将其众先入襄阳慰谕军民。崇义闭城拒守，守者开门争出，不可禁。崇义与妻赴井死，传首京师。

范阳节度使朱滔将讨李惟岳，军于莫州。张孝忠将精兵八千守易州，滔遣判官蔡雄说孝忠曰："惟岳乳臭儿，敢拒朝命。今昭义、河东军已破田悦，淮宁李仆射克襄阳，计河南诸军朝夕北向，恒、魏之亡可伫立而须也。使君诚能首举易州以归朝廷，则破惟岳之功自使君始，此转祸为福之策也。"孝忠然之，遣牙官程华诣滔，遣录事参军董稹奉表诣阙，滔又上表荐之。上悦，九月辛酉，以孝忠为成德节度使。命惟岳护丧归朝，惟岳不从。孝忠德滔，为子茂和娶滔女，深相结。

壬戌，加李希烈同平章事。初，李希烈请讨梁崇义，上对朝士亟称其忠。黜陟使李承自淮西还，言于上曰："希烈必立微功，但恐有功之后，偃蹇不臣，更烦朝廷用兵耳。"上不以为然。希烈既得襄阳，遂据之为己有，上乃思承言。时承为河中尹，甲子，以承为山南东道节度使。上欲以禁兵送上，承请单骑赴镇。至襄阳，希烈置之外馆，迫胁万方，承誓死不屈，希烈乃大掠阖境所有而去。承治之期年，军府稍完。希烈留牙将于襄州，守其所掠财，由是数有使者往来。承亦遣其腹心臧叔雅往来许、蔡，厚结希烈腹心周曾等，与之阴图希烈。

冬十月，徐州刺史李洧，正己之从父兄也。李纳寇宋州，彭城令太原白季庚说洧举州归国；洧从之，遣摄巡官崔程奉表诣阙，且使口奏，并白宰相，以徐州不能独抗纳，乞领徐、海、沂三州观察使；况海、沂二州，今皆为纳有，洧与刺史王涉、马万通素有约，苟得朝廷诏书，必能成功。程自外来，以为宰相一也，先白张镒，镒以告卢杞。杞怒其不先白己，不从其请。戊申，加洧御史大夫，充招谕使。

十一月辛酉，宣武节度使刘洽、神策都知兵马使曲环、滑州刺史襄平李澄、朔方大将唐朝臣大破淄青、魏博之兵于徐州。先是，李纳遣其将王温会魏博将信都崇庆共攻徐州，李洧遣牙官温人王智兴诣阙告急。智兴善走，不五日而至。上为之发朔方兵五千人，以朝臣将之，与洽、环、澄共救之。时朔方军资装不至，旗服弊恶，宣武人嗤之曰："乞子能破贼乎！"朝臣以其言激怒士卒，且曰："都统有令，先破贼营者，营中物悉与之。"士皆愤怒争奋。崇庆、温攻彭城，二旬不能下，请益兵于纳。纳遣其将石隐金将万人助之，与刘洽等相拒于七里沟。日向暮，洽引军稍却，朔方马军使杨朝晟言于唐朝臣曰："公以步兵负山而陈，以待两军，我以骑兵伏于山曲。贼见悬军势孤，必搏之；我以伏兵绝其腰，必败之。"朝臣从之。崇庆等果将骑二千逾桥而西，追击官军，伏兵发，横击之。崇庆等兵中断，狼狈而返，阻桥以拒官军，其兵有争桥不得，涉水而渡者。朝晟指之曰："彼可涉，吾何为不涉！"遂涉水击，据桥者皆走。崇庆等兵大溃，洽等乘之，斩首八千级，溺死过半。朔方军士尽得其辎重，旗服鲜华，乃谓宣武人曰："乞子之功，孰与宋多？"宣武人皆惭。官军乘胜逐之，至徐州城下，魏博、淄青军解围走，江、淮漕运始通。己巳，诏削李惟岳官爵，募所部降者赦而赏之。

甲申，淮南节度使陈少游遣兵击海州，其刺史王涉以州降。

十二月，李纳(宋)〔密〕州刺史马万通乞降，丁酉，以为密州刺史。加马燧魏博招讨使。

三年春正月，河阳节度使李艽引兵逼卫州，田悦守将任履虚诈降，既而复叛。

马燧等诸军屯于漳滨，田悦遣其将王光进筑月城以守长桥，诸军不得渡。燧以铁锁连车数百乘，实以土囊，塞其上流，水浅，诸军涉渡。时军中乏粮，悦等深壁不战。燧命诸军持十日粮，进屯仓口，与悦夹洹水而军。李抱真、李艽问曰："粮少而深入，何也？"燧曰："粮少则利速战，今三镇连兵不战，欲以老我师。我若分军击其左右，悦必救之，则我腹背受敌，战必不利。故进军逼悦，所谓'攻其所必救'也。彼苟出战，必为诸君破之。"乃为三桥逾洹水，日往挑战，悦不出。燧令诸军夜半起食，潜师循洹水直趋魏州，令曰："贼至，则止为陈。"留百骑击鼓鸣角于营中，仍抱薪持火，俟诸军毕发，则止鼓角匿其旁，伺悦军毕渡，焚其桥。军行十里所，悦闻之，帅淄青、成德步骑四万逾桥，掩其后，乘风纵火，鼓噪而进。燧按兵不动，先除其前草莽百步为战场，缮陈以待之，募勇士五千余人为前列。悦军至，火止，气衰，燧纵兵击之，悦军大败。神策、昭义、河阳军小却，见河东军捷，还斗，又破之。追奔至，三桥已焚，悦军乱，赴水溺死不可胜纪，斩首二万余级，捕虏三千余人，尸相枕藉三十余里。

悦收余兵千余人走魏州。马燧与李抱真不协，顿兵平邑浮图，迁延不进。悦夜至南郭，大将李长春闭关不内，以俟官军。久之，天且明，长春乃开门纳之。悦杀长春，婴城拒守。城中士卒不满数千，死者亲戚号哭满街。悦忧惧，乃持佩刀乘马立府门外，悉集军民，流涕言曰："悦不肖，蒙淄青、成德二丈人保荐，嗣守伯父业。今二丈人即世，其子不得承袭，悦不敢忘二丈人大恩，不量其力，辄拒朝命，丧败至此，使士大夫肝脑涂地，皆悦之罪也。悦有老母，不能自杀，愿诸公以此刀断悦首，提出城降马仆射，自取富贵，无为与悦俱死也。"因从马上自投地。将士争前抱持悦曰："尚书举兵徇义，非私己也。一胜一负，兵家之常。某辈累世受恩，何忍闻此。愿奉尚书一战，不胜则以死继之。"悦曰："诸公不以悦丧败而弃之，悦虽死，敢忘厚意于地下。"乃与诸将各断发，约为兄弟，誓同生死。悉出府库所有及敛富民之财，得百余万，以赏士卒，众心始定。复召贝州刺史邢曹俊使之整部伍，缮守备，军势复振。

李纳军于濮阳，为河南军所逼，奔还濮州，征援兵于魏州。田悦遣军使符璘将三百骑送之，璘父令奇谓璘曰："吾老矣，历观安史辈叛乱者，今皆安在！田氏能久乎！汝因此弃逆从顺，是汝扬父名于后世也。"啮臂而别。璘遂与其副李瑶帅众降于马燧。悦收族其家，令奇慢骂而死。瑶父再春以博州降，悦从兄昂以洺州降，王光进以长桥降。悦入城旬余日，马燧等诸军始至城下，攻之不克。

丙寅，李惟岳遣兵与孟祐守束鹿，朱滔、张孝忠攻拔之，进围深州。惟岳忧惧，掌书记邵真复说惟岳密为表，先遣弟惟简入朝；然后诛诸将之不从命者，身自入朝，使妻父冀州刺史郑诜权知节度事，以待朝命。惟简既行，孟祐知其谋，密遣告田悦。悦大怒，使衙官扈岌往见惟岳，让之曰："尚书举兵，正为大夫求旌节耳，非为己也。今大夫乃信邵真之言，遣弟奉表，悉以反逆之罪归尚书，自求雪身。尚书何负于大夫而至此邪？若相为斩邵真，则相待如初，不然，当与大夫绝矣。"判官毕华言于惟岳曰："田尚书以大夫之故，陷身重围，大夫一旦负之，不义甚矣。且魏博、淄青兵强食富，足抗天下，事未可知，奈何遽为二三之计乎！"惟岳素怯，不能守前计，乃引邵真对扈岌斩之，发成德兵万人与孟祐俱围束鹿。丙寅，朱滔、张孝忠与战于束鹿城下，惟岳大败，烧营而遁。

兵马使王武俊为左右所构，惟岳疑之，惜其才，未忍除也。束鹿之战，使武俊为前锋，私自谋曰："我破朱滔，则惟岳军势大振，归，杀我必矣。"故战不甚力而败。

朱滔欲乘胜攻恒州，张孝忠引兵西北，军于义丰。滔大惊，孝忠将佐皆怪之。孝忠曰："恒州宿将尚多，未易可轻，迫之则并力死斗，缓之则自相图，诸君第观之。吾军义丰，坐待惟岳之殄灭耳。且朱司徒言大而识浅，可与共始，难与共终也。"于是滔亦屯束鹿，不敢进。

惟岳将康日知以赵州归国，惟岳益疑王武俊，武俊甚惧。或谓惟岳曰："先相公委腹心于武俊，使之辅佐大夫，又有骨肉之亲，武俊勇冠三军。今危难之际，复加猜阻，若无武俊，欲使谁为大夫却敌乎？"惟岳以为然，乃使步军使卫常宁与武俊共击赵州，又使王士真将兵宿府中以自卫。

淮南节度使陈少游拔海、密二州，李纳复攻陷之。

王武俊既出恒州，谓卫常宁曰："武俊今幸出虎口，不复归矣，当北归张尚书。"常宁曰："大夫暗弱，信任左右，观其势终为朱滔所灭。今天子有诏,得大夫首者,以其官爵与之。中丞素为众所服,与其出亡,曷若倒戈以取大夫,转祸为福,如反掌耳。事苟不捷,归张尚书未晚也。"武俊深以为然。会惟岳使要藉谢遵至赵州城下,武俊引遵同谋取惟岳。遵还,密告王士真。闰月甲辰,武俊、常宁自赵州引兵还袭惟岳。遵与士真矫惟岳命,启城门纳之。黎明,武俊帅数百骑突入府门,士真应之于内,杀十余人。武俊令曰:"大夫叛逆,将士归顺,敢违拒者族。"众莫敢动。遂执惟岳,收郑诜、毕华、王他奴等,皆杀之。武俊以惟岳旧使之子,欲生送之长安。常宁曰:"彼见天子,将复以叛逆之谋归咎于中丞。"乃缢杀之,传首京师。深州刺史杨荣国,惟岳姊夫也,降于朱滔,滔使复其位。

二月戊午,李惟岳所署定州刺史杨政义降。时河北略定,惟魏州未下。河南诸军攻李纳于濮州,纳势日蹙。朝廷谓天下不日可平。甲子,以张孝忠为易、定、沧三州节度使,王武俊为恒、冀都团练观察使,康日知为深、赵都团练观察使。以德、棣二州隶朱滔,令还镇。滔固请深州,不许,由是怨望,留屯深州。王武俊素轻张孝忠,自以手诛李惟岳,功在康日知上,而孝忠为节度,己与康日知俱为都团练使,又失赵、定二州,亦不悦。又诏以粮三千石给朱滔,马五百匹给马燧。武俊以为朝廷不欲使故人为节度使,魏博既下,必取恒冀,故先分其粮马以弱之,疑,未肯奉诏。田悦闻之,遣判官王侑、许士则间道至深州,说朱滔曰:"司徒奉诏讨李惟岳,旬朔之间,拔束鹿,下深州,惟岳势蹙,故王大夫因司徒胜势得以枭惟岳之首,此皆司徒之功也。又天子明下诏书,令司徒得惟岳城邑,皆隶本镇。今乃割深州以与日知,是自弃其信也。且今上志欲扫清河朔,不使藩镇承袭,将悉以文臣代武臣。魏亡则燕、赵为之次矣，若魏存，则燕、赵无患。然则司徒果有意矜魏博之危而救之，非徒得存亡继绝之义，亦子孙万世之利也。”又许以贝州赂滔。滔素有异志，闻之大喜，即遣王侑归报魏州，使将士知有外援，各自坚。又遣判官王郅与许士则俱诣恒州，说王武俊曰：“大夫出万死之计，诛逆首，拔乱根。康日知不出赵州，岂得与大夫同日论功。而朝廷褒赏略同，谁不为大夫愤邑者。今又闻有诏支粮马与邻道，朝廷之意，盖以大夫善战无敌，恐为后患，先欲贫弱军府，俟平魏之日，使马仆射北首，朱司徒南向，共相灭耳。朱司徒亦不敢自保，使郅等效愚计，欲与大夫共救田尚书而存之。大夫自留粮马以供军。朱司徒不欲以深州与康日知，愿以与大夫，请早定刺史以守之。三镇连兵，若耳目手足之相救，则他日永无患矣。”武俊亦喜，许诺，即遣判官王巨源使于滔，且令知深州事，相与刻日举兵南向。滔又遣人说张孝忠，孝忠不从。

宣武节度使刘洽攻李纳于濮州，克其外城。纳于城上涕泣求自新，李勉又遣人说之，癸卯，纳遣其判官房说以其母弟经及子成务入见。会中使宋凤朝称纳势穷蹙，不可舍，上乃囚说等于禁中。纳遂归郓州，复与田悦等合。朝廷以纳势未衰，三日乙未，始以徐州刺史李洧兼徐、海、沂都团练观察使，海、沂已为纳所据，洧竟无所得。

李纳之初反也，其所署德州刺史李西华备守甚严，都虞候李士真密毁西华于纳，纳召西华还府，以士真代之。士真又以诈召棣州刺史李长卿，长卿过德州，士真劫之，与同归国。夏四月戊午，以士真、长卿为二州刺史。士真求援于朱滔，滔已有异志，遣大将李济时将三千人声言助士真守德州，且召士真诣深州议军事,至则留之,使济时领州事。

上遣中使发卢龙、恒冀、易定兵万人诣魏州讨田悦。王武俊不受诏,执使者送朱滔。滔言于众曰:“将士有功者,吾奏求官勋,皆不遂。今欲与诸君敕装共趋魏州,击破马燧以取温饱,何如?”皆不应。三问,乃曰:“幽州之人,自安、史之反,从而南者无一人得还,今其遗人痛入骨髓。况太尉、司徒皆受国宠荣,将士亦各蒙官勋,诚且愿保目前,不敢复有侥冀。”滔默然而罢。乃诛大将数十人,厚抚循其士卒。

康日知闻其谋,以告马燧,燧以闻。上以魏州未下,王武俊复叛,力未能制滔,壬戌,赐滔爵通义郡王,冀以安之。滔反谋益甚,分兵营于赵州以逼康日知,以深州授王巨源。武俊以其子士真为恒、冀、深三州留后,将兵围赵州。

涿州刺史刘怦与滔同县人,其母滔之姑也,滔使知幽州留后。闻滔欲救田悦,以书谏之曰:“今昌平故里,朝廷改为太尉乡司徒里,此亦丈夫不朽之名也。但以忠顺自持,则事无不济。窃思近日务大乐战,不顾成败,而家灭身屠者,安、史是也。怦忝密亲,默而无告,是负重知。惟司徒图之,无贻后悔。”滔虽不用其言,亦嘉其尽忠,卒无疑贰。

滔将起兵,恐张孝忠为后患,复遣牙官蔡雄往说之。孝忠曰:“昔者司徒发幽州,遣人语孝忠曰:‘李惟岳负恩为逆。’谓孝忠归国即为忠臣。孝忠性直,用司徒之教。今既为忠臣矣,不复助逆也。且孝忠与武俊皆出夷落,深知其心,最喜翻覆。司徒勿忘鄙言,他日必相念矣。”雄复欲以巧辞说之,孝忠怒,欲执送京师。雄惧,逃归。滔乃使刘怦将兵屯要害以备之。孝忠完城砺兵,独居强寇之间,莫之能屈。

滔将步骑二万五千发深州，至束鹿，诘旦将行，吹角未毕，士卒忽大乱，喧噪曰："天子令司徒归幽州，奈何违敕南救田悦！"滔大惧，走入驿后堂避匿。蔡雄与兵马使宗项等矫谓士卒曰："汝辈勿喧，听司徒传令。"众稍止。雄又曰："司徒将发范阳，恩旨令得李惟岳，州县即有之。司徒以幽州少丝纩，故与汝曹竭力血战以取深州，冀得其丝纩以宽汝曹赋率，不意国家无信，复以深州与康日知。又，朝廷以汝曹有功，赐绢人十匹，至魏州西境，尽为马仆射所夺。司徒但处范阳，富贵足矣，今兹南行，乃为汝曹，非自为也。汝曹不欲南行，任自归北，何用喧悖，乖失军礼。"众闻言，不知所为，乃曰："敕使何得不为军士守护赏物！"遂入敕使院，擘裂杀之。又呼曰："虽知司徒此行为士卒，终不如且奉诏归镇。"雄曰："然则汝曹各还部伍，诘朝复往深州，休息数日，相与归镇耳。"众然后定。滔即引军还深州，密令诸将访察唱率为乱者，得二百余人，悉斩之，余众股栗。乃复举兵而南，众莫敢前却。进，取宁晋，留屯以待王武俊。武俊将步骑万五千取元氏，东趣宁晋。

武俊之始诛李惟岳也，遣判官孟华入见，上问以河朔利害。华性忠直，有才略，应对慷慨。上悦，以为恒、冀团练副使。会武俊与朱滔有异谋，上遽遣华归谕旨。华至，武俊已出师，华谏曰："圣意于大夫甚厚，苟尽忠义，何患官爵之不崇，土地之不广！不日天子必移康中丞于他镇，深、赵终为大夫之有，何苦遽自同于逆乱乎！异日无成，悔之何及。"华向在李宝臣幕府，以直道已为同列所忌，至是为副使，同列尤疾之，言于武俊曰："华以军中阴事奏天子，请为内应，故得超迁。是将覆大夫之军，大夫宜备之。"武俊以其旧人，不忍杀，夺职使归私第。

田悦恃援兵将至，遣其将康愔将万余人出城西，与马燧等战于御河上，大败而还。

时两河用兵，月费百余万缗，府库不支数月。太常博士韦都宾、陈京建议，以为："货利所聚，皆在富商，请括富商钱出万缗者，借其余以供军计。天下不过借一二千商，则数年之用足矣。"上从之。甲子，诏借商人钱，令度支条上。判度支杜佑大索长安中商贾所有货，意其不实，辄加搒捶，人不胜苦，有缢死者。长安嚣然，如被寇盗，计所得才八十余万缗。又括僦柜质钱，凡蓄积钱帛粟麦者，皆借四分之一，封其柜窖。百姓为之罢市，相帅遮宰相马自诉，以千万数。卢杞始慰谕之，势不可遏，乃疾驱自他道归。计并借商所得，才二百万缗，人已竭矣。京，叔明之五世孙也。

甲戌，以昭义节度副使、磁州刺史卢玄卿为洺州刺史兼魏博招讨副使。

初，李抱真为泽潞节度使，马燧领河阳三城。抱真欲杀怀州刺史杨钊，钊奔燧，燧纳之，且奏其无罪，抱真怒。及同讨田悦，数以事相恨望，二人怨隙遂深，不复相见。由是诸军逗桡，久无成功，上数遣中使和解之。及王武俊逼赵州，抱真分麾下二千人戍邢州。燧大怒曰："余贼未除，宜相与戮力，乃分兵自守其地，我宁得独战邪！"欲引兵归。李晟说燧曰："李尚书以邢、赵连壤，分兵守之，诚未有害。今公遽自引去，众谓公何？"燧悦，乃单骑造抱真垒，相与释憾结欢。会洺州刺史田昂请入朝，燧奏以洺州隶抱真，请玄卿为刺史兼充招讨之副。李晟军先隶抱真，又请兼隶燧以示协和。上皆从之。

卢龙节度行军司马蔡廷玉恶判官郑云逵，言于朱泚，奏贬莫州参军。云逵妻，朱滔之女也，滔复奏为掌书记。云逵深构廷玉于滔，廷玉又与检校大理少卿朱体微言于泚曰："滔在幽镇，事多专擅，其性非长者，不可以兵权付之。"滔知之，大怒，数与泚书，请杀二人者，泚不从，由是兄弟颇有隙。及滔拒命，上欲归罪于廷玉等以悦滔，甲子，贬廷玉柳州司户，体微万州南浦尉。

宣武节度使刘洽攻李纳之濮阳，降其守将高彦昭。

朱滔遣人以蜡书置髻中遗朱泚，欲与同反，马燧获之，并使者送长安，泚不之知。上驿召泚于凤翔，至，以蜡书并使者示之，泚惶恐顿首请罪。上曰："相去千里，初不同谋，非卿之罪也。"因留之长安私第，赐名园、腴田、锦彩、金银甚厚，以安其意，其幽州、卢龙节度、太尉、中书令并如故。

上以幽州兵在凤翔，思得重臣代之。卢杞忌张镒忠直，为上所重，欲出之于外，己得专总朝政，乃对曰："朱泚名位素崇，凤翔将校班秩已高，非宰相信臣无以镇抚，臣请自行。"上俯首未言，杞又曰："陛下必以臣貌寝，不为三军所伏，固惟陛下神算。"上乃顾镒曰："才兼文武，望重内外，无以易卿。"镒知为杞所排，而无辞以免，因再拜受命。戊寅，以镒兼凤翔尹、陇右节度等使。

朱滔、王武俊自宁晋南救魏州。辛卯，诏朔方节度使李怀光将朔方及神策步骑万五千人东讨田悦，且拒滔等。滔行至宗城，掌书记郑云逵、参谋田景仙弃滔来降。

丁酉，加河东节度使马燧同平章事。

辛亥，置义武军节度于定州，以易、定、沧三州隶之。

朱滔、王武俊军至魏州，田悦具牛酒出迎，魏人欢呼动地。滔营于惬山，是日，李怀光军亦至，马燧等盛军容迎之。滔以为袭己，遽出陈。怀光勇而无谋，欲乘其营垒未就击之。燧请且休将士，观衅而动。怀光曰："彼营垒既立，将为后患，此时不可失也。"遂击滔于惬山之西，杀步卒千余人，滔军崩沮。怀光按辔观之，有喜色。士卒争入滔营取宝货，王武俊引二千骑横冲怀光军，军分为二。滔引兵继之，官军大败，蹙入永济渠溺死者不可胜数，人相蹈藉，其积如山，水为之不流，马燧等各收军保垒。是夕，滔等堰永济渠入王莽故河，绝官军粮道及归路。明日，水深三尺余。马燧惧，遣使卑辞谢滔，求与诸节度归本道，奏天子，请以河北事委五郎处之。滔欲许之，王武俊以为不可，滔不从。秋七月，燧与诸军涉水而西，退保魏县以拒滔。滔乃谢武俊，武俊由是恨滔。后数日，滔等亦引兵营魏县东南，与官军隔水相距。

李纳求援于滔等，滔遣魏博兵马使信都承庆将兵助之。纳攻宋州，不克，遣兵马使李克信、李钦遥戍濮阳、南华以距刘洽。

甲辰，以淮宁节度使李希烈兼平卢、淄青、兖郓、登莱、齐州节度使，讨李纳。又以河东节度使马燧兼魏博、澶相节度使。加朔方、邠宁节度使李怀光同平章事。

神策行营招讨使李晟请以所将兵北解赵州之围，与张孝忠合势图范阳，上许之。晟自魏州引兵趋赵州，王士真解围去。晟留赵州三日，与孝忠合兵，北略恒州。

八月辛酉，以泾原留后姚令言为节度使。

卢杞恶太子太师颜真卿，欲出之于外。真卿谓杞曰："先中丞传首至平原，真卿以舌舐面血。今相公忍不相容乎？"杞矍然起拜，然恨之益甚。

冬十一月己卯朔，加淮南节度使陈少游同平章事。

田悦德朱滔之救，与王武俊议奉滔为主，称臣事之。滔不可，曰："惬山之捷，皆大夫、二兄之力，滔何敢独居尊位！"于是幽州判官李子千、恒冀判官郑濡等共议："请与郓州李大夫为四国，俱称王而不改年号，如昔诸侯奉周家正朔。筑坛同盟，有不如约者，众共伐之。不然，岂得常为叛臣，茫然无主，用兵既无名，有功无官爵为赏，使将吏何所依归乎！"滔等皆以为然。滔乃自称冀王，田悦称魏王，王武俊称赵王，仍请李纳称齐王。是日，滔等筑坛于军中，告天而受之。滔为盟主，称孤，武俊、悦、纳称寡人。所居堂曰殿，处分曰令，群下上书曰笺。妻曰妃，长子曰世子。各以其所治州为府，置留守兼元帅，以军政委之。又置东西曹，视门下、中书省；左右内史，视侍中、中书令；余官皆仿天朝而易其名。

武俊以孟华为司礼尚书，华竟不受，呕血死。以兵马使卫常宁为内史监，委以军事。常宁谋杀武俊，武俊腰斩之。武俊遣其将张终葵寇赵州，康日知击斩之。

李希烈帅所部兵三万徙镇许州，遣所亲诣李纳，与谋共袭汴州。遣使告李勉，云已兼领淄青，欲假道之官。勉为之治桥、具馔以待之，而严为之备。希烈竟不至，又密与朱滔等交通，纳亦数遣游兵渡汴以迎希烈。由是东南转输者，皆不敢由汴渠，自蔡水而上。

十二月丁丑，李希烈自称天下都元帅、太尉、建兴王。时朱滔等与官军相拒累月，官军有度支馈粮、诸道益兵，而滔与王武俊孤军深入，专仰给于田悦，客主日益困弊。闻李希烈军势甚盛，颇怨望，乃相与谋遣使诣许州，劝希烈称帝，希烈由是自称天下都元帅。

四年春正月庚寅，李希烈遣其将李克诚袭陷汝州，执别驾李元平。元平本湖南判官，薄有才艺，〔性〕疏傲，敢大言，好论兵。

中书侍郎关播奇之，荐于上，以为将相之器，以汝州距许州最近，擢元平为汝州别驾，知州事。元平至州，即募工徒治城，希烈阴使壮士往应募执役，入数百人，元平不之觉。希烈遣克诚将数百骑突至城下，应募者应之于内，缚元平驰去。元平为人眇小，无须，见希烈恐惧，便液污地。希烈骂之曰："盲宰相以汝当我，何相轻也。"以判官周晃为汝州刺史。又遣别将董待名等四出抄掠，取尉氏，围郑州，官军数为所败。逻骑西至彭婆，东都士民震骇，窜匿山谷。留守郑叔则入保西苑。

上问计于卢杞，对曰："希烈年少(骑)〔骁〕将，恃功骄慢，将佐莫敢谏止。诚得儒雅重臣，奉宣圣泽，为陈逆顺祸福，希烈必革心悔过，可不劳军旅而服。颜真卿三朝旧臣，忠直刚决，名重海内，人所信服，真其人也。"上以为然，甲午，命真卿诣许州宣慰希烈。诏下，举朝失色。真卿乘驿至东都，郑叔则曰："往必不免，宜少留，须后命。"真卿曰："君命也，将焉避之。"遂行。李勉表言："失一元老，为国家羞！请留之。"又使人邀真卿于道，不及。真卿与其子书，但敕以奉家庙，抚诸孤而已。至许州，欲宣诏旨，希烈使其养子千余人环绕慢骂，拔刃拟之，为将(割)〔脔〕啖之势。真卿足不移，色不变。希烈遽以身蔽之，麾众令退，馆真卿而礼之。希烈欲遣真卿还，会李元平在座，真卿责之，元平惭而起，以密启白希烈；希烈意遂变，留真卿不遣。

朱滔、王武俊、田悦、李纳各遣使诣希烈，上表称臣，劝进。使者拜舞于希烈前，说希烈曰："朝廷诛灭功臣，失信天下。都统英武自天，功烈盖世，已为朝廷所猜忌，将有韩、白之祸。愿亟称尊号，使四海臣民知有所归。"希烈召颜真卿示之曰："今四王遣使见推，不谋而同，太师观此事势，岂吾独为朝廷所忌，无所自容邪?”真卿曰:“此乃四凶,何谓四王! 相公不自保功业,为唐忠臣,乃与乱臣贼子相从,求与之同覆灭邪?”希烈不悦,扶真卿出。他日,又与四使同宴,四使曰:“久闻太师重望,今都统将称大号而太师适至,是天以宰相赐都统也。”真卿叱之曰:“何谓宰相?汝知有骂安禄山而死者颜杲卿乎,乃吾兄也。吾年八十,知守节而死耳,岂受汝曹诱胁乎!”四使不敢复言。希烈乃使甲士十人守真卿于馆舍,掘坎于庭,云欲坑之。真卿怡然,见希烈曰:“死生已定,何必多端,亟以一剑相与,岂不快公心事邪!”希烈乃谢之。

戊戌,以左龙武大将军哥舒曜为东都、汝州节度使,将凤翔、邠宁、泾原、奉天、好畤行营兵万余人讨希烈,又诏诸道共讨之。曜行至郏城,遇希烈前锋将陈利贞,击破之。希烈势小沮。曜,翰之子也。

希烈使其将封有麟据邓州,南路遂绝,贡献、商旅皆不通。壬寅,诏治上津山路,置邮驿。

二月丙寅,以河阳三城、怀、卫州为河阳军。丁卯,哥舒曜克汝州,擒周晃。

三月戊寅,江西节度使曹王皋败李希烈将韩霜露于黄梅,斩之,辛卯,拔黄州。时希烈兵栅蔡山,险不可攻。皋声言西取蕲州,引舟师溯江而上,希烈之将引兵循江随战,去蔡山三百余里,皋乃复放舟顺流而下,急攻蔡山,拔之。希烈兵还救之,不及而败。皋遂进拔蕲州,表伊慎为蕲州刺史,王锷为江州刺史。

淮宁都虞候周曾、镇遏兵马使王玢、押牙姚憺、韦清密输款于李勉。李希烈遣曾与十将康秀琳将兵三万攻哥舒曜,至襄城,曾等密谋还军袭希烈,奉颜真卿为节度使,使玢、憺、清为内应。

希烈知之，遣别将李克诚将骡军三千人袭曾等，杀之，并杀玢、憺及其党。甲午，诏赠曾等官。始，韦清与曾等约，事泄不相引，故独得免。清恐终及祸，说希烈请诣朱滔乞师，希烈遣之，行至襄邑，逃奔刘洽。希烈闻周曾等有变，闭壁数日。其党寇尉氏、郑州者闻之，亦遁归。希烈乃上表归咎于周曾等，引兵还蔡州，外示悔过从顺，实待朱滔等之援也。置颜真卿于龙兴寺。

丁酉，荆南节度使张伯仪与淮宁兵战于安州，官军大败，伯仪仅以身免，亡其所持节。希烈使人以其节及俘馘示颜真卿；真卿号恸投地，绝而复苏，自是不复与人言。

夏四月，上以神策军使白志贞为京城召募使，募禁兵以讨李希烈。志贞请诸尝为节度、观察、都团练使者，不问存没，并勒其子弟帅奴马，自备资装从军，授以五品官；贫者甚苦之，人心始摇。

庚申，加永平、宣武、河阳都统李勉淮西招讨使，东都、汝州节度使哥舒曜为之副。以荆南节度使张伯仪为淮西应援招讨使，山南东道节度使贾耽、江西节度使曹王皋为之副。上督哥舒曜进兵，曜至颍桥，遇大雨，还保襄城。李希烈遣其将李光辉攻襄城，曜击却之。

五月乙未，以宣武节度使刘洽兼淄青招讨使。

李晟谋取涿、莫二州，以绝幽、魏往来之路，与张孝忠之子升云围朱滔所署易州刺史郑景济于清苑，累月不下。滔以其司武尚书马寔为留守，将步骑万余守魏营，自将步骑万五千救清苑。李晟军大败，退保易州。滔还军瀛州，张升云奔满城。会晟病甚，引军还保定州。

王武俊以滔既破李晟，留屯瀛州，未还魏桥，遣其给事中宋端趣之。端见滔,言颇不逊,滔怒,使谓武俊曰:"滔以热疾,暂未南还,大王二兄遽有云云。滔以救魏博之故,叛君弃兄,如脱屣耳。二兄必相疑,惟二兄所为。"端还报,武俊自辨于马寔,寔以状白滔,言:"赵王知宋端无礼于大王,深加责让,实无他志。"武俊亦遣承令官郑和随寔使者见滔,谢之。滔乃悦,相待如初。然武俊以是益恨滔矣。

六月,李抱真使参谋贾林诣武俊壁诈降,武俊见之。林曰:"林来奉诏,非降也。"武俊色动,问其故,林曰:"天子知大夫宿著诚效,及登坛之日,抚膺顾左右曰:'我本徇忠义,天子不察。'诸将亦尝共表大夫之志。天子语使者曰:'朕前事诚误,悔之无及。朋友失意,尚可谢,况朕为四海之主乎!'"武俊曰:"仆胡人也,为将尚知爱百姓,况天子岂专以杀人为事乎,今山东连兵,暴骨如莽,就使克捷,与谁守之。仆不惮归国,但已与诸镇结盟。胡人性直,不欲使曲在己,天子诚能下诏赦诸镇之罪,仆当首唱从化。诸镇有不从者,请奉辞伐之。如此,则上不负天子,下不负同列,不过五旬,河朔定矣。"使林还报抱真,阴相约结。

庚戌,初行税间架、除陌钱法。时河东、泽潞、河阳、朔方四军屯魏县,神策、永平、宣武、淮南、浙西、荆南、江泗、沔鄂、湖南、黔中、剑南、岭南诸军环淮宁之境。旧制,诸道军出境,则仰给度支。上优恤士卒,每出境,加给酒肉,本道粮仍给其家,一人兼三人之给,故将士利之。各出军才逾境而止,月费钱百三十余万缗,常赋不能供。判度支赵赞乃奏行二法。所谓税间架者,每屋两架为间,上屋税钱二千,中税千,下税五百,吏执笔握算,入人室庐计其数。或有宅屋多而无他资者,出钱动数百缗。敢匿一间,杖六十,赏告者钱五十缗。所谓除陌钱者,公私给与及卖买,每缗官留五十钱，他物及相贸易者，约钱为率。敢隐钱百，杖六十，罚钱二千，赏告者钱十缗，其赏钱皆出坐事之家。于是愁怨之声，盈于远近。

秋八月丁未，李希烈将兵三万围哥舒曜于襄城，诏李勉及神策将刘德信将兵救之。乙卯，希烈将曹季昌以随州降，寻复为其将康叔夜所杀。

初，上在东宫，闻监察御史嘉兴陆贽名，即位，召为翰林学士，数问以得失。时两河用兵久不决，赋役日滋，贽以兵穷民困，恐别生内变，乃上奏。其略曰："克敌之要，在乎将得其人；驭将之方，在乎操得其柄。将非其人者，兵虽众不足恃；操失其柄者，将虽材不为用。"又曰："将不能使兵，国不能驭将，非止费财玩寇之弊，亦有不戢自焚之灾。"又曰："今两河、淮西为叛乱之帅者，独四五凶人而已。尚恐其中或傍遭诖误，内蓄危疑，苍黄失图，势不得止。况其余众，盖并胁从，苟知全生，岂愿为恶。"又曰："无纾目前之虞，或兴意外之患。人者邦之本也，财者人之心也，其心伤则其本伤，其本伤则枝干颠瘁矣。"又曰："人摇不宁，事变难测，是以兵贵拙速，不尚巧迟。若不靖于本而务救于末，则救之所为，乃祸之所起也。"又论关中形势，以为："王者蓄威以昭德，偏废则危；居重以驭轻，倒持则悖。王畿者，四方之本也。太宗列置府兵，分隶禁卫，大凡诸府八百余所，而在关中者殆五百焉。举天下不敌关中，则居重驭轻之意明矣。承平渐久，武备浸微，虽府卫具存，而卒乘罕习，故禄山窃倒持之柄，乘外重之资，一举滔天，两京不守。尚赖西边有兵，诸厩有马，每州有粮，故肃宗得以中兴。乾元之后，继有外虞，悉师东讨，边备既弛，禁戎亦空，吐蕃乘虚，深入为寇，故先皇帝莫与为御，避之东游。是皆失居重驭轻之权，忘深根固柢之虑。内寇则崤、函失险，外侵则汧、渭为戎。于斯之时，虽有四方之师，宁救一朝之患。陛下追想及此，岂不为之寒心哉！今朔方、太原之众，远在山东，神策六军之兵，继出关外。傥有贼臣啖寇，黠虏觑边，伺隙乘虚，微犯亭障，此愚臣所窃忧也。未审陛下其何以御之！侧闻伐叛之初，议者多易其事，佥谓有征无战，役不逾时，计兵未甚多，度费未甚广，于事为无扰，于人为不劳。曾不料兵连祸拏，变故难测，日引月长，渐乖始图。往岁为天下所患，咸谓除之则可致升平者，李正己、李宝臣、梁崇义、田悦是也。往岁谓国家所信，咸谓任之则可除祸乱者，朱滔、李希烈是也。既而正己死，李纳继之；宝臣死，惟岳继之；崇义卒，希烈叛；惟岳戮，朱滔携。然则往岁之所患者，四去其三矣，而患竟不衰。往岁之所信者，今则自叛矣，而余又难保。是知立国之安危在势，任事之济否在人。势苟安则异类同心也，势苟危则舟中敌国也。陛下岂可不追鉴往事，惟新令图，修偏废之柄以靖人，复倒持之权以固国；而乃孜孜汲汲，极思劳神，徇无已之求，望难必之效乎！今关、辅之间，征发已甚，宫苑之内，备卫不全。万一将帅之中，又如朱滔、希烈，或负固边垒，诱致豺狼，或窃发郊畿，惊犯城阙，此亦愚臣所窃为忧者也，未审陛下复何以备之！陛下傥过听愚计，所遣神策六军李晟等及节将子弟，悉可追还。明敕泾、陇、邠、宁，但令严备封守，仍云更不征发，使知各保安居。又降德音，罢京城及畿县间架等杂税，则冀已输者弭怨，见处者获宁，人心不摇，邦本自固。”上不能用。

九月丙戌，神策将刘德信、宣武将唐汉臣与淮宁将李克诚战，败于沪涧。时李勉遣汉臣将兵万人救襄城，上遣德信帅诸将家应募者三千人助之。勉奏:"李希烈精兵皆在襄城,许州空虚,若袭许州,则襄城围自解。"遣二将趣许州,未至数十里,上遣中使责其违诏,二将狼狈而返,无复斥候。克诚伏兵邀之,杀伤太半。汉臣奔大梁,德信奔汝州。希烈游兵剽掠至伊阙。勉复遣其将李坚帅四千人助守东都,希烈以兵绝其后,坚军不得还。汴军由是不振,襄城益危。

上以诸军讨淮宁者不相统壹,庚子,以舒王谟为荆襄等道行营都元帅,更名谊。以户部尚书萧复为长史。右庶子孔巢父为左司马,谏议大夫樊泽为右司马,自余将佐,皆选中外之望。未行,会泾师作乱而止。复,嵩之孙;巢父,孔子三十七世孙也。

上发泾原等诸道兵救襄城。冬十月丙午,泾原节度使姚令言将兵五千至京师。军士冒雨寒甚,多携子弟而来,冀得厚赐遗其家,既至,一无所赐。丁未,发至浐水,诏京兆尹王翃犒师,惟粝食菜餤。众怒,蹴而覆之,因扬言曰:"吾辈将死于敌,而食且不饱,安能以微命拒白刃邪!闻琼林、大盈二库金帛盈溢,不如相与取之。"乃擐甲张旗鼓噪,还趣京城。令言入辞,尚在禁中,闻之,驰至长乐阪,遇之。军士射令言,令言抱马鬣突入乱兵,呼曰:"诸君失计。东征立功,何患不富贵,乃为族灭之计乎!"军士不听,以兵拥令言而西。上遽命赐帛,人二匹;众益怒,射中使。又命中使宣慰,贼已至通化门外,中使出门,贼杀之。又命出金帛二十车赐之;贼已入城,喧声浩浩,不复可遏。百姓狼狈骇走,贼大呼告之曰:"汝曹勿恐,不夺汝商货僦质矣,不税汝间架、陌钱矣。"上遣普王谊、翰林学士姜公辅出慰谕之。贼已陈于丹凤门外,小民聚观者以万计。

初,神策军使白志贞掌召募禁兵,东征死亡者志贞皆隐不以闻，但受市井富儿赂而补之，名在军籍受给赐，而身居市廛为贩鬻。司农卿段秀实上言："禁兵不精，其数全少，卒有患难，将何待之？"不听。至是，上召禁兵以御贼，竟无一人至者。贼已斩关而入，上乃与王贵妃、韦淑妃、太子、诸王、唐安公主自苑北门出，王贵妃以传国宝系衣中以从，后宫诸王、公主不及从者什七八。

初，鱼朝恩既诛，宦官不复典兵。有窦文场、霍仙鸣者，尝事上于东宫，至是帅宦官左右仅百人以从，使普王谊前驱，太子执兵以殿。司农卿郭曙以部曲数十人猎苑中，闻跸，谒道左，遂以其众从。曙，暧之弟也。右龙武军使令狐建方教射于军中，闻之，帅麾下四百人从，乃使建居后为殿。

姜公辅叩马言曰："朱泚尝为泾帅，坐弟滔之故，废处京师，心尝怏怏。臣尝谓陛下既不能推心待之，则不如杀之，毋贻后患。今乱兵若奉以为主，则难制矣。请召使从行。"上仓猝不暇用其言，曰："无及矣！"遂行。夜至咸阳，饭数匕而过。时事出非意，群臣皆不知乘舆所之。卢杞、关播逾中书垣而出。白志贞、王翃及御史大夫于颀、中丞刘从一、户部侍郎赵赞、翰林学士陆贽、吴通微等追及上于咸阳。颀，頔之从父兄弟；从一，齐贤之从孙也。

贼入宫，登含元殿，大呼曰："天子已出，宜人自求富。"遂欢噪，争入府库运金帛，极力而止。小民因之，亦入宫盗库物，出而复入，通夕不已。其不能入者，剽夺于路。诸坊居民，各相帅自守。姚令言与乱兵谋曰："今众无主，不能持久。朱太尉闲居私第，请相与奉之。"众许诺，乃遣数百骑迎朱泚于晋昌里第。夜半，泚按辔列炬，传呼入宫，居含元殿，设警严，自称权知六军。

戊申旦，泚徙居白华殿，出榜于外，称"泾原将士，久处边陲，不闲朝礼，辄入宫阙，致惊乘舆，西出巡幸。太尉已权临六军，应神策等军士及文武百官凡有禄食者，悉诣行在。不能往者，即诣本司。若出三日，检勘彼此无名者，皆斩”。于是百官出见泚，或劝迎乘舆，泚不悦，百官稍稍遁去。

源休以使回纥还，赏薄，怨朝廷。入见泚，屏人密语移时，为泚陈成败，引符命，劝之僭逆。泚喜，然犹未决。宿卫诸军举白幡降者，列于阙前甚众。泚夜于苑门出兵，旦自通化门入，络驿不绝，张弓露刃，欲以威众。

上思桑道茂之言，自咸阳幸奉天。县僚闻车驾猝至，欲逃匿山谷，主簿苏(弃)〔弁〕止之。(弃)〔弁〕，良嗣之兄孙也。文武之臣稍稍继至。己酉，左金吾大将军浑瑊至奉天。瑊素有威望，众心恃之稍安。

庚戌，源休劝朱泚禁十城门，毋得出朝士，朝士往往易服为佣仆潜出。休又为泚说诱文武之士，使之附泚。检校司空同平章事李忠臣久失兵柄，太仆卿张光晟自负其才，皆郁郁不得志，泚悉起而用之。工部侍郎蒋镇出亡，坠马伤足，为泚所得。先是，休以才能，光晟以节义，镇以清素，都官员外郎彭偃以文学，大常卿敬釭以勇略，皆为时人所重，至是皆为泚用。

凤翔泾原将张廷芝、段诚谏将数千人救襄城，未出潼关，闻朱泚据长安，杀其大将陇右兵马使戴兰，溃归于泚。泚于是自谓众心所归，反谋遂定。以源休为京兆尹，判度支李忠臣为皇城使。百司供亿，六军宿卫，咸拟乘舆。

辛亥，以浑瑊为京畿、渭北节度使，行在都虞候白志贞为都知兵马使，令狐建为中军鼓角使，以神策都虞候侯仲庄为左卫将军兼奉天防城使。

朱泚以司农卿段秀实久失兵柄，意其必怏怏，遣数十骑召之。秀实闭门拒之，骑士逾垣入，劫之以兵。秀实自度不免，乃谓子弟曰："国家有患，吾于何避之，当以死徇社稷。汝曹宜人自求生。"乃往见泚，泚喜曰："段公来，吾事济矣。"延坐问计。秀实说之曰："公本以忠义著闻天下，今泾军以犒赐不丰，遽有披猖，使乘舆播越。夫犒赐不丰，有司之过也，天子安得知之？公宜以此开谕将士，示以祸福，奉迎乘舆，复归宫阙，此莫大之功也。"泚默然不悦，然以秀实与己皆为朝廷所废，遂推心委之。左骁卫将军刘海宾、泾原都虞候何明礼、孔目官岐灵岳皆秀实素所厚也，秀实密与之谋诛泚，迎乘舆。

上初至奉天，诏征近道兵入援。有上言："朱泚为乱兵所立，且来攻城，宜早修守备。"卢杞切齿言曰："朱泚忠贞，群臣莫及，奈何言其从乱，伤大臣心。臣请以百口保其不反。"上亦以为然。又闻群臣劝泚奉迎，乃诏诸道援兵至者皆营于三十里外。姜公辅谏曰："今宿卫单寡，防虑不可不深。若泚竭忠奉迎，何惮于兵多。如其不然，有备无患。"上乃悉召援兵入城，卢杞及白志贞言于上曰："臣观朱泚心迹，必不至为逆，愿择大臣入京城宣慰以察之。"上以问从臣，皆畏惮，莫敢行。金吾将军吴溆独请行，上悦。溆退而告人曰："食其禄而违其难，何以为臣！吾幸托肺腑，非不知往必死，但举朝无蹈难之臣，使圣情慊慊耳。"遂奉诏诣泚。泚反谋已决，虽阳为受命，馆溆于客省，寻杀之。溆，凑之兄也。

泚遣泾原兵马使韩旻将锐兵三千，声言迎大驾，实袭奉天。时奉天守备单弱，段秀实谓岐灵岳曰："事急矣。"使灵岳诈为姚令言符，令旻且还，当与大军俱发。窃令言印未至，秀实倒用司农印印符，募善走者追之。旻至骆驿，得符而还。秀实谓同谋曰："旻来，吾属无类矣。我当直搏泚杀之，不克则死，终不能为之臣也。"乃令刘海宾、何明礼阴结军中之士，欲使应之于外。旻兵至，泚、令言大惊；岐灵岳独承其罪而死，不以及秀实等。

是日，泚召李忠臣、源休、姚令言及秀实等议称帝事。秀实勃然起，夺休象笏，前唾泚面，大骂曰："狂贼，吾恨不斩汝万段，岂从汝反邪！"因以笏击泚，泚举手捍之，才中其额，溅血洒地。泚与秀实相搏匈匈，左右猝愕，不知所为。海宾不敢进，乘乱而逸。忠臣前助泚，泚得匍匐脱走。秀实知事不成，谓泚党曰："我不同汝反，何不杀我？"众争前杀之。泚一手承血，一手止其众曰："义士也，勿杀。"秀实已死，泚哭之甚哀，以三品礼葬之。海宾缞服而逃，后二日捕得，杀之，亦不引何明礼。明礼从泚攻奉天，复谋杀泚，亦死。上闻秀实死，恨委用不至，涕泗久之。

凤翔节度使同平章事张镒，性儒缓，好修饰边幅，不习军事。闻上在奉天，欲迎大驾，具服用货财，献于行在。后营将李楚琳，为人剽悍，军中畏之，尝事朱泚，为泚所厚。行军司马齐映与同幕齐抗言于镒曰："不去楚琳，必为乱首。"镒命楚琳出屯陇州，楚琳托事不时发。镒方以迎驾为忧，谓楚琳已去矣。楚琳夜与其党作乱，镒缒城而走，贼追及，杀之，判官王沼等皆死。映自水窦出，抗为佣保负荷而逃，皆免。

始，上以奉天迫隘，欲幸凤翔，户部尚书萧复闻之，遽请见，曰："陛下大误。凤翔将卒皆朱泚故部曲，其中必有与之同恶者。臣尚忧张镒不能久，岂得以銮舆蹈不测之渊乎！"上曰："吾行计已决，试为卿留一日。"明日，闻凤翔乱，乃止。

齐映、齐抗皆诣奉天，以映为御史中丞，抗为侍御史。楚琳自为节度使，降于朱泚。陇州刺史郝通奔于楚琳。

朱泚自白华殿入宣政殿，自称大秦皇帝，改元应天。癸丑，泚以姚令言为侍中、关内元帅，李忠臣为司空兼侍中，源休为中书侍郎、同平章事、判度支，蒋镇为吏部侍郎，樊系为礼部侍郎，彭偃为中书舍人，自余张光晟等各拜官有差。立弟滔为皇太弟。姚令言与源休共掌朝政，凡泚之谋画、迁除、军旅、资粮皆禀于休。休劝泚诛剪宗室在京城者以绝人望，杀郡王、王子、王孙凡七十七人。寻又以蒋镇为门下侍郎，李子平为谏议大夫，并同平章事。镇忧惧，每怀刀欲自杀，又欲亡窜，然性怯，竟不果。源休劝泚诛朝士之窜匿者以胁其余，镇力救之，赖以全者甚众。樊系为泚撰册文，既成，仰药而死。大理卿胶水蒋沇诣行在，为贼所得，逼以官，沇绝食称病，潜窜得免。

哥舒曜食尽，弃襄城奔洛阳，李希烈陷襄城。右龙武将军李观将卫兵千余人从上于奉天，上委之召募，数日，得五千余人，列之通衢，旗鼓严整，城人为之增气。

姚令言之东出也，以兵马使京兆冯河清为泾原留后，判官河中姚况知泾州事。河清、况闻上幸奉天，集将士大哭，激以忠义，发甲兵器械百余车，通夕输行在。城中方苦无甲兵，得之，士气大振。诏以河清为四镇、北庭行营、泾原节度使，况为行军司马。

上至奉天数日，右仆射、同平章事崔宁始至，上喜甚，抚劳有加。宁退谓所亲曰："主上聪明英武，从善如流，但为卢杞所惑，以至于此。"因潸然出涕。杞闻之，与王翃谋陷之。翃言于上曰："臣与宁俱出京城，宁数下马便液，久之不至，有顾望意。"会朱泚下诏，以左丞柳浑同平章事，宁为中书令。浑，襄阳人也，时亡在山谷。翃使盩厔尉康湛诈为宁遗朱泚书献之，杞因谮宁与朱泚结盟，约为内应，故独后至。乙卯，上遣中使引宁就幕下，云宣密旨，二力士自后缢杀之。中外皆称其冤，上闻之，乃赦其家。

朱泚遣使遗朱滔书，称："三秦之地，指日克平；大河之北，委卿除殄，当与卿会于洛阳。"滔得书，西向舞蹈，宣示军府，移牒诸道，以自夸大。

上遣中使告难于魏县行营，诸将相与恸哭。李怀光帅众赴长安，马燧、李艽各引兵归镇，李抱真退屯临洺。

朱泚自将逼奉天，军势甚盛。以姚令言为元帅，张光晟副之。以李忠臣为京兆尹、皇城留守，仇敬忠为同华等州节度使、拓东王，以捍关东之师，李日月为西道先锋经略使。

邠宁留后韩游瓌、庆州刺史论惟明、监军翟文秀受诏将兵三千拒泚于便桥，与泚遇于醴泉。游瓌欲还趣奉天，文秀曰："我向奉天，贼亦随至，是引贼以迫天子也。不若留壁于此，贼必不敢越我向奉天；若不顾而过，则与奉天夹攻之。"游瓌曰："贼强我弱，若贼分军以缀我，直趣奉天，奉天兵亦弱，何夹攻之有？我今急趣奉天，所以卫天子也。且吾士卒饥寒，而贼多财，彼以利诱吾卒，吾不能禁也。"遂引兵入奉天。泚亦随至，官军出战，不利，泚兵争门欲入，浑瑊与游瓌血战竟日。门内有草车数乘，瑊使虞候高固帅甲士以长刀斫贼，皆一当百，曳车塞门，纵火焚之，众军乘火击贼，贼乃退。会夜，泚营于城东三里，击柝张火，布满原野，使西明寺僧法坚造攻具，毁佛寺以为梯冲。韩游瓌曰："寺材皆干薪，但具火以待之。"固，侃之玄孙也。泚自是日来攻城，瑊、游瓌等昼夜力战。幽州兵救襄城者闻泚反，突入潼关，归泚于奉天，普润戍卒亦归之，有众数万。

上与陆贽语及乱故，深自克责。贽曰："致今日之患，皆群臣之罪也。"上曰："此亦天命，非由人事。"贽退上疏，以为："陛下志壹区宇，四征不庭，凶渠稽诛，逆将继乱，兵连祸结，行及三年。征师日滋，赋敛日重，内自京邑，外洎边陲，行者有锋刃之忧，居者有诛求之困。是以叛乱继起，怨讟并兴。非常之虞，亿兆同虑。唯陛下穆然凝邃，独不得闻，至使凶卒鼓行，白昼犯阙，岂不以乘我间隙，因人携离哉！陛下有股肱之臣，有耳目之任，有谏诤之列，有备卫之司，见危不能竭其诚，临难不能效其死。臣所谓致今日之患，群臣之罪者，岂徒言欤？圣旨又以国家兴衰，皆有天命。臣闻天所视听，皆因于人。故祖伊责纣之辞曰：'我生不有命在天。'武王数纣之罪曰：'乃曰吾有命，罔惩其侮。'此又舍人事而推天命必不可之理也。易曰：'视履考祥。'又曰：'吉凶者失得之象。'此乃天命由人，其义明矣。然则圣哲之意，六经会通，皆谓祸福由人，不言盛衰有命。盖人事理而天命降乱者，未之有也。人事乱而天命降康者，亦未之有也。自顷征讨颇频，刑网稍密，物力竭耗，人心惊疑，如居风涛，汹汹靡定。上自朝列，下达蒸黎，日夕族党聚谋，咸忧必有变故，旋属泾原叛卒，果如众庶所虞。京师之人，动逾亿计，固非悉知算术，皆晓占书，则明致寇之由，未必尽关天命。臣闻理或生乱，乱或资理，有以无难而失守，有因多难而兴邦。今生乱失守之事，则既往不可复追矣，其资理兴邦之业，在陛下克励而谨修之。何忧乎乱人，何畏乎厄运！勤励不息，足致升平，岂止荡涤祓氛，旋复宫阙而已。"

田悦说王武俊使与马寔共击李抱真于临洺。抱真复遣贾林说武俊曰："临洺兵精而有备，未易轻也。今战胜得地，则利归魏博；不胜，则恒冀大伤。易、定、沧、赵皆大夫之故地也，不如先取之。"武俊乃辞悦，与马寔北归。壬戌，悦送武俊于馆陶，执手泣别，下至将士，赠遗甚厚。

先是，武俊召回纥兵使绝李怀光等粮道，怀光等已西去，而回纥达干将回纥千人、杂虏二千人，适至幽州北境。朱滔因说之，欲与俱诣河南，取东都，应接朱泚，许以河南子女、金帛赂之。滔娶回纥女为侧室，回纥谓之朱郎，且利其俘掠，许之。贾林复说武俊曰："自古国家有患，未必不因之更兴。况主上九叶天子，聪明英武，天下谁肯舍之共事朱泚乎！滔自为盟主以来，轻蔑同列。河朔古无冀国，冀乃大夫之封域也。今滔称冀王，又西倚其兄，北引回纥，其志欲尽吞河朔而王之，大夫虽欲为之臣，不可得矣。且大夫雄勇善战，非滔之比；又本以忠义，手诛叛臣，当时宰相，处置失宜，为滔所诳诱，故蹉跌至此。不若与昭义并力取滔，其势必获。滔既亡，则泚自破矣。此不世之功，转祸为福之道也。今诸道辐凑攻泚，不日当平。天下已定，大夫乃悔而归国，则已晚矣。"时武俊已与滔有隙，因攘袂作色曰："二百年天子吾不能臣，岂能臣此田舍儿乎！"遂密与抱真及马燧相结，约为兄弟。然犹外事滔，礼甚谨，与田悦各遣使见滔于河间，贺朱泚称尊号，且请马寔之兵共攻康日知于赵州。

汝郑应援使刘德信将子弟军在汝州，闻难，引兵入援，与泚众战于见子陵，破之。以东渭桥有转输积粟，癸亥，进屯东渭桥。

朱泚夜攻奉天东西南三面，甲子，浑瑊力战却之。左龙武大将军吕希倩战死。乙丑，泚复攻城，将军高重捷与泚将李日月战于梁山之隅，破之；乘胜逐北，身先士卒，贼伏兵擒之。其麾下十余人奋不顾死，追夺之，贼不能拒，乃斩其首，弃其身而去。麾下收之入城，上亲抚而哭之尽哀，结蒲为首而葬之，赠司空。朱泚见其首，亦哭之曰："忠臣也。"束蒲为身而葬之。李日月，泚之骁将也，战死于奉天城下，泚归其尸于长安，厚葬之。其母竟不哭,骂曰:"奚奴,国家何负于汝而反,死已晚矣!"及泚败,贼党皆族诛,独日月之母不坐。己巳,加浑瑊京畿、渭南、北、金、商节度使。

壬申,王武俊与马寔至赵州城下。

初,朱泚镇凤翔,遣其将牛云光将幽州兵五百人戍陇州,以陇右营田判官韦皋领陇右留后。及郝通奔凤翔,牛云光诈疾,欲俟皋至,伏兵执之以应泚。事泄,帅其众奔泚。至汧阳,遇泚遣中使苏玉赍诏书加皋中丞。玉说云光曰:"韦皋,书生也。君不如与我俱之陇州,皋幸而受命,乃吾人也;不受命,君以兵诛之,如取孤豚耳。"云光从之。皋从城上问云光曰:"向者不告而行,今而复来,何也?"云光曰:"向者未知公心,今公有新命,故复来,愿托腹心。"皋乃先纳苏玉,受其诏书,谓云光曰:"大使苟无异心,请悉纳甲兵,使城中无疑,众乃可入。"云光以皋书生,易之,乃悉以甲兵输之而入。明日,皋宴玉、云光及其卒于郡舍,伏甲诛之。筑坛,盟将士曰:"李楚琳贼虐本使,既不事上,安能恤下,宜相与讨之。"遣兄平弇诣奉天,复遣使求援于吐蕃。

十一月乙亥,以陇州为奉义军,擢皋为节度使。泚又使中使刘海广许皋凤翔节度使,皋斩之。

灵武留后杜希全、盐州刺史戴休颜、夏州刺史时常春会渭北节度使李建徽合兵万人入援,将至奉天,上召将相议道所从出。关播、浑瑊曰:"漠谷道险狭,恐为贼所邀。不若自乾陵北过,附柏城而行,营于城东北鸡子堆,与城中掎角相应,且分贼势。"卢杞曰:"漠谷路近,若为贼所邀,则城中出兵应接可也。傥出乾陵,恐惊陵寝。"瑊曰:"自泚围城,斩乾陵松柏,以夜继昼,其惊多矣。今城中危急,诸道救兵未至,唯希全等来,所系非轻,若得营据要地，则泚可破也。”杞曰：“陛下行师，岂比逆贼。若令希全等过之，是自惊陵寝。”上乃命希全等自漠谷进。丙子，希全等军至漠谷，果为贼所邀，乘高以大弩巨石击之，死伤甚众。城中出兵应接，为贼所败。是夕，四军溃，退保邠州。泚阅其辎重于城下，从官相视失色。休颜，夏州人也。

泚攻城益急，穿堑环之。泚移帐于乾陵，下视城中动静皆见之，时遣使环城招诱士民，笑其不识天命。

神策、河北行营节度使李晟疾愈，闻上幸奉天，帅众将奔命。张孝忠迫于朱滔、王武俊，倚晟为援，不欲晟行，数沮止之。晟乃留其子凭，使娶孝忠女为妇。又解玉带赂孝忠亲信，使说之，孝忠乃听晟西归，遣大将杨荣国将锐兵六百与晟俱。晟引兵出飞狐道，昼夜兼行，至代州。丁丑，加晟神策行营节度使。

王武俊、马寔攻赵州，不克。辛巳，寔归瀛州，武俊送之五里，犒赠甚厚，武俊亦归恒州。

朱泚攻围奉天经月，城中资粮俱尽。上尝遣健步出城觇贼，其人恳以苦寒为辞，跪奏乞一襦裤。上为之寻求，不获，意悯默而遣之。时供御才有粝米二斛，每伺贼之休息，夜缒人于城外，采芜菁根而进之。上召公卿将吏谓曰：“朕以不德，自陷危亡，固其宜也。公辈无罪，宜早降以救室家。”群臣皆顿首流涕，期尽死力，故将士虽困急，而锐气不衰。

上之幸奉天也，粮料使崔纵劝李怀光令入援，怀光从之。纵悉敛军资与怀光偕来。怀光昼夜倍道，至河中，力疲，休兵三日。河中尹李齐运倾力犒宴，军士尚欲迁延。崔纵先辇货财渡河，谓众曰：“至河西，悉以分赐。”众利之，西屯蒲城，有众五万。齐运，恽之孙也。

李晟行且收兵，亦自蒲津济，军于东渭桥。其始有卒四千，晟善于抚御，与士卒同甘苦，人乐从之，旬月间至万余人。神策兵马使尚可孤讨李希烈，将三千人在襄阳，自武关入援，军于七盘，败泚将仇敬，遂取蓝田。可孤，宇文部之别种也。镇国军副使骆元光，其先安息人，骆奉先养以为子，将兵守潼关近十年，为众所服。朱泚遣其将何望之袭华州，刺史董晋弃州走行在。望之据其城，将聚兵以绝东道，元光引关下兵袭望之，走还长安。元光遂军华州，召募士卒，数日，得万余人。泚数遣兵攻元光，元光皆击却之，贼由是不能东出。上即以元光为镇国军节度使，元光乃将兵二千西屯昭应。马燧遣其行军司马王权及其子汇将兵五千人入援，屯中渭桥。于是泚党所据，惟长安而已，援军游骑时至望春楼下。李忠臣等屡出兵皆败，求救于泚，泚恐民间乘弊抄之，所遣兵皆昼伏夜行。

泚内以长安为忧，乃急攻奉天，使僧法坚造云梯，高广各数丈，裹以兕革，下旋巨轮，上容壮士五百人。城中望之恟惧。上以问群臣，浑瑊、侯仲庄对曰："臣观云梯势甚重，重则易陷。臣请迎其所来，凿地道，积薪蓄火以待之。"神武军使韩澄曰："云梯小伎，不足上劳圣虑，臣请御之。"乃度梯之所傃，广城东北隅三十步，多储膏油、松脂、薪苇于其上。丁亥，泚盛兵鼓噪，攻南城。韩游瓌曰："此欲分吾力也。"乃引兵严备东北。戊子，北风甚迅，泚推云梯，上施湿毡，悬水囊，载壮士攻城，翼以轒辒，置人其下，抱薪负土，填堑而前，矢石火炬所不能伤。贼并兵攻城东北隅，矢石如雨，城中死伤者不可胜数，贼已有登城者。上与浑瑊对泣，群臣惟仰首祝天。上以无名告身自御史大夫、实食五百户以下千余通授瑊，使募敢死士御之，仍赐御笔，使视其功之大小，书名给之，告身不足，则书其身。且曰："今便与卿别。"瑊俯伏流涕，上拊其背，歔欷不自胜。时士卒冻馁，又乏甲胄，瑊抚谕，激以忠义，皆鼓噪力战。瑊中流矢，进战不辍，初不言痛。会云梯辗地道，一轮偏陷，不能前却，火从地中出，风势亦回，城上人投苇炬，散松脂，沃以膏油，欢呼震地。须臾，云梯及梯上皆为灰烬，臭闻数里，贼乃引退。于是三门皆出兵，太子亲督战，贼徒大败，死者数千人。将士伤者，太子亲为裹疮。入夜，泚复来攻城，矢及御前三步而坠，上大惊。

李怀光自蒲城引兵趣泾阳，并北山而西，先遣兵马使张韶微服间行诣行在，藏表于蜡丸。韶至奉天，值贼方攻城，见韶，以为贱人，驱之使与民俱填堑。韶得间，逾堑抵城下，呼曰："我朔方军使者也。"城上人下绳引之，比登，身中数十矢，得表于衣中而进之。上大喜，舁韶以徇城，四隅欢声如雷。癸巳，怀光败泚兵于醴泉。泚闻之惧，引兵遁归长安。

众以为怀光复三日不至，则城不守矣。泚既退，从臣皆贺。汴滑行营兵马使贾隐林进言曰："陛下性太急，不能容物，若此性未改，虽朱泚败亡，忧未艾也。"上不以为忤，甚称之。侍御史万俟著开金、商运路，重围既解，诸道贡赋继至，用度始振。

朱泚至长安，但为城守之计，时遣人自城外来，周走呼曰"奉天破矣"，欲以惑众。泚既据府库之富，不爱金帛以悦将士，公卿家属在城者皆给月俸。神策及六军从车驾及哥舒曜、李晟者，泚皆给其家粮；加以缮完器械，日费甚广。及长安平，府库尚有余蓄，见者皆追怨有司之暴敛焉。

或谓泚曰："陛下既受命，唐之陵庙，不宜复存。"泚曰："朕尝北面事唐，岂忍为此。"又曰："百官多缺，请以兵胁士人补之。”泚曰：“强授之则人惧，但欲仕者则与之，何必叩户拜官邪？”泚所用者惟范阳、神策、团练兵。泾原卒骄，皆不为用，但守其所掠资货，不肯出战，又密谋杀泚，不果而止。

李怀光性粗疏，自山东来赴难，数与人言卢杞、赵赞、白志贞之奸佞，且曰：“天下之乱，皆此曹所为也。吾见上，当请诛之。”既解奉天之围，自矜其功，谓上必接以殊礼。或说王翃、赵赞曰：“怀光缘道愤叹，以为宰相谋议乖方，度支赋敛烦重，京尹犒赐刻薄，致乘舆播迁者，三臣之罪也。今怀光新立大功，上必披襟布诚，询访得失，使其言入，岂不殆哉！”翃、赞以告卢杞，杞惧，从容言于上曰：“怀光勋业，社稷是赖，贼徒破胆，皆无守心，若使之乘胜取长安，则一举可以灭贼，此破竹之势也。今听其入朝，必当赐宴，留连累日，使贼入京城，得从容成备，恐难图矣。”上以为然。诏怀光直引军屯便桥，与李建徽、李晟及神策兵马使杨惠元刻期共取长安。怀光自以数千里竭诚赴难，破朱泚，解重围，而咫尺不得见天子，意殊怏怏。曰：“吾今已为奸臣所排，事可知矣。”遂引兵去，至鲁店，留二日乃行。

淮南节度使陈少游将兵讨李希烈，屯盱眙，闻朱泚作乱，归广陵，修堑垒，缮甲兵。浙江东、西节度使韩滉闭关梁，禁马牛出境，筑石头城，穿井近百所，缮馆第数十，修坞壁，起建业，抵京岘，楼堞相属，以备车驾渡江，且自固也。少游发兵三千大阅于江北；滉亦发舟师三千曜武于京口以应之。

盐铁使包佶有钱帛八百万将输京师，陈少游以为贼据长安，未期收复，欲强取之。佶不可，少游欲杀之。佶惧，匿妻子于案牍中，急济江。少游悉收其钱帛。佶有守财卒三千，少游亦夺之。佶才与数十人俱至上元，复为韩滉所夺。

时南方藩镇各闭境自守,惟曹王皋数遣使间道贡献。李希烈攻逼汴、郑,江、淮路绝,朝贡皆自宣、饶、荆、襄趣武关。皋治邮驿,平道路,由是往来之使,通行无阻。

上问陆贽以当今切务。贽以向日致乱,由上下之情不通,劝上接下从谏,乃上疏。其略曰:"臣谓当今急务,在于审察群情,若群情之所甚欲者,陛下先行之,所甚恶者,陛下先去之。欲、恶与天下同,而天下不归者,自古及今未之有也。夫理乱之本系于人心,况乎当变故动摇之时,在危疑向背之际,人之所归则植,人之所去则倾,陛下安可不审察群情,同其欲、恶,使亿兆归趣,以靖邦家乎?此诚当今之所急也。"又曰:"顷者窃闻舆议,颇究群情,四方则患于中外意乖,百辟又患于君臣道隔。郡国之志不达于朝廷,朝廷之诚不升于轩陛。上泽阙于下布,下情壅于上闻,实事不必知,知事不必实,上下否隔于其际,真伪杂糅于其间,聚怨嚣嚣,腾谤籍籍,欲无疑阻,其可得乎?"又曰:"总天下之智以助聪明,顺天下之心以施教令,则君臣同志,何有不从?远迩归心,孰与为乱?"又曰:"虑有愚而近道,事有要而似迂。"疏奏旬日,上无所施行,亦不诘问。贽又上疏,其略曰:"臣闻立国之本,在乎得众,得众之要,在乎见情。故仲尼以谓人情者圣王之田,言理道所生也。"又曰:"易,乾下坤上曰泰,坤下乾上曰否,损上益下曰益,损下益上曰损。夫天在下而地处上,于位乖矣,而反谓之泰者,上下交故也。君在上而臣处下,于义顺矣,而反谓之否者,上下不交故也。上约己而裕于人,人必悦而奉上矣,岂不谓之益乎!上蔑人而肆诸己,人必怨而叛上矣,岂不谓之损乎!"又曰:"舟即君道,水即人情。舟顺水之道乃浮,违则没;君得人之情乃固,失则危。是以古先圣王之居人上也,必以其欲从天下之心，而不敢以天下之人从其欲。”又曰：“陛下愤习俗以妨理，任削平而在躬，以明威照临，以严法制断，流弊自久，浚恒太深。远者惊疑而阻命，逃死之乱作；近者畏慑而偷容，避罪之态生。君臣意乖，上下情隔，君务致理而下防诛夷，臣将纳忠又上虑欺诞，故睿诚不布于群物，物情不达于睿聪。臣于往年曾任御史，获奉朝谒，仅欲半年，陛下严邃高居，未尝降旨临问，群臣局蹐趋退，亦不列事奏陈。轩墀之间，且未相谕，宇宙之广，何由自通，虽复例对使臣，别延宰辅，既殊师锡，且异公言。未行者则戒以枢密勿论，已行者又谓之遂事不谏，渐生拘碍，动涉猜嫌，由是人各隐情，以言为讳。至于变乱将起，亿兆同忧，独陛下恬然不知，方谓太平可致。陛下以今日之所睹，验往时之所闻，孰真孰虚？何得何失？则事之通塞备详之矣，人之情伪尽知之矣。”

上乃遣中使谕之曰：“朕本性甚好推诚，亦能纳谏。将谓君臣一体，全不堤防，缘推诚信不疑，多被奸人卖弄。今所致患害，朕思亦无他，其失反在推诚。又谏官论事，少能慎密，例自矜炫，归过于朕以自取名。朕从即位以来，见奏对论事者甚多，大抵皆是雷同，道听涂说，试加质问，遽即辞穷。若有奇才异能，在朕岂惜拔擢。朕见从前已来，事祇如此，所以近来不多取次对人，亦非倦于接纳。卿宜深悉此意。”

贽以人君临下，当以诚信为本。谏者虽辞情鄙拙，亦当优容以开言路。若震之以威，折之以辩，则臣下何敢尽言？乃复上疏。其略曰：“天子之道，与天同方。天不以地有恶木而废发生，天子不以时有小人而废听纳。”又曰：“唯信与诚，有失无补。一不诚则心莫之保，一不信则言莫之行。陛下所谓失于诚信，以致患害者，臣窃以斯言为过矣。”又曰：“驭之以智则人诈，示之以疑则人偷。上行之则下从之,上施之则下报之。若诚不尽于己,而望尽于人,众必怠而不从矣。不诚于前而曰诚于后,众必疑而不信矣。是知诚信之道,不可斯须而去身。愿陛下慎守而行之有加,恐非所以为悔者也。"又曰:"臣闻仲虺赞扬成汤,不称其无过而称其改过。吉甫歌诵周宣,不美其无阙而美其补阙。是则圣贤之意,较然著明,唯以改过为能,不以无过为贵。盖为人之行己,必有过差,上智下愚,俱所不免,智者改过而迁善,愚者耻过而遂非;迁善则其德日新,遂非则其恶弥积。"又曰:"谏官不密自矜,信非忠厚,其于圣德固亦无亏。陛下若纳谏不违,则传之适足增美;陛下若违谏不纳,又安能禁之勿传。"又曰:"侈言无验不必用,质言当理不必违。辞拙而效速者不必愚,言甘而利重者不必智。是皆考之以实,虑之以终,其用无他,唯善所在。"又曰:"陛下所谓'比见奏对论事,皆是雷同,道听涂说'者,臣窃以众多之议,足见人情,必有可行,亦有可畏,恐不宜一概轻侮而莫之省纳也。陛下又谓'试加质问,即便辞穷'者,臣但以陛下虽穷其辞而未穷其理,能服其口而未服其心。"又曰:"为下者莫不愿忠,为上者莫不求理;然而下每苦上之不理,上每苦下之不忠。若是者何?两情不通故也。下之情莫不愿达于上,上之情莫不求知于下,然而下恒苦上之难达,上恒苦下之难知。若是者何?九弊不去故也。所谓九弊者,上有其六而下有其三。好胜人,耻闻过,骋辩给,眩聪明,厉威严,恣强愎,此六者君上之弊也。谄谀,顾望,畏愞,此三者臣下之弊也。上好胜必甘于佞辞,上耻过必忌于直谏,如是则下之谄谀者顺旨,而忠实之语不闻矣。上骋辩必剿说而折人以言,上眩明必臆度而虞人以诈,如是则下之顾望者自便,而切磨之辞不尽矣。上厉威必不能降情以接物，上恣愎必不能引咎以受规，如是则下之畏慄者避辜，而情理之说不申矣。夫以区域之广大，生灵之众多，宫阙之重深，高卑之限隔，自黎献而上，获睹至尊之光景者，逾亿兆而无一焉。就获睹之中，得接言议者，又千万不一。幸而得接者，犹有九弊居其间，则上下之情所通鲜矣。上情不通于下则人惑，下情不通于上则君疑，疑则不纳其诚，惑则不从其令。诚而不见纳则应之以悖，令而不见从则加之以刑；下悖上刑，不败何待！是使乱多理少，从古以然。"又曰："昔赵武呐呐而为晋贤臣，绛侯木讷而为汉元辅。然则口给者事或非信，辞屈者理或未穷。人之难知，尧、舜所病，胡可以一酬一诘而谓尽其能哉。以此察天下之情，固多失实，以此轻天下之士，必有遗才。"又曰："谏者多，表我之能好；谏者直，示我之能贤；谏者之狂诬，明我之能恕；谏者之漏泄，彰我之能从；有一于斯，皆为盛德。是则人君之与谏者，交相益之道也。谏者有爵赏之利，君亦有理安之利；谏者得献替之名，君亦得采纳之名。然犹谏者有失中而君无不美，唯恐谠言之不切，天下之不闻，如此则纳谏之德光矣。"上颇采用其言。

李怀光顿兵不进，数上表暴扬卢杞等罪恶，众论喧腾，亦咎杞等。上不得已，十二月壬戌，贬杞为新州司马，白志贞为恩州司马，赵赞为播州司马。宦官翟文秀，上所信任也，怀光又言其罪，上亦为杀之。

乙丑，以翰林学士祠部员外郎陆贽为考功郎中，金部员外郎吴通微为职方郎中。贽上奏，辞以："初到奉天，扈从将吏例加两阶，今翰林独迁官。夫行罚先贵近而后卑远，则令不犯；行赏先卑远而后贵近，则功不遗。望先录大劳，次遍群品，则臣亦不敢独辞。"上不许。

上在奉天，使人说田悦、王武俊、李纳，赦其罪，厚赂以官爵。悦等皆密归款，而犹未敢绝朱滔，各称王如故。滔使其虎牙将军王郅说悦曰："日者八郎有急，滔与赵王不敢爱其死，竭力赴救，幸而解围。今太尉三兄受命关中，滔欲与回纥共往助之，愿八郎治兵与滔渡河，共取大梁。"悦心不欲行，而未忍绝滔，乃许之。滔复遣其内史舍人李琯见悦，审其可否，悦犹豫不决，密召扈嵈等议之。司武侍郎许士则曰："朱滔昔事李怀仙为牙将，与兄泚及朱希彩共杀怀仙而立希彩。希彩所以宠信其兄弟至矣，滔又与判官李子瑗谋杀希彩而立泚。泚既为帅，滔乃劝泚入朝而自为留后，虽劝以忠义，实夺之权也。平生与之同谋共功如李子瑗之徒，负而杀之者二十余人。今又与泚东西相应，使滔得志，泚亦不为所容，况同盟乎！滔为人如此，大王何从得其肺腑而信之邪？彼引幽陵、回纥十万之兵屯于郊垌，大王出迎，则成擒矣。彼囚大王，兼魏国之兵，南向渡河，与关中相应，天下其孰能当之？大王于时悔之无及。为大王计，不若阳许偕行，而阴为之备，厚加迎劳，至则托以他故，遣将分兵而随之。如此，大王外不失报德之名，而内无仓猝之忧矣。"扈嵈等皆以为然。王武俊闻李琯适魏，遣其司刑员外郎田秀驰见悦曰："武俊向以宰相处事失宜，恐祸及身，又八郎困于重围，故与滔合兵救之。今天子方在隐忧，以德绥我，我曹何得不悔过而归之邪？舍九叶天子不事，而事泚及滔乎？且泚未称帝之时，滔与我曹比肩为王，固已轻我曹矣。况使之南平汴、洛，与泚连衡，吾属皆为虏矣。八郎慎勿与之俱南，但闭城拒守。武俊请伺其隙，连昭义之兵击而灭之，与八郎再清河朔，复为节度使，共事天子，不亦善乎？"悦意遂决，给滔云"从行，必如前约"。

丁卯，滔将范阳步骑五万人，私从者复万余人，回纥三千人发河间而南，辎重首尾四十里。

李希烈攻李勉于汴州，驱民运土木，筑垒道以攻城，忿其未就，并人填之，谓之“湿薪”。勉城守累月，外救不至，将其众万余人奔宋州。庚午，希烈陷大梁。滑州刺史李澄以城降希烈，希烈以澄为尚书令兼永平节度使。勉上表请罪，上谓其使者曰：“朕犹失守宗庙，勉宜自安。”待之如初。

刘洽遣其将高翼将精兵五千保襄邑，希烈攻拔之，翼赴水死。希烈乘胜攻宁陵，江、淮大震。陈少游遣参谋温述送款于希烈曰：“濠、寿、舒、庐已令弛备，韬戈卷甲，伏俟指麾。”又遣巡官赵诜结李纳于郓州。

以给事中孔巢父为淄青宣慰使，国子祭酒董晋为河北宣慰使。

陆贽言于上曰：“今盗遍天下，舆驾播迁，陛下宜痛自引过以感人心。昔成汤以罪己勃兴，楚昭以善言复国。陛下诚能不吝改过，以言谢天下，使书诏无所避忌，臣虽愚陋，可以仰副圣情，庶令反侧之徒革心向化。”上然之，故奉天所下书诏，虽骄将悍卒，闻之无不感激挥涕。

术者上言：“国家厄运，宜有变更，以应时数。”群臣请更加尊号一二字。上以问陆贽。贽上奏，以为不可，其略曰：“尊号之兴，本非古制。行于安泰之日，已累谦冲；袭乎丧乱之时，尤伤事体。”又曰：“嬴秦德衰，兼皇与帝，始总称之。流及后代，昏僻之君，乃有圣刘、天元之号。是知人主轻重，不在名称。损之有谦光稽古之善，崇之获矜能纳谄之讥。”又曰：“必也俯稽术数，须有变更，与其增美称而失人心，不若黜旧号以祗天戒。”上纳其言，但改年号而已。

上又以中书所撰赦文示贽，贽上言，以为："动人以言，所感已浅，言又不切，人谁肯怀！今兹德音，悔过之意不得不深，引咎之辞不得不尽。洗刷疵垢，宣畅郁堙，使人人各得所欲，则何有不从者乎！应须改革事条，谨具别状同进。舍此之外，尚有所虞。窃以知过非难，改过为难；言善非难，行善为难。假使赦文至精，止于知过言善，犹愿圣虑更思所难。"上然之。

兴元元年春正月癸酉朔，赦天下，改元。制曰："致理兴化，必在推诚；忘己济人，不吝改过。朕嗣服丕构，君临万邦，失守宗祧，越在草莽。不念率德，诚莫追于既往；永言思咎，期有复于将来。明征其义，以示天下。小子惧德不嗣，罔敢怠荒。然以长于深宫之中，暗于经国之务，积习易溺，居安忘危，不知稼穑之艰难，不恤征戍之劳苦。泽靡下究，情未上通，事既拥隔，人怀疑阻。犹昧省己，遂用兴戎，征师四方，转饷千里，赋车籍马，远近骚然，行赍居送，众庶劳止。或一日屡交锋刃，或连年不解甲胄。祀奠乏主，室家靡依，死生流离，怨气凝结。力役不息，田莱多荒。暴令峻于诛求，疲甿空于杼轴，转死沟壑，离去乡闾，邑里丘墟，人烟断绝。天谴于上而朕不寤，人怨于下而朕不知，驯致乱阶，变兴都邑，万品失序，九庙震惊，上累于祖宗，下负于蒸庶，痛心腼貌，罪实在予，永言愧悼，若坠泉谷。自今中外所上书奏，不得更言'圣神文武'之号。李希烈、田悦、王武俊、李纳等，咸以勋旧，各守藩维，朕抚驭乖方，致其疑惧。皆由上失其道，而下罹其灾，朕实不君，人则何罪！宜并所管将吏等一切待之如初。朱滔虽缘朱泚连坐，路远必不同谋，念其旧勋，务在弘贷，如能效顺，亦与惟新。朱泚反易天常，盗窃名器，暴犯陵寝，所不忍言，获罪祖宗，朕不敢赦。其胁从将吏百姓等，但官军未到京城以前，去逆效顺，并散归本道、本军者，并从赦例。诸军、诸道应赴奉天及进收京城将士，并赐名奉天定难功臣。其所加垫陌钱、税间架、竹、木、茶、漆、榷铁之类，悉宜停罢。”赦下，四方人心大悦。及上还长安明年，李抱真入朝，为上言：“山东宣布赦书，士卒皆感泣，臣见人情如此，知贼不足平也。”

命兵部员外郎李充为恒冀宣慰使。

朱泚更国号曰汉，自称汉元天皇，改元天皇。

王武俊、田悦、李纳见赦令，皆去王号，上表谢罪。惟李希烈自恃兵强财富，遂谋称帝，遣人问仪于颜真卿，真卿曰：“老夫尝为礼官，所记惟诸侯朝天子礼耳。”希烈遂即皇帝位，国号大楚，改元武成。置百官，以其党郑贲为侍中，孙广为中书令，李绶、李元平同平章事。以汴州为大梁府，分其境内为四节度。希烈遣其将辛景臻谓颜真卿曰：“不能屈节，当自焚。”积薪灌油于其庭。真卿趋赴火，景臻遽止之。

希烈又遣其将杨峰赍赦赐陈少游及寿州刺史张建封。建封执峰徇于军，腰斩于市。少游闻之，骇惧。建封具以少游与希烈交通之状闻，上悦，以建封为濠、寿、庐三州都团练使。希烈乃以其将杜少诚为淮南节度使，使将步骑万余人先取寿州，后之江都。建封遣其将贺兰元均、邵怡守霍丘秋栅，少诚竟不能过，遂南寇蕲、黄欲断江路。时上命包佶自督江、淮财赋，溯江诣行在，至蕲口，遇少诚入寇。曹王皋遣蕲州刺史伊慎将兵七千拒之，战于永安戍，大破之，少诚脱身走，斩首万级，包佶乃得前。后佶入朝，具奏陈少游夺财赋事，少游惧，厚敛所部以偿之。李希烈以夏口上流要地，使其骁将董侍募死士七千人袭鄂州，刺史李兼偃旗卧鼓闭门以待之。侍撤屋材以焚门，兼帅士卒出战，大破之。上以兼为鄂、岳、沔都团练使。于是希烈东畏曹王皋，西畏李兼，不敢复有窥江、淮之志矣。

朱滔引兵入赵境，王武俊大具犒享。入魏境，田悦供承倍丰，使者迎候，相望于道。丁丑，滔至永济，遣王郅见悦约会馆陶，偕行渡河。悦见郅曰："悦固愿从五兄南行，昨日将出军，将士勒兵不听悦出，曰：'国兵新破，战守逾年，资储竭矣。今将士不免冻馁，何以全军远征！大王日自抚循，犹不能安，若舍城邑而去，朝出，暮必有变。'悦之志非敢有贰也，如将士何！已令孟祐备步骑五千，从五兄供刍牧之役。"因遣其司礼侍郎裴抗等往谢滔。滔闻之，大怒曰："田悦逆贼，向在重围，命如丝发，使我叛君、弃兄，发兵昼夜赴之，幸而得存。许我贝州，我辞不取。尊我为天子，我辞不受。今乃负恩，误我远来，饰辞不出。"即日遣马寔攻宗城、经城，杨荣国攻冠氏，皆拔之。又纵回纥掠馆陶顿幄帟、器皿、车牛以去。悦闭城自守。壬午，滔遣裴抗等还，分兵置吏，守平恩、永济。

朱滔引兵北围贝州，引水环之，刺史邢曹俊婴城拒守。纵范阳及回纥兵大掠诸县，又拔武城，通德、棣二州，使给军食；遣马寔将步骑五千屯冠氏以逼魏州。

上于行宫庑下贮诸道贡献之物，榜曰琼林、大盈库。陆贽以为战守之功，赏赉未行，而遽私别库，则士卒怨望，无复斗志，上疏谏。其略曰："天子与天同德，以四海为家，何必挠废公方，崇聚私货。降至尊而代有司之守，辱万乘以效匹夫之藏，亏法失人，诱奸聚怨，以斯制事，岂不过哉。"又曰："顷者六师初降，百物无储，外捍凶徒，内防危堞，昼夜不息，迨将五旬，冻馁交侵，死伤相枕，毕命同力，竟夷大艰。良以陛下不厚其身，不私其欲，绝甘以同卒伍，辍食以啖功劳。无猛制而人不携，怀所感也；无厚赏而人不怨，悉所无也。今者攻围已解，衣食已丰，而谣讟方兴，军情稍阻。岂不以勇夫恒性，嗜利矜功，其患难既与之同忧，而好乐不与之同利，苟异恬默，能无怨咨。"又曰："陛下诚能近想重围之殷忧，追戒平居之专欲，凡在二库货贿，尽令出赐有功，每获珍华，先给军赏。如此则乱必靖，贼必平，徐驾六龙，旋复都邑。天子之贵，岂当忧贫！是乃散其小储而成其大储，损其小宝而固其大宝也。"上即命去其榜。

萧复尝言于上曰："宦官自艰难已来，多为监军，恃恩纵横。此属但应掌宫掖之事，不宜委以兵权国政。"上不悦。又尝言："陛下践阼之初，圣德光被，自用杨炎、卢杞，黩乱朝政，以致今日。陛下诚能变更睿志，臣敢不竭力。傥使臣依阿苟免，臣实不能。"又尝与卢杞同奏事，杞顺上旨，复正色曰："卢杞言不正。"上愕然，退谓左右曰："萧复轻朕。"戊子，命复充山南东、西、荆湖、淮南、江西、鄂岳、浙江东、西、福建、岭南等道宣慰安抚使，实疏之也。既而刘从一及朝士往往奏留复，上谓陆贽曰："朕思迁幸以来，江、淮远方，或传闻过实，欲遣重臣宣慰。谋于宰相及朝士，佥谓宜然。今乃反覆如是，朕为之怅恨累日。意复悔行，使之论奏邪？卿知萧复如何人，其不欲行，意趣安在？"贽上奏，以为："复痛自修励，慕为清贞，用虽不周，行则可保。至于轻诈如此，复必不为。借使复欲逗留，从一安肯附会。今所言矛楯，愿陛下明加辨诘。若萧复有所请求，则从一何容为隐？若从一自有回互，则萧复不当受疑。陛下何惮而不辨明，乃直为此怅恨也。夫明则罔惑，辨则罔冤。惑莫甚于逆诈而不与明，冤莫痛于见疑而不与辨。是使情伪相揉，忠邪靡分。兹实居上御下之要枢，惟陛下留意。"上亦竟不复辨也。

辛卯，以王武俊为恒冀、深赵节度使。壬辰，加李抱真、张孝忠并同平章事。丙申，加田悦检校右仆射。以山南东道行军司马樊泽为本道节度使，前深赵观察使康日知为同州刺史、〔奉诚军节度使，曹州刺史〕李纳为郓州刺史、平卢节度使。

戊戌，加刘洽汴、滑、宋、亳都统副使，知都统事，李勉悉以其众授之。

二月戊申，诏赠段秀实太尉，谥曰忠烈，厚恤其家。时贾隐林已卒，赠左仆射，赏其能直言也。

李希烈将兵五万围宁陵，引水灌之。濮州刺史刘昌以三千人守〔之〕。

滑州刺史李澄密遣使请降，上许以澄为汴滑节度使。澄犹外事希烈，希烈疑之，遣养子六百人戍白马，召澄共攻宁陵。澄至石柱，使其众阳惊，烧营而遁。又讽养子令剽掠，澄悉收斩之，以白希烈，希烈无以罪也。

刘昌守宁陵，凡四十五日不释甲。韩滉遣其将王栖曜将兵助刘洽拒希烈，栖曜以强弩数千游汴水，夜入宁陵城。明日，从城上射希烈，及其坐幄，希烈惊曰："宣润弩手至矣。"遂解围去。

朱泚既自奉天败归，李晟谋取长安。刘德信与晟俱屯东渭桥，不受晟节制。晟因德信至营中，数以沪涧之败及所过剽掠之罪，斩之。因以数骑驰入德信军，劳其众，无敢动者，遂并将之，军势益振。

李怀光既胁朝廷逐卢杞等，内不自安，遂有异志。又恶李晟独当一面，恐其成功，奏请与晟合军，诏许之。晟与怀光会于咸阳西陈涛斜，筑垒未毕，泚众大至。晟谓怀光曰："贼若固守宫苑，或旷日持久，未易攻取。今去其巢穴，敢出求战，此天以贼赐明公，不可失也。"怀光曰："军适至，马未秣，士未饭，岂可遽战邪!"晟不得已，乃就壁。晟每与怀光同出军，怀光军士多掠人牛马，晟军秋豪不犯。怀光军士恶其异已，分所获与之，晟军终不敢受。怀光屯咸阳累月，逗留不进。上屡遣中使趣之，辞以士卒疲弊，且当休息观衅。诸将数劝之攻长安，怀光不从，密与朱泚通谋，事迹颇露。李晟屡奏，恐其有变，为所并，请移军东渭桥。上犹冀怀光革心，收其力用，寝晟奏不下。怀光欲缓战期，且激怒诸军，奏言："诸军粮赐薄，神策独厚。厚薄不均，难以进战。"上以财用方窘，若粮赐皆比神策，则无以给之。不然，又逆怀光意，恐诸军觖望。乃遣陆贽诣怀光营宣慰，因召李晟参议其事。怀光意欲晟自乞减损，使失士心，沮败其功。乃曰："将士战斗同而粮赐异，何以使之协力?"贽未有言，数顾晟。晟曰："公为元帅，得专号令，晟将一军，受指踪而已。至于增减衣食，公当裁之。"怀光默然，又不欲自减之，遂止。

时上遣崔汉衡诣吐蕃发兵，吐蕃相尚结赞言："蕃法发兵，以主兵大臣为信。今制书无怀光署名，故不敢进。"上命陆贽谕怀光，怀光固执以为不可，曰："若克京城，吐蕃必纵兵焚掠，谁能遏之？此一害也。前有敕旨，募士卒，克城者人赏百缗，彼发兵五万，若援敕求赏，五百万缗何从可得？此二害也。虏骑虽来，必不先进，勒兵自固，观我兵势，胜则从而分功，败则从而图变，谲诈多端，不可亲信。此三害也。"竟不肯署敕，尚结赞亦不进军。陆贽自咸阳还，上言："贼泚稽诛，保聚宫苑，势穷援绝，引日偷生。怀光总仗顺之师，乘制胜之气，鼓行芟翦，易若摧枯。而乃寇奔不追，师老不用，诸帅每欲进取，怀光辄沮其谋。据兹事情，殊不可解。陛下意在全护，委曲听从，观其所为，亦未知感。若不别务规略，渐思制持，唯以姑息求安，终恐变故难测。此诚事机危迫之秋也，固不可以寻常容易处之。今李晟奏请移军，适遇臣衔命宣慰，怀光偶论此事，臣遂泛问所宜。怀光乃云：'李晟既欲别行，某亦都不要藉。'臣犹虑有翻覆，因美其军盛强。怀光大自矜夸，转有轻晟之意。臣又从容问云：'回日，或圣旨顾问事之可否，决定何如？'怀光已肆轻言，不可中变，遂云：'恩命许去，事亦无妨。'要约再三，非不详审，虽欲追悔，固难为辞。伏望即以李晟表出付中书，敕下依奏，别赐怀光手诏，示以移军事由。其手诏大意云：'昨得李晟奏，请移军城东以分贼势。朕本欲委卿商量，适会陆贽回奏，云见卿语及于此，仍言许去事亦无妨，遂敕本军允其所请。'如此，则词婉而直，理顺而明，虽蓄异端，何由起怨。"上从之。

晟自咸阳结陈而行，归东渭桥。时鄜坊节度使李建徽、神策行营节度使杨惠元犹与怀光联营，陆贽复上奏曰："怀光当管师徒，足以独制凶寇，逗留未进，抑有他由。所患太强，不资傍助。比者又遣李晟、李建徽、杨惠元三节度之众，附丽其营，无益成功，示足生事。何则？四军接垒，群帅异心，论势力则悬绝高卑，据职名则不相统属。怀光轻晟等兵微位下，而忿其制不从心，晟等疑怀光养寇蓄奸，而怨其事多陵己。端居则互防飞谤，欲战则递恐分功，龃龉不和，嫌衅遂构，俾之同处，必不两全。强者恶积而后亡，弱者势危而先覆，覆亡之祸，翘足可期。旧寇未平，新患方起，忧难所切，实堪疚心！太上消慝于未萌，其次救失于始兆，况乎事情已露，祸难垂成，委而不谋，何以宁乱！李晟见机虑变，先请移军就东，建徽、惠元势转孤弱，为其吞噬，理在必然。他日虽有良图，亦恐不能自拔，拯其危急，唯在此时。今因李晟愿行，便遣合军同往，托言晟兵素少，虑为贼泚所邀，藉此两军迭为掎角。仍先谕旨，密使促装，诏书至营，即日进路。怀光意虽不欲，然亦计无所施。是谓先人有夺人之心，疾雷不及掩耳者也。解斗不可以不离，救焚不可以不疾，理尽于此，惟陛下图之。"上曰："卿所料极善。然李晟移军，怀光不免怅望，若更遣建徽、惠元就东，恐因此生辞，转难调息，且更俟旬时。"

辛酉，加王武俊同平章事兼幽州、卢龙节度使。

李晟以为："怀光反状已明，缓急宜有备，蜀、汉之路不可壅，请以裨将赵光铣等为洋、利、剑三州刺史，各将兵五百以防未然。"上疑未决，欲亲总禁兵幸咸阳，以慰抚为名，趣诸将进讨。或谓怀光曰："此汉祖游云梦之策也。"怀光大惧，反谋益甚。

上垂欲行，怀光辞益不逊，上犹疑谗人间之。甲子，加怀光太尉，增实食，赐铁券，遣神策右兵马使李卞等往谕旨。怀光对使者投铁券于地曰："圣人疑怀光邪？人臣反，赐铁券；怀光不反，今赐铁券，是使之反也！"辞气甚悖。朔方左兵马使张名振当军门大呼曰："太尉视贼不许击，待天使不敬，果欲反邪！功高太山，一旦弃之，自取族灭，富贵他人，何益哉？我今日必以死争之。"怀光闻之，谓曰："我不反，以贼方强，故须蓄锐俟时耳。"怀光大言："天子所居，必有城隍。"乃发卒城咸阳，未几，移军据之。张名振曰："乃者言不反，今日拔军此来，何也？何不攻长安，杀朱泚，取富贵，引军还邠邪！"怀光曰："名振病心矣。"命左右引去，拉杀之。

右武锋兵马使石演芬，本西域胡人，怀光养以为子。怀光潜与朱泚通谋，演芬遣其客部成义诣行在告之，请罢其都统之权。成义至奉天，告怀光子璀，璀密白其父。怀光召演芬责之曰："我以尔为子，奈何欲破我家！今日负我，死甘心乎？"演芬曰："天子以太尉为股肱，太尉以演芬为心腹，太尉既负天子，演芬安得不负太尉乎！演芬胡人，不能异心，惟知事一人。苟免贼名而死，死甘心矣。"怀光使左右脔食之，皆曰："义士也，可令快死。"以刀断其喉而去。

李卞等还，言怀光骄慢之状，于是行在始严门禁，从臣皆密装以待。

乙丑，加李晟河中、同绛节度使，上犹以为薄，丙寅，又加同平章事。

上将幸梁州，山南节度使盐亭严震闻之，遣使诣奉天奉迎，又遣大将张用诚将兵五千至盩厔以来迎卫。用诚为怀光所诱，阴与之通谋，上闻而患之。会震继遣牙将马勋奉表，上语之故。勋请："亟诣梁州，取严震符召用诚还府；若不受召，臣请杀之。"上喜曰："卿何时复至此？"勋刻日时而去。既得震符，请壮士五人与之俱出骆谷。用诚不知事泄，以数百骑迎之，勋与之俱入驿。时天寒，勋多然槁火于驿外，军士皆往附火。勋乃从容出怀中符，以示用诚曰："大夫召君。"用诚错愕起走，壮士自后执其手擒之。用诚子在勋后，斫伤勋首。壮士格杀其子，仆用诚于地，跨其腹，以刀拟其喉曰："出声则死。"勋入其营，士卒已擐甲执兵矣。勋大言曰："汝曹父母妻子皆在汉中，一朝弃之，与张用诚同反，于汝曹何利乎！大夫令我取用诚，不问汝曹，无自取族灭。"众皆詟服。勋送用诚诣梁州，震杖杀之，命副将领其众。勋裹其首，复命于行在，愆期半日。

李怀光夜遣人袭夺李建徽、杨惠元军，建徽走免。惠元将奔奉天，怀光遣兵追杀之。怀光又宣言曰："吾今与朱泚连和，车驾且当远避。"

怀光以韩游瓌朔方将也，掌兵在奉天，与游瓌书，约使为变，游瓌密奏之。明日，又以书趣之，游瓌又奏之。上称其忠义，因问："策安出？"对曰："怀光总诸道兵，故敢恃众为乱。今邠宁有张昕，灵武有宁景璿，河中有吕鸣岳，振武有杜从政，潼关有唐朝臣，渭北有窦觎，皆守将也。陛下各以其众及地授之，尊怀光之官，罢其权，则行营诸将各受本府指麾矣。怀光独立，安能为乱！"上曰："罢怀光兵权，若朱泚何！"对曰："陛下既许将士以克城殊赏，将士奉天子之命以讨贼取富贵，谁不愿之！邠府兵以万数，借使臣得而将之，足以诛泚。况诸道必有仗义之臣，泚不足忧也。"上然之。

丁卯，怀光遣其将赵昇鸾入奉天，约其夕使别将达奚小俊烧乾陵，令升鸾为内应以惊胁乘舆。升鸾诣浑瑊自言，瑊遽以闻，且请决幸梁州。上命瑊戒严，瑊出，部勒未毕，上已出城西，命戴休颜守奉天，朝臣将士狼狈扈从。戴休颜徇于军中曰："怀光已反。"遂乘城拒守。

朱泚之称帝也，兵部侍郎刘迺卧病在家，泚召之，不起。使蒋镇自往说之，凡再往，知不可诱胁，乃叹曰："镇亦忝列曹，不能舍生，以至于此，岂可复以己之腥臊污漫贤者乎！"歔欷而返。迺闻上幸山南，搏膺大呼，自投于床，不食数日而卒。

太子少师乔琳从上至盩厔，称老疾不堪山险，削发为僧，匿于仙游寺。泚闻之，召至长安，以为吏部尚书。于是朝士之窜匿者多出仕泚矣。

怀光遣其将孟保、惠静寿、孙福达将精骑趣南山邀车驾，遇诸军粮料使张增于盩厔。三将曰："彼使我为不臣，我以追不及报之，不过不使我将耳。"因目增曰："军士未朝食，如何？"增绐其众曰："此东数里有佛祠，吾贮粮焉。"三将帅众而东，纵之剽掠，由是百官从行者皆得入骆谷，以追不及还报，怀光皆黜之。

李晟得除官制，拜哭受命，谓将佐曰："长安，宗庙所在，天下根本，若诸将皆从行，谁当灭贼者！"乃治城隍，缮甲兵，为复京城之计。先是，东渭桥有粟十余万斛，度支给李怀光军，几尽。是时怀光、朱泚连兵，声势甚盛，车驾南幸，人情扰扰。晟以孤军处二强寇之间，内无资粮，外无救援，徒以忠义感激将士，故其众虽单弱而锐气不衰。又以书遗怀光，辞礼卑逊，虽示尊崇，而谕以祸福，劝之立功补过，故怀光惭恧未忍击之。晟曰："畿内虽兵荒之余，犹可赋敛。宿兵养寇，患莫大焉。"乃以判官张彧假京兆尹，择四十余人，假官以督渭北诸县刍粟，不旬日，皆充羡。乃流涕誓众，决志平贼。

田悦用兵数败，士卒死者什六七，其下皆厌苦之。上以给事中孔巢父为魏博宣慰使。巢父性辩博，至魏州，对其众为陈逆顺祸福，悦及将士皆喜。兵马使田绪，承嗣之子也，凶险多过失，悦不忍杀，杖而拘之。悦既归国，内外撤警备。三月壬申朔，悦与孔巢父宴饮，绪对弟侄有怨言，其侄止之，绪怒，杀侄，既而悔之，曰："仆射必杀我。"既夕，悦醉，归寝，绪与左右密穿后垣入，杀悦及其母、妻等十余人，即帅左右执刀立于中门之内夹道。将旦，以悦命召行军司马扈崿、判官许士则、都虞候蔡济议事。府署深邃，外不知有变，士则、济先至，召入，乱斫杀之。绪恐既明事泄，乃出门，遇悦亲将刘忠信方排牙，绪疾呼谓众曰："刘忠信与扈崿谋反，昨夜刺杀仆射。”众大惊喧哗，忠信未及自辩，众分裂杀之。扈崿来，及戟门，遇乱，招谕将士，将士从之者三分之一。绪惧，登城而立，大呼谓众曰：“绪，先相公之子，诸君受先相公恩，若能立绪兵马使，赏缗钱二千，大将半之，下至士卒，人赏百缗，竭公私之货，五日取办。”于是将士回首杀扈崿，皆归绪，军府乃定。因请命于孔巢父，巢父命绪权知军府。后数日，众乃知绪杀其兄，虽悔怒，而绪已立，无如之何。绪又杀悦亲将薛有伦等二十余人。

李抱真、王武俊引兵将救贝州，闻乱，不敢进。朱滔闻悦死，喜曰：“悦负恩，天假手于绪也。”即遣其执宪大夫郑景济等将步骑五千助马寔，合兵万二千攻魏州。寔军王莽河，纵骑兵及回纥四出剽掠。滔别遣人入城说绪，许以本道节度使。绪方危迫，遣随军侯臧诣贝州送款于滔，滔喜，遣臧还报，使亟定盟约。时绪部署城内已定，李抱真、王武俊又遣使诣绪，许以赴援，如悦存日之约。绪召将佐议之，幕僚曾穆、卢南史曰：“用兵虽尚威武，亦本仁义，然后有功。今幽陵之兵恣行杀掠，白骨蔽野，虽先仆射背德，其民何罪？今虽盛强，其亡可跂立而待也。况昭义、恒冀方相与攻之，奈何以目前之急，欲从人为反逆乎！不若归命朝廷，天子方蒙尘于外，闻魏博使至必喜，官爵旋踵而至矣。”绪从之，遣使奉表诣行在，城守以俟命。

上之发奉天也，韩游瓌帅其麾下八百余人还邠州。李怀光以李晟军浸盛，恶之，欲引军自咸阳袭东渭桥。三令其众，众不应，窃相谓曰：“若与我曹击朱泚，惟力是视。若欲反，我曹有死不能从也。”怀光知众不可强，问计于宾佐，节度巡官良乡李景略曰：“取长安，杀朱泚，散军还诸道，单骑诣行在，如此，臣节亦未亏，功名犹可保也。"顿首恳请，至于流涕，怀光许之。都虞候阎晏等劝怀光东保河中，徐图去就。怀光乃说其众曰："今日屯泾阳，召妻孥于邠，俟至，与之俱往河中。春装既办，还攻长安未晚也。东方诸县皆富实，军发之日，听尔曹俘掠。"众许之。怀光乃谓景略曰："向者之议，军众不从，子宜速去，不且见害。"遣数骑送之。景略出军门，恸哭曰："不意此军一旦陷于不义！"

怀光遣使诣邠州，令留后张昕悉发所留兵万余人及行营将士家属会泾阳，仍遣其将刘礼等将三千余骑胁迁之。韩游瓌说昕曰："李太尉功高自弃，已蹈祸机。中丞今日可以自求富贵，游瓌请帅麾下以从。"昕曰："昕微贱，赖李太尉得至此，不忍负也。"游瓌乃谢病不出，阴与诸将高固、杨怀宾等相结。时崔汉衡以吐蕃兵营于邠南，高固曰："昕以众去，则邠城空矣。"乃诈为浑瑊书，召吐蕃使稍逼邠城。昕等惧，竟不敢出。昕等谋杀诸将之不从者，游瓌知之，先与高固等举兵杀昕，遣杨怀宾奉表以闻，且遣人告崔汉衡。汉衡矫诏，以游瓌知军府事，军中大喜。怀光子旻在邠，游瓌遣之。或曰："不杀旻，何以自明？"游瓌曰："杀旻则怀光怒，其众必至，不如释旻以走之。"时杨怀宾子朝晟在怀光军中为右厢兵马使，闻之，泣白怀光曰："父立功于国，子当诛夷，不可典兵。"怀光囚之。于是游瓌屯邠宁，戴休颜屯奉天，骆元光屯昭应，尚可孤屯蓝田，皆受李晟节度，晟军声大振。

始，怀光方强，朱泚畏之，与怀光书，以兄事之，约分帝关中，永为邻国。及怀光决反，逼乘舆南幸，其下多叛之，势益弱。泚乃赐怀光诏书，以臣礼待之，且征其兵。怀光惭怒，内忧麾下为变，外恐李晟袭之，遂烧营东走，掠泾阳等十二县，鸡犬无遗。及富平，大将孟涉、段威勇将数千人奔于李晟，将士在道散亡相继。

至河中，或劝河中守将吕鸣岳焚桥拒之，鸣岳以兵少，恐不能支，遂纳之。河中尹李齐运弃城走。怀光遣其将赵贵先筑垒于同州，刺史李纾惧，奔行在。幕僚裴向摄州事，诣贵先，责以逆顺之理。贵先感寤，遂请降，同州由是获全。向，遵庆之子也。怀光使其将符峤袭坊州，据之，渭北守将窦觎帅猎团七百围之；峤请降。诏以觎为渭北行军司马。

丁亥，以李晟兼京畿、渭北、鄜坊、丹延节度使。

庚寅，车驾至城固。

上在道，民有献瓜果者，上欲以散试官授之，访于陆贽。贽上奏，以为："爵位恒宜慎惜，不可轻用。起端虽微，流弊必大。献瓜果者，止可赐之钱帛，不当酬以官。"上曰："试官虚名，无损于事。"贽又上奏，其略曰："自兵兴以来，财赋不足以供赐，而职官之赏兴焉。青朱杂沓于胥徒，金紫普施于舆皂。当今所病，方在爵轻，设法贵之，犹恐不重，若又自弃，将何劝人！夫诱人之方，惟名与利，名近虚而于教为重，利近实而于德为轻。专实利而不济之以虚，则耗匮而物力不给；专虚名而不副之以实，则诞谩而人情不趋。故国家命秩之制，有职事官，有散官，有勋官，有爵号，然掌务而授俸者，唯系职事之一官，此所谓施实利而寓虚名者也。其勋、散、爵号三者所系，大抵止于服色、资荫而已，此所谓假虚名以佐实利者也。今之员外、试官，颇同勋、散、爵号，虽则授无费禄，受不占员，然而突铦锋、排患难者，则以是赏之，竭筋力、展勤效者，又以是酬之。若献瓜果者亦授试官，则彼必相谓曰：'吾以忘躯命而获官，此以进瓜果而获官，是乃国家以吾之躯命同于瓜果矣。'视人如草木，谁复为用哉！今陛下既未有实利以敦劝，又不重虚名而滥施，人无藉焉，则后之立功者将曷用为赏哉!”

赞在翰林,为上所亲信,居艰难中,虽有宰相,大小之事,上必与赞谋之,故当时谓之“内相”,上行止必与之俱。梁、洋道险,尝与赞相失,经夕不至,上惊忧涕泣,募得赞者赏千金。久之,乃至,上喜甚,太子以下皆贺。然赞数直谏,迕上意。卢杞虽贬官,上心庇之。赞极言杞奸邪致乱,上虽貌从,心颇不悦,故刘从一、姜公辅皆自下陈登用,赞恩遇虽隆,未得为相。

壬辰,车驾至梁州。山南地薄民贫,自安、史以来,盗贼攻剽,户口减耗太半,虽节制十五州,租赋不及中原数县。及大驾驻跸,粮用颇窘。上欲西幸成都,严震言于上曰:“山南地接京畿,李晟方图收复,藉六军以为声援。若幸西川,则晟未有收复之期也。”众议未决,会李晟表至,言:“陛下驻跸汉中,所以系亿兆之心,成灭贼之势。若规小舍大,迁都岷、峨,则士庶失望,虽有猛将谋臣,无所施矣。”上乃止。严震百方以聚财赋,民不至困穷而供亿无乏。牙将严砺,震之从祖弟也,震使掌转饷,事甚修办。

初,奉天围既解,李楚琳遣使入贡,上不得已除凤翔节度使,而心恶之。议者言楚琳凶逆反覆,若不堤防,恐生窥伺。由是楚琳使者数辈至,上皆不引见,留之不遣。甫至汉中,欲以浑瑊代楚琳镇凤翔,陆赞上奏,以为:“楚琳杀帅助贼,其罪固大,但以乘舆未复,大憝犹存,勤王之师,悉在畿内,急宣速告,晷刻是争。商岭则道迂且遥,骆谷复为盗所扼,仅通王命,唯在褒斜。此路若又阻艰,南北遂将夐绝。以诸镇危疑之势,居二逆诱胁之中,汹汹群情,各怀向背。傥或楚琳发憾,公肆猖狂,南塞要冲,东延巨猾,则我咽喉梗而心膂分矣。今楚琳能两端顾望,乃是天诱其衷,故通归涂,将济大业。陛下诚宜深以为念,厚加抚循,得其持疑,便足集事。必欲精求素行,追抉宿疵,则是改过不足以补愆,自新不足以赎罪。凡今将吏,岂得尽无疵瑕,人皆省思,孰免疑畏!又况阻命之辈,胁从之流,自知负恩,安敢归化!斯衅非小,所宜速图。伏愿陛下思英主大略,勿以小不忍亏挠兴复之业也。"上释然开寤,善待楚琳使者,优诏存慰之。

丁酉,加宣武节度使刘洽同平章事。

己亥,以行在都知兵马使浑瑊同平章事兼朔方节度使,朔方、邠宁、振武、永平、奉天行营兵马副元帅。

庚子,诏数李怀光罪恶,叙朔方将士忠顺功名,犹以怀光旧勋,曲加容贷,其副元帅、太尉、中书令、河中尹并朔方等诸道节度、观察等使,宜并罢免,授太子太保。其所管兵马,委本军自举一人功高望重者便宜统领,速具奏闻,当授旌旄,以从人欲。

夏四月壬寅,以邠宁兵马使韩游瓌为邠宁节度使。癸卯,以奉天行营兵马使戴休颜为奉天行营节度使。

灵武守将宁景璿为李怀光治第,别将李如暹曰:"李太尉逐天子,而景璿为之治第,是亦反也。"攻而杀之。

甲辰,加李晟鄜坊、京畿、渭北、商华副元帅。晟家百口及神策军士家属皆在长安,朱泚善遇之。军中有言及家者,晟泣曰:"天子何在,敢言家乎!"泚使晟亲近以家书遗晟曰:"公家无恙。"晟怒曰:"尔敢与贼为间!"立斩之。军士未授春衣,盛夏犹衣裘褐,终无叛志。乙巳,以陕虢防遏使唐朝臣为河中、同绛节度使。前河中尹李齐运为京兆尹,供晟军粮役。

庚戌,以魏博兵马使田绪为魏博节度使。

浑瑊帅诸军出斜谷,崔汉衡劝吐蕃出兵助之。尚结赞曰:

"邠军不出,将袭我后。"韩游瓌闻之,遣其将曹子达将兵三千往会瑊军,吐蕃遣其将论莽罗依将兵二万从之。李楚琳遣其将石锽将卒七百从瑊拔武功,庚戌,朱泚遣其将韩旻等攻武功,锽以其众迎降。瑊战不利,收兵登西原。会曹子达以吐蕃至,击旻,大破之于武亭川,斩首万余级,旻仅以身免。瑊遂引兵屯奉天,与李晟东西相应,以逼长安。

朱泚、姚令言数遣人诱泾原节度使冯河清,河清皆斩其使者。大将田希鉴密与泚通,杀河清,以军府附于泚,泚以希鉴为泾原节度使。

上问陆贽:"近有卑官自山北来者,率非良士。有邢建者,论说贼势,语最张皇,察其事情,颇似窥觇,今已于一所安置。如此之类,更有数人,若不追寻,恐成奸计。卿试思之,如何为便?"贽上奏,以为今盗据宫阙,有冒涉险远来赴行在者,当量加恩赏,岂得复猜虑拘囚。其略曰:"以一人之听览而欲穷宇宙之变态,以一人之防虑而欲胜亿兆之奸欺,役智弥精,失道弥远。项籍纳秦降卒二十万,虑其怀诈复叛,一举而尽坑之,其于防虞亦已甚矣。汉高豁达大度,天下之士至者,纳用不疑,其于备虑,可谓疏矣。然而项氏以灭,刘氏以昌,蓄疑之与推诚,其效固不同也。秦皇严肃雄猜,而荆轲奋其阴计。光武宽容博厚,而马援输其款诚。岂不以虚怀待人,人亦思附,任数御物,物终不亲。情思附则感而悦之,虽寇仇化为心膂矣。意不亲则惧而阻之,虽骨肉结为仇慝矣。"又曰:"陛下智出庶物,有轻待人臣之心;思周万机,有独驭区宇之意。谋吞众略,有过慎之防;明照群情,有先事之察。严束百辟,有任刑致理之规;威制四方,有以力胜残之志。由是才能者怨于不任,忠荩者忧于见疑,著勋业者惧于不容,怀反侧者迫于及讨，驯致离叛，构成祸灾。天子所作，天下式瞻，小犹慎之，矧又非小！愿陛下以覆车之辙为戒，实宗社无疆之休。”

韩游瓌引兵会浑瑊于奉天。

丙寅，加平卢节度使李纳同平章事。

朱滔攻贝州百余日，马寔攻魏州亦逾四旬，皆不能下。贾林复为李抱真说王武俊曰：“朱滔志吞贝、魏，复值田悦被害，傥旬日不救，则魏博皆为滔有矣。魏博既下，则张孝忠必为之臣。滔连三道之兵，益以回纥，进临常山，明公欲保其宗族得乎？常山不守，则昭义退保西山，河朔尽入于滔矣。不若乘贝、魏未下，与昭义合兵救之。滔既破亡，则关中丧气，朱泚不日枭夷。銮舆反正，诸将之功，孰有居明公之右者哉！”武俊悦，从之。

戊辰，武俊军于南宫东南，抱真自临洺引兵会之，与武俊营相距十里。两军尚相疑，明日，抱真以数骑诣武俊营。宾客共谏止之，抱真命行军司马卢玄卿勒兵以俟，曰：“吾之此举，系天下安危。若其不还，领军事以听朝命亦惟子，励将士以雪仇耻亦惟子。”言终遂行，武俊严备以待之。抱真见武俊，叙国家祸难，天子播迁，持武俊哭，流涕纵横。武俊亦悲不自胜，左右莫能仰视，遂与武俊约为兄弟，誓同灭贼。武俊曰：“相公十兄，名高四海，向蒙开谕，得弃逆从顺，免菹醢之罪，享王公之荣。今又不间胡虏，辱为兄弟，武俊当何以为报乎！滔所恃者回纥耳，不足畏也。战日，愿十兄按辔临视，武俊决为十兄破之。”抱真退入武俊帐中，酣寝久之。武俊感激，待之益恭，指心仰天曰：“此身已许十兄死矣！”遂连营而进。

山南地热，上以军士未有春服，亦自御夹衣。五月，盐铁判官万年王绍以江、淮缯帛来至，上命先给将士，然后御衫。韩滉遣使献绫罗四十担诣行在，又运米百艘以饷李晟。时关中兵荒，米斗直钱五百，及滉米至，减五之四。

吐蕃既破韩旻等，大掠而去。朱泚使田希鉴厚以金帛赂之，吐蕃受之，韩游瓌以闻。浑瑊又奏："尚结赞屡遣人约，刻日共取长安，既而不至。闻其众今春大疫，近已引兵去。"上以李晟、浑瑊兵少，欲倚吐蕃以复京城，闻其去，甚忧之，以问陆贽。贽以为吐蕃贪狡，有害无益，得其引去，实可欣贺。乃上奏，其略曰："吐蕃迁延观望，翻覆多端，深入郊畿，阴受贼使，致令群帅进退忧虞。欲舍之独前，则虑其怀怨乘蹑；欲待之合势，则苦其失信稽延。戎若未归，寇终不灭。"又曰："将帅意陛下不见信任，且患蕃戎之夺其功；士卒恐陛下不恤旧劳，而畏蕃戎之专其利。贼党惧蕃戎之胜，不死则悉遗人擒；百姓畏蕃戎之来，有财必尽为所掠。是以顺于王化者其心不得不怠，陷于寇境者其势不得不坚。"又曰："今怀光别保蒲、绛，吐蕃远避封疆，形势既分，腹背无患，瑊、晟诸帅，才力得伸。"又曰："但愿陛下慎于抚接，勤于砥砺，中兴大业，旬月可期。不宜尚眷眷于犬羊之群，以失将士之情也。"

上复使谓贽曰："卿言吐蕃形势甚善，然瑊、晟诸军当议规画，令其进取。朕欲遣使宣慰，卿宜审细条疏以闻。"贽以为贤君选将，委任责成，故能有功。况今秦、梁千里，兵势无常，遥为规画，未必合宜。彼违命则失君威，从命则害军事，进退羁碍，难以成功。不若假以便宜之权，待以殊常之赏，则将帅感悦，智勇得伸。乃上奏，其略曰："锋镝交于原野而决策于九重之中，机会变于斯须而定计于千里之外，用舍相碍，否臧皆凶。上有掣肘之讥，下无死绥之志。"又曰："传闻与指实不同，悬算与临事有异。”又曰：“设使其中或有肆情干命者，陛下能于此时戮其违诏之罪乎？是则违命者既不果行罚，从命者又未必合宜，徒费空言，祇劳睿虑，匪唯无益，其损实多。”又曰：“君上之权，特异臣下，惟不自用，乃能用人。”

乙亥，李抱真、王武俊距贝州三十里而军。朱滔闻两军将至，急召马寔，寔昼夜兼行赴之。或谓滔曰：“武俊善野战，不可当其锋。宜徙营稍前逼之，使回纥绝其粮道。我坐食德、棣之饵，依营而陈，利则进攻，否则入保，待其饥疲，然后可制也。”滔疑未决。会马寔军至，滔命明日出战，寔言：“军士冒暑困惫，请休息数日乃战。”常侍杨布、将军蔡雄引回纥达干见滔，达干曰：“回纥在国与邻国战，常以五百骑破邻国数千骑，如扫叶耳。今受大王金帛牛酒，前后无算，思为大王立效，此其时矣。明日，愿大王驻马高丘，观回纥为大王翦武俊之骑，使匹马不返。”布、雄曰：“大王英略盖世，举燕、蓟全军，将扫河南，清关中，今见小敌，犹豫不击，失远近之望，将何以成霸业乎？达干请战是也。”滔喜，遂决意出战。

丙子旦，武俊遣其兵马使赵琳将五百骑伏于桑林，抱真列方陈于后，武俊引骑兵居前，自当回纥。回纥纵兵冲之，武俊命其骑控马避之。回纥突出其后，将还，武俊乃纵兵击之，赵琳自林中出横击之，回纥败走。武俊急追之，滔骑兵亦走，自践其步陈，步骑皆东奔。滔不能制，遂走趣其营，抱真、武俊合兵追击之。时滔引三万人出战，死者万余人，逃溃者亦万余人，滔才与数千人入营坚守。会日暮，昏雾，两军不能进，抱真军其营之西北，武俊军其东北。滔夜焚营，引兵出南门，趣德州遁去，委弃所掠资货山积，两军以雾，不能追也。

滔杀杨布、蔡雄而归幽州，心既内惭，又恐范阳留守刘怦因败图己。怦悉发留守兵夹道二十里，具仪仗迎之入府，相对悲喜，时人多之。

初，张孝忠以易州归国，诏以孝忠为义武节度使，以易、定、沧三州隶之。沧州刺史李固烈，李惟岳之妻兄也，请归恒州，孝忠遣押牙安喜程华交其州事。固烈悉取军府绫、缣、珍货数十车，将行，军士大噪曰："刺史扫府库之实以行，将士于后饥寒，奈何！"遂杀固烈，屠其家。程华闻乱，自窦逃出，乱兵求得之，请知州事，华不得已，从之。孝忠闻之，即版华摄沧州刺史。华素宽厚，推心以待将士，将士安之。

会朱滔、王武俊叛，更遣人招华，华皆不从。时孝忠在定州，自沧如定，必过瀛州，瀛隶朱滔，道路阻涩。沧州录事参军李宇说华，表陈利害，请别为一军，华从之，遣宇奉表诣行在。上即以华为沧州刺史、横海军副大使、知节度事，赐名日华，令日华岁供义武租钱十二万缗。王武俊又使人说诱之。时军中乏马，日华绐使者曰："王大夫必欲相属，当以二百骑相助。"武俊给之。日华悉留其马，遣其士归。武俊怒，而方与马燧等相距，不能攻取，日华由是获全。及武俊归国，日华乃遣人谢过，偿其马价，且赂之。武俊喜，复与交好。

庚寅，李晟大陈兵，谕以收复京城。先是，姚令言等屡遣谍人觇晟进军之期，皆为逻骑所获。晟引示以所陈兵，谓曰："归语诸贼，努力固守，勿不忠于贼也。"皆饮之酒，给钱而纵之。遂引兵至通化门外，耀武而还。贼不敢出。晟召诸将，问兵所从入，皆请"先取外城，据坊市，然后北攻宫阙"。晟曰："坊市狭隘，贼若伏兵格斗，居人惊乱，非官军之利也。今贼重兵皆聚苑中，不若自苑北攻之，溃其腹心，贼必奔亡。如此，则宫阙不残，坊市无扰，策之上者也。"诸将皆曰："善。"乃牒浑瑊及镇国节度使骆元光、商州节度使尚可孤，刻期集于城下。

壬辰，尚可孤败泚将仇敬忠于蓝田西，斩之。乙未，李晟移军于光泰门外米仓村。丙申，晟方自临筑垒，泚骁将张庭芝、李希倩，引兵大至。晟谓诸将曰："始吾忧贼潜匿不出，今来送死，此天赞我，不可失也。"命副元帅兵马使吴诜等纵兵击之。时华州营在北，兵少，贼并力攻之，晟命牙前将李演等帅精兵救之。演等力战，贼败走。演等追之，乘胜入光泰门；再战，又破之。会夜，晟敛兵还。贼余众走入白华门，夜闻恸哭。希倩，希烈之弟也。

丁酉，晟复出兵，诸将请待西师至夹攻之。晟曰："贼数败，已破胆，不乘胜取之，使其成备，非计也。"贼又出战，官军屡捷。骆元光败泚众于浐西。戊戌，晟陈兵于光泰门外，使李演及牙前兵马使王佖将骑兵，牙前将史万顷将步兵，直抵苑墙神麚村。晟先使人夜开苑墙二百余步，比演等至，贼已树栅塞之，自栅中刺射官军，官军不得进。晟怒，叱诸将曰："纵贼如此，吾先斩公辈矣！"万顷惧，帅众先进，拔栅而入。佖、演引骑兵继之，贼众大溃，诸军分道并入。姚令言等犹力战，晟命决胜军使唐良臣等步骑蹙之，且战且前，凡十余合，贼不能支。至白华门，有贼数千骑出官军之背，晟帅百余骑回御之，左右呼曰："相公来。"贼皆惊溃。

先是，泚遣张光晟将兵五千屯九曲，去东渭桥十余里，光晟密输款于晟。及泚败，光晟劝泚出亡，泚乃与姚令言帅余众西走，犹近万人。光晟送泚出城，还，降于晟。晟遣兵马使田子奇以骑兵追泚。晟屯含元殿前，舍于右金吾仗，令诸军曰："晟赖将士之力，克清宫禁。长安士庶，久陷贼庭，若小有震惊，非吊民伐罪之意。晟与公等室家相见非晚，五日内无得通家信。”命京兆尹李齐运等安慰居人。晟大将高明曜取贼妓，尚可孤军士擅取贼马，晟皆斩之，军中股栗。公私安堵，秋毫无犯，远坊有经宿乃知官军入城者。

是日，浑瑊、戴休颜、韩游瓌亦克咸阳，败贼三千余众，闻泚西走，分兵邀之。

己亥，晟使京西兵马使孟涉屯白华门，尚可孤屯望仙门，骆元光屯章敬寺，晟以牙前三千人屯安国寺，以镇京城。斩泚党李希倩、敬旃、彭偃等八人于市。

王武俊既破朱滔，还恒州，表让幽州、卢龙节度使，上许之。

六月癸卯，李晟遣掌书记吴人于公异作露布上行在，曰：“臣已肃清宫禁，祇谒寝园，钟簴不移，庙貌如故。”上泣下曰：“天生李晟，以为社稷，非为朕也。”

晟在渭桥，荧惑守岁，久之乃退。宾佐皆贺，曰：“荧惑退舍，皇家之福也，宜速进兵。”晟曰：“天子野次，臣下知死敌而已。天象高远，谁得知之？”既克长安，乃谓之曰：“晟非相拒也，吾闻五星赢缩无常，万一复来守岁，吾军不战自溃矣。”皆谢曰：“非所及也。”

朱泚将奔吐蕃，其众随道散亡，比至泾州，才百余骑。田希鉴闭城拒之，泚谓之曰：“汝之节，吾所授也，奈何临危相负！”使焚其门。希鉴取节投火中曰：“还汝节。”泚众皆哭。泾卒遂杀姚令言，诣希鉴降。泚独与范阳亲兵及宗族、宾客北趣驿马关，宁州刺史夏侯英拒之。至彭原西城屯，其将梁庭芬射泚坠坑中，韩旻等斩之，诣泾州降。源休、李子平奔凤翔，李楚琳斩之，皆传首行在。

上命陆贽草诏赐浑瑊，使访求奉天所失裹头内人。贽上奏，以为："今巨盗始平，疲瘵之民，疮痍之卒，尚未循拊，而首访妇人，非所以副惟新之望也。谋始尽善，克终已稀，始而不谋，终则何有，所赐瑊诏，未敢承旨。"上遂不降诏，竟遣中使求之。

乙巳，诏吏部侍郎班宏充宣慰使，劳问将士，抚谕蒸黎。丙午，李晟斩文武官受朱泚宠任者崔宣、洪经纶等十余人，又表守节不屈者刘迺、蒋沇等。己酉，以李晟为司徒、中书令，骆元光、尚可孤各迁官有差。以检校御史中丞田希鉴为泾原节度使。诏改梁州为兴元府。

甲寅，以浑瑊为侍中，韩游瓌、戴休颜各迁官有差。

朱泚之败也，李忠臣奔樊川，擒获，丙辰，斩之。

上问陆贽："今至凤翔，有迎驾诸军，形势甚盛，欲因此遣人代李楚琳，何如？"贽上奏，以为："如此则事同胁执，以言乎除乱则不武，以言乎务理则不诚，用是时巡，后将安入！议者或谓之权，臣窃未谕其理。夫权之为义，取类权衡。今辇路所经，首行胁夺，易一帅而亏万乘之义，得一方而结四海之疑，乃是重其所轻，而轻其所重，谓之权也，不亦反乎？以反道为权，以任数为智，君上行之必失众，臣下用之必陷身，历代之所以多丧乱而长奸邪，由此误也。不如俟奠枕京邑，征授一官，彼喜于恩宥，将奔走不暇，安敢辄有旅拒，复劳诛锄哉。"戊午，车驾发汉中。

李晟综理长安以备百司，自请至凤翔迎扈，上不许。内常侍尹元贞奉使同华，辄诣河中招谕李怀光。晟奏："元贞矫制，擅赦元恶，请理其罪。"

秋七月丙子，车驾至凤翔，斩乔琳、蒋镇、张光晟等。李晟以光晟虽臣贼，而灭贼亦颇有力，欲全之；上不许。副元帅判官高郢数劝李怀光归款，怀光遣其子璀诣行在谢罪，请束身归朝。庚辰，诏遣给事中孔巢父赍先除怀光太子太保敕诣河中宣慰，朔方将士，悉复官爵如故。

壬午，车驾至长安。浑瑊、韩游瓌、戴休颜以其众扈从，李晟、骆元光、尚可孤以其众奉迎，步骑十余万，旌旗数十里。晟谒见上于三桥，先贺平贼，后谢收复之晚，伏路左请罪。上驻马慰抚，为之掩涕，命左右扶上马。至宫，每间日辄宴勋臣，赏赐丰渥，李晟为之首，浑瑊次之，诸将相又次之。

曹王皋遣其将伊慎、王锷围安州，李希烈遣其甥刘戒虚将步骑八千救之。皋遣别将李伯潜逆击之于应山，斩首千余级，生擒戒虚，徇于城下，安州遂降，以伊慎为安州刺史。又击希烈将康叔夜于厉乡，走之。

丁亥，孔巢父至河中，李怀光素服待罪，巢父不之止。怀光左右多胡人，皆叹曰："太尉无官矣。"巢父又宣言于众曰："军中谁可代太尉领军事者？"于是怀光左右发怒喧噪。宣诏未毕，众杀巢父及中使啖守盈，怀光亦不之止，复治兵为拒守之备。

初，肃宗在灵武，上为奉节王，学文于李泌。代宗之世，泌居蓬莱书院，上为太子，亦与之游。及上在兴元，泌为杭州刺史，上急诏征之，与睦州刺史杜亚俱诣行在。乙未，以泌为左散骑常侍，亚为刑部侍郎，命泌日直西省以候对，朝野皆属目附之。上问泌："河中密迩京城，朔方兵素称精锐，如达奚小俊等皆万人敌，朕昼夕忧之，奈何？"对曰："天下事，甚有可忧者，若惟河中，不足忧也。夫料敌者，料将不料兵。今怀光，将也，小俊之徒乃兵耳，何足为意？怀光既解奉天之围，视朱泚垂亡之虏不能取，乃与之连和，使李晟得取以为功。今陛下已还宫阙，怀光不束身归罪，乃虐杀使臣，鼠伏河中，如梦魇之人耳！但恐不日为帐下所枭，使诸将无以借手也。”

李希烈闻李希倩伏诛，忿怒，八月壬寅，遣中使至蔡州，杀颜真卿。中使曰：“有敕。”真卿再拜。中使曰：“今赐卿死。”真卿曰：“老臣无状，罪当死。不知使者几日发长安？”使者曰：“自大梁来，非长安也。”真卿曰：“然则贼耳，何谓敕邪！”遂缢杀之。

李晟以泾州倚边，屡害军师，常为乱根，奏请往理不用命者，力田积粟以攘吐蕃。癸卯，以晟兼凤翔、陇右节度等使及四镇、北庭、泾原行营副元帅，进爵西平王。时李楚琳入朝，晟请与俱至凤翔斩之，以惩逆乱。上以新复京师，务安反仄，不许。

先是，上命浑瑊、骆元光讨李怀光军于同州，怀光遣其将徐庭光以精卒六千军于长春宫以拒之，瑊等数为所败，不能进。时度支用度不给，议者多请赦怀光，上不许。李怀光遣其妹婿要廷珍守晋州，牙将毛朝扬守隰州，郑抗守慈州，马燧皆遣人说下之。上乃加浑瑊河中绛州节度使，充河中同华陕虢行营副元帅，加马燧奉诚军晋慈隰节度使，充管内诸军行营副元帅，与镇国节度使骆元光、鄜坊节度使唐朝臣合兵讨怀光。

初，王武俊急攻康日知于赵州，马燧奏请诏武俊与李抱真同击朱滔，以深、赵隶武俊，改日知为晋慈隰节度使，上从之。日知未至而三州降燧，故上使燧兼领之。燧表让三州于日知，且言因降而授，恐后有功者踵以为常。上嘉而许之。燧遣使迎日知，既至，籍府库而归之。

甲辰，以凤翔节度使李楚琳为左金吾大将军。丙午，加浑瑊朔方行营元帅。

李晟至凤翔，治杀张镒之罪，斩裨将王斌等十余人。朱滔为王武俊所攻，殆不能军，上表待罪。

癸未，马燧将步骑三万攻绛州。

度支以李怀光所部将士数万与怀光同反，不给冬衣。上曰："朔方军累代忠义，今为怀光所制耳，将士何罪？"冬十月己亥，诏朔方及诸军在怀光所者，冬衣及赏钱皆当别贮，俟道路稍通，即时给之。

李勉累表乞自贬，辛丑，罢勉都统、节度使，其检校司徒、同平章事如故。

丙辰，李怀光将阎晏寇同州，官军败于沙苑。诏征邠州之军，韩游瓌将甲士六千赴之。

乙丑，马燧拔绛州，分兵取闻喜、万泉、虞乡、永乐、猗氏。

闰月丙子，以泾原节度使田希鉴为卫尉卿。李晟初至凤翔，希鉴遣使参候。晟谓使者曰："泾州逼近吐蕃，万一入寇，州兵能独御之乎？欲遣兵防援，又未知田尚书意。"使者归以告希鉴，希鉴果请援兵，晟遣腹心将彭令英等戍泾州。晟寻托巡边，诣泾州，希鉴出迎，晟与之并辔而入，道旧结欢。希鉴妻李氏，以叔父事晟，晟谓之田郎。晟命具三日食，曰："巡抚毕即还凤翔。"希鉴不复疑。晟置宴，希鉴与将佐俱诣晟营。晟伏甲于外庑，既食而饮，彭令英引泾州诸将下堂，晟曰："我与汝曹久别，各宜自言姓名。"于是得为乱者石奇等三十余人，让之曰："汝曹屡为逆乱，残害忠良，固天地所不容！"悉引出，斩之。希鉴尚在座，晟顾之曰："田郎亦不得无过，以亲知之故，当使身首得完。"希鉴曰："唯。"遂引出，缢杀之，并其子萼。晟入其营，谕以诛希鉴之意，众股栗，无敢动者。

李希烈遣其将翟崇晖悉众围陈州，久之不克。李澄知大梁兵少，不能制滑州，遂焚希烈所授旌节，誓众归国。甲午，以澄为汴滑节度使。

宋亳节度使刘洽遣马步都虞候刘昌与陇右、幽州行营节度使曲环等将兵三万救陈州，十一月癸卯，败翟崇晖于州西，斩首三万五千级，擒崇晖以献。乘胜进攻汴州，李希烈惧，奔归蔡州。李澄引兵趣汴州，至城北，恇怯不敢进。刘洽兵至城东，戊午，李希烈守将田怀珍开门纳之。明日，澄入，舍于浚仪，两军之士日有忿阋。会希烈郑州守将孙液降于澄，澄引兵屯郑州。诏以都统司马宝鼎薛珏为汴州刺史。

李勉至长安，素服待罪。议者多以勉失守大梁，不应尚为相。李泌言于上曰："李勉公忠雅正，而用兵非其所长。及大梁不守，将士弃妻子而从之者殆二万人，足以见其得众心矣。且刘洽出勉麾下，勉至睢阳，悉举其众以授之，卒平大梁，亦勉之功也。"上乃命勉复其位。议者又言："韩滉闻銮舆在外，聚兵修石头城，阴蓄异志。"上疑之，以问李泌。对曰："滉公忠清俭，自车驾在外，滉贡献不绝。且镇抚江东十五州，盗贼不起，皆滉之力也。所以修石头城者，滉见中原版荡，谓陛下将有永嘉之行，为迎扈之备耳。此乃人臣忠笃之虑，奈何更以为罪乎！滉性刚严，不附权贵，故多谤毁，愿陛下察之，臣敢保其无他。"上曰："外议汹汹，章奏如麻，卿弗闻乎？"对曰："臣固闻之。其子皋为考功员外郎，今不敢归省其亲，正以谤语沸腾故也。"上曰："其子犹惧如此，卿奈何保之？"对曰："滉之用心，臣知之至熟，愿上章明其无他，乞宣示中书，使朝众皆知之。"上曰："朕方欲用卿，人亦何易可保。慎勿违众，恐并为卿累也。"泌退，遂上章，请以百口保滉。他日，上谓泌曰："卿竟上章，已为卿留中。虽知卿与滉亲旧，岂得不自爱其身乎？”对曰：“臣岂肯私于亲旧以负陛下，顾滉实无异心，臣之上章，以为朝廷，非为身也。”上曰：“如何其为朝廷？”对曰：“今天下旱、蝗，关中米斗千钱，仓廪耗竭，而江东丰稔。愿陛下早下臣章，以解朝众之惑，面谕韩皋使之归觐，令滉感激无自疑之心，速运粮储，岂非为朝廷邪？”上曰：“善，朕深谕之矣。”即下泌章，令韩皋谒告归觐，面赐绯衣，谕以卿父比有谤言，朕今知其所以，释然不复信矣。因言：“关中乏粮，归语卿父，宜速致之。”皋至润州，滉感悦流涕，即日，自临水滨发米百万斛，听皋留五日即还朝。皋别其母，啼声闻于外。滉怒，召出，挞之，自送至江上，冒风涛而遣之。既而陈少游闻滉贡米，亦贡二十万斛。上谓李泌曰：“韩滉乃能化陈少游，亦贡米矣。”对曰：“岂惟少游，诸道将争入贡矣。”

吏部尚书同平章事萧复奉使自江、淮还，与李勉、卢翰、刘从一俱见上。勉等退，复独留，言于上曰：“陈少游任兼将相，首败臣节，韦皋幕府下僚，独建忠义，请以皋代少游镇淮南，使善恶著明。”上然之。寻遣中使马钦绪揖刘从一，附耳语而去。诸相还阁，从一诣复曰：“钦绪宣旨，令从一与公议朝来所言事，即奏行之，勿令李、卢知。敢问何事也？”复曰：“唐、虞黜陟，岳牧佥谐。爵人于朝，与士共之。使李、卢不堪为相，则罢之；既在相位，朝廷政事安得不与之同议，而独隐此一事乎？此最当今之大弊。朝来主上亦有斯言，复已面陈其不可，不谓圣意尚尔。复不惜与公奏行之，但恐浸以成俗，未敢以告。”竟不以事语从一。从一奏之，上愈不悦。复乃上表辞位，乙丑，罢为左庶子。

刘洽克汴州，得李希烈起居注，云“某月日，陈少游上表归顺”。少游闻之，惭惧，发疾，十二月乙亥，薨，赠太尉，赙祭如常仪。

淮南大将王韶欲自为留后，令将士推己知军事，且欲大掠。韩滉遣使谓之曰："汝敢为乱，吾即日全军渡江诛汝矣！"韶等惧而止。上闻之喜，谓李泌曰："滉不惟安江东，又能安淮南，真大臣之器，卿可谓知人。"庚辰，加滉平章事、江淮转运使。滉运江、淮粟帛入贡府，无虚月，朝廷赖之，使者劳问相继，恩遇始深矣。

贞元元年春正月癸丑，赠颜真卿司徒，谥曰文忠。

新州司马卢杞遇赦，移吉州长史，谓人曰："吾必再入。"未几，上果用为饶州刺史。给事中袁高应草制，执以白卢翰、刘从一曰："卢杞作相，致銮舆播迁，海内疮痍，奈何遽迁大郡！愿相公执奏。"翰等不从，更命他舍人草制。乙卯，制出，高执之不下，且奏："杞极恶穷凶，百辟疾之若仇，六军思食其肉，何可复用！"上不听。补阙陈京、赵需等上疏曰："杞三年擅权，百揆失叙，天地神祇所知，华夏蛮夷同弃。傥加巨奸之宠，必失万姓之心。"丁巳，袁高复于正牙论奏，上曰："杞已再更赦。"高曰："赦者止原其罪，不可为刺史。"陈京等亦争之不已，曰："杞之执政，百官常如兵在其颈。今复用之，则奸党皆唾掌而起。"上大怒，左右辟易，谏者稍引却。京顾曰："赵需等勿退，此国大事，当以死争之。"上怒稍解。戊午，上谓宰相："与杞小州刺史可乎？"李勉曰："陛下欲与之，虽大州亦可，其如天下失望何！"壬戌，以杞为澧州别驾。使谓袁高曰："朕徐思卿言，诚为至当。"又谓李泌曰："朕已可袁高所奏。"泌曰："累日外人窃议，比陛下于桓、灵。今承德音，乃尧、舜之不逮也。"上悦。杞竟卒于澧州。高，恕己之孙也。

三月，李希烈陷邓州。戊午，以汴滑节度使李澄为郑滑节度使。以代宗女嘉诚公主妻田绪。

李怀光都虞候吕鸣岳密通款于马燧，事泄，怀光杀之，屠其家。事连幕僚高郢、李鄘，怀光集将士而责之，郢、鄘抗言逆顺，无所慚隐，怀光囚之。鄘，邕之侄孙也。马燧军于宝鼎，败怀光兵于陶城，斩首万余级，分兵会浑瑊，逼河中。

夏四月丁丑，以曹王皋为荆南节度，李希烈将李思登以随州降之。

壬午，马燧、浑瑊破李怀光兵于长春宫南，遂掘堑围宫城，怀光诸将相继来降。诏以燧、瑊为招抚使。

五月丙申，刘洽更名玄佐。

韩游瓌请兵于浑瑊，共取朝邑。李怀光将阎晏欲争之，士卒指邠军曰："彼非吾父兄，则吾子弟，奈何以白刃相向乎！"语甚嚣，晏遽引兵去。怀光知众心不从，乃诈称欲归国，聚货财，饰车马，云俟路通入贡，由是得复逾旬月。

六月辛巳，以刘玄佐兼汴州刺史。

朱滔病死，将士奉前涿州刺史刘怦知军事。

时连年旱、蝗，度支资粮匮竭，言事者多请赦李怀光。李晟上言："赦怀光有五不可。河中距长安才三百里，同州当其冲，多兵则未为示信，少兵则不足堤防，忽惊东偏，何以制之？一也。今赦怀光，必以晋、绛、慈、隰还之，浑瑊既无所诣，康日知又应迁移，土宇不安，何以奖励？二也。陛下连兵一年，讨除小丑，兵力未穷，遽赦其反逆之罪。今西有吐蕃，北有回纥，南有淮西，皆观我强弱，不谓陛下施德泽，爱黎元，乃谓兵屈于人而自罢耳，必竞起窥觎之心。三也。怀光既赦，则朔方将士皆应叙勋行赏。今府库方虚，赏不满望，是愈激之使叛。四也。既解河中，罢诸道兵，赏典不举，怨言必起。五也。今河中斗米五百，刍藁且尽，墙壁之间，饿殍甚众。且其军中大将杀戮略尽，陛下但敕诸道围守旬时，彼必有内溃之变。何必养腹心之疾，为他日之悔哉！”又请发兵二万，自备资粮，独讨怀光。秋七月甲午朔，马燧自行营入朝，奏称：“怀光凶逆尤甚，赦之无以令天下。愿更得一月粮，必为陛下平之。”上许之。

壬子，以刘怦为幽州、卢龙节度使。

八月，马燧至行营，与诸将谋曰：“长春宫不下，则怀光不可得。长春宫守备甚严，攻之旷日持久，我当身往谕之。”遂径造城下，呼怀光守将徐庭光，庭光帅将士罗拜城上。燧知其心屈，徐谓之曰：“我自朝廷来，可西向受命。”庭光等复西向拜。燧曰：“汝曹自禄山已来，徇国立功四十余年，何忽为灭族之计！从吾言，非止免祸，富贵可图也。”众不对。燧披襟曰：“汝不信吾言，何不射我？”将士皆伏泣。燧曰：“此皆怀光所为，汝曹无罪，第坚守勿出。”皆曰：“诺。”

壬申，燧与浑瑊、韩游瓌进军逼河中，至焦篱堡，守将尉圭以七百人降。是夕，怀光举火，诸营不应。骆元光在长春宫下，使人招徐庭光。庭光素轻元光，遣卒骂之，又为优胡于城上以侮之，且曰：“我降汉将耳。”元光使白燧，燧还至城下，庭光开门降。燧以数骑入城慰抚，其众大呼曰：“吾辈复为王人矣。”浑瑊谓僚佐曰：“始吾谓马公用兵不吾远也，今乃知吾不逮多矣。”诏以庭光试殿中监兼御史大夫。

甲戌，燧帅诸军至河西，河中军士自相惊，曰：“西城擐甲矣。”又曰：“东城捉队矣。”须臾，军士皆易其号为“太平”字。怀光不知所为，乃缢而死。

初，怀光之解奉天围也，上以其子璀为监察御史，宠待甚厚。及怀光屯咸阳不进，璀密言于上曰："臣父必负陛下，愿早为之备。臣闻君父一也，但今日之势，陛下未能诛臣父，而臣父足以危陛下。陛下待臣厚，臣胡人，性直，故不忍不言耳。"上惊曰："知卿大臣爱子，当为朕委曲弥缝而密奏之。"对曰："臣父非不爱臣，臣非不爱其父与宗族也，顾臣力竭不能回耳。"上曰："然则卿以何策自免？"对曰："臣之进言，非苟求生也。臣父败，则臣与之俱死矣，复有何策哉！使臣卖父求生，陛下亦安用之。"上曰："卿勿死，为朕更至咸阳谕卿父，使君臣父子俱全，不亦善乎！"璀至咸阳而还，曰："无益也，愿陛下备之，勿信人言。臣今往，说谕万方，臣父言：'汝小子何知！主上无信，吾非贪富贵也，直畏死耳。汝岂可陷吾入死地邪！'"

及李泌赴陕，上谓之曰："朕所以再三欲全怀光者，诚惜璀也。卿至陕，试为朕招之。"对曰："陛下未幸梁、洋，怀光犹可降也，今则不然。岂有人臣追逐其君，而可复立于其朝乎？纵彼颜厚无惭，陛下每视朝，何心见之。臣得入陕，借使怀光请降，臣不敢受，况招之乎？李璀固贤者，必与父俱死矣。若其不死，则亦无足贵也。"及怀光死，璀先刃其二弟，乃自杀。

朔方将牛名俊断怀光首出降。河中兵犹万六千人，燧斩其将阎晏等七人，余皆不问。燧自辞行至河中平，凡二十七日。燧出高郢、李鄘于狱，皆奏置幕下。

韩游瓌之攻怀光也，杨怀宾战甚力，上命特原其子朝晟，游瓌遂以朝晟为都虞候。

上使问陆贽："河中既平，复有何事所宜区处？"令悉条奏。贽以河中既平，虑必有希旨生事之人，以为王师所向无敌，请乘胜讨淮西者。李希烈必诱谕其所部及新附诸帅曰："奉天息兵之旨，乃因窘急而言，朝廷稍安，必复诛伐。"如此则四方负罪者孰不自疑，河朔、青齐固当响应，兵连祸结，赋役繁兴，建中之忧，行将复起。乃上奏，其略曰："福不可以屡徼，幸不可以常觊。"又曰："臣姑以生祸为忧，而未敢以获福为贺。"又曰："陛下怀悔过之深诚，降非常之大号，所在宣扬之际，闻者莫不涕流。假王叛换之夫，削伪号以请罪；观衅首鼠之将，一纯诚以效勤。"又曰："曩讨之而愈叛，今释之而毕来。曩以百万之师而力殚，今以咫尺之诏而化洽。是则圣王之敷理道，服暴人，任德而不任兵，明矣。群帅之悖臣礼，拒天诛，图活而不图王，又明矣。是则好生以及物者乃自生之方，施安以及物者乃自安之术。挤彼于死地而求此之久生也，措彼于危地而求此之久安也，从古及今，未之有焉。"又曰："一夫不率，阖境罹殃；一境不宁，普天致扰。"又曰："亿兆污人，四三叛帅，感陛下自新之旨，悦陛下盛德之言，革面易辞，且修臣礼，其于深言密议固亦未尽坦然，必当聚心而谋，倾耳而听，观陛下所行之事，考陛下所誓之言。若言与事符，则迁善之心渐固；傥事与言背，则虑祸之态复兴。"又曰："朱泚灭而怀光戮，怀光戮而希烈征，希烈傥平，祸将次及，则彼之蓄素疑而怀宿负者，能不为之动心哉！"又曰："今皇运中兴，天祸将悔，以逆泚之偷居上国，以怀光之窃保中畿，岁未再周，相次枭殄，实众慝惊心之日，群生改观之时。威则已行，惠犹未洽。诚宜上副天眷，下收物情，布恤人之惠以济威，乘灭贼之威以行惠。"又曰："臣所未敢保其必从，唯希烈一人而已。揆其私心，非不愿从也；想其潜虑，非不追悔也。但以猖狂失计，已窃大名，虽荷陛下全宥之恩，然不能不自腼于天地之间耳。纵未顺命，斯为独夫，内则无辞以起兵，外则无类以求助，其计不过厚抚部曲，偷容岁时，心虽陆梁，势必不致。陛下但敕诸镇各守封疆，彼既气夺算穷，是乃狴牢之类，不有人祸，则当鬼诛。古所谓不战而屈人之兵者，斯之谓欤。”

丁卯，诏以：“李怀光尝有功，宥其一男，使续其后，赐之田宅，归其首及尸使收葬。加马燧兼侍中，浑瑊检校司空，余将卒赏赉各有差。诸道与淮西连接者，宜各守封疆，非彼侵轶，不须进讨。李希烈若降，当待以不死，自余将士、百姓，一无所问。”

骆元光杀徐庭光。浑瑊镇河中，尽得李怀光之众，朔方军自是分矣。

卢龙节度使刘怦疾病，九月己亥，诏以其子行军司马济权知节度事，怦寻薨。

二年。(春正月)李希烈将杜文朝寇襄州，二月癸亥，山南东道节度使樊泽击擒之。三月，李希烈别将寇郑州，义成节度使李澄击破之。希烈兵势日蹙，会有疾，夏四月丙寅，大将陈仙奇使医陈山甫毒杀之，因以兵悉诛其兄弟妻子，举众来降。甲申，以仙奇为淮西节度使。

关中仓廪竭，禁军或自脱巾呼于道曰：“拘吾于军而不给粮，吾罪人也。”上忧之甚。会韩滉运米三万斛至陕，李泌即奏之。上喜，遽至东宫谓太子曰：“米已至陕，吾父子得生矣。”时禁中不酿，命于坊市取酒为乐。又遣中使谕神策六军，军士皆呼万岁。时比岁饥馑，兵民率皆瘦黑，至是麦始熟，市有醉人，当时以为嘉瑞。人乍饱食，死者复伍之一。数月，人肤色乃复故。

初，上与常侍李泌议复府兵，泌因为上历叙府兵自西魏以来兴废之由，且言：“府兵平日能安居田亩，每府有折冲领之，折冲以农隙教习战陈。国家有事征发，则以符契下其州及府，参验发之，至所期处。将帅按阅，有教习不精者罪其折冲，甚者罪及刺史。军还，则赐勋加赏，便道罢之。行者近不逾时，远不经岁。高宗以刘仁轨为洮河镇守使以图吐蕃，于是始有久戍之役。武后以来，承平日久，府兵浸堕，为人所贱，百姓耻之，至蒸熨手足以避其役。又，牛仙客以积财得宰相，边将效之。山东戍卒多赍缯帛自随，边将诱之寄于府库，昼则苦役，夜絷地牢，利其死而没入其财。故自天宝以后，山东戍卒还者什无二三，其残虐如此。然未尝有外叛、内侮、杀帅自擅者，诚以顾恋田园，恐累宗族故也。自开元之末，张说始募长征兵，谓之'彍骑'，其后益为六军。及李林甫为相，奏请军皆募人为之，兵不土著，又无宗族，不自重惜，忘身徇利，祸乱遂生，至今为梗。向使府兵之法常存不废，安有如此下陵上替之患哉！陛下思复府兵，此乃社稷之福，太平有日矣。"上曰："俟平河中，当与卿议之。"

三年春二月戊寅，镇海节度使韩滉薨。夏六月，以陕虢观察使李泌为中书侍郎、同平章事。

四年春二月，李泌自陈衰老，独任宰相，精力耗竭，既未听其去，乞更除一相。上曰："朕深知卿劳苦，但未得其人耳。"上从容与泌论即位以来宰相曰："卢杞忠清强介，人言杞奸邪，朕殊不觉其然。"泌曰："人言杞奸邪而陛下独不觉其奸邪，此乃杞之所以为奸邪也。傥陛下觉之，岂有建中之乱乎！杞以私隙杀杨炎，挤颜真卿于死地，激李怀光使叛，赖陛下圣明窜逐之，人心顿喜，天亦悔祸。不然，乱何由弭！"上曰："杨炎以童子视朕，每论事，朕可其奏则悦，与之往复问难，即怒而辞位。观其意，以朕为不足与言故也。以是交不可忍，非由杞也。建中之乱，术士豫请城奉天，此盖天命，非杞所能致也。”泌曰：“天命，他人皆可以言之，惟君相不可言。盖君相所以造命也，若言命，则礼乐政刑皆无所用矣。纣曰‘我生不有命在天’，此商之所以亡也。”上曰：“朕好与人较量理体，崔祐甫性褊躁，朕难之，则应对失次，朕常知其短而护之。杨炎论事亦有可采，而气色粗傲，难之辄勃然怒，无复君臣之礼，所以每见令人忿发。余人则不敢复言。卢杞小心，朕所言无不从；又无学，不能与朕往复，故朕所怀常不尽也。”对曰：“杞言无不从，岂忠臣乎？夫‘言而莫予违’，此孔子所谓一言丧邦者也。”上曰：“惟卿则异彼三人者。朕言当，卿常有喜色；不当，常有忧色。虽时有逆耳之言，如向来纣及丧邦之类。朕细思之，皆卿先事而言，如此则理安，如彼则危乱，言虽深切而气色和顺，无杨炎之陵傲。朕问难往复，卿辞理不屈，又无好胜之志，直使朕中怀已尽(而)屈服〔而〕不能不从，此朕所以私喜于得卿也。”泌曰：“陛下所用相尚多，今皆不论，何也？”上曰：“彼皆非所谓相也。凡相者，必委以政事，如玄宗时牛仙客、陈希烈可以谓之相乎？如肃宗、代宗之任卿，虽不受其名，乃真相耳。必以官至平章事为相，则王武俊之徒皆相也。”

五年。初，上思李怀光之功，欲宥其一子，而子孙皆已伏诛。戊辰，诏以怀光外孙燕八八为怀光后，赐姓名李承绪，除左卫率胄曹参军，赐钱千缗，使养怀光妻王氏及守其墓祀。

七年春(二)〔三〕月癸未，易定节度使张孝忠薨。

八年春三月丁丑，山南东道节度使曹成王皋薨。

宣武节度使刘玄佐有威略，其母虽贵，日织绢一匹，谓玄佐曰：“汝本寒微，天子富贵汝至此，必以死报之。”故玄佐始终不失臣节。庚午，玄佐薨。

夏(六)〔五〕月癸酉，平卢节度使李纳薨，军中推其子师古知留后。

十二年春三月，魏博节度使田绪尚嘉诚公主，有庶子三人，季安最幼，公主子之，以为副大使。夏四月庚午，绪暴薨；左右匿之，使季安领军事，年十五。乙亥，发丧，推季安为留后。

十七年夏五月丁巳，成德节度使王武俊薨。秋七月辛巳，以成德节度副使王士真为节度使。

通鉴纪事本末卷第三十四

伾文用事

唐德宗贞元十九年。初，翰林待诏王伾善书，山阴王叔文善棋，俱出入东宫，娱侍太子。伾，杭州人也。叔文谲诡多计，自言读书知治道，乘间常为太子言民间疾苦。太子尝与诸侍读及叔文等论及宫市事。太子曰："寡人方欲极言之。"众皆称赞，独叔文无言。既退，太子自留叔文，谓曰："向者君独无言，岂有意邪？"叔文曰："叔文蒙幸太子，有所见，敢不以闻。太子职当视膳、问安，不宜言外事。陛下在位久，如疑太子收人心，何以自解？"太子大惊，因泣曰："非先生，寡人无以知此。"遂大爱幸，与王伾相依附。

叔文因为太子言某可为相，某可为将，幸异日用之。密结翰林学士韦执谊及当时朝士有名而求速进者陆淳、吕温、李景俭、韩晔、韩泰、陈谏、柳宗元、刘禹锡等，定为死友。而凌准、程异等又因其党以进，日与游处，踪迹诡秘，莫有知其端者。藩镇或阴进资币，与之相结。淳，吴人，尝为左司郎中。温，渭之子，时为左拾遗。景俭，瑀之孙，进士及第。晔，滉之族子。谏，尝为侍御史。宗元、禹锡，时为监察御史。

左补阙张正一上书，得召见。正一与吏部员外郎王仲舒、主客员外郎刘伯刍等相亲善，叔文之党疑正一言己阴事，令韦执谊反谮正一等于上，云其朋党，游宴无度。九月甲寅，正一等皆坐远贬，人莫知其由。伯刍，迺之子也。

十二月庚申，以太常卿高郢为中书侍郎，吏部侍郎郑珣瑜为门下侍郎，并同平章事。珣瑜，余庆之从父兄弟也。

二十年秋九月，太子始得风疾，不能言。

顺宗永贞元年春正月辛未朔，诸王亲戚入贺德宗，太子独以疾不能来，德宗涕泣悲叹，由是得疾，日益甚。凡二十余日，中外不通，莫知两宫安否。癸巳，德宗崩。苍猝召翰林学士郑絪、卫次公等至金銮殿草遗诏。宦官或曰："禁中议所立尚未定。"众莫敢对。次公遽言曰："太子虽有疾，地居冢嫡，中外属心。必不得已，犹应立广陵王，不然必大乱。"絪等从而和之，议始定。次公，河东人也。太子知人情忧疑，紫衣麻鞋，力疾出九仙门，召见诸军使，京师粗安。甲午，宣遗诏于宣政殿，太子缞服见百官。丙申，即皇帝位于太极殿。卫士尚疑之，企足引领而望之，曰："真太子也。"乃喜而泣。

时顺宗失音，不能决事，常居深宫，施帘帷，独宦官李忠言、昭容牛氏侍左右。百官奏事，自帷中可其奏。自德宗大渐，王伾先入，称诏召王叔文，坐翰林中使决事。伾以叔文意入言于忠言，称诏行下，外初无知者。以杜佑摄冢宰。二月癸卯，上始朝百官于紫宸门。辛亥，以吏部郎中韦执谊为尚书左丞、同平章事。王叔文欲专国政，首引执谊为相，己用事于中，与相唱和。

壬戌，以殿中丞王伾为左散骑常侍，依前翰林待诏。苏州司功王叔文为起居舍人、翰林学士。伾寝陋，吴语，上所亵狎。而叔文颇任事自许，微知文义，好言事，上以故稍敬之，不得如伾出入无阻。叔文入至翰林，而伾入至柿林院，见李忠言、牛昭容计事。大抵叔文依伾，伾依忠言，忠言依牛昭容，转相交结。每事先下翰林，使叔文可否，然后宣于中书，韦执谊承而行之。外党则韩泰、柳宗元、刘禹锡等主采听外事。谋议唱和，日夜汲汲如狂，互相推奖，曰伊，曰周，曰管，曰葛，僩然自得，谓天下无人。荣辱进退，生于造次，惟其所欲，不拘程式。士大夫畏之，道路以目。素与往还者，相次拔擢，至日除数人。其党或言曰某可为某官，不过一二日，辄已得之。于是叔文及其党十余家之门，昼夜车马如市。候见叔文、伾者，至宿其坊中饼肆、酒垆下，一人得千钱，乃容之。伾尤阘茸，专以纳贿为事，作大匮贮金帛，夫妇寝其上。

三月辛未，以王伾为翰林学士。

以王叔文为度支、盐铁转运副使。先是，叔文与其党谋，得国赋在手，则可以结诸用事人，取军士心，以固其权。又惧骤使重权，人心不服，藉杜佑雅有会计之名，位重而务自全，易可制，故先令佑主其名，而自除为副以专之。叔文虽判两使，不以簿书为意，日夜与其党屏人窃语，人莫测其所为。

以御史中丞武元衡为左庶子。德宗之末，叔文之党多为御史，元衡薄其为人，待之莽卤。元衡为山陵仪仗使，刘禹锡求为判官，不许。叔文以元衡在风宪，欲使附己，使其党诱以权利，元衡不从，由是左迁。元衡，平一之孙也。

侍御史窦群奏屯田员外郎刘禹锡挟邪乱政，不宜在朝。又尝谒叔文，揖之曰："事固有不可知者。"叔文曰："何谓也？"群曰："去岁李实怙恩挟贵，气盖一时，公当此时，逡巡路旁，乃江南一吏耳。今公一旦复据其地，安知路旁无如公者乎？"其党欲逐之，韦执谊以群素有强直名，止之。

上疾久不愈，时扶御殿，群臣瞻望而已，莫有亲奏对者。中外危惧，思早立太子，而王叔文之党欲专大权，恶闻之。宦官俱文珍、刘光琦、薛盈珍等皆先朝任使旧人，疾叔文、忠言等朋党专恣，乃启上召翰林学士郑絪、卫次公、李程、王涯入金銮殿，草立太子制。时牛昭容辈以广陵王淳英睿，恶之；絪不复请，书纸为"立嫡以长"字呈上，上颔之。癸巳，立淳为太子，更名纯。程，神符五世孙也。

贾耽以王叔文党用事，心恶之，称疾不出，屡乞骸骨。丁酉，诸宰相会食中书。故事，丞相方食，百寮无敢谒见者。叔文至中书，欲与执谊计事，令直省通之。直省以旧事告，叔文怒，叱直省。直省惧，入白执谊，执谊逡巡惭赧，竟起迎叔文，就其阁语良久。杜佑、高郢、郑珣瑜皆停箸以待。有报者云："叔文索饭，韦相公已与之同食阁中矣。"佑、郢心知不可，畏叔文、执谊，莫敢出言。珣瑜独叹曰："吾岂可复居此位。"顾左右取马，径归，遂不起。二相皆天下重望，相次归卧，叔文、执谊等益无所顾忌，远近大惧。

夏四月乙巳，上御宣政殿，册太子。百官睹太子仪表，退，皆相贺，至有感泣者，中外大喜。而叔文独有忧色，口不敢言，但吟杜甫题诸葛亮祠堂诗曰："出师未捷身先死，长使英雄泪满襟。"闻者哂之。

先是，太常卿杜黄裳为裴延龄所恶，留滞台阁，十年不迁。及其婿韦执谊为相，始迁太常卿。黄裳劝执谊帅群臣请太子监国,执谊惊曰:“丈人甫得一官,奈何启口议禁中事!”黄裳勃然曰:“黄裳受恩三朝,岂得以一官相买乎?”拂衣起出。

戊申,以给事中陆淳为太子侍读,仍更名质。韦执谊自以专权,恐太子不悦,故以质为侍读,使潜伺太子意,且解之。及质发言,太子怒曰:“陛下令先生为寡人讲经义耳,何为预他事!”质惶惧而出。

五月辛未,以右金吾大将军范希朝为左右神策、京西诸城镇行营节度使。甲戌,以度支郎中韩泰为其行军司马。王叔文自知为内外所憎疾,欲夺取宦官兵权以自固,籍希朝老将,使主其名,而实以泰专其事。人情不测其所为,益疑惧。

辛卯,以王叔文为户部侍郎,依前充度支、盐铁转运副使。俱文珍等恶其专权,削去翰林之职。叔文见制书,大惊,谓人曰:“叔文日时至此商量公事,若不得此院职事,则无因而至矣。”王伾即为疏请,不从;再疏,乃许三五日一入翰林,去学士名。叔文始惧。

六月己亥,贬宣歙巡官羊士谔为汀州宁化尉。士谔以公事至长安,遇叔文用事,公言其非。叔文闻之,怒,欲下诏斩之,执谊不可;则令杖煞之,执谊又以为不可,遂贬焉。由是叔文始大恶执谊,往来二人门下者皆惧。

先时刘辟以剑南支度副使将韦皋之意于叔文,求都领剑南、三川,谓叔文曰:“太尉使辟致微诚于公,若与某三川,当以死相助;若不与,亦当有以相酬。”叔文怒,亦将斩之,执谊固执不可。辟尚游长安未去,闻贬士谔,遂逃归。执谊初为叔文所引用,深附之,既得位,欲掩其迹,且迫于公议,故时时为异同。辄使人谢叔文曰:“非敢负约,乃欲曲成兄事耳。”叔文诟怒,不之信,遂成仇怨。

癸丑，韦皋上表，以为："陛下哀毁成疾，重劳万机，故久而未安，请权令皇太子亲监庶政，俟皇躬痊愈，复归春宫。臣位兼将相，今之所陈，乃其职分。"又上太子笺，以为："圣上远法高宗亮阴不言，委政臣下而所付非人。王叔文、王伾、李忠言之徒，辄当重任，赏罚纵情，堕纪紊纲。散库之积以赂权门，树置心腹遍于贵位，潜结左右，忧在萧墙。窃恐倾太宗盛业，危殿下家邦。愿殿下即日奏闻，斥逐群小，使政出人主，则四方获安。"皋自恃重臣，远处西蜀，度王叔文不能动摇，遂极言其奸。俄而荆南节度使裴均、河东节度使严绶笺表继至，意与皋同，中外皆倚以为援，而邪党震惧。均，光庭之曾孙也。

王叔文既以范希朝、韩泰主京西、神策军，诸宦者尚未寤。会边上诸将各以状辞中尉，且言方属希朝。宦者始寤兵柄为叔文等所夺，乃大怒曰："从其谋，吾属必死其手。"密令其使归告诸将曰："无以兵属人。"希朝至奉天，诸将无至者。韩泰驰归白之，叔文计无所出，唯曰："奈何！奈何！"无几，其母病甚。丙辰，叔文盛具酒馔，与诸学士及李忠信、俱文珍、刘元琦等饮于翰林。叔文言曰："叔文母病，以身任国事之故，不得亲医药，今将求假归侍。叔文比竭心力，不避危难，皆为朝廷之恩。一旦去归，百谤交至，谁肯见察，以一言相助乎？"文珍随其语辄折之，叔文不能对，但引满相劝，酒数行而罢。丁巳，叔文以母丧去位。

秋七月，王叔文既有母丧，韦执谊益不用其语。叔文怒，与其党日夜谋起复，必先斩执谊而尽诛不附己者，闻者恟惧。

自叔文归第，王伾失据，日诣宦官及杜佑请起叔文为相，且总北军；既不获，则请以为威远军使、平章事，又不得。其党皆忧悸不自保。是日，伾坐翰林中，疏三上，不报。知事不济，行且卧，至夜，忽叫曰："伾中风矣。"明日，遂舆归，不出。己丑，以仓部郎中、判度支案陈谏为河中少尹。伾、叔文之党至是始去。

乙未，制以"积疢未复，其军国政事权令皇太子纯勾当"。时内外共疾王叔文党与专恣，上亦恶之。俱文珍等屡启上请令太子监国，上固厌倦万机，遂许之。又以太常卿杜黄裳为门下侍郎，左金吾大将军袁滋为中书侍郎，并同平章事。俱文珍等以其旧臣，故引用之。又以郑珣瑜为吏部尚书，高郢为刑部尚书，并罢政事。太子见百官于东朝堂，百官拜贺，太子涕泣，不答拜。

八月庚子，制："令太子即皇帝位，朕称太上皇，制敕称诰。"辛丑，太上皇徙居兴庆宫，诰改元永贞，立良娣王氏为太上皇后。后，宪宗之母也。

壬寅，贬王伾开州司马，王叔文渝州司户。伾寻病死贬所。明年，赐叔文死。

乙巳，宪宗即位于宣政殿。

九月己卯，贬神策行军司马韩泰为抚州刺史，司封郎中韩晔为池州刺史，礼部员外郎柳宗元为邵州刺史，屯田员外郎刘禹锡为连州刺史。

冬十一月壬申，贬中书侍郎、同平章事韦执谊为崖州司马。执谊以尝与王叔文异同，且杜黄裳婿，故独后贬。然叔文败，执谊亦自失形势，知祸且至，虽尚为相，常不自得，奄奄无气，闻人行声，辄惶悸失色，以至于贬。

朝议谓王叔文之党或自员外郎出为刺史，贬之太轻。己卯，再贬韩泰为虔州司马，韩晔为饶州司马，柳宗元为永州司马，刘禹锡为朗州司马。又贬河中少尹陈谏为台州司马，和州刺史凌准为连州司马,岳州刺史程异为郴州司马。

宪宗元和四年。初,王叔文之党既贬,有诏,虽遇赦,无得量移。

十年。王叔文之党坐谪官者,凡十年不量移,执政有怜其才欲渐进之者,悉召至京师。谏官争言其不可,上与武元衡亦恶之,三月乙酉,皆以为远州刺史,官虽进而地益远。永州司马柳宗元为柳州刺史,朗州司马刘禹锡为播州刺史。宗元曰:“播州非人所居,而梦得亲在堂,万无母子俱往理。”欲请于朝,愿以柳易播。会中丞裴度亦为禹锡言曰:“禹锡诚有罪,然母老,与其子死别,良可伤。”上曰:“为人子尤当自谨,勿贻亲忧,此则禹锡重可责也。”度曰:“陛下方侍太后,恐禹锡在所宜矜。”上良久乃曰:“朕所言以责为人子者耳,然不欲伤其亲心。”退谓左右曰:“裴度爱我终切。”明日,禹锡改连州刺史。

宪宗平蜀　刘辟

唐顺宗永贞元年秋(七)〔八〕月癸丑,西川节度使南康武王韦皋薨。皋在蜀二十一年,重加赋敛,丰贡献以结主恩,厚给赐以抚士卒,士卒婚嫁死丧皆供其资费,以是得久安其位,而士卒乐为之用。服南诏,摧吐蕃。幕僚岁久官崇者则为刺史,已复还幕府,终不使还朝,恐泄其所为故也。府库既实,时宽其民,三年复租赋,蜀人服其智谋而畏其威,至今画像以为土神,家家祀之。

(度)支〔度〕副使刘辟自为留后。刘辟使诸将表求节钺,朝廷不许。己未,以袁滋为剑南、东、西川、山南西道安抚大使。冬十月戊戌,以中书侍郎、同平章事袁滋同平章事,充西川节度使。征刘辟为给事中。十一月,刘辟不受征,阻兵自守。袁滋畏其强，不敢进。上怒，贬滋为吉州刺史。十二月己酉，以给事中刘辟为西川节度副使，知节度事。上以初嗣位，力未能讨故也。右谏议大夫韦丹上疏，以为："今释辟不诛，则朝廷可以指臂而使者，惟两京耳。此外谁不为叛！"上善其言。壬子，以丹为东川节度使。丹，津之五世孙也。

宪宗元和元年。刘辟既得旌节，志益骄，求兼领三川，上不许。辟遂发兵围东川节度使李康于梓州，欲以同幕卢文若为东川节度使。推官莆田林蕴力谏辟举兵，辟怒，械系于狱，引出，将斩之，阴戒行刑者使不杀，但数砺刃于其颈，欲使屈服而赦之。蕴叱之曰："竖子，当斩即斩，我颈岂汝砥石邪！"辟顾左右曰："真忠烈之士也。"乃黜为唐昌尉。

上欲讨辟而重于用兵，公卿议者亦以为蜀险固难取，杜黄裳独曰："辟狂戆书生，取之如拾芥耳。臣知神策军使高崇文勇略可用，愿陛下专以军事委之，勿置监军，辟必可擒。"上从之。翰林学士李吉甫亦劝上讨蜀，上由是器之。戊子，命左神策行营节度使高崇文将步骑五千为前军，神策、京西行营兵马使李元奕将步骑二千为次军，与山南西道节度使严砺同讨刘辟。时宿将名位素重者甚众，皆自谓当征蜀之选，及诏用崇文，皆大惊。

上与杜黄裳论及藩镇，黄裳曰："德宗自经忧患，务为姑息，不生除节帅，有物故者，先遣中使察军情所与则授之。中使或私受大将赂，归而誉之，即降旌钺，未尝有出朝廷之意者。陛下必欲振举纲纪，宜稍以法度裁制藩镇，然后天下可得而理也。"上深以为然。于是始用兵讨蜀，以至威行两河，皆黄裳启之也。

高崇文屯长武城，练卒五千，常如寇至，卯时受诏，辰时即行，器械糗粮，一无所阙。甲午，崇文出斜谷，李元奕出骆谷，同趣梓州。崇文军至兴元，军士有食于逆旅，折人匕箸者，崇文斩之以徇。

刘辟陷梓州，执李康。二月，严砺拔剑州，斩其刺史文德昭。

三月，高崇文引兵自阆州趣梓州，刘辟将邢泚引兵遁去，崇文入屯梓州。辟归李康于崇文以求自雪，崇文以康败军失守，斩之。丙子，严砺奏克梓州，丁丑，制削夺刘辟官爵。

东川节度使韦丹至汉中，表言："高崇文客军远斗，无所资，若与梓州，缀其士心，必能有功。"夏四月丁酉，以崇文为东川节度副使，知节度事。

夏五月，刘辟城鹿头关，连八栅，屯兵万余人，以拒高崇文。六月丁酉，崇文击败之。辟置栅于关东万胜堆。戊戌，崇文遣骁将范阳高霞寓攻夺之，下瞰关城，凡八战皆捷。庚子，高崇文破刘辟于德阳；癸卯，又破之于汉州。严砺遣其将严秦破辟众万余人于绵州石碑谷。秋七月癸丑，高崇文破刘辟之众万人于玄武。甲午，诏凡西川继援之兵，悉取崇文处分。

九月壬寅，高崇文又败刘辟之众于鹿头关，严秦败刘辟之众于神泉。河东将阿跌光颜将兵会高崇文于行营，愆期一日，惧诛，欲深入自赎，军于鹿头之西，断其粮道，城中忧惧。于是辟绵江栅将李文悦、鹿头守将仇良辅皆以城降于崇文，获辟婿苏彊，士卒降者万计。崇文遂长驱直指成都，所向崩溃，军不留行。辛亥，克成都。刘辟、卢文若帅数十骑西奔吐蕃，崇文使高霞寓等追之，及于羊灌田。辟赴江不死，擒之。文若先杀妻子，乃系石自沉。崇文入成都，屯于通衢，休息士卒，市肆不惊，珍宝山积，秋毫不犯。槛刘辟送京师。斩辟大将邢泚、馆驿巡官沈衍，余无所问。军府事无巨细，命一遵韦南康故事，从容指撝，一境皆平。

初，韦皋以西山运粮使崔从知邛州事，刘辟反，从以书谏辟。辟发兵攻之，从婴城固守，辟败，乃得免。从，融之曾孙也。

韦皋参佐房式、韦乾度、独孤密、符载、郗士美、段文昌等素服麻屦，衔土请罪。崇文皆释而礼之，草表荐式等，厚赆而遣之。目段文昌曰："君必为将相，未敢奉荐。"载，庐山人；式，管之从子；文昌，志玄之玄孙也。

辟有二妾，皆殊色，监军请献之。崇文曰："天子命我讨平凶竖，当以抚百姓为先，遽献妇人以求媚，岂天子之意邪？崇文义不为此。"乃以配将吏之无妻者。

杜黄裳建议征蜀及指授高崇文方略，皆悬合事宜。崇文素惮刘澭，黄裳使谓之曰："若无功，当以刘澭相代。"故能得其死力。及蜀平，宰相入贺，上目黄裳曰："卿之功也。"

冬十月，制割资、简、陵、荣、昌、泸六州隶东川。房式等未至京师，皆除省寺官。丙寅，以高崇文为西川节度使。戊辰，以严砺为东川节度使。

庚午，以将作监柳晟为山南西道节度使。晟至汉中，府兵讨刘辟还，未至城，诏复遣戍梓州。军士怨怒，胁监军，谋作乱。晟闻之，疾驱入城慰劳之，既而问曰："汝曹何以得成功？"对曰："诛反者刘辟耳。"晟曰："辟以不受诏命，故汝曹得以立功，岂可复使他人诛汝以为功邪！"众皆拜谢，请诣戍所，如诏书。军府由是获安。

戊子，刘辟至长安，并族党诛之。

宪宗平吴 李锜

唐德宗贞元十五年春二月，以常州刺史李锜为浙西观察使、诸道盐铁转运使。锜,国贞之子也。闲厩宫苑使李齐运受其赂数十万,荐之于上,故用之。锜刻剥以事进奉,上由是悦之。

十七年。李锜既执天下利权,以贡献固主恩,又以馈遗结权贵,恃此骄纵,无所忌惮,盗取县官财,所部官属无罪受戮者相继。浙西布衣崔善贞诣阙上封事,言宫市、进奉及盐铁之弊,因言锜不法事。上览之,不悦,命械送锜。锜闻其将至,先凿坑于道旁;〔夏六月〕己亥,善贞至,并锁械内坑中,生瘗之。远近闻之,不寒而栗。锜复欲为自全计,增广兵众,选有材力善射者谓之"挽强",胡、奚杂类谓之"蕃落",给赐十倍他卒。转运判官卢坦屡谏不悛,与幕僚李约等皆去之。约,勉之子也。

顺宗永贞元年春三月丙戌,加杜佑度支及诸道盐铁转运使。以浙西观察使李锜为镇海节度使,解其盐铁转运使。锜虽失利权而得节旄,故反谋亦未发。

冬十二月,以刑部郎中杜兼为苏州刺史。兼辞行,上书称:"李锜且反,必奏族臣。"上然之,留为吏部郎中。

宪宗元和二年。夏、蜀既平,藩镇惕息,多求入朝。镇海节度使李锜亦不自安,求入朝,上许之,遣中使至京口慰抚,且劳其将士。锜虽署判官王澹为留后,实无行意,屡迁行期。澹与敕使数劝谕之。锜不悦,上表称疾,请至岁暮入朝。上以问宰相武元衡,曰:"陛下初即政,锜求朝得朝,求止得止,可否在锜,将何以令四海?"上以为然,下诏征之。锜诈穷,遂谋反。

王澹既掌留务,于军府颇有制置,锜益不平,密谕亲兵使杀之。会颁冬服,锜严兵坐幄中,澹与敕使入谒,有军士数百噪于庭曰:"王澹何人,擅主军务!"曳下,脔食之。大将赵琦出慰止,又脔食之。注刃于敕使之颈,诟詈,将杀之。锜阳惊,起救之。

冬十月己未，诏征锜为左仆射，以御史大夫李元素为镇海节度使。庚申，锜表言军变，杀留后、大将。先是，锜选腹心五人为所部五州镇将，姚志安处苏州，李深处常州，赵惟忠处湖州，丘自昌处杭州，高肃处睦州，各有兵数千，伺察刺史动静。至是，锜各使杀其刺史，遣牙将庾伯良将兵三千治石头城。常州刺史颜防用客李云计，矫制称招讨副使，斩李深，传檄苏、杭、湖、睦，请同进讨。湖州刺史辛祕潜募乡闾子弟数百，夜袭赵惟忠营，斩之。苏州刺史李素为姚志安所败，生致于锜，具桎梏钉于船舷，未及京口，会锜败〔得〕免。

乙丑，制削李锜官爵及属籍。以淮南节度使王锷统诸道兵为招讨处置使，征宣武、(义)〔武〕宁、武昌兵并淮南、宣歙兵俱出宣州，江西兵出信州，浙东兵出杭州以讨之。

李锜以宣州富饶，欲先取之，遣兵马使张子良、李奉仙、田少卿将兵三千袭之。三人知锜必败，与牙将裴行立同谋讨之。行立，锜之甥也，故悉知锜之密谋。三将营于城外，将发，召士卒谕之曰："仆射反逆，官军四集，常、湖二将继死，其势已蹙。今乃欲使吾辈远取宣城，吾辈何为随之族灭！岂若弃逆效顺，转祸为福乎！"众悦，许诺，即夜还趋城。行立举火鼓噪，应之于内，引兵趋牙门。锜闻子良等举兵，怒，闻行立应之，抚膺曰："吾何望矣！"跣足，匿楼下。亲将李钧引挽强三百趋山亭，欲战，行立伏兵邀斩之。锜举家皆哭，左右执锜，裹之以幕，缒于城下，械送京师。挽强、蕃落争自杀，尸相枕藉。癸酉，本军以闻。乙亥，群臣贺于紫宸殿，上愀然曰："朕之不德，致宇内数有干纪者，朕之愧也，何贺之为！"

宰相议诛锜大功以上亲，兵部郎中蒋乂曰："锜大功亲，皆淮安靖王之后也。淮安有佐命之功，陪陵、享庙，岂可以末孙为恶而累之乎！"又欲诛其兄弟，乂曰："锜兄弟，故都统国贞之子也。国贞死王事，岂可使之不祀乎！"宰相以为然。辛巳，锜从父弟宋州刺史铦等皆贬官流放。

十一月甲申朔，锜至长安，上御兴安门，面诘之。对曰："臣初不反，张子良等教臣耳。"上曰："卿为元帅，子良等谋反，何不斩之，然后入朝？"锜无以对，乃并其子师回腰斩之。

有司请毁锜祖考(家)〔冢〕庙，中丞卢坦上言："李锜父子受诛，罪已塞矣。昔汉诛霍禹，不罪霍光。先朝诛房遗爱，不及房玄龄。康诰曰：'父子兄弟，罪不相及。'况以锜为不善，而罪及五代祖乎？"乃不毁。

有司籍锜家财输京师。翰林学士裴垍、李绛上言，以为："李锜僭侈，割剥六州之人以富其家，或枉杀其身而取其财，陛下闵百姓无告，故讨而诛之。今辇金帛以输上京，恐远近失望。愿以逆人资财赐浙西百姓，代今年租赋。"上嘉叹久之，即从其言。

魏博归朝　田弘正

唐宪宗元和七年秋八月戊戌，魏博节度使田季安薨。初，季安娶洺州刺史元谊女，生子怀谏，为节度副使。牙内兵马使田兴，庭玠之子也，有勇力，颇读书，性恭逊。季安淫虐，兴数规谏，军中赖之。季安以为收众心，出为临清镇将，欲杀之。兴阳为风痹，灸灼满身，乃得免。季安病风，杀戮无度，军政废乱，夫人元氏召诸将立怀谏为副大使，知军务，时年十一。迁季安于别寝，月余而薨。召田兴为步射都知兵马使。

辛亥，以左龙武大将军薛平为郑滑节度使，欲以控制魏博。

上与宰相议魏博事，李吉甫请兴兵讨之，李绛以为魏博不必用兵，当自归朝廷。吉甫盛陈不可不用兵之状，上曰："朕意亦以为然。"绛曰："臣窃观两河藩镇之跋扈者，皆分兵以隶诸将，不使专在一人，恐其权任太重，乘间而谋己故也。诸将势均力敌，莫能相制，欲广相连结，则众心不同，其谋必泄；欲独起为变，则兵少力微，势必不成。加以购赏既重，刑诛又峻，是以诸将互相顾忌，莫敢先发，跋扈者恃此以为长策。然臣窃思之，若常得严明主帅能制诸将之死命者以临之，则粗能自固矣。今怀谏乳臭子，不能自听断，军府大权，必有所归，诸将厚薄不均，怨怒必起，不相服从，然则向日分兵之策，适足为今日祸乱之阶也。田氏不为屠肆，则悉为俘囚矣，何烦天兵哉！彼自列将起代主帅，邻道所恶，莫甚于此。彼不倚朝廷之援以自存，则立为邻道所齑粉矣。故臣以为不必用兵，可坐待魏博之自归也。但愿陛下按兵养威，严敕诸道选练士马以须后敕。使贼中知之，不过数月，必有自效于军中者矣。至时，惟在朝廷应之敏速，中其机会，不爱爵禄以赏其人，使两河藩镇闻之，恐其麾下效之以取朝廷之赏，必皆恐惧，争为恭顺矣。此所谓不战而屈人兵者也。"上曰："善。"

他日，吉甫复于延英盛陈用兵之利，且言刍粮金帛皆已有备。上顾问绛，绛对曰："兵不可轻动。前年讨恒州，四面发兵近二十万，又发两神策兵自京师赴之，天下骚动，所费七百余万缗，讫无成功，为天下笑。今疮痍未复，人皆惮战。若又以敕命驱之，臣恐非直无功，或生他变。况魏博不必用兵，事势明白，愿陛下勿疑。"上奋身抚桉曰："朕不用兵决矣。"绛曰："陛下虽有是言，恐退朝之后，复有荧惑圣听者。"上正色厉声曰："朕志已决，谁能惑之！"绛乃拜贺曰："此社稷之福也。"

既而田怀谏幼弱，军政皆决于家僮蒋士则，数以爱憎移易诸将，众皆愤怒。朝命久未至，军中不安。田兴晨入府，士卒数千人大噪，环兴而拜，请为留后。兴惊仆于地，众不散。久之，兴度不免，乃谓众曰："汝肯听吾言乎？"皆曰："惟命。"兴曰："勿犯副大使，守朝廷法令，申版籍，请官吏，然后可。"皆曰："诺。"兴乃杀蒋士则等十余人，迁怀谏于外。

冬十月乙未，魏博监军以状闻。上亟召宰相，谓李绛曰："卿揣魏博若符契。"李吉甫请遣中使宣慰以观其变，李绛曰："不可。今田兴奉其土地兵众，坐待诏命，不乘此际推心抚纳，结以大恩，必待敕使至彼，持将士表来为请节钺，然后与之，则是恩出于下，非出于上，将士为重，朝廷为轻，其感戴之心亦非今日之比也。机会一失，悔之无及。"吉甫素与枢密使梁守谦相结，守谦亦为之言于上曰："故事，皆遣中使宣劳，今此镇独无，恐更不谕。"上竟遣中使张忠顺如魏博宣慰，欲俟其还而议之。癸卯，李绛复上言："朝廷恩威得失，在此一举，时机可惜，奈何弃之，利害甚明，愿圣心勿疑。计忠顺之行，甫应过陕，乞明旦即降白麻除兴节度使，犹可及也。"上欲且除留后，绛曰："兴恭顺如此，自非恩出不次，则无以使之感激殊常。"上从之。甲辰，以兴为魏博节度使。忠顺未还，制命已至魏州，兴感恩流涕，士众无不鼓舞。

李绛又言："魏博五十余年不沾皇化，一旦举六州之地来归，刳河朔之腹心，倾叛乱之巢穴，不有重赏过其所望，则无以慰士卒之心，使四邻劝慕。请发内库钱百五十万缗以赐之。"左右宦官以为："所与太多，后有此比，将何以给之？"上以语绛，绛曰："田兴不贪专地之利，不顾四邻之患，归命圣朝，陛下奈何爱小费而遗大计，不以收一道人心！钱用尽更来，机事一失，不可复追。

借使国家发十五万兵以取六州，期年而克之，其费岂止百五十万缗而已乎？”上悦，曰：“朕所以恶衣菲食，蓄聚货财，正为欲平定四方，不然，徒贮之府库何为！”十一月辛酉，遣知制诰裴度至魏博宣慰，以钱百五十万缗赏军士，六州百姓给复一年。军士受赐，欢声如雷。成德、兖郓使者数辈，见之，相顾失色。叹曰：“倔强者果何益乎！”

度为兴陈君臣上下之义，兴听之，终夕不倦，待度礼极厚，请度遍至所部州县，宣布朝命。奏乞除节度副使于朝廷，诏以户部郎中河东胡证为之。兴又奏所部缺官九十员，请有司注拟，行朝廷法令，输赋税。田承嗣以来室屋僭侈者，皆避不居。

郓、蔡、恒遣游客间说百方，兴终不听。李师道使人谓宣武节度使韩弘曰：“我世与田氏约相保援，今兴非其族，又首变两河事，亦公之所恶也。我将与成德合军讨之。”弘曰：“我不知利害，知奉诏行事耳。若兵北渡河，我则以兵东取曹州。”师道惧，不敢动。田兴既葬田季安，送田怀谏于京师。辛巳，以怀谏为右监门卫将军。

八年春正月辛卯，赐魏博节度使田兴名弘正。

十四年秋八月己未，田弘正入朝，上待之尤厚。甲辰，以田弘正兼侍中，魏博节度使如故。弘正三表请留，上不许。弘正常恐一旦物故，魏人犹以故事继袭，故兄弟子侄皆仕诸朝，上皆擢居显列，朱紫盈庭，时人荣之。

宪宗讨成德　王承宗

唐德宗贞元二十年夏六月，昭义节度使李长荣薨，上遣中使以手诏授本军大将，但军士所附者即授之。时大将来希皓为众所服，中使将以手诏付之。希皓言于众曰："此军取人，合是希皓，但作节度使不得。若朝廷以一束草来，希皓亦必敬事。"中使言："面奉进止，只令此军取大将拔与节钺，朝廷不别除人。"希皓固辞。兵马使卢从史其位居四，潜与监军相结，起出伍曰："若来大夫不肯受诏，从史请且勾当此军。"监军曰："卢中丞若如此，此亦固合圣旨。"中使因探怀取诏以授之。从史捧诏，再拜舞蹈。希皓亟回，挥同列北面称贺。军士毕集，更无一言。秋八月己未，诏以从史为节度使。

宪宗元和二年冬十一月，昭义节度使卢从史内与王士真、刘济潜通，而外献策请图山东，擅引兵东出。上召令还上党，从史托言就食邢、洺，不时奉诏。久之，乃还。

四年春三月，成德节度使王士真薨，其子副大使承宗自为留后。河北三镇，相承各置副大使，以嫡长为之，父没则代领军务。

王承宗叔父士则以承宗擅自立，恐祸及宗，与幕客刘栖楚俱自归京师，诏以士则为神策大将军。

上欲革河北诸镇世袭之弊，乘王士真死，欲自朝廷除人；不从则兴师讨之。中书侍郎、同平章事裴垍曰："李纳跋扈不恭，王武俊有功于国。陛下前许师道，今夺承宗，沮劝违理，彼必不服。"由是议久不决。上以问诸学士，李绛等对曰："河北不遵声教，谁不愤叹，然今日取之，或恐未能。成德军自武俊以来，父子相承，四十余年，人情贯习，不以为非。况承宗已总军务，一旦易之，恐未即奉诏。又范阳、魏博、易定、淄青以地相传，与成德同体，彼闻成德除人，必内不自安，阴相党助，虽茂昭有请，亦恐非诚。所以然者，今国家除人代承宗，彼邻道劝成，进退有利。若所除之人得入，彼则自以为功。若诏令有所不行，彼因潜相交结，在于国体，岂可遽休！须应兴师四面攻讨，彼将帅则加官爵，士卒则给衣粮，按兵玩寇，坐观胜负，而劳费之病咸归国家矣。今江、淮水，公私困竭，军旅之事，殆未可轻议也。”左军中尉吐突承璀欲希上意，夺裴垍权，自请将兵讨之。上疑未决，宗正少卿李拭奏称：“承宗不可不讨。承璀亲近信臣，宜委以禁兵，使统诸军，谁敢不服！”上以拭状示诸学士曰：“此奸臣也。知朕欲将承璀，故上此奏。卿曹记之，自今勿令得进用。”

昭义节度使卢从史遭父丧，朝廷久未起复。从史惧，因承璀说上，请发本军讨承宗。壬辰，起复从史左金吾大将军，余如故。

秋七月，上密问诸学士曰：“今欲用王承宗为成德留后，割其德、棣二州更为一镇，以离其势，并使承宗输二税，请官吏，一如师道，何如？”李绛等对曰：“德、棣之隶成德，为日已久，今一旦割之，恐承宗及其将士忧疑怨望，得以为辞。况其邻道情状一同，各虑他日分割，或潜相构扇。万一旅拒，倍难处置，愿更三思所是。二税、官吏，愿因吊祭使至彼，自以其意谕承宗，令上表陈乞如师道例，勿令知出陛下意。如此则幸而听命，于理固顺，若其不听，体亦无损。”上又问：“今刘济、田季安皆有疾，若其物故，岂可尽如成德付授其子，天下何时当平？议者皆言‘宜乘此际代之，不受则发兵讨之，时不可失’，如何？”对曰：“群臣见陛下西取蜀，东取吴，易于反掌，故谄谀躁竞之人争献策画，劝开河北，不为国家深谋远虑，陛下亦以前日成功之易而信其言。臣等夙夜思之，河北之势与二方异。何则？西川、浙西皆非反侧之地，其四邻皆国家臂指之臣。刘辟、李锜独生狂谋，其下皆莫之与，辟、锜徒以货财啖之，大军一临，则涣然离耳。故臣等当时亦劝陛下诛之，以其万全故也。成德则不然，内则胶固岁深，外则蔓连势广，其将士、百姓怀其累代煦妪之恩，不知君臣逆顺之理，谕之不从，威之不服，将为朝廷羞。又，邻道平居或相猜恨，及闻代易，必合为一心，盖各为子孙之谋，亦虑他日及此故也。万一余道或相表里，兵连祸结，财尽力竭，西戎北狄，乘间窥窬，其为忧患，可胜道哉！济、季安与承宗事体不殊，若物故之际，有间可乘，当临事图之。于今用兵，则恐未可。太平之业，非朝夕可致，愿陛下审处之。"

时吴少诚病甚，绛等复上言："少诚病必不起。淮西事体与河北不同，四旁皆国家州县，不与贼邻，无党援相助。朝廷命帅，今正其时，万一不从，可议征讨。臣愿舍恒冀难致之策，就申蔡易成之谋。脱或恒冀连兵，事未如意，蔡州有衅，势可兴师。南北之役俱兴，财力之用不足，傥事不得已，须赦承宗，则恩德虚施，威令顿废。不如早赐处分，以收镇冀之心，坐待机宜，必获申蔡之利。"既而承宗久未得朝命，颇惧，累表自诉。八月壬午，上乃遣京兆少尹裴武诣真定宣慰，承宗受诏甚恭，曰："三军见迫，不暇俟朝旨，请献德、棣二州以明恳款。"

九月甲辰朔，裴武复命。庚戌，以承宗为成德军节度、恒冀深赵州观察使，德州刺史薛昌朝为保信军节度、德棣二州观察使。昌朝，嵩之子，王氏之婿也，故就用之。田季安得飞报，先知之，使谓承宗曰："昌朝阴与朝廷通，故受节钺。"承宗遽遣数百骑驰入德州，执昌朝至真定，囚之。中使送昌朝节过魏州，季安阳为宴劳，留使者累日，比至德州，已不及矣。

上以裴武为欺罔，又有谮之者曰："武使还，先宿裴垍家，明旦乃入见。"上怒甚，以语李绛，欲贬武于岭南。绛曰："武昔陷李怀光军中，守节不屈，岂容今日遽为奸回。盖贼多变诈，人未易尽其情。承宗始惧朝廷诛讨，故请献二州。既蒙恩贷，而邻道皆不欲成德开分割之端，计必有阴行间说诱而胁之，使不得守其初心者，非武之罪也。今陛下选武使入逆乱之地，使还，一语不相应，遽窜之遐荒，臣恐自今奉使贼廷者以武为戒，苟求便身，率为依阿两可之言，莫肯尽诚具陈利害，如此，非国家之利也。且垍、武久处朝廷，谙练事体，岂有使还未见天子而先宿宰相家乎？臣敢为陛下必保其不然，此殆有谗人欲伤武及垍者，愿陛下察之。”上良久曰：“理或有此。”遂不问。

上遣中使谕王承宗，使遣薛昌朝还镇。承宗不奉诏。冬十月癸未，制削夺承宗官爵，以左神策中尉吐突承璀为左右神策河中河阳浙西宣歙等道行营兵马使、招讨、处置等使。翰林学士白居易上奏，以为：“国家征伐，当责成将帅，近岁始以中使为监军。自古及今，未有征天下之兵，专令中使统领者也。今神策军既不置行营节度使，即承璀乃制将也。又充诸军招讨、处置使，即承璀乃都统也。臣恐四方闻之，必轻朝廷，四夷闻之，必笑中国。陛下忍令后代相传，云以中官为制将、都统自陛下始乎？臣又恐刘济、茂昭及希朝、从史乃至诸道将校皆耻受承璀指麾，心既不齐，功何由立！此是资承宗之计，而挫诸将之势也。陛下念承璀勤劳，贵之可也。怜其忠赤，富之可也。至于军国权柄，动关理乱，朝廷制度，出自祖宗，陛下宁忍徇下之情而自隳法制，从人之欲而自损圣明，何不思于一时之间，而取笑于万代之后乎！”时谏官、御史论承璀职名太重者相属，上皆不听。戊子，上御延英殿，度支使李元素、盐铁使李鄘、京兆尹许孟容、御史中丞李夷简、谏议大夫孟简、给事中吕元膺、穆质、右补阙独孤郁等极言其不可。

上不得已，明日，削承璀四道兵马使，改处置为宣慰而已。

李绛尝极言宦官骄横，侵害政事，谗毁忠贞。上曰："此属安敢为谗！就使为之，朕亦不听。"绛曰："此属大抵不知仁义，不分枉直，惟利是嗜，得赂则誉跖、讹为廉良，佛意则毁龚、黄为贪暴，能用倾巧之智，构成疑似之端，朝夕左右浸润以入之，陛下必有时而信之矣。自古宦官败国者备载方册，陛下岂得不防其渐乎！"

己亥，吐突承璀将神策兵发长安，命恒州四面藩镇各进兵招讨。

田季安闻吐突承璀将兵讨王承宗，聚其徒曰："师不跨河二十五年矣，今一旦越魏伐赵，赵虏，魏亦虏矣，计为之奈何？"其将有超伍而言者曰："愿借骑五千以除君忧。"季安大呼曰："壮哉！兵决出，格沮者斩。"

幽州牙将绛人谭忠为刘济使魏，知其谋，入谓季安曰："如某之谋，是引天下之兵也。何者？今王师越魏伐赵，不使耆臣宿将而专付中臣，不输天下之甲而多出秦甲，君知谁为之谋？此乃天子自为之谋，欲将夸服于臣下也。若师未叩赵而先碎于魏，是上之谋反不如下，其能不耻于天下乎！既耻且怒，必任智士画长策，仗猛将练精兵，毕力再举涉河，鉴前之败，必不越魏而伐赵，校罪轻重，必不先赵而后魏，是上不上，下不下，当魏而来也。"季安曰："然则若之何？"忠曰："王师入魏，君厚犒之。于是悉甲压境，号曰伐赵，则可阴遗赵人书，曰：'魏若伐赵则河北义士谓魏卖友，魏若与赵则河南忠臣谓魏反君，卖友反君之名魏不忍受。执事若能阴解陴障，遗魏一城，魏得持之奏捷天子，以为符信，此乃使魏北得以奉赵，西得以为臣，于赵有角尖之耗，于魏获不世之利，执事岂能无意于魏乎？'赵人脱不拒君，是魏霸基安矣。"

季安曰："善。先生之来，是天眷魏也。"遂用忠之谋，与赵阴计，得其堂阳。

忠归幽州，谋欲激刘济讨王承宗。会济合诸将言曰："天子知我怨赵，今命我伐之，赵亦必大备我。伐与不伐，孰利?"忠疾对曰："天子终不使我伐赵，赵亦不备燕。"济怒曰："尔何不直言济与承宗反乎!"命系忠狱。使人视成德之境，果不为备。后一日，诏果来，令济"专护北疆，勿使朕复挂胡忧，而得专心于承宗"。济乃解狱召忠曰："信如子断矣。何以知之?"忠曰："卢从史外亲燕，内实忌之。外绝赵，内实与之。此为赵画，曰：'燕以赵为障，虽怨赵必不残赵，不必为备。'一且示赵不敢抗燕，二且使燕获疑天子。赵人既不备燕，潞人则走告于天子，曰：'燕厚怨赵，赵见伐而不备燕，是燕反与赵也。'此所以知天子终不使君伐赵，赵亦不备燕也。"济曰："今则奈何?"忠曰："燕、赵为怨，天下无不知。今天子伐赵，君坐全燕之甲，一人未济易水，此正使潞人以燕卖恩于赵，败忠于上，两皆售也。是燕贮忠义之心，卒染私赵之口，不见德于赵人，恶声徒嘈嘈于天下耳。惟君熟思之。"济曰："吾知之矣。"乃下令军中曰："五日毕出，后者醢以徇。"

五年春正月，刘济自将兵七万人击王承宗。时诸军皆未进，济独前奋击，拔饶阳、束鹿。

河东、河中、振武、义武四军为恒州北道招讨，会于定州。会望夜，军吏以有外军，请罢张灯。张茂昭曰："三镇，官军也，何谓外军?"命张灯，不禁行人，不闭里门，三夜如平日，亦无敢喧哗者。

丁卯，河东将王荣拔王承宗洄湟镇。吐突承璀至行营，威令不振，与承宗战，屡败。左神策大将军郦定进战死。定进，骁将也，军中夺气。

诸军讨王承宗者久无功，白居易上言，以为："河北本不当用兵，今既出师，承璀未尝苦战，已失大将，与从史两军入贼境，迁延进退，不惟意在逗遛，亦是力难支敌。希朝、茂昭至新市镇，竟不能过。刘济引全军攻围乐寿，久不能下。师道、季安元不可保，察其情状，似相计会，各收一县，遂不进军。陛下观此事势，成功有何所望？以臣愚见，速须罢兵，若又迟疑，其害有四，可为痛惜者二，可为深忧者二。何则？若保有成，即不论用度多少，既的知不可，即不合虚费赀粮。悟而后行，事亦非晚。今迟校一日有一日之费，更延旬月，所费滋多，终须罢兵，何如早罢。以府库钱帛，百姓脂膏，资助河北诸侯，转令强大。此臣为陛下痛惜者一也。臣又恐河北诸将见吴少阳已受制命，必引事例轻重，同词请雪。承宗若章表继来，即义无不许。请而后舍，体势可知，转令承宗胶固同类。如此则与夺皆由邻道，恩信不出朝廷，实恐威权尽归河北。此为陛下痛惜者二也。今天时已热，兵气相蒸，至于饥渴疲劳，疾疫暴露，驱以就战，人何以堪！纵不惜身，亦难忍苦。况神策乌杂城市之人，例皆不惯，如此忽思生路，或有奔逃，一人若逃，百人相扇，一军若散，诸军必摇，事忽至此，悔将何及，此为陛下深忧者一也。臣闻回鹘、吐蕃皆有细作，中国之事大小尽知。今聚天下之兵，唯讨承宗一贼，自冬及夏，都未立功，则兵力之强弱，资费之多少，岂宜使西戎北虏一一知之。忽见利生心，承虚入寇，以今日之势力，可能救其首尾哉！兵连祸生，何事不有，万一及此，实关安危。此其为陛下深忧者二也。"

卢从史首建伐王承宗之谋，及朝廷兴师，从史逗留不进，阴与承宗通谋，令军士潜怀承宗号。又高刍粟之价以败度支，讽朝廷求平章事，诬奏诸道与贼通，不可进兵。上甚患之。会从史遣牙将王翊元入奏事，裴垍引与语，为言为臣之义，微动其心。翊元遂输诚，言从史阴谋及可取之状。垍令翊元还本军经营，复来京师，遂得其都知兵马使乌重胤等款要。垍言于上曰："从史狡猾骄狠，必且为乱。今闻其与承璀对营，视承璀如婴儿，往来殊不设备。失今不取，后虽兴大兵，未可以岁月平也。"上初愕然，熟思良久，乃许之。

从史性贪，承璀盛陈奇玩，视其所欲，稍以遗之。从史喜，益相昵狎。甲申，承璀与行营兵马使李听谋，召从史入营博，伏壮士于幕下，突出，擒诣帐后缚之，内车中，驰诣京师。左右惊乱，承璀斩十余人，谕以诏旨。从史营中士卒闻之，皆甲以出，操兵趋哗。乌重胤当军门叱之曰："天子有诏，从者赏，敢违者斩！"士卒皆敛兵还部伍。会夜，车疾驱，未明，已出境。重胤，承洽之子；听，晟之子也。

丁亥，范希朝、张茂昭大破承宗之众于木刀沟。

上嘉乌重胤之功，欲即授以昭义节度使。李绛以为不可，请授重胤河阳，以河阳节度使孟元阳镇昭义。会吐突承璀奏，已牒重胤句当昭义留后。绛上言："昭义五州据山东要害，魏博、恒、幽诸镇蟠结，朝廷惟恃此以制之。磁、邢、洺入其腹内，诚国之宝地，安危所系也。向为从史所据，使朝廷旰食，今幸而得之，承璀复以与重胤，臣闻之惊叹，实所痛心。昨国家诱执从史，虽为长策，已失大体。今承璀又以文牒差人为重镇留后，为之求旌节，无君之心，孰甚于此！陛下昨日得昭义，人神同庆，威令再立；今日忽以授本军牙将，物情顿沮，纪纲大紊。校计利害，更不若从史为之。何则？从史虽蓄奸谋，已是朝廷牧伯。重胤出于列校，以承璀一牒代之，窃恐河南、北诸侯闻之，无不愤怒，耻与为伍。

且谓承璀诱重胤使逐从史而代其位，彼人人麾下各有将校，能无自危乎！傥刘济、茂昭、季安、执恭、韩弘、师道继有章表陈其情状，并指承璀专命之罪，不知陛下何以处之？若皆不报，则众怒益甚。若为之改除，则朝廷之威重去矣。”上复使枢密使梁守谦密谋于绛曰：“今重胤已总军务，事不得已，须应与节。”对曰：“从史为帅不由朝廷，故启其邪心，终成逆节。今以重胤典兵，即授之节，威福之柄，不在朝廷，何以异于从史乎？重胤之得河阳，已为望外之福，岂敢更为旅拒。况重胤所以能执从史，本以仗顺成功。一旦自逆诏命，安知同列不袭其迹而动乎？重胤军中等夷甚多，必不愿重胤独为主帅。移之他镇，乃惬众心，何忧其致乱乎？”上悦，皆如其请。壬辰，以重胤为河阳节度使。戊戌，贬卢从史驩州司马。

夏六月甲申，白居易复上奏，以为：“臣比请罢兵，今之事势，又不如前，不知陛下复何所待。”是时，上每有军国大事，必与诸学士谋之。尝逾月不见学士，李绛等上言：“臣等饱食不言，其自为计则得矣，如陛下何！陛下询访理道，开纳直言，实天下之幸，岂臣等之幸。”上遽令“明日三殿对来”。

白居易尝因论事，言“陛下错”，上色庄而罢，密召承旨李绛谓曰：“居易小臣不逊，须令出院。”绛曰：“陛下容纳直言，故群臣敢竭诚无隐。居易言虽少思，志在纳忠。陛下今日罪之，臣恐天下各思钳口，非所以广聪明昭圣德也。”上悦，待居易如初。

秋七月庚子，王承宗遣使自陈为卢从史所离间，乞输贡赋，请官吏，许其自新。李师道等数上表请雪承宗，朝廷亦以师久无功，丁未，制洗雪承宗，以为成德军节度使，复以德、棣二州与之。悉罢诸道行营将士，共赐布帛二十八万端匹。加刘济中书令。

秋九月己亥，吐突承璀自行营还，辛亥，复为左卫上将军，充左军中尉。裴垍曰："承璀首唱用兵，疲弊天下，卒无成功，陛下纵以旧恩不加显戮，岂得全不贬黜以谢天下乎？"给事中段平仲、吕元膺言承璀可斩。李绛奏称："陛下不责承璀，他日复有败军之将，何以处之？若或诛之，则同罪异罚，彼必不服；若或释之，则谁不保身而玩寇乎！愿陛下割不忍之恩，行不易之典，使将帅有所惩劝。"间二日，上罢承璀中尉，降为军器使，中外相贺。

中书侍郎、同平章事裴垍数以疾辞位，冬十一月庚申，罢为兵部尚书。

十二月，翰林学士、司勋郎中李绛面陈吐突承璀专横，语极恳切。上作色曰："卿言大过。"绛泣曰："陛下置臣于腹心耳目之地，若臣畏避左右，爱身不言，是臣负陛下；言之而陛下恶闻，乃陛下负臣也。"上怒解，曰："卿所言皆人所不能言，使朕闻所不闻，真忠臣也。他日尽言，皆应如是。"己丑，以绛为中书舍人，学士如故。绛尝从容谏上聚财，上曰："今两河数十州，皆国家政令所不及，河、湟数千里，沦于左衽，朕日夜思雪祖宗之耻，而财力不赡，故不得不蓄聚耳。不然，朕宫中用度极俭薄，多藏何用邪！"

六年冬十一月己丑，以户部侍郎李绛为中书侍郎、同平章事。

七年春三月丙戌，上御延英殿，李吉甫言："天下已太平，陛下宜为乐。"李绛曰："汉文帝时兵木无刃，家给人足，贾谊犹以为厝火积薪之下，不可谓安。今法令所不能制者，河南北五十余州，犬戎腥膻，近接泾、陇，烽火屡惊。加之水、旱时作，仓廪空虚，此正陛下宵衣旰食之时，〔岂得〕谓之太平，遽为乐哉！"上欣然曰："卿言正合朕意。"退，谓左右曰："吉甫专为悦媚，如李绛，真宰相也。"

九年。李绛屡以足疾辞位，正月癸卯，罢为礼部尚书。初，上欲相绛，先出吐突承璀为淮南监军，至是召还承璀，先罢绛相。

十年夏六月，贼杀武元衡，诏中外搜捕。成德〔军〕进奏院有恒州卒张晏等行止无状。神策将军王士则等告王承宗遣晏等杀元衡，吏捕得晏，鞫之。诏以王承宗前后三表出示百寮，议其罪。事见宪宗平淮西。

乙丑，以裴度为中书侍郎、同平章事。

秋七月甲戌，诏数王承宗罪恶，绝其朝贡，曰："冀其翻然改过，束身自归。攻讨之期，更俟后命。"

上虽绝王承宗朝贡，未有诏讨之。魏博节度使田弘正屯兵于其境，承宗屡败之。弘正忿，表请击之，上不许。表十上，乃听至贝州。〔冬十月〕丙午，弘正军于贝州。

冬十一月，诏发振武兵二千，会义武军以讨王承宗。十二月，王承宗纵兵四掠，幽、沧、定三镇皆苦之，争上表请讨承宗。上欲许之，中书侍郎、同平章事张弘靖以为两役并兴，恐国力所不支，请并力平淮西，乃征恒冀。上不为之止，弘靖乃求罢。

十一年春正月乙亥，幽州节度使刘总奏败成德兵，拔武强，斩首千余级。

癸未，制削王承宗官爵，命河东、幽州、义武、横海、魏博、昭义六道进讨。韦贯之屡请先取吴元济后讨承宗，曰："陛下不见建中之事乎？始于讨魏及齐，而蔡、燕、赵皆应之，卒致朱泚之乱。由德宗不能忍数年之愤邑，欲太平之功速成故也。"上不听。

二月乙卯，昭义节度使郗士美奏破成德兵，斩首千余级。己未，刘总破成德兵，斩首千余级。辛酉，魏博奏败成德兵，拔其固城。乙丑，又奏拔其鸦城。

三月，幽州节度使刘总围乐寿。四月，刘总奏破成德兵于深州，斩首二千五百级。乙丑，义武节度使浑镐奏破成德兵于九门，杀千余人。镐，瑊之子也。

秋七月，田弘正奏破成德兵于南宫，杀二千余人。

诸军讨王承宗者互相观望，独昭义节度使郗士美引精兵压其境。己未，士美奏大破承宗之众于柏乡，杀千余人，降者亦如之，为三垒以环柏乡。

冬十二月壬寅，程执恭奏败成德兵于长河，斩首千余级。

义武节度使浑镐与王承宗战，屡胜，遂引全师压其境，距恒州三十里而军。承宗惧，潜遣兵入镐境，焚掠城邑，人心始内顾而摇。会中使督其战，镐引兵进薄恒州，与承宗战，大败，奔还定州。丙午，诏以易州刺史陈楚为义武节度使。军中闻之，掠镐及家人衣，至于裸露。陈楚驰入定州，镇遏乱者，敛军中衣以归镐，以兵卫送还朝。楚，定州人，张茂昭之甥也。

十二年春三月，郗士美败于柏乡，拔营而归，士卒死者千余人。戊辰，赐程执恭名权。戊寅，王承宗遣兵二万入东光，断白桥路。程权不能御，以众归沧州。

六镇讨王承宗者兵十余万，回环数千里，既无统帅，又相去远，期约难壹，由是历二年无功，千里馈运，牛驴死者什四五。刘总既得武强，引兵出境才五里，留屯不进，月给度支钱十五万缗。李逢吉及朝士多言“宜并力先取淮西，俟淮西平，乘其胜势，回取恒冀，如拾芥耳”。上犹豫，久乃从之。丙子，罢河北行营，各使还镇。

十三年。裴度之在淮西也，布衣柏耆以策干韩愈曰：“吴元济既就擒，王承宗破胆矣，愿得奉丞相书往说之，可不烦兵而服。”愈白度，为书遣之。承宗惧，求哀于田弘正，请以二子为质，及献德、棣二州，输租税，请官吏。弘正为之奏请，上初不许。弘正上表相继，上重违弘正意，乃许之。夏四月甲寅朔，魏博遣使送承宗子知感、知信及德、棣二州图印至京师。庚辰，诏洗雪王承宗及成德将士，复其官爵。

十五年冬十月，王承宗薨，其下秘不发丧。子知感、知信皆在朝，诸将欲取帅于属内诸〔州〕。(军)参谋崔燧以承宗祖母凉国夫人命，告谕诸将及亲兵，立承宗之弟观察支使承元。承元时年二十，将士拜之，承元不受，泣且拜。诸将固请不已，承元曰："天子遣中使监军，有事当与之议。”及监军至，亦劝之。承元曰："诸公未忘先德，不以承元年少，欲使之摄军务。承元请尽节天子，以遵忠烈王之志，诸公肯从之乎？”众许诺。承元乃视事于都将听事，令左右不得谓己为留后，委事于参佐，密表请朝廷除帅。庚辰，监军奏承宗疾亟，弟承元权知留后，并以承元表闻。

成德军始奏王承宗薨，乙酉，徙田弘正为成德节度使，以王承元为义成节度使。

十一月癸卯，遣谏议大夫郑覃诣镇州宣慰，赐钱一百万缗以赏将士。王承元既请朝命，诸将及邻道争以故事劝之，承元皆不听。及移镇义成，将士喧哗不受命，承元与柏耆召诸将以诏旨谕之，诸将号泣不从。承元出家财以散之，择其劳者擢之，谓曰："诸公以先代之故，不欲承元去，此意甚厚。然使承元违天子之诏，其罪大矣。昔李师道之未败也，朝廷尝赦其罪，师道欲行，诸将固留之，其后杀师道者亦诸将也。诸将勿使承元为师道，则幸矣。”因涕泣不自胜，且拜之。十将李寂等十余人固留承元，承元斩以徇，军中乃定。丁未，承元赴滑州，将吏或以镇州器用、财货行,承元悉命留之。

宪宗平淮蔡 吴元济 德宗讨吴少诚附

唐德宗贞元二年。淮西兵马使吴少诚杀陈仙奇,自为留后。少诚素狡险,为李希烈所宠任,故为之报仇。七月己酉,以虔王谅为申光随蔡节度大使,以少诚为留后。

三年。初,李希烈据淮西,选骑兵尤精者为左右门枪、奉国四将,步兵尤精者为左右克平十将。淮西少马,精兵皆乘骡,谓之"骡军"。陈仙奇举淮西降才数月,诏发其兵于京西防秋,仙奇遣都知兵马使苏浦悉将淮西精兵五千人以行。会仙奇为吴少诚所杀,少诚密遣人召门枪兵马使吴法超等使引兵归,浦不之知。法超等引步骑四千自鄜州叛归。上急遣中使敕陕虢观察使李泌发兵防遏,勿令济河。泌遣押牙唐英岸将兵邀击之,贼众大败,擒其骡军兵马使张崇献。英岸追至永宁东,贼皆溃入山谷。吴法超帅其众趣长水,都将燕子楚击之,斩法超,杀其士卒三分之二。上命汴州刺史刘玄佐以诏书缘道诱之,得百三十余人,至汴州,尽杀之。其溃兵在道,复为村民所杀,得至蔡者才四十七人。吴少诚以其少,悉斩之以闻。且遣使以币谢李泌,为其破叛卒也。泌执张崇献等六十余人送京师,诏悉腰斩于鄜州军门,以令防秋之众。

夏五月,申蔡留后吴少诚缮兵完城,欲拒朝命。判官郑常、大将杨冀谋逐之,诈为手诏赐诸将申州刺史张伯元等。事泄,少诚杀常、冀、伯元。大将(朱)〔宋〕旻、曹济奔长安。

十三年冬十月,淮西节度使吴少诚擅开刀沟入汝,上遣中使谕止之，不从。命兵部郎中卢群往诘之，少诚曰："开此水，大利于人。"群曰："君令臣行，虽利，人臣敢专乎？公承天子之令而不从，何以使下吏从公之令乎？"少诚遽为之罢役。

十四年秋九月，彰(武)〔义〕节度使吴少诚遣兵掠寿州霍山，杀镇遏使谢详，侵地二十余里，置兵镇守。

十五年春三月甲寅，吴少诚遣兵袭唐州，杀监军邵国朝、镇遏使张嘉瑜，掠百姓千余人而去。

秋八月丙申，陈许节度使曲环薨。乙未，吴少诚遣兵掠临颍，陈州刺史上官涚知陈许留后，遣大将王令忠将兵三千救之，皆为少诚所虏。〔九月〕丙午，以涚为陈许节度使，少诚遂围许州。涚欲弃城走，营田副使刘昌裔止之曰："城中兵足以办贼，但闭城勿与战，不过数日，贼气自衰，吾以全制其弊，蔑不克矣。"少诚昼夜急攻，昌裔募勇士千人凿城出击少诚，大破之，城由是全。昌裔，兖州人也。少诚又寇西华，陈许大将孟元阳拒却之。陈许都知兵马使安国宁与上官涚不叶，谋翻城应少诚；刘昌裔以计斩之。召其麾下人给二缣，伏兵要巷，见持缣者悉斩之，无得脱者。

丙辰，诏削夺吴少诚官爵，令诸道进兵讨之。

辛酉，以韩弘为宣武节度使。先是，少诚遣使与宣武节度使刘全谅约共攻陈许，以陈州归宣武。使者数辈犹在馆，弘悉驱出斩之。选卒三千，会诸军击少诚于许下。少诚由是失势。

山南东道节度使于頔、安黄节度使伊慎、知寿州事王宗与上官涚、韩弘进击吴少诚，屡破之。十一月壬子，于頔奏拔吴房、朗山。

诸军讨吴少诚者既无统帅，每出兵，人自规利，进退不壹。乙未，诸军自溃于小溵水，委弃器械、资粮，皆为少诚所有。于是始议置招讨使。

十六年春正月乙巳，恒冀、易定、陈许、河阳四军与吴少诚战，皆不利而退。夏绥节度使韩全义，本出神策军，中尉窦文场爱厚之，荐于上，使统诸军讨吴少诚。二月乙酉，以全义为蔡州四面行营招讨使，十七道兵皆受全义节度。

韩全义素无勇略，专以巧佞货赂结宦官得为大帅，每议军事，宦官为监军者数十人坐帐中，争论纷然，莫能决而罢。天渐暑，士卒久屯沮洳之地，多病疫，全义不存抚，人有离心。五月庚戌，与吴少诚将吴秀、吴少阳等战于溵南广利原，锋镝未交，诸军大溃，秀等乘之，全义退保五楼。少阳，沧州清池人也。

秋七月，吴少诚进击韩全义于五楼，诸军复大败，全义夜遁，保溵水县城。九月癸丑，吴少诚进逼溵水，数里置营，韩全义复帅诸军退保陈州。宣武、河阳兵私归本道，独陈许将孟元阳、神策将苏光荣帅所部留军溵水。全义以诈诱昭义将夏侯仲宣、义成将时昂、河阳将权文变、河中将郭湘等斩之，欲以威众。全义至陈州，刺史刘昌裔登城谓之曰："天子命公讨蔡州，今乃来此，昌裔不敢纳，请舍于城外。"既而昌裔齑牛酒入全义营犒师，全义惊喜，心服之。己未，孟元阳等与少诚战，杀二千余人。

冬十月，吴少诚引兵还蔡州。先是，韦皋闻诸军讨少诚无功，上言"请以浑瑊、贾耽为元帅，统诸军。若重烦元老，则臣请以精锐万人下巴峡，出荆楚以翦凶逆。不然，因其请罪而赦之，罢两河诸军以休息公私，亦策之次也。若少诚一旦罪盈恶稔，为麾下所杀，则又当以其爵位授之，是除一少诚，生一少诚，为患无穷矣。"贾耽言于上曰："贼意盖亦望恩贷，恐须开其生路。"上然之。会少诚致书币于监官军者求昭洗，监军奏之。戊子，诏赦少诚及彰义将士，复其官爵。

十七年春正月甲寅，韩全义至长安，窦文场为掩其败迹，上礼遇甚厚。全义称足疾，不任朝谒，遣司马崔放入对。放为全义引咎，谢无功。上曰："全义为招讨使，能招来少诚，其功大矣，何必杀人然后为功邪！"闰月甲戌，归夏州。

顺宗永贞元年春三月，加彰义节度使吴少诚同平章事。

宪宗元和四年。初，吴少诚宠其大将吴少阳，名以从弟，署为军职，出入少诚家如至亲，累迁申州刺史。少诚病，不知人，家僮鲜于熊儿诈以少诚命召少阳摄副使，知军州事。少诚有子元庆，少阳杀之。十一月己巳，少诚薨，少阳自为留后。

五年。上以河朔方用兵，不能讨吴少阳，三月己未，以少阳为淮西留后。

六年春正月甲辰，以彰义留后吴少阳为节度使。

九年闰八月丙辰，彰义节度使吴少阳薨。少阳在蔡州，阴聚亡命，牧养马骡，时抄掠寿州茶山以实其军。其子摄蔡州刺史元济，匿丧，以病闻，自领军务。

上自平蜀，即欲取淮西。淮南节度使李吉甫上言："少阳军中上下携离，请徙理寿州以经营之。"会朝廷方讨王承宗，未暇也。及吉甫入相，田弘正以魏博归附。吉甫以为汝州捍蔽东都，河阳宿兵本以制魏博，今弘正归顺则河阳为内镇，不应屯重兵以示猜阻。辛酉，以河阳节度使乌重胤为汝州刺史，充河阳怀汝节度使，徙理汝州。己巳，弘正检校右仆射，赐其军钱二十万缗，弘正曰："吾未若移河阳军之为喜也。"

九月庚辰，以洺州刺史李光颜为陈州刺史，充忠武军都知兵马使。以泗州刺史令狐通为寿州防御使。通，彰之子也。丙戌，以山南东道节度使袁滋为荆南节度使，以荆南节度使严绶为山南东道节度使。

吴少阳判官苏兆、杨元卿、大将侯惟清皆劝少阳入朝。元济恶之，杀兆，囚惟清。元卿先奏事在长安，具以淮西虚实及取元济之策告李吉甫，请讨之。时元济犹匿丧，元卿劝吉甫凡蔡使入奏者，所在止之。少阳死近四十日，不为辍朝，但易环蔡诸镇将帅，益兵为备。元济杀元卿妻及四男以圬射堋。淮西宿将董重质，吴少诚之婿也，元济以为谋主。

李吉甫言于上曰："淮西非如河北，四无党援，国家常宿数十万兵以备之，劳费不可支也。失今不取，后难图矣。"上将讨之，张弘靖请先为少阳辍朝、赠官，遣使吊赠，待其有不顺之迹然后加兵。"上从之，遣工部员外郎李君何吊祭。元济不迎敕使，发兵四出，屠舞阳焚叶，掠鲁山、襄城，关东震骇，君何不得入而还。

冬十月壬戌，以忠武节度副使李光颜为节度使。甲子，以严绶为申光蔡招抚使，督诸道兵招讨吴元济。

十年。吴元济纵兵侵掠，及于东畿，正月己亥，制削元济官爵，命宣武等十六道进军讨之。严绶击淮西兵，小胜，不设备，淮西兵夜还袭之。二月甲辰，绶败于磁丘，却五十余里，驰入唐州而守之。寿州团练使令狐通为淮西兵所败，走保州城，境上诸栅尽为淮西所屠。癸丑，以左金吾大将军李文通代之，贬通昭州司户。

诏鄂岳观察使柳公绰以兵五千授安州刺史李听，使讨吴元济。公绰曰："朝廷以吾书生不知兵邪？"即奏请自行，许之。公绰至安州，李听属櫜鞬迎之。公绰以鄂岳都知兵马使、先锋行营兵马都虞候二牒授之，选卒六千以属听，戒其部校曰："行营之事，一决都将。”听感恩畏威，如出麾下。公绰号令整肃，区处军事，诸将无不服。士卒在行营者，其家疾病、死丧，厚给之，妻淫泆者沉之于江。士卒皆喜曰：“中丞为我治家，我何得不前死！”故每战皆捷。公绰所乘马踶杀圉人，公绰命杀马以祭之。或曰：“圉人自不备耳，此良马，可惜。”公绰曰：“材良性驽，何足惜也！”竟杀之。

三月庚子，李光颜奏破淮西兵于临颍。

田弘正遣其子布将兵三千助严绶讨吴元济。

甲辰，李光颜又奏破淮西兵于南顿。

吴元济遣使求救于恒、郓。王承宗、李师道数上表请赦元济，上不从。是时发诸道兵讨元济而不及淄青，师道使大将将三千人趣寿春，声言助官军讨元济，实欲为元济之援也。

师道素养刺客奸人数十人，厚资给之，其徒说师道曰：“用兵所急，莫先粮储，今河阴院积江、淮租税，请潜往焚之。募东都恶少年数百，劫都市，焚宫阙，则朝廷未暇讨蔡，先自救腹心，此亦救蔡一奇也。”师道从之。自是所在盗贼窃发。辛亥，募盗数十人攻河阴转运院，杀伤十余人，烧钱帛三十余万缗匹，谷二万余斛，于是人情恇惧。群臣多请罢兵，上不许。

诸军讨淮西久未有功，五月，上遣中丞裴度诣行营宣慰，察用兵形势。度还，言淮西必可取之状，且曰：“观诸将，惟李光颜勇而知义，必能立功。”上悦。考功郎中、知制诰韩愈上言，以为：“淮西三小州，残弊困剧之余，而当天下之全力，其破败可立而待。然所未可知者，在陛下断与不断耳。”因条陈用兵利害，以为：“今诸道发兵各二三千人，势力单弱，羁旅异乡，与贼不相谙委，望风慑惧。将帅以其客兵，待之既薄，使之又苦，或分割队伍，兵将相失，心孤意怯，难以有功。又其本军各须资遣，道路辽远，劳费倍多。闻陈、许、安、唐、汝、寿等州与贼连接处，村落百姓悉有兵器，习于战斗，识贼深浅，比来未有处分，犹有自备衣粮，保护乡里。若令召募，立可成军。贼平之后，易使归农。乞悉罢诸道军，募土人以代之。”又言：“蔡州士卒皆国家百姓，若势力穷不能为恶者，不须过有杀戮。”

丙申，李光颜奏败淮西兵于时曲。淮西兵晨压其垒而阵，光颜不得出，乃自毁其栅之左右，出骑以击之。光颜自将数骑冲其阵，出入数四，贼皆识之，矢集其身如猬毛。其子揽辔止之，光颜举刃叱去。于是人争致死，淮西兵大溃，杀数千人。上以裴度为知人。

上自李吉甫薨，悉以用兵事委武元衡。李师道所养客说师道曰：“天子所以锐意诛蔡者，元衡赞之也，请密往刺之。元衡死，则他相不敢主其谋，争劝天子罢兵矣。”师道以为然，即资给遣之。

王承宗遣牙将尹少卿奏事，为吴元济游说。少卿至中书，辞指不逊，元衡叱出之。承宗又上书诋毁元衡。六月癸卯，天未明，元衡入朝，出所居靖安坊东门，有贼自暗中突出射之，从者皆散走，贼执元衡马行十余步而杀之，取其颅骨而去。又入通化坊击裴度，伤其首，坠沟中。度毡帽厚，得不死。傔人王义自后抱贼大呼，贼断义臂而去。京城大骇，于是诏宰相出入，加金吾骑士，张弦露刃以卫之，所过坊门，呵索甚严。朝士未晓不敢出门，上或御殿久之，朝班犹未齐。

贼遗纸于金吾及府县曰：“毋急捕我，我先杀汝。”故捕贼者不敢甚急。兵部侍郎许孟容见上言：“自古未有宰相横尸路隅而盗不获者，此朝廷之辱也。”因涕泣。又诣中书挥涕言：“请奏起裴中丞为相，大索贼党，穷其奸源。”戊申，诏中外所在搜捕，获贼者赏钱万缗，官五品；敢庇匿者，举族诛之。于是京城大索，公卿家有复壁重橑者皆索之。成德军进奏院有恒州卒张晏等数人，行止无状，众多疑之。庚戌，神策将军王士则等告王承宗遣晏等杀元衡，吏捕得晏等八人，命京兆尹裴武、监察御史陈中师鞫之。癸亥，诏以王承宗前后三表出示百寮，议其罪。

裴度病疮，卧二旬，诏以卫兵宿其第，中使问讯不绝。或请罢度官以安恒、郓之心，上怒曰："若罢度官，是奸谋得成，朝廷无复纲纪。吾用度一人，足破二贼。"甲子，上召度入对。乙丑，以度为中书侍郎、同平章事。度上言："淮西，腹心之疾，不得不除。且朝廷业已讨之，两河藩镇跋扈者，将视此为高下，不可中止。"上以为然，悉以用兵事委度，讨贼愈急。初，德宗多猜忌，朝士有相过从者，金吾皆伺察以闻，宰相不敢私第见客。度奏："今寇盗未平，宰相宜招延四方贤才与参谋议。"始请于私第见客，许之。

陈中师按张晏等，具服杀武元衡。张弘靖疑其不实，屡言于上，上不听。戊辰，斩晏等五人，杀其党十四人。李师道客竟潜匿亡去。吕元膺捕贼，获中岳寺僧圆净，按验其党，始知杀武元衡者乃是李师道，事见宪宗讨淄青。

秋八月乙丑，李光颜败于时曲。

初，上以严绶在河东，所遣裨将多立功，故使镇襄阳，且督诸军讨吴元济。绶无他材能，到军之日，倾府库赉士卒，累年之积，一朝而尽。又厚赂宦官以结声援，拥八州之众万余人屯境上，闭壁经年，无尺寸功。裴度屡言其军无政。

九月癸酉，以韩弘为淮西诸军都统。弘乐于自擅，欲倚贼以自重，不愿淮西速平。李光颜在诸将中战最力，弘欲结其欢心，举大梁城索得一美妇人，教之歌舞丝竹，饰以珠玉金翠，直数百万钱，遣使遗之。使者先致书，光颜乃大飨将士，使者进妓，容色绝世，一座尽惊。光颜谓使者曰："相公愍光颜羁旅，赐以美妓，荷德诚深。然战士数万，皆弃家远来，冒犯白刃，光颜何忍独以声色自娱悦乎！"因流涕，座者皆泣。即于席上厚以缯帛赠使者，并妓返之，曰："为光颜多谢相公，光颜以身许国，誓不与逆贼同戴日月，死无贰矣。"

冬十月，以户部侍郎李逊为襄、复、郢、均、房节度使，右羽林大将军高霞寓为唐、随、邓节度使。朝议以唐与蔡接，故使霞寓专事攻战，而逊调五州之赋以饷之。

十一月，寿州刺史李文通奏败淮西兵。壬申，韩弘请命众军合攻淮西，从之。李光颜、乌重胤败淮西兵于小溵水，拔其城。乙亥，以严绶为太子少保。盗焚襄州佛寺军储。尽徙京城积草于四郊以备火。丁丑，李文通败淮西兵于固始。戊寅，盗焚献陵寝宫、永巷。

初，吴少阳闻信州人吴武陵名，邀以为宾友，武陵不答。及元济反，武陵以书谕之曰："足下勿谓部曲不我欺，人情与足下一也。足下反天子，人亦反足下。易地而论，则其情可知矣。"

十一年春三月，寿州团练使李文通奏败淮西兵于固始，拔鏉山。己卯，唐邓节度使高霞寓奏败淮西兵于朗山，斩首千余级，焚二栅。夏四月庚子，李光颜、乌重胤奏败淮西兵于陵云栅，斩首五千级。五月壬申，李光颜、乌重胤奏败淮西兵于陵云栅，斩首二千余级。

六月甲辰，高霞寓大败于铁城，仅以身免。时诸将讨淮西者，胜则虚张杀获，败则匿之。至是，大败不可掩，始上闻，中外骇愕。宰相入见，将劝上罢兵，上曰："胜负兵家之常。今但当论用兵方略，察将帅之不胜任者易之，兵食不足者助之耳。岂得以一将失利，遽议罢兵邪！"于是独用裴度之言，他人言罢兵者亦稍息矣。己酉，霞寓退保唐州。

上责高霞寓之败，霞寓称李逊应接不至。秋七月丁丑，贬霞寓为归州刺史，逊亦左迁恩王傅。以河南尹郑权为山南东道节度使，袁滋为彰义节度、申光蔡唐隋邓观察使，以唐州为理所。壬午，宣武军奏破郾城之众二万，杀二千余人，捕虏千余人。

九月乙酉，李光颜、乌重胤奏拔吴元济陵云栅。丁亥，光颜又奏拔石、越二栅。寿州奏败殷城之众，拔六栅。

讨淮西诸军近九万，上怒诸将久无功，冬十一月辛巳，命知枢密梁守谦宣慰，因留监其军，授以空名告身五百通及金帛以劝死士。庚寅，先加李光颜等检校官，而诏书切责，示以无功必罚。辛卯，李文通奏败淮西兵于固始，斩首千余级。

十二月，袁滋至唐州，去斥候，止其兵不使犯吴元济境。元济围其新兴栅，滋卑辞以请之，元济由是不复以滋为意。朝廷知之，甲寅，以太子詹事李愬为唐随邓节度使。愬，听之兄也。

初置淮、颍水运使，杨子院米自淮阴溯淮入颍，至项城入溵，输于郾城，以馈讨淮西诸军，省汴运之费七万余缗。

十二年春正月甲申，贬袁滋为抚州刺史。李愬至唐州，军中承丧败之余，士卒皆惮战，愬知之，有出迓者，愬谓之曰："天子知愬柔懦，能忍耻，故使来拊循尔曹。至于战攻进取，非吾事也。"众信而安之。愬亲行视士卒，伤病者存恤之，不事威严。或以军政不肃为言，愬曰："吾非不知也。袁尚书专以恩惠怀贼，贼易之，闻吾至，必增备，吾故示之以不肃。彼必以吾为懦而懈惰，然后可图也。”淮西人自以尝败高、袁二帅，轻愬名位素微，遂不为备。

二月，李愬谋袭蔡州，表请益兵，诏以昭义、河中、鄜坊步骑二千给之。丁酉，愬遣十将马少良将十余骑巡逻，遇吴元济捉生虞候丁士良，与战，擒之。士良，元济骁将，常为东边患。众请刳其心，愬许之。既而召诘之，士良无惧色。愬曰："真丈夫也。"命释其缚。士良乃自言："本非淮西士，贞元中隶安州，与吴氏战，为其所擒，自分死矣，吴氏释我而用之，我因吴氏而再生，故为吴氏父子竭力。昨日力屈，复为公所擒，亦分死矣，今公又生之，请尽死以报德。"愬乃给其衣服、器械，署为捉生将。

己亥，淮西行营奏克蔡州古葛伯城。

丁士良言于李愬曰："吴秀琳拥三千之众据文城栅，为贼左臂，官军不敢近者，有陈光洽为之谋主也。光洽勇而轻，好自出战，请为公先擒光洽，则秀琳自降矣。"戊申，士良擒光洽以归。

淮西被兵数年，竭仓廪以奉战士，民多无食，采菱芡、鱼鳖、鸟兽食之，亦尽，相帅归官军者前后五千余户。贼亦患其耗粮食，不复禁。庚申，敕置行县以处之，为择县令，使之抚养，并置兵以卫之。

三月乙丑，李愬自唐州徙屯宜阳栅。

吴秀琳以文城栅降于李愬。戊子，愬引兵至文城西五里，遣唐州刺史李进诚将甲士八千至城下，召秀琳，城中矢石如雨，众不得前。进诚还报："贼伪降，未可信也。"愬曰："此待我至耳。"即前至城下，秀琳束兵投身马足下，愬抚其背慰劳之，降其众三千人。秀琳将李宪有材勇，愬更其名曰忠义而用之。悉迁妇女于唐州，入据其城。于是唐邓军气复振，人有欲战之志。贼中降者相继于道，随其所便而置之。闻有父母者，给粟帛遣之，曰："汝曹皆王人，勿弃亲戚。"众皆感泣。

官军与淮西兵夹溵水而军，诸军相顾望，无敢渡溵水者。陈许兵马使王沛先引兵五千渡溵水，据要地为城，于是河阳、宣武、河东、魏博等军相继皆渡，进逼郾城。丁亥，李光颜败淮西兵三万于郾城，走其将张伯良，杀士卒什二三。

己丑，李愬遣山河十将董少玢等分兵攻诸栅；其日，少玢下马鞍山，拔路口栅。夏四月辛卯，山河十将马少良下嵖岈山，擒淮西将柳子野。

吴元济以蔡人董昌龄为郾城令，质其母杨氏。杨氏谓昌龄曰："顺死贤于逆生。汝去逆而吾死，乃孝子也；从逆而吾生，是戮吾也。"会官军围青陵，绝郾城归路，郾城守将邓怀金谋于昌龄，昌龄劝之归国。怀金乃请降于李光颜曰："城人之父母妻子皆在蔡州，请公来攻城，吾举烽求救，兵至，公逆击之，蔡兵必败，然后吾降，则父母、妻子庶免矣。"光颜从之。乙未，昌龄、怀金举城降，光颜引兵入据之。吴元济闻郾城不守，甚惧。时董重质将骡军守洄曲，元济悉发亲近及守城卒诣重质以拒之。

李愬山河十将妫雅、田智荣下冶炉城。丙申，十将阎士荣下白狗、汶港二栅。癸卯，妫雅、田智荣破西平。丙午，游弈兵马使王义破楚城。

五月辛酉，李愬遣柳子野、李忠义袭朗山，擒其将梁希果。丁丑，李愬遣方城镇遏使李荣宗击青喜城，拔之。愬每得降卒，必亲引问委曲，由是贼中险易、远近、虚实尽知之。愬厚待吴秀琳，与之谋取蔡。秀琳曰："公欲取蔡，非得李祐不可，如秀琳，无能为也。"祐者，淮西骑将，有勇略，守兴桥栅，常陵暴官军。庚辰，祐帅士卒刈麦于张柴村，愬召厢虞候史用诚戒之曰："尔以三百骑伏彼林中，又使人摇帜于前，若将焚其麦积者。祐素易官军，必轻骑来逐之，尔乃发骑掩之，必擒之。"用诚如言而往，生擒祐以归。将士以祐向日多杀官军，争请杀之。愬不许，释缚，待以客礼。

时愬欲袭蔡而更密其谋，独召祐及李忠义屏人语，或至夜分，他人莫得预闻。诸将恐祐为变，多谏愬，愬待祐益厚，士卒亦不悦。诸军日有牒称祐为贼内应，且言得贼谍者具言其事。愬恐谤先达于上，已不及救，乃持祐泣曰："岂天不欲平此贼邪？何吾二人相知之深，而不能胜众口也！"因谓众曰："诸君既以祐为疑，请令归死于天子。"乃械祐送京师，先密表其状，且曰："若杀祐，则无以成功。"诏释之，以还愬。愬见之喜，执其手曰："尔之得全，社稷之灵也。"乃署散兵马使，令佩刀巡警，出入帐中，或与之同宿，密语不寐达曙。有窃听于帐外者，但闻祐感泣声。时唐随牙队三千人，号"六院兵马"，皆山南东道之精锐也，愬又以祐为六院兵马使。

旧军令，舍贼谍者屠其家。〔愬〕除其令，使厚待之，谍反以情告愬，愬益知贼中虚实。乙酉，愬遣兵攻朗山，淮西兵救之，官军不利；众皆怅恨，愬独欢然曰："此吾计也。"乃募敢死士三千人，号曰"突将"，朝夕自教习之，使常为行备，欲以袭蔡。会久雨，所在积水，未果。

吴元济见其下数叛，兵势日蹙，六月壬戌，上表谢罪，愿束身自归。上遣中使赐诏，许以不死，而为左右及大将董重质所制，不得出。

诸军讨淮西，四年不克，馈运疲弊，民至有以驴耕者。上亦病之，以问宰相。李逢吉等竞言师老财竭，意欲罢兵。裴度独无言，上问之，对曰："臣请自往督战。"秋七月乙卯，上复谓度曰："卿真能为朕行乎？"对曰："臣誓不与此贼俱生。臣比观吴元济表，势实窘蹙，但诸将心不壹，不并力迫之，故未降耳。若臣自诣行营，诸将恐臣夺其功，必争进破贼矣。"上悦，丙戌，以度为门下侍郎、同平章事、兼彰义节度使，仍充淮西宣慰、招讨、处置使。又以户部侍郎崔群为中书侍郎、同平章事。制下，度以韩弘已为都统，不欲更为招讨，请但称宣慰、处置使。乃奏刑部侍郎马总为宣慰副使，右庶子韩愈为彰义行军司马，判官、书记，皆朝廷之选，上皆从之。度将行，言于上曰："臣若灭贼，则朝天有期；贼在，则归阙无日。"上为之流涕。

八月庚申，度赴淮西，上御通化门送之。右神武将军张茂和，茂昭弟也，尝以胆略自炫于度，度表为都押牙。茂和辞以疾，度奏请斩之。上曰："此忠顺之门，为卿远贬。"辛酉，贬茂和永州司马。以嘉王傅高承简为都押牙。承简，崇文之子也。

李逢吉不欲讨蔡，翰林学士令狐楚与逢吉善，度恐其合中外之势以沮军事，乃请改制书数字，且言其草制失辞，壬戌，罢楚为中书舍人。

李光颜、乌重胤与淮西战，癸亥，败于贾店。

裴度过襄城南白草原，淮西人以骁骑七百邀之；镇将楚丘曹华知而为备，击却之。度虽辞招讨名，实行元帅事，以郾城为治所。甲申，至郾城。先是诸道皆有中使监陈，进退不由主将，胜则先使献捷，不利则陵挫百端。度悉奏去之，诸将始得专其军事，战多有功。

九月庚子，淮西兵寇溵水镇，杀三将，焚刍藁而去。

甲寅，李愬将攻吴房，诸将曰："今日往亡。"愬曰："吾兵少，不足战，宜出其不意。彼以往亡不吾虞，正可击也。"遂往，克其外城，斩首千余级。余众保子城，不敢出，愬引兵还以诱之，淮西将孙献忠果以骁骑五百追击其背。众惊，将走，愬下马，据胡床，令曰："敢退者斩。"返旆力战，献忠死，淮西兵乃退。或劝愬"乘胜攻其子城，可拔也"。愬曰："非吾计也。"引兵还营。

李祐言于李愬曰："蔡之精兵皆在洄曲，及四境拒守州城者皆羸老之卒，可以乘虚直抵其城。比贼将闻之，元济已成擒矣。"愬然之。冬十月甲子，遣掌书记郑澥至郾城，密白裴度，度曰："兵非出奇不胜，常侍良图也。"

裴度帅僚佐观筑城于沱口，董重质帅骑出五沟邀之，大呼而进，注弩挺刃，势将及度。李光颜与田布力战，拒之，度仅得入城。贼退，布扼其沟中归路，贼下马逾沟，坠压死者千余人。

辛未，李愬命马步都虞候随州刺史史旻等留镇文城，命李祐、李忠义帅突将三千为前驱，自与监军将三千人为中军，命李进诚将三千人殿其后。军出，不知所之。愬曰："但东行。"行六十里，夜，至张柴村，尽杀其戍卒及烽子，据其栅。命士卒少休，食干糒，整羁靮，留义成军五百人镇之，以断朗山救兵。命丁士良将五百人断洄曲及诸道桥梁，复夜引兵出门。诸将请所之，愬曰："入蔡州取吴元济。"诸将皆失色。监军哭曰："果落李祐奸计。"时大风雪，旌旗裂，人马冻，死者相望。天阴黑，自张柴村以东道路皆官军所未尝行，人人自以为必死；然畏愬，莫敢违。夜半，雪愈甚，行七十里，至州城。近城有鹅鸭池，愬令惊之以混军声。

自吴少诚拒命，官军不至蔡州城下三十余年，故蔡人不为备。壬申四鼓，愬至城下，无一人知者。李祐、李忠义钁其城为坎以先登，壮士从之。守门卒方熟寐，尽杀之，而留击柝者，使击柝如故，遂开门纳众。及里城，亦然，城中皆不之觉。鸡鸣雪止，愬入居元济外宅。或告元济曰："官军至矣。"元济尚寝，笑曰："俘囚为盗耳，晓当尽戮之。"又有告者曰："城陷矣。"元济曰："此必洄曲子弟就吾求寒衣也。"起，听于廷，闻愬军号令曰："常侍传语。"应者近万人。元济始惧，曰："何等常侍，能至于此！"乃帅左右登牙城拒战。

时董重质拥精兵万余人据洄曲，愬曰："元济所望者，重质之救耳。"乃访重质家，厚抚之，遣其子传道持书谕重质；重质遂单骑诣愬降。

愬遣李进诚攻牙城，毁其外门，得甲库，取其器械。癸酉，复攻之，烧其南门。民争负薪刍助之，城上矢如猬毛。餔时，门坏，元济于城上请罪，进诚梯而下之。甲戌，愬以槛车送元济诣京师，且告于裴度。是日，申、光二州及诸镇兵二万余人相继来降。

自元济就擒，愬不戮一人。凡元济官吏、帐下厨厩之卒，皆复其职，使之不疑，然后屯于鞠场，以待裴度。

己卯，淮西行营奏获吴元济，光禄少卿杨元卿言于上曰："淮西大有珍宝，臣能知之，往取必得。"上曰："朕讨淮西，为人除害，珍宝非所求也。"

董重质之去洄曲军也，李光颜驰入其壁，悉降其众。

庚辰，裴度遣马总〔先〕(北)入蔡州慰抚。辛巳，度建彰义军节，将降卒万余人入城，李愬具櫜鞬出迎，拜于路左。度将避之，愬曰："蔡人顽悖，不识上下之分，数十年矣，愿公因而示之，使知朝廷之尊。"度乃受之。

李愬还军文城，诸将请曰："始公败于朗山而不忧，胜于吴房而不取，冒大风甚雪而不止，孤军深入而不惧，然卒以成功，皆众人所不谕也，敢问其故？"愬曰："朗山不利，则贼轻我，不为备矣。取吴房，则其众奔蔡，并力固守，故存之以分其兵。风雪阴晦，则烽火不接，不知吾至。孤军深入，则人皆致死，战自倍矣。夫视远者不顾近，虑大者不计细，若矜小胜，恤小败，先自挠矣，何暇立功乎！"众皆服。愬俭于奉己而丰于待士，知贤不疑，见可能断，此其所以成功也。

裴度以蔡卒为牙兵，或谏曰："蔡人反仄者尚多，不可不备。"度笑曰："吾为彰义节度使，元恶既擒，蔡人则吾人也，又何疑焉？"蔡人闻之感泣。先是，吴氏父子阻兵，禁人偶语于涂，夜不然烛，有以酒食相过从者罪死。度既视事，下令惟禁盗贼、斗杀，余皆不问，往来者不限昼夜，蔡人始知有生民之乐。

甲申，诏韩弘、裴度条列平蔡将士功状及蔡之将士降者，皆差第以闻。淮西州县百姓，给复二年。近贼四州，免来年夏税。官军战亡者皆为收葬，给其家衣粮五年；其因战伤残废者，勿停衣粮。十一月丙戌朔，上御兴安门受俘，遂以吴元济献庙、社，斩于独柳之下。

初，淮西之人劫于李希烈、吴少诚之威虐，不能自拔，久而老者衰，幼者壮，安于悖逆，不复知有朝廷矣。自少诚以来，遣诸将出兵，皆不束以法制，听各以便宜自战，故人人得尽其才。韩全义之败于溵水也，于是帐中得朝贵所与问讯书，少诚束而示众曰："此皆公卿属全义书，云：'破蔡州日，乞一将士妻女为婢妾。'"由是众皆愤怒，以死为贼用。虽居中土，其风俗犷戾，过于夷貊。故以三州之众，举天下之兵环而攻之，四年然后克之。

戊子，以李愬为山南东道节度使，赐爵凉国公。加韩弘兼侍中，李光颜、乌重胤等各迁官有差。辛丑，以唐随兵马使李祐为神武将军，知军事。

裴度以马总为彰义留后。癸丑，发蔡州。上封二剑以授梁守谦，使诛吴元济旧将。度至郾城遇之，复与俱入蔡州，量罪施刑，不尽如诏旨，仍上疏言之。

十二月壬戌，赐裴度爵晋国公，复入知政事。以马总为淮西节度使。

庚辰，贬淮西降将董重质为春州司户。重质为吴元济谋主，屡破官军，上欲杀之，李愬奏先许重质以不死。

宪宗讨淄青　李师道

唐宪宗元和元年。初，李师古有异母弟曰师道，常疏斥在外，不免贫窭。师古私谓所亲曰："吾非不友于师道也，吾年十五拥节旄，自恨不知稼穑之艰难，况师道复减吾数岁。吾欲使之知衣食之所自来，且以州县之务付之，计诸公必不察也。"及师古疾笃，师道时知密州事，好画及觱篥。师古谓判官高沐、李公度曰："迨吾之未乱也，欲有问于子。我死，子欲奉谁为帅乎？"二人相顾未对。师古曰："岂非师道乎？人情谁肯薄骨肉而厚他人，顾置帅不善，则非徒败军政也，且覆吾族。师道为公侯子孙，不务训兵理人，专习小人贱事以为己能，果堪为帅乎？幸诸公审图之。"闰六月壬戌朔，师古薨。沐、公度秘不发丧，潜逆师道于密州，奉以为节度副使。

秋八月，李师道总军务，久之，朝命未至。师道谋于将佐，或请出兵掠四境。高沐固止之，请输两税，申官吏，行盐法，遣使相继奉表诣京师。杜黄裳请乘其未定而分之。上以刘辟未平，己巳，以师道为平卢留后，知郓州事。

冬十月壬午，以平卢留后李师道为节度使。

十年。官军之讨吴元济也，李师道使大将将二千〔人〕趣寿春，欲为元济之援。又使盗攻河阴转运院，烧钱、帛三十余万缗、匹，谷二万余斛。事见宪宗平淮蔡。

夏六月癸卯，盗杀武元衡。

秋八月，李师道置留后院于东都，本道人杂沓往来，吏不敢诘。时淮西兵犯东畿，防御兵悉屯伊阙。师道潜内兵于院中，至数十百人，谋焚宫阙，纵兵杀掠。已烹牛飨士，明日将发，其小卒诣留守吕元膺告变。元膺亟追伊阙兵围之，贼众突出。防御兵踵其后，不敢迫，贼出长夏门，望山而遁。是时都城震骇，留守兵寡弱，元膺坐皇城门，指使部分，意气自若，都人赖以安。

东都西南接邓、虢，皆高山深林，民不耕种，专以射猎为生，人皆趫勇，谓之"山棚"。元膺设重购以捕贼。数日，有山棚鬻鹿，贼遇而夺之，山棚走召其侪类，且引官军共围之谷中，尽获之。按验，得其魁，乃中岳寺僧圆净；故尝为史思明将，勇悍过人，为师道谋，多买田于伊阙、陆浑之间，以舍山棚而衣食之。有訾嘉珍、门察者，潜部分以属圆净。圆净以师道钱千万，阳为治佛光寺，结党定谋，约令嘉珍等窃发城中，圆净举火于山中，集二县山棚入城助之。圆净时年八十余，捕者既得之，奋锤击其胫，不能折。圆净骂曰："鼠子，折人胫且不能，敢称健儿！"乃自置其胫，教使折之。临刑，叹曰："误我事，不得使洛城流血！"党与死者凡数千人。留守、防御将二人及驿卒八人，皆受其职名，为之耳目。

元膺鞫訾嘉珍、门察，始知杀武元衡者乃师道也。元膺密以闻，以槛车送二人诣京师。上业已讨王承宗，不复穷治。元膺上言："近日藩镇跋扈不臣，有可容贷者。至于师道，谋屠都城，烧宫阙，悖逆尤甚，不可不诛。"上以为然，而方讨吴元济，绝王承宗，故未暇治师道也。

冬十一月丁酉，武宁节度使李愿奏败李师道之众。时师道数遣兵攻徐州，败萧、沛数县，愿悉以步骑委都押牙温人王智兴，击破之。十二月甲辰，智兴又破师道之众，斩首二千余级，逐北至平阴而还。愿，晟之子也。

十一年冬十一月，李师道闻李光颜等拔吴元济陵云栅而惧，诈请输款。上以力未能讨，加师道检校司空。

十二年。官军之攻吴元济也，李师道募人通使于蔡，察其形势。牙前虞候刘晏平应募出汴、宋间，潜行至蔡。元济大喜，厚礼而遣之。晏平还至郓，师道屏人而问之。晏平曰："元济暴兵数万于外，阽危如此，而日与仆妾游戏博弈于内，晏然曾无忧色。以愚观之，殆必亡，不久矣。"师道素倚淮西为援，闻之惊怒，寻诬以他过，杖杀之。

十三年。初，李师道谋逆命，判官高沐与同僚郭昈、李公度屡谏之。判官李文会、孔目官林英，素为师道所亲信，涕泣言于师道曰："文会等尽诚为尚书忧家事，反为高沐等所疾。尚书奈何不忧十二州之土地，以成沐等之功名乎！"师道由是疏沐等，出沐知莱州。会林英入奏事，令进奏吏密申师道，云沐潜输款于朝廷。文会从而构之，师道杀沐，并囚郭昈。凡军中劝师道效顺者，文会皆指为高沐之党而囚之。

及淮西平，师道忧惧，不知所为。李公度及牙将李英昙因其惧而说之，使纳质献地以自赎。师道从之，遣使奉表，请使长子入侍，并献沂、密、海三州。上许之，春正月，遣左常侍李逊诣郓州宣慰。

李师道暗弱，军府大事独与妻魏氏、奴胡惟堪、杨自温、婢蒲氏、袁氏及孔目官王再升谋之，大将及幕僚莫得预焉。魏氏不欲其子入质，与蒲氏、袁氏言于师道曰："自先司徒以来，有此十二州，奈何无故割而献之！今计境内之兵不下数十万，不献三州，不过以兵相加。若力战不胜，献之未晚。"师道乃大悔，欲杀李公度。幕僚贾直言谓其用事奴曰："今大祸将至，岂非高沐冤气所为！若又杀公度，军府其危哉！"乃囚之。迁李英昙于莱州，未至，缢杀之。

李逊至郓州，师道大陈兵迎之。逊盛气正色，为陈祸福，责其决语，欲白天子。师道退与其党谋之，皆曰："第许之，他日正烦一表解纷耳。"师道乃谢曰："向以父子之私，且迫于将士之情，故迁延未遣。今重烦朝使，岂敢复有二三！"逊察师道非实诚，归言于上曰："师道顽愚反覆，恐必须用兵。"既而师道表言军情，不听纳质割地，上怒，决意讨之。

贾直言冒刃谏师道者二，舆榇谏者一，又画缚载槛车妻子系累者以献。师道怒，囚之。

五月丙申，以忠武节度使李光颜为义成节度使，谋讨师道也。以河阳都知兵马使曹华为棣州刺史，诏加横海节度副使。六月丁丑，复以乌重胤领怀州刺史，镇河阳。秋七月癸未朔，徙李愬为武宁节度使。乙酉，下制罪状李师道，令宣武、魏博、义成、武宁、横海兵共讨之。吴元济既平，韩弘惧，九月，自将兵击李师道，围曹州。

冬十一月壬寅，以河阳节度使乌重胤为横海节度使。丁未，以华州刺史令狐楚为河阳节度使。重胤以河阳精兵三千赴镇，河阳兵不乐去乡里，中道溃归，又不敢入城，屯于城北。将大掠，令狐楚适至，单骑出，慰抚之，与俱归。

先是，田弘正请自黎阳渡河，会义成节度使李光颜讨李师道。裴度曰："魏博军既渡河，不可复退，立须进击，方有成功。既至滑州，即仰给度支，徒有供饷之劳，更生观望之势。又或与李光颜互相疑阻，益致迁延。与其渡河而不进，不若养威于河北。宜且使之秣马厉兵，俟霜降水落，自杨刘渡河，直指郓州，得至阳谷置营，则兵势自盛，贼众摇心矣。"上从之。是月，弘正将魏博全师自杨刘渡河，距郓州四十里筑垒，贼中大震。

十二月戊寅，魏博、义成军送所获李师道都知兵马使夏侯澄等四十七人。上皆释弗诛，各付所获行营驱使，曰："若有父母欲归者，优给遣之。朕所诛者，师道而已。"于是贼中闻之，降者相继。

初，李文会与兄元规皆在李师古幕下。师古薨，师道立，元规辞去，文会属师道亲党请留。元规将行，谓文会曰："我去身退而安全，汝留必骤贵而受祸。"及官军四临，平卢兵势日蹙，将士喧然，皆曰："高沐、郭昈、李存为司空忠谋，李文会奸佞，杀沐，囚昈、存，以致此祸。"师道不得已，出文会摄登州刺史，召昈、存还幕府。

武宁节度使李愬与平卢兵十一战皆捷，己卯晦，进攻金乡，克之。李师道性懦怯，自官军致讨，闻小败及失城邑，辄忧悸成疾。由是左右皆蔽匿，不以实告。金乡，兖州之要地，既失之，其刺史遣驿骑告急，左右不为通，师道至死竟不知也。

十四年春正月辛巳，韩弘拔考城，杀二千余人。丙戌，师道所署沭阳令梁洞以县降于楚州刺史李听。壬辰，武宁节度使李愬拔鱼台。丙申，田弘正奏败淄青兵于东阿，杀万余人。丙午，田弘正奏败平卢兵于阳谷。二月，李听袭海州，克东海、朐山、怀仁等县。李愬败平卢兵于沂州，拔丞县。

李师道闻官军侵逼，发民治郓州城堑，修守备，役及妇人，民益惧且怨。都知兵马使刘悟，正臣之孙也，师道使之将兵万余人屯阳谷以拒官军。悟务为宽惠，使士卒人人自便，军中号曰“刘父”。及田弘正渡河，悟军无备，战又数败。或谓师道曰：“刘悟不修军法，专收众心，恐有他志，宜早图之。”师道召悟计事，欲杀之。或谏曰：“今官军四合，悟无逆状，用一人言杀之，诸将谁肯为用？是自脱其爪牙也。”师道留悟旬日，复遣之，厚赠金帛以安其意。悟知之，还营，阴为之备。师道以悟将兵在外，署悟子从谏门下别奏。从谏与师道诸奴日游戏，颇得其阴谋，密疏以白父。

又有谓师道者曰：“刘悟终为患，不如早除之。”丙辰，师道潜遣二使赍帖授行营兵马副使张暹，令斩悟首献之，勒暹权领行营。时悟方据高丘张幕置酒，去营二三里。二使至营，密以帖授暹。暹素与悟善，阳与使者谋曰：“悟自使府还，颇为备，不可匆匆。暹请先往白之，云：‘司空遣使存问将士，兼有赐物，请都头速归，同受传语。’如此，则彼不疑，乃可图也。”使者然之。暹怀帖走诣悟，屏人示之。悟潜遣人先执二使，杀之。

时已向暮，悟按辔徐行，还营坐帐下，严兵自卫。召诸将，厉色谓之曰：“悟与公等不顾死亡以抗官军，诚无负于司空。今司空信谗言，来取悟首。悟死，诸公其次矣。且天子所欲诛者独司空一人，今军势日蹙，吾曹何为随之族灭！欲与诸公卷旗束甲，还入郓州，奉行天子之命，岂徒免危亡，富贵可图也。诸公以为何如？"兵马使赵垂棘立于众首，良久，对曰："如此，事果济否？"悟应声骂曰："汝与司空合谋邪！"立斩之。遍问其次，有迟疑未言者，悉斩之，并斩军中素为众所恶者凡三十余，尸于帐前。余皆股栗，曰："惟都头命，愿尽死。"乃令士卒曰："入郓，人赏钱百缗，惟不得近军帑。其使宅及逆党家财，任自掠取。有仇者报之。"使士卒皆饱食执兵，夜半听鼓三声绝即行，人衔枚，马缚口，遇行人执留之，人无知者。距城数里，天未明，悟驻军，使听城上柝声绝，使十人前行，宣言刘都头奉帖追入城。门者请俟写简白使，十人拔刃拟之，皆窜匿。悟引大军继至，城中噪哗动地。比至，子城已洞开，惟牙城拒守，寻纵火斧其门而入。牙中兵不过数百，始犹有发弓矢者，俄知不支，皆投于地。

悟勒兵升听事，使捕索师道。师道与二子伏厕床下，索得之。悟命置牙门外隙地，使人谓曰："悟奉密诏送司空归阙，然司空亦何颜复见天子？"师道犹有幸生之意，其子弘方仰曰："事已至此，速死为幸。"寻皆斩之。自卯至午，悟乃命两都虞候巡坊市，禁掠者，即时皆定。大集兵民于毬场，亲乘马巡绕，慰安之。斩赞师道逆谋者二十余家，文武将吏且惧且喜，皆入贺。悟见李公度，执手歔欷。出贾直言于狱，置之幕府。

悟之自阳谷还兵趋郓也，潜使人以其谋告田弘正，曰："事成，当举烽相白。万一城中有备不能入，愿公引兵为助。功成之日，皆归于公，悟何敢有之。"且使弘正进据己营。弘正见烽，知得城，遣使往贺。悟函师道父子三首，遣使送弘正营，弘正大喜，露布以闻。淄、青等十二州皆平。

弘正初得师道首，疑其非真，召夏侯澄使识之。澄熟视其面，长号陨绝，久之，乃抱其首，舐其目中尘垢，复恸哭。弘正为之改容，义而不责。

壬戌，田弘正捷奏至。乙丑，命户部侍郎杨於陵为淄青宣抚使。己巳，李师道首函至。自广德以来，垂六十年，藩镇跋扈河南北三十余州，自除官吏，不供贡赋，至是尽遵朝廷约束。

上命杨於陵分李师道地。於陵按图籍，视土地远迩，计士马众寡，校仓库虚实，分为三道，使之适均，以郓、曹、濮为一道，淄、青、齐、登、莱为一道，兖、海、沂、密为一道。上从之。

刘悟以初讨李师道诏云："部将有能杀师道以众降者，师道官爵悉以与之。"意谓尽得十二州之地，遂补署文武将佐，更易州县长吏。谓其下曰："军府之政，一切循旧。自今但与诸公抱子弄孙，夫复何忧！"上欲移悟他镇，恐悟不受代，复须用兵，密诏田弘正察之。弘正日遣使者诣悟，托言修好，实观其所为。悟多力，好手搏，得郓州三日，则教军中壮士手搏，与魏博使者庭观之，自摇肩攘臂，离坐以助其势。弘正闻之，笑曰："是闻除改，登即行矣，何能为哉！"庚午，以悟为义成节度使。悟闻制下，手足失坠，明日，遂行。弘正将数道兵，已至城西二里，与悟相见于客亭，即受旌节，驰诣滑州，辟李公度、李存、郭旴、贾直言以自随。悟素与李文会善，既得郓州，使召之，未至。闻将移镇，旴、存谋曰："文会佞人，败乱淄青一道，灭李司空之族，万人所共仇也。不乘此际诛之，田相公至，务施宽大，将何以雪三齐之愤怨乎！"乃诈为悟帖，遣使即文会所至，取其首以来。使者遇文会于丰齐驿，斩之。比还，悟及旴、存已去，无所复命矣。文会二子，一亡去，一死于狱，家赀悉为人所掠，田宅没官。

诏以淄青行营副使张暹为戎州刺史。癸酉，加田弘正检校司徒、同平章事。先是，李师道将败数月，闻风动鸟飞，皆疑有变，禁郓人亲识宴聚及道路偶语，犯者有刑。弘正既入郓，悉除苛禁，纵人游乐，寒食七昼夜不禁行人。或谏曰："郓人久为寇敌，今虽平，人心未安，不可不备。"弘正曰："今为暴者既除，宜施以宽惠，若复为严察，是以桀易桀也，庸何愈焉。"

先是，贼数遣人入关，截陵戟，焚仓场，流矢飞书，以震骇京师，沮挠官军。有司督察甚严，潼关吏至发人囊箧以索之，然终不能绝。及田弘正入郓，阅李师道簿书，有赏杀武元衡人王士元等及赏潼关、蒲津吏卒案，乃知向者皆吏卒受赂于贼，容其奸也。

裴度纂述蔡、郓用兵以来，上之忧勤机略，因侍宴献之，请内印出付史官。上曰："如此似出朕志，非所欲也。"弗许。

三月戊子，以华州刺史马总为郓曹濮等州节度使。己丑，以义成节度使薛平为平卢节度、淄青齐登莱等州观察使。以淄青西面行营供军使王遂为沂海兖密等州观察使。

横海节度使乌重胤奏："河朔藩镇所以能旅拒朝命六十余年者，由诸州县各置镇将领事，收刺史县令之权，自作威福。向使刺史各得行其职，则虽有奸雄如安、史，必不能以一州独反也。臣所领德、棣、景三州，已举牒各还刺史职事，应在州兵并令刺史领之。"夏四月丙寅，诏诸道节度、都团练、都防御、经略等使所统支郡兵马并令刺史领之。自至德以来，节度使权重，所统诸州各置镇兵，以大将主之，暴横为患，故重胤论之。其后河北诸镇，惟横海最为顺命，由重胤处之得宜故也。

秋七月丁丑朔，田弘正送杀武元衡贼王士元等十六人，诏仗内、京兆府、御史台遍鞫之，皆款服。京兆尹崔元略以元衡物色询之，则多异同。元略问其故，对曰："恒、郓同谋遣客刺元衡，而士元等后期，闻恒人事成，遂窃以为己功，还报受赏耳。今自度为罪均，终不免死，故承之。”上亦不欲复辨正，悉杀之。

戊寅，宣武节度使韩弘始入朝，上待之甚厚。弘献马三千，绢五千，杂缯三万，金银器千，而汴之库厩尚有钱百余万缗，绢百余万匹，马七千匹，粮三百万斛。

沂、海、兖、密观察使王遂，本钱谷吏，性狷急，无远识。时军府草创，人情未安，遂专以严酷为治，所用杖绝大于常行者。每詈将卒，辄曰“反虏”。又盛夏役士卒营府舍，督责峻急，将卒愤怨。辛卯，役卒王弁与其徒四人浴于沂水，密谋作乱，曰：“今服役触罪亦死，奋命立事亦死，死于立事，不犹愈乎！明日，常侍与监军副使有宴，军将皆在告，直兵多休息，吾属乘此际，出其不意取之，可以万全。”四人皆以为然，约事成推弁为留后。壬辰，遂方宴饮，日过中，弁等五人突入，于直房前取弓刀，径前射副使张敦实，杀之。遂与监军狼狈起走，弁执遂，数之以盛暑兴役，用刑刻暴，立斩之。传声勿惊监军，弁即自称留后。朝廷闻沂州军乱，甲辰，以棣州刺史曹华为沂海兖密观察使。

八月，朝廷议兴兵讨王弁，恐青、郓相扇继变，乃除弁开州刺史，遣中使赐以告身。中使绐之曰：“开州计已有人迎候道路，留后宜速发。”弁即日发沂州，导从尚百余人，入徐州境，所在减之，其众亦稍逃散。遂加以杻械，乘驴入关。九月戊寅，腰斩东市。先是，三分郓兵以隶三镇，及王遂死，朝廷以为师道余党凶态未除，命曹华引棣州兵赴镇以讨之。沂州将士迎候者，华皆以好言抚之，使先入城，慰安其余，众皆不疑。华视事三日，大飨将士，伏甲士千人于幕下，乃集众而谕之曰：“天子以郓人有迁徙之劳，特加优给，宜令郓人处右，沂人处左。”既定，令沂人皆出，因阖门,谓郓人曰:“王常侍以天子之命为帅于此,将士何得辄害之?”语未毕,伏者出围而杀之,死者千二百人,无一得脱者。门屏间赤雾高丈余,久之方散。

臣光曰:春秋书楚子虔诱蔡侯般杀之于申。彼列国也,孔子犹深贬之,恶其诱讨也,况为天子而诱匹夫乎?王遂以聚敛之才,殿新造之邦,用苛虐致乱。王弁庸夫,乘衅窃发,苟沂帅得人,戮之易于犬豕耳,何必以天子诏书为诱人之饵乎!且作乱者五人耳,乃使曹华设诈屠千余人,不亦滥乎!然则自今士卒孰不猜其将帅,将帅何以令其士卒,上下眄眄,如寇仇聚处,得间则更相鱼肉,惟先发者为雄耳,祸乱何时而弭哉!惜夫,宪宗削平僭乱,几致治平,其美业所以不终,由苟徇近功,不敦大信故也。

河朔再叛

唐宪宗元和五年。刘济之讨王承宗也,以长子绲为副大使,掌幽州留务。济军瀛州,次子总为瀛州刺史,济署行营都知兵马使,使屯饶阳。济有疾,总与判官张玘、孔目官成国宝谋,诈使人从长安来,曰:“朝廷以相公逗留无功,已除副大使为节度使矣。”明日,又使人来告曰:“副大使旌节已至太原。”又使人走而呼曰:“旌节已过代州。”举军惊骇。济愤怒,不知所为,杀大将素与绲厚者数十人,追绲诣行营,以张玘兄皋代知留务。济自朝至日昃不食,渴索饮,总因寘毒而进之。乙卯,济薨。绲行至涿州,总矫以父命杖杀之,遂领军务。

十三年夏四月,幽州大将谭忠说刘总曰:“自元和以来,刘辟、李锜、田季安、卢从史、吴元济阻兵冯险，自以为深根固蒂，天下莫能危也。然顾眄之间，身死家覆，皆不自知。此非人力所能及，殆天诛也。况今天子神圣威武，苦身焦思，缩衣节食，以养战士，此志岂须臾忘天下哉，今国兵骎骎北来，赵人已献城十二，忠深为公忧之。”总泣且拜曰：“闻先生言，吾心定矣。”遂专意归朝廷。

穆宗长庆元年。卢龙节度使刘总既杀其父兄，心常自疑，数见父兄为祟。常于府舍饭僧数百，使昼夜为佛事，每视事退则处其中，或处他室则惊悸不能寐。晚年，恐惧尤甚。亦见河南北皆从化，春正月己卯，奏乞弃官为僧，仍乞赐钱百万缗以赏将士。

三月癸丑，以刘总兼侍中，充天平节度使，以宣武节度使张弘靖为卢龙节度使。乙卯，以权知京兆尹卢士玟为瀛莫观察使。丁巳，诏刘总兄弟子侄皆除官，大将僚佐亦宜超擢，百姓给复一年，军士赐钱一百万缗。

刘总奏恳乞为僧，且以其私第为佛寺。诏赐总名大觉，寺名报恩，遣中使以紫僧服及天平节钺、侍中告身并赐之，惟其所择。诏未至，总已削发为僧。将士欲遮留之，总杀其唱帅者十余人，夜以印节授留后张玘，遁去。及明，军中始知之。玘奏总不知所在，癸亥，卒于定州之境。

初，刘总奏分所属为三道，以幽、涿、营为一道，请除张弘靖为节度使；平、蓟、妫、檀为一道，请除平卢节度使薛平为节度使；瀛、莫为一道，请除权知京兆尹卢士玟为观察使。弘靖先在河东，以宽简得众，总与之邻境，闻其风望，以燕人桀骜日久，故举弘靖自代以安辑之。平，嵩之子，知河朔风俗而尽诚于国，故举之。士玟，则总妻族之亲也。总又尽择麾下宿将有功伉健难制者都知兵马使朱克融等送之京师，乞加奖拔，使燕人有慕羡朝廷禄位之志，又献征马万五千匹，然后削发委去。克融，滔之孙也。

是时上方酣宴，不留意天下之务，崔植、杜元颖无远略，不知安危大体，苟欲崇重弘靖，惟割瀛、莫二州以士玫领之，自余皆统于弘靖。朱克融辈久羁旅京师，至假丐衣食，日诣中书求官，植、元颖不之省。及除弘靖幽州，勒克融辈归本军驱使，克融辈皆愤怨。

先是，河北节度使皆亲冒寒暑，与士卒均劳逸。及弘靖至，雍容骄贵，肩舆于万众之中，燕人讶之。弘靖庄默自尊，涉旬乃一出坐决事，宾客将吏罕得闻其言，情意不接，政事多委之幕僚。而所辟判官韦雍辈多年少轻薄之士，嗜尚豪纵，出入传呼甚盛，或夜归烛火满街，皆燕人所不习也。诏以钱百万缗赐将士，弘靖留其二十万缗充军府杂用，雍辈复裁刻军士粮赐，绳之以法，数以反虏诟责吏卒，谓军士曰："今天下太平，汝曹能挽两石弓，不若识一丁字。"由是军中人人怨怒。

秋七月甲辰，韦雍出，逢小将策马冲其前导，雍命曳下，欲于街中杖之。河朔军士不贯受杖，不服。雍以白弘靖，弘靖命军虞候系治之。是夕，士卒连营呼噪作乱，将校不能制，遂入府舍，掠弘靖货财、妇女，囚弘靖于蓟门馆，杀幕僚韦雍、张宗元、崔仲卿、郑埙、都虞候刘操、押牙张抱元。明日，军士稍稍自悔，悉诣馆谢弘靖，请改心事之。凡三请，弘靖不应。军士乃相谓曰："相公无言，是不赦吾曹。军中岂可一日无帅。"乃相与迎旧将朱洄，奉以为留后。洄，克融之父也，时以疾废卧家，自辞老病，请使克融为之，众从之。众以判官张彻长者，不杀。彻骂曰："汝何敢反，行且族灭！"众共杀之。

甲寅，幽州监军奏军乱，丁巳，贬张弘靖为宾客分司，己未，再贬吉州刺史。庚申，以昭义节度使刘悟为卢龙节度使。悟以朱克融方强，奏请且授克融节钺，徐图之。乃复以悟为昭义节度使。

初，田弘正受诏镇成德，自以久与镇人战，有父兄之仇，乃以魏兵二千从赴镇，因留以自卫，奏请度支供其粮赐。户部侍郎判度支崔倰性刚褊，无远虑，以为魏、镇各自有兵，恐开事例，不肯给。弘正四上表，不报，不得已，遣魏兵归。倰，沔之孙也。

弘正厚于骨肉，兄弟子侄在两都者数十人，竞为侈靡，日费约二十万。弘正辇魏、镇之货以供之，相属于道，河北将士颇不平。诏以钱百万缗赐成德军，度支辇运不时至，军士益不悦。

都知兵马使王庭凑，本回鹘阿布思之种也，性果悍阴狡，潜谋作乱，每抉其细故以激怒之，尚以魏兵故，不敢发。及魏兵去，壬戌，庭凑结牙兵噪于府署，杀弘正及僚佐、元从将吏并家属三百余人。庭凑自称留后，逼监军宋惟澄奏求节钺。八月癸巳，惟澄以闻，朝廷震骇。崔倰于崔植为再从兄，故时人莫敢言其罪。

初，朝廷易置魏、镇帅臣，左金吾将军杨元卿上言，以为非便，又诣宰相深陈利害。及镇州乱，上赐元卿白玉带。辛未，以元卿为泾原节度使。

瀛莫将士家属多在幽州，壬申，莫州都虞候张良佐潜引朱克融兵入城，刺史吴晖不知所在。

癸酉，王庭凑遣人杀冀州刺史王进岌，分兵据其州。

魏博节度使李愬闻田弘正遇害，素服令将士曰："魏人所以得通圣化，至今安宁富乐者，田公之力也。今镇人不道，辄敢害之，是轻魏以为无人也。诸君受田公恩，宜如何报之？"众皆恸哭。深州刺史牛元翼，成德良将也，愬使以宝剑、玉带遗之，曰："昔吾先人以此剑立大勋，吾又以之平蔡州，今以授公，努力翦庭凑。”元翼以剑带徇于军，报曰：“愿尽死。”愬将出兵，会疾作，不果。元翼，赵州人也。

乙亥，起复前泾原节度使田布为魏博节度使，令乘驿之镇。布固辞不获，与妻子、宾客诀曰：“吾不还矣！”悉屏去旌节导从而行。未至魏州三十里，被发徒跣，号哭而入，居于垩室。月俸千缗，一无所取，卖旧产得钱十余万缗，皆以颁士卒，旧将老者兄事之。

丙子，瀛州军乱，执观察使卢士玫及监军、僚佐送幽州，囚于客馆。

王庭凑遣其将王立攻深州，不克。

丁丑，诏魏博、横海、昭义、河东、义武诸军各出兵临成德之境，若王庭凑执迷不复，宜即进讨。成德大将王俭等五人谋杀王庭凑，事泄，并部兵三千人皆死。

己卯，以深州刺史牛元翼为深冀节度使。

丁亥，以殿中侍御史温造为起居舍人，充镇州四面诸军宣慰使，历泽潞、河东、魏博、横海、深冀、易定等道，谕以军期。造，大雅之五世孙也。己丑，以裴度为幽、镇两道招抚使。癸巳，王庭凑引幽州兵围深州。

九月壬子，朱克融焚掠易州、涞水、遂城、满城。

冬十月，以裴度为镇州四面行营都招讨使。左领军大将军杜叔良以善事权幸得进，时幽、镇兵势方盛，诸道兵未敢进，上欲功速成，宦官荐叔良，以为深州诸道行营节度使。以牛元翼为成德节度使。丁丑，裴度自将兵出承天军故关以讨王庭凑。朱克融遣兵寇蔚州。戊寅，王庭凑遣兵寇贝州。己卯，易州刺史柳公济败幽州兵于白石岭，杀千余人。庚辰，横海节度使乌重胤奏败成德兵于饶阳。辛巳，魏博节度使田布将全军三万人讨王庭凑，屯于南宫之南，拔其二栅。

翰林学士元稹与知枢密魏弘简深相结，求为宰相，由是有宠于上，每事咨访焉。稹无怨于裴度，但以度先达重望，恐其复有功大用，妨己进取，故度所奏画军事，多与弘简从中沮坏之。度乃上表极陈其朋比奸蠹之状，以为："逆竖构乱，震惊山东，奸臣作朋，挠败国政。陛下欲扫荡幽、镇，先宜肃清朝廷。何者？为患有大小，议事有先后。河朔逆贼祇乱山东，禁闱奸臣必乱天下，是则河朔患小，禁闱患大。小者臣与诸将必能剪灭，大者非陛下觉寤制断，无以驱除。今文武百僚，中外万品，有心者无不愤忿，有口者无不咨嗟，直以奖用方深，不敢抵触，恐事未行而祸已及，不为国计，且为身谋。臣自兵兴以来，所陈章疏，事皆要切，所奉书诏，多有参差。蒙陛下委付之意不轻，遭奸臣抑损之事不少。臣素与佞幸亦无仇嫌，正以臣前请乘传诣阙，面陈军事，奸臣最所畏惮，恐臣发其过恶，百计止臣。臣又请与诸军齐进，随便攻讨，奸臣恐臣或有成功，曲加阻碍，逗遛日时，进退皆受羁牵，意见悉遭蔽塞。但欲令臣失所，臣无成，则天下理乱，山东胜负，悉不顾矣。为臣事君，一至于此！若朝中奸臣尽去，则河朔逆贼不讨自平。若朝中奸臣尚存，则逆贼纵平无益。陛下傥未信臣言，乞出臣表，使百官集议，彼不受责，臣当伏辜。"表三上，上虽不悦，以度大臣，不得已，癸未，以弘简为弓箭库使，稹为工部侍郎。稹虽解翰林，恩遇如故。

横海节度使乌重胤将全军救深州，诸军倚重胤独当幽、镇东南。重胤宿将，知贼未可破，按兵观衅。上怒，丙戌，以杜叔良为横海节度使，徙重胤为山南西道节度使。

十一月辛酉，淄青节度使薛平奏突将马廷崟作乱，伏诛。时幽、镇兵攻棣州，平遣大将李叔佐将兵救之。刺史王稷供馈稍薄，军士怨怒，宵溃，推廷荃为主，行且收兵至七千余人，径逼青州。城中兵少不敌，平悉发府库及家财召募，得精兵二千人，逆战，大破之，斩廷荃，其党死者数千人。

横海节度使杜叔良将诸道兵与镇人战，遇敌辄北。镇人知其无勇，常先犯之。十二月庚午，监军谢良通奏叔良大败于博野，失亡七千余人。叔良脱身还营，丧其旌节。

丁丑，义武节度使陈楚奏败朱克融兵于望都及北平，斩获万余人。

戊寅，以凤翔节度使李光颜为忠武节度使兼深州行营节度使，代杜叔良。

自宪宗征伐四方，国用已虚，上即位，赏赐左右及宿卫诸军无节，及幽、镇用兵久无功，府藏空竭，势不能支。执政乃议："王庭凑杀田弘正，而朱克融全张弘靖，罪有重轻。请赦克融，专讨庭凑。"上从之，乙酉，以朱克融为平卢节度使。

戊子，义武奏破莫州清源等三栅，斩获千余人。

二年春正月丁酉，幽州兵陷弓高。先是，弓高守备甚严，有中使夜至，守将不内，旦，乃得入，中使大诟怒。贼谍知之，他日伪遣人为中使，投夜至城下，守将遽内之，贼众随之，遂陷弓高，又围下博。中书舍人白居易上言，以为："自幽、镇逆命，朝廷征诸道兵计十七八万，四面攻围，已逾半年，王师无功，贼势犹盛。弓高既陷，粮道不通，下博、深州，饥穷日急。盖由节将太众，其心不齐，莫肯率先，递相顾望。又，朝廷赏罚，近日不行，未立功者或已拜官，已败衄者不闻得罪。既无惩劝，以至迁延，若不改张，必无所望。请令李光颜将诸道劲兵约三四万人从东速进，开弓高粮路，合下博诸军解深、邢重围，与元翼合势。令裴度将太原全军兼招讨旧职，西面压境，观衅而动。若乘虚得便，即令同力剪除；若战胜贼穷，亦许受降纳款。如此，则夹攻以分其力，招谕以动其心，必未及诛夷，自生变故。又请诏光颜选诸道兵精锐者留之，其余不可用者悉遣归本道，自守土疆。盖兵多而不精，岂惟虚费资粮，兼恐挠败军陈故也。今既祇留东西二帅，请各置都监一人，诸道监军一时停罢。如此则众齐令一，必有成功。又，朝廷本用田布，令报父仇，今领全师出界，供给度支，数月已来，都不进讨。非田布固欲如此，抑有其由。闻魏博一军，累经优赏，兵骄将富，莫肯为用。况其军一月之费，计实钱近二十八万缗，若更迁延，将何供给？此尤宜早令退军者也。若两道止共留兵六万，所费无多，既易支持，自然丰足。今事宜日急，其间变故远不可知。苟兵数不抽，军费不减，食既不足，众何以安？不安之中，何事不有？况有司迫于供军，百端敛率，不许即用度交阙，尽许则人心无憀。自古安危，皆系于此，伏乞圣虑，察而念之。”疏奏，不省。

己亥，度支馈沧州粮车六百乘至下博，尽为成德兵所掠。时诸军匮乏，供军院所运衣粮，往往不得至院，在涂为诸军邀夺，其悬军深入者，皆冻馁无所得。

初，田布从其父弘正在魏，善视牙将史宪诚，屡称荐，至右职。及为节度使，遂寄以腹心，以为先锋兵马使，军中精锐，悉以委之。宪诚之先，奚人也，世为魏将。魏与幽、镇本相表里，及幽、镇叛，魏人固摇心。布以魏兵讨镇，军于南宫，上屡遣中使督战，而将士骄惰，无斗志，又属大雪，度支馈运不继。布发六州租赋以供军，将士不悦，曰："故事，军出境，皆给朝廷。今尚书刮六州肌肉以奉军，虽尚书瘠己肥国，六州之人何罪乎！"宪诚阴蓄异志，因众心不悦，离间鼓扇之。〔会〕有诏分魏博军与李光颜，使救深州，庚子，布军大溃，多归宪诚，布独与中军八千人还魏。壬寅，至魏州。

癸卯，布召诸将议出兵，诸将益偃蹇，曰："尚书能行河朔旧事，则死生以之，若使复战，则不能也。"布无如之何，叹曰："功不成矣！"即日作遗表具其状，略曰："臣观众意，终负国恩。臣既无功，敢忘即死。伏愿陛下速救光颜、元翼，不然者，义士忠臣皆为河朔屠害矣！"奉表号哭，拜授幕僚李石，乃入启父灵，抽刀而言曰："上以谢君父，下以示三军。"遂刺心而死。宪诚闻布已死，乃谕其众，遵河北旧事。众悦，拥宪诚还魏，奉为留后。戊申，魏州奏布自杀。己酉，以宪诚为魏博节度使。宪诚虽喜得旄钺，外奉朝廷，然内实与幽、镇连结。

庚戌，以德州刺史王日简为横海节度使。日简，乃成德牙将也。壬子，贬杜叔良为归州刺史。

王庭凑围牛元翼于深州，官军三面救之，皆以乏粮不能进，虽李光颜亦闭壁自守而已。军士自采薪刍，日给不过陈米一勺。深州围益急，朝廷不得已，二月甲子，以庭凑为成德节度使，军中将士官爵皆复其旧，以兵部侍郎韩愈为宣慰使。

上之初即位也，两河略定，萧俛、段文昌以为天下已太平，渐宜消兵，请密诏天下军镇有兵处，每岁百人之中限八人逃、死。上方荒宴，不以国事为意，遂可其奏。军士落籍者众，皆聚山泽为盗。及朱克融、王庭凑作乱，一呼而亡卒皆集，诏征诸道兵讨之。诸道兵既少，皆临时召募，乌合之众。又，诸节度既有监军，其领偏师者亦置中使监陈，主将不得专号令，战小胜则飞驿奏捷,自以为功,不胜则迫胁主将,以罪归之。悉择军中骁勇以自卫,遣羸懦者就战,故每战多败。又凡用兵,举动皆自禁中授以方略,朝令夕改,不知所从,不度可否,惟督令速战。中使道路如织。驿马不足,掠行人马以继之,人不敢由驿路行。故虽以诸道十五万之众,裴度元臣宿望,乌重胤、李光颜皆当时名将,讨幽、镇万余之众,屯守逾年,竟无成功,财竭力尽。

崔植、杜元颖、王播为相,皆庸才,无远略。史宪诚既逼杀田布,朝廷不能讨,遂并朱克融、王庭凑以节钺授之,由是再失河朔,讫于唐亡,不能复取。

朱克融既得旌节,乃出张弘靖及卢士玫。

丙寅,以牛元翼为山南东道节度使,以左神策行营乐寿镇兵马使清河傅良弼为沂州刺史,以瀛州博野镇遏使李寰为忻州刺史。良弼、寰所戍在幽、镇之间,朱克融、王庭凑互加诱胁,良弼、寰不从,各以其众坚壁,贼竟不能取,故赏之。

丙子,赐横海节度使王日简姓名为李全略。

癸未,加李光颜横海节度使沧景观察使,其忠武深州行营节度如故。以横海节度使李全略为德棣节度使。时朝廷以光颜悬军深入,馈运难通,故割沧景以隶之。王庭凑虽受旌节,不解深州之围。丙戌,以知制诰东阳冯宿为山南东道节度副使,权知留后,仍遣中使入深州督牛元翼赴镇。裴度亦与幽、镇书,责以大义。朱克融即解围去,王庭凑虽引兵少退,犹守之不去。

元稹怨裴度,欲解其兵柄,故劝上雪王庭凑而罢兵。丁亥,以度为司空、东都留守,平章事如故。谏官争上言:“时未偃兵,度有将相全才,不宜置之散地。”上乃命度入朝,然后赴东都。

以灵武节度使李听为河东节度使。

三月丙午，加朱克融、王庭凑检校工部尚书。上闻其解深州之围，故褒之，然庭凑之兵实犹在深州城下。

韩愈既行，众皆危之。诏愈至境更观事势，勿遽入。愈曰："止，君之仁。死，臣之义。"遂往。至镇，庭凑拔刃弦弓以逆之，及馆，甲士罗于庭。庭凑言曰："所以纷纷者，乃此曹所为，非庭凑心。"愈厉声曰："天子以尚书有将帅材，故赐之节钺，不知尚书乃不能与健儿语邪！"甲士前曰："先太师为国击走朱滔，血衣犹在，此军何负朝廷，乃以为贼乎！"愈曰："汝曹尚能记先太师则善矣。夫逆顺之为祸福岂远邪！自禄山、思明以来，至元济、师道，其子孙有今尚存仕宦者乎！田令公以魏博归朝廷，子孙虽在孩提，皆为美官。王承元以此军归朝廷，弱冠为节度使。刘悟、李祐今皆为节度使，汝曹亦闻之乎！"庭凑恐众心动，麾之使出，谓愈曰："侍郎来，欲使庭凑何为？"愈曰："神策六军之将，如牛元翼者不少，但朝廷顾大体，不可弃之耳。尚书何为围之不置？"庭凑曰："即当出之。"因与愈宴，礼而归之。未几，牛元翼将十骑突围出，深州大将臧平等举城降，庭凑责其久坚守，杀平等将吏百八十余人。

戊申，裴度至长安，见上，谢讨贼无功。

李光颜所将兵闻当留沧景，皆大呼西走，光颜不能制，因惊惧成疾。己酉，上表固辞横海节，乞归许州，许之。

壬子，以裴度为淮南节度使，余如故。言事者皆谓裴度不宜出外，上亦自重之。戊午，制留度辅政。以中书侍郎、同平章事王播同平章事，代度镇淮南，仍兼诸道盐铁转运使。

李寰帅其众三千出博野，王庭凑遣兵追之。寰与战，杀三百余人，庭凑兵乃还，余众二千犹固守博野。

复以德棣节度使李全略为横海节度使。夏四月甲戌,以傅良弼、李寰为神策都知兵马使。

王庭凑之围牛元翼也,和王傅于方欲以奇策干进,言于元稹,请遣客王昭、于友明间说贼党,使出元翼。仍赂兵、吏部令史伪出告身二十通,令以便宜给赐。稹皆然之。有李赏者知其谋,乃告裴度,云方为稹结客刺度,度隐而不发。赏诣左神策告其事,五月丁巳,诏左仆射韩皋等鞫之。

戊午,幽州节度使朱克融进马万匹、羊十万口,而表云先请其直充犒赏。

三司按于方刺裴度事皆无验,六月甲子,度及元稹皆罢相,度为右仆射,稹为同州刺史,以兵部尚书李逢吉为门下侍郎、同平章事。谏官上言:"裴度无罪,不当免相。元稹与于方为邪谋,责之太轻。"上不得已,壬申,削稹长春宫使。

三年夏五月丙子,以晋、慈二州为保义军,以观察使李寰为节度使。秋八月,以左仆射裴度为司空、山南西道节度使,不兼平章事。李逢吉恶度,右补阙张又新等附逢吉,竞流谤毁伤度,竟出之。

四年。初,牛元翼在襄阳,数赂王庭凑以请其家,庭凑不与。闻元翼薨,甲子,尽杀之。夏六月,上闻王庭凑屠牛元翼家,叹宰辅非才,使凶贼纵暴。翰林学士韦处厚因上疏言:"裴度勋高中夏,声播外夷,若置之岩廊,委其参决,河北、山东必禀朝算。管仲曰:'人离而听之则愚,合而听之则圣。'理乱之本,非有他术,顺人则理,违人则乱。伏承陛下当食叹息,恨无萧、曹,今有一裴度尚不能留,此冯唐所以谓汉文得廉颇、李牧不能用也。夫御宰相,当委之,信之,亲之,礼之,于事不效,于国无劳,则置之散寮,黜之远郡。如此则在位者不敢不厉,将进者不敢苟求。臣与逢吉素无私嫌,尝为裴度无辜贬官。今之所陈,上答圣明,下达群议耳。"上见度奏状无平章事,以问处厚。处厚具言李逢吉排沮之状。上曰:"何至是邪!"李程亦劝上加礼于度,丙申,加度同平章事。

冬十二月庚寅,加天平节度使乌重胤同平章事。

敬宗宝历二年春正月壬辰,裴度自兴元入朝,李逢吉之党百计毁之。上虽年少,悉察其诬谤,待度益厚。二月丁未,以度为司空、同平章事。

上自即位以来,欲幸东都,令度支员外郎卢贞按视,修东都宫阙。会朱克融、王庭凑皆请以兵匠助修东都,三月丁亥,敕以修东都烦扰,罢之,召卢贞还。

先是,朝廷遣中使赐朱克融时服,克融以为疏恶,执留敕使。又奏当道今岁将士春衣不足,乞度支给三十万端匹。又奏欲将兵马及丁匠五千助修宫阙。上患之,以问宰相,欲遣重臣宣慰,仍索敕使。裴度对曰:"克融无礼已甚,殆将毙矣。譬如猛兽,自于山林中咆哮跳踉,久当自困,必不敢辄离巢穴。愿陛下勿遣宣慰,亦勿索敕使。旬日之后,徐赐诏书,云:'闻中官至彼,稍失去就,俟还,朕自有处分。时服有司制造不谨,朕甚欲知之,已令区处。其将士春衣,从来非朝廷征发,皆本道自备。朕不爱数十万匹物,但素无此例,不可独与范阳。'所称助修宫阙,皆是虚语,若欲直挫其奸,宜云:'丁匠宜速遣来,已令所在排比供拟。'彼得此诏,必苍黄失图。若且示含容,则云:'修宫阙事在有司,不假丁匠远来。'如是而已,不足劳圣虑也。"上悦,从之。

横海节度使李全略薨,其子副大使同捷擅领留后,重赂邻道，以求承继。夏五月，幽州军乱，杀朱克融及其子延龄，军中立其少子延嗣主军务。秋八月，朱延嗣既得幽州，虐用其人。都知兵马使李载义与弟牙内兵马使载宁共杀延嗣，并屠其家三百余人。载义权知留后，九月，数延嗣之罪以闻。载义，承乾之后也。庚申，魏博节度使史宪诚妄奏："李同捷为军士所逐，走归本道，请束身归朝。"寻奏"同捷复归沧州"。冬十月(己)〔乙〕亥，以李载义为卢龙节度使。

文宗太和元年。(春二月)李同捷擅据沧景，朝廷经岁不问。同捷冀易世之后或加恩贷，三月壬戌朔，遣掌书记崔从长奉表与其弟同志、同巽俱入见，请遵朝旨。

夏五月丙子，以天平节度使乌重胤为横海节度使，以前横海节度副使李同捷为兖海节度使。朝廷犹虑河南北节度使构扇同捷使拒命，乃加魏博史宪诚同平章事。丁丑，加卢龙李载义、平卢康志睦、成德王庭凑检校官。

秋七月，李同捷托为将士所留，不受诏。乙酉，武宁节度使王智兴奏请将本军三万人，自备五月粮以讨同捷，许之。八月庚子，削同捷官爵，命乌重胤、王智兴、康志睦、史宪诚、李载义与义成节度使李听、义武节度使张播各帅本军讨之。同捷遣其子弟以珍玩、女妓赂河北诸镇。戊午，李载义执其侄，并所赂献之。

史宪诚与李全略为婚姻，及同捷叛，密以粮助之。裴度不知其所为，谓宪诚无贰心。宪诚遣亲吏至中书请事，韦处厚谓曰："晋公于上前以百口保尔使主；处厚则不然，但仰俟所为，自有朝典耳。"宪诚惧，不敢复与同捷通。

王庭凑为同捷求节钺不获，乃助之为乱，出兵境上以挠魏师。又遣使厚赂沙陀酋长朱邪执宜，欲与之连兵，执宜拒不受。

冬十月，天平、横海节度使乌重胤击同捷，屡破之。十一月丙寅，重胤薨。庚辰，以保义节度使李寰为横海节度使，从王智兴之请也。十二月庚戌，加王智兴同平章事。

二年春三月己卯，王智兴攻棣州，焚其三门。

闰月丙戌朔，史宪诚奏遣其子副大使唐、都知兵马使亓志绍将兵二万五千趣德州讨李同捷。时宪诚欲助同捷，唐泣谏，且请发兵讨之，宪诚不能违。

（夏六月）王庭凑阴以兵及盐粮助李同捷，上欲讨之，秋七月甲辰，诏中书集百官议其事。宰相以下莫敢违，卫尉卿殷侑独以为："庭凑虽附凶徒，事未甚露，宜且含容，专讨同捷。"己巳，下诏罪状庭凑，命邻道各严兵守备，听其自新。

九月丁亥，王智兴奏拔棣州。

李寰自晋州引兵赴镇，不戢士卒，所过残暴，至则拥兵不进，但坐索供馈。庚寅，以寰为夏绥节度使。

甲午，诏削夺王庭凑官爵，命诸军四面进讨。

加王智兴守司徒。以前夏绥节度使傅良弼为横海节度使。

冬十月，魏博败横海兵于平原，遂拔之。

十一月癸未朔，易定节度使柳公济奏攻李同捷坚固寨，拔之，又破其兵于寨东。时河南北诸军讨同捷久未成功，每有小胜，则虚张首虏以邀厚赏，朝廷竭力奉之，江、淮为之耗弊。

傅良弼至陕而薨，乙酉，以左金吾大将军李祐为横海节度使。

十二月丁巳，王智兴奏兵马使李君谋将兵济河，破无棣。壬申，中书侍郎、同平章事韦处厚薨。

李同捷军势日蹙，王庭凑不能救，乃遣人说魏博大将亓志绍，使杀史宪诚父子取魏博。志绍遂作乱，引所部兵二万人还逼魏州。丁丑，命谏议大夫柏耆宣慰魏博，且发义成、河阳兵以讨志绍。辛巳，史宪诚奏亓志绍兵屯永济，告急求援。诏义成节度使李听帅沧州行营诸军以讨志绍。

三年春正月，亓志绍与成德合兵掠贝州。

义成行营兵三千人先屯齐州，使之禹城，中道溃叛，横海节度使李祐讨诛之。

李听、史唐合兵击亓志绍，破之，志绍将其众五千奔镇州。

李载义奏攻沧州、长芦，拔之。

甲辰，昭义奏亓志绍余众万五千人诣本道降，置之洺州。

二月，横海节度使李祐帅诸道行营兵击李同捷，破之，进攻德州。

宪诚闻沧景将平而惧，其子唐劝之入朝。丙寅，宪诚使唐奉表请入朝，且请以所管听命。

夏四月戊辰，李载义奏攻沧州，破其罗城。李祐拔德州，城中将三千余人奔镇州。李同捷与祐书请降，祐并奏其书。谏议大夫柏耆受诏宣慰行营，好张大声势以威制诸将，诸将已恶之矣。及李同捷请降于祐，祐遣大将万洪代守沧州。耆疑同捷之诈，自将数百骑驰入沧州，以事诛洪，取同捷及其家属诣京师。乙亥，至将陵，或言王庭凑欲以奇兵篡同捷，乃斩同捷，传首，沧景悉平。

五月庚寅，加李载义同平章事。诸道兵攻李同捷，三年，仅能下之，而柏耆径入城取为己功，诸将疾之，争上表论列。辛卯，贬耆为循州司户。李祐寻薨。

壬寅，摄魏博副使史唐奏改名孝章。

六月丙辰，诏："镇州四面行营各归本道休息，但务保境，勿相往来。惟庭凑或效顺,为达表章,余皆勿受。"

辛酉,以史宪诚为兼侍中、河中节度使;以李听兼魏博节度使。分相、卫、澶三州,以史孝章为节度使。

初,李祐闻柏耆杀万洪,大惊,疾遂剧。上曰:"祐若死,是耆杀之也。"癸酉,赐耆自尽。

河东节度使李程奏得王庭凑书,请纳景州,又奏亓志绍自缢。

上遣中使赐史宪诚旌节,癸酉,至魏州。时李听自贝州还军馆陶,迁延未进。宪诚竭府库以治行,将士怒,甲戌,军乱,杀宪诚,奉牙内都知兵马使灵武何进滔知留后。李听进至魏州,进滔拒之,不得入。秋七月,进滔出兵击李听,听不为备,大败,溃走,昼夜兼行趣浅口,失亡过半,辎重、兵械尽弃之。昭义兵救之,听仅而得免,归于滑台。河北久用兵,馈运不给,朝廷厌苦之。八月壬子,以进滔为魏博节度使,复以相、卫、澶三州归之。

沧州承丧乱之余,骸骨蔽地,城空野旷,户口存者什无三四。癸丑,以卫尉卿殷侑为齐、德、沧、景节度使。侑至镇,与士卒同甘苦,招抚百姓,劝之耕桑,流散者稍稍复业。先是,本军三万人皆仰度支,侑至一年,租税自能赡其半,二年请悉罢度支给赐,三年之后,户口滋殖,仓廪充盈。

王庭凑因邻道微露请服之意,壬申,赦庭凑及将士,复其官爵。

四年。(夏四月)裴度以高年多疾,恳辞机政。六月丁未,以度为司徒、平章军国重事,俟疾损,三五日一入中书。

五年春正月庚申,卢龙监军奏李载义与敕使宴于毬场后院,副兵马使杨志诚与其徒呼噪作乱,载义与子正元奔易州,志诚又杀莫州刺史张庆初。上召宰相谋之，牛僧孺曰："范阳自安、史以来，非国所有，刘总暂献其地，朝廷费钱八十万缗，而无丝毫所获。今日志诚得之，犹前日载义得之也。因而抚之，使捍北狄，不必计其逆顺。"上从之。载义自易州赴京师，上以载义有平沧景之功，且事朝廷恭顺，二月壬辰，以载义为太保，同平章事如故。以杨志诚为卢龙留后。

臣光曰：昔者圣人顺天理，察人情，知齐民之莫能相治也，故置师长以正之；知群臣之莫能相使也，故建诸侯以制之；知列国之莫能相服也，故立天子以统之。天子之于万国，能褒善而黜恶，抑强而辅弱，抚服而惩违，禁暴而诛乱，然后发号施令，而四海之内莫不率从也。诗云："勉勉我王，纲纪四方。"载义藩屏大臣，有功于国，无罪而志诚逐之，此天子所宜治也。若一无所问，因以其土田爵位授之，则是将帅之废置杀生皆出于士卒之手，天子虽在上，奚为哉！国家之有方镇，岂专利其财赋而已乎！如僧孺之言，姑息偷安之术耳，岂宰相佐天子御天下之道哉！

夏四月己丑，以李载义为山南西道节度使，杨志诚为幽州节度使。

七年春二月癸亥，加卢龙节度使、检校工部尚书杨志诚检校吏部尚书。进奏官徐迪诣宰相言："军中不识朝廷之制，唯知尚书改仆射为迁，不知工部改吏部为美，敕使往，恐不得出。"辞气甚慢，宰相不以为意。

三月，杨志诚怒不得仆射，留官告使魏宝义并春衣使焦奉鸾、送奚、契丹使尹士恭。甲午，遣牙将王文颖来谢恩，并让官。丙申，复以告身并批答赐之，文颖不受而去。

夏六月乙巳，以山南西道节度使李载义为河东节度使。

秋八月壬寅，加幽州节度使杨志诚检校右仆射，仍别遣使慰谕之。

杜牧愤河朔三镇之桀骜，而朝廷议者专事姑息，乃作书，名曰罪言，大略以为："国家自天宝盗起，河北百余城不得尺寸，人望之若回鹘、吐蕃，无敢窥者。齐、梁、蔡被其风流，因亦为寇。未尝五年间不战，焦焦然七十余年矣。今上策莫如先自治，中策莫如取魏，最下策为浪战，不计地势，不审攻守是也。"

又伤府兵废坏，作原十六卫，以为："国家始踵隋制，开十六卫，自今观之，设官言无谓者，其十六卫乎？本原事迹，其实天下之大命也。贞观中，内以十六卫蓄养戎臣，外开折冲果毅府五百七十四以储兵伍，有事则戎臣提兵居外，无事则放兵居内。其居内也，富贵恩泽以奉养其身，所部之兵散舍诸府。上府不越千二百人，三时耕稼，一时治武，藉藏将府，伍散田亩，力解势破，人人自爱，虽有蚩尤为帅，亦不可使为乱耳。及其居外也，缘部之兵被檄乃来，斧钺在前，爵赏在后，飘暴交捽，岂暇异略，虽有蚩尤为帅，亦无能为叛也。自贞观至于开元百三十年间，戎臣兵伍，未始逆篡，此大圣人所以能柄统轻重，制鄣表里，圣算神术也。至于开元末，愚儒奏章曰：'天下文胜矣，请罢府兵。'武夫奏章曰：'天下力强矣，请搏四夷。'于是府兵内铲，边兵外作，戎臣兵伍，湍奔矢往，内无一人矣。尾大中干，成燕偏重，而天下掀然，根萌烬燃，七圣旰食，求欲除之且不能也。由此观之，戎臣兵伍，岂可一日使出落铃键哉。然为国者不能无兵，居外则叛，居内则篡。使外不叛，内不篡，古今已还，法术最长，其置府立卫乎。近代已来，于其将也，弊复为甚，率皆市儿辈多赍金玉，负倚幽阴，折券交货所能致也。绝不识父兄礼义之教，复无慷慨感概之气。百城千里，一朝得之，其强杰愎勃者则挠削法制，不使缚己，斩族忠良，不使违己，力壹势便，罔不为寇。其阴泥巧狡者，亦能家算口敛，委于邪幸，由卿市公，去郡得都，四履所治，指为别馆。或一夫不幸而寿，则戛割生人，略币天下。是以天下兵乱不息，齐人干耗，靡不由是矣。呜呼，文皇帝十六卫之旨，其谁原而复之乎！”

又作战论，以为：“河北视天下犹珠玑也，天下视河北犹四支也。河北气俗浑厚，果于战耕，加以土息健马，便于驰敌，是以出则胜，处则饶。不窥天下之产，自可封殖，亦犹大农之家，不待珠玑然后以为富也。国家无河北，则精甲、锐卒、利刃、良弓、健马无有也，是一支，兵去矣。河东、盟津、滑台、大梁、彭城、东平，尽宿厚兵以塞虏冲，不可他使，是二支，兵去矣。六镇之师，厥数三亿，低首仰给，横拱不为，则沿淮已北，循河之南，东尽海，西叩洛，赤地尽取，才能应费，是三支，财去矣。咸阳西北，戎夷大屯，尽铲吴越荆楚之饶，以啖兵戍，是四支，财去矣。天下四支尽解，头腹兀然，其能以是久为安乎！今者诚能治其五败，则一战可定，四支可生。夫天下无事之时，殿寄大臣偷安奉私，战士离落，兵甲钝弊，是不蒐练之过，其败一也。百人荷戈，仰食县官，则挟千夫之名，大将小裨，操其余赢，以虏壮为幸，以师老为娱，是执兵者常少，糜食者常多，此不责实料食之过，其败二也。战小胜则张皇其功，奔走献状，以邀上赏，或一日再赐，一月累封，凯还未歌，书品已崇，爵命极矣，田宫广矣，金缯溢矣，子孙官矣，焉肯搜奇出死，勤于我矣，此厚赏之过，其败三也。多丧兵士，颠翻大都，则跳身而来，刺邦而去，回视刀锯，气色甚安，一岁未更，旋已立于坛墀之上矣，此轻罚之过，其败四也。大将兵柄不得专，恩臣、敕使迭来挥之，堂然将陈，殷然将鼓，一则曰必为偃月，一则曰必为鱼丽，三军万夫，环旋翔羊愰骇之间，虏骑乘之，遂取吾之鼓旗，此不专任责成之过，其败五也。今者诚欲调持干戈，洒扫垢污，以为万世安，而乃踵前非，是不可为也。”

又作守论，以为：“今之议者咸曰：‘夫倔强之徒，吾以良将劲兵为衔策，高位美爵充饱其肠，安而不挠，外而不拘，亦犹豢扰虎狼而不拂其心，则忿气不萌。此大历、贞元所以守邦也，亦何必疾战，焚煎吾民，然后以为快也。’愚曰：‘大历、贞元之间，适以此为祸也。当是之时，有城数十，千百卒夫，则朝廷别待之，贷以法度。于是乎阔视大言，自树一家，破制削法，角为尊奢。天子养威而不问，有司守恬而不呵。王侯通爵，越录受之；觐聘不来，几杖扶之；逆息虏胤，皇子嫔之；装缘采饰，无不备之。是以地益广，兵益强，僭拟益甚，侈心益昌。于是土田名器，分划殆尽，而贼夫贪心，未及畔岸，遂有淫名越号，或帝或王，盟诅自立，恬淡不畏，走兵四略以饱其志者也。是以赵、魏、燕、齐卓起大唱，梁、蔡、吴、蜀蹑而和之，其余混倾轩嚣，欲相效者往往而是。运遭孝武，宵旰不忘，前英后杰，夕思朝议，故能大者诛锄，小者惠来。不然，周、秦之郊，几为犯猎哉！大抵生人油然多欲，欲而不得则怒，怒则争乱随之。是以教笞于家，刑罚于国，征伐于天下，此所以裁其欲而塞其争也。大历、贞元之间，尽反此道，提区区之有而塞无涯之争，是以首尾指支几不能相运掉也。今者不知非此，而反用以为经，愚见为盗者非止于河北而已。呜呼，大历、贞元守邦之术，永戒之哉！’”

又注孙子，为之序，以为：“兵者，刑也。刑者，政事也。为夫子之徒，实仲由、冉有之事也。不知自何代何人，分为二道，曰文、武，离而俱行，因使搢绅之士不敢言兵，或耻言之。苟有言者，世以为粗暴异人，人不比数。呜呼，亡失根本，斯最为甚。礼曰：‘四郊多垒，此卿大夫之辱也。’历观自古，树立其国，灭亡其国，未始不由兵也。主兵者必圣贤、材能、多闻博识之士，乃能有功，议于廊庙之上，兵形已成，然后付之于将。汉祖言‘指纵者人也，获兔者犬也’，此其是也。彼为相者曰：‘兵非吾事，吾不当知。’君子曰：‘(叨)〔勿〕居其位可也。’”

八年冬十月辛巳，幽州军乱，逐节度使杨志诚及监军李怀仵，推兵马使史元忠主留务。

杨志诚过太原，李载义自殴击，欲杀之，幕僚谏救得免，杀其妻子及从行将卒。朝廷以载义有功，不问。载义母、兄葬幽州，志诚发取其财。载义奏乞取志诚心以祭母，不许。

十一月，史元忠献杨志诚所造衮衣及诸僭物。丁卯，流志诚于岭南，道杀之。

十二月癸未，以史元忠为卢龙留后。

九年春正月乙卯，以王元逵为成德节度使。三月丙辰，以史元忠为卢龙节度使。